法　学　阶　梯
INSTITUTIONES

普通高等教育**法学规划教材**

"十二五"普通高等教育本科国家级规划教材

法学概论

A General Introduction to Jurisprudence

第十四版

主　编　吴祖谋　李双元

撰稿人（以姓氏笔画为序）

马　玥　王应瑄　王艳林　庄惠辰

李双元　吴祖谋　陈　兵　欧福永

黄惠康　韩长印　熊育辉　熊选国

法律出版社

——北　京——

始创于1954年

好书，同好老师和好学生分享

图书在版编目(CIP)数据

法学概论 / 吴祖谋, 李双元主编. -- 14 版. -- 北京 : 法律出版社, 2021(2025.8 重印)
ISBN 978-7-5197-5952-0

Ⅰ. ①法… Ⅱ. ①吴… ②李… Ⅲ. ①法学-概论-高等学校-教材 Ⅳ. ①D90

中国版本图书馆 CIP 数据核字(2021)第 195913 号

法学概论(第十四版)
FAXUE GAILUN(DI-SHISI BAN)

吴祖谋 李双元 主编

责任编辑 郑怡萍
装帧设计 乔智炜

出版发行 法律出版社
编辑统筹 法律教育出版分社
责任校对 王 丰 周合芝
责任印制 刘晓伟
经 销 新华书店

开本 787 毫米×1092 毫米 1/16
印张 25.75 **字数** 590 千
版本 2021 年 10 月第 14 版
印次 2025 年 8 月第 9 次印刷
印刷 三河市龙大印装有限公司

地址:北京市丰台区莲花池西里 7 号(100073)
网址:www.lawpress.com.cn
投稿邮箱:info@lawpress.com.cn
举报盗版邮箱:jbwq@lawpress.com.cn

销售电话:010-83938349
客服电话:010-83938350
咨询电话:010-63939796

书号:ISBN 978-7-5197-5952-0
定价:54.00 元

凡购买本社图书,如有印装错误,我社负责退换。电话:010-83938349

出版说明

法律出版社在其奋进发展的六十年光辉历程中，秉精诚之心，集全社之力，服务于我国法学教育事业，致力于法学教材出版。尤其在改革开放三十余年间，本社以“传播法律信息，推进法制进程，积累法律文化，弘扬法治精神”为宗旨，协同司法部法学教材编辑部，规划并组织出版了国家“八五”“九五”期间的法学规划教材，为我国改革开放之初的法学教育和法治建设做出了开创性贡献；进入21世纪之后，法律出版社又根据教育部的部署和指导，相继规划并组织出版了“十五”、“十一五”和“十二五”法学规划教材，为我国法学教育事业的发展与改革付出了艰辛努力。

承蒙法学教育领域专家作者的信任，以及广大法律院校师生的支持，法律出版社经过三十年的发展与积累，相继出版各类法学教材达四百余种。在学科范围方面，完成以法学核心课程为重心，涉及法学诸学科的“全品种”横向结构；在培养层次方面，健全以本科教育为根本，兼顾职业教育和研究生教育的“多层次”纵向结构，进而打造“法律版”法学教科书体系，以期更好地为法学教育服务，为法治建设贡献绵薄之力。

近年来，法律出版社应因法学教育的发展变化，在教材编写体例及系列安排方面做出相应调整。在教材编写体例方面，结合当前教学实际与培养方案，将系统、全面的理论知识讲授与灵活、丰富的法律实践和能力训练相结合，倡导教材内容差异化，增加教材可读性，以期更好地培养法科学生的思维能力和法学素养。在教材系列安排方面，全力推进新品教材编写与注重既有教材修订相结合，根据教材风格与特色进行适当的套系整合，集中现有的国家级规划教材和在编的规划教材，形成以“普通高等教育法学规划教材”为名的全新教材系列。

本系列教材多为出版多年并广受好评的经典教科书。此次全新推出，既是向长期以来关心支持法学教育出版事业的专家作者的崇高致敬，也是法律出版社为中国当代法学教育事业发展拳拳努力之情的真诚表达。法律出版社将以高度的精品意识和质量标准，不断丰富、完善本系列教材的结构和内容；除教材文本之外，还将配有多层次、多形式的教辅材料，更好地为广大师生服务。

“好书，同好老师和好学生分享”，法律出版社愿与法律共同体诸同仁，分享好书，分享智识，分享法治进程中的点点滴滴！

法律出版社　谨识
2014年10月

作者简介

王应瑄 武汉大学法学院教授。发表有《评点校本〈唐律疏议〉》,出版有《中国法律思想史》(12 卷本,第 3 卷正玄部分)、《刑法学全书》(第 2 编:中国刑法史)等。

王艳林 法学博士,中国计量大学法学院教授。出版有《中国经济法理论问题》《质检法教程》《食品安全法概论》等。

庄惠辰 生前系中国国际贸易仲裁委员会仲裁员,一级律师。发表有《论审判公开》《论国际商事合同中的"挫折"问题》等。

李双元 湖南师范大学法学院终身教授,武汉大学法学院教授,博士生导师,中国国际私法学会名誉会长。出版有《国际私法》(冲突法篇)、《中国与国际私法统一化进程》、《市场经济与当代国际私法趋同化问题研究》、《国际民商新秩序的理论建构》、《比较民法学》、《国际民事诉讼法概论》等。

吴祖谋 河南大学法学院教授。出版有《法学基础理论》,全国高等教育自学考试教材《法学概论》等。

欧福永 法学博士,湖南师范大学法学院教授、副院长、博士生导师,中国国际私法学会、中国国际经济法学会常务理事,中国国际经济贸易仲裁委员会和北京、广州、武汉、长沙等仲裁委员会仲裁员。出版有《英国民商事管辖权制度研究》《国际民事诉讼中的禁诉令》《国际补贴与反补贴立法与实践比较研究》等。

黄惠康 法学博士,联合国国际法委员会委员,中国外交部国际法咨询委员会主任委员,国际常设仲裁院仲裁员,武汉大学国际法研究所特聘教授,博士生导师,浙江大学光华法学院客座教授。出版有《中国特色大国外交与国际法》、《国际法教程》、《国际法上的集体安全制度》、《中国法律和政治导论》(英文)、《外层空间法》等。

韩长印 法学博士,上海交通大学凯原法学院特聘教授,博士生导师。兼任中国法学会保险法学研究会副会长,上海市法学会破产法研究会会长,上海仲裁委员会仲裁员、深圳国际仲裁院仲裁员。出版有《商法教程》《公司法通论》《破产法学》《美国破产法》《保险法新论》

《美国保险法原理与实务》等。

熊育辉 法学博士，广东财经大学法学院讲师。兼任广东省国际法学研究会理事。发表有《国际私法上的“冲突正义”和“实质正义”》《我国国际私法关于“公共秩序”立法的审视》，出版有《国际私法》《世界贸易组织法案例教程》《海事国际私法新编》等。

熊选国 法学博士，二级大法官，教授，博士生导师。出版有《刑法中行为论》《量刑通论》《刑事诉讼法的修改与适用》《刑法刑事诉讼法实施中的疑难问题》等。

陈 兵 在读博士，上海交通大学学科建设办主任，出版有《城市法制问题研究》等。

马 玥 武汉大学法学硕士，律师。发表有《欧洲统一专利法院对我国知识产权法院的借鉴意义》等。

第十四版修订说明

本教材于2019年出版第十三版以来，第十三届全国人民代表大会第三次会议于2020年5月28日审议通过了《民法典》（自2021年1月1日起生效实施）。《民法典》首次以“法典”的形式确立了民事活动的基本原则，在“私法”层面宣示和确认了民事主体的基本权利，理顺了个人、家庭、国家与社会的关系。《民法典》的颁布和实施，对国家法治进步和国家治理现代化无疑具有划时代的意义。此间，《行政许可法》《行政处罚法》《公司法》等法律也做了修改，《刑法》于2020年以修正案的方式进行了第11次修正，第十三届全国人民代表大会第二次会议于2019年3月15日通过了《外商投资法》，以替代实施多年的“三资企业法”，不少司法解释尤其是与《民法典》相关的司法解释也都作了相应的修改。

为使本教材内容基本与我国法制实际同步，我们对第十三版作了修订。此次修订的重点是第五章行政法、第六章民法、第九章刑法、第十三章国际法、第十四章国际私法。其他各章也都做了相应的增删和修改。

参加此次修订工作的有吴祖谋、黄惠康、欧福永、马玥、王艳林、韩长印、陈兵。全书由韩长印统改定稿。

编　者

2021年8月

第十三版修订说明

本教材第十二版于 2016 年 6 月发行后，第十二届全国人民代表大会第五次会议于 2017 年 3 月通过了《民法总则》（同年 10 月 1 日生效实施），2017 年 10 月 18 日，中国共产党第十九次全国代表大会召开，2018 年 3 月，第十三届全国人民代表大会第一次会议对《宪法》作了重大修改。为使教材内容不至于长时间滞后于我国社会主义法制建设的实际，我们决定对本教材第十二版进行修订。

此次修订的重点是第一编法理部分、第四章宪法、第六章民法、第八章经济法。其他各章也都做了相应的增删和修改。

为方便广大师生选用本教材，此次修订配备了教学课件，供参考辅助。

参加此次修订工作的有吴祖谋、李双元、王应瑄、韩长印、欧福永、王艳林、熊育辉。全书由韩长印统稿。

编　者

2019 年 5 月

第十二版说明

本书第十一版修订本问世以后，我国又颁布了许多新的法律，并对某些基本法律进行了修改。为了及时反映我国法制建设的最新成就，我们决定对本书第十一版（2013 年修订本）进行修订。

此次修订改写了导言，并对第四章（宪法）之外的各章进行了修订。修订的重点是第五章（行政法）中的行政立法部分和律师制度部分、第七章（商法）中的公司法部分、第八章（经济法）中的消费者权益保护法部分、第九章（刑法）中涉及《刑法修正案（九）》及相关司法解释部分、第十二章（行政诉讼法）中涉及 2014 年 11 月第十二届全国人民代表大会常务委员会第十一次会议对《行政诉讼法》作出修订的重要内容，以及第十一章（民事诉讼法）、第十四章（国际私法）中的部分内容。本书引用的法律、法规及相关规范性文件截至 2015 年年底。

本书自 1980 年被列入国家第一批统编教材以来，跟随国家法制发展的步伐，本着对读者高度负责的精神，我们基本上坚持每三年左右修订一次，力图使本书在国内同类教材中保持长久和旺盛的生命力。参加第十二版修订工作的有吴祖谋、李双元、王应瑄、王艳林、韩长印和欧福永。

编　者

2016 年 6 月

第十二版修订说明

为进一步完善我国社会主义法律体系，近年来，国家立法步伐明显加快，出台了许多新法律。2012年3月14日第十一届全国人民代表大会第五次会议对《刑事诉讼法》作了重大修改；紧接着，8月31日第十一届全国人民代表大会常务委员会第二十八次会议又对《民事诉讼法》作了修改。修改后的《刑事诉讼法》和《民事诉讼法》均于2013年1月1日起实施。为使教材内容不致长期滞后于我国法制建设的实际，有必要对第十一版教材作相应修订。

参加此次修订工作的有吴祖谋、李双元、王应瑄、韩长印、欧福永。

编　者

2013年6月

第十一版说明

本书第十版问世以后，我国颁布了《反垄断法》等新法律，并对《刑法》《保险法》《个人所得税法》等法律进行了重大修改。为了及时反映我国法制建设的最新成就，我们决定对原书进行修订。

此次修订的重点是第五章（行政法）、第七章（商法）、第八章（经济法）和第九章（刑法）。其中，重写了第七章中的保险法一节，篇幅所限删除了该章的票据法一节，第八章增加了反垄断法一节。对其他各章我们也同时作了较为全面的修改。本书引用的法律、法规及相关规范性文件截至2011年9月15日。

本书自1980年被列入国家第一批统编教材以来，跟随国家法制发展的步伐，本着对读者高度负责的精神，我们基本上坚持每三年左右修订一次，力图使本书在国内同类教材中保持长久和旺盛的生命力。参加第十一版修订工作的作者有吴祖谋、李双元、王应瑄、黄惠康、韩长印和欧福永。

编　者

2011年10月初修订说明

目　录

第三编

导　言

一

法学概论，顾名思义，是对法学的概要论述。

什么是法学？

法学，简而言之，就是以法这一社会现象为研究对象的一门科学。

人们往往把法学理解为专门研究各种法律条文。诚然，法律条文是法学所要研究的，但它并不是法学研究的全部内容。法是一种极其复杂的社会现象；如果对法这种现象的本质及其发展规律缺乏了解，如果不能从法与其他社会现象诸如经济、政治、道德等的联系来认识法，要想正确理解法律条文是不可能的。所以，不能把法学研究的对象仅仅归结为法律条文。除了法律条文外，它还要研究法的产生和发展规律，法的本质、特征、形式和作用，法的制定和实施，以及与法有密切联系的其他种种社会现象。

法学的研究对象既然是法，没有法的产生和发展，也就不会有法学。法学是在社会发展到一定阶段，出现了法和比较完整的法律体系特别是出现了成文法以后，才逐渐形成和发展起来的。恩格斯曾经指出："随着立法发展为复杂和广泛的整体，出现了新的社会分工的必要性：一个职业法学者阶层形成起来了，同时也就产生了法学。"〔1〕

法学是一门有着悠久历史的古老学科。不过，在古代和中世纪，法学并没有形成一门独立的学科，人们对法的研究包含在其他的著述之中。我国法学源远流长，古代称为"刑名法术之学"、"刑名之学"或"律学"。我国不少古籍诸如"四书五经"中，就记载了我国奴隶制社会和封建制社会早期奴隶主贵族和封建贵族的法律思想，但这些古籍中的任何一部都不是专门论述法学的。即使是主张"不别亲疏，不殊贵贱，一断于法"的法家，他们的著述如《商君书》《韩非子》等，除竭力抨击儒家的"人治"，大力提倡"法治"外，还讲了许多其他治国安邦的道理，因此，也并非专门的法学论著。西方也是如此。例如，古希腊思想家德谟克利特、柏拉图、亚里士多德、伊壁鸠鲁等，在他们众多的著作中，曾广泛论及法律问题。他们的法律思想对西方法律的发展产生了深远的影响。但这些著作与其说是法学著作，不如说是哲学著作。在中世纪的欧洲，法学是与神学糅为一体的，并从属于神学。即使到十七八世纪资产阶级革命时期，还很难说有专门的法学论著。例如，英国洛克的《政府论》、法国卢梭的《社会契约论》和孟德斯鸠的《论法的精神》，就兼有哲学、政治学和法学的性质。直到19世纪，随着资产阶级政权的巩固，特别是资产阶级国家立法活动的大规模展开，法学作为一门独立学科的地位才最终确立起来。清代末年，西方文化广泛传入中国，法学一词在我国才得到普遍使用。

---

〔1〕《马克思恩格斯选集》(第2卷)，人民出版社1972年版，第539页。

二

从法学产生到出现马克思主义法学的漫长时期里,法学领域是为剥削阶级所独占的。最早的法学是奴隶主阶级法学,以后又相继出现封建主阶级法学和资产阶级法学。剥削阶级法学反映剥削阶级法律思想,是为剥削阶级的利益服务的,具有鲜明的阶级性。

历史唯物主义表明,当剥削阶级处在上升阶段时,他们的利益在客观上反映了社会发展的需要,因此,他们中的某些人有可能对某些法律现象作出符合科学的解释,他们的某些法律思想对社会发展起到了一定的积极作用,从而为丰富和发展法律文化作出了重大贡献。这无疑是应该肯定的。但是,剥削阶级所处的阶级地位,决定了他们的法学不敢也不可能科学地揭示和阐明法的本质及其发展规律。而一门学科是否堪称科学,归根到底,要看它究竟在多大程度上揭示了它所研究的对象的规律性。所以,从总体、根本上来说,剥削阶级的法学是不科学的,它的阶级性与科学性是对立的。

19 世纪 40 年代,随着马克思主义的诞生,出现了马克思主义法学。马克思主义法学是无产阶级法律观的科学表现,是无产阶级进行革命和建设的思想武器。它的出现,打破了几千年来剥削阶级对法学的垄断,使法学领域发生了根本性的变革。

马克思主义的创始人马克思、恩格斯一向重视法学。早在他们创立马克思主义时,就对法学领域中的一系列重大问题进行了深入的探讨。他们运用无产阶级的世界观和方法论——辩证唯物主义和历史唯物主义,研究了法律发展的全部历史,批判地继承了人类法律文化遗产,剖析了当时的英、法等欧洲国家的法律制度,揭露了剥削阶级法学反科学、反人民的本质,在此基础上科学地阐明了法的起源、本质、作用及其发展规律,创立了马克思主义法学,在法学发展史上第一次把法学的阶级性与科学性统一了起来,使法学成为一门真正的科学。阶级性和科学性的统一,是马克思主义法学独具的特点,也是马克思主义法学区别于一切剥削阶级法学的根本之处。

三

法是一种复杂的社会现象,人们对它的认识是逐步深入的,所以法学的发展也经历了一个由简到繁的过程。随着社会经济、文化的发展,人们对法的认识不断深入,法学研究的范围日益扩大,门类的划分也日趋细密。到今天,法学已经发展成为一门体系庞大、结构严密、门类众多的学科。

法学作为社会科学中的一门独立学科,包含了若干门类和分支学科。但由于人们的研究方法有别,在法学门类的划分上就不尽一致。一般认为,根据法学研究的范围,大体可以把法学划分为五大门类,每一大门类又都包含了若干分支学科:

1. 理论法学。主要研究法的本质、特征、形式和作用;法的起源、发展和消亡的规律;法的制定和实施的一般原理、原则等。理论法学为研究其他门类的法学提供理论指导,在整个法学体系中占有重要地位。理论法学通常包含法理学、法学基础理论、法哲学、法社会学等分支学科。有的学者把研究历史上各种法律思想、观点、理论、学说的产生、发展和沿革的中外法律思想史,也归并在理论法学这个门类之中。

2.应用法学。主要研究现行的国内法和国际法规范的含义和具体应用问题。对现行法律规范的研究从来都是法学研究的重点,因为这直接关系国家的利益和现存的秩序。现行国内法规范依据其调整对象或调整方法,可以划分为宪法、行政法、民法、商法、经济法、刑法、社会法、诉讼法等若干法律部门。与此相对应,就有宪法学、行政法学、民法学、商法学、经济法学、刑法学、社会法学和诉讼法学等分支学科。现行国际法规范在调整国家间的关系和维护国际秩序方面发挥重要作用。依据其调整对象,国际法通常划分为国际(公)法、国际私法、国际经济法等。相应也就有国际(公)法学、国际私法学、国际经济法学等分支学科。

3.法律史学。任何国家的法律制度都有其历史渊源。考察各国法律的历史,了解它的来龙去脉,对于研究法的基本原理及其发展规律,正确认识各国现行法律制度及其发展趋势,具有重要意义。属于这个门类的分支学科有本国和外国的法律制度史、法律思想史和法学史等。

4.比较法学。对本国法与外国法、历史上的法与现行法以及不同类型、不同法系的法作比较研究,既是法学研究的一种方法,也是法学研究的一个领域。这种研究有助于了解和借鉴其他国家的法律,促进本国法律的发展和各国法律文化的交流。根据比较研究的对象不同,比较法学又可以分为众多的分支学科,如比较宪法学、比较民法学、比较刑法学等。

5.介于法学与其他学科之间的边缘学科。作为一种社会现象的法并非孤立存在的,它与其他许多社会现象诸如阶级、国家、民族、经济、道德、宗教、家庭等,以及许多自然现象诸如地理现象、天文现象、生理现象、病理现象、自然资源和环境等,都以不同的方式、程度联系在一起。对这种联系的研究,有的属于法学研究的范围,有的属于其他学科(如政治学、社会学、民族学、宗教学等)研究的范围,有的则形成介于法学和其他科学之间的边缘学科,如犯罪心理学、犯罪社会学、青少年保护法学、刑事侦查学、司法鉴定学、法医学、司法精神病学、司法统计学、司法会计学、法律教育学等。

法学从它产生起就处在不断地发展过程中。人们对它的认识也不会永久停留在某一水平之上。随着社会政治、经济、文化、科学技术的发展和人们认识能力的提高,将会不断地出现一些新的法学分支学科,这是可以断言的。

四

社会主义法学就是以马克思主义为指导的法学,就是马克思主义法学。马克思主义是一种科学的世界观。学习法学必须以马克思主义为指导,否则就不能真正掌握法学的真谛,法学研究也会走上“歧路”。

强调坚持马克思主义的指导,并不是要把马克思主义创始人在一定历史条件下的某些论断都当成解决一切问题的“现成药方”。正如恩格斯所指出的,马克思主义的理论是发展的理论,而不是背得烂熟并机械地加以重复的教条。我们强调学习法学要坚持马克思主义的指导,最重要的是掌握它的精神实质,运用它的基本原理和立场、观点、方法观察分析问题。

坚持马克思主义的指导,在当前研习法学的过程中,就是要坚持习近平新时代中国特色社会主义思想和习近平法治思想的指导。

在中国共产党领导下,经过长期努力,中国特色社会主义进入了新时代。习近平新时代中国特色社会主义思想是对马克思列宁主义、毛泽东思想、邓小平理论、"三个代表"重要思想、科学发展观的继承和发展,是马克思主义中国化的最新成果,是全党全国人民实现中华民族伟大复兴的行动指南;因此,深入学习习近平新时代中国特色社会主义思想,牢牢掌握其精神实质,对于全面理解和准确把握中国特色社会主义法治建设的目标、要求和步骤具有十分重要的意义。习近平法治思想内涵丰富、论述深刻、逻辑严密、系统完备,从历史和现实相贯通、国际和国内相关联、理论和实际相结合上深刻回答了新时代为什么实行全面依法治国、怎样实行全面依法治国等一系列重大问题。习近平法治思想是顺应实现中华民族伟大复兴时代要求应运而生的重大理论创新成果,是马克思主义法治理论中国化的最新成果,是习近平新时代中国特色社会主义思想的重要组成部分,是全面依法治国的根本遵循和行动指南。[2]

学习法学必须坚持理论联系实际的方针。法学是一门应用科学,有很强的实践性。这就要求我们一方面要认真学习法学的基本理论,体会它的精神实质,掌握它的科学体系和主要内容;另一方面又要紧密结合实际,用学到的法学知识去探索解决实际生活中提出的问题。根据党的十九大报告,中国特色社会主义虽然进入了新时代,但并没有改变我国仍处于并将长期处于社会主义初级阶段的基本国情。以经济建设为中心,坚持四项基本原则,坚持改革开放,是党在社会主义初级阶段的要求,也是当前我国最大的实际。因此,学习法学必须同这个最大的实际相结合,这也是学习法学的正确方向。

五

一个国家的法制是否健全,一个国家能否真正实现依法治国,取决于许多因素,其中一个具有决定意义的因素是人民群众的法律意识。很难设想,在一个人民群众法律意识水平普遍低下的国度里会有健全的法制。但是,以马克思主义为指导的社会主义法律意识不可能自发产生,而必须向人民群众进行灌输。实际情况表明,一个人即使有较高的政治觉悟,如果没有接受过系统的法律教育,也未必会具有与其政治觉悟相当的法律意识。

还必须看到,旧中国是一个半殖民地半封建的社会,缺乏法制传统,小生产者自由散漫不愿受任何法律约束的思想,以言代法,重"人治"、轻"法治"的思想,以及形形色色的封建特权思想普遍存在。新中国成立后,由于长期对法治建设和法治教育缺乏应有的重视,尤其在"文化大革命"期间,由于极左思想和无政府主义的泛滥,社会主义法制遭到严重破坏,人们的法治观念更加淡漠了。因而,开展法治教育、增强公民的法律意识,就显得更加紧迫。

党的十一届三中全会以来,党和国家为增强人民群众的法制观念、培养人们的社会主义法律意识进行了大量工作,并取得了可喜的成绩。但"有法不依"的现象仍然普遍存在。为此,党中央提出,要在全体人民中间反复进行法治宣传教育,全国人民代表大会常务委员会也作出《关于在公民中基本普及法律常识的决议》,要求在大学、中学、小学以及其他各级各类学校,设置法治教育课程,对包括在校学生在内的全体公民,进行系统化的法治教育。2014

[2] 参见《习近平在中央全国依法治国工作会议上强调 坚定不移走中国特色社会主义法治道路 为全面建设社会主义现代化国家提供有力法治保障》,载《人民日报》2020年11月18日,第1版。

年10月召开的党的十八届四中全会重申,必须把法治教育纳入国民教育体系,从青少年抓起,在各级各类学校设立法治知识课程。这不仅对树立提高全民的法治意识、实现依法治国,而且对加强社会主义物质文明、政治文明和精神文明建设,都具有重要的现实意义和深远的历史意义。

六

本书作为高等院校非法律专业的法学教学用书,主要讲述以下三个方面的基础理论和基础知识:

1. 法学基础理论。法学基础理论是关于法(特别是社会主义法)的最基本、最一般的原理,它对于学习其他部门法学具有普遍的指导意义。只有掌握法学基础理论,才能进一步学好其他部门法学。

2. 我国现行的主要法律。现行法律反映现阶段社会发展的客观要求,是党的政策的具体化、法律化、条文化,是人们现实生活中的行为准则。正确理解并熟谙现行法律,对于加强社会主义法治建设具有现实的意义。

3. 国际法、国际私法和国际经济法。国际法学是法学的一个重要分支学科。在改革开放和实现社会主义现代化的过程中,我国与外国的政治、经济和文化交流日益增多,许多关系需要国际法来调整,因此,“大力加强对国际法的研究”[3],掌握一些国际法方面的知识,无疑是十分必要的。

---

〔3〕《邓小平文选》,人民出版社1983年版,第137页。

第　一　编

第一章　法的一般原理

法的一般原理主要研究法的产生和发展、法的本质与特征。法的发展是一个历史的过程，研究法的一般原理，必须先从历史的角度系统梳理法的起源、概念及其本质。

第一节　法的起源、本质和基本特征

一、法和法律的词源、词义

在论述法的概念时，需要先对法和法律的词源、词义做一些必要的考查。

汉字中的“法”，古体为“灋”，由氵、廌、去三部分组成。东汉许慎的《说文解字》说：“灋，刑也，平之如水，从水；廌所以触不直者去之，从去。”在我国奴隶社会，“法”统称“刑”。不过，这里的“刑”与“典型”、“范型”的“型”相通，含有常规、规范的意思。“平之如水”，是说不高不低，不偏不倚，像水一样平。“廌”是传说中的一种神兽，形似牛，独角，生性公正，能辨曲直，古时审判案件，以被廌之角触者为败诉。律，《说文解字》说：“律，均布也。”清人段玉裁注释为：“律者，所以范天下之不一而归于一。”古代“法”“律”二字原可互训。《尔雅·释诂》载：“法，常也。律，法也。”《唐律疏议》也说：“律之与法，文虽有殊，其义一也。”可见，“法”和“律”都含有规范、划一、公平、公正的意思。

我国在先秦时，“法”专指各个朝代和各个诸侯国的刑典。自战国李悝“集诸国刑典，造《法经》六篇……商鞅传授，改法为律”后，我国封建社会各代刑典，一般都称为“律”，如《秦律》、汉《九章律》、《唐律》等。

把“法”和“律”合为“法律”一词，这在我国古代就有了。不过，广泛使用“法律”这个词则是近代的事情。在现代汉语中，“法律”一词有广义和狭义两种理解。广义的法律是指法律的整体，即法律规范的总和。不少法学著作称之为“法”。狭义的法律则专指由特定的国家机关制定的规范性文件。本书在广义上使用“法律”一词时，根据具体的语言环境，有时称“法”，有时称“法律”，而它们的内涵和外延是完全一致的。

二、法的起源

法是一个历史范畴，是社会发展到一定历史阶段的产物。它的产生以阶级的出现为前提。而阶级的出现绝不是偶然的，它是社会基本矛盾——生产力和生产关系、经济基础和上层建筑运动的结果。

人类历史上最初的社会形态是原始社会。那时生产工具极其简陋,生产力水平十分低下。与这种生产力状况相适应的生产关系的基础,是生产资料的原始公社公有制。这种公有制决定了人们在生产中的地位与相互关系必然是一种原始的平等和互助合作的关系;因为如果不是人人都平等地参加劳动,通力合作,人们就无法与自然界作斗争并获得生活资料,从而也就无法生存下去。既然生产资料是公有的,产品是集体劳动的成果,那么产品当然也就归原始公社全体成员所有。由于生产力水平极端低下,劳动产品异常匮乏,人们的全部劳动成果除维持社会成员生存的必需外,几乎没有任何剩余,因而只能按照严格的平均原则来进行产品的分配;否则一部分人就不能生存,集体也将遭到削弱和破坏。在这种情况下,当然不会有剥削、私有制和阶级的划分。既然没有阶级,那么作为阶级统治工具的国家和法也就无从产生了。

但这并不是说原始社会就没有自己的社会组织和社会规范。与原始社会的经济基础相适应,它的社会组织是以氏族为基本单位组成的。若干个氏族组成胞族,若干个胞族组成部落,若干个部落组成部落联盟。氏族是按血缘关系划分的。在氏族内部,成员之间是平等的。一切重大的事务都由全体氏族成员参加的议事会决定。氏族首领由氏族成员大会选举产生,并且随时可以撤换。他不脱离生产,没有任何特权。他的权力不是靠特殊的暴力机关而是靠他的威望以及氏族成员对他的尊敬来维持的。

在原始社会里,调整氏族成员相互关系的社会规范是世代相传的习惯。它是人们在长期共同劳动和生活中逐渐、自发形成的。这种习惯,既是氏族成员共同遵守的行为规则,又是宗教的戒条,同时也是道德和礼仪的要求。由于这种行为规则体现了全体氏族成员的共同意志和利益,因而虽然没有国家的强制,却能为人们自觉遵守。当然,氏族首领的威望和尊严、舆论和传统的力量等,对于保证这些行为规则的遵守,也起了重大的作用。

原始社会末期,生产工具有了较大的改进,特别是金属工具的出现,使个体生产成为可能。这种个体生产不仅能够比原先的共同劳动生产更多的产品,而且还出现了剩余产品,这就为私有制和人剥削人现象的产生提供了物质前提。于是集体劳动开始向个体劳动过渡,生产资料公有制开始转变为生产资料私有制,产品由公有财产逐渐转变为私有财产。

生产力的发展引起了社会分工。起初是畜牧业与农业的分离,其后是手工业与农业的分离。社会分工促使劳动生产率不断提高,人的劳动已经能够提供越来越多的剩余产品。在这种情况下,将过去通常被杀掉的战争俘虏保存下来并把他们变成奴隶,强迫他们从事劳动,不仅成为有利可图的事,而且也成为生产进一步发展的必然。这样,社会开始分裂为奴隶主和奴隶、剥削者和被剥削者。

随着社会分工的发展,交换变成了经常的经济活动。起初,交换是由氏族首领代表氏族在氏族之间进行的,交换的物品是公共财产。在交换过程中,氏族首领利用自己的权力逐渐把公共财产当作自己的财产来支配,他们自己也由氏族中的平等一员逐渐变为氏族贵族。后来,交换渗入氏族内部,氏族成员之间出现了贫富差别。氏族贵族和富有者不仅压榨俘虏,而且还把氏族中的贫穷者变为奴隶。于是奴隶的数量剧增,奴隶劳动成了社会生产的基础。私有制得到了发展和巩固,并最终代替了公有制。这样,建立在生产资料公有制基础上的没有剥削、没有阶级的原始社会,终于被人类历史发展中的第一个阶级社会——奴隶制社会所取代。

奴隶主阶级和奴隶阶级的物质利益是根本对立的。奴隶主对奴隶的残酷压榨,激起了奴隶的强烈反抗。原先建立在氏族基础上的社会组织以及调整氏族成员相互关系的习惯,在这种不可调和的阶级矛盾和激烈的阶级斗争面前,已经失去它的作用。奴隶主阶级为了镇压奴隶的反抗,确保它的经济利益,不仅需要建立一套特殊的暴力机构,凭借它取得政治上的统治权力;而且需要有一种反映其阶级意志和利益的特殊社会规范,迫使社会成员一体遵行,用以调整社会分裂为阶级之后的社会关系,确立有利于奴隶主阶级的社会秩序,从而实现对整个社会的领导。这种特殊的暴力机构就是国家,这种特殊的社会规范就是法。

如前所述,即使在原始社会,人们也有共同遵守的社会规范,那就是习惯。这就表明,只要是人类社会,只要是人们共同生活在一起,为了使生活、生产(包括人类自身的生产)得以延续下去,共同的行为规则是必需的。正如恩格斯所说的,“在社会发展某个很早的阶段,产生了这样的一种需要:把每天重复着的生产、分配和交换产品的行为用一个共同规则概括起来,设法使个人服从生产和交换的一般条件。这个规则首先表现为习惯,后来变成了法律。随着法律的产生,就必然产生出以维护法律为职责的机关——公共权力,即国家”。[1] 可见,法的产生及其存在,除有其阶级根源外,还有其社会根源,这个社会根源就是人类社会共同生活的客观需要。

当然,法不可能在一个早晨出现,它的产生经历了长期、复杂的过程。最初的法是由原始社会的习惯演变而来的,即由奴隶主阶级把某些早已存在并有利于它的习惯以国家的名义加以认可,或者对某些旧习惯注入新的阶级内容,这就是通常所说的习惯法。最初的习惯法是不成文的,后来才逐渐出现了成文的习惯法。例如,公元前20世纪西亚地区亚述王朝的《亚述法典》、公元前18世纪古巴比伦的《汉谟拉比法典》、公元前5世纪古罗马的《十二铜表法》,多是习惯法的记录和汇编。

三、法的本质

法的本质究竟是什么?这是法学中的一个根本问题。人类社会自有法以来,许多思想家、法学家曾从不同的方面对这个问题进行过探讨和研究,有关的论述可谓浩如烟海,然而答案却莫衷一是,并且由此形成众多的学派。但是,所有这些学派在关于法的本质问题上,都陷入谬误,只有马克思主义才对这个问题作出了科学的回答。

(一)法是统治阶级意志的表现——法的阶级性

马克思和恩格斯在《共产党宣言》中剖析资产阶级意识形态时就指出:“你们的观念本身是资产阶级的生产关系和所有制关系的产物,正像你们的法不过是被奉为法律的你们这个阶级的意志一样,而这种意志的内容是由你们这个阶级的物质生活条件来决定的。”[2] 马克思和恩格斯在一个半世纪以前所作的这一论断虽然是针对资产阶级法律而言的,但直到今天对于我们了解一切类型法律的本质和特点仍具有普遍的指导意义。它揭示了一切类型法的一个共同本质:法是统治阶级意志的表现。

意志即人们的愿望和要求。在存在阶级对抗的社会中,各个阶级由于所处的经济地位不

---

〔1〕《马克思恩格斯选集》(第2卷),人民出版社1972年版,第538~539页。

〔2〕《马克思恩格斯选集》(第1卷),人民出版社1972年版,第268页。

同,愿望和要求也就不同。也就是说,各个阶级都有自己的阶级意志。法所体现的不是任何一个阶级的意志,也不是各个阶级的共同意志,而只是统治阶级的意志。因为统治阶级掌握了国家政权,才能把自己的意志上升为国家意志,使之具有普遍的约束力,成为人人都必须遵守的行为规范。

正确理解法是统治阶级意志的表现这一关于法的本质的科学论断,必须注意以下几点:

1. 法体现的是整个统治阶级的意志,而不是统治阶级中个别人或少数人的意志,尽管法是由统治阶级中的少数人或个别人制定的。例如,在封建专制制度下,君主拥有极大的权力,一切重要的法律皆出自君主。但这绝不是说君主可以不顾他所代表的那个阶级的阶级意志任意立法。无论君主是否自觉,他所制定的法律如果违背了整个封建地主阶级的愿望和要求,就会遭到封建地主阶级的抵制和反对,君主本人也会因此被废黜。这在历史上是不乏先例的。马克思说,对统治阶级全体成员来说,"通过法律形式来实现自己的意志,同时使其不受他们之中任何一个单个人的任性所左右,这一点之不取决于他们的意志,如同他们的体重不取决于他们的唯心主义的意志和任性一样"〔3〕。

2. 法体现整个统治阶级意志,但不能把整个统治阶级意志理解为统治阶级每个成员个人意志简单的相加。这是因为统治阶级的每个成员除有共同利益外,还有各自的特殊利益。要使法对统治阶级内部每个成员的特殊利益作出规定是不可能的。法体现的只能是统治阶级共同的、根本的利益。正如马克思、恩格斯所指出的,统治阶级的"个人统治同时是一个一般的统治","由他们的共同利益所决定的这种意志的表现,就是法律"。〔4〕 所以法对于统治阶级的每个成员来说都是必须遵守的,他们的违法行为也要受到法律的制裁,因为任何违法行为都是对统治阶级共同利益的侵害。

3. 法是统治阶级意志的表现,但法所体现的并非一般的统治阶级的意志,而是被奉为国家意志的统治阶级意志。马克思和恩格斯在《德意志意识形态》中指出,统治阶级"除了必须以国家的形式组织自己的力量外,他们还必须给予他们自己由这些特定关系所决定的意志的国家意志即法律的一般表现形式"〔5〕。统治阶级为了实现它的统治,不仅需要国家,而且需要法。法就是被奉为国家意志的统治阶级意志的表现。统治阶级要把自己的意志变为国家意志,就必须借助法律的形式。

4. 法所体现的统治阶级意志的内容并不是统治阶级的随心所欲,而是由这个阶级的物质生活条件决定的。统治阶级的物质生活条件包括许多方面,其中最主要的是统治阶级所代表的、与一定的生产力发展水平相适应的生产关系。生产关系是一种客观的物质关系,一种人与人之间的经济关系。恩格斯指出:"每一个社会的经济关系首先是作为利益表现出来。"〔6〕在阶级社会中,人们的物质利益集中体现为阶级的物质利益。各个阶级所进行的活动,从根本上说,都是为了本阶级的物质利益。所谓统治阶级的意志,实质上就是从统治阶级的物质利益中产生出来的意愿和要求。例如,建立在生产资料私有制基础上的资本主义生产关系,是资产阶级物质利益的根本所在。因此,维护这种生产关系就成为资产阶级的共同愿望和要

---

〔3〕《马克思恩格斯全集》(第3卷),人民出版社1960年版,第378页。

〔4〕《马克思恩格斯全集》(第3卷),人民出版社1960年版,第378页。

〔5〕《马克思恩格斯全集》(第3卷),人民出版社1960年版,第378页。

〔6〕《马克思恩格斯选集》(第1卷),人民出版社1972年版,第537页。

求。资产阶级法律从根本上和总体上来说，就是这种愿望和要求的反映。可见，要科学地揭示法的本质，就必须把握统治阶级的物质生活条件，坚持社会存在决定社会意识的原理。这是唯物主义法律观与唯心主义法律观的根本区别。

（二）法是社会生活的共同需要——法的社会性

法是统治阶级意志的表现，具有阶级性，这是马克思主义的论断。但是，如果把法的本质仅仅归结为它的阶级性，就有失偏颇了。法除了它的阶级性外，还具有社会性。这同样是马克思主义的论断。

马克思在论及剥削阶级国家时曾指出："在那里，政府的监督劳动和全面干涉包括两方面：既包括执行由一切社会性质产生的各种公共事务，又包括由政府同人民大众相对立而产出的各种特殊职能。"[7]既然国家具有两种职能，那么，作为国家意志表现形式的法也必然具有两种职能。也就是说，国家和法既执行政治职能，又执行社会职能。在阶级对立的社会里，法的政治职能就是"由政府同人民大众相对立而产生的各种特殊职能"，即直接实现统治阶级专政、维护统治阶级利益的职能。法的社会职能或称公共职能，即从统治阶级的根本利益出发而维护全体社会居民共同利益的职能。此类职能表现为对社会生产、各种公共事务和公共秩序的管理。例如，众所周知，合理利用水资源是人类生存和繁衍所必需的，古今中外所有的国家都毫无例外地要运用法的形式来管理河流、渠道，开发水利。又如，为了保证交通顺畅，避免出现交通事故，国家就要制定管理交通的法律；为了防治环境污染，防止人类生态环境被破坏，保证自然资源合理开发和利用，就要颁布种种保护生态环境、合理开发和利用自然资源的法律；为了促进社会生产力的发展，国家会制定种种保护生产力（包括人）、促进科学技术发展的法律；为了防止疾病的传播，保护人的健康，国家还会制定许多有关卫生方面的法律。凡此种种，不一而足。显而易见，法之所以具有社会职能，实乃人类社会共同生活的需要。它的实现不仅有利于统治阶级，而且有利于全体居民。一个十分浅显的道理：任何国家的统治阶级，如果全然不顾社会公共事务，甚至连其治下全体居民最起码的生存条件都不能满足，试问，它的统治能进行下去吗？

和法的阶级性一样，法的社会性也是由一定的社会物质生活条件决定的。所不同的是，法的阶级性的内容主要取决于它赖以存在的生产关系的性质，而法的社会性的内容则更多地受制于当时社会生产力的发展水平。

（三）法的本质是法的阶级性和社会性的统一

综合以上对法的阶级性和社会性的分析可以看出，法的本质不只是它的阶级性，也不只是它的社会性，而是它的阶级性和社会性的统一。世界上从来就不存在只具有阶级性而不具有社会性的法，同样也不存在只具有社会性而不具有阶级性的法。

那么，法的阶级性即其政治职能与法的社会性即其社会职能又是一种怎样的关系呢？恩格斯说得很明白："政治统治到处都是以执行某种社会职能为基础，而且政治职能只有在它执行了它的这种社会职能时才能持续下去。"[8]法的阶级性的实现有赖于法的社会性的实现，法的社会性是法的阶级性的基础。

---

〔7〕《马克思恩格斯全集》（第25卷），人民出版社1974年版，第432页。

〔8〕《马克思恩格斯选集》（第3卷），人民出版社1972年版，第219页。

在法的本质问题上,还应该注意的是,历史规律告诉我们,法的阶级性和社会性就其量的对比来说,并不是一成不变的。一般的情况是,随着社会生产力和人类文明的发展,法的阶级性的分量总体上不断减弱,社会性的分量则不断加强。资产阶级法较奴隶制法和封建制法的社会性就多一些;当代西方法律较资本主义初始阶段的法的社会性就多一些。社会主义制度在建立的初期,由于政治斗争极其尖锐,它的法的阶级性确实很突出,但这只是在某个特定时期内的情况。其后,随着剥削阶级的消灭和社会生产力水平的提高,社会主义法的本质的主导方面则是它的社会性。特别重要的是,社会主义国家和法一开始就掌握在人民的手里,它实行的是"以人为本"的社会制度,它所担负的历史使命是通过消灭剥削和消灭阶级,解放生产力,彻底实现人的全面发展和人类的解放,复归几千年来被扭曲了的"人的类本质",即人的共同本质,建立"自由人联合体",这就决定了在社会主义法的本质中,社会性必然是具有目的意义、总体上占主导地位并长期起作用的因素,而阶级性则是手段意义的、总体上占从属地位、相对地说是在较短时期内起明显作用的因素。这样看来,在我国社会主义社会的主要矛盾从当初的阶级斗争,几经转化,现已成为人民日益增长的美好生活需要和不平衡不充分的发展之间的矛盾时,仍然坚持把阶级性作为法的本质中的第一位甚至是唯一的因素,避而不谈法的"以人为本"或"人的类本质",不谈法的社会性,是不对的。当然,受国内的因素和国际的影响,阶级斗争还在一定范围内长期存在,在还有可能被激化的情况下,完全抹杀法的阶级性,显然也是不正确的。

四、法的基本特征

法的基本特征是法所独具的并以此区别于其他上层建筑现象的种种重要属性。这些基本特征是:

1. 法是一种行为规范,具有规范性。行为规范即行为规则,是人们的行为所应遵循的标准模式。

行为规范基本上可以分为两类:一类是技术规范,它主要调整人与自然界之间的关系,是人们在运用自然力、劳动工具和劳动对象时所应遵循的标准,如常见的技术标准、操作规程等。另一类是社会规范,它主要调整人与人之间的关系即社会关系,是人们进行社会活动时所应遵循的,如法的规范、道德规范、礼仪规范、宗教教规、社会组织的规章等。当然,把行为规范划分成上述两类并不是绝对的。例如,某些技术规范如果为国家所确认并以法的形式表现出来,它就成为社会规范了。

所有的行为规范都具有规范性,即向行为人提供一定的行为模式。法既然是行为规范的一种,自无例外。它以明确、肯定的方式向人们宣布,什么行为是可以做的,什么行为是必须做的,什么行为是禁止做的,以此来规范人们的行为,调整人们之间的相互关系。不过法作为一种行为规范,并不是为某个特定的人设立的。它向人们提供的行为模式具有一般性的特征,即在相同的条件下,一项法的规范可以被反复适用。

法的规范性及其规范的一般性特征,使人们在行为前就有可能测知自己的行为是否符合规范的要求以及这种行为将会给行为人带来何种后果。这就是法的可预测性。正是法具有这种属性,人们在社会生活中就会有意识地去做或不做一定的行为。

需要指出的是,法的规范性以及它所具有的一般性和可预测性等属性,并不是法所独具的，其他行为规范诸如习惯、道德、礼仪和社会组织的规章等，也都不同程度地具有这些属性。因此，要把法同其他行为规范区别开来，还必须认清法的另外一些基本特征。

2. 法由国家制定或认可。在众多的行为规范中，只有法是由国家制定或认可的。制定和认可是统治阶级意志上升为国家意志即国家创制法的两种方式。

制定，就是国家机关根据统治阶级的意愿和要求，按照一定的程序，创制具有不同法律效力的规范。不同社会制度和政治制度的国家，制定法的方式有所不同。认可，就是国家机关通过一定的形式，赋予某些已经存在的行为规范（如习惯、道德规范等）以法律效力，使之成为法的规范。在法产生的初期，国家认可习惯是国家创制法的主要方式。

3. 法以国家强制力保证实施，并具有普遍的约束力。任何社会规范的实施都有赖于某种强制力，但除了法以外，没有一种社会规范是以国家强制力来保证其实施的。国家强制力是一种特殊的社会强制力，它的组织形式主要是军队、警察、法庭、监狱等。法既然是统治阶级意志的表现，就必然会遭到被统治阶级的抵制和反对。在统治阶级内部，某些成员出于一己的利益，也往往会置法于不顾。统治阶级为了保证法的实施，以维护其统治，就必须以国家强制力为后盾，迫使社会全体成员毫无例外地遵守，否则法就会成为一纸空文。

尽管所有的行为规范都具有一定的约束力，但没有任何一种行为规范像法那样具有普遍的约束力。例如，在阶级社会里，一定阶级的道德规范只能使该阶级的成员受到约束。宗教戒律只能约束它的信仰者。政党、社会团体的规章也只能要求它的成员遵守。法就不同，它是国家意志的体现，由国家制定或认可，以国家强制力保证其实施，因而具有普遍的约束力，也就是说，一国的法对该国领域内的每一个人都具有约束力，它不仅约束被统治阶级，也约束统治阶级。

4. 法规定人们的权利和义务。法作为一种行为规范，它的内容通常是以规定人们的权利和义务的方式表现出来的。一般来说，法律上的权利，通常表现为法律允许人们做或不做某种行为，法律上的义务则通常表现为法律指令人们必须做或不做某种行为。法律规范的内容说到底就是一个权利义务问题。

人类社会在法产生以前，是无所谓权利和义务的。只是在出现了国家和法以后，才有权利和义务的划分。但并不是所有的社会规范都规定权利和义务。例如，道德规范就不讲权利和义务，而只讲应当和不应当。有的社会规范，如政党、工会等社会团体的章程，虽然也有权利义务的规定，但它不同于法律上的权利义务；后者是由国家确认并受国家强制力保障的，表现为当权利享有者的权利受到侵害时，或者当义务承担者拒不履行义务时，有关国家机关可以采取强制性措施，来保证权利的实现或义务的履行。

法具有的上述一系列重要属性，使它明显地与其他上层建筑现象和众多社会规范区别开来。人们常说，法是一种特殊的社会规范，其特殊性就在于此。

五、法的定义

根据对法的本质和法的基本特征的分析，可以把法定义为由国家制定或认可的，并以国家强制力保障实施的，体现由特定物质生活条件决定的统治阶级意志和社会共同生活的需要，以权利和义务为其内容，并以国家强制力保证其实现的一种行为规范体系。

第二节 法的规范、渊源和分类

一、法的规范

法的规范或称法律规范,是构成法的“细胞”,它与法之间的关系是个别与整体的关系。一国的法的体系,主要由该国全部法的规范构成。所以,前述关于法的本质和基本特征等原理,都可以用来说明法的规范。

一个法的规范可能规定得很具体,也可能规定得比较原则,但无论怎样具体或原则,都不外是向人们提供一定的行为模式,要求人们一体遵行。

(一)法的规范的逻辑构成

从逻辑上说,任何一个法律规范都由以下三部分构成:(1)适用条件部分,即法律规范中规定的适用该规范的条件部分;(2)行为准则部分,即法律规范中规定人们行为模式、标准或尺度的部分;(3)法律后果部分,即法律规范中规定人们的行为符合或违反该规范的要求时将会产生的某种可以预见的结局的部分。上述三部分对于任何一个法律规范来说都是必不可少的。缺少其中任何一个部分,就不能称其为法律规范。

法律规范不等于法律条文,后者是前者的文字表现形式。在一个法律条文里,甚至在一个法律文件里,不一定要把某一法律规范的三个构成部分都表述出来。例如,子女对父母的赡养问题,婚姻法的条文中规定了适用条件和行为准则部分,但对违反这项规范并构成犯罪的法律后果,却要在刑法分则里才能找到具体的规定。

(二)法的规范的分类

对法律规范从不同角度可以作不同的分类。

依法律规范本身的性质,可将法律规范分为义务性规范、禁止性规范和授权性规范。

义务性规范是规定主体必须为某种行为的规范,如子女对父母有赡养的义务;禁止性规范是规定主体不得为某种行为的规范,刑法中多属此类规范;授权性规范是授予主体可以为某种行为或不为某种行为的权利的规范,如法律规定公民享有继承权,而公民是否行使该项权利可由其自行决定:既可以行使该项权利,也可以放弃它。

如果说禁止性规范和义务性规范都带有国家命令性质的话,那么,授权性规范则具有任意性。例如,继承人是否行使继承权,可以由他自己决定。所以,也可以把禁止性规范和义务性规范称为命令性规范,把授权性规范称为任意性规范。

法律规范按其内容确定的程度,可分为确定性规范、准用性规范和委任性规范。

确定性规范是直接、明确地规定规范内容的一种规范。绝大多数法律规范都属于这类规范。准用性规范没有直接规定规范的内容,只是规定在适用该规范时,准予援用其他有关的规范,如我国《刑事诉讼法》第 32 条关于书记员、翻译人员、鉴定人的回避可适用该法第三章关于回避的规定,就是一项准用性规范。委任性规范也没有直接规定规范的内容,只是指出了它的内容将由其他法律规范加以规定,如我国《立法法》第 103 条第 4 款规定的“军事法规、军事规章的制定、修改和废止办法，由中央军事委员会依照本法规定的原则规定。”就属于这类规范。

二、法的渊源

作为行为规范的法，必须由特定的国家机关通过一定的形式表现出来，才能为人们所知晓、遵守，也才具有法律上的效力。这种用以表现法的规范的各种具体形式，法学上称为法的渊源或法的形式。

法的本质与法的渊源的关系是内容与形式的关系。内容决定形式。但这并不是说本质上相同的法，它们的形式也必然相同。由于各国的具体条件不同，本质上一致的法，形式却往往有区别。当然，同一种法的形式，也可以为不同本质的法所利用。因而，在研究法的形式问题时，既要看到它的多样性和复杂性，又要透过复杂多样的形式认清它的本质。

从历史上看，法的渊源是多种多样的，基本上可以分为两大类：一类是国家机关制定的各种规范性文件，另一类是国家认可的不具备文字形式的习惯。

规范性文件是指国家机关在其权限范围内按照法定程序制定和颁布的具有普遍约束力的行为规范的文件，即通常所说的成文法或制定法。由于制定的国家机关不同，规范性文件的名称和法律效力也不同。例如，我国唐代封建法律就有律、令、格、式之分。现代则分为宪法、法律、行政法规、行政规章、地方性法规、其他规范性文件等。与规范性文件相对应的是非规范性文件，是指国家机关在其权限范围内发布的只对个别人或个别事有效而不包含具有普遍约束力的行为规范的文件，如判决书、任免令、逮捕证、公证书、结婚证书等。非规范性文件是适用法律所产生的文件，不是法的渊源。

国家认可的不具备文字形式的习惯，即通常所说的习惯法或不成文法。在法产生的初期，习惯是法的主要的甚至是唯一的形式。随着法的演变和发展，不成文的习惯法逐渐为成文法所取代。及至近代，成文法已成为法的主要形式，即使在习惯法仍起着重要作用的英美法系国家中，成文法所占的比重也越来越大。

判例也是一种不成文法。所谓判例，就是可以作为判案依据的判决。例如，在英国，权威法院的判决可作为先例，对下级法院具有约束力。我国古代封建法中有称为“比”的法的形式，如“决事比”等，即凡律无正条的，则比附以为罪。这实际上也是运用判例来审处案件。

除上述基本形式外，在奴隶社会和封建社会里，某些思想家、法学家的著作或宗教的经典，都可以成为法的渊源。例如，古罗马的一些著名法学家的著作，就被认为是罗马法的渊源。在中世纪的欧洲和阿拉伯国家，《圣经》《古兰经》等重要宗教典籍也是重要的法的渊源。甚至在现代，《古兰经》在某些信奉伊斯兰教的国家里仍具有法律效力。在我国封建社会中，儒家思想长期居于统治地位，儒家的一些经典诸如《春秋》等，就被奉为决狱断案的依据，成为我国封建法的一种特殊的渊源。

三、法的分类

（一）法的一般分类

依据不同的标准或从不同的角度，可以对法作不同的分类。

1. 成文法和不成文法

这是依据法的创制方式和表现形式所作的分类。

成文法是指有权制定法律的国家机关,依照法定程序所制定的具有条文形式的法律文件,即规范性文件。成文法因其是国家机关制定的,所以又称为制定法。

不成文法是指国家机关认可的、不具有条文形式的习惯。不成文法又称为习惯法。由于它不是经国家机关制定的,所以也称为非制定法。有的法学著作把判例法也称为不成文法。

2. 根本法和普通法

这是依据法的内容、效力和制定程序所作的分类。

根本法即宪法,规定一国国家制度和社会制度的基本原则,具有最高法律效力,是普通法立法的依据。唯其如此,它的制定和修改程序也最为严格。普通法泛指宪法以外所有的法律,根据宪法确认的原则就某个方面或某些方面的问题作出具体规定,效力低于宪法。

3. 实体法和程序法

这是依据法的内容性质所作的分类。

实体法是从实际内容上规定主体的权利和义务的法律,如民法、刑法等。程序法是为实现实体权利义务而制定的关于程序方面的法律,如刑事诉讼法、民事诉讼法等。当然,这种划分并不是绝对的,在实体法中往往也规定了某些程序问题,而在程序法中则多有关于诉讼主体权利义务的规定。

4. 一般法和特别法

这是依据法的适用范围所作的分类。

凡是在一国领域内对全体居民和所有社会组织普遍适用而且在它被废除前始终有效的法律是一般法,如民法、刑法。凡是只在一国的特定地域内(如某个行政区域)或只对特定的主体(如公职人员、军人)或在特定的时期内(如战争时期)有效的法律是特别法。在适用上,特别法优先于一般法。

5. 国际法和国内法

这是依据法的创制和适用的主体所作的分类。

与国内法不同,国际法是由参与国际关系的国家通过协议制定或确认的并适用于国家之间的法律。国际法律关系的主体主要是国家。它的实施以国家单独或集体的强制措施为保证。

6. 公法和私法

把法划分为公法和私法,始于古罗马法学家乌尔比安。这种分类在西方法学中得到广泛应用。但划分公法和私法的依据却众说纷纭。比较普遍的说法是以法律运用的目的为划分的依据,即凡是以维护公共利益为目的的法律为公法;凡是以维护私人利益为目的的法律为私法。西方法学通常把宪法、行政法、刑法、诉讼法归于公法,而把民法、商法归于私法。实际上,进入 20 世纪后,国家参与和干涉社会经济活动日益频繁,出现了“法律社会化”现象,公法和私法互相渗透,从而动摇了公私法划分的传统。

(二)法系的概念及其分类

法系是西方法学中一个常见的概念。但法系的含义究竟是什么,无一致意见。一般认为,凡是在内容上和形式上具有某些共同特征,形成一种传统或派系的各国法律,就属于同一个法系。所以，西方法学所谓的法系，主要是按照法律的特点和历史传统对各国法律进行分类的一种方法。

西方法学家在法系的划分上也很不一致，但不少法学著作在论述法系问题时，多举英国法系、大陆法系、中国法系、印度法系、伊斯兰法系五大法系。这五大法系除大陆法系和英国法系外，其余的基本上已经成为法制史上的概念。

大陆法系是指在欧洲大陆上源于罗马法、以1804年《法国民法典》为代表的各国法律，所以大陆法系也称罗马法系或民法法系。1896年，德国以《法国民法典》为蓝本，制定了《德国民法典》，该法典为一些国家所仿效，故大陆法系又称为罗马—德意志法系。属于这个法系的除法、德两国外，还有奥地利、比利时、荷兰、意大利、瑞士、西班牙、明治维新后的日本以及亚、非、拉部分法语国家或地区的法律。

英国法系是指中世纪以来的英国法律和仿效英国法律传统的各国法律。由于英国法律是以中世纪英国"普通法"（相对"衡平法"而言）为基础发展起来的，所以又称普通法系。美国原为英国殖民地，独立后它的法律基本仿照英国法律，被认为是英国法系中与英国法并列的两个支系之一，故这一法系还称为英美法系。属于这一法系的除英、美外，主要是曾经沦为英国殖民地的一些国家和地区，诸如印度、巴基斯坦、缅甸、马来西亚、新加坡、澳大利亚、新西兰等。

大陆法系和英美法系虽然在法的渊源、法的部门的划分乃至诉讼形式和法律术语等方面有着种种差别，但其本质基本上是一致的。

（三）法的历史类型

法的历史类型是马克思主义法学中的一个重要概念和基本分类方法，是历史唯物主义原理在法学中的具体运用，对于深刻了解法的本质及其发展规律有着重要的意义。

法总是具体的，不是这个国家的法，就是那个国家的法；不是这个阶级的法，就是那个阶级的法。具体的法又总是千差万别的。然而，无论它们的差别有多大，一定的法总是一定阶级的意志表现，它的性质归根结底是由产生它的经济基础决定的。这就为我们对法的历史发展的认识，对形式上千差万别的法进行科学分类，提供了一个最基本的依据和标准，即以经济基础和阶级本质为标准，把历史上的法划分为若干类型，只要是建立在性质相同的经济基础之上，反映同一阶级意志的法，就是同一历史类型的法。反过来说，凡属同一历史类型的法，不管它们在形式上有多大的差别，它们赖以建立的经济基础和阶级本质则是一致的。可见，法的历史类型，就是以经济基础和阶级本质为标准，对法所作的最基本的分类。

根据划分法的历史类型的标准，马克思主义法学把自有法以来的全部法划分为四种历史类型：奴隶制类型的法、封建制类型的法、资本主义类型的法和社会主义类型的法。这四种不同类型的法的依次更替，反映了法由低级向高级的发展过程。

第三节 法与其他社会现象的关系

一、法与经济基础

法作为上层建筑的重要组成部分,与产生它的经济基础关系至为密切。恩格斯指出:“每一个时代的社会经济结构形成现实基础,每一历史时期由法律设施和政治设施以及宗教的、哲学的和其他观点所构成的全部上层建筑,归根结底都是应由这个基础来说明的。”〔9〕因此,要真正了解法的本质及其发展规律,必须追根溯源,深入剖析法赖以产生和发展的经济基础。这是历史唯物主义的要求,也是学习和研究法学的正确方法。

在经济基础和上层建筑这个统一体内,经济基础居于主导地位,起着决定作用。经济基础对法的决定作用,首先表现在经济基础的性质决定法的性质。也就是说,有什么性质的经济基础,就有什么性质的法。其次还表现在法随着经济基础的变化而变化。这种变化不只发生在经济基础发生根本性质变的时候;即使在同一社会形态里,经济基础发生部分质变的时候,也会引起法的相应变化。

但是,不能由此简单地认为,法除受经济基础制约外,不受其他社会因素的影响。实际上,社会的政治观点、伦理观点、阶级力量的对比关系以及历史传统、风俗习惯等,都在不同程度上影响着法。恩格斯就曾驳斥过把经济因素说成是唯一决定性的因素的观点,认为这是对经济基础决定上层建筑这一历史唯物主义命题的歪曲。他说:“经济状况是基础,但是对历史斗争的进程发生影响并且在许多情况下主要是决定着这一斗争的形式的,还有上层建筑的各种因素。”〔10〕所以,在研究某一国家的法及其发展变化时,仅仅剖析它的经济基础是不够的,还要充分注意到其他各种因素对该国法的影响;否则就无法理解为什么建立在同一性质的经济基础之上、处于同一发展水平的国家,它们的法在形式上竟存在如此大的差别。

经济基础决定上层建筑,但是上层建筑对产生它的经济基础并不是消极、无所作为的;恰恰相反,它一经“出现”,就积极地反作用于自己的经济基础,成为促进自己的经济基础形成、巩固和发展的巨大力量。

法积极反作用于产生它的经济基础,不过这种反作用的社会效果却未必总是积极的、进步的。衡量法对于社会的发展是起积极、进步的作用,还是起消极、反动的作用,主要取决于法所维护的经济基础即生产关系的性质。如果法所维护的经济基础适应生产力发展的要求,那么,这种反作用就是进步的,应该予以肯定;反之,就是落后的,甚至是反动的,这种法就应该改革或者废除。

二、法与政治

在阶级社会,政治主要是指阶级斗争和处理阶级关系。它既包括敌对阶级之间的斗争关

〔9〕《马克思恩格斯选集》(第3卷),人民出版社1972年版,第66页。
〔10〕《马克思恩格斯选集》(第4卷),人民出版社1972年版,第477页。

系和同盟阶级之间的合作关系，也包括一个阶级内部各个阶层和各个集团之间的关系。政治的核心问题是政权问题，因为阶级之间的联合和斗争以及协调本阶级内部各个组成部分之间的关系，都是围绕夺取和巩固国家政权这个核心问题进行的。而阶级斗争和阶级关系的实质，则是各个阶级的经济利益。所以，政治以经济为其内容，是经济最直接、最集中的表现。

由于各个阶级的经济地位和经济利益不同，它们的政治要求也就不同。这种政治要求集中体现在各个阶级的政策上。所谓政策，是指一定的阶级、国家、政党或其他社会组织，为达到一定的目的，依据自己的长远目标和对当前形势的估量所制定的行动准则。各个阶级为了推行自己的政策，总要设法利用一切可利用的工具，但是，只有掌握政权的统治阶级才有可能利用法这个有力的工具。所以，法和统治阶级的政策的联系最为密切，它把统治阶级的政策具体化、条文化、定型化，使之成为具有普遍约束力的行为规范，以保证统治阶级政策的实现。可见，国家的立法活动，实质上就是把体现为政策的统治阶级意志变为国家意志的活动。因此，脱离政治的法是不存在的。不从政治上看待法的问题，就不能理解为什么国家要这样立法而不那样立法，为什么那时要制定这个法，此时又要废除这个法。

三、法与道德

道德是社会意识形态的一种，它以善与恶、正义与非正义、公正与偏私、诚实与虚伪、荣誉与耻辱等来评价、褒贬人们的行为，借以调整人们之间的关系。所以，道德也是一种社会规范。

法和道德既然都属于上层建筑范畴，而且又都是社会规范，它们之间必然会有许多相同和相似之处。但是，法和道德是两种不同的社会现象，它们之间又有着质的差别。这些差别主要表现为：

1. 两者的产生和发展趋势不同。法是阶级社会特有的现象。道德则存在于人类社会发展的每一个历史阶段。原始社会没有法，却有自己的道德。在未来的共产主义社会中，法消亡了，道德则依然存在，并将得到充分发展。

2. 两者形成的方式和表现形式不同。法由国家制定或认可，通常以国家机关颁布的规范性文件的形式表现出来。道德是人们在社会实践中自发、逐渐形成的，它存在于人们的意识之中。人们有时可以借助文字来表述某些道德规范；但即使没有这种文字形式，相应的道德规范依然存在。

3. 两者实施所凭借的强制力不同。法以国家的强制力保证其实施；道德的实现则是依靠人们的内心信念和社会舆论。

4. 两者调整的范围不同。法调整的只限于必须以国家强制力予以保障的那部分社会关系，而且通常只限于对人们的行为提出要求，只起到规范人们行为的作用。道德调整的范围比法要广泛得多。它不但规范人们的行为，而且还对人们的内心世界提出要求。

5. 两者在体系上也有所不同。法是表现为国家意志的统治阶级意志，只有掌握政权的统治阶级才能使自己的意志被奉为法律。所以，一国之内只有一个法律体系。道德则不同。各个阶级都有自己的道德，并形成各自的体系。因而一国之内可能有几个道德体系并存。当然，占统治地位的必然是统治阶级的道德。

在探讨法与道德的关系时，必须首先分清是哪个阶级的道德。法与统治阶级的道德在本质上是一致的。它们建立在共同的基础之上,体现同一阶级的意志,完成共同的使命。它们相互作用,相互补充,相辅相成。法以其独具的特征,维护统治阶级道德的统治地位。有时统治阶级甚至直接赋予某些道德规范以法律效力。统治阶级的道德则以自己的标准影响和指导法的制定,并且以其特有的强制方式,敦促人们恪守法律的规定。法与被统治阶级的道德则是相互对立的;对于法来说,被统治阶级的道德是一种异己的力量。

思考题

1. 法是怎样产生的?
2. 怎样理解法的本质和基本特征?
3. 怎样理解法与经济基础、政治、道德的关系?

第二章　我国社会主义法

建设并完善中国特色社会主义法律体系和法治体系，是我国建设法治国家的重要目标。习近平法治思想紧紧围绕"建设中国特色社会主义法治体系，建设社会主义法治国家"[1]这一总目标展开，系统、深刻阐明了中国特色社会主义法治的政治基础、价值追求、本质特征、重要遵循以及建设中国特色社会主义法治国家的首要任务、战略安排与有力保障等。这些内容构成了一个逻辑严密、内涵丰富、有机联系的法治思想体系，回答了"什么是全面依法治国""如何推进全面依法治国"的重大问题，是全面依法治国的根本遵循和行动指南。[2] 因此，研究我国社会主义法的历史发展和基本特征，必须以习近平法治思想为指导。

第一节　我国社会主义法的产生和本质

一、我国社会主义法的产生

我国社会主义法是我国无产阶级和广大人民在中国共产党领导下，经过长期革命斗争，在推翻了反动统治、夺取了政权之后，由人民民主专政的国家创立的。

无产阶级在夺取政权之后之所以必须创立自己的法律，既是建立和巩固社会主义经济制度的需要，也是建立和巩固社会主义国家制度的需要，又是建设社会主义精神文明的需要。

无产阶级和广大人民在创立社会主义法时，首先遇到的问题是如何对待被推翻阶级的旧法。历史上一切剥削阶级在取得政权后，并不需要彻底废除旧法，而是把它保留下来，加以修改、补充，赋予它新的阶级内容，就可以用它来为本阶级的统治服务。这是因为剥削阶级革命的结局只是以一个剥削阶级取代另一个剥削阶级的统治，以一种剥削制度代替另一种剥削制度。无产阶级革命是人类历史上最伟大、最深刻、最广泛的革命。它的主要任务是推翻反动剥削阶级的统治，建立广大人民的国家政权，用社会主义代替资本主义。而社会主义的本质是解放生产力，发展生产力，消灭剥削，消除两极分化，最终达到共同富裕。这就决定了无产阶级在夺取政权后，必须彻底废除旧法，终止它的一切效力。道理很明显，旧法是从旧的社会关系中产生出来的，对无产阶级来说，那"是资产阶级给他准备的鞭子"[3]，企图利用这种法来达到自己的目的是不可能的。无产阶级为了实现其历史使命，就必须彻底摧毁旧法体系，并在此基础

---

[1] 《中共中央关于全面推进依法治国若干重大问题的决定》（辅导读本），人民出版社 2014 年版，第 4 页。

[2] 参见杨明宇、柯华庆：《习近平法治思想的体系与贡献》，载《学习论坛》2021 年第 4 期。

[3] 《马克思恩格斯全集》（第 2 卷），人民出版社 1957 年版，第 515 ~ 516 页。

上创建社会主义新法。这是社会主义法产生的一般规律。

新中国成立前夕,毛泽东在《关于时局的声明》中明确提出要废除伪宪法、伪法统。1949年2月中共中央发布的《关于废除国民党的六法全书与确定解放区的司法原则的指示》又明确宣布,在无产阶级领导的工农联盟为主体的人民民主专政的政权下,国民党的六法全书应该废除。人民的司法工作,不能再以国民党六法全书为依据,而应该以人民的新的法律作依据。同时指出,在人民新的法律还没有系统地发布以前,应该以共产党政策以及人民政府与人民解放军发布的各种纲领、法律、条例、决议作依据。新中国成立后,正是根据这一指示的精神,在全国范围内,彻底废除了国民党政权一切压迫人民的法律和司法制度。在彻底摧毁旧法的同时,国家立即根据起临时宪法作用的《共同纲领》的原则精神,着手制定了《婚姻法》、《土地改革法》、《惩治反革命条例》和《惩治贪污条例》等一系列重要的法律、法令。这些法律、法令是在总结新民主主义革命时期根据地法制建设经验的基础上制定的,是革命根据地法律的继续和发展。与新中国成立后我国社会发展的阶段相适应,这些法律、法令就其性质来说,虽然还不完全是社会主义的,它反映了过渡时期的特点,但就其历史类型来说,只能是社会主义类型的。历史证明,这些法律、法令的实施,对于建立和维护革命秩序,打击阶级敌人的破坏和反抗,保护人民的利益,解放生产力,保证国民经济的恢复和发展,促进从新民主主义到社会主义的转变,都起了重要的作用。

需要指出的是,这里所说的废除旧法,是指废除旧的法律体系和宣布旧法不再具有任何法律效力。但是,这并不排斥把旧法作为一种法律文化遗产而加以批判地继承。法作为一种观念形态的社会文化,它的发展具有历史的继承性。对于旧的法律文化,无产阶级不仅可以而且必须加以批判地继承,否则社会主义法律体系就无从建立。从这个意义上说,没有旧法,也就没有社会主义新法。所以,废除旧法,同把旧法作为一种文化遗产加以批判地继承是并行不悖的,因为法自身发展的辩证法就是如此。

二、我国社会主义法的本质

我国是人民民主专政的社会主义国家。在这个政权中,工人阶级居于领导地位,因此,我国社会主义法必然反映工人阶级的意志。工人阶级的物质生活条件决定了它的阶级意志的最主要的内容是要消灭剥削,消灭阶级,建设社会主义,进而过渡到共产主义。这一内容反映了人类社会发展的客观规律,集中体现了工人阶级的根本利益。

在社会主义国家,农民和其他劳动人民都是国家的主人。消灭剥削制度,建设社会主义也是他们的根本利益所在。也就是说,他们同工人阶级的根本利益是一致的。因此,反映工人阶级意志的社会主义法,也同样体现了广大劳动人民的意志和利益。

我国在生产资料所有制的社会主义改造完成后,阶级关系发生了深刻变化,剥削阶级作为阶级已经被消灭。随着改革开放的深入,我国的社会阶层也发生了新变化,出现了中国特色社会主义事业的建设者。如今,人民这个概念不仅包括工人、农民、知识分子等社会主义劳动者,还包括一切社会主义事业的建设者、拥护社会主义的爱国者、拥护祖国统一和致力于中华民族伟大复兴的爱国者。社会主义法就是他们的意志和利益的体现。这就表明,我国社会主义法既有鲜明的阶级性,又有广泛的群众基础,是阶级性和人民性的统一。

必须指出,工人阶级和广大人民的意志并不是自发形成的。如果没有中国工人阶级同时也是中国人民和中华民族先锋队的中国共产党的领导，如果没有共产党在人民群众中进行长期、艰苦细致的思想政治工作，包括农民、知识分子在内的广大人民是不可能真正认识自己的根本利益的。即使是工人阶级，也只有在自己先锋队的领导下，用无产阶级思想武装起来，才能形成统一的、有组织的力量，并使自己的意志正确反映社会发展的客观要求。所以，中国共产党的领导对于工人阶级和广大人民意志的形成，具有决定性作用。

三、社会主义法与中国共产党的政策

中国共产党是领导我国社会主义事业的核心力量。党的政策规定了社会主义国家活动的方向，指导社会主义法的制定和实施。党的政策与社会主义法的关系，体现了工人阶级先锋队与全体人民的关系、党与国家政权的关系。

在我国，任何法律的制定都必须以党的相关政策为依据。因为只有这样，法才可能真正体现工人阶级和广大人民的意志，也才可能正确反映客观规律的要求。社会主义法实质上是党的政策的具体化、法律化、条文化、定型化。例如，我国的宪法就集中体现了党在社会主义初级阶段的基本路线以及党在政治、经济、文化、教育、科学技术、军事、社会、民族关系、外交关系等各方面的基本政策。当然，这并不是说党的所有政策都要以法律的形式表现出来。例如，调整党内关系的政策就无须制定为法。

既然社会主义法是依据党的政策制定的，那么在法的实施中，就必须以党的政策为指导。正确理解政策的精神实质是正确实施法的重要保证。

必须指出，强调党的政策对社会主义法的指导作用，绝不意味着可以贬低社会主义法的重要性，或者可以用党的政策来取代法律。这是因为：

首先，党的政策是由党组织制定的，它主要通过思想工作、说服教育、党的纪律和党员的模范带头作用来实现。党的某些政策并非对每个公民都具有约束力。而法则是由国家制定的，具有普遍的约束力，并且是靠国家强制力来保证实施的。

其次，政策的规定一般比较原则，法所规定的内容则比较明确、具体和详尽。法不仅告诉人们可以做什么、应该做什么和禁止做什么，而且还规定了违法所应承担的责任，这就更便于人们了解、执行和遵守。

最后，制定法所依据的政策，是经过实践证明为成熟了的政策，而且法的制定、修改和废止要经过严格的程序。所以，法较之政策具有更大的稳定性。

正因为法具有上述区别于党的政策的一些特征，所以对于贯彻实现党的政策来说，法是一种极其重要的工具。

总之，在党的政策和社会主义法的相互关系问题上，既要防止把政策和法对立起来的错误倾向，也要反对把政策和法混同起来以政策代替法的错误观点。

四、社会主义法与社会主义道德

社会主义法和社会主义道德是社会主义社会中相辅相成、缺一不可的两类社会规范。它们具有很多共同点：它们都建立在社会主义经济基础之上，都以马克思主义为指导，都积极地为社会主义政治文明、物质文明与精神文明建设服务，并且都担负着最终消灭阶级、消灭剥削和实现共产主义的使命。所以，它们在基本原则和主要内容上是一致的。可以这样说：凡是社

会主义法所禁止的,也必然是社会主义道德所谴责的;凡是社会主义法律所提倡的,也必然是社会主义道德所赞扬的。

社会主义法和社会主义道德是互相作用、互相影响的。在社会主义社会中,加强社会主义道德教育,树立社会主义道德风尚和荣辱观,就能提高人们遵纪守法的自觉性;加强社会主义法制教育,是进行社会主义道德教育的主要内容之一,因而也是提高人们的社会主义道德水平的有效手段。

应该看到,由于社会主义法和社会主义道德规范调整的范围有所不同,实施的手段也有很大区别,因此,在社会主义社会中,社会主义道德固然是必需的,但是光靠道德是不行的,还必须有法来保护人民,打击敌人,同一切违法犯罪分子作斗争。当然,如果只强调社会主义法的作用,而忽视社会主义道德的作用,以为运用法律手段就可以解决一切问题,同样也是错误的。所以,我们在建设中国特色社会主义、发展社会主义市场经济的过程中,要坚持不懈地加强社会主义法制建设,依法治国,同时也要坚持不懈地加强社会主义道德建设,以德治国。正如习近平总书记指出的:"必须坚持依法治国和以德治国相结合,使法治和德治在国家治理中相互补充、相互促进、相得益彰,推进国家治理体系和治理能力现代化。"[4]

在实践中,应划清违法行为同违反道德行为之间的界限。凡是违反社会主义法的行为,也违反社会主义的道德要求,因此,这种行为既要受法律的制裁,也会受社会舆论的谴责。但是,并非所有违反社会主义道德要求的行为,都是违法的行为,都要追究法律责任。如果混淆了两者的界限,把应追究法律责任的违法行为仅仅视为违反道德的行为而不予追究法律责任,或者把仅仅违反道德的行为视为违法行为进而追究法律责任,都会使社会主义法制受到破坏。

五、社会主义法与客观规律

规律或称法则,是事物发展过程中的本质联系和必然趋势。规律是客观的,是事物本身所固有的,人们既不能创造它,也不能任意加以改变或消灭它。但是,人们可以认识它并利用它来改造自然和社会。

法与客观规律不同。法是国家创制的,是人们意识的产物。法要在社会生活中发挥积极作用,就必须使它的内容符合客观规律的要求。马克思说:"法律只是在自由的无意识的自然规律变成有意识的国家法律时才起到真正法律的作用。"[5]因此,任何一种法在社会生活中究竟能发挥多大作用,最终取决于它在多大程度上反映了客观规律的要求。

我国社会主义法是工人阶级和广大人民意志的体现。工人阶级和广大人民的根本利益同社会发展客观规律的要求是一致的,这就为工人阶级和广大人民自觉地认识和利用客观规律,为社会主义法充分反映客观规律的要求提供了可能。在社会主义制度下,人们不仅可以把属于主观意志范畴的法同客观规律的要求一致起来,而且应该自觉地运用法律手段,利用客观规律来为社会主义事业服务。

但是,即使在社会主义制度下,人们对客观规律的认识也不可能始终是正确的。由于受到

---

〔4〕 习近平:《坚持依法治国和以德治国相结合》,载新华网,http://www.xinhuanet.com/politics/2016-12/10/c-1120093133.htm。

〔5〕《马克思恩格斯全集》(第1卷),人民出版社1956年版,第72页。

主观和客观种种条件的限制，人们的认识同客观规律的要求不相一致的情况时有发生，因此，社会主义法在制定时，必须以马克思主义为指导，充分发扬民主，加强调查研究，并在实施过程中不断总结经验，结合实际情况，适时进行修改和补充。只有这样，才能使社会主义法尽可能地反映客观规律的要求，成为改造社会、造福人民的工具。

第二节　我国社会主义法的制定

一、法的制定的概念

法的制定在一定程度上与立法的概念类似，是指特定的国家机关依照法定的权限和程序，制定、修改和废止法的活动。

法的制定可以作广义和狭义两种理解：广义说，是指国家机关依法制定法律、法规、规章和其他规范性文件的活动；狭义说，专指享有国家立法权的国家机关制定法律的活动。

党的十八届四中全会提出，法律是治国之重器，良法是善治之前提。建设中国特色社会主义法治体系，必须坚持立法先行，发挥立法的引领和推动作用，抓住提高立法质量这个关键。为此，法的制定必须坚持正确的指导思想和基本原则。

为了规范立法活动，健全国家立法制度，提高立法质量，完善中国特色社会主义法律体系，发挥立法的引领和推动作用，保障和发展社会主义民主，全面推进依法治国，建设社会主义法治国家，2000 年 3 月 15 日第九届全国人民代表大会第三次会议根据宪法制定并通过了《立法法》。2015 年 3 月 15 日第十二届全国人民代表大会第三次会议对该法作了重要修改，进一步提高了立法的科学性和民主性。

二、我国社会主义法的制定的指导思想和基本原则

遵循宪法的基本原则和规定，以经济建设为中心，坚持社会主义道路，坚持人民民主专政，坚持中国共产党的领导，坚持马克思列宁主义、毛泽东思想、邓小平理论、“三个代表”重要思想、科学发展观、习近平新时代中国特色社会主义思想，坚持改革开放，这是我国社会主义法的制定的指导思想，也是最高的立法原则。只有在上述指导思想的指引下，我国的立法才能正确反映历史发展的方向和客观规律的要求，真正体现工人阶级和广大人民的意志，才能引导全国人民建设富强民主文明和谐美丽的社会主义现代化强国。

根据我国社会主义法的制定的指导思想和《立法法》的规定以及长期积累的立法实践经验，我国社会主义法的制定的基本原则主要有：

1. 维护社会主义法制的统一和尊严。《宪法》第 5 条第 2 款规定：“国家维护社会主义法制的统一和尊严。”法制的统一是民主集中制和法律权威的体现，是法律得到有效实施的前提条件和保证。我国是一个幅员辽阔、人口众多的大国，如果法制不统一，各级立法机关自行其是，势必造成对法制的破坏，法律的尊严也就荡然无存。具体地说，维护法制统一和尊严的重要意义在于：在政治上，它关系党和国家的领导与方针政策能否得到贯彻的大问题；在经济上，它关

系能否适应社会主义市场经济对法治的需要,能否形成统一开放、竞争有序的现代市场体系的大问题。

维护法制的统一和尊严,就要求在立法时从国家整体利益出发,从全体人民的全局利益出发,防止和杜绝任何狭隘的部门主义和地方主义偏向。

2. 坚持立法公开,体现人民意志,发扬社会主义民主,保障人民通过多种途径参与立法活动。社会主义国家的一切权力属于人民,法是人民意志的体现,是人民自己治理自己国家不可或缺的重要工具。广大人民对国家需要制定什么法以及为什么要制定这些法有切身体验,因而最有发言权。参与制定法的人民代表和人民的国家机关都受托于人民,他们的立法活动如果脱离人民群众,就不可能制定出真正体现人民意志和利益以及符合社会实际情况的法律,便不能期望这些法能得到人民群众的拥护和切实的实施。

人民群众通过各种途径参与立法活动。它包括由群众提出立法建议,立法机关征询群众对立法活动的意见,群众对法律案的各种形式的讨论,必要时甚至进行全民公决,等等。

3. 从实际出发,适应经济社会发展和全面深化改革的要求,科学合理地规定主体的权利与义务或权力与责任。从实际出发,实事求是,是唯物主义思想的基本点。立法只有从实际出发,尊重我国社会发展的客观规律,充分考虑我国社会主义初级阶段的特点,正确估量并适应我国社会的经济、政治等形势及其发展变化,才能使立法符合我国社会主义事业的需要,更好地发挥法在社会主义现代化建设中的作用。

公民、法人和其他社会组织的权利与义务,国家机关的权力与责任,乃是法律规范和法律关系的主要内容,关系社会利益的分配是否公平、公正。因而法在这方面的规定必须科学、合理,并且坚持权利与义务、权力与责任相统一的原则。只有这样,才能使主体的正当权益得到切实保护,也才能体现社会公平和正义。

为此,法律规范应当明确、具体,具有针对性和可执行性。

4. 立法必须依照法定的权限和程序。立法中的法定权限,是指宪法和法律赋予的有关国家机关分别能够制定什么级别和种类的法的权力范围。超越法定权限制定出来的法是违法的,因而也是无效的。

立法程序是立法精神的体现,国家的民主程度越高,就越强调立法的程序。因为没有严格的程序就会导致立法质量的低劣、法律体系的混乱乃至对公民合法权益的侵害。

5. 原则性与灵活性相结合。原则性与灵活性相结合是辩证唯物主义思想在立法工作中的体现。所谓原则性,就是要坚持马克思主义的普遍真理。所谓灵活性,就是要考虑中国的具体情况,对某些问题采取灵活的规定。原则性必须坚持,否则,我国的立法工作就会迷失方向,我国法的性质就会改变。但是在贯彻原则性时,必须根据我国的具体历史条件以及我国政治、经济、文化和生产力的发展水平,采取不同的步骤和形式,作出不同的规定,否则,原则性就无从实现。原则性是灵活性的基础,灵活性是原则性的体现,原则性必须通过必要的灵活性才能实现。

6. 保持法的稳定性、连续性与及时立、改、废相结合。法制定并付诸实施后,必须保持一定的稳定性和连续性。朝令夕改,立废无常,不仅有损社会主义法的严肃性和权威性,而且影响社会主义生产的发展和社会秩序的安定。但法的这种稳定性和连续性又是相对的。随着政治、经济的发展和建设任务的变化,法也应发生相应的变化。只有及时地进行立、改、废,才能使法适应形势发展的需要，在社会主义各项建设事业中发挥它应有的作用。

三、我国社会主义法的制定权限

依据宪法和法律的规定，我国实行的是中央统一领导和一定程度分权、多级并存、多类结合的立法权限划分体制。

（一）法律〔6〕制定的权限

依据我国《宪法》的规定，国家立法权由最高国家权力机关即全国人民代表大会及其常务委员会统一行使。全国人大〔7〕制定和修改刑事、民事、国家机构的其他的基本法律。全国人大常委会制定和修改除应由全国人大制定的法律以外的其他法律；在全国人大闭会期间，对全国人大制定的法律进行部分补充和修改，但不得同该法律的基本原则相抵触。

我国《立法法》进一步就全国人大及其常委会的专属立法事项作了具体规定：(1)国家主权事项。主要指国防、外交等方面关系国家主权的事项。(2)各级人民代表大会、人民政府、人民法院、人民检察院的产生、组织和职权。这属于国家根本政治制度问题，在宪法中已有明确规定。(3)民族区域自治制度、特别行政区制度、基层群众自治制度。这是关系国家统一、少数民族权利、维护"一国两制"、基层群众当家做主和自己管理自己的具体事务的大事。(4)犯罪和刑罚。主要是指哪些行为构成犯罪以及具体的量刑只能由法律作出规定，这关系到对人权的保障，也是刑法罪刑法定原则的要求。(5)对公民政治权利的剥夺、限制人身自由的强制措施和处罚。前项和此项，属于对有过错公民的人权进行的干预，同时也是对无过错的公民人权的保障。(6)税种的设立、税率的确定和税收征收管理等税收基本制度。(7)对非国家财产的征收、征用。这一事项是关于国家权力对私人经济利益的干预。其基本精神在于既要维护国家的整体需要，又要确保公民的财产权不受损害。(8)民事基本制度。目的是要实现正常的社会民事交往和国民经济流转。(9)基本经济制度以及财政、海关、金融和外贸的基本制度。(10)诉讼和仲裁制度。包括民事诉讼、刑事诉讼和行政诉讼制度。仲裁虽不属于诉讼范围，但也是一项处理纠纷的重要制度。(11)必须由全国人大及其常委会制定法律的其他事项。

需要说明的是，上述11个方面的专属事项"只能"由法律加以规定，它不同于"可以"由法律加以规定的事项，后者的外延大于前者。如文化、科技、教育等，就没有明确列入11个专属事项中。但是，如果它们被全国人大及其常委会认为必须制定为法律时，就属于第11项中的内容。

（二）行政法规制定的权限

依据《宪法》的规定，国务院有权制定行政法规。国务院是国家最高行政机关，它负责的国家行政管理工作涉及国家和社会生活的广阔领域，其中包括许多专业性的事务。全国人大及其常委会不可能也没有必要把它们都制定成法律。为此，除法律外，还需要由国务院根据宪法

---

〔6〕"法律"一词有广义和狭义两种理解。在我国，狭义的法律是专指最高国家权力机关即全国人民代表大会及其常务委员会所制定的规范性文件。广义的法律与"法"的内涵和外延是一致的，除包括由最高国家权力机关制定的规范性文件外，还包括最高国家行政机关、地方国家权力机关和地方国家行政机关以及民族自治地方的自治机关依法制定的规范性文件，如行政法规、地方性法规、自治条例和单行条例、规章等。此处"法律"一词，是指狭义的法律。

〔7〕人民代表大会，简称人大；人民代表大会常务委员会，简称人大常委会；人民代表大会及其常务委员会，简称人大及其常委会。全书出于论述方面考虑，不对全称或简称做统一要求。——编者注

和法律的规定来制定行政法规。

《立法法》规定,行政法规可以就下列事项作出规定:(1)为执行法律的规定需要制定行政法规的事项。这项规定旨在使相关的法律具有可操作性。一般可分为两种情况:一种是把相关的法律具体化,通常是制定"实施细则";另一种是按照相关法律的要求,作出专门的规定,主要是制定单行的行政法规。(2)《宪法》第89条规定的国务院行政管理职权的事项。这一事项的内容极其广泛。

(三)地方性法规、自治条例和单行条例制定的权限

依据《宪法》和《立法法》的规定,省、自治区、直辖市的人大及其常委会、设区的市的人大及其常委会可以制定地方性法规。此后,《地方各级人民代表大会和地方各级人民政府组织法》(以下简称《地方组织法》)规定,省、自治区、直辖市的人民代表大会根据本行政区域的具体情况和实际需要,在不同宪法、法律、行政法规相抵触的前提下,可以制定和颁布地方性法规,报全国人民代表大会常务委员会和国务院备案。设区的市的人民代表大会根据本市的具体情况和实际需要,在不同宪法、法律、行政法规和本省、自治区的地方性法规相抵触的前提下,可以制定地方性法规,报省、自治区的人民代表大会常务委员会批准后施行,并由省、自治区的人民代表大会常务委员会报全国人民代表大会常务委员会和国务院备案。

《立法法》又规定,设区的市的人大及其常委会根据本市的具体情况和实际需要,在不同宪法、法律、行政法规和本省、自治区的地方性法规相抵触的前提下,可以对城乡建设与管理、环境保护、历史文化保护等方面的事项规定地方性法规,法律对设区的市制定地方性法规的事项另有规定的,从其规定。设区的市的地方性法规汇报省、自治区人大常委会批准后施行。《立法法》还规定,经济特区所在地的省、市的人大及其常委会根据全国人大的授权决定,制定法规,在经济特区范围内实施。

地方性法规可以规定的事项是:(1)为执行法律、行政法规的规定,需要根据本行政区域的实际情况作具体规定的事项;(2)属于地方性事务需要制定地方性法规的事项。

依据《宪法》和《立法法》的规定,民族自治地方的人大有权依照当地民族的政治、经济和文化的特点,制定自治条例和单行条例。民族自治地方的自治条例和单行条例,应依法报上级人大常委会批准后生效。

自治条例和单行条例可以依照当地民族的特点,对法律和行政法规的规定作出变通规定,但不得违背法律或者行政法规的基本原则,不得对《宪法》和《民族区域自治法》的规定以及其他法律、行政法规专门就民族自治地方所作的规定作出变通规定。

(四)部门规章、地方政府规章制定的权限

依照《立法法》的规定,国务院各部、委员会、中国人民银行、审计署和具有行政管理职能的直属机构,可以根据法律和国务院的行政法规、决定、命令,在本部门的权限范围内,制定规章。此即部门规章。部门规章规定的事项应当属于执行法律或者国务院的行政法规、决定、命令的事项。

依照《立法法》的规定,省、自治区、直辖市和设区的市、自治州的人民政府,可以根据法律、行政法规和本省、自治区、直辖市的地方性法规,制定规章。此即地方政府规章。地方政府规章可以就下列事项作出规定:(1)为执行法律、行政法规、地方性法规的规定需要制定规章的事项;(2)属于本行政区域的具体行政管理事项。

（五）关于授权立法

授权立法，主要是指有权制定法律的国家机关把本属自己的立法权，部分地授予行政机关（总统或内阁等），但有时也指对地方国家机关的授权。在西方国家，20 世纪特别是“二战”以后，随着经济的突飞猛进、持续发展和社会生活的复杂化，授权立法呈现不断增长的趋势。在我国，授权立法是“文化大革命”结束后，从 1979 年开始适应国家改革开放新形势的要求出现的。全国人大及其常委会曾先后就有关利改税和税制改革、经济体制改革和对外开放以及经济特区等方面的问题，分别授权国务院和部分省、市人大及其常委会立法。

《立法法》对授权国务院立法进行了规范。该法规定：(1) 由全国人大及其常委会立法的专属事项尚未制定法律的，全国人大及其常委会有权作出决定，授权国务院可以根据实际需要，对其中的部分事项先制定行政法规，但是有关犯罪和刑罚、对公民政治权利的剥夺和限制人身自由的强制措施和处罚、司法制度等事项除外。（第 9 条）(2) 授权决定应当明确授权的目的、事项、范围、期限以及被授权机关实施授权决定应当遵循的原则等。授权期限不得超过 5 年，但是授权决定另有规定的除外。被授权机关应当在授权期限届满的 6 个月以前，向授权机关报告授权决定实施的情况，并提出是否需要制定有关法律的意见。（第 10 条）(3) 授权立法事项，经实践检验，制定法律的条件成熟时，由全国人大及其常委会及时制定法律。法律制定后，相应立法事项的授权终止。（第 11 条）(4) 被授权机关应当严格按照授权决定行使被授予的权力。被授权机关不得将被授予的权力转授给其他机关。（第 12 条）(5) 全国人大及其常委会可以根据改革发展的需要，决定就行政管理等领域的特定事项授权在一定期限内在部分地方暂时调整或暂时停止适用法律的部分规定。（第 13 条）

四、我国社会主义法制定的程序

法的制定程序，是指有权的国家机关制定、修改和废止法的法定过程或步骤。严格按照法定程序进行立法活动，是社会主义法治原则的要求，也是保证立法质量的重要条件。

由于各国的政治制度和立法制度不同，法的制定程序也各异。根据我国《立法法》和其他有关法律的规定，我国最高国家权力机关制定法律的程序包含法律案的提出、法律案的审议、法律案的表决和法律的公布四个步骤。

（一）法律案的提出

法律案是关于制定、修改或废止某项法律的提案，由享有提案权的国家机关或人员向立法机关提出。在我国，有权向全国人大提出法律案的有：全国人大主席团，全国人大常委会，国务院，中央军委，最高人民法院和最高人民检察院，全国人大各专门委员会、一个代表团或 30 名以上代表联名。有权向全国人大常委会提出法律案的有：委员长会议，国务院，中央军委，最高人民法院，最高人民检察院，全国人大各专门委员会、常委会组成人员 10 人以上联名。法律案提出后，由大会主席团或者委员长会议决定是否列入大会或者常委会的议程。

在法律案提出之前，要先行起草。在实践中，基本法律多由全国人大常委会起草，一般法律多由国务院起草。起草应采取立法工作部门、实际工作部门和专家三结合的形式。法律的起草部门不一定拥有提案权。

（二）法律案的审议

列入全国人大会议议程的法律案一般先由有关的专门委员会审议并提出审议意见。继而,法律委员会根据各代表团和有关的专门委员会的审议意见,对法律案进行统一审议,向主席团提出审议结果报告和法律草案修改稿,对重要的不同意见应当在审议结果报告中予以说明。

列入常委会会议议程的法律案,法律委员会、有关的专门委员会和常委会工作机构可采用座谈会、论证会、听证会等多种形式,听取各方意见。常委会工作机构应当将法律草案发送有关机关、组织、专家征求意见。

列入常委会会议议程的法律案,一般应当经三次常委会会议审议后再交付表决:第一次审议法律案,在全体会议上听取提案人的说明,由分组会议进行初步审议;第二次审议法律案,在全体会议上听取法律委员会关于法律案修改情况和主要问题的汇报,由分组会议进一步审议;第三次审议法律案,在全体会议上听取法律委员会关于法律草案审议结果的报告,由分组会议对法律草案修改稿进行审议。

(三)法律案的表决

列入全国人大会议议程的法律案,法律草案修改稿经各代表团审议,由法律委员会根据各代表团的审议意见进行修改,提出法律草案表决稿,由主席团提请大会全体会议表决,由全体代表过半数通过。列入常委会会议议程的法律案,法律草案修改稿经常委会会议审议,由法律委员会根据常委会组成人员的审议意见进行修改,提出法律草案表决稿,由委员长会议提请常委会全体会议表决,由常委会全体组成人员的过半数通过。

全国人大和全国人大常委会的议事规则规定,法律案的表决采取投票、举手或其他方式。但现今通常是采取按表决器的无记名方式表决,增强了表决的民主性。

(四)法律的公布

《宪法》和《立法法》规定,全国人大及其常委会通过的法律,一律由国家主席签署主席令予以公布。国家主席对于法定的由他公布的法律,没有否决权。

签署公布法律的主席令要载明该法律的制定机关、通过和施行日期,并及时在全国人大常委会公报和全国范围内发行的报纸上刊登,其中以常委会公报上刊登的文本为标准文本。

经过上述四个步骤,法律的创制便告完成。

此外,《立法法》等法律对行政法规、地方性法规、部门和地方政府规章的创制程序也作了具体规定。

五、我国社会主义法的渊源

我国社会主义法以规范性文件为其主要渊源。由于制定规范性文件的国家机关不同,规范性文件的名称、效力也就有所不同,从而形成各种类别的法的渊源。

(一)规范性文件的种类

根据现行《宪法》和其他有关法律的规定,作为我国法的渊源的规范性文件按其制定的国家机关的权限及其效力范围,可以划分为以下几类:

1. 宪法。宪法是我国最主要的法的渊源,是具有最高法律效力的规范性文件。

2. 法律。法律又可分为两类:一类是基本法律,另一类是基本法律以外的法律。基本法律规定或调整国家和社会生活中在某一方面具有根本性和全面性关系的法律,由全国人民代表大会制定,如国家机关组织法、选举法、民法典、刑法、诉讼法等;基本法律以外的法律由全国人大常委会制定，如商标法、森林法、食品卫生法等。法律的效力仅次于宪法。

3. 行政法规和规章。行政法规是最高国家行政机关即国务院根据并且为实施宪法和法律而制定的关于国家行政管理活动方面的规范性文件，它是我国重要的且数量很大的一种法的渊源。其效力仅次于宪法和法律。

国务院所属各部门根据宪法、法律和行政法规制定的规范性文件，称行政规章或部门规章，也是我国社会主义法的渊源之一。

4. 军事法规。军事法规是中央军事委员会依据宪法和法律制定的调整和规定关于国防建设和军事方面关系的规范性文件，是我国重要的法的渊源之一。

5. 地方性法规和规章。地方性法规是地方国家权力机关为保证宪法、法律和行政法规的遵守和执行，结合本行政区内的具体情况和实际需要，依照法律规定的权限，通过和发布的规范性文件。地方性法规的效力低于宪法、法律和行政法规。

地方性规章是地方国家行政机关根据宪法、法律和本行政区域的地方性法规，为保证法律、行政法规和本行政区域的地方性法规的遵守和执行所制定的规范性文件，其效力低于地方性法规。

6. 自治条例和单行条例。自治条例和单行条例是民族自治地方的人大根据宪法和法律的规定，依照当地民族的政治、经济和文化的特点制定的规范性文件。自治条例一般规定关于本自治地方实行区域自治的基本组织原则、机构设置、自治机关的职权、工作制度以及其他比较重大的问题。单行条例通常根据宪法、法律的规定和本自治地方的实际情况，对国家法律、法规作出变通或者补充规定，或者规定本自治地方某一具体事项。自治条例和单行条例都不得违背宪法、法律和行政法规，且必须报经有关上级人大常委会批准后方可生效。

7. 特别行政区基本法。特别行政区基本法是我国根据“一国两制”的基本方针和宪法的规定，由全国人民代表大会制定的规定特别行政区制度的规范性文件。它是我国法的重要渊源。

8. 国际条约。我国法的渊源还包括我国同外国签订的含有规范性内容的某些条约。

（二）规范性文件的名称、结构

在我国，属于法律类别的规范性文件一般都称“法”，如《全国人民代表大会和地方各级人民代表大会选举法》《商标法》等。也有少数称“决定”，如《关于惩治虚开、伪造和非法出售增值税专用发票犯罪的决定》等。

我国法律类规范性文件的正文，其结构通常分为编、章、节、条、款、项、目。一般地说，每编至少包含两章，每章至少包含两节，每节至少包含两条。条是规范性文件的基本单位。条以下为款，款以下为项、目。章和节一般都有标题，以标明该章、节的调整对象。编、章、节、条的序号用中文数字依次表述，款不编序号，项的序号用中文数字加括号依次表述，目的序号用阿拉伯数字依次表述。有些规范性文件因内容较少，可以不分编、章、节，仅由条组成。

无论何种类别的规范性文件，都是人们必须遵守的行为准则，因而对规范性文件所使用的语言文字，要求特别严格，必须用词准确，概念明确，语言简洁，明白易懂。

（三）规范性文件的系统化

国家机关每年都要制定和颁布数量相当多且内容非常庞杂的规范性文件。随着客观形势的发展变化，原有的规范性文件有的经过了修改和补充，继续有效，有的则被废止，加之制定规范性文件的国家机关不同，制定的时间有先有后，因此各种规范性文件在内容上难免会发生不一致甚至相互矛盾的情况。为了有利于法律的制定和实施,就有必要对各种已颁布的规范性文件进行整理,使之系统化。法律汇编和法律编纂就是规范性文件系统化的两种方式。

法律汇编或称法规汇编,是把现行的规范性文件在不改变内容的前提下按颁布的年代顺序或按所属的法律部门,分门别类加以系统排列,并汇编成册,如《中华人民共和国××××年至××××年法律汇编》《劳动法规汇编》《税法汇编》等,都属于法律汇编。它不是一种立法活动。

法律编纂或称法典编纂,是对某一法律部门或法律制度的全部现行规范,根据一定的原则进行审查,既要剔除其中过时的、重叠的、前后不一致甚至相互矛盾的部分,又要根据新情况对原有的规范作修改、补充,或制定新规范以填补空白,从而形成一部结构严密、规范之间协调一致、内容系统完整的新的规范性文件。这种规范性文件有的国家称为"法典"。法律编纂是一种立法活动,只能由享有立法权的国家机关按法定程序进行。

六、我国社会主义法的部门

法的部门亦称部门法。任何国家为了适应社会生活各个方面的需要,必定要制定许许多多的法律规范。这些规范的内容虽然不同,但并不妨碍人们把内容不同的法律规范按照一定标准划分为若干法律部门。各个法律部门的调整对象不同,调整方法有别,因而各具特点。

划分法律部门的标准主要是法律规范所调整的对象即社会关系的性质。通常把调整同一类性质的社会关系的法律规范归并为一类,成为一个法律部门。例如,作为我国社会主义法律部门之一的行政法,就是由调整国家行政机关在进行行政管理活动过程中所发生的各种社会关系的法律规范构成的。可见,法律部门就是调整同类社会关系的法律规范的总和。

但是,法律规范调整的对象并不是划分法律部门的唯一标准,有时调整的方法也是划分法律部门的重要依据。例如,刑法这个法律部门所调整的社会关系涉及政治、社会安全和秩序、人身、财产、婚姻家庭等方面。刑法之所以能够并且需要成为一个独立的法律部门,就在于它调整手段的特殊性。刑法是以刑罚方法来实现对上述各种关系的调整的。

社会关系是复杂的,各种社会关系往往互相交错,因此,调整各类社会关系的各个不同的部门法往往会出现交叉和部分重叠的现象,而且同一类性质的社会关系并不总是由一个部门法来调整的。例如,财产关系就同时受到宪法、行政法、民法、商法、经济法、刑法等部门法的调整。当然,它们在调整财产关系时又各有其侧重的方面,调整的手段也不尽相同。

一般认为,我国社会主义法可划分为以下一些法律部门:(1)宪法及其相关法;(2)行政法;(3)民法和婚姻家庭法;(4)商法;[8](5)经济法;(6)社会法;(7)刑法;(8)诉讼和非诉讼程序法;(9)军事法。

七、我国社会主义法的体系

法的体系亦称法律体系,是指一个国家所有法律部门的各个层次的全部现行法律规范所组成的有机统一整体。

我国法律体系是中国特色的社会主义法律体系。从我国社会主义法律创立,到中国特色

---

〔8〕 在有些分类中,也会把民法、商法和劳动与社会保障法划分到同一个部门中,这是由我国采民商合一模式决定的。

社会主义法律体系形成，经历了60多年的历程。2011年3月第十一届全国人民代表大会第四次会议向世界庄严宣布：一个立足中国国情和实际、适应改革开放和社会主义现代化建设需要、集中体现党和人民意志的，以宪法为统帅，以宪法相关法、民法商法、行政法、经济法、社会法、刑法、诉讼与非诉讼程序法等多个法律部门的法律为主干，由法律、行政法规、地方性法规等三个层次的法律规范构成的中国特色的社会主义法律体系如期形成。新中国成立以来特别是改革开放40多年来，在中国共产党的正确领导下，经过各方面坚持不懈的共同努力，我国立法工作取得了举世瞩目的巨大成就。截至2021年8月，包括现行宪法在内，全国人大及其常委会制定现行有效法律260多件，国务院制定行政法规600多件，地方人大及其常委会制定地方性法规7000多件。

中国特色社会主义法律体系的形成，是我国社会主义民主法治建设史上的重要里程碑，具有重大的现实意义和深远的历史意义。第一，中国特色社会主义法律是中国社会主义永葆本色的法制根基，从制度上、法律上确保中国共产党始终成为中国特色社会主义事业的领导核心，确保国家一切权力牢牢掌握在人民手中，确保民族独立、国家主权和领土完整，确保国家统一、社会安定和各民族大团结，确保坚持独立自主的和平外交政策、走和平发展道路，确保国家永远沿着中国特色社会主义的正确方向奋勇前进。第二，中国特色社会主义法律体系是中国特色社会主义创新实践的法制体现，从制度上、法律上保障国家始终坚持改革开放的正确方向，着力构建充满活力、富有效率、更加开放、有利于科学发展的体制机制，推动我国社会主义制度不断自我完善和发展。第三，中国特色社会主义法律体系是中国特色社会主义兴旺发达的法制保障，从制度上、法律上解决了国家发展中带有根本性、全局性、稳定性和长期性的问题，为社会主义市场经济体制的不断完善、社会主义民主政治的深入发展、社会主义先进文化的日益繁荣、社会主义和谐社会的积极构建，确定了明确的价值取向、发展方向和根本路径，为建设富强民主文明和谐的社会主义现代化国家、实现中华民族伟大复兴奠定坚实的法制基础。

法律体系形成后，立法任务依然艰巨而繁重，立法工作只能加强不能削弱。今后一个时期，我们要把更多的精力放到法律的修改完善上来，放到法律配套法规的制定上来，同时还要制定一些新的法律，以推动中国特色社会主义法律体系的与时俱进和发展完善。[9]

第三节　我国社会主义法的实施

一、法的实施的概念和方式

法的实施，是指法律规范在社会生活中的贯彻和实现。法律规范只有当它在实际生活中真正得到贯彻和实现时，它的制定才是有意义的，它的作用也才能显示出来。所以说，法的生命力在于实施，法的权威也在于实施。

法的实施不外乎两种方式，即法的遵守和法的适用。在社会主义制度下，由于法体现广大

---

〔9〕 参见吴邦国在第十一届全国人民代表大会第四次会议上所作的全国人民代表大会常务委员会工作报告。

人民的意志和根本利益,因而能为大多数人自觉遵守。所以,法的遵守是社会主义法实施的主要方式。但是,由于种种原因,法所保护的社会关系和社会秩序经常在不同程度上遭到破坏;在现实生活中,人们之间也常常会发生关于权利归属的争端。在这种情况下,就需要由被授予专门职权的国家机关依照法律的规定,采取某种带有强制性的措施来保证法的实施。这种活动就是法的适用。它是法的实施的又一重要方式。无论是法的遵守还是法的适用,就其实质来说,就是要把法的关于权利和义务的规定转化为人们的行为,从而使体现为法律规范的国家意志得以实现。

二、我国社会主义法的适用

(一)法的适用的概念

法的适用,是指国家机关及其工作人员依照法定的职权和程序,采取某种带有强制性的措施,实现法律对特定社会关系调整的活动。法的适用是国家活动的重要组成部分。法的适用的结果,必然导致某种法律关系的发生、变更或消灭。在对这一概念进行解读时,不能把法的适用单纯理解为司法机关的活动,更不能只理解为司法机关的制裁活动。国家行政机关也存在依法适用法律的问题,如市场监督管理机关依法对违法企业进行处罚。在实践中,通常把司法机关适用法律的活动称为“司法”,而把行政机关适用法律的活动称为“执法”。

(二)我国社会主义法适用的基本要求和基本原则

根据我国社会主义法的适用的实践经验,法的适用的基本要求可以概括为“正确、合法、及时”六个字。

正确,就是要在查清事实的基础上,准确地确定案件的性质,并作出恰如其分的处理。合法,就是要严格依法办案,不仅定性、处理要符合法定标准,而且在程序上也必须合乎法律的规定。及时,就是要在正确、合法的前提下,提高办案效率,及早结案。正确、合法、及时这三者是统一不可分割的,不能片面强调某一个方面而忽略其他方面。

为了达到正确、合法、及时的要求,在适用法律时必须坚持以下基本原则:

1. 公民在法律面前一律平等。公民在法律面前一律平等,是一项宪法原则,也是社会主义法在适用中必须遵循的一项基本原则。这一原则要求:(1)任何公民都平等地享有宪法和法律赋予的权利;(2)任何公民都必须平等地履行宪法和法律规定的义务;(3)任何公民都不允许有超越宪法和法律的特权;(4)任何公民的违法犯罪行为都必须平等地受到追究和制裁。

2. 以事实为根据,以法律为准绳。社会主义法律的适用,必须遵循以事实为根据,以法律为准绳的原则。这不仅是司法机关在办理案件时必须遵循的基本原则,也是行政机关进行行政管理以及对行政违法行为实施行政制裁时必须遵循的。

以事实为根据,是指执法机关和执法人员对案件作出处理时,只能以客观事实为依据,而不能以其他任何别的东西为依据。这是正确适用法律的前提。这就要求执法人员在适用法律时,必须端正工作作风,克服主观主义,重证据,不轻信口供,深入实际,走群众路线,搞好调查研究,在详尽占有案件材料的基础上,实事求是地进行全面分析,作出正确的判断和结论。

以法律为准绳,是指执法机关和执法人员的一切活动都必须符合法律的要求,并且严格按照法律的规定处理案件。也就是说,衡量案件是非曲直的标准只能是法律,而不是其他什么。这是社会主义法治的要求。舍弃了法律这个准绳,就无法判断某一行为是合法还是违法,是无罪还是有罪,是此罪还是彼罪,当然也就不可能予以正确处理。

以事实为根据,以法律为准绳,这两个方面是不能分割的。前者是正确适用法律的前提,后者是正确适用法律的根本。只有把这两个方面紧密结合起来,才能正确处理案件,避免出现错案。

3. 正确掌握各种规范性文件的相互关系。在适用法律时,必须明确各种不同类别和等级的规范性文件的相互关系,特别是它们的效力问题,从而作出正确的选择。

依据《立法法》的规定,选择规范性文件时,应遵循的原则有:(1)上位法的效力高于下位法。这是因为上位法较之下位法反映更广大人民群众的利益和意志,具有更大的权威性。(2)同位法中特别法的效力优于一般法。这是因为特别法是针对特别情况制定的,故其内容更详细,可操作性更强。(3)同位法中新法的效力优于旧法。原因在于新法是根据新形势的要求制定的,更具有现实性和合理性,所以应优先适用,除非法律另有规定。(4)不溯及既往。这是关于法律溯及力的问题。凡是法律对其颁布前所发生的行为或事件仍具有约束力的,就是溯及既往;反之,就是不溯及既往。由于人们一般不可能按照尚未颁布的法律来规范自己的行为,因而法律不溯及既往应是法律适用的一项原则。我国《立法法》也是这样规定的。但为了更好地保护公民、法人或其他组织的权利和利益,法律有时也会作出例外的规定。我国《刑法》中的"从旧兼从轻"的原则就是一例。(5)关于"变通规定"的适用。《立法法》规定,自治条例和单行条例或经济特区法规依法或根据授权对法律、行政法规、地方性法规作变通规定的,在本自治地方或本经济特区应分别适用自治条例和单行条例或经济特区法规的规定。这是因为上述两种变通规定都是法律授权的,从而也是合法的。

三、法的效力、法的解释和法的冲突

(一)法的效力

法的效力问题,是指法在什么领域、什么时期和对谁有效的问题,也就是法的空间、时间和对人的效力问题。正确解决这个问题,是正确适用法律的必要条件。

1. 空间上的效力

在我国,凡是国家层面的法律、行政法规和其他规范性文件,除非有特殊规定,一经公布施行,就在我国的全部领域内发生效力。这是国家主权原则和法制统一原则的要求。地方政权机关制定和颁布的规范性文件,只在它所管辖的地区内生效。

2. 时间上的效力

包括法的生效、失效和溯及力等问题。法通常从公布之日起生效,但有的法本身就规定了生效日期。法的失效期,一般有三种情况:第一种是法本身规定有终止生效的日期;第二种是以新法代替旧法,新法生效之日,也就是旧法失效之时;第三种是国家基于某种需要,明令宣布废止某项法律法规,并规定了废止的日期。

法的溯及力问题,也涉及法的时间上的效力,上文已有论述,兹不赘述。

3. 对人的效力

法对人的效力也是一个比较复杂的问题。对一个国家来说,法的适用在关系人的时候,可能有这样几种情况:本国公民在本国适用法的问题;非该国公民在该国适用法的问题;该国公民在外国适用该国法的问题;非该国公民在外国侵犯该国公民权利时适用该国法的问题。对上述情况,过去有的国家采取属地主义,即不论参与法律关系的人的国籍如何,在哪国就适用哪国的法;有的采取属人主义,即是哪国公民就适用哪国的法,而不论其在国内还是在国外;有的采取保护主义,即不问法律关系参加者的国籍如何、在国内还是在国外,只要侵犯了本国利益就适用本国法律。这些主张,都有一定的片面性,在实践中也有很大困难。现在许多国家都以属地主义为基础,以属人主义、保护主义为补充。按照我国现行法的规定,对在中国境内外的中国公民,以及在中国领域内的外国人和无国籍人,除有特殊规定者外,一律适用我国法律。

(二)法的解释

法的解释或称法律解释,是指对法律条文的含义和适用条件所作的说明。

法律条文的文字都比较概括、简约,而社会生活则是复杂多变的。要用概括、定型的法律规范来正确地调整复杂多变的社会关系,法律解释是不可或缺的。只有对某些法律条文作出必要的说明,阐明其立法宗旨或应有的含义和适用条件,才不致因对法律条文的误解或理解不一致而影响法的正确实施。

按照法律解释的主体和效力,法律解释可分为正式解释和非正式解释两种。

1. 正式解释

正式解释又称有权解释或法定解释,是指特定的国家机关依照宪法和法律授予的权限对法律所作的解释。正式解释由于解释的主体不同,所作解释的法律效力也不同。

在我国,正式解释包括立法解释、司法解释、行政解释和地方性解释。

(1)立法解释,是指享有国家立法权的最高国家权力机关对法律条文所作的解释或补充规定。这种解释实质上是国家立法权的延伸,同法律具有同等效力。我国《宪法》规定,全国人大常委会有权解释宪法和法律。它所作的解释就属于立法解释。立法解释既可以和被解释的法律条文包含在同一个规范性文件中,也可以采用说明报告的形式或公布专门的解释文件。

(2)司法解释,是指最高人民法院对在审判工作中以及最高人民检察院对在检察工作中具体运用法律的问题所作的解释。这类解释对下级法院和检察院在审判工作和检察工作中具体运用法律时具有约束力。上述两机关的解释必须是协调一致的,如果两机关的解释有原则分歧,应报请全国人大常委会解释或决定。司法解释的形式有批复、解答、规定、通知等。不论何种形式的解释,都不得与宪法和法律相违背。

(3)行政解释,是指国务院及其主管部门所作的解释。有两种情况:一种是对不属于审判或检察工作中的其他法律如何具体应用所作的解释;另一种是国务院及其主管部门对自己制定的行政法规或规章所作的解释。行政解释必须符合宪法、法律和立法解释的精神。这类解释往往包含在行政机关所制定的实施细则中。

(4)地方性解释,是指地方政权机关对其制定的地方性法规或地方规章所作的解释。这类解释必须符合宪法、法律和行政法规,其效力只及于其管辖范围内。

2. 非正式解释

非正式解释包括法制宣传性解释、学理解释、任意解释三种,是国家宣传部门、文化机构、社会团体、报刊、法学工作者和公民等对法律所作的不具有法律效力的解释。这类解释虽然不能作为实施法律的依据,但它对于法学的发展和法制建设,特别对于提高公民的社会主义法律意识,有着不容忽视的作用。

（三）法的冲突

法的冲突即法律冲突，是指不同的规范性文件在内容上互相矛盾的状况。这种状况的存在，有碍法的准确适用。

关于法的冲突的解决，依据《立法法》的规定：(1)新的一般法与旧的特别法的冲突。属于法律之间的事项，由人大常委会裁决；属于其他的同一机关制定的规范性文件之间的事项，原则上由制定的机关裁决。(2)地方性法规与部门规章之间的法律冲突。由国务院提出意见。如果国务院认为应适用地方性法规时，国务院可以裁决；如果国务院认为应适用部门规章时，提请全国人大常委会裁决。这是由于只有全国人大常委会才具有改变或撤销地方性法规的权力。(3)部门规章之间、部门规章与地方政府规章之间的法律冲突。出现这种情况，由国务院裁决。(4)授权立法与法律的冲突。由全国人大常委会裁决。

四、我国社会主义法的遵守

法的遵守，是指一切国家机关、企业事业组织、社会团体和全体公民恪守法律的规定，严格依法办事。

遵守社会主义法，既包括遵守宪法、法律和国家机关颁布的各类规范性文件，也包括遵守劳动纪律、技术规范和一些群众自治组织所制定的乡规民约等，因为后者正是社会主义法所要求的。

遵守社会主义法是保证社会主义法实施的重要条件，它对于巩固人民民主专政，发展社会主义民主，实现依法治国，促进社会主义物质文明和精神文明的建设，具有十分重要的意义。

社会主义法的许多规定，主要依靠国家机关来贯彻执行。因此，一切国家机关首先要模范地、自觉地遵守宪法和法律，并按照各自的职责同各种违法行为作坚决的斗争。国家机关的活动是否合法，主要取决于国家机关工作人员。这就要求一切国家机关工作人员，特别是各级领导干部，必须认真学习宪法，谙熟有关的法律法规，牢固地树立起社会主义法制观念，养成依法办事的习惯。

在社会主义国家里，居于执政党地位的共产党，在维护社会主义法的尊严、保证它的实施方面，具有特别重大的责任。“党必须在宪法和法律的范围内活动”，是一项极其重要的原则。根据这一原则，一切党组织和党员的活动，都不能同国家的宪法和法律相抵触。党是人民的一部分。党领导人民制定法律，而法律一经颁布施行，包括全体党员在内的全体公民，都必须毫无例外地严格遵守。

保证社会主义法的遵守，从根本上说，要依靠人民群众的力量。社会主义法体现人民的意志和根本利益。人民一旦充分认识遵守法律同他们的根本利益的关系，就会自觉地守法。因此，在人民群众中进行深入持久的法制教育，对于保证社会主义法的实施，具有重大意义。

五、违法和法律责任、法律制裁

违法是指国家机关、企业事业组织、社会团体或公民，由于过错而违反法律的规定，致使社会关系和社会秩序受到破坏，依法应承担法律责任的行为。

构成违法，应具备下列条件：(1)必须是某种行为，而不是思想问题；(2)行为人的行为必须侵害了法律所保护的社会关系，对社会造成了危害；(3)一般地说，行为人主观上要有过错（故意或过失);[10] (4)行为人必须具有责任能力或行为能力。

行为人的行为既然违反了法律的规定,造成了危害社会的结果,就理应承担一定的法律责任,受到法律的制裁。

法律责任有广义、狭义之分。广义的法律责任与法律义务同义。狭义的法律责任是指由违法行为引起的依法应承担的责任。这里是指狭义的法律责任。违法行为的存在是承担法律责任的前提和依据,没有违法行为就不发生法律责任的问题。法律责任只能由实施违法行为的人来承担,不允许株连。根据违法行为的性质,法律责任可分为刑事法律责任、民事法律责任、行政法律责任和违宪责任。

法律制裁是特定的国家机关对应负法律责任的违法者,依法所采取的惩罚措施。法律制裁的方式与法律责任的性质相适应,最终取决于违法行为的性质及其社会危害性的大小。不依据违法行为随意追究法律责任,或者不以法律责任为依据滥施制裁,都是对社会主义法制的破坏,本身就是违法。与法律责任相适应,法律制裁可分为刑事制裁、民事制裁、行政制裁和违宪制裁。不同的法律制裁在制裁方式上各具特点。

六、我国社会主义法律关系

(一)法律关系的概念

法律关系是由法所调整的社会关系,这种社会关系表现为法律上的权利义务关系。

人们在社会生活的各个领域里结成广泛的社会关系,但是,并非所有的社会关系都是法律关系。某一社会关系只有当它为法所调整并在这一关系的参加者(主体)之间形成一定的权利义务关系时,才构成法律关系。可见,法的存在是法律关系产生的前提,法律关系是法在实际生活中的体现。

既然法反映的是统治阶级的意志,那么由法所调整的社会关系——法律关系,它的发生、变更和消灭,就必然要以统治阶级的意志为转移。不少法律关系的发生固然必须以参加者的意思表示为条件,但这种意思表示同样不能违背统治阶级的意志。同时,法律关系是受国家强制力保障的,尽管绝大多数的法律关系并不是依靠法院的判决强制实现的,但在所有的法律关系背后,都隐藏着国家的强制力。统治阶级之所以要以国家强制力来保障法律关系,目的就在于确立起有利于统治阶级的法律秩序。

各种不同的社会关系需要各种不同的法律规范去调整,从而形成各种不同的法律关系,如民事法律关系、刑事法律关系、行政法律关系、诉讼法律关系,等等。

任何一个具体的法律关系都由法律关系的主体、法律关系的内容和法律关系的客体这三个要素构成,缺少其中任何一个要素,就构不成法律关系。

(二)我国社会主义法律关系的主体

法律关系的主体是法律关系的参加者,即法律关系中权利的享有者和义务的承担者。任何一种法律关系,没有享有一定的权利和承担一定的义务的主体参加,都是不可能成立的。各个具体法律关系的主体数量不尽相同,但至少不能少于两个,否则就没有"关系"可言。

---

〔10〕 要求行为人主观上有过错并不是绝对的,而过错责任原则却是归责的基础。但在个别情形下,不要求行为人对某种结果的产生具有过错,如宠物伤人等,其应当按照法律的规定承担责任。

在我国,可以成为法律关系主体的有公民(自然人)、国家、国家机关、社会团体、企业事业单位、集体经济组织等。此外,在我国境内的外国人、无国籍人或经我国认可的外国社会组织,也可以成为我国某些法律关系的主体。

法律关系的主体应具有权利能力。所谓权利能力,是指依法享受权利和承担义务的资格。在我国,一切公民均具有平等的权利能力,非依法律不得限制或剥夺。法人和各种社会组织的权利能力各依其成立的目的和业务活动的范围而有所差别。

主体的权利能力与行为能力是两个不同的概念,不能混为一谈。行为能力是指能以自己的行为行使权利和承担义务,从而使法律关系发生、变更或消灭的资格。公民虽然都有权利能力,但不一定都有行为能力。一般地说,精神正常的成年人都有行为能力,不满8周岁的未成年人和不能辨认自己行为的成年人则为无行为能力人。对8周岁以上的未成年人的行为能力应予以一定的限制,故也称其为限制行为能力人。法人和各种社会组织的行为能力有其特点:它们的行为能力与权利能力同时产生,除非该组织被撤销,它们的行为能力不会丧失。

(三)我国社会主义法律关系的内容——权利和义务

权利和义务构成法律关系的内容。权利是法律赋予人们享有的权益。表现为权利的享有者有权作出一定的行为和要求他人作出相应的行为,在必要时可请求有关国家机关以强制性的协助实现权益。义务是法律规定的人们应履行的某种责任。表现为要求负有义务的人必须作出一定行为或抑制一定的行为,以维护国家利益或保证权利人的权利获得实现。权利和义务是相对的。没有无义务的权利,也没有无权利的义务。在法律关系中一个主体享有权利,就意味着另一个主体负有义务。但是权利和义务对主体来说不一定是对等的。有时一个主体享有权利,几个主体负有义务;有时则相反。在多数情况下,一个主体既是权利的享有者,又是义务的承担者。

在阶级对抗的社会中,权利和义务是对立的,这种对立是阶级对抗在法律上的反映。恩格斯在谈到这一问题时说,在阶级对抗的社会,“几乎把一切权利赋予一个阶级,另一方面却几乎把一切义务推给另一个阶级”[11]。社会主义社会由于消灭了剥削阶级和剥削制度,从而也就消灭了权利和义务之间的阶级对立。任何人要享有权利就要承担义务;只有履行了义务,才允许享受权利。不允许只享受权利不承担义务的公民或社会组织存在。

(四)我国社会主义法律关系的客体

法律关系的客体,亦称权利客体,是法律关系主体的权利义务所指向的对象。

在我国,社会主义法律关系的客体一般包括:(1)物,即可以为人们控制和利用的一切物质财富。(2)与人身相联系的非物质财富,如人们的著作、发明创造、姓名、肖像等。(3)行为,即人的有意识的活动,如选民的选举活动,演员的演出活动,运输部门的运送活动等。行为的形式有两种:作为和不作为。(4)人体(包括生命、健康和身体以及与此相关的人身权益),是指由人的全部生理器官组成的有机体。它是人的生命的载体,也是人的精神利益的物质体现。随着现代科技和医学的发展,输血,器官移植,精子、卵子的提取,人体解剖等现象已越来越普遍,因而人体器官的捐赠甚至非法买卖等活动也日趋频繁,人体(部分或整体)成为法律关系的客体已成为不争的事实。作为法律关系客体的人体不同于物,它与人的生命密切联系。但在社

---

〔11〕《马克思恩格斯选集》(第4卷),人民出版社1972年版,第174页。

会主义制度下,不论在何种性质的法律关系中,当人体(部分或整体)成为该法律关系的客体时,均不得危及人的生命,否则将为法律所禁止。同时,认可人体为法律关系的客体,也绝不意味着有生命的人可以成为法律关系的客体。

(五)法律事实

法所调整的社会关系是法律关系,但这不是说法创造了法律关系。法律关系的产生、变更和消灭必须有法律规定的一定情况的存在。这种由法律规定的能够引起法律关系产生、变更或消灭的客观情况,就是法律事实。

法律事实按其是否与人的意志有关,可区分为事件和行为两大类。

事件,是指与人的意志无关的客观现象,如婴儿的出生(引起户籍关系、抚养关系等),人的死亡(引起财产继承关系、婚姻关系的消灭等),自然灾害的发生(引起保险赔偿关系)等。

行为是最广泛最普遍的法律事实。行为按形式可分为积极行为(作为)和消极行为(不作为);按其是否符合法律的要求,可分为合法行为和违法行为。合法行为引起法律关系产生、变更或消灭的情况是极其普遍的,如依法进行选举、录用职工、缔结婚姻、签订合同等。违法行为按其所违反的法律的性质又可分为:犯罪,即违反刑法的行为(如杀人、放火);违反民法的行为(如不履行合同义务);违反行政法的行为(如违反治安管理的行为);违反婚姻法的行为(如结婚不进行登记)等。违法行为也会引起法律关系的发生、变更或消灭。

思考题

1. 怎样理解我国社会主义法的本质?
2. 怎样理解中国共产党的政策与我国社会主义法的关系?
3. 我国社会主义法的社会作用主要表现在哪些方面?怎样正确估量社会主义法的作用?
4. 社会主义法的实施为什么必须坚持法律面前人人平等的原则?
5. 什么是法律关系?社会主义法律关系由哪些要素构成?

第三章　我国社会主义法制与法治

我国的法治道路彰显出社会主义特征。在社会主义法治进程中，既要立足当前，运用法治思维和法治方式解决经济社会发展面临的深层次问题，又要着眼长远，筑法治之基、行法治之力、积法治之势，促进各方面制度更加成熟更加定型，为党和国家事业发展提供长期性的制度保障。要传承中华优秀传统法律文化，从我国革命、建设、改革的实践中探索适合自己的法治道路，同时借鉴国外法治有益成果，为全面建设社会主义现代化国家、实现中华民族伟大复兴夯实法治基础。社会主义法治是基于马克思主义法学的基本原理，紧密结合现阶段中国国情和全面依法治国的丰富实践而创立的，具有鲜明的时代特征、实践导向和理论风格，是历史逻辑、实践逻辑和理论逻辑的有机统一。[1] 法制是实现法治的有效保障，法治反过来能够促进法制的完善，两者既有联系，又有区别。

第一节　社会主义法制的概念和基本要求

一、社会主义法制的概念

在了解社会主义法制的概念之前，先要了解什么是法制。“法制”一词，由来甚久。早在先秦时期，法家的一些代表人物在他们的言论中就有关于法制的议论，如“法制不议，则民不自私”[2]，“法制明则民畏刑；法制不明，而求民之行令也，不可得也”[3]，“释法制而妄怒，虽杀戮而奸人不恐”[4]。这些议论中，法制主要是指制定成文法和“以法治国”，是针对儒家的“礼治”“人治”而言的，和我们今天对法制的理解不同，也不同于我们今天所说的“法治”。

及至近代，“法制”一词更为人们所广泛使用。但对法制的理解却很不一致。拿新中国成立后的情况来说，“法制”这个词就曾在不同的意义上使用过。有时把法制当作法律的同义语，如“法制史”；有时把法制理解为立法即制定法律，如“法制局”；有时把法制理解为守法，即对法律的严格遵守，如“加强法制观念”；有时则理解为法制制度，如“健全法制”。至于对法制概念的表述，也是众说不一。有的认为，法制就是法律制度；有的认为，法制就是统治阶级的法律意

〔1〕 参见王晨：《在全面依法治国实践中担当尽责沿着中国特色社会主义法治道路阔步前进》，载《中国法学》2019 年第 6 期。

〔2〕《管子·法禁》。

〔3〕《商君书·君臣》。

〔4〕《韩非子·国人》。

识、法律制度、法律文件的总称;有的认为,法制是统治阶级把国家事务制度化、法律化,并严格依法办事的一种原则。也有把法制等同于法治,即依法治国。

1957年董必武在讲到法制问题时说:"现在世界上对法制的定义,还没有统一的解释。我们望文生义,国家的法律和制度就是法制。什么叫制度,制度就是在一个国家里面,不仅国家而且社会的组织,大家都要遵守的一定的秩序。""国家没有法制,就不能成为一个国家。"[5]这对理解什么是法制的问题具有重要指导意义。

根据董必武的有关论述并综合法学界讨论的情况,对社会主义法制的概念可作如下表述:社会主义法制是社会主义国家根据工人阶级和广大人民的意志建立起来的法律和制度,是立法、执法、守法和监督法律实施等几方面的统一,中心环节是依法办事,目的在于确立工人阶级和广大人民实现当家做主和进行建设所必需的法律秩序。上述定义,第一句话是对社会主义法制阶级本质的揭示,第二句话是对社会主义法制内容的概括,第三句话是对社会主义法制的要求的集中表述,也是社会主义法制题中应有之义,最后一句话则是建立社会主义法制的出发点和归宿。

二、社会主义法制的基本要求

社会主义法制的基本要求是"有法可依,有法必依,执法必严,违法必究"。这四者是密切关联、不可分割的统一体。

1. 有法可依。有法可依,就是要求有完备的法可供遵循。没有法固然谈不上法制;法不完备,法制也不可能健全。因此,加强立法工作,切实遵循制定社会主义法的指导思想和基本原则,严格制定权限和程序,建立起完备的中国特色社会主义法律体系,使人们在社会生活的各个方面都有法可依,有章可循。这是健全社会主义法制的前提和首要任务。当然,这里所说的法必须是"善法"或称"良法",这是有法可依的题中应有之义。所谓"善法",首先它必须是充分反映广大人民意志之法,同时它还必须是正确反映社会发展规律之法。而这二者正是社会主义法的民主性和科学性的要求。

2. 有法必依。法制定出来,就要付诸实施。有法不依,等于无法。再好的法,如果不能为人们所遵守,无异于一纸空文。所以,有法必依是健全社会主义法制的关键。

有法必依,首先要求一切执法机关及其工作人员必须依法办事。利用法律赋予的职权,谋取小集团或者个人的私利,固然是对社会主义法制的破坏;无视法律的规定,以执法者个人的感情或意愿代替法律,同样也是社会主义法制所不允许的。

有法必依,不仅要求在处理人民内部矛盾问题时必须依法办事,切实保障人民群众的合法权益,也要求在处理敌我矛盾问题时,不得违反法律的规定而为所欲为。

有法必依,还要求全体公民都遵守法律,使自己的举止言行符合法律的规定。人民遵守自己的法律,同在剥削阶级社会中被迫遵守剥削阶级的法律,性质是根本不同的。剥削阶级的法律是剥削阶级专政的工具,是套在人民脖子上的枷锁。人民为求解放,必须奋起把它砸碎。而我们的法律,是人民自己制定的。它是维护社会秩序,保护人民利益,保护社会主义经济基础,保护和促进生产力发展的。我们要求所有的人都遵守社会主义法律。实践证明,法律只有当

[5] 《董必武政治法律文集》,法律出版社1986年版,第519~520页。

它为社会上绝大多数人自觉遵守时,才能充分发挥它的威力和作用。

3. 执法必严。执法必严,是指执法机关和执法人员执行法律都必须严格、严肃、严明,一丝不苟地按照法律规定办事,维护法律的尊严和权威。这是健全社会主义法制的重要条件。

要做到执法必严,就必须按照我国宪法和法律的规定,切实保障审判机关和检察机关依法独立行使审判权和检察权。如果审判机关和检察机关在办案时,谁都可以干涉、指挥,执法必严就成了一句空话。

要做到执法必严,就必须忠于法律和制度,不折不扣地按照法律规定的工作规程办案。这是执法严格的重要标志。

执法必严的另一个重要内容,就是执法严肃,忠于事实真相。如果在执行法律时,连事实都没有搞清楚,把无罪定为有罪,有罪定为无罪,滥罚无辜或放纵坏人,那还有什么执法必严可言!

执法必严还有极其重要的一条,就是必须贯彻"有错必纠"的方针。执法必严的目的在于正确适用法律,准确地打击敌人,惩罚犯罪,保护人民,服务经济。由于种种原因,在办案中往往会发生这样那样的错误,尽管这种错误在法制健全后会越来越少,但仍然很难完全避免。这就要求执法机关和执法人员,一旦发现错误,应勇于纠正。这是实事求是原则在执法中的具体表现。

执法必严还包括执法严明。"徒法不足以自行。"要做到执法必严,就需要培养一大批执法如山、刚直不阿、熟谙法律业务、敢于以身殉法的执法人员。这也是社会主义法制建设中一个非常重要的方面。

4. 违法必究。违法必究,就是对一切违法犯罪分子都要依法追究法律责任并予以制裁;任何人都不得把自己凌驾于法律之上,享有法律规定以外的特权;更不允许国家公职人员在自己违法犯罪的情况下,滥用职权,逃避罪责,逍遥法外。只有这样,才能使社会主义法制对于违法犯罪的人具有压力和束缚力,并使之受到应有的惩罚。所以,违法必究是健全社会主义法制的重要保证。如果对违法者听之任之,对国家公职人员和群众犯法不是平等地看待,对领导干部违法不能绳之以法,那么,国家和人民的利益就会受到损害,社会主义法制的权威就会丧失殆尽。

由此可见,只有认真地、全面地做到有法可依,有法必依,执法必严,违法必究,才能保证社会主义法制的统一性、连续性、平等性,才能维护社会主义法制的权威,充分发挥社会主义法制在社会主义现代化建设中的作用。

第二节　社会主义民主与社会主义法制

一、社会主义民主的本质

"民主"一词源于古希腊文,原意是人民的权力。民主是国家制度中的一个问题,是一种国家形式、一种国家形态,是建立在一定经济基础之上的政治上层建筑,是阶级社会特有的现象,具有鲜明的阶级性。

既然民主是一种国家形态,那么,国家的阶级本质就决定了民主的本质。例如,古希腊的雅典民主制,曾经是奴隶主占有制下民主制的典型。在这种民主制度下,奴隶主操纵一切,所有的奴隶都被看作生产工具,完全处于无权地位。所以,雅典的民主制只是奴隶主的民主。资产阶级在其革命初期,提出了一些民主口号,如“自由、平等、博爱”“天赋人权”等。当资产阶级取得政权后,又把这些民主口号写进它的宪法,并且普遍建立了以普选制、议会制、三权分立等为主要内容的资产阶级民主制度。这对封建专制主义来说,无疑是一个历史的进步。但是,必须看到,资产阶级的民主制是资产阶级的国家形式,是资产阶级用以实现其统治的手段。

社会主义民主首先是社会主义国家的国家制度问题。社会主义民主即人民民主,就是全体人民在共同享有对生产资料的不同形式的所有权、支配权的基础上,享有管理国家和社会的权力的一种国家政治制度。

社会主义民主的本质是人民当家做主。在社会主义社会里,人民是国家的主人,国家的一切权力属于人民,人民享有广泛的政治、经济和文化教育等方面的民主权利,特别是享有管理国家、管理各种企业、管理文化教育的权利。这是社会主义民主最重要的内容。

二、社会主义民主与社会主义法制的相互关系

在社会主义国家中,民主与法制是互相依存、相辅相成的。社会主义民主是社会主义法制的前提和基础,社会主义法制是社会主义民主的确认和保障。

1. 社会主义民主是社会主义法制的前提和基础。社会主义法制是随着社会主义民主的产生而产生的。只有当工人阶级和广大人民掌握了国家政权,争得了民主,才能把自己的意志提升为法,才能建立起自己的法制。所以,社会主义法制的建立,是以社会主义民主的存在为前提的。

法制的性质直接取决于民主的性质,有什么性质的民主,就有什么性质的法制。社会主义法制的人民民主性质,就是由社会主义民主的本质决定的。社会主义法制所坚持的每一项原则,都可以从社会主义民主的要求中找到它的根据。社会主义法制无非是社会主义民主的制度化、法律化而已。

社会主义法制的健全同样不能离开民主。这是因为只有充分发扬民主,才能集中人民群众的正确意见,制定出真正反映广大人民意志的法;而只有真正反映广大人民意志的法,才能得到人民的拥护和自觉遵守。同时,法的执行也离不开人民的监督。实际上,任何法律都有可能避而不执行,甚至阳奉阴违。为了防止这类现象的发生,重要的一条就是要充分发扬民主,赋予人民以监督和批评执法者的权利。总之,无论是法的制定、执行和遵守,还是监督法的实施,都离不开社会主义民主。很难想象,在一个没有民主的国度里,却会有健全的法制。

2. 社会主义法制是社会主义民主的确认和保障。对于工人阶级和广大人民来说,夺取政权,争得民主,仅仅是革命的开始。工人阶级和广大人民要实现自己的历史使命,必须运用法律形式把已经争得的民主成果确认和固定下来。用法律形式确认和固定革命成果,首先和最主要的是确认和固定人民的民主地位即人民的国家主人的地位。我国《宪法》第1条第1款就开宗明义地规定:“中华人民共和国是工人阶级领导的、以工农联盟为基础的人民民主专政的社会主义国家。”紧接着第2条第1款又规定:“中华人民共和国的一切权力属于人民。”这就是

对人民民主地位的确认和固定。

国家的一切权力属于人民,这是社会主义民主的核心。人民为了行使国家权力,就需要按照一定的原则,采取一定的形式,组织起各级各类国家机关。在这方面,社会主义法制起着重大的作用。我国的宪法和法律明确规定了我国国家政权的组织形式,国家机关的组织和活动的原则以及国家机关之间、国家与公民之间的关系。这些规定实质上是对人民行使国家权力的形式、程序和方法的规定。没有适宜的形式、程序和方法,人民就无法行使国家权力,国家的一切权力属于人民也就成了一句空话。严格实施法律的这些规定,就能够使国家权力牢牢地掌握在人民的手中,并使所有的国家机关听命于人民,按照人民的意愿和利益进行活动,从而确保人民当家做主的地位。

社会主义民主是有组织、有领导的民主,是法律规定范围内的民主。它与极端民主和无政府主义没有丝毫共同之处。社会主义法律在赋予公民广泛民主权利的同时,也规定了公民应尽的义务。公民履行法律规定的义务,是公民享有民主权利的必要条件。社会主义法制既保障公民平等地享有法律赋予的民主权利,也要求公民忠实地履行法律规定的各项义务。例如,我国《宪法》规定,公民行使自由和权利的时候,不得损害国家的、社会的、集体的利益和其他公民的合法自由和权利。这是公民在行使权利和自由时必须承担的一项义务。很明显,如果公民在行使权利和自由时,可以不承担此项义务,那么,民主权利就有可能被滥用,社会主义民主就会遭到破坏。

社会主义社会特别是在它的初级阶段,由于还存在敌对势力和敌对分子,还存在剥削阶级腐朽思想的影响,在人民内部也不可避免地会产生损害社会主义民主的行为,因此,必须运用社会主义法制的武器,同一切破坏和损害社会主义民主的行为进行斗争。法制对民主在这方面的保障作用是十分显著的。

综上所述,可见社会主义法制是实现社会主义民主的必不可少的手段,是保障社会主义民主的锐利武器。从这个意义上说,没有社会主义法制,也就没有社会主义民主。

第三节　社会主义法律意识与社会主义法制

一、法律意识的概念

法律意识是人们关于法律的思想、观点和心理的总称。它的内容主要包括人们对法的本质和作用的看法、对法的评价和解释、对行为是否合法的理解,以及在法的方面的愿望和要求等。在现实生活中,不论是法的制定,还是法的执行和遵守,乃至违法犯罪,无不受一定法律意识的支配。所以了解法律意识,对于了解法制是很重要的。

法律意识是社会意识的一种,它的内容归根到底是由社会存在即社会物质生活条件决定的。物质生活条件不同的各个阶级,它们的法律意识是不同的,有时往往是针锋相对的。法律意识的这种不同和对立,集中表现在对待现行法的态度上。对于同一部法律,剥削阶级与被剥削阶级、统治阶级与被统治阶级的评价可能截然相反。所以在一个国家里,虽然只有一个法律体系,却不存在统一的法律意识。但是占统治地位的法律意识,只能是统治阶级的法律意识。因为只有掌握政权的统治阶级才有可能把自己的法律意识以法律的形式表现出来。

法律意识作为一种上层建筑现象,固然最终是受经济基础的制约,但其他形式的社会意识,诸如政治思想、道德观念、哲学观点和宗教等,对于法律意识的影响也是不能低估的。

法律意识既可表现为人们关于法律的自发的、零散的、不系统的、有时甚至是自相矛盾的感觉和情绪,即法律感,也可以表现为关于法律的自觉的、系统的、理论化了的思想和知识。法律意识这两种表现形式,是同人们认识过程中的两个阶段相适应的。前者是法律意识的低级阶段即感性阶段,后者是法律意识的高级阶段即理性阶段。统治阶级法律意识的理性形式比感性形式能够更集中地反映本阶级的利益和要求,对于法的制定、执行和遵守起着重要的作用。所以统治阶级总是通过各种形式和渠道,向其他各个阶级灌输反映其阶级利益的法律思想和学说,为其法的实施创造思想上的条件。

二、社会主义法律意识对于健全社会主义法制的重要作用

社会主义国家法制的健全与否,在很大程度上取决于人们(从领导人到每一个公民)的社会主义法律意识的水平。不能设想,在一个法律意识水平普遍低下的国家里,能有健全的法制。这是因为:

1. 没有立法的愿望和动机,就不会有立法的活动。社会主义国家任何一项法的制定,都是已经成熟了的法律要求的产物。认识不到或者贬低社会主义法在社会主义革命和社会主义现代化建设中的作用,甚至认为法会束缚人民群众的手脚,在这种法律意识的支配下,就不会及时地去制定各种法律,对法律不完备的现象就会熟视无睹,从而也就不会有完备的法制。这是已经为我国社会主义法制建设的实践所反复证明了的。

2. 社会主义法律意识对于社会主义法律的执行也起着十分重要的作用。“徒法不足以自行。”法的执行离不开执法人员,执法人员能否正确执行法,在很大程度上取决于执法人员的法律意识。我国目前正处于社会主义初级阶段,法律规范体系尚不完备,执法人员的社会主义法律意识对于正确处理案件起着十分显著的作用。但是,这并不意味着在法律比较完备后,执法人员的社会主义法律意识不重要;相反,如果执法人员缺乏对依法治国重大意义的认识,不理解法律规定的法理与本质,不熟谙法律规定的内容,很可能导致其是非不分、曲直不辨,进而将不可能使法律制度得到正确的实施。

3. 社会主义法律意识对于社会主义法律的遵守,作用尤为显著。在社会主义国家里,遵守法律是公民的一项基本义务。但是公民是否忠实地履行这项义务,这和他们的法律意识有着直接的联系。因为人们的思想支配人们的行为,一个人如果对守法的意义认识不足,对法茫然无知,对行为是否合法不能作出正确的判断,或者甚至藐视社会主义法的权威,那么指望他严格遵守法律是不可能的。所以要提高人民群众遵守法律的自觉性,就必须大力培养他们的社会主义法律意识。人民群众的社会主义法律意识的水平越高,法律的遵守就越有保障。可见,提高全民的法律意识,是健全社会主义法制的重要思想条件。

三、在全社会普及法律知识是培养公民社会主义法律意识的有效办法

社会主义法制建设必须同全体公民的社会主义法律意识的培养和提高同步进行,才能收

到应有的成效。

以马克思主义法的理论为指导的社会主义法律意识是不可能自发产生的,它需要向人民群众进行灌输。自党的十一届三中全会以来,党和国家非常重视对公民开展法制宣传教育,以提高公民的社会主义法律意识。1985 年,全国人大常委会发布的《关于在公民中基本普及法律常识的决议》,这是适应国家现代化建设的要求,培养公民社会主义法律意识的重要文件。其后,有关国家机关多次发布文件,反复强调普法的重要性并就普法的方式和步骤作了具体部署。多年来,普法教育取得了显著的效果。

旧中国是一个半殖民地半封建的社会,缺乏法治的传统,封建主义、官僚主义、特权思想、家长制以及汪洋大海般的小生产者涣散无纪律的积习都严重存在。新中国成立后,又长期对法制问题缺乏应有的重视。尤其在"文化大革命"期间,"四人帮"等竭力鼓吹法律虚无主义、极端无政府主义,使社会主义法制遭到严重破坏。因而,开展法律宣传教育,增强公民的法律意识,具有更加紧迫的意义。

向全社会普及法律知识,除了要坚持深入、持久地在人民群众中开展法律宣传外,中央还提出要在各级各类学校中设置法制教育课程。这是加强社会主义政治文明和精神文明建设的一项战略措施,具有重要的现实意义和深远的历史意义。

第四节　依法治国,建设社会主义法治国家

一、法治的概念及其与法制的联系和区别

"法治"一词由来已久,它是相对"人治"而言的。古希腊思想家亚里士多德极力主张法治即"法律的统治",并从多方面论证"法治应当优于一人之治"。他认为,法治包含两重意义:已成立的法律获得普遍的服从,而大家所服从的法律又应该本身是制定得良好的法律。[6] 这是对法治的经典界定。及至近代,随着资本主义商品经济的发展,法治则成为日益壮大的资产阶级反对封建专制、等级特权,鼓吹君主立宪、自由、平等、民主共和国等政治主张的理论武器。

早在先秦时期,我国就有"人治"与"法治"之争。儒家主张人治(或礼治、德治),法家则主张法治。不过,法家把法治单纯地当作君主统治国家的手段和工具,即"以法治国",他们主张"法治""严刑峻法",其实质是为了维护和强化王权的专制主义的人治,今人称为"人治底下的法治",与我们现在所说法治的含义是迥然不同的。

我们现在所说的"法治"就是"依法治国",简而言之,即依照法律治理国家。

"法制"与"法治"是两个既有联系又有区别的概念。法制与法治作为法现象的社会上层建筑,都是社会经济基础的产物,而相同阶级本质的法制与法治,其经济基础也是相同的,并共同服务于这个经济基础。两者之间的紧密联系主要表现在:第一,法制是法治的必要前提条件,因为只有有了国家的法律和制度,才能谈到法治即依法治国的问题。第二,法治本身反过来又

---

〔6〕［古希腊］亚里士多德:《政治学》,吴寿彭译,商务印书馆 1965 年版,第 199 页。

要求有完备的反映广大人民意志和社会发展规律的良好的国家法律和制度。唯其如此,法治的基本要求和法制的基本要求才是一致的。

法制与法治之间的区别在于:第一,固有的属性不同。法制作为法律制度,是相对于社会、经济、政治、文化等各个领域的制度而言的,是横向的制度性的社会上层建筑结构的要素之一。法治则是相对于人治而言的,是个纵向的、动态的社会调整过程。第二,在治理国家中的地位不同。如前所述,人们通常把法制当作治理国家的工具,即"以法治国"。在这里,人被置于治国的首位,是主词;法则是一种工具,是宾词。治国者可以受他自己制定的法律的约束,也可能凌驾于法律之上。法治是"法的统治"或"依法治国",法是主词,人是宾词,法被置于治国的首位,治国者本身也要受法之治,服从法律。第三,与民主的关系不同,法制与民主政治之间没有必然的联系,实行民主政治的国家需要法制,实行专制主义政治的国家也需要法制。但是,法治必须是"良法"的治理,而良法的重要属性之一是它的民主性,由此可知,在以人身依附关系为基础的奴隶社会和封建社会,是不可能有真正的法治的。只有在资产阶级民主制国家或社会主义民主制出现后,才可能有真正的法治,这也就是说,真正的法治仅仅是近代以来的产物。第四,经济条件的不同。从经济条件的角度来考察,与民主制一样,法治是市场经济的产物。因为没有法治,市场经济是不可能形成、维持和发展的。这就是通常所说的"市场经济是法治经济"的根据。总的来说,有法制不等于有法治,但是有法治则不可能没有法制。

二、依法治国基本方略的提出

新中国成立后,我国的法制建设走过了曲折的道路。"文化大革命"期间,民主与法制遭到严重破坏。"文化大革命"后,深受其害的广大人民群众和干部,强烈呼唤民主与法制,如何对待法治已成为不容回避的问题。

1978 年,邓小平在一次讲话中指出:"为了保障人民民主,必须加强法制。必须使民主制度化、法律化,使这种制度和法律不因领导人的改变而改变,不因领导人的看法和注意力的改变而改变。"他还针对当时的情况,提出了"有法可依,有法必依,执法必严,违法必究"十六字方针。[7] 此后,他曾反复强调要发展社会主义民主,严格遵守社会主义法制。

1997 年,党的十五大报告明确提出"依法治国,建设社会主义法治国家"的目标,将"法制国家"这一表述改为"法治国家"。"法治"与"法制"虽然只是一字之差,但两者的内涵和外延却是有区别的。法治与人治是直接对立的。党的十五大报告中还把"依法治国"确定为"党领导人民治理国家的基本方略",并指出:"依法治国,就是广大人民群众在党的领导下,依照宪法和法律规定,通过各种途径和形式管理国家事务,管理经济文化事业,管理社会事务,保证国家各项工作都依法进行,逐步实现社会主义民主的制度化、法律化,使这种制度和法律不因领导人的改变而改变,不因领导人看法和注意力的改变而改变。"这就为依法治国作了一个科学的界定。1999 年,第九届全国人民代表大会第二次会议通过的宪法修正案,用根本法的形式把这一治国基本方略固定了下来。

2014 年召开的党的十八届四中全会在总结我国实行依法治国基本方略多年的经验基础

---

〔7〕《邓小平文选》,人民出版社 1983 年版,第 136 页。

上，明确提出了建设中国特色社会主义法治体系，建设社会主义法治国家的总目标和全面推进依法治国的重大任务，这就是：完善以宪法为核心的中国特色社会主义法律体系，加强宪法实施；深入推进依法行政，加快建设法治政府；保证公正司法，提高司法公信力；增强全民法治观念，推进法治社会建设；加强法治工作队伍建设；加强和改进党对全面推进依法治国的领导。全会提出，坚持依法治国首先要坚持依宪治国，坚持依法执政首先要坚持依宪执政，健全宪法实施和监督制度。

2017 年，党的十九大报告进一步提出：全面依法治国是中国特色社会主义的本质要求和重要保障。必须把党的领导贯彻落实到依法治国全过程和各方面，坚定不移走中国特色社会主义法治道路，完善以宪法为核心的中国特色社会主义法律体系，建设中国特色社会主义法治体系，建设社会主义法治国家，发展中国特色社会主义法治理论，坚持依法治国、依法执政、依法行政共同推进，坚持法治国家、法治政府、法治社会一体建设，坚持依法治国和以德治国相结合，依法治国和依规治党有机统一，深化司法体制改革，提高全民族法治素养和道德素质。

三、依法治国的必要性

为了有效地坚持和贯彻“依法治国，建设社会主义法治国家”的基本方略，就必须搞清楚为什么要依法治国即依法治国的必要性。

1. 依法治国是建立和完善社会主义市场经济的需要。纵观历史，在不发达的商品交换的条件下，交换行为和秩序主要依靠习惯和道德来维系，法律的作用比较有限。但当商品经济得到广泛发展而形成大的规模即市场经济的时候，法律的作用就极大地提高了。近代史实证明，市场经济必须是法治经济。这个道理也适合于社会主义市场经济。离开了法治，社会主义市场经济便不可能建立，即使建立起来，也不可能坚持下去。这是因为：(1)市场经济是主体多元化的经济。对进入市场的主体资格，当然必须由法律加以确定；对市场主体间的各种复杂关系，也只有用法律加以规范，使各自的责、权、利明晰化，才能为市场经济的运行提供必要的前提。(2)市场经济是公平竞争的经济，而各种公平竞争的规则和秩序，只有通过法律的形式才能有效地确立起来。(3)市场经济是契约化经济。市场经济的运行必然使各种合同的信用关系得到广泛发展，而这种合同、信用关系只有得到法律上的确认，才能有效地实现。(4)市场经济是受国家宏观调控的经济，宏观调控手段是多种多样的，但不论何种调控手段，只有在相应的法律保障下，才能有效地发挥作用。(5)市场经济是开放型的经济。它的发展必然会在经济上打破一切地区和国家的界限，形成世界市场和多种形式的国际联系。要使本国经济能有效地参与国际竞争，就必须实现本国市场经济的法治化，并使之与世界市场经济运行的一般规则对接。可见，市场经济必须是一种法治经济。在市场经济走向成熟的过程中，法的重要作用必将空前显示出来。

2. 依法治国是扩大社会主义民主，实现国家政治体制改革，建设社会主义政治文明的需要。社会主义国家是人民当家做主的国家，它当然地要求民主制。而政治体制改革，其核心就在于扩大和完善社会主义民主制。然而，民主制并不是由每个公民自行其是地来决定国家大事，它必须依靠体现人民整体意志的法来管理国家。这就是民主的法律化、制度化。只有在法的统一的、正确的指引下，人民才可能有序地参与国家管理，包括人民按照法定程序选举自己信任的代表,组成国家权力机关,并通过国家权力机关制定法律,组成其他各级各类国家机关,行使管理国家事务、经济文化事业和社会事务的权力,切实保障人民的自由和权利,同时对国家机关和公职人员实行有效的监督,使公职人员真正成为人民的公仆;当人民的这些权益受到侵害时,可以依靠法律获得救济。所以,依法治国是发展社会主义民主,促进政治文明建设,使人民真正成为国家主人翁的有力手段。

3. 依法治国是建设社会主义精神文明的需要。邓小平指出:"我们要在建设高度物质文明的同时,提高全民族的科学文化水平,发展高尚的丰富多彩的文化生活,建设高度的社会主义精神文明。"[8]"不加强精神文明的建设,物质文明的建设也要受破坏,走弯路。光靠物质条件,我们的革命和建设都不可能胜利。"[9]所以,在社会主义现代化建设中,必须"两手抓,两手都要硬"。

法本身就是社会文明发展的产物,更直接的是精神文明的产物。反过来,法对精神文明建设又具有巨大的推动力。社会主义制度高于资本主义制度的重要标志之一,是人的精神面貌的高尚。社会主义法承担着引导全体公民进行精神文明建设的使命。它要启发人们树立社会主义道德观念,摆脱利己主义、享乐主义和极端个人主义;培养遵纪守法的风气,克服社会生活中的散乱状态;繁荣文学艺术,涤荡精神污秽。法还要借助于普及公民的教育和提高公民的科学水平,使之掌握现代科学技术,以促进生产力的迅速增长,实现"科教兴国"的战略方针。

总之,正如党的十五大报告中所指出的:"依法治国,是党领导人民治理国家的基本方略,是发展社会主义市场经济的客观需要,是社会文明进步的重要标志,是国家长治久安的重要保障。"

四、实现法治的必备条件

实现法治必须具备一定的条件,这些条件主要是:

1. 维护法律的极大权威。法律的极大权威表现在内在和外在两个方面。内在方面是人们普遍地对法律的认同,以及由于崇尚法律而形成的情结即法律信仰。外在方面是人们普遍地以其自觉的行为来实践法律。有了这两个方面的统一,法律就会成为毋庸置疑、不容动摇的社会调整力量。

2. 完善法律体系。法治就是依法治国,因而法律就成为绝对必需的基本手段,而且法律的体系也必须是完善的。这就是要求在社会生活的各个领域中,都有事先制定出来的法律的调整,并尽量避免法律的空白和漏洞。任何法律的空白和漏洞,都会使人们的正常行为因无所遵循而不知所措,更会给不轨者以可乘之机。在这种情况下,不能形成有效的法治状态,甚至或使已有的正常法治状态遭到破坏。

3. 强化民主法治。法治和民主是密切关联的,没有民主就是没有法治,没有法治也就意味着没有民主。民主对于法治的要求在于既要使法律真正体现人民的意志和利益,又要使法律的创制符合严格的程序。有通过忠于人民的代表遵照民主程序制定出来的法律,才能被认为具有合法性与合理性。由此不难看出,不论实体民主或者程序民主,对于法律进而对于法治都

---

[8] 《邓小平文选》(第2卷),人民出版社1994年版,第208页。

[9] 《邓小平文选》(第3卷),人民出版社1993年版,第144页。

是极端重要的。

4. 坚持依法行政。国家行政机关的公职人员是人民公仆，其手中的权力直接来自法律。行政机关的一切行政行为只能在法律规定的界限内遵照法定程序实施。因滥用行政权力而给行政相对人造成损害的，应依法予以赔偿，并对滥用权力的相关责任人依法追究责任。

5. 保障公正司法。公正是法治的生命线。司法是公民权益受到非法侵害而得到法律救济的最后关口。所以，公正司法对于维护公民的权益进而对于国家的法治非常重要。保障司法公正取决于诸多因素，但集中起来说，就是司法机关及其工作人员严守法律标准线，既不谋求任何私利，又不屈从或迁就外来力量的强制和干预。为此，就需要有真正的司法制度，有在政治思想、道德品质和业务能力上过硬的高素质的司法人员队伍，有对于司法机关及其工作人员行使权力的严格的监督机制和纠错机制。

6. 搞好法律监督。从广义上说，法律监督是指对一切法律关系主体，包括党、国家机关、社会团体、企业单位和广大公民的行为是否合乎法律要求实行监督。在所有这些监督里，尤其重要的是对行使公权力的公职人员的监督。狭义的法律监督，即国家机关之间的法定监督，是具有直接法律效力的监督。搞好法律监督，特别是人民群众的监督，对于国家机关和公职人员公正、廉洁、有效地开展工作，对于全社会一体地守法，都是极为重要的。它是实现法治的重要保证。

思考题

1. 怎样理解社会主义法制的基本要求？
2. 怎样理解社会主义民主与社会主义法制的相互关系？
3. 社会主义法律意识在健全社会主义法制中起什么作用？
4. 什么是依法治国？它的重要意义何在？

第　二　编

第四章 宪 法

习近平总书记指出:“依法治国,首先是依宪治国;依法执政,关键是依宪执政。”[1] 习近平法治思想强调坚持党的集中统一领导作为一项制度、一种精神和一种历史叙事与宪法制度紧密地契合在一起,党的领导制度、国家制度和法律制度成为相辅相成、相互统一的体系。[2] 因此,对宪法进行研究,将对我国宪法制度的运行、宪法理念的内涵、宪法文化的传播等具有深远的意义。

第一节 宪法概述

一、宪法的概念和本质

(一)宪法是国家的根本法

宪法和普通法律在本质上是一致的。但宪法又不同于普通法律,它是国家的根本大法,在一国的法律体系中占有特殊重要的地位。和普通法律相比较,宪法具有下列特征:

1. 宪法规定的内容与普通法律不同。宪法规定一个国家的社会制度、国家制度的基本原则,如国家性质、政治制度、经济制度、国家机关的组织和活动的基本原则,以及公民的基本权利义务等。这些都是国家生活中带有根本性的问题。而普通法律只是国家生活或社会生活中某一方面的行为规范。例如,民法只是调整一定范围内的财产关系和人身关系的法律;刑法只是规定什么行为是犯罪和对犯罪者适用何种刑罚的法律;其他部门法律也都如此。

2. 宪法的法律效力与普通法律不同。宪法具有最高的法律效力,是国家一切立法活动的基础,是制定各种普通法律的依据。一切普通法律都不得与宪法的规定相违背,如果违背了宪法的规定,就是违宪。违宪的法律应当修改或者废除。所以,通常又称宪法为“母法”,普通法律为“子法”。

3. 宪法的制定和修改程序与普通法律不同。宪法的上述两个重要特征,决定了它需要比普通法律具有更大的稳定性。所以,许多国家对宪法的制定和修改,都规定了比普通法律更加严格的程序。它通常由设立的专门委员会起草,并须经最高国家权力机关或制宪机构全体成员的2/3或3/4的多数通过,才能生效。有的国家在宪法通过之前,还将草案交付全民讨论,或在宪法公布之前,交付公民投票表决。我国《宪法》明确规定,宪法的修改,由全国人大常委会

---

[1] 《习近平在首都各界纪念现行宪法公布施行30周年大会上的讲话》(2012年12月4日),载《论坚持全面依法治国》,中央文献出版社2020年版,第15页。

[2] 参见王月明:《习近平法治思想与新时代宪法的实施》,载《东方法学》2021年第4期。

或1/5以上的全国人大代表提议,并由全国人大以全体代表的2/3以上的多数通过。法律和其他议案则只需要由全国人大以全体代表的过半数通过。

(二)宪法是各种政治力量对比关系的集中表现

政治力量对比首先是阶级力量对比。宪法集中表现了阶级力量的实际对比关系,具体表现为:

1. 宪法是阶级斗争的结果和产物,是在阶级斗争中取得胜利的居于统治地位的阶级制定的,集中反映了统治阶级与被统治阶级之间的统治与被统治的关系。

2. 各国宪法的具体内容千差万别,即使是同一历史类型的宪法,其内容也各有不同。影响宪法内容差别的因素很多,其中具有决定性的,乃是阶级力量实际对比关系的具体情况。

3. 阶级斗争的实践表明,统治阶级与被统治阶级之间的力量对比关系不可能一成不变,而常常互有消长。阶级力量对比关系的这种变化,必然会在宪法中得到反映,引起宪法内容的变化。这既可以表现为宪法历史类型的更替,也可以表现为同一历史类型的同一国家在其发展的各个时期,由于阶级力量对比关系的变化而引起的宪法内容的相应变化。

需要指出的是,尽管阶级力量对比在政治力量对比中居于首要地位,但不能把政治力量对比局限于阶级力量对比,前者的含义较之后者更为广泛。政治力量既包含与阶级力量有直接联系的同一阶级内的各个阶层、各个派别的力量,也包含与阶级力量虽有若干联系但又有重大区别的各种社会集团的力量。如果单纯从阶级力量对比关系来考察和说明宪法的本质,而忽视其他各种政治力量的对比关系对宪法的重大影响,就未免把宪法的本质问题简单化了。例如,新中国成立以来宪法的几次修改,就反映了各个不同历史时期包含阶级力量对比关系在内的政治力量对比关系所发生的变化。

(三)宪法是对民主制度的确认和保障

宪法是和民主制度相联系的,它是对民主制度的确认和保障。

奴隶制国家、封建制国家实行的是君主专制制度,国家的一切权力集中于奴隶主阶级或封建地主阶级的政治代表——君主手中,君主的权力是至高无上的。在君主专制制度下,如果出现一个具有最高法律效力并能限制君主权力的宪法,那是君主所不能容忍的。所以,在奴隶制或封建制国家中,不可能有作为国家根本法的宪法。

近代意义上的宪法,即作为国家根本法的宪法,是十七八世纪资产阶级革命的产物。资产阶级在革命胜利后,为了巩固胜利成果,就有必要制定一种具有最高权威的法律,把在革命斗争中争得的民主制度固定下来,并予以保障,这就是宪法。所以,资产阶级宪法是同资产阶级民主制度紧密联系在一起的,是对资产阶级民主制度的确认和保障。

社会主义宪法是无产阶级革命的产物。列宁说:“工人阶级取得政权之后,像任何阶级一样,要通过改变所有制和实行宪法来掌握和保障政权,巩固政权。”[3]而保持政权和巩固政权,要靠民主制度。所以,社会主义宪法是对社会主义民主制度的确认和保障,没有社会主义民主制度的出现,也就没有社会主义宪法。

综上所述,对宪法的概念可作如下表述:宪法是集中反映一国政治力量对比关系,确认和保障该国民主制度的国家根本法。

---

〔3〕《列宁全集》(第30卷),人民出版社1957年版,第433页。

二、宪法的产生及其发展

十七八世纪，随着资产阶级革命在英、美、法等国的胜利，世界上出现了最早的一批资产阶级宪法。

英国资产阶级革命从1640年开始，经历了半个世纪，直到1688年的“光荣革命”，资产阶级才最后确定了它的统治，从而出现了世界上最早的宪法。英国虽然是宪法的发源地，然而却没有一部统一的、完整的、法典形式的宪法文件。它的宪法是所谓“不成文宪法”。有关英国国家制度和社会制度的许多问题，分别由一系列宪法法案、宪法性习惯和宪法性判例加以规定。这是由英国资产阶级革命的不彻底性和英国的具体国情所决定的。

世界上第一部成文宪法是1787年的美国宪法。美国原是英国的殖民地，经过7年的独立战争，摆脱了英国的殖民统治，于1776年宣布独立。1787年，美国在费城召开制宪会议，制定了宪法。1787年的美国宪法确认了资产阶级民主共和政体和“三权分立”的政治制度。

1789年法国爆发了资产阶级革命，同年8月，国民议会通过了《人和公民的权利宣言》（亦称《人权宣言》）。《人权宣言》宣布了资产阶级的自由、平等和“主权在民”“分权”等原则；确认了“法律面前人人平等”“罪刑法定”“罪刑相当”“法律不溯及既往”“无罪推定”等法制原则；《人权宣言》最后强调私有财产是不可侵犯的神圣权利。1791年，法国制宪会议制定了以《人权宣言》为序言的第一部法国资产阶级宪法。

英、美、法三国的宪法是资产阶级宪法的先驱。其后，随着资产阶级革命的发展，资产阶级在许多国家建立了自己的统治，它们仿效美、法等国宪法，先后制定了本国的资产阶级宪法，维护和发展了资本主义制度。资本主义进入帝国主义阶段后，垄断资产阶级日益走向反动，反映在宪法问题上是行政权力的不断扩大和议会权力的逐渐削弱。垄断资产阶级及其统治代表恣意破坏宪法所确认的民主原则，甚至不惜采用暴力镇压的手段，以取代宪法民主、自由的规定。第二次世界大战后，由于德、意、日法西斯战败，反法西斯的民主与和平力量空前壮大，一度被废弃的资产阶级民主制度有所恢复，一些资产阶级国家的宪法还扩大了公民权利和自由的范围，增加了社会经济权利。与此同时，亚、非、拉地区还出现了一批新兴资产阶级民族主义的宪法。这些宪法虽然仍属资产阶级历史类型，但它们强调民族独立和民族主权，强调发展民族经济，反对殖民主义、帝国主义和霸权主义，这是它们不同于英、美、法等发达资本主义国家的宪法之处。

1917年俄国十月革命推翻了地主、资本家的统治，建立了世界上第一个无产阶级民主政权国家。1918年《俄罗斯社会主义联邦苏维埃共和国宪法〈根本法〉》问世，标志着历史上第一部社会主义宪法的诞生。

第二次世界大战后，欧、亚出现了一系列人民民主国家。许多人民民主国家在总结各自的革命经验的基础上，先后制定了反映本国特点和阶级力量对比关系的宪法。包括新中国在内的这些宪法，就其历史类型来说，都是社会主义类型的宪法。

三、我国近代的宪治运动和宪法

宪治运动，亦称立宪运动，就是争取制定宪法，实行民主政治的运动。世界各国历来的宪治都是在革命成功并在国家政治生活中有了民主事实以后才实现的。我国近代宪治运动的历史,实质上就是中国革命势力同反革命势力在国家制度问题上的斗争历史,表现为三种不同的势力所要求的三种不同性质的宪法。

第一种宪法,就是中国大地主、大买办阶级所炮制的伪宪法,如清朝政府的《钦定宪法大纲》《十九信条》,北洋军阀统治时期袁世凯的《中华民国约法》和曹锟的《中华民国宪法》,国民党政府的《训政时期约法》、《五五宪草》以及 1946 年的《中华民国宪法》等。这些反动派本来是不要宪法、仇视宪治的,他们玩弄立宪骗局,炮制宪法,都是为了欺骗人民,挽救他们摇摇欲坠的反动统治。

第二种宪法,就是中国民族资产阶级所向往的资产阶级民主共和国宪法。以康有为为代表的资产阶级改良派曾提出建立君主立宪的要求,并发动了"戊戌变法",但是失败了。以孙中山为代表的资产阶级革命派,发动了辛亥革命,推翻了清王朝,成立了中华民国,制定了《中华民国临时约法》。这个宪法性文件在当时是有进步意义的。但是,辛亥革命由于缺乏彻底的反帝反封建的纲领,又未能充分发动和依靠广大人民群众,革命成果终于被封建军阀所窃取,《临时约法》实际上成了一纸空文。历史证明,在帝国主义和无产阶级革命时代,资产阶级的宪治在半殖民地半封建的旧中国是行不通的。

第三种宪法,就是工人阶级领导的、以工农联盟为基础的人民民主共和国的宪法。它包括第二次国内革命战争时期的《中华苏维埃共和国宪法大纲》;抗日战争时期和第三次国内革命战争时期的《陕甘宁边区施政纲领》《陕甘宁边区宪法原则》等宪法性文件;1949 年新中国成立前夕的《共同纲领》以及新中国成立后颁布的几部宪法。它们有的是中国共产党领导的新民主主义宪治运动的产物,有的是中华人民共和国成立以来新的历史经验的总结。实践证明,只有这种社会主义类型的宪法,才适合中国的国情,才是历史发展的必然趋势。

四、中华人民共和国宪法的历史发展

(一)起临时宪法作用的《中国人民政治协商会议共同纲领》

新中国成立前夕,中国人民政治协商会议第一届全体会议经过充分的讨论,一致通过了《中国人民政治协商会议共同纲领》(以下简称《共同纲领》)。

之所以制定《共同纲领》而没有制定宪法,是因为当时中华人民共和国还没有成立,人民解放战争还在进行,国民经济有待恢复,人民民主制度有待继续巩固,普选的人民代表大会还没有条件召开,制定宪法的条件还不具备,所以只能召开中国人民政治协商会议,由它代行全国人民代表大会的职权,制定起临时宪法作用的《共同纲领》。

《共同纲领》规定了新中国的社会制度和国家制度的基本原则,以及有关政治、经济、军事、文化、教育、民族、外交等各项基本政策。这些规定是新中国成立初期国家建设的纲领和立法的基础,在促进国民经济的恢复和发展,创建革命法制,巩固人民民主专政等方面,发挥了极大的积极作用。

(二)1954 年《宪法》

中国人民在中国共产党的领导下,在新中国成立初期,认真贯彻执行了《共同纲领》,进行了艰苦卓绝的工作,取得了丰富的经验和空前的成就。当国民经济恢复时期已告结束和社会主义建设即将开始的时候,我国国内政治力量的对比关系发生了新的变化,各级普选的人民代表大会普遍召开,制定宪法的条件已经成熟。这时,在中国共产党的倡议下,我国开始了制定

宪法的工作。

1953年1月13日,成立了以毛泽东为首的中华人民共和国宪法起草委员会,负责宪法的起草工作。宪法草案经过全民广泛深入的讨论,于1954年9月2日第一届全国人民代表大会第一次会议一致通过,《中华人民共和国宪法》诞生。这是我国历史上第一部社会主义类型的宪法。

1954年《宪法》既以《共同纲领》为基础,又是《共同纲领》的发展。《共同纲领》所规定的各项基本原则,经过实践检验证明是正确的,都在宪法中被肯定下来。《共同纲领》所规定的已经实现了的任务,《宪法》则作了省略。

1954年《宪法》既坚持了原则性,又有一定的纲领性,是一部很好的宪法。它适应了由新民主主义转变为社会主义的过渡时期的需要,对于巩固我国人民革命斗争的胜利成果,推动我国社会主义改造和社会主义建设事业的胜利发展,具有伟大的历史作用。

(三)1975年《宪法》

1954年《宪法》实施以后,我国的社会主义事业又前进了一步,在阶级关系以及政治、经济、文化和对外关系等方面都发生了重大的变化,有必要对宪法加以修改。但是,由于种种原因,宪法修改工作一再被延搁,直到1975年1月召开的第四届全国人民代表大会时,才对1954年《宪法》进行了修改,制定了1975年《宪法》。这部宪法是在"文化大革命"期间制定的,受到了极"左"路线的影响,因而存在严重的缺点和错误,在实际生活中并没有产生什么作用。

(四)1978年《宪法》

1976年10月"四人帮"被粉碎,我国进入了一个新的历史时期。为了适应社会主义现代化建设的需要,就必须对1975年《宪法》进行彻底的修改。1978年3月5日第五届全国人民代表大会第一次全体会议通过了1978年《宪法》。但限于当时的历史条件,这部宪法也很不完善。

尽管在1979年和1980年,曾分别对1978年《宪法》的个别条文作了修改,但这种修改,已远远不能适应新时期我国政治、经济、文化发展的客观需要,必须对1978年《宪法》作全面修改。

(五)我国的现行宪法——1982年《宪法》

1. 1982年《宪法》的制定经过及其指导思想

1980年9月,第五届全国人大第三次会议接受中共中央关于修改宪法和成立宪法修改委员会的建议,决定成立宪法修改委员会,主持修改1978年《宪法》。在修改过程中,宪法修改委员会广泛征集和认真研究了各地方、各部门、各方面的意见,于1982年4月提出了宪法修改草案,由全国人大常委会公布,交付全国各族人民讨论。1982年12月4日,第五届全国人民代表大会第五次会议通过了新《宪法》,即1982年《宪法》,并公布施行。

1982年《宪法》是在完成了指导思想上的拨乱反正,全面开创社会主义建设新局面的正确纲领已经确立的情况下制定的。它继承和发展了1954年《宪法》的基本原则,总结和确认了我国社会主义发展的丰富经验,特别是党的十一届三中全会以来我国历史性的伟大转变,经济体制、政治体制改革的新成果和各条战线取得的新胜利,同时也注意吸取国际的经验;既考虑到当前的现实,又考虑到发展前景。

1982年《宪法》明确规定国家今后的根本任务是集中力量进行社会主义现代化建设,把四项基本原则作为立国之本,用根本大法的形式记载和确定下来,对改革开放这一强国之路作出了原则的规定。现行宪法对国家制度、经济制度、建设社会主义精神文明、公民的基本权利和义务以及国家机构的设置和职权范围等一系列重大问题,也都作了极其明确的规定。宪法颁布和实施以来的实践证明,这些规定是符合我国国情的,它为我国进行社会主义现代化建设,为坚持四项基本原则和改革开放提供了宪法保障。

因此,这是一部有中国特色的、适应新的历史时期社会主义现代化建设需要的新宪法。

2. 1982年《宪法》的修改

为了适应社会主义建设事业的发展和进一步改革开放的需要,同时也是为了把已经取得的改革开放的成果用根本法的形式固定下来,宪法必须适时进行修改。

修改宪法的方法通常有两种:一种是全面修改,即由一个新的宪法文本代替原来的文本;另一种是修正案的方式。我国1975年、1978年和1982年三次修改宪法,都是对宪法的全面修改,修改后的新的宪法文本,通常称为新宪法。

1982年《宪法》通过并施行后,对宪法的修改,一改以往全面修改的方式,而采用修正案的方式,只对宪法个别条款或部分内容进行修改。这样既有利于保持宪法的稳定性,又能使宪法的规定适应社会实践发展的需要,从而体现了坚持稳定和与时俱进的精神。

1982年《宪法》实施以来,1988年4月第七届全国人民代表大会第一次会议、1993年3月第八届全国人民代表大会第一次会议、1999年3月第九届全国人民代表大会第二次会议、2004年3月第十届全国人民代表大会第二次会议和2018年3月第十三届全国人民代表大会第一次会议曾先后五次对宪法内容进行了修改,并通过《宪法修正案》共53条。从而使现行宪法逐步臻于完备。

第二节　我国的国家性质和根本制度

一、我国的国家性质

国家性质,是指国家的阶级本质,通常称为国体。国家性质是由社会各阶级、阶层在国家中的地位所反映出来的国家的根本属性。它包括两方面:一是各阶级、阶层在国家中所处的统治与被统治地位;二是各阶级、阶层在统治集团内所处的领导与被领导的地位。

《宪法》第一章"总纲"第1条第1款规定:"中华人民共和国是工人阶级领导的、以工农联盟为基础的人民民主专政的社会主义国家。"这一项规定是对我国国家性质的确认。

工人阶级的领导是人民民主专政的根本标志。人民民主专政之所以必须由工人阶级领导,这是由工人阶级的特点及其肩负的伟大历史使命所决定的。我国工人阶级是近代以来我国社会发展特别是社会化大生产发展的产物,具有严格的组织纪律性和革命的坚定性、彻底性等品格。工人阶级只有解放全人类,才能最后解放自己,它的根本利益同广大人民群众的根本利益是一致的。因而,只有工人阶级才能够把广大人民群众团结在自己的周围,实现社会主义,最终建成共产主义。

新中国成立以来特别是改革开放以来,随着改革开放和现代化建设的发展,我国工人阶级的队伍不断壮大,思想道德素质和科学文化素质日益提高,工人阶级的先进性也在发展。当前,要顺利地进行社会主义现代化建设,更需要进一步加强工人阶级对国家的领导。

在我国,工人阶级的领导是通过中国共产党来实现的。中国共产党是中国工人阶级的先锋队,同时是中国人民和中华民族的先锋队,是用马克思列宁主义、毛泽东思想武装起来的,以最终实现共产主义为历史使命的,有严明纪律和富于自我批评精神的无产阶级政党。它代表中国先进生产力的发展要求,代表中国先进文化的前进方向,代表中国最广大人民的根本利益。历史经验已经充分证明,只有坚持党的领导,才能坚持人民民主专政,才能保证社会主义事业的胜利。坚持中国共产党的领导,是坚持四项基本原则的核心。

工人阶级领导下的工农联盟是人民民主专政的阶级基础。工人阶级和农民阶级是我国革命和建设的根本力量。工人阶级只有得到广大农民的积极支持,才能彻底实现无产阶级革命的历史任务;而广大农民也只有在工人阶级的领导下,才能求得自己的彻底解放。在民主革命时期,我国工人阶级和农民阶级在反对帝国主义、封建主义和官僚资本主义的斗争中,已经结成了牢固的革命联盟。新中国成立以后,我国的工农联盟在社会主义的基础上进一步得到巩固。现在我国已进入以经济建设为中心的社会主义建设新时期,工农联盟也随之进入新的历史阶段。当前,工农联盟的不断巩固和加强,是战胜国内外一切敌人,加快社会主义现代化建设步伐的基本保证。

我国近代的知识分子,深受帝国主义、封建主义和官僚资产阶级的凌辱和压迫,富有革命性,不少人在民主革命中首先觉悟,起着先锋和桥梁作用。在社会主义革命和社会主义建设时期,在中国共产党的领导和教育下,绝大多数知识分子有了显著的进步。他们拥护党的基本路线,拥护四项基本原则,拥护改革开放,热爱社会主义祖国,自觉地为社会主义事业服务,已经成为工人阶级的一部分。离开了他们,社会主义现代化建设就不可能实现。所以,知识分子同工人、农民一样,是建设社会主义的基本力量。我国《宪法》“序言”指出:“社会主义的建设事业必须依靠工人、农民和知识分子,团结一切可以团结的力量。”

人民民主专政就是对人民民主和对敌人专政这两个方面的结合。只有在广大人民内部实行广泛的民主,才能充分调动广大人民群众的社会主义积极性,形成强大的阶级统治力量,才能对少数敌对分子实行有效的专政。只有对少数敌人实行强有力的专政,才能确保人民当家做主的权利。人民民主专政的政权之所以强大有威力,就是因为它把在广大人民内部实行民主和对少数敌人的专政正确地结合。

为了保障人民当家做主的地位,宪法赋予人民以极其广泛的民主权利,人民不仅可以通过各级人民代表大会行使国家权力,而且可以依法通过各种途径和形式,管理国家事务,管理经济和文化事业,管理社会事务。

在我国,随着阶级状况的变化,人民民主扩大了,专政的范围缩小了,但是专政的职能依然存在。《宪法》“序言”指出:“在我国,剥削阶级作为阶级已经消灭,但是阶级斗争还将在一定范围内长期存在。中国人民对敌视和破坏我国社会主义制度的国内外的敌对势力和敌对分子,必须进行斗争。”因此,专政的职能不能削弱。为了坚持专政的职能,《宪法》第 28 条还规定了明确的措施:“国家维护社会秩序,镇压叛国和其他危害国家安全的犯罪活动,制裁危害社会治安、破坏社会主义经济和其他犯罪的活动,惩办和改造犯罪分子。”

《宪法》“序言”指出,我国人民民主专政“实质上即无产阶级专政”。这是因为无论从人民民主专政的领导力量、阶级基础,还是从它所维护的经济基础来看,人民民主专政和无产阶级专政都是一致的。无产阶级专政在不同国家可以有不同形式。我国的人民民主专政是中国共产党领导人民创造的适合我国情况和革命传统的一种形式。在1949年的《共同纲领》中,在1954年《宪法》中,在1956年党的八大文件中,一直把我国的国家政权称为人民民主专政。1982年《宪法》仍然这样规定。因为人民民主专政的提法能够确切地表明我国的阶级状况和政权的广泛基础,明白地表示出我们国家政权的民主性质。

二、我国的根本制度

我国《宪法》第1条第2款规定:"社会主义制度是中华人民共和国的根本制度。中国共产党领导是中国特色社会主义最本质的特征。禁止任何组织或者个人破坏社会主义制度。"

一国的根本制度是其他所有制度的本源,它与其他制度的关系亦如根与茎叶的关系,它决定其他所有制度的性质、内容和发展方向。根本制度的性质如果发生变化,其他所有制度的性质也将随之改变。我国的国家性质植根于我国的根本制度——社会主义制度。

社会主义制度是人类社会最先进的制度。由于各国的具体国情不同,实行社会主义的各国不可能有统一的模式而必然各具特征。中国的具体国情决定了中国的社会主义必然具有许多中国特征,形成中国特色社会主义。在众多中国特征中,中国特色社会主义最本质特征是中国共产党的领导。党是中国特色社会主义的开创者、组织者和领导者。党的领导是中国特色社会主义不断进取和发展并取得节节胜利的推动力量和根本保证。如今,我们步入新时代,开创新征程,在中国特色社会主义道路上实现"两个一百年"奋斗目标(在中国共产党成立100年时全面建成小康社会;在新中国成立100年时建成富强民主文明和谐美丽的社会主义现代化强国),实现中华民族的伟大复兴,从根本上还是要依靠党的领导。2018年的宪法修正案,把"中国共产党的领导是中国特色社会主义最本质的特征"这一科学论断写进宪法总纲,为新时代捍卫社会主义制度,坚持和加强党的全面领导,建设社会主义现代化强国提供了坚实的宪法基础和保障。

第三节　我国的政权组织形式

一、人民代表大会制度是我国的政权组织形式

国家政权组织形式又称政体或国家根本政治制度,是指统治阶级所采取的用以实现其国家权力的形式,即统治阶级为了反对敌人保护自己而组织起来的政权机关。没有适当形式的政权机关,就不能代表国家。政体和国体是相适应的,两者的关系是内容与形式的关系。政体最终决定于国体,并积极作用于国体。

我国《宪法》第2条第1、2款规定:"中华人民共和国的一切权力属于人民。人民行使国家权力的机关是全国人民代表大会和地方各级人民代表大会。"这表明我国的政权组织形式是人民代表大会制度。

人民代表大会制度,是以民主集中制为原则,由人民选举代表组成全国和地方各级人民代

表大会，并以人民代表大会为基础，建立全部国家机构，在人民监督下来行使管理国家的权力的制度。人民代表大会制度是我国人民在中国共产党领导下，在总结我国革命根据地政权建设经验的基础上创造出来的一种政权组织形式，它直接反映了我国的国家性质，充分体现了工人阶级和广大人民群众的国家主人翁的地位。实践表明，人民代表大会制度是最适合我国国情的国家根本政治制度。

我国人民代表大会制度的长处和优势就在于它符合人民民主专政的政权性质，符合实现中国共产党对国家的领导这一重要原则，因此不应该也不需要照搬西方国家的“三权分立”制度。我们不搞西方的三权分立制度，并不是要否定对权力行使的制约，而是通过决策民主化和建立社会主义的监督体系，逐步形成社会主义的权力制约制度。

现行宪法总结了我国政权建设的新经验，并根据新时期总任务的要求，在加强人民代表大会制度方面作出了许多新规定。这些新规定标志着我国人民代表大会制度的新发展。

二、人民代表大会制度的优越性

我国人民代表大会制度的优越性主要表现在以下几个方面：

1. 人民代表大会制度充分保证了我国人民当家做主、管理国家的地位。各级人民代表大会的代表由人民直接或间接选举产生，人民代表受选民和原选举单位的监督，选民和原选举单位有权依法随时撤换自己选出的代表；人民代表有权就国家生活中的一切问题发表意见，并根据少数服从多数的原则作出决定；人民代表有权向国家机关提出质询，受质询的机关必须负责答复。这就保证了我国人民能够通过各级人民代表大会实现管理国家的权利，真正成为国家的主人；同时也保证了各级人民代表大会的代表和国家机关工作人员能够充分代表广大人民群众的意志和利益，真正成为人民的公仆。

2. 人民代表大会制度充分保证了国家权力的集中行使。全国人民代表大会是最高国家权力机关，它有权决定国家政治生活中的一切重大问题；地方各级人民代表大会都是地方国家权力机关，它有权决定本地方的各种重大问题；全国人民代表大会和地方各级人民代表大会选举产生各级国家行政机关、监察机关、审判机关、检察机关等其他国家机关，所有这些国家机关都要接受同级人民代表大会的监督，并向同级人民代表大会负责。这就充分体现了人民代表大会制度能够实现国家权力的高度集中，使各级人民代表大会成为“议行合一”的机关。

3. 人民代表大会制度有利于调动中央和地方的积极性。从宪法关于中央和地方的职权划分上可以看出，按照民主集中制原则组织起来的人民代表大会，不但贯彻了下级服从上级、地方服从中央的原则，而且赋予地方机关以应有的自主权，即在国家事务中，凡属全国性的、需要在全国范围内作出统一决定的重大问题，都由中央决定；凡属地方性的问题，应由地方处理的，则由地方因时因地制宜地加以解决。这样就既能保证中央国家机关对全国的统一领导，又能充分发挥地方政权机关的积极性，共同把国家的事情办好。

三、我国选举制度的基本原则

我国的选举制度是人民代表大会制度的重要组成部分。

选举制度是关于选举国家代表机关应该遵循的各项制度的总称。选举制度的主要内容包括选举资格的确定，每个选民是否平等地享有选举权和被选举权，不同的阶级和阶层以及不同选区是否按一定比例选出代表,候选人资格的确定和候选人的产生,选举的组织、程序(如直接选举或间接选举)和投票方式,以及按什么原则来确定当选的代表等。选举制度的内容通常由宪法和选举法规定。我国的第一部选举法即《全国人民代表大会及地方各级人民代表大会选举法》是1953年颁布的。1979年7月1日第五届全国人民代表大会第二次会议审议通过了《全国人民代表大会和地方各级人民代表大会选举法》,其后,分别在1982年、1986年、1995年、2004年、2010年、2015年对该法先后进行了6次修改。

我国的选举制度贯彻了社会主义民主的原则,保证我们国家的各级人民代表大会的代表真正来自人民,代表人民的利益,接受人民的监督。这充分体现在宪法和选举法所确认的选举制度的各项基本原则上。

(一)选举权的普遍性

选举权包括选举权和被选举权两个方面,它是公民的基本权利之一。选举权的普遍性,即享有选举权的人的广泛性。根据宪法和选举法的规定,除依照法律被剥夺政治权利的人以外,凡年满18周岁的我国公民,不分民族、种族、性别、职业、家庭出身、宗教信仰、教育程度、财产状况和居住期限,都享有选举权和被选举权。由于我国阶级状况已经发生了深刻的变化,依法被剥夺政治权利的人越来越少,这就使我国的选举权更具有普遍性。选举权的这种普遍性,决定了我国各级人民代表大会具有广泛的代表性和坚实的群众基础。

(二)选举权的平等性

选举权的平等性包括选民有平等的投票权和每一代表产生的人口比例相等这两个方面。

我国选举法规定,每一选民在一次选举中只有一个投票权。表明了我国已经实现了一人一票的平等原则。

根据选举法的规定,各级人民代表大会的名额和代表的产生都以一定的人口为基础。但在1953年制定第一部选举法时,我国城镇人口比重较低,根据当年人口普查统计,只有13.26%。考虑到我国当时工人阶级主要集中在城市的具体情况,为了体现工人阶级在国家政治生活中的领导地位和工业化发展方向,选举法对农村和城市选举每一个代表的人口数作了不同的规定,使城市代表所代表的人口数少于农村代表所代表的人口数。比如,规定全国人大代表的选举,各省按80万人选代表1人,直辖市和人口在50万人以上的省辖市按每10万人选代表1人。这样规定,符合我国的政治制度和当时的实际情况,是完全必要的。改革开放后,我国经济社会快速发展,城镇化不断推进,城乡人口结构比例发生了较大变化,为了完善我国的选举制度,在其后的选举法修改中,对城乡人大代表所代表的人数比例作了适当的调整,但仍未达到完全相同。近年来,我国各级人大经历了数次换届选举,积累了丰富的经验,我国的社会主义民主政治建设和法制建设取得了巨大成效,我国人民民主专政的阶级基础和群众基础不断巩固和扩大,这表明,修改选举法,实行城乡按相同人口比例选举人大代表的客观条件已经具备。因而,在2010年选举法修改时,明确规定城乡按相同人口比例选举人大代表,从而完全实现了选举权平等的原则。

(三)直接选举和间接选举并用

直接选举是指人民代表大会的代表由选民直接选举产生;间接选举是指上一级人民代表大会的代表由下一级人民代表大会选举产生。目前,在我国这两种办法同时采用。现行选举法把直接选举的范围由原先的乡一级扩大到县一级,既适应了我国政治、经济、文化的发展需要,也完全符合我国当前的国情。在县一级实行直接选举,把县一级的政权置于人民群众的直接监督之下,无疑会进一步调动广大人民群众特别是8亿农民的社会主义积极性。

(四)无记名投票

投票方法有秘密投票和公开投票两种。秘密投票亦称无记名投票,在选票上不记投票人的姓名,选民按照自己的意愿填写选票,并亲自投入票箱。这样,选民可以排除外来干扰,自主地选出自己信赖的人担任代表。1953年选举法规定举手表决和无记名投票并用。现行选举法则规定,全国和地方各级人民代表大会代表的选举一律实行无记名投票的方法。这是我国选民文化程度提高和选举制度进一步民主化的一个标志。

(五)代表向选民或原选举单位负责并受其监督

选民对代表的监督权和罢免权是选举权不可分割的部分。选民只有选举权是不够的,还必须运用监督权和罢免权来保障选举权。我国选举法不仅规定各级人民代表大会的代表受选民和原选举单位的监督,选民或原选举单位都有权罢免自己选出的代表,而且还具体地规定了罢免的程序。这就更能确保选举人行使其民主权利。

(六)从物质上和法律上保障选民的选举权利

我国选举法规定,所有选举经费都由国库开支。这是选举人和候选人都能实际上享受自由选举权利的物质保证。同时,为了保障选民自由行使选举权利,不受外力干涉,选举法还明确规定,对用暴力、威胁、欺骗、贿赂等非法手段破坏选举或妨害选民自由行使选举权和被选举权的人,将依法给予行政处分或刑事处罚。

不难看出,我国的选举制度不仅着眼于实际民主,而且根据我国的实际情况,采取尽可能完备的民主形式,充分体现了我国选举制度的优越性。

第四节 我国的爱国统一战线、多党合作和政治协商制度

一、我国的爱国统一战线和中国人民政治协商会议

我国的爱国统一战线是在长期的革命、建设、改革进程中形成和发展起来的,是革命、建设、改革取得胜利的重要法宝之一。现阶段,我国的统一战线已由过去四个阶级的联盟发展成为由中国共产党领导的、以工农联盟为基础的,有各民主党派、无党派人士、人民团体、少数民族人士和各界爱国人士参加的,由全体社会主义劳动者、社会主义事业的建设者、拥护社会主义的爱国者、拥护祖国统一和致力于中华民族伟大复兴的爱国者组成的,包括香港特别行政区同胞、澳门特别行政区同胞、台湾同胞和海外侨胞在内的最广泛的爱国统一战线。《宪法》在“序言”中强调,这个统一战线将继续巩固和发展。

中国人民政治协商会议是中国人民爱国统一战线的组织,是中国共产党领导的多党合作和政治协商的重要机构,是我国政治生活中发扬社会主义民主的重要形式,是国家治理体系的重要组成部分,是具有中国特色的制度安排。团结和民主是中国人民政治协商会议的两大主题。人民政协的主要职能是政治协商、民主监督、参政议政。《宪法》“序言”指出,它过去发挥

了重要的历史作用,今后在国家政治生活、社会生活和对外友好活动中,在进行社会主义现代化建设、维护国家的统一和团结的斗争中,将进一步发挥它的重要作用。

中国人民政治协商会议的一切活动以宪法为根本准则。

二、我国的多党合作和政治协商制度

中国共产党领导的多党合作和政治协商制度是我国一项基本政治制度,是具有中国特色的社会主义政党制度。它对于巩固扩大爱国统一战线,发扬社会主义民主,促进全国各族人民大团结,实现党和国家的总任务具有重要意义。

我国的多党合作必须坚持中国共产党的领导,必须坚持四项基本原则,这是中国共产党同各民主党派合作的政治基础。“长期共存、互相监督、肝胆相照、荣辱与共”,是中国共产党同各民主党派合作的方针。

中国共产党领导的多党合作制度,根本区别于资本主义国家的两党制或多党制。民主党派是与共产党通力合作的友党,是参政党,不是在野党,更不是反对党。我国斗争的历史和现实的政治基础决定了在中国必须实行这种制度。

政治协商是对国家大政方针和地方的重要举措以及经济建设、政治建设、文化建设、社会建设、生态文明建设中的重要问题,在决策之前和实施之中进行协商。政治协商以会议为主要形式,并依据一定的程序和规则进行。实践表明,政治协商是我国人民在党的领导下发扬社会主义民主的一种重要形式,也是我国政治生活中的一项优良传统。通过认真协商,集思广益,将有助于党和政府在工作中坚持真理、修正错误;有助于调整好统一战线各方面的关系,充分调动各方面的积极性,把国家的事情办好;有助于使国家的政策、法律为群众所掌握,从而转化为社会主义现代化建设的物质力量。

民主监督是对国家宪法、法律和法规的实施,重大方针政策、重大改革举措,重要决策部署的贯彻执行情况,涉及人民群众切身利益的实际问题解决落实情况,国家机关及其工作人员的工作等,通过提出意见、批评、建议的方式进行监督。人民政协的民主监督既包括统一战线内部中国共产党和各民主党派之间的互相监督,也包括各界代表对国家机关及其工作人员进行的有组织的监督。政协组织的有关会议、建议案、提案、委员视察、民主评议、批评与举报等,是政协实行监督的主要形式。

参政议政是对政治、经济、文化、社会生活和生态环境等方面的重要问题以及人民群众普遍关心的问题,开展调查研究,反映社情民意,进行协商讨论。通过调研报告、提案、建议案或其他形式,向中国共产党和国家机关提出意见和建议。

第五节 我国的国家结构形式

一、我国是统一的多民族国家

国家结构形式是指调整国家的整体与各个组成部分之间的关系的形式。现代世界各国的

国家结构形式,基本上可以分为单一制和联邦制两种。单一制的国家是以普通行政单位或者自治单位组成的统一国家。在单一制的国家中,全国只有一个宪法和一个中央政权,各行政单位或者自治单位都受中央的统一领导,而且不论中央与地方的分权达到何种程度,地方的权力均由中央以宪法和法律加以规定。联邦制的国家由各州、邦等成员组成。在联邦制国家中,除了联邦宪法和联邦中央政权外,各州、邦等成员都有自己的宪法和中央政府,它们根据联邦宪法关于权限划分的规定,行使各自的国家权力。

国家结构形式是和国家的阶级本质相适应并由国家的阶级本质所决定的。无产阶级夺取政权后,究竟采取哪一种国家结构形式,这要根据马克思主义关于民族问题的理论,结合本国的具体历史状况和民族关系的特点来确定。

我国《宪法》“序言”中指出:“中华人民共和国是全国各族人民共同缔造的统一的多民族国家。”《宪法》第 4 条第 3 款规定:“各少数民族聚居的地方实行区域自治,设立自治机关,行使自治权。各民族自治地方都是中华人民共和国不可分离的部分。”宪法的这些规定,表明我国的国家结构形式是单一制。

我国采取单一制的国家结构形式,主要原因是:

1. 从理论上说,马克思主义原则上不主张联邦制,而主张建立集中统一的单一制国家。因为单一制国家有利于促进生产的发展和无产阶级的团结统一。然而,当国内各民族实际上处于分离状态,不可能建立单一制的国家,而采取联邦制却有利于各民族由分离走向统一时,可以把联邦制作为各民族由分离走向统一的一种过渡形式。十月革命后的俄国,列宁主张采取联邦制,就是基于这种考虑。

2. 从我国的民族成分和民族分布状况看,我国是一个多民族的国家,除汉族外,还有 55 个少数民族。一方面,全国各省、市和约占 70% 以上的县都有少数民族居住;另一方面,在各少数民族聚居的地区,也有大量的汉族或其他少数民族居住。我国各民族的这种“大杂居、小聚居”的分布状况,促使我国各民族在政治、经济、文化的发展方面,建立了密不可分的联系。这就为我国各族人民结成统一的祖国大家庭提供了客观条件。各民族只有在统一的祖国大家庭中团结互助,才能得到共同的发展。

3. 从我国民族关系的历史发展情况看,我国从秦汉以来,就形成了统一的中央集权制国家。2000 多年来,我国虽然曾出现过民族压迫和民族分裂的局面,但是,各民族之间的经济联系和文化交流从未中断。国家的统一,各民族的团结,始终是我们国家和民族关系史的主流。近百年来,特别是中国共产党诞生以来,我国各族人民在党的领导下,在反对国民党反动政权的共同斗争中,结成了血肉不可分离的战斗友谊。因而在新中国成立以后,组成统一的多民族国家,是历史发展的必然结果。

4. 从我国社会主义建设事业的发展要求来看,我国少数民族人口虽然只占全国总人口的约 8%,但他们居住的地区却占全国总面积的 50%~60%。那里资源十分丰富。可是,许多少数民族在新中国成立前长期停滞在前资本主义的落后状态。在建立了社会主义制度以后,他们的经济、文化还很落后,历史上长期形成的民族间事实上的不平等还显著存在。所以,国家在实现社会主义现代化的过程中,必须根据各少数民族的特点和需要,大力帮助各少数民族地区加速经济和文化的发展,逐步消除历史遗留下来的民族间事实上的不平等,使他们能够赶上或接近汉族的发展水平。

5. 从我国所处的国际环境的形势来看,仇视我国社会主义制度的敌对势力,总是不甘心它们的失败,千方百计地挑拨离间我国各民族间的友好关系,破坏我国各民族人民的团结和国家的统一。因此,我国各族人民只有在党的领导下,不断地加强祖国的统一和各民族的团结,才能巩固和发展我们的革命成果,顺利地进行建设。

可见,在我国采取单一制的国家结构形式,建立统一的多民族国家,无论是理论上还是实际上都是必要的和可能的,是符合我国各族人民的根本利益和共同意志的。

二、维护和发展各民族的平等、团结、互助关系

我国《宪法》第 4 条第 1 款规定:"中华人民共和国各民族一律平等。国家保障各少数民族的合法的权利和利益,维护和发展各民族的平等团结互助和谐关系。禁止对任何民族的歧视和压迫,禁止破坏民族团结和制造民族分裂的行为。"

民族平等是党和国家解决民族问题和处理民族关系的基本原则,也是民族团结、互助的基础和前提。只有实现各民族之间的平等,才能有各民族之间的团结和互助。民族不分大小都有自己的长处。因此民族间互相学习,取长补短,团结互助,是符合各民族的利益的。

民族平等不仅是政治上的平等,还包括经济、文化等方面的平等。由于历史上的原因,我国少数民族经济、文化的发展都落后于汉族,因此,《宪法》第 4 条第 2 款规定:"国家根据各少数民族的特点和需要,帮助各少数民族地区加速经济和文化的发展。"

为了维护和发展各民族的平等、团结、互助关系,就要反对大民族主义和地方民族主义。在我国,反对大民族主义,主要是反对大汉族主义。这是由汉族占全国人口的绝大多数,在全国政治、经济和文化生活中有重大影响这一现实情况所决定的。

三、民族区域自治

民族区域自治,就是在中华人民共和国领土内,在党和国家的统一领导下,遵照宪法和法律的规定,以少数民族聚居的地区为基础,建立相应的民族自治地方和自治机关,由少数民族当家做主,管理本地方民族的内部事务。民族区域自治制度是我国的一项基本政治制度,也是创造性地运用马克思主义关于民族问题理论的伟大实践。

1984 年第六届全国人民代表大会第二次会议通过了《民族区域自治法》,2001 年 2 月第九届全国人民代表大会常务委员会第二十次会议对该法进行了修改。根据《宪法》和《民族区域自治法》的规定,民族区域自治的主要内容有:(1)凡是聚居的少数民族,都有权实行区域自治;也只有在少数民族聚居的地方,才能够实行区域自治。(2)民族自治地方分为自治区、自治州、自治县。在民族自治地方,按照民主集中制原则设立自治机关。民族自治地方的自治机关是该自治地方的人民代表大会和人民政府。(3)民族自治地方的自治机关的负责人主要由实行区域自治的民族的公民担任。(4)在多民族居住的民族自治地方的人民代表大会中,除实行区域自治的民族的代表外,其他各民族也应有适当名额的代表。(5)各民族自治地方的自治机关除行使宪法规定的地方国家机关的职权外,还可以按照宪法和法律的规定,行使自治权。(6)各民族自治地方都是中华人民共和国不可分离的部分;各民族自治地方的自治机关,都是中央统一领导下的地方政权机关。(7)民族自治地方的自治机关必须维护国家的统一,保证宪法和法律在本地方的遵守和执行。民族自治地方的自治机关根据本地方的情况,在不违背宪

法和法律的原则下,有权采取特殊政策和灵活措施,加速民族自治地方经济、文化建设事业的发展。

总之,民族区域自治就是民族自治与区域自治的有机结合。它的实质就是在统一的祖国大家庭里,使有着或大或小聚居区的、可以构成一级自治单位的少数民族,建立自治地方,实现管理国家、管理本民族内部地方性事务的权利,并按照本民族地区的特点,发展本民族地区的经济和文化,从而保障少数民族的平等地位,增强各民族间的团结,维护国家的统一。

四、我国行政区域的划分

行政区域的划分,就是将国家的领土划分为若干不同层次的行政区域,以便利国家的管理。

根据《宪法》的规定,我国的行政区域划分如下:(1)全国分为省、自治区、直辖市;(2)省、自治区分为自治州、县、自治县、市;(3)县、自治县分为乡、民族乡、镇。直辖市和较大的市分为区、县。自治州分为县、自治县、市。自治区、自治州、自治县都是民族自治地方。

我国《宪法》第 31 条还规定:“国家在必要时得设立特别行政区。在特别行政区内实行的制度按照具体情况由全国人民代表大会以法律规定。”

特别行政区是我国“一国两制”构想在宪法上的体现,是考虑到我国台湾、香港、澳门的情况而设立的。特别行政区是我国的一级地方政权,但与一般省不同,它享有高度自治权。这表明,我国在维护国家主权统一和领土完整的原则方面是坚定不移的,但在具体政策、措施方面又有很大灵活性。这是原则性和灵活性相结合的典范。

第六节 我国的经济制度

一、生产资料的社会主义公有制是我国经济制度的基础

社会主义制度作为我国的根本制度,包括社会主义的经济制度、政治制度、司法制度、文化制度、军事制度等各种制度,其中起决定性作用的是社会主义经济制度。

经济制度即经济基础或经济结构,是指一定社会生产关系的总和。它的基础是生产资料所有制。经济制度决定国家的性质和发展方向,关系全体人民的物质生活和文化生活水平。

《宪法》第 6 条第 1 款规定:“中华人民共和国的社会主义经济制度的基础是生产资料的社会主义公有制,即全民所有制和劳动群众集体所有制……”

社会主义制度同以往任何社会制度的最基本的不同之处就在于,社会主义制度是建立在生产资料社会主义公有制的基础之上的。只有建立和巩固社会主义公有制,才可能最终消灭剥削制度,建立人与人之间平等的互助合作关系,实行各尽所能、按劳分配的原则,也才可能实行社会主义民主,建设高度的社会主义精神文明。总之,只有坚持生产资料的社会主义公有制,才能坚持社会主义。

全民所有制和劳动群众集体所有制是社会主义公有制的两种形式。我国现阶段生产资料公有制之所以要采取两种形式,是同我国目前生产力发展的状况分不开的。新中国成立以来,特别是改革开放以来,我国的社会生产力虽然有很大发展,但总的来说水平还不高,并且呈现不平衡状况。因此,必须实行与这种生产力状况相适应的两种公有制形式并存的制度。

《宪法》第7条规定,“国有经济,即社会主义全民所有制经济,是国民经济中的主导力量”。这是因为全民所有制经济掌握着国家的经济命脉,与高度现代化的现代工业相联系,是实现国民经济技术改造,使社会生产得以不断发展的物质基础,也是城乡居民所必需的工业品的重要生产基地和社会主义建设基金的重要来源。充分发挥全民所有制经济在国民经济中的主导作用,是保证劳动群众集体所有制沿着社会主义方向前进,保证个体经济、私营经济为社会主义服务,保证整个国民经济的发展符合全体人民的整体利益和长远利益的决定性条件。因此,《宪法》第7条规定“国家保障国有经济的巩固和发展”。

劳动群众集体所有制经济是由集体经济组织内的劳动者共同占有生产资料的一种公有制经济。它主要适合于我国现阶段农业生产力的状况。1999年《宪法修正案》第15条规定:“农村集体经济组织实行家庭承包经营为基础、统分结合的双层经营体制。”统分结合的双层经营体制,是指在农村集体经济组织内部实行的集体统一经营和家庭承包经营相结合的经营体制,家庭承包经营是双层经营体制的基础。在《宪法》中对这种经营体制作出规定,将有利于这种经营体制的长期稳定、不断完善和农村集体经济的健康发展。《宪法》还确认农村中的生产、供销、信用、消费等各种形式的合作经济,城镇中的手工业、工业、建筑业、运输业、商业、服务业等行业的各种形式的合作经济,都是社会主义劳动群众集体所有制经济。集体所有制经济不仅为国家提供了90%以上的商品粮以及大量的工业原料和出口商品,而且在发展日用工业品生产,满足城乡人民生活需要,扩大劳动就业等方面发挥着越来越重要的作用。因此,《宪法》第8条第3款规定:“国家保护城乡集体经济组织的合法的权利和利益,鼓励、指导和帮助集体经济的发展。”

《宪法》第8条还规定,参加农村集体经济组织的劳动者,有权在法律规定的范围内经营自留地、自留山、家庭副业和饲养自留畜。这是完全符合我国现阶段农业生产力的发展水平的。它有利于进一步调动参加农村集体经济组织的劳动者的劳动热情,增加农副产品的生产,以满足农民的家庭生活和城镇人民的需要。

土地所有制是生产资料所有制的一个重要方面。与我国社会主义公有制的两种形式相适应,《宪法》第10条第1、2、4款明确规定,城市的土地属于国家所有。农村和城市郊区的土地,除由法律规定属于国家所有的以外,属于集体所有;宅基地和自留地、自留山,也属于集体所有。任何组织或者个人不得侵占、买卖或者以其他形式非法转让土地。土地的使用权可以依照法律的规定转让。

国家为了公共利益依法对土地实行征用、征收,世界上许多国家都有先例。征用与征收的区别主要在于土地所有权是否转移,前者只转移使用权,后者则改变了所有权。我国宪法此前只规定了土地征用,没有规定征收,且没有补偿的规定。2004年《宪法修正案》第20条对此作了修改,规定“国家为了公共利益的需要,可以依照法律规定对土地实行征收或者征用并给予补偿”。这一修订有利于保障集体经济(主要是农民)的利益。

《宪法》的这些原则规定,为我国的土地立法提供了立法依据,对于保证国家的社会主义经济建设,特别是保证农业经济发展的社会主义方向,具有重大意义。

二、坚持以公有制为主体、多种所有制经济共同发展的基本经济政策

我国正处在社会主义初级阶段，在生产资料所有制方面，除上述两种形式的公有制经济外，还必然存在其他多种非公有制经济，如个体经济、私营经济等。

我国现阶段的个体经济和私营经济，不同于资本主义制度下的个体经济和私营经济。它们与社会主义公有制经济相联系，并且有如下特点和优点：(1)产权明晰，自负盈亏，自担风险，而无须国家投资和承担风险；(2)可以从劳动与最简单的生产资料相结合开始，进行原始积累，易于调动广大劳动者的积极性，发挥我国人力资源雄厚的优势，充分、合理利用各种资源，加快经济发展；(3)组织简单，开办容易，经营机制灵活，具有很强的市场适应能力和资本增值能力；(4)遍布全国城乡各地区各产业，能适应我国经济发展不平衡的国情，有利于资源的合理配置；(5)能为各类消费层次的人们提供多种多样的商品和服务，拾遗补阙，繁荣城乡市场，推动经济增长，增加财政收入，扩大就业，促进社会稳定。可见，个体、私营经济是适应我国生产力水平和社会主义市场经济发展需要，具有旺盛生命力和广阔发展空间的经济成分。

但是，在一段时期内，特别是在"文化大革命"时期，由于受极"左"思潮的影响，个体、私营经济日趋萎缩，濒临灭绝，这不仅给经济发展造成重大损失，也给人民生活带来极大不便。党的十一届三中全会以后，在邓小平理论的指引下，我国个体、私营经济逐步恢复了它们的生机与活力，它们的发展进入了一个黄金时期。

党的十五大明确了邓小平理论是党的指导思想，并以邓小平理论为依据，深刻阐述了我国将长期处于社会主义初级阶段及其基本特征和纲领，确立了"公有制为主体、多种所有制经济共同发展"的我国社会主义初级阶段的基本经济制度，明确指出，非公有制经济是我国社会主义市场经济的重要组成部分。对个体、私营经济等非公有制经济要继续鼓励、引导，使之健康发展。党的十五大的这些重要精神和论述，已充分体现在1999年第九届全国人民代表大会第二次会议审议通过的《宪法修正案》中。该《宪法修正案》第14条规定："国家在社会主义初级阶段，坚持公有制为主体、多种所有制经济共同发展的基本经济制度。"第16条规定："在法律规定范围内的个体经济、私营经济等非公有制经济，是社会主义市场经济的重要组成部分。"

统计表明，目前我国非公有制经济创造的增加值已占国内生产总值1/3以上，非公有制和混合所有制经济投资占社会总投资比例的40%左右。但在现实生活中，非公有制经济的发展仍然受到来自观念体制和政策等诸多因素的限制，在地区和行业之间发展很不平衡，发展潜力还没有得到充分发挥，一些允许外商投资的领域还没有完全对民间投资开放，在市场准入的一些具体政策或一些地方的办事程序中，对非公有制经济还存在歧视因素。为了充分调动和发挥非公有制经济的积极性，促进非公有制经济的发展，在对待非公有制经济的方针上，2004年第十届全国人民代表大会第二次会议通过的《宪法修正案》第21条对1999年第九届全国人民代表大会第二次会议通过的《宪法修正案》第16条作了进一步修改："国家保护个体经济、私营经济等非公有制经济的合法的权利和利益。国家鼓励、支持和引导非公有制经济的发展，并对非公有制经济依法实行监督和管理。"

在当代，由于生产力和科学技术的迅猛发展，一切国家的生产和消费都是世界性的。尽管国际关系错综复杂，矛盾重重，但从总的方面来说，国际性的经济技术联系仍然很密切，闭关自守是不可能实现现代化的。依据党的十一届三中全会所确定的路线，我国把对外开放作为一

项长期的基本国策,认真加以推行,并且在实践中已经取得显著成效。《宪法》第18条第1款确认了这一基本国策,明确规定:"中华人民共和国允许外国的企业和其他经济组织或者个人依照中华人民共和国法律的规定在中国投资,同中国的企业或者其他经济组织进行各种形式的经济合作。"允许外商来中国投资,有利于引进国外的先进技术和管理经验,加快我国社会主义现代化建设的步伐。我国是主权国家,因而《宪法》第18条第2款规定,在我国境内的外国企业和其他外国经济组织以及中外合资经营的企业,都必须遵守我国的法律。它们的合法的权利和利益受我国法律的保护。

总之,在社会主义初级阶段,必须坚持以公有制为主体、多种所有制经济共同发展的基本经济制度,发挥个体、私营经济和其他经济成分在社会主义市场经济中的积极作用,以利于整个国民经济的发展。

三、坚持按劳分配为主体、多种分配方式并存的分配制度

《宪法》第6条还规定"社会主义公有制消灭人剥削人的制度,实行各尽所能、按劳分配的原则"。"各尽所能、按劳分配"是与旧社会的"劳者不获、获者不劳"根本对立的。实行"各尽所能、按劳分配"原则,就是要求有劳动能力的公民,尽自己的能力为社会多作贡献,在这个前提下,由国家或集体按照每个公民劳动的数量和质量分配生活资料。正确贯彻各尽所能、按劳分配的原则,有利于把国家、集体和个人三者的利益更好地结合起来,激发劳动群众的劳动热情,积极推动技术革新和技术革命,不断改善生产管理,促进社会生产力的迅速发展。

社会主义初级阶段的分配形式不可能是单一的。我国既然实行以公有制为主体、多种所有制经济共同发展的基本经济制度,就必然要求在分配上实行并"坚持按劳分配为主体、多种分配方式并存的分配制度"(1999年《宪法修正案》第14条),把按劳分配和按生产要素分配结合起来。我国现阶段除了按劳分配这种主要形式和个体劳动所得以外,还有因企业发行债券而取得的债权利息、股份分红,以及企业经营者的收入中包含的部分风险补偿;私营企业雇用一定数量的劳动力,会给企业主带来部分非劳动收入。以上这些收入,只要是合法的,就应当允许。总之,在分配政策上,我们既要提倡一部分人通过诚实劳动和合法经营先富裕起来,又要防止贫富悬殊,坚持共同富裕的方向。

总之,在社会主义初级阶段,必须"完善按劳分配为主体、多种分配方式并存的分配制度,坚持各种生产要素按贡献参与分配,更加注重社会公平,加大调节收入分配的力度,努力缓解地区之间和部分社会成员收入分配差距扩大的趋势"。[4]

四、国家保护社会主义公共财产和公民的私有财产权

社会主义公共财产,是指全民所有制财产和集体所有制财产。它是我国社会主义现代化建设和不断提高人民物质和文化生活水平的物质基础,也是人民享受宪法规定的各项基本权利的物质保证。因此,《宪法》第12条规定:"社会主义的公共财产神圣不可侵犯。国家保护社会主义的公共财产。禁止任何组织或者个人用任何手段侵占或者破坏国家的和集体的财产。"

宪法在保护社会主义公共财产的同时,还规定保护公民的合法收入、储蓄、房屋和其他合

---

〔4〕 参见中国共产党第十六届中央委员会第五次会议全体会议公报。

法财产所有权。因为社会主义革命只是要求废除生产资料的资本主义所有制和剥削制度。

保护公民的私有财产权是第十届全国人民代表大会第二次会议修宪的重要内容之一。2004年《宪法修正案》第22条规定："公民的合法的私有财产不受侵犯。""国家依照法律规定保护公民的私有财产权和继承权。"

改革开放以来，随着经济的发展和人民生活水平的提高，公民拥有的私人财产普遍有不同程度的增加。据国家统计局调查统计，2002年6月，我国城镇家庭财产平均每户为22.8万元。预计未来10年、20年，城镇居民家庭积累的速度将超过经济增长的速度，特别是越来越多的公民将拥有个人的生产资料，因而群众对于用法律保护自己的财产有了更加迫切的要求。2004年《宪法修正案》把国家对公民私有财产的保护写入宪法，完善和发展我国的私有财产保护制度，表现在以下几方面：一是加大了对私有财产保护的力度，强调对私有财产保护的严肃性；二是明确了保护的范围，既包括生活资料，也包括生产资料；三是用"财产权"代替原条文中的"所有权"，从而在权利的含义上更加准确、全面。可以预见，对私有财产提供保护，既有利于人们增强对私有财产的安全感，也有利于推动民间投资，调动人们创业的积极性，防止私人财产的非投资性外流，促进非公有制经济发展。

国家既然保护公民生前的私有财产，其死后的财产也理应受到国家的保护，由其合法继承人来继承。《宪法》关于保护公民继承权的规定是保护公民私有财产权的延伸。

2004年《宪法修正案》第22条还规定："国家为了公共利益的需要，可以依照法律规定对公民的私有财产实行征收或者征用并给予补偿。"这就进一步完善了我国的私有财产制度。

五、发展国民经济的基本方针

（一）在发展生产的基础上逐步改善人民生活

社会主义生产的目的，就是要在不断发展社会生产力的基础上，逐步改善人民的物质生活和文化生活。发展社会生产力，关键在于提高劳动生产率和经济收益。因此，《宪法》第14条第1、2、3款规定，国家通过提高劳动者的积极性和技术水平，推广先进的科学技术，完善经济管理体制和企业经营管理制度，实行各种形式的社会主义责任制，改进劳动组织，以不断提高劳动生产率和经济效益，发展社会生产力。国家厉行节约，反对浪费。国家合理安排积累和消费，兼顾国家、集体和个人的利益，在发展生产基础上，逐步改善人民的物质生活和文化生活。

为了保护劳动者的权益，解除劳动者的后顾之忧，进一步提高劳动者的积极性，《宪法》第14条第4款还就社会保障问题作了专款规定："国家建立健全同经济发展水平相适应的社会保障制度。"从而为我国的社会保障体系提供了宪法基础。

（二）建立和完善社会主义市场经济体制

长期以来，由于受传统观念的影响，人们往往认为，市场经济是资本主义特有的东西，计划经济才是社会主义经济的基本特征。其实，正如邓小平所指出的，计划经济不等于社会主义，资本主义也有计划；市场经济不等于资本主义，社会主义也有市场。计划和市场都是经济手段。这一精辟论断，从根本上解除了把计划经济和市场经济看作属于社会基本制度范畴的思想束缚。改革开放以来的实践表明，市场作用发挥比较充分的地方，经济活力就比较强，发展态势也比较好。党的十四大在总结我国经济发展正反两个方面经验的基础上明确提出，我国经济体制改革的目标是建立社会主义市场经济体系，以利于进一步解放和发展生产力。但市场经济有其自身的弱点和消极方面,因而必须加强和改善国家对经济的宏观调控。《宪法》确认了这一转变,在1993年《宪法修正案》中,对《宪法》第15条作了修改,规定"国家实行社会主义市场经济。""国家加强经济立法、完善宏观调控。"《宪法》第15条第3款还规定,"国家依法禁止任何组织或者个人扰乱社会经济秩序"。

(三)企业依法享有自主权和实行民主管理

为了体现社会主义经济管理体制改革的重大成果,《宪法》第16条第1款规定:"国有企业在法律规定的范围内有权自主经营。"第17条第1款规定:"集体经济组织在遵守有关法律的前提下,有独立进行经济活动的自主权。"这是发展我国社会主义经济的一项重要方针。实践证明,在发展国民经济的过程中,在遵守国家有关法律的前提下,允许国有企业和集体经济组织享有自主权,可以充分发挥国有企业和集体经济组织的主动性和积极性,可以因时因地制宜,把经济工作搞活,有利于提高经济效益,促进社会主义市场经济的发展。

提高经济效益,促进生产的发展,还有赖于调动国有企业和集体经济组织广大职工的积极性,这就应当在扩大企业自主权的同时,在国有企业和集体经济组织内部实行劳动者的民主管理。所以,《宪法》第16条第2款、第17条第2款着重指出:"国有企业依照法律规定,通过职工代表大会和其他形式,实行民主管理。""集体经济组织实行民主管理,依照法律规定选举和罢免管理人员,决定经营管理的重大问题。"

第七节 推动"五个文明"协调发展

一、"五个文明"协调发展问题的提出

改革开放初期,中国普遍存在"物质文明一手硬,精神文明一手软"的偏向。1992年,邓小平在南方讲话中又进一步强调:提出"两手抓、两手都要硬,两个文明建设都要搞好,才是中国特色社会主义。"的思想,从此中国的文明建设走上了物质文明与精神文明协调发展的正确道路。党的十三大将"富强、民主、文明"作为社会主义现代化建设的内涵。此后,在党的基本路线中,"文明"一直是其中一项重要内容。2007年召开的中共十七大进一步提出了建设物质文明、精神文明、政治文明、生态文明、社会文明"五位一体"协调发展的和谐社会新目标。2012年党的十八大提出的社会主义核心价值观,把"文明"确定为国家层面的价值目标。党的十九大报告指出,"把我国建设成为富强民主文明和谐美丽的社会主义现代化强国"。"文明"成为社会主义现代化强国不可分割的一部分。

"五个文明"即物质文明、政治文明、精神文明、社会文明和生态文明。"五个文明"中的每一个文明都具有其独特的确定性的内涵,它们互为条件,互相作用,互相促进,成为一个有机的整体,但这"五个文明"的内容在某些方面又有所重叠或交叉。中国特色社会主义现代文明的建设过程,也就是"五个文明"全面协调发展的过程。

二、坚持以经济建设为中心,不断加强物质文明建设

我国正处于并将长期处于社会主义初级阶段,党在初级阶段基本路线的中心就是经济建

设。“五个文明”一起抓，最重要的是把经济建设搞上去，坚持以经济建设为中心，不断解放和发展生产力，创造更多的物质文明成果，不断提高人民的生活水平和质量，为政治文明、精神文明、社会文明和生态文明的发展奠定坚实的物质基础，实现有中国特色社会主义经济、政治、文化全面发展的目标。

三、着力推进社会主义政治文明建设

推动“五个文明”协调发展，应当把政治文明建设放在突出的位置，着力加强政治文明建设，从制度上、法律上促进“五个文明”协调发展。我们的党和国家一贯重视民主政治建设，先后出台了一系列建设政治文明的法律和制度，并将依法治国的基本方略载入宪法，使国家的政治和社会生活日益制度化、法律化。2004 年我国第四次修宪时，明确地把政治文明建设作为社会主义现代化建设的目标之一写入国家根本法，这是对我国国情认识的一次飞跃，既填补了理论上的空白，又具有很强的实践性，使社会主义现代化建设的体系更加完整，使政治文明建设具有坚实的政治基础和坚强的宪法保障。

推进政治文明建设，必须把坚持党的领导、人民当家做主和依法治国有机地统一起来。坚持党的领导、人民当家做主和依法治国的统一性，是我国社会主义民主政治建设最根本的特征。党的领导是人民当家做主和依法治国的根本保证。人民当家做主是社会主义民主政治的本质要求，政治文明建设的核心内容就是民主与法制建设。邓小平提出：“没有民主就没有社会主义，就没有社会主义现代化。”建设社会主义政治文明要始终把人民当家做主作为出发点和落脚点，这样才能充分调动广大群众参与社会主义建设的积极性、主动性和创造性。依法治国，最根本的是依宪治国，树立宪法的最高权威；要坚持法律面前人人平等，任何组织和个人都必须以宪法和法律为活动准绳；要依法保障公民权利、约束公共权力，以法治来保障和促进政治文明。

四、进一步加强社会主义精神文明建设，提高整个民族的思想道德和科学文化素质

社会主义精神文明是社会主义社会的重要特征，也是社会主义制度优越性的重要表现。没有社会主义精神文明，就不可能建设社会的现代化。也就是说，我国的现代化作为一个社会过程，不仅是物质文明的发展，而且是由社会主义政治文明和社会主义精神文明来保证这种发展的社会主义方向的。如果忽视了社会主义精神文明建设这个伟大任务，人们对社会主义的理解就会陷入片面性，就会使人们的注意力仅仅限于物质文明建设，甚至仅仅限于物质利益的追求，那么，我国的现代化就会失去理想和目标，就不能抵制多种腐化因素的侵袭，最后就很难避免走上畸形发展和变质的邪路。

社会主义精神文明建设包括思想道德建设和教育科学文化建设两个方面。我国《宪法》第 19 ~ 24 条对这两个方面都作出了明确、详尽的规定。社会主义精神文明建设的根本任务，是适应社会主义现代化的需要，培养有理想、有道德、有文化、有纪律的社会主义公民，提高整个中华民族的思想道德素质和科学文化素质。

为进一步加强社会主义精神文明建设，2018 年《宪法修正案》第 39 条将“国家提倡爱祖国、爱人民、爱劳动、爱科学、爱社会主义的公德”修改为“国家倡导社会主义核心价值观，提倡爱祖国、爱人民、爱劳动、爱科学、爱社会主义的公德”。社会主义核心价值观正式被写入宪法。

积极培育和践行社会主义核心价值观,不仅是建设社会主义精神文明建设之必需,也是尽快实现中华民族伟大复兴的当务之急。

价值观是文化的核心。坚持什么样的文化方向,建设什么样的文化体系,就是坚持和倡导什么样的价值观。把社会主义核心价值观写入宪法,明确了社会主义核心价值观的重要地位。党的十九大报告指出,要培育和践行社会主义核心价值观。要以培养担当民族复兴大任的时代新人为着眼点,强化教育引导、实践养成、制度保障、发挥社会主义核心价值观对国民教育、精神文明创建、精神文化产品创作生产传播的引领作用,把社会主义核心价值观融入社会发展各方面,转化为人们的情感认同和行为习惯。

五、提高社会文明程度,构建和谐社会

社会文明有广义和狭义两种解释。广义社会文明是指人类社会的开化状态和进步程度,是人类改造客观世界和主观世界所获得的积极成果的总和,是物质文明、政治文明、精神文明和生态文明等方面的统一体。狭义的社会文明是指社会领域的文明,是人类文明的社会层面,它是与物质文明、精神文明、政治文明、生态文明并列的"五大文明"之一。我们日常谈到的社会文明主要是指狭义的社会文明。具体来说,狭义的社会文明包括社会主体文明(个人发展、家庭幸福、邻里和谐、社会和谐)、社会关系文明(人际关系、家庭关系、邻里关系、社团关系、群体关系)、社会观念文明(社会理论、社会心理、社会风尚、社会道德)、社会制度文明(社会制度、社会体制、社会政策、社会法律)、社会行为文明(社会活动、社会工作、社会管理)等方面的总和。由此可以看出,小到个人方寸之内的家事、琐事,大到整个社会的政策、制度等方面,都属于社会文明的管理协调范围。社会文明存在于我们社会生活的方方面面,与日常生活息息相关。

改革开放以来,社会文明在公众舆论中的关注热度不断上升,提高社会文明程度日益成为新的期待。人们对社会不文明现象的容忍度越来越低,一些很小的不文明事件往往成为社会热点。与此同时,人们对社会文明建设的参与度越来越高。在社会行为层面,社会文明的影响也越来越显著:在当今这个流动的时代,人们在选择居住和工作地时,社会文明程度往往成为重要的、有时甚至是决定性的考量因素。显然,当物质水平提高到一定程度后,金钱带给人们的满足感将呈下降趋势,而社会文明程度却越来越左右人们的获得感和幸福感。

全面提高社会文明发展水平是国家发展的需要,是人民的共同期盼。党的十九大报告指出:"要提高人民思想觉悟、道德水准、文明素养,提高全社会文明程度。"

六、加快生态文明发展步伐,建设美丽中国

生态文明是人类文明发展的一个新的阶段,即工业文明之后的文明形态;生态文明是人类遵循人、自然、社会和谐发展这一客观规律而取得的物质与精神成果的总和;生态文明是以人与自然、人与人、人与社会和谐共生、良性循环、全面发展、持续繁荣为基本宗旨的文化伦理形态。

党的十八大以来,我国不断提升对自然规律和社会规律的认知,把生态文明建设纳入中国特色社会主义事业"五位一体"总体布局,这是在国家发展理念上的重大历史性飞跃。那么为什么要进行生态文明建设?我国是一个人口大国,人均资源占有率在世界各国中处于低位;同时，我国的资源和人口分布呈逆相关，许多资源分布在人口稀疏、环境恶劣且难以开发的中西部地区，而人口集中的东部地区资源却较为稀缺，人均可利用资源相对匮乏。这些现实的情况，决定了我国的经济发展不能走资源消耗型之路，在资源开发利用过程中不可忽视生态环境保护。生态文明建设是人类可持续发展的必然趋势，是国家可持续发展的必然要求。所以说建设生态文明，是关系人民福祉、关乎民族未来的长远大计。面对资源约束趋紧、环境污染严重、生态系统退化的严峻形势，必须树立尊重自然、顺应自然、保护自然的生态文明理念，把生态文明建设放在突出地位，融入经济建设、政治建设、文化建设、社会建设各方面和全过程，努力建设美丽中国，实现中华民族永续发展。

七、发挥知识分子在“五个文明”建设中的作用

知识分子是建设社会主义事业的依靠力量，“五个文明”建设离不开知识分子。没有一支有社会主义觉悟和专业知识的知识分子队伍，不充分发挥知识分子在建设“五个文明”中的作用，国家的落后面貌就难以改变，社会主义现代化就无法实现。所以《宪法》第 23 条规定：“国家培养为社会主义服务的各种专业人才，扩大知识分子的队伍，创造条件，充分发挥他们在社会主义现代化建设中的作用。”

要充分发挥知识分子在“五个文明”建设中的作用，必须纠正对待知识分子问题上的“左”倾的思想。要做到这一点，首先必须铲除蔑视科学文明的愚昧思想。注重科学文化，就必须注重知识分子；蔑视科学文化，就必然歧视知识分子。一个国家、一个民族，如果蔑视科学文化，歧视知识分子，就会受到客观规律的惩罚，这已经为我们过去的沉痛教训所证实。

知识分子作为“五个文明”建设大军中的一员，应当努力学习，重视自身的思想建设，把自己培养成既有高度政治觉悟、思想觉悟和高尚道德情操，又有高度科学文化修养的社会主义建设者。

第八节　我国公民的基本权利和义务

一、公民基本权利和义务的概念

公民通常是指具有一国国籍的人。我国《宪法》第 33 条第 1 款规定，凡具有中华人民共和国国籍的人都是中华人民共和国公民。

在我国，公民和人民是两个既相联系又相区别的概念。公民是一个法律概念。人民是一个政治概念，是相对于敌人而言的。人民是国家权力的拥有者，是民主的主体。敌人则是专政的对象，是不能享有民主权利的。人民还是一个历史范畴，在不同国家的不同历史时期，有着不同的内容。在我国，凡是我国人民，就都是我国公民，他们占公民中的绝大多数。但公民不仅包括人民，也包括敌对分子在内。我国《宪法》中，凡涉及国家主权或从总体上来说明国家权力的归属时，常使用“人民”这一概念，而在涉及个人的法律地位时，则使用“公民”这一概念。

公民的基本权利和义务，不同于普通法律规定的权利和义务。它由宪法加以规定，是公民

权利和义务中最重要的那一部分。它直接反映公民在国家中的法律地位,体现公民与国家之间最本质的联系,构成公民的其他一切权利和义务的基础。

二、我国公民基本权利和义务的特点

公民的权利和义务的性质是由国家的性质决定的。我国国家的性质决定了我国公民的基本权利和义务具有广泛性、真实性、一致性和平等性等特点。

我国公民权利的广泛性,表现在以下两个方面:一方面,享受权利的主体极其广泛。全国各族人民中的工人、农民、知识分子以及一切拥护社会主义的爱国者和拥护祖国统一和致力于中华民族伟大复兴的爱国者都能享有宪法赋予的权利,受到限制的人只是极少数,而且随着反动剥削阶级的被消灭,这种权利受到限制的人越来越少。另一方面,公民享有权利的范围极其广泛。它包括政治、经济、文化以及人身等各个方面的权利和自由。

需要特别指出的是,随着"人权"入宪,宪法不仅保障我国公民享有的人权和公民权,而且还尊重和保障所有在我国领域内的非我国公民(包括外国侨民、难民、移民和无国籍人)的人权和其他权利。也就是说,除了法律规定的只有我国公民才享有的权利(诸如选举权、社会保障的福利待遇等)外,非我国公民的其他权利也受到与我国公民同样的尊重和保障。

我国公民权利的真实性,表现为宪法规定的这些权利都是从实际出发、实事求是和切实可行的,并有物质保证和法律保障,因而是一定能够实现的。

我国公民权利义务的一致性,即权利和义务的统一。《宪法》第 33 条第 4 款规定"任何公民享有宪法和法律规定的权利,同时必须履行宪法和法律规定的义务",不允许任何公民只享受权利而不尽义务。《宪法》规定的这种权利和义务的一致性,既反映了权利和义务的相辅相成关系,也体现了国家利益、集体利益与公民个人利益以及公民的目前利益与长远利益的一致性。

我国公民权利义务的平等性,表现为每个公民不因民族、种族、性别、职业、家庭出身、宗教信仰、教育程度、财产状况和居住期限的不同,而在享受权利和履行义务方面有所差别。《宪法》第 33 条第 2 款重申了"中华人民共和国公民在法律面前一律平等"这一极其重要的法制原则,并且明确规定,任何组织或公民都不得有超越宪法和法律的特权。

三、国家尊重和保障人权

尊重和保障人权是民主政治的基本价值观及其制度安排。人权,是指在一定的社会历史条件下每个人按其本质和尊严享有或应该享有的基本权利,本质特征和要求是自由和平等,实质内容和目标是人的生存和发展。尊重和保障人权是民主政治的基本要求,是社会政治文明的基本标志。

在近代,人权大体经历了三个主要发展阶段。第一阶段是资产阶级革命时期以及这一革命在全球范围内取得胜利以后的一个很长时期。这一阶段人们所争取和实际已经逐渐争得的人权,主要是人身人格权利、政治权利与自由,如言论、信仰、结社、通讯、宗教、普选等自由与权利,免受非法逮捕、无罪推定、公正审判等方面的权利,以美国的《独立宣言》和法国的《人权与公民权宣言》为主要标志。第二阶段是伴随 19 世纪初开始的反对剥削与压迫的社会主义思潮、运动与革命而出现的人权,其基本内容是经济、社会和文化方面的权利,它在宪法上的反映，在东方是以苏联的《被剥削劳动人民权利宣言》为代表，在西方则以德国的《魏玛宪法》为标志。第三阶段是第二次世界大战以后，反对殖民主义压迫的民族解放运动中产生并发展起来的人权，其特点是人权由国内保护进入国际保护，其内容包括民族自决权、发展权、和平权、环境权、自然资源权、人道主义援助权等国际集体人权。这类人权内容已为一系列国际人权文书所确认。到1994年年底，联合国已制定国际人权宣言与公约71个，其中《世界人权宣言》同《公民权利和政治权利国际公约》《经济、社会、文化权利国际公约》是三个基本的国际人权文件。

中国共产党在领导民主革命时期颁布的《中华苏维埃共和国宪法大纲》《陕甘宁边区施政纲领》《陕甘宁边区宪法原则》等宪法性文件，都规定了保障人民权利的内容，特别是在抗日战争时期，各根据地人民政府普遍制定了包含保障"人权、政权、财权"内容的施政纲领，普遍颁布和实施了专门的保障人权的条例。1949年人民民主革命胜利，9月召开的中国人民政治协商会议通过的在当时具有临时宪法性质的《共同纲领》确立了中华人民共和国的政治法律制度、建国大政方针和保障人民权利的原则。1954年，在全民讨论的基础上制定了第一部《宪法》，以"公民基本权利和义务"专章规定了公民在政治、经济、社会、文化、人身等方面的权利。

20世纪80年代末90年代初，中国共产党总结当代中国和世界人权发展的实践，对人权问题进行再认识，并提出社会主义中国要把人权旗帜掌握在自己手中。1991年11月1日，中国国务院新闻办公室发表《中国的人权状况》白皮书，这是中国政府向世界公布的第一份以人权为主题的官方文件。首次以政府文件的形式正面肯定了人权概念在中国社会主义政治发展中的地位。白皮书将人权的普遍性原则与中国的历史与现实相结合，以"生存权是中国人民的首要人权"等基本观点，树立起中国的人权观。1997年9月，中国共产党第十五次全国代表大会报告指出："共产党执政就是领导和支持人民掌握管理国家的权力，实行民主选举、民主决策、民主管理和民主监督，保证人民依法享有广泛的权利和自由，尊重和保障人权。"人权首次被写入党的正式文件，此后，尊重和保障人权作为中国共产党执政的基本目标，同时作为政治体制改革和民主法制建设的一个重要主题。

2004年3月14日，第十届全国人民代表大会第二次会议通过宪法修正案，首次将"人权"概念引入宪法，明确规定"国家尊重和保障人权"。尊重和保障人权由中国共产党和中国政府文件的政策性规定上升为国家根本大法的一项原则。2006年6月，中国政府在联合国人权理事会首届会议上提出五项主张：第一，享受人权需要和平的环境。第二，享受人权需要可持续的发展。第三，享受人权需要和谐包容的社会。第四，享受人权需要建设性对话与合作。第五，享受人权需要有效的机制保障。以胡锦涛为总书记的新一届中央领导集体提出以人为本的科学发展观和构建社会主义和谐社会的重大战略思想，将尊重和保障人权提到了空前的高度。

尊重和保障人权先后写入中国共产党的十六届三中全会、四中全会、五中全会、六中全会的决定和文件之中，并都作了强调。提出了发展为了人民、发展依靠人民、发展成果由人民共享；关注人的价值、权益和自由，关注人的生活质量、发展潜能和幸福指数，致力于实现人的全面发展；注重社会公平，保护弱势群体的利益等思想。

四、我国公民的基本权利

（一）政治权利和自由

政治权利和自由，就是管理国家事务、参与国家政治生活的权利和自由。它是社会主义制

度下公民最重要的权利之一。宪法赋予公民的政治权利和自由有:

1. 选举权和被选举权。《宪法》第34条规定,凡年满18周岁的公民,除依照法律被剥夺政治权利的人以外,都有选举权和被选举权。选举权和被选举权是公民的一项重要的政治权利,具体地体现了我国人民当家做主、参加国家管理的主人翁地位。

2. 政治自由。《宪法》第35条规定,公民的政治自由包括言论、出版、集会、结社、游行、示威的自由。这些政治自由,是公民参加社会生活和国家生活的基本权利,体现了社会主义民主原则。公民的这些政治自由的正确行使,对于充分发挥人民群众的政治积极性,实现人民群众对国家机关工作的监督,密切人民群众同国家机关的联系等方面,都具有重要意义。

(二)宗教信仰自由

作为一种意识形态的宗教,是上层建筑的一部分,是支配着人们日常生活的外部力量在人们头脑中的幻想的反映,是人间的力量采取了超人间的力量的形式。在社会主义社会中,随着剥削制度和剥削阶级的消灭,宗教存在的阶级根源已基本消失。但宗教的社会根源和认识根源将长期存在。企图依靠行政命令和其他强制手段一举消除宗教的影响,是背离马克思主义关于宗教问题的基本观点的,也是非常有害的。所以,《宪法》第36条第1款确认公民有宗教信仰自由。

宗教信仰自由,就是说每个公民既有信仰宗教的自由,也有不信仰宗教的自由;既有信仰这种宗教的自由,也有信仰那种宗教的自由;既有过去不信仰宗教、现在信仰的自由,也有过去信仰宗教、现在不信仰的自由。《宪法》第36条第2~4款还规定,任何国家机关、社会团体和个人不得强制公民信仰宗教或者不信仰宗教,也不得歧视信仰宗教的公民和不信仰宗教的公民。国家在保护正常的宗教活动的同时,也不允许任何人利用宗教进行破坏社会秩序、损害公民身体健康、妨碍国家教育制度的活动。宗教团体和宗教事务不受外国势力的支配。

(三)人身自由

人身自由有狭义和广义之分。狭义的人身自由是指公民的人身不受非法拘捕、限制、搜查、审问和侵害;广义的人身自由还包括与人身相联系的人格尊严、住宅不受侵犯,以及通信自由和通信秘密的权利。

公民的人身自由是公民参加社会活动和享受其他权利的前提。失去了人身自由,其他权利也就无从谈起。《宪法》第37条第1、2款规定:“中华人民共和国公民的人身自由不受侵犯。任何公民,非经人民检察院批准或者决定或者人民法院决定,并由公安机关执行,不受逮捕。”鉴于“文革”的惨痛教训,《宪法》第37条第3款特别规定,禁止非法拘禁和以其他方法非法剥夺或者限制公民的人身自由,禁止非法搜查公民的身体。《宪法》第38条还规定,保障公民的人格尊严不受侵犯,禁止用任何方法对公民进行侮辱、诽谤和诬告陷害。第39条规定,公民的住宅不受侵犯。禁止非法搜查或者非法侵入公民的住宅。第40条规定,公民的通信自由和通信秘密受法律的保护。只有严格按照宪法的这些规定办事,才能维护正常的社会秩序,激发每个公民参加社会主义现代化建设的热情。

(四)批评、建议、申诉、控告、检举和取得赔偿的权利

《宪法》第41条赋予公民对于任何国家机关和国家工作人员有提出批评和建议的权利。对于他们的违法失职行为,有向有关国家机关提出申诉、控告或者检举的权利。对于公民的申诉、控告或者检举,有关国家机关必须查清事实,负责处理,任何人不得压制和打击报复。如果

由于国家机关和国家工作人员侵犯公民权利而使公民受到损失时，受损失的公民有依照法律规定取得赔偿的权利。《宪法》的这些规定，对于切实保障公民对于国家机关和国家工作人员的监督，促进国家干部遵纪守法、克服官僚主义、努力做好工作，都是极为有利的。

（五）社会经济权利

公民的社会经济权利，是公民实现其他权利的重要保证。我国《宪法》赋予公民的社会经济权利，包括财产权、劳动权、劳动者的休息权、退休人员生活的保障权和物质帮助权等。

财产权是公民最基本的权利之一，《宪法》第13条已作了明确规定。《宪法》第42条第1、2款规定，一切有劳动能力的公民，都有劳动的权利和义务。国家通过各种途径，创造劳动就业条件，加强劳动保护，改善劳动条件，并在发展生产的基础上，提高劳动报酬和福利待遇。同时要求劳动者应当以国家主人翁的态度对待自己的劳动。国家提倡社会主义劳动竞赛，奖励劳动模范和先进工作者；提倡公民从事义务劳动。

《宪法》第43条规定，为了保证劳动者的休息权，国家规定了职工的工作时间和休假制度，并随着经济的发展，逐步完善劳动者休息和休养的设施。

《宪法》第44条规定，国家依照法律规定实行企业事业组织的职工和国家机关工作人员的退休制度。退休人员的生活受到国家和社会的保障。

劳动者的物质帮助权，是指中华人民共和国公民在年老、疾病或者丧失劳动能力的时候，有从国家和社会获得物质帮助的权利。国家通过发展社会保险、社会救济和医疗卫生事业，保证劳动者享受这种权利。

《宪法》第45条第2款还规定，国家和社会保障残废军人的生活，抚恤烈士家属，优待军人家属。这些同志为革命作出了贡献，理应受到国家和人民的尊敬和关怀。《宪法》第45条第3款又规定，国家和社会帮助安排盲、聋、哑和其他有残疾的公民的劳动、生活和教育。

（六）文化教育权利

公民的文化教育权利，包括受教育和进行科学研究、文学艺术创作以及其他文化活动的自由权利。

《宪法》第46条规定，公民有受教育的权利和义务。国家培养青年、少年、儿童在品德、智力、体质等方面全面发展。受教育作为公民的义务，包括适龄儿童接受初等教育的义务，公民就业前接受劳动就业培训的义务等。

《宪法》第47条规定，公民有进行科学研究、文学艺术创作和其他文化活动的自由。国家对于从事教育、科学、技术、文学、艺术和其他文化事业的公民的有益于人民的创造性工作，给予鼓励和帮助。

《宪法》的上述规定，不仅表明国家对公民受教育和对从事科学、艺术、文化教育、卫生、体育等项事业的关怀，同时也是我国实现社会主义现代化的重要条件。

（七）妇女的权利和婚姻、家庭、母亲、儿童、老人受国家的保护

《宪法》第48条规定，妇女在政治的、经济的、文化的、社会的和家庭的生活等各方面，都享有同男子平等的权利。国家保护妇女的权利和利益，实行男女同工同酬，培养和选拔妇女干部。这些规定，对于解放妇女，动员广大妇女群众积极参加社会主义现代化建设具有重大意义。

《宪法》第49条规定，婚姻、家庭、母亲和儿童受国家的保护；夫妻双方有实行计划生育的

义务;父母有抚养教育未成年子女的义务,成年子女有赡养扶助父母的义务;禁止破坏婚姻自由,禁止虐待老人、妇女和儿童。这些规定,对于反对重男轻女的封建思想,建立民主和睦的家庭,保护母亲和儿童的健康,对于控制人口的增长,促进社会主义精神文明的建设,都是十分重要的。

(八)保护华侨、归侨和侨眷的正当权利和利益

《宪法》第50条规定,国家保护华侨的正当的权利和利益,保护归侨和侨眷的合法的权利和利益。这一规定,重申了我们党和国家对华侨、归侨和侨眷一贯采取的保护政策。这对于团结广大爱国华侨、归侨和侨眷,共同振兴中华、完成祖国的统一大业,具有积极意义。

综上所述,可以看到,我国宪法赋予公民的基本权利是十分广泛的。这些权利是中国人民在中国共产党领导下经过长期英勇斗争的结果,是无数革命先辈抛头颅、洒热血为我们争得的。每个公民都应该珍惜这些权利,捍卫这些权利,并正确地行使这些权利。

任何权利和自由都不可能是绝对的、不受限制的,只是由于国家的阶级本质不同,因而在限制的内容、方法、程度和目的上有所差异。我国《宪法》第51条规定:"中华人民共和国公民在行使自由和权利的时候,不得损害国家的、社会的、集体的利益和其他公民的合法的自由和权利。"这一规定的目的,在于要求公民提高自己作为国家和社会主人翁的自觉性,树立正确的权利观,正确地维护和行使自己的各项权利,把维护自己的权利同维护国家的、社会的、集体的利益一致起来,把维护自己的权利同尊重他人的权利结合起来。任何借口行使权利而使国家的、社会的、集体的利益和其他公民的合法的自由和权利受到损害的行为,都是错误的。

此外,《宪法》还在第32条规定,中华人民共和国保护在中国境内的外国人的合法权利和利益。中华人民共和国对于因为政治原因要求避难的外国人,可以给予受庇护的权利。把关于庇护权的规定放在第一章"总纲"中,可以分清中国公民与外国公民的界限,使宪法的结构更加合理。

五、我国公民的基本义务

(一)维护国家统一和全国各民族的团结

《宪法》第52条把维护国家的统一和全国各民族的团结作为我国公民的基本义务,充分反映了全国人民的共同心愿。国家的统一和各民族的团结是我国社会主义事业胜利的保证。认真执行宪法的规定,自觉地维护国家的统一和各兄弟民族的大团结,是我国各族人民的共同职责。

(二)遵守宪法和法律,保守国家秘密,爱护公共财产,遵守劳动纪律,遵守公共秩序,尊重社会公德

《宪法》第53条规定,宪法和法律是我国工人阶级和广大人民意志和利益的体现。任何违犯宪法和法律的行为,都是违背广大人民的意志,损害国家和人民利益的。为了维护国家和人民的利益,任何一个公民都必须严格遵守宪法和法律。

保守国家秘密,是关系国家安全和社会主义现代化建设事业的大事,公民都必须自觉遵守。在目前的大好形势下,国内外的敌对势力和敌对分子总是妄图窃取我国的国家秘密,破坏我国的人民民主专政和社会主义现代化建设事业。因此,严格遵守国家保密制度,保守国家秘密,是每个公民必须履行的一项基本义务。

公共财产是建设社会主义现代化和逐步提高人民群众物质和文化生活水平的物质保证。所以,爱护公共财产是关系国家和人民利益的大事。

劳动纪律是进行有秩序的生产和不断提高劳动生产率的重要保证。只有严格的劳动纪律,才能保证社会化大生产顺利进行和社会主义现代化建设事业的不断发展,因此,每个公民都应该自觉地遵守劳动纪律。

遵守公共秩序,尊重社会公德,是建设社会主义精神文明的重要内容,也是社会主义革命和建设事业顺利进行的重要保证。只有人人遵守公共秩序,尊重社会公德,才能维护和发展良好的社会风气和社会秩序。

(三)维护祖国的安全、荣誉和利益

维护祖国的安全、荣誉和利益,也是建设社会主义精神文明的一项重要内容。任何公民都不得为了一己的私利或者小集团的利益,损害国家的安全、荣誉和利益。对于那种卑躬屈膝、出卖灵魂、丧失民族气节、有辱国格和人格的行为,应该坚决摒弃和抵制。

(四)保卫祖国,抵抗侵略,依照法律服兵役和参加民兵组织

社会主义祖国的强盛是我国各族人民享受幸福生活的源泉。当前,我们国家仍然面临国际敌对势力的侵略和威胁。为了维护我国领土和主权的完整,保卫人民民主专政,保卫社会主义建设事业,《宪法》第 55 条第 1 款把保卫祖国、抵抗侵略,规定为每一个公民的神圣职责是十分必要的。

依照法律服兵役和参加民兵组织是履行保卫祖国、抵抗侵略义务的实际行动,是每一个适龄公民的光荣义务。每一个公民要自觉地履行这一光荣义务,在保卫社会主义祖国的事业中,作出更大的贡献。

(五)依照法律纳税

税收是国家财政收入的重要组成部分,也是调节生产、流通、分配和消费的重要经济杠杆。我国的税收取之于民、用之于民,与剥削阶级国家的税收有本质上的不同。公民依照法律纳税,对于增加国家财政收入,保障国家资金需要,发展社会主义现代化建设,具有重要意义。

第九节 我国的国家机构

一、我国国家机构的组织系统

国家机构是统治阶级为了实现国家权力而建立起来的一整套国家机关的总称。国家机构的本质是由国家的性质决定的。我国的国家性质决定了我国国家机构与一切剥削阶级的国家机构有着本质的不同。我国的国家机构是实现人民民主专政的工具,是保护人民,打击敌人,组织社会主义建设,保卫社会主义制度,实现社会主义现代化的有力武器。

根据《宪法》的规定,我国的国家机构组织系统如下:(1)国家权力机关。它在整个国家机构组织系统中居于首位。国家权力机关分为最高国家权力机关和地方各级国家权力机关。最高国家权力机关是全国人民代表大会及其常务委员会;地方各级国家权力机关是地方各级人

民代表大会及其常务委员会(包括民族自治地方的人民代表大会及其常务委员会)。(2)国家主席,即中华人民共和国主席。(3)国家行政机关。它是国家权力机关的执行机关。最高国家行政机关是国务院,地方各级国家行政机关是地方各级人民政府(包括民族自治地方的人民政府)。(4)国家军事领导机关,即中央军事委员会。(5)国家监察机关,即国家监察委员会和地方各级监察委员会。(6)国家审判机关,即人民法院。它包括最高人民法院、地方各级人民法院和专门人民法院。(7)国家检察机关,即人民检察院。它包括最高人民检察院、地方各级人民检察院和专门人民检察院。

我国是社会主义国家,国家权力可以而且必须由人民代表大会统一行使;同时,在这个前提下,对于国家的行政权、监察权、审判权、检察权和武装力量的领导权,也都有明确的划分,使国家权力机关和行政、监察、审判、检察等其他国家机关能够协调一致地工作。国家机构的这种合理分工、相互配合,既可以避免权力过分集中,又可以使国家的各项工作有效地进行。

二、我国国家机构组织和活动的基本原则

(一)民主集中制原则

我国的国家机构实行民主集中制的原则。民主集中制是我国国家机关组织和活动的最重要、最基本的原则,是党的政治原则与组织原则在国家制度上的体现。

民主集中制作为国家机关组织和活动的基本原则,在国家机关与人民群众的关系方面,表现为国家权力机关由人民通过民主选举产生,对人民负责,受人民监督;在国家权力机关与其他国家机关的关系方面,表现为其他国家机关都由国家权力机关产生,并对它负责,受它监督;在中央国家机关与地方国家机关、上级国家机关与下级国家机关关系方面,表现为地方服从中央,下级服从上级,同时,中央和上级国家机关也应尊重地方和下级国家机关的意见,充分发挥它们的主动性、积极性。

由于各类国家机关的情况不同,因而在贯彻民主集中制的方式上就会有所差别。国家权力机关以会议方式进行工作,以少数服从多数来决定问题。国家审判机关和国家检察机关分别设立审判委员会和检察委员会,实行少数服从多数的原则。国家行政机关则实行首长负责制,在决定问题时,首长意见起决定性作用。但首长在作出决定前,都要采取适当的形式发扬民主以集思广益,而且,国家行政机关都必须向国家权力机关负责并接受其监督,所以,行政机关实行首长负责制应理解为民主集中制原则的一种具体运用。

(二)法治原则

法治原则要求所有国家机关都必须严格按宪法和法律的规定进行活动,所有国家工作人员都必须遵守宪法和法律,严格依法办事,不允许任何人有超越宪法和法律的特权。《宪法》第5条第1、4款规定,我国实行“依法治国”,“一切国家机关和武装力量、各政党和各社会团体、各企业事业组织都必须遵守宪法和法律。一切违反宪法和法律的行为,必须予以追究”。

(三)群众路线原则

在我国,人民群众是国家的主人,处理国家事务必须依靠人民群众,一切都要从人民群众的利益出发,按照人民群众的意志办事。《宪法》第27条第2款明确规定,一切国家机关和国家工作人员必须依靠人民的支持,经常保持同人民的密切联系,倾听人民的意见和建议,接受人民的监督,努力为人民服务。

(四)效率和精简的原则

社会主义的国家机构应该是有效率的、接近人民群众和便于人民群众参加国家管理的。因此,《宪法》第27条第1款规定了一切国家机关实行精简的原则,实行工作责任制,实行工作人员的培训和考核制度,不断提高工作质量和工作效率,反对官僚主义。

三、全国人民代表大会

(一)全国人民代表大会的性质、地位、组成、任期和职权

全国人民代表大会是我国最高国家权力机关,在我国国家机关体系中居于最高的地位。全国人民代表大会集中统一地行使最高国家权力,其他任何国家机关的权力都不能超过它或与之相等。

全国人民代表大会由省、自治区、直辖市人民代表大会和人民解放军选出的代表组成。各少数民族都应当有适当名额的代表参加全国人民代表大会。

全国人民代表大会每届任期5年。在任期届满的2个月以前,全国人民代表大会常务委员会必须完成下届全国人民代表大会代表的选举。如果遇到不能进行选举的非常情况,由全国人民代表大会常务委员会以全体组成人员的2/3以上的多数通过,可以推迟选举,延长本届全国人民代表大会的任期。在非常情况结束后1年内,必须完成下届全国人民代表大会代表的选举。全国人民代表大会会议每年举行一次,由全国人民代表大会常务委员会召集。如果全国人民代表大会常务委员会认为必要,或者有1/5以上的全国人民代表大会代表提议,可以临时召集全国人民代表大会会议。

《宪法》赋予全国人民代表大会的职权,可以概括为以下几个方面:(1)行使国家立法权。修改宪法;制定和修改刑事、民事、国家机构的和其他的基本法律。(2)监督宪法的实施。(3)决定、选举和罢免国家领导人。这项职权包括选举中华人民共和国主席、副主席;选举全国人大常委会的组成人员;根据中华人民共和国主席的提名,决定国务院总理的人选;根据国务院总理的提名,决定国务院其他组成人员的人选;选举中央军事委员会主席;根据中央军事委员会主席的提名,决定中央军事委员会其他组成人员的人选;选举国家监察委员会主任;选举最高人民法院院长和最高人民检察院检察长;罢免中华人民共和国主席、副主席,全国人大常委会的组成人员,国务院组成人员,中央军事委员会主席和中央军事委员会其他组成人员,国家监察委员会主任,最高人民法院院长和最高人民检察院检察长。(4)决定国家生活中的重大问题的职权。包括审查和批准国民经济和社会发展计划、国家的预算及其执行情况的报告;改变或撤销全国人大常委会不适当的决定;批准省、自治区和直辖市的建置;决定特别行政区的设立及其制度;决定战争和和平的问题等。(5)应当由最高国家权力机关行使的其他职权。

(二)全国人民代表大会常务委员会的性质、地位、组成、任期和职权

全国人民代表大会常务委员会是全国人民代表大会的常设机关,是最高国家权力机关的组成部分,对全国人民代表大会负责并报告工作。全国人大常委会由委员长、副委员长若干人、秘书长、委员若干人组成,每届任期同全国人大每届任期相同。委员长、副委员长连续任职不得超过两届。全国人大常委会的组成人员不得担任国家行政机关、监察机关、审判机关和检察机关的工作,以利于加强对这些机关的监督。

根据《宪法》的规定,全国人大常委会的职权可以概括为以下几个方面:(1)解释宪法和监

督宪法的实施。(2)立法权。包括制定和修改除应当由全国人大制定的法律以外的其他法律;在全国人大闭会期间,对全国人大制定的法律进行部分补充和修改,但不得同该法律的基本原则相抵触;解释法律。(3)监督权。包括监督国务院、中央军委、最高人民法院和最高人民检察院的工作;撤销国务院制定的同宪法、法律相抵触的行政法规、决定和命令;撤销省、自治区、直辖市国家权力机关制定的同宪法、法律和行政法规相抵触的地方性法规和决议。(4)任免权。包括在全国人大闭会期间,根据国务院总理的提名,决定部长、委员会主任、审计长、秘书长的人选;根据中央军委主席的提名,决定中央军委其他组成人员的人选;根据国家监察委员会主任的提请,任免国家监察委员会副主任、委员;根据最高人民法院院长的提请,任免最高人民法院副院长、审判员、审判委员会委员和军事法院院长;根据最高人民检察院检察长的提请,任免最高人民检察院副检察长、检察员、检察委员会委员和军事检察院检察长,并且批准省、自治区、直辖市的人民检察院检察长的任免;决定驻外全权代表的任免。(5)对国家重大问题和外事工作的决定权。包括在全国人大闭会期间,审查和批准国民经济和社会发展计划、国家预算在执行过程中所必须作的部分调整方案;决定同外国缔结的条约和重要协定的批准和废除;规定军人和外交人员的衔级制度和其他专门衔级制度;决定特赦;在全国人大闭会期间,如果遇到国家遭受武装侵犯或者必须履行国际间共同防止侵略的条约的情况,决定战争状态的宣布;决定全国总动员或者局部动员;决定全国或者个别省、自治区、直辖市进入紧急状态。第四次修宪前,全国人大常委会的职权中,有"决定全国或个别省、自治区、直辖市的戒严"一项,而戒严只是紧急状态中适用于对付大规模动乱、骚乱的一种形式,难以适应其他紧急情况。〔5〕(6)规定和决定授予国家的勋章和荣誉称号的权力。(7)全国人大授予的其他职权。

(三)全国人民代表大会各专门委员会和全国人民代表大会代表

《宪法》规定,全国人民代表大会设立若干专门委员会,专门委员会分经常性的和临时性的两种。前者如民族委员会、宪法和法律委员会、财政经济委员会、教育科学文化卫生委员会、外事委员会、华侨委员会和其他需要设立的专门委员会。后者为对某个特定问题组织的调查委员会。各专门委员会在全国人大及其常委会领导下,研究、审议和拟订有关议案。《宪法》关于专门委员会的设置,其目的在于进一步加强全国人大及其常委会的立法工作和对政府工作的监督。

全国人民代表大会代表是代表人民集体行使最高国家权力的使者。他们进行工作的主要方式是按期出席全国人大的会议。全国人大代表和全国人大常委会组成人员,有权提出属于各自职权范围内的议案,提出对国务院或者国务院各部、各委员会的质询案,受质询的机关必须负责答复。

为了保障全国人大代表顺利进行工作,并督促他们更好地履行职责,《宪法》还就代表的权利和义务作了明确的规定。这些权利和义务有:(1)代表人身自由受到法律的特别保护,非经

---

〔5〕 此次修宪,将"戒严"修改为"进入紧急状态"。通常国家为应付大规模动乱或骚乱、严重自然灾害、重大人为事故、突发公共卫生事件、恐怖事件等,往往需要宣布整个国家或部分地区进入紧急状态。这种制度的法律特征是:一旦宣布即进入紧急状态,公民可能立即失去依法享有的某些权利,而相应的国家机关立即获得某些平时没有的权力。可见,宪法原来的规定失之过窄,这在2003年突发的"非典"过程中已充分暴露出来。2019年年末新冠疫情暴发后,我国防控得力,没有发生大规模不可控事件;但在美国、日本等国家,多个行政区域均在一定时期内宣布进入"紧急状态"。

法定程序，不受逮捕或者刑事审判；(2)在全国人民代表大会各种会议上的发言和表决不受法律追究；(3)模范地遵守宪法和法律，保守国家秘密，并且在自己参加的生产、工作和社会活动中，协助宪法和法律的实施；(4)应当同原选举单位和人民保持密切的联系，听取和反映人民的意见和要求，努力为人民服务；(5)接受原选举单位的监督。原选举单位有权罢免本单位选出的代表。

四、中华人民共和国主席

我国1954年《宪法》有设立中华人民共和国主席的规定。1975年《宪法》取消了国家主席的设置。1978年《宪法》未予恢复。1982年《宪法》恢复了国家主席的设置。这是我国政治生活正常化的表现，是国家体制进一步健全和完善的标志。

根据《宪法》规定，中华人民共和国主席、副主席由全国人民代表大会选举。年满45周岁的有选举权和被选举权的中华人民共和国公民可以被选为中华人民共和国主席、副主席。中华人民共和国主席、副主席每届任期同全国人民代表大会每届任期相同。(第79条)

中华人民共和国主席的职权是：向全国人民代表大会提名国务院总理的人选；根据全国人民代表大会和全国人民代表大会常务委员会的决定，公布法律，任免国务院的组成人员，授予国家的勋章和荣誉称号，发布特赦令、动员令，宣布战争状态；代表国家进行国事活动，接受外国使节；根据全国人民代表大会常务委员会的决定，派遣和召回驻外全权代表，批准和废除同外国缔结的条约和重要协定。(第62条、第80条、第81条)

中华人民共和国副主席协助主席工作，并受主席委托，可以代行主席的部分职权。中华人民共和国主席缺位的时候，由副主席继任主席的职位。(第82条、第84条)

五、国务院

我国国务院即中央人民政府，是最高国家权力机关的执行机关，是最高国家行政机关。国务院对全国人民代表大会负责并报告工作；在全国人民代表大会闭会期间，对全国人民代表大会常务委员会负责并报告工作。这就表明了国务院的性质和它在我国国家机关体系中的地位。

国务院由总理、副总理若干人、国务委员若干人、各部部长、各委员会主任、审计长、秘书长组成。国务院每届任期同全国人大每届任期相同。总理、副总理、国务委员连续任职不得超过两届。

总理领导国务院工作，副总理、国务委员协助总理工作。总理、副总理、国务委员、秘书长组成国务院常务会议。总理召集和主持国务院常务会议和国务院全体会议。

根据《宪法》的规定，国务院实行总理负责制。总理负责制也就是首长负责制，它的含义是国务院总理在领导国务院工作中处于主导地位，对国务院工作负全部责任，并有完全的决定权。

《宪法》赋予国务院的职权是：根据宪法和法律，规定行政措施，制定行政法规，发布决定和命令；向全国人民代表大会或者全国人民代表大会常务委员会提出议案；规定各部和各委员会的任务和职责，统一领导各部和各委员会的工作，并且领导不属于各部和各委员会的全国性的行政工作；统一领导全国地方各级国家行政机关的工作，规定中央和省、自治区、直辖市的国家行政机关的职权的具体划分;编制和执行国民经济和社会发展计划和国家预算;领导和管理经济工作和城乡建设、生态文明建设,以及教育、科学、文化、卫生、体育、计划生育、民政、公安、司法,行政等工作;管理对外事务,同外国缔结条约和协定;领导和管理国防建设事业,领导和管理民族事务,保障少数民族的平等权利和民族自治地方的自治权利;保护华侨的正当的权利和利益,保护归侨和侨眷的合法的权利和利益;改变或者撤销各部、各委员会发布的不适当的命令、指示和规章以及地方各级国家行政机关的不适当的决定和命令;批准省、自治区、直辖市的区域划分,批准自治州、县、自治县、市的建置和区域划分;决定省、自治区、直辖市的范围内部分地区进入紧急状态;审定行政机构的编制,依照法律规定任免、培训、考核和奖惩行政人员;全国人民代表大会及其常务委员会授予的其他职权。

国务院各部、各委员会实行部长、主任负责制。国务院各部部长、各委员会主任负责本部门的工作,召集和主持部务会议或者委员会会议、委务会议,讨论决定本部门工作的重大问题。

国务院设立审计机关,对国务院各部门和地方各级政府的财政收支,对国家的财政金融机构和企业事业组织的财务收支,进行审计监督。审计机关在国务院总理领导下,依照法律规定独立行使审计监督权,不受其他行政机关、社会团体和个人的干涉。

六、中央军事委员会

按照马克思主义的基本原理,军队应是国家机构的重要组成部分。现行宪法根据这一指导思想,结合我国的具体状况,增加了中央军事委员会一节,这是完全必要的。

《宪法》第 93 条规定,中华人民共和国中央军事委员会领导全国武装力量。中央军事委员会由主席、副主席若干人和委员若干人组成。全国人民代表大会选举中央军事委员会主席,并根据中央军事委员会主席的提名,决定中央军事委员会其他组成人员的人选。全国人民代表大会有权罢免中央军事委员会主席和中央军事委员会其他组成人员。在全国人民代表大会闭会期间,全国人民代表大会常务委员会根据中央军事委员会主席的提名,决定中央军事委员会其他组成人员的人选。中央军事委员会每届任期同全国人民代表大会每届任期相同。

中央军事委员会实行主席负责制。中央军事委员会主席对全国人民代表大会和全国人民代表大会常务委员会负责。宪法的这些规定,明确了军队在国家体制中的地位,有利于进一步加强我国军队的革命化、现代化和正规化的建设。

七、地方各级人民代表大会和地方各级人民政府

依据我国行政区域的划分,按照《宪法》第 95 条的规定,省、直辖市、县、市、市辖区、乡、民族乡、镇设立人民代表大会和人民政府。自治区、自治州、自治县设立自治机关。

地方各级人民代表大会是地方国家权力机关。省、自治区、直辖市、自治州、设区的市的人民代表大会代表由下一级的人民代表大会选举,并受原选举单位的监督;县、自治县、不设区的市、市辖区、乡、民族乡、镇的人民代表大会代表由选民直接选举,并受选民监督。

根据在中央统一领导下,中央与地方适当分权的原则,《宪法》规定了地方各级人民代表大会的职权,概括起来有以下几个方面:(1)在本行政区域内,保证宪法、法律、行政法规的遵守和执行;有权改变或者撤销本级人民代表大会常务委员会不适当的决定。(2)依照法律规定的权限,通过和发布决议,审查和决定地方的经济建设、文化建设和公共事业建设的计划;县级以上

的地方各级人民代表大会审查和批准本行政区域内的国民经济和社会发展计划、预算以及它们的执行情况的报告。(3)选举并且有权罢免本级人民政府的省长和副省长、市长和副市长、县长和副县长、区长和副区长、乡长和副乡长、镇长和副镇长。县级以上的地方各级人民代表大会还有权选举并且罢免本级监察委员会主任、人民法院院长和本级人民检察院检察长,但是,选出或者罢免人民检察院检察长,须报上级人民检察院检察长提请该级人民代表大会常务委员会批准。(4)省、自治区、直辖市以及省、自治区的人民政府所在地的市和经国务院批准的较大的市的人民代表大会和它们的常务委员会,在不同宪法、法律、行政法规相抵触的前提下,可以制定地方性法规,报全国人民代表大会常务委员会备案。

县级以上的地方各级人民代表大会设立常务委员会,由主任、副主任若干人和委员若干人组成,对本级人民代表大会负责并报告工作。县级以上的地方各级人民代表大会常务委员会的组成人员不得担任国家行政机关、监察机关、审判机关和检察机关的职务,以保证常委会对其他国家机关进行有效的监督。

县级以上地方各级人大常委会的职权有:(1)讨论、决定本行政区域内各方面工作的重大事项;(2)监督本级人民政府、监察委员会、人民法院和人民检察院的工作;(3)撤销本级人民政府的不适当的决定和命令;(4)撤销下一级人民代表大会的不适当的决议;(5)依照法律规定的权限决定国家机关工作人员的任免;(6)在本级人民代表大会闭会期间,罢免和补选上一级人民代表大会的个别代表。

地方各级人民政府,是地方各级国家权力机关的执行机关,是地方各级国家行政机关。地方各级人民政府对本级人民代表大会负责并报告工作。县级以上的地方各级人民政府在本级人民代表大会闭会期间,对本级人民代表大会常务委员会负责并报告工作。地方各级人民政府对上一级国家行政机关负责并报告工作,同时受国务院统一领导。县级以上的地方各级人民政府领导所属各工作部门和下级人民政府的工作,有权改变或者撤销所属各工作部门和下级人民政府的不适当的决定。

县级以上地方各级人民政府依照法律规定,有权管理本行政区域内的经济、教育、科学、文化、卫生、体育事业、城乡建设事业和财政、民政、公安、民族事务、司法行政、计划生育等行政工作,发布决定和命令,任免、培训、考核和奖惩行政工作人员。乡、民族乡、镇的人民政府执行本级人民代表大会的决议和上级国家行政机关的决定和命令,管理本行政区域内的行政工作。

县级以上的地方各级人民政府设立审计机关,以便在全国范围内加强统一的审计监督。地方各级审计机关依照法律规定独立行使审计监督权,对本级人民政府和上一级审计机关负责。

地方各级人民政府实行省长、市长、县长、区长、乡长、镇长负责制,以提高国家行政工作的效率,更有效地领导和组织地方的各项建设事业。

《宪法》还就我国长期行之有效的居民委员会、村民委员会等群众性自治组织的地位和作用作了规定。

八、民族自治地方的自治机关

我国的民族自治地方的自治机关是自治区、自治州、自治县的人民代表大会和人民政府。它们都是在中央统一领导下的地方国家机关的组成部分。民族自治地方的自治机关的产生、任期等,都应适用《宪法》第三章第五节关于地方国家机关的产生、任期等有关规定。

在民族自治地方的人民代表大会中,除实行区域自治的民族的代表外,其他居住在本行政区域内的民族也应当有适当名额的代表。民族自治地方的人大常委会中应当有实行区域自治的民族的公民担任主任或者副主任;自治区主席、自治州州长、自治县县长由实行区域自治的民族的公民担任。

民族自治地方的自治机关除行使《宪法》第三章第五节规定的地方国家机关的职权外,还依照宪法和其他法律的规定行使自治权,即依照当地民族的政治、经济和文化的特点,制定自治条例和单行条例,依法报有关领导机关批准后生效;依照国家财政体制属于民族自治地方的财政收入,由民族自治地方的自治机关自主地安排使用;在国家计划的指导下,自主地安排和管理地方性的经济建设事业;自主地管理本地方的教育、科学、文化、卫生、体育事业;依照国家的军事制度和当地的实际需要,经国务院批准,可以组织本地方维护社会治安的公安部队等。上级国家机关应保障、支持和帮助民族自治地方的自治机关实现自治权。

《宪法》第122条规定,国家从财政、物资、技术等方面帮助各少数民族加速发展经济建设和文化建设事业。国家帮助民族自治地方从当地民族中大量培养各级干部、各种专业人才和技术工人。《宪法》的这些规定,一定能够促进民族自治地方的社会主义建设事业的发展。

九、监察委员会

2018年,第十三届全国人民代表大会第一次会议深入贯彻习近平新时代中国特色社会主义思想和党的十九大精神,依据表决通过的《宪法修正案》,组建了国家监察委员会,产生了国家监察委员会领导人员,标志着国家监察体制改革取得重大成果,在党和国家反腐败斗争进程中具有里程碑意义。这次会议还通过了《监察法》,就监察机关的工作原则及其职责、监察范围和管辖、监察权限、监察程序等做了详细规定。

(一)监察委员会的性质和组成

中华人民共和国各级监察委员会是国家的监察机关(《宪法》第123条),是行使国家监察职能的专责机关(《监察法》第3条)。《宪法》《监察法》的这一规定,表明监察委员会既不是行政机关,也不是司法机关,而是实现党和国家自我监督的政治机关。

根据《宪法》第124条第1款、第125条的规定,中华人民共和国设立国家监察委员会和地方各级监察委员会。国家监察委员会是最高监察机关。国家监察委员会领导地方各级监察委员会的工作,上级监察委员会领导下级监察委员会的工作。

根据《宪法》第124条、第126条的规定,监察委员会由下列人员组成:主任、副主任若干人、委员若干人。国家监察委员会主任由全国人民代表大会选举,副主任、委员由国家监察委员会主任提请全国人民代表大会常务委员会任免。副主任、委员每届任期与本级人民代表大会每届任期相同。国家监察委员会主任连续任职不得超过两届。国家监察委员会对全国人民代表大会和全国人民代表大会常务委员会负责,地方各级监察委员会对产生它的国家权力机关和上一级监察委员会负责。

(二)监察委员会的工作原则及其职责

依照《宪法》第127条规定,监察委员会依照法律规定独立行使监察权,不受行政机关、社会团体和个人的干涉。监察机关办理职务违法和职务犯罪案件,应当与审判机关、检察机关、执法部门互相配合，互相制约。

国家监察工作严格遵照宪法和法律，以事实为根据，以法律为准绳；在适用法律上一律平等，保障当事人的合法权益；权责对等，严格监督；惩戒与教育相结合，宽严相济。

依照《监察法》第 11 条的规定，监察委员会依法履行监督、调查、处置职责：(1)对公职人员开展廉政教育，对其依法履职、秉公用权、廉洁从政从业以及道德操守情况进行监督检查；(2)对涉嫌贪污贿赂、滥用职权、玩忽职守、权力寻租、利益输送、徇私舞弊以及浪费国家资财等职务违法和职务犯罪进行调查；(3)对违法的公职人员依法作出政务处分决定；对履行职责不力、失职失责的领导人员进行问责；对涉嫌职务犯罪的，将调查结果移送人民检察院依法审查、提起公诉；向监察对象所在单位提出监察建议。

(三)监察委员会的监察范围和权限

依照《监察法》第 15 条的规定，监察机关对下列公职人员和有关人员进行监察：(1)中国共产党机关、人民代表大会及其常务委员会机关、人民政府、监察委员会、人民法院、人民检察院、中国人民政治协商会议各级委员会机关、民主党派机关和工商业联合会机关的公务员，以及参照《公务员法》管理的人员；(2)法律、法规授权或者受国家机关依法委托管理公共事务的组织中从事公务的人员；(3)国有企业管理人员；(4)公办的教育、科研、文化、医疗卫生、体育等单位中从事管理的人员；(5)基层群众性自治组织中从事管理的人员；(6)其他依法履行公职的人员。

依照《监察法》第 18 条第 1、2 款的规定，监察机关行使监督、调查职权，有权依法向有关单位和个人了解情况，收集、调取证据。有关单位和个人应当如实提供。监察机关及其工作人员对监督、调查过程中知悉的国家秘密、商业秘密、个人隐私，应当保密。《监察法》第 22 条规定，被调查人涉嫌贪污贿赂、失职渎职等严重职务违法或者职务犯罪，监察机关已经掌握其部分违法犯罪事实及证据，仍有重要问题需要进一步调查，并有下列情形之一的，经监察机关依法审批，可以将其留置在特定场所：(1)涉及案情重大、复杂的；(2)可能逃跑、自杀的；(3)可能串供或者伪造、隐匿、毁灭证据的；(4)可能有其他妨碍调查行为的。对涉嫌行贿犯罪或者共同职务犯罪的涉案人员，监察机关可以依照前款规定采取留置措施。留置场所的设置、管理和监督依照国家有关规定执行。

《监察法》还就监察程序、反腐败国际合作、对监察机关和监察人员的监督、法律责任等问题做了明确规定。

十、人民法院和人民检察院

(一)人民法院

人民法院是国家的审判机关，依法行使审判权。国家审判权是指人民法院依照法律审理和判决刑事、民事和行政案件的权力。它是整个国家权力不可分割的重要组成部分。

1. 人民法院的任务是：审判刑事案件、民事案件和特定的行政案件，并且通过审判活动，惩办一切犯罪分子，解决民事纠纷和特定的行政案件，以保卫人民民主专政制度，维护社会主义法制和社会秩序，保护社会主义的全民所有的财产、劳动群众集体所有的财产，保护公民私人所有的合法财产，保护公民的人身权利、民主权利和其他权利，保障国家的社会主义革命和社会主义建设事业的顺利进行。人民法院还用它的全部活动，教育公民忠于社会主义祖国，自觉地遵守宪法和法律。

2. 我国审判机关由最高人民法院、地方各级人民法院和专门人民法院组成。地方各级人民法院又分为:高级人民法院、中级人民法院和基层人民法院。最高人民法院是国家最高审判机关,它监督地方各级人民法院和专门人民法院的审判工作。上级人民法院监督下级人民法院的审判工作。最高人民法院对全国人民代表大会和全国人民代表大会常务委员会负责并报告工作;地方各级人民法院对产生它的人民代表大会及其常务委员会负责并报告工作。各级人民法院的院长由同级人民代表大会选举;在省内、自治区内按地区设立的和在直辖市内设立的中级人民法院院长,由省、自治区和直辖市人民代表大会选举。

3. 我国《宪法》和《人民法院组织法》还规定了人民法院行使国家审判权时应该遵循的原则和制度,主要有人民法院依照法律规定独立行使审判权;对于一切公民在适用法律上一律平等;使用本民族语言、文字进行诉讼;公、检、法三机关分工负责,互相配合,互相制约;公开审判制度;两审终审制度;辩护制度;回避制度;集体领导制度(包括合议制度和审判委员会制度)等。上述原则和制度,有些将在本书有关章节中加以论述,这里只就其中的几项共同的原则和制度简略介绍如下:

(1)人民法院依照法律规定独立行使审判权。这一原则要求人民法院必须独立行使国家法律赋予的审判权力,依法办案,不受行政机关、社会团体和个人的干涉。

人民法院依照法律规定独立行使审判权,是社会主义法制的要求,是正确行使审判权的重要保证。但这绝不能误解为人民法院可以不要党的领导,不受人民群众的监督。党领导人民立法,也要领导人民执法。人民法院只有在党的领导下,走群众路线,倾听群众的呼声,重视群众的反映,才能正确行使审判权。党对人民法院的领导,首先是方针、政策的领导。党组织要经常检查人民法院贯彻党的方针、政策的情况,指导人民法院的工作,加强对审判工作人员的思想政治工作,教育他们严格依法办案,不徇私,不枉法,并从组织上保证人民法院依照法律规定独立进行审判,以维护社会主义法制的权威。

(2)公开审判制度。人民法院审理案件,除法律规定的特别情况外(如涉及国家机密、个人隐私以及未成年人犯罪案件等),一律公开进行。公开审判是人民法院贯彻各项原则和制度的中心环节。其作用在于把人民法院的审判活动置于人民群众的直接监督之下,以利于提高审判工作的质量,保护当事人的合法权利,同时也便于向广大群众进行社会主义法制的宣传教育。

(3)两审终审制度。人民法院审判案件,实行两审终审制。两审终审制是指案件可以经过两级人民法院审判终结的一种制度。对地方各级人民法院第一审的判决和裁定,当事人如果不服,可以按照法律规定的程序向上一级人民法院上诉;同级人民检察院也可以按照法律规定的程序向上一级人民法院抗诉。中级人民法院、高级人民法院和最高人民法院审判的第二审的判决和裁定,最高人民法院审判的第一审的判决和裁定,都是终审的判决和裁定,也就是发生法律效力的判决和裁定。实行两审终审制是为了及时纠正第一审判决和裁定的错误,使法律得到正确的实施,以切实保障当事人的合法权益,同时也不致因审级过多而增加当事人的讼累和使案件长期拖延不决。

(4)使用本民族语言文字进行诉讼。这是民族平等原则在审判工作中的体现。人民法院对于不通晓当地通用的语言文字的诉讼参与人,应当为他们翻译。在少数民族聚居或者多民族共同居住的地区,人民法院应当用当地通用的语言文字进行审讯,发布判决书、布告和其他文件,以保证少数民族平等地享受一切诉讼权利,使案件的审理能符合客观真实情况,作出正确的判决。

(5)集体领导制度(包括合议制度和审判委员会制度)。人民法院审判案件,实行合议制。这是民主集中制原则和集体领导原则在审判工作中的体现。根据这一制度,人民法院审判第一审案件,除简单的民事案件、轻微的刑事案件和法律另有规定的案件外,均应由审判员或由审判员和人民陪审员组成合议庭进行。人民法院审判上诉和抗诉案件,一律由审判员组成合议庭进行。

我国各级人民法院设立审判委员会。审判委员会实行民主集中制。它的任务是总结审判经验,讨论重大或疑难案件和其他有关审判工作的问题。但审判委员会不对案件直接进行审判,它的决定由合议庭出面执行。

(二)人民检察院

人民检察院是国家的法律监督机关。它对国家机关及其工作人员和公民是否遵守宪法和法律行使检察权。检察权指的是对宪法、法律的实施进行检察监督的权力,是国家权力的重要组成部分。

1. 人民检察院的职权:(1)对于叛国案、分裂国家案以及严重破坏国家的政策、法律、法令、政令统一实施的重大犯罪案件,行使检察权。(2)对于直接受理的刑事案件,进行侦查。(3)对于公安机关侦查的案件,进行审查,决定是否逮捕、起诉或者免予起诉;对于公安机关的侦查活动是否合法,实行监督。(4)对于刑事案件提起公诉,支持公诉;对于人民法院的审判活动是否合法,实行监督。(5)对于刑事案件判决、裁定的执行和监狱、看守所的活动是否合法,实行监督;对民事诉讼和行政诉讼,实行监督。上述职权,可归纳为法纪监督、侦查监督、审判监督和监所监督四类。

2. 我国人民检察院分为最高人民检察院、地方各级人民检察院和军事检察院等专门人民检察院。地方各级人民检察院分为:省、自治区、直辖市人民检察院;省、自治区、直辖市人民检察院分院,自治州和省辖市人民检察院;县、市、自治县和市辖区人民检察院。各级人民检察院的检察长由同级人民代表大会选举;省、自治区、直辖市人民检察院分院的检察长由省、自治区、直辖市人民代表大会选举;地方各级人民检察院检察长的任免,须报上一级人民检察院检察长提请该级人民代表大会常务委员会批准。省一级人民检察院和县一级人民检察院,根据工作需要,提请本级人民代表大会常务委员会批准,可以在工矿区、农垦区、林区等区域设置人民检察院,作为派出机构。

最高人民检察院领导地方各级人民检察院和专门人民检察院的工作,上级人民检察院领导下级人民检察院的工作。最高人民检察院对全国人民代表大会和全国人民代表大会常务委员会负责并报告工作。地方各级人民检察院对本级人民代表大会及其常务委员会负责并报告工作。可见,我国人民检察院实行双重领导制。这样,可以保证对全国实行统一的法律监督。

《人民检察院组织法》规定,检察长统一领导检察院的工作;各级人民检察院设立检察委员会,在检察长的主持下,讨论决定重大案件和其他重大问题。如果检察长在重大问题上不同意多数人的决定,可以报请同级人民代表大会常务委员会决定。这样,就可以在集体领导和个人负责相结合的原则下,保证国家检察权的正确实施。

3. 依照法律规定,人民检察院的工作原则:(1)坚持实事求是,贯彻执行群众路线,倾听群众意见,接受群众监督,调查研究,重证据不轻信口供,严禁刑讯逼供,正确区分和处理敌我矛盾和人民内部矛盾。人民检察院的工作人员,必须忠实于事实真相,忠实于法律,忠实于社会主义事业,全心全意地为人民服务。(2)对于任何公民,在适用法律上一律平等,不允许有任何特权。(3)依照法律规定独立行使检察权,不受行政机关、社会团体和个人的干涉。

人民检察院在进行活动时,也应保障各民族公民使用本民族语言文字进行诉讼的权利。

第十节　我国的国旗、国歌、国徽和首都

一、我国的国旗和国歌

《宪法》第 141 条第 1 款规定:“中华人民共和国国旗是五星红旗。”我国国旗是我们国家的象征和标志,代表着我们伟大祖国的主权和尊严。每个公民和组织,都应当尊重和爱护国旗。1990 年 6 月第七届全国人民代表大会常务委员会第十四次会议通过并于 2009 年、2020 年两次修正的《国旗法》对国旗的升挂和使用,以及对侮辱国旗的行为的处罚,作了具体规定。

《宪法》第 141 条第 2 款规定:“中华人民共和国国歌是《义勇军进行曲》。”

二、我国的国徽

《宪法》第 142 条规定:“中华人民共和国国徽,中间是五星照耀下的天安门,周围是谷穗和齿轮。”我国的国徽是我们国家的标志,象征我国是工人阶级领导的以工农联盟为基础的人民民主专政的社会主义国家的性质,代表着我们伟大祖国的荣誉和尊严,我们应当爱护国徽,尊重国徽。

三、我国的首都

《宪法》第 143 条规定:“中华人民共和国首都是北京。”北京是我国中央机关所在地,是我国政治、文化的中心,是我们伟大社会主义祖国的心脏。

第十一节　宪法实施的保证

一、保证宪法实施的模式

一个国家制定了宪法,就应重视宪法的实施。因此,国家在制定宪法的同时,就要采取各种有效措施,规定相应的制度,来监督和保证宪法的实施。目前,世界各国监督和保证宪法实施的制度大致有三种:一是司法审查制度,如美国,由最高法院行使违宪审查权;二是立法机关解释和监督制度,如瑞士,由联邦议会来监督和保证宪法实施;三是设立专门机构来监督和保

证宪法实施,如法国的宪法委员会、奥地利宪法法院等。

我国《宪法》在总结过去的经验教训的基础上,根据我国的具体情况,就宪法监督和实施问题作了如下规定:

1.《宪法》在"序言"中肯定宪法"是国家的根本法,具有最高的法律效力"。并且指出,"全国各族人民、一切国家机关和武装力量、各政党和各社会团体、各企业事业组织,都必须以宪法为根本的活动准则,并且负有维护宪法尊严、保证宪法实施的职责"。

《宪法》总纲第5条第2~5款还明确规定:"国家维护社会主义法制的统一和尊严。一切法律、行政法规和地方性法规都不得同宪法相抵触。一切国家机关和武装力量、各政党和各社会团体、各企业事业组织都必须遵守宪法和法律。一切违反宪法和法律的行为,必须予以追究。任何组织或者个人都不得有超越宪法和法律的特权。"《宪法》的上述一系列规定,是确保宪法的根本法的地位,维护宪法的尊严和保证宪法实施的总要求。

2. 全国人民代表大会行使监督宪法实施的职权;全国人民代表大会常务委员会行使解释《宪法》,监督《宪法》实施的职权。这表明,我国《宪法》的制定权和监督宪法实施权是由最高国家权力机关统一行使的。它体现了全国人民代表大会的全权性和人民的最高权力。

3. 对法律、行政法规、地方性法规和其他规范性文件的合宪性审查,《宪法》作了详尽的规定。依照《宪法》的规定,在最高国家权力机关内部以及它同最高国家行政机关的关系方面,全国人大有权撤销全国人大常委会不适当的规定;全国人大常委会有权撤销国务院同宪法、法律相抵触的行政法规、决定和命令。在中央和地方的关系方面,《宪法》规定,全国人大常委会有权撤销省、自治区、直辖市国家权力机关制定的同宪法、法律和行政法规相抵触的地方性法规和决议;国务院有权改变或者撤销各部、各委员会发布的不适当的命令、指示和规章,有权撤销地方各级国家行政机关不适当的决定和命令。在地方各级国家权力机关和行政机关的关系以及它们的上下级关系方面,《宪法》规定,县级以上的各级人民代表大会有权改变或者撤销本级人大常委会不适当的决定;县级以上地方各级人大常委会有权撤销本级人民政府不适当的决定和命令,撤销下级人民代表大会的不适当的决议;县级以上人民政府有权改变或者撤销各工作部门和下级人民政府不适当的决定。这样就能够保证从中央到地方各级国家权力机关的法律、地方性法规、决议和国家行政机关的行政法规、决定、命令、指示和规章都符合宪法的原则精神,不与宪法相违背,从而保证宪法在国家机关中得到实施。

二、保证宪法实施的途径

保证宪法实施,除了依靠各级国家权力机关、行政机关外,各级国家审判机关、检察机关和监察机关,也都要在各自职权范围内,保证宪法和法律的实施,坚决做到有法必依、执法必严、违法必究。

党的领导是保证宪法实施的关键。

中国共产党是全心全意为人民服务的。党为了人民的利益坚持真理,为了人民的利益改正错误。党的十一届三中全会以来,党中央领导全党和全国人民全面系统地总结了新中国成立以来社会主义革命和社会主义建设中的经验教训,完成了指导思想上的拨乱反正,发展了社会主义民主,社会主义法制逐步得到健全。1982年,党又领导全国人民制定了宪法。这部宪法是十一届三中全会以来对党的路线、方针和政策的集中体现,代表了广大人民群众的根本利益。

中国共产党不仅领导人民制定宪法,而且还决心领导人民实施宪法。党的十二大文件指出,党章关于“党必须在宪法和法律的范围内活动”的规定,是一项极其重要的原则。从中央到基层,一切党组织和党员的活动都不能同国家的宪法和法律相抵触。党是人民的一部分。党领导人民制定宪法和法律,一经国家权力机关通过,全党必须严格遵守。这是党保证宪法实施的庄严宣告,也是宪法得以实施的最根本的保证。

中国共产党还领导全国人民认真学习宪法,通过广泛的、深入的法制宣传教育,使宪法家喻户晓。这样,在党的领导下,全体人民,人人都能掌握宪法和自觉地遵守宪法,人人都能同违反宪法的行为作斗争,这是保证宪法实施的最伟大的力量。

思考题

1. 怎样认识我国的国家性质?
2. 我国的政权组织形式是怎样的?它的优越性表现在哪些方面?
3. 我国公民有哪些基本权利和义务?如何正确行使权利?
4. 宪法关于我国各类国家机关的性质和组织系统是怎样规定的?各类国家机关的相互关系是怎样的?
5. 怎样保障宪法的实施?

第五章　行　政　法

党的十八届四中全会《关于全面推进依法治国若干重大问题的决定》明确指出："各级政府必须坚持在党的领导下、在法治轨道上开展工作……加快建设职能科学、权责法定、执法严明、公开公正、廉洁高效、守法诚信的法治政府。"法治政府建设的实质和精髓在于规范行政权力，维护和保障公民权利。行政立法和行政决策要反映人民意志、体现人民利益，行政执法要尊重和保障人民权益，作为行政争议解决机制的行政诉讼、行政复议、行政调解等制度的主要功能和目的也是保障人民权益。[1] 建设法治政府，规范行政机关权力，关键是要有一套健全且行之有效的行政法律规范体系，促进政府机关依法行政。

第一节　行政法概述

一、行政法的概念

"行政"一词的英文是 administration，源于拉丁文 adminis – trare，原意是"执行事务"。行政通常可分为国家的行政和其他社会组织的行政。行政法中的行政指的是前者，即国家事务的管理。

行政与行政法的关系至为密切。行政管理活动必须依法进行，行政法就是规范国家行政管理活动的法律规范的总称。

行政法是中国特色社会主义法律体系中的一个重要的法律部门。它的调整对象是国家行政机关进行行政管理过程中所发生的各种社会关系，这种社会关系通常称为行政关系。

二、行政法的渊源

由于行政法律规范的调整范围十分广泛，内容繁杂，数量尤其多，因而不像宪法、刑法、民法那样，有一部独立完整并自成体系的法典，而是散见于宪法、法律、行政法规、地方性法规等各种类别的规范性文件之中。

宪法是国家的根本法，是制定其他一切法律的依据。宪法中确定的行政机关的组织体系及其活动的基本原则，是行政机关设置和进行工作的法律依据，也是行政法的基本渊源。其中部分条款，如关于国家行政机关的规定，又是行政法的具体规范。

---

〔1〕 参见马怀德：《习近平法治思想中法治政府理论的核心命题》，载《行政法学研究》2020 年第 6 期。

全国人大及其常委会制定的有关行政管理的法律是我国行政法的重要渊源之一。例如,《国务院组织法》《地方各级人民代表大会和地方各级人民政府组织法》《治安管理处罚法》《土地管理法》《文物保护法》等法律,都是行政法的重要表现形式。

国务院根据宪法和法律制定的行政法规以及国务院所属各部、各委员会根据法律和行政法规制定的部门规章,前者如《内河交通安全管理条例》《信访条例》;后者如财政部制定的《罚没财物管理办法》、国家发改委公布的《农药生产许可管理办法》。这类规范性文件数量最多,是我国行政法的重要渊源。

各种地方性立法,包括地方性法规、自治条例和单行条例、地方政府规章,也都是行政法的渊源。

三、行政法的分类

根据不同的标准,对行政法律规范可作不同的分类。

1. 以行政法的作用为标准,可以把行政法分为行政组织法、行政行为法和监督行政法。

行政组织法是规范行政主体及其相互关系的各种法律规范的总称,主要由有关行政机关的设置、任务、地位、组成、职权、职责、活动程序和方法、编制,以及有关行政工作人员(公务员)的录用、培训、考核、奖惩、晋升、调动及其职务上的权利义务等方面的规范所组成。

行政行为法是规范行政机关实施行政管理行为的各种法律规范的总称,包括行政立法行为、行政执法行为、行政司法行为等。

监督行政法是规范监督主体对行政机关实施监督的法律规范的总称。

2. 以行政法调整对象的性质为标准,可以把行政法分为若干部门,如经济行政法、公安行政法、司法行政法、文化行政法、教育行政法、卫生行政法、科技行政法、军事行政法等。

3. 以行政法律规范的性质为标准,可以把行政法分为行政实体法和行政程序法。前者是规定行政法律关系中实体权利义务的法律规范的总称,后者是规定实现实体权利义务的程序的法律规范的总称。

四、行政法律关系及其特点

国家行政机关进行行政管理活动中所发生的各种社会关系即行政关系受到行政法律规范调整时,就形成行政法律关系。与其他法律关系一样,行政法律关系也由主体、内容和客体三个要素构成。

行政法律关系的主体是行政法律关系中权利的享有者和义务的承担者,由行政主体和与行政主体相对应的个人、组织构成。行政主体可以是国家行政机关,也可以是经授权行使行政职能并对其行为承担责任的其他组织或公民个人。与行政主体相对应的组织、个人,包括国家机关、企事业单位、社会团体、公民以及在我国境内的外国组织、外国人和无国籍人等。作为行政法律关系主体的个人、组织,应具有行政法上的权利能力和行为能力。由于行政法律关系是在国家行政机关进行行政管理活动中发生的,因而,行政法律关系主体的一方必定是国家行政机关或由法律授权代行某种行政职能的组织或个人。这是行政法律关系区别于其他法律关系的一个显著特点。

在行政法律关系中,主体双方通常处于领导和被领导、命令和服从的不对等地位。而居于领导和命令地位的又总是国家行政机关一方，它经常以自己单方面的行为（如依法发布命令或指示）就能引起行政法律关系产生、变更和消灭，无须双方当事人意思表示的一致，这也是行政法律关系的另一个重要特点。

行政法律关系的主体依法享有的权利和承担的义务，构成行政法律关系的内容。行政法律关系主体双方都依法享有一定的权利，承担一定的义务。

行政法律关系的内容具有国家先定力，即行政法律关系主体双方间的权利义务都是由行政法律规范事先规定的，主体双方既不能相互约定，也不能自由选择，这是行政法律关系区别于其他某些种类的法律关系的一个特征。

任何法律上的权利和义务都是由国家强制力予以保障的。作为行政法律关系内容的权利和义务也不例外。不同之处在于：在行政法律关系中，主体一方的国家行政机关可以直接运用国家强制力，对违反行政法义务的一方实施制裁或强制执行。例如，公安机关可以对违反治安管理处罚法的公民给予拘留处罚。而在民事法律关系中，权利主体对义务主体违反民事义务的行为，除提起民事诉讼请求法院予以保护外，是不能直接施行制裁或予以强制执行的。

行政法律关系的客体是主体的权利、义务指向的对象，它不外乎是物、与人身相联系的非物质财富和行为，更多的则是行为。

行政法律关系的发生、变更或消灭也必须有一定的法律事实的存在。引起行政法律关系最普遍的事实是国家行政机关实施行政管理的行为，即行政行为。此外，违法行为也能引起行政法律关系。例如，公民因违反交通规则受到公安机关的罚款处罚，这时，在该公民与公安机关之间就形成了具体的行政法律关系。

第二节　行政机关和公务员

一、行政机关

（一）行政机关的概念

行政机关又称政府，是国家依法设立并代表国家行使行政权，掌握国家行政事务的机关。

我国的行政机关是我国国家机构的组成部分。它依据宪法和法律的规定，同国家权力机关、监察机关、审判机关、检察机关等其他国家机关，在各自的职权范围内协调一致地进行活动。与其他国家机关相比较，我国的行政机关具有下列特点：首先，它是国家权力机关的执行机关，由权力机关产生，对权力机关负责和报告工作，并受其监督。其次，它行使的职权是国家赋予的行政权，担负着国家的行政管理职能，这就使它与行使其他职能的国家机关诸如监察机关、审判机关、检察机关等区别开来。最后，它实行首长负责制，这是由行政机关的性质和职能所决定的。

（二）行政机关的分类

根据不同的标准，可对行政机关作不同的分类。

根据管辖的地域范围，行政机关可以分为中央行政机关和地方行政机关。在我国，前者由国务院、国务院组成部门、国务院直属机构等组成,后者包括地方各级人民政府、县级以上人民政府组成部门、县级以上人民政府直属机构和特设机构、各级人民政府的派出机构。中央行政机关组织和管理全国的行政事务,统一领导全国的行政工作。地方行政机关在中央行政机关领导下,管理所辖地区的行政事务并领导下级行政机关的行政工作。

根据业务管辖的范围,行政机关可以分为一般权限机关和部门权限机关。在我国,前者即国务院和地方各级人民政府,后者即国务院的各部、委和地方各级人民政府的各个工作部门。

此外,根据行政机关在行政活动中的不同作用,还可以分为决策机关、执行机关、辅助机关、咨询机关、监督机关等。

(三)行政机关组织法

行政机关组织法是规定行政机关的设置程序及其任务、组成、编制、职权职责和活动原则等法律规范的总称。行政组织法是行政机关产生和行使职权的法律依据,它既包括实体方面的规范,也包括程序方面的规范。严格执行行政机关组织法,是行政机关及其活动科学化和法治化的重要条件。

我国还没有一部适用于所有行政机关的组织法,但单个的或某一类行政机关的组织法则为数不少。前者如《国务院组织法》,后者如《地方各级人民代表大会和地方各级人民政府组织法》等。

二、公务员制度

公务员是指依法履行公职、纳入国家行政编制、由国家财政负担工资福利的工作人员。

我国从20世纪80年代之初开始酝酿公务员制度。1993年《国家公务员暂行条例》的颁布,表明我国公务员制度已具雏形。《公务员法》的出台,标志着我国的公务员制度已臻成熟。该法由第十届全国人大常委会第十五次会议于2005年4月27日通过,根据2017年9月1日第十二届全国人大常委会第二十九次会议《关于修改〈中华人民共和国法官法〉等八部法律的决定》修正,经2018年12月29日第十三届全国人大常委会第七次会议修订。该法对我国公务员制度的基本原则,公务员的条件,义务与权利,职务、职级与级别,录用,考核,职务、职级任免,职务、职级升降,奖励,监督与惩戒,培训,交流与回避,工资、福利与保险,辞职与辞退,退休,申诉与控告,职位聘任,法律责任,都作了明确的规定。

(一)我国公务员制度的基本原则

我国公务员制度有下列基本原则:(1)公务员制度坚持中国共产党领导,坚持以马克思列宁主义、毛泽东思想、邓小平理论、“三个代表”重要思想、科学发展观、习近平新时代中国特色社会主义思想为指导,贯彻社会主义初级阶段的基本路线,贯彻新时代中国共产党的组织路线,坚持党管干部原则。(2)公务员管理,坚持公开、平等、竞争、择优的原则,依照法定的权限、条件、标准和程序进行。(3)公务员的管理,坚持监督约束与激励保障并重的原则。(4)公务员的任用,坚持德才兼备、以德为先,坚持五湖四海、任人唯贤,坚持事业为上、公道正派,突出政治标准,注重工作实绩。(5)国家对公务员实行分类管理,提高管理效能和科学化水平。(6)公务员就职时应当依照法律规定公开进行宪法宣誓。(7)公务员依法履行职责的行为,受法律保护。(8)公务员工资、福利、保险以及录用、奖励、培训、辞退等所需经费,列入财政预算,予以保障。(9)中央公务员主管部门负责全国公务员的综合管理工作。县级以上地方各级公务员主管部门负责本辖区内公务员的综合管理工作。上级公务员主管部门指导下级公务员主管部门的公务员管理工作。各级公务员主管部门指导同级各机关的公务员管理工作。

(二)公务员的条件、义务与权利

公务员应当具备的条件:(1)具有中华人民共和国国籍;(2)年满18周岁;(3)拥护中华人民共和国宪法,拥护中国共产党领导和社会主义制度;(4)具有良好的政治素质和道德品行;(5)具有正常履行职责的身体条件和心理素质;(6)具有符合职位要求的文化程度和工作能力;(7)法律规定的其他条件。

公务员应当履行的义务:(1)忠于宪法,模范遵守、自觉维护宪法和法律,自觉接受中国共产党领导;(2)忠于国家,维护国家的安全、荣誉和利益;(3)忠于人民,全心全意为人民服务,接受人民监督;(4)忠于职守,勤勉尽责,服从和执行上级依法作出的决定和命令,按照规定的权限和程序履行职责,努力提高工作质量和效率;(5)保守国家秘密和工作秘密;(6)带头践行社会主义核心价值观,坚守法治,遵守纪律,恪守职业道德,模范遵守社会公德、家庭美德;(7)清正廉洁、公道正派;(8)法律规定的其他义务。

公务员应当享有的权利:(1)获得履行职责应当具有的工作条件;(2)非因法定事由、非经法定程序,不被免职、降职、辞退或者处分;(3)获得工资报酬,享受福利、保险待遇;(4)参加培训;(5)对机关工作和领导人员提出批评和建议;(6)提出申诉和控告;(7)申请辞职;(8)法律规定的其他权利。

(三)职务、职级与级别

国家实行公务员职位分类制度。公务员职位类别划分为综合管理类、专业技术类和行政执法类等类别。

国家实行公务员职务与职级并行制度,根据公务员职位类别和职责设置公务员领导职务、职级序列。领导职务层次分为:国家级正职、国家级副职、省部级正职、省部级副职、厅局级正职、厅局级副职、县处级正职、县处级副职、乡科级正职、乡科级副职。公务员职级在厅局级以下设置。综合管理类公务员职级序列分为:一级巡视员、二级巡视员、一级调研员、二级调研员、三级调研员、四级调研员、一级主任科员、二级主任科员、三级主任科员、四级主任科员、一级科员、二级科员。

(四)录用与考核

录用担任一级主任科员以下及其他相当职级层次的公务员,采取公开考试、严格考察、平等竞争、择优录取的办法。因犯罪受过刑事处罚的、被开除中国共产党党籍的、被开除公职的、被依法列为失信联合惩戒对象的以及有法律规定不得录用为公务员的其他情形的,不得录用为公务员。

公务员的考核分为平时考核、专项考核和定期考核等方式。定期考核以平时考核、专项考核为基础。定期考核的结果作为调整公务员职位、职务、职级、级别、工资以及公务员奖励、培训、辞退的依据。

(五)奖励、监督与惩戒

公务员或者公务员集体有下列情形之一的,给予奖励:(1)忠于职守,积极工作,勇于担当,工作实绩显著的;(2)遵纪守法,廉洁奉公,作风正派,办事公道,模范作用突出的;(3)在工作中有发明创造或者提出合理化建议,取得显著经济效益或者社会效益的;(4)为增进民族团结、维护社会稳定做出突出贡献的;(5)爱护公共财产,节约国家资财有突出成绩的;(6)防止或者消除事故有功,使国家和人民群众利益免受或者减少损失的;(7)在抢险、救灾等特定环境中做出突出贡献的;(8)同违法违纪行为作斗争有功绩的;(9)在对外交往中为国家争得荣誉和利益的;(10)有其他突出功绩的。

奖励分为:嘉奖、记三等功、记二等功、记一等功、授予称号。

机关应当对公务员的思想政治、履行职责、作风表现、遵纪守法等情况进行监督,开展勤政廉政教育,建立日常管理监督制度。对公务员监督发现问题的,应当区分不同情况,予以谈话提醒、批评教育、责令检查、诫勉、组织调整、处分。

公务员应当遵纪守法,不得有下列行为:(1)散布有损宪法权威、中国共产党和国家声誉的言论,组织或者参加旨在反对宪法、中国共产党领导和国家的集会、游行、示威等活动;(2)组织或者参加非法组织,组织或者参加罢工;(3)挑拨、破坏民族关系,参加民族分裂活动或者组织、利用宗教活动破坏民族团结和社会稳定;(4)不担当,不作为,玩忽职守,贻误工作;(5)拒绝执行上级依法作出的决定和命令;(6)对批评、申诉、控告、检举进行压制或者打击报复;(7)弄虚作假,误导、欺骗领导和公众;(8)贪污贿赂,利用职务之便为自己或者他人谋取私利;(9)违反财经纪律,浪费国家资财;(10)滥用职权,侵害公民、法人或者其他组织的合法权益;(11)泄露国家秘密或者工作秘密;(12)在对外交往中损害国家荣誉和利益;(13)参与或者支持色情、吸毒、赌博、迷信等活动;(14)违反职业道德、社会公德和家庭美德;(15)违反有关规定参与禁止的网络传播行为或者网络活动;(16)违反有关规定从事或者参与营利性活动,在企业或者其他营利性组织中兼任职务;(17)旷工或者因公外出、请假期满无正当理由逾期不归;(18)违纪违法的其他行为。

公务员因违纪违法应当承担纪律责任的,依照公务员法给予处分或者由监察机关依法给予政务处分;违纪违法行为情节轻微,经批评教育后改正的,可以免予处分。处分分为:警告、记过、记大过、降级、撤职、开除。

(六)我国公务员法中一些新设的重要规定

1. 建立职位聘任制。机关根据工作需要,经省级以上公务员主管部门批准,可以对专业性较强的职位和辅助性职位实行聘任制。机关聘任公务员可以参照公务员考试采用的程序进行公开招聘,也可以从符合条件的人员中直接选聘。机关聘任公务员应当按照平等自愿、协商一致的原则,签订书面聘任合同,确定机关与受聘公务员双方的权利、义务。

2. 建立引咎辞职制度。领导成员因工作严重失误、失职造成重大损失或者恶劣社会影响的,或者对重大事故负有领导责任的,应当引咎辞去领导职务。领导成员因其他原因不再适合担任现任领导职务,或者应当引咎辞职本人不提出辞职的,应当责令其辞去领导职务。

3. 公务员执行明显的违法决定不得免责。公务员执行职务时,认为上级的决定或者命令有错误的,可以向上级提出改正或者撤销该决定或者命令的意见;上级不改变该决定或者命令,或者要求立即执行的,公务员应当执行该决定或者命令,执行的后果由上级负责,公务员不承担责任;但是,公务员执行明显违法的决定或者命令的,应当依法承担相应的责任。

4. 公务员不得利用兼职或原职挣钱。公务员因工作需要在机关外兼职,应当经有关机关批准,并且不得领取兼职报酬。公务员辞去公职或者退休的,原系领导成员、县处级以上领导职务的公务员在离职3年内，其他公务员在离职2年内，不得到与原工作业务直接相关的企业或者其他营利性组织任职，不得从事与原工作业务直接相关的营利性活动。

第三节　行政立法

行政立法，指的是国家行政机关制定行政法规和规章的活动。

我国宪法在规定国家立法权由全国人大及其常委会行使的同时，还规定国务院可以根据宪法和法律制定行政法规，国务院各部、各委员会可以根据法律和行政法规制定部门规章。《立法法》规定，省、自治区、直辖市和设区的市的人民政府，可以根据法律、行政法规和本省、自治区、直辖市的地方性法规，制定规章。中国特色社会主义法律体系，是以宪法为统帅，由法律、行政法规、地方性法规、规章等多个层次的法律规范构成的，行政立法的地位和作用是不可忽视的。

行政立法既然是一种立法活动，其所立之法是中国特色社会主义法律体系的有机组成部分，因而本书第二章第二节所述的我国社会主义法制定的基本原则，当然也是行政立法所应遵循的原则。

由于行政机关制定的规范性文件，无论是行政法规还是规章，都是为了执行宪法和法律，其效力均低于宪法和法律，这就决定了行政立法还必须遵循这样一项重要原则：行政立法不得与宪法和法律的内容和精神相违背，凡与此项相悖的行政立法，均属无效。

第四节　行政执法

一、行政执法的概念

行政执法，是指国家行政机关依法执行法律、法规，实施国家行政管理的活动。具体地说，行政执法就是主管行政机关依照法定程序对相对人采取的直接影响其权利义务的行为。

行政法理论认为，行政立法行为是一种抽象行政行为，因为这种行为并不对具体的人和事作出处理，而只是规定行政机关对什么人在什么情况下采取什么行政行为；而行政执法行为则是一种具体行政行为。所谓具体行政行为，就是行政机关在行政管理活动中行使行政职权，针对特定的行政相对人就特定的具体事项作出的有关该相对人权利义务的单方行为。行政执法行为是引起具体行政法律关系的最普遍的法律事实。

作为国家权力机关的执行机关的行政机关，执法是它最基本的职能。我国是社会主义法治国家，对行政执法行为最基本的要求是必须严格依法办事。

行政执法行为的生效要件是：(1)行政执法行为的主体必须合法，即行政执法行为的主体必须是依法组成并具有该项行政执法权力的行政机关。(2)行政执法的内容必须合法，即所实施的行政执法行为必须是该行政机关法定职权和权限范围内的。(3)行政执法行为的意思表示必须真实,即行政执法行为的实施是出于行政主体的真实意思表示,而不是出于被胁迫、被欺诈或在其他不正常的情况下所为。(4)行政执法行为的相对人必须具有法定的权利能力和行为能力。例如,不能使幼儿或精神病患者承担行政责任。(5)行政执法的程序必须合法。例如,实施治安管理处罚必须符合《治安管理处罚法》的处罚程序。(6)行政执法的形式必须合法。例如,颁发许可证必须是书面形式的。

行政执法行为同人们的生活有着最直接、最经常的联系。它的涉及范围很广,种类很多。行政许可、行政处罚、行政强制都是最重要和最常见的行政执法行为。此外,还有行政奖励、行政救济、行政征收、行政合同,等等。下面只就我国的行政许可制度、行政处罚制度、行政强制制度进行简略说明。

二、行政许可

行政许可是指行政机关根据公民、法人或者其他组织的申请,经依法审查,准予其从事特定活动的行为。当前规范我国行政许可制度的法律是《行政许可法》。该法由第十届全国人民代表大会常务委员会第四次会议于2003年8月27日通过,根据2019年4月23日第十三届全国人民代表大会常务委员会第十次会议《关于修改〈中华人民共和国建筑法〉等八部法律的决定》修正。它是世界上第一部专门的行政许可法。

(一)行政许可法的基本原则

包括:(1)合法与合理原则(设定和实施行政许可,应当按照法定的权限、范围、条件和程序;应当遵循公开、公平、公正、非歧视的原则);(2)效能与便民原则;(3)监督与责任原则。

(二)行政许可的设定

依照《行政许可法》的规定,可以设定行政许可的事项有:(1)直接涉及国家安全、公共安全、经济宏观调控、生态环境保护以及直接关系人身健康、生命财产安全等特定活动,需要按照法定条件予以批准的事项;(2)有限自然资源开发利用、公共资源配置以及直接关系公共利益的特定行业的市场准入等,需要赋予特定权利的事项;(3)提供公共服务并且直接关系公共利益的职业、行业,需要确定具备特殊信誉、特殊条件或者特殊技能等资格、资质的事项;(4)直接关系公共安全、人身健康、生命财产安全的重要设备、设施、产品、物品,需要按照技术标准、技术规范,通过检验、检测、检疫等方式进行审定的事项;(5)企业或者其他组织的设立等,需要确定主体资格的事项;(6)法律、行政法规规定可以设定行政许可的其他事项。

同时,该法还规定,上述各种事项,通过下列方式能够予以规范的,可以不设定行政许可,从而使人们有更多的自主权:(1)公民、法人或者其他组织能自主决定的;(2)市场竞争机制能有效调节的;(3)行业组织或中介机构能自律管理的;(4)行政机关采用事后监督等其他行政管理方式能解决的。

关于行政许可的设定权,《行政许可法》规定,只有全国人大及其常委会、国务院和省级地方人大及其常委会可以依法设定行政许可,省级人民政府可以依据法定条件设定临时性行政许可,其他国家机关(包括国务院各部门)均不得设定行政许可。

(三)行政许可的实施

关于行政许可的实施机关和实施程序,《行政许可法》第22~57条作了明确而具体的规定。这些规定既体现了合法与合理原则,也体现了效能与便民原则,对原有的行政许可制度中的一些弊病进行了有力的针砭。例如,下列一些规定,对效能与便民原则的体现就非常鲜明:(1)经审批,一个行政机关可以行使其他有关行政机关的行政许可权;(2)行政许可需要一个行政机关内设的多个机构办理的,该行政机关应当确定一个机构统一受理申请,统一送达决定,“一个窗口对外”;(3)依法需要几个部门办理几道行政许可的,可以确定一个部门受理行政许可申请,并转告其他有关部门分别提出意见后统一办理,或者实行联合办理、集中办理;(4)申请行政许可可以通过信函、电报等方式提出,申请人不必事事都到行政机关办公场所提出申请;(5)行政机关应在其网站上公布行政许可事项,方便申请人提出申请,并且应与其他行政机关共享有关行政许可信息,提高办事效率;(6)除法律、行政法规另有规定外,行政机关原则上应当自受理之日起20日内作出决定;(7)申请人提交的申请材料齐全,不需要对行政许可申请作实质性审查、核实等,行政机关原则上应当当场作出决定;(8)对涉及申请人与第三人重大利益的行政许可事项,行政机关应当告知申请人、利害关系人听证的权利。

(四)行政许可的监督检查和法律责任

为了解决重许可、轻监管或者只许可、不监管的问题,《行政许可法》设专章规定了对从事需要行政许可的活动的严格监督检查,把事前行政审批与事后严格监管有机统一起来。同时,行政许可法对行政机关该许可的不许可、不该许可的乱许可等行为,规定了严格的法律责任。

《行政许可法》还规定,未经申请人同意,行政机关及其工作人员不得披露申请人提交的商业秘密、未披露信息或者保密商务信息;行政机关工作人员不得以转让技术作为取得行政许可的条件,也不得在实施行政许可的过程中直接或者间接地要求转让技术;行政机关实施行政许可,不得向申请人提出购买指定商品、接受有偿服务等不正当要求;行政机关工作人员办理行政许可,不得索取或者收受申请人财物,不得谋取其他利益;实施行政许可和对行政许可事项进行监督检查,除法律、行政法规另有规定外,不得收取任何费用。这样,就确保了权力与责任挂钩,权力与利益脱钩,从源头上预防和治理腐败。

三、行政处罚

行政处罚是指行政机关依法对违反行政管理秩序的公民、法人或者其他组织,以减损权利或者增加义务的方式予以惩戒的行为。

行政处罚是行政机关依法行政的手段之一,是国家法律责任制度的重要组成部分。《行政处罚法》(1996年颁布通过,2009年、2017年、2021年分别进行了三次修正、修订),对行政处罚的设定和实施,作了统一的规定。

(一)行政处罚的基本原则

行政处罚的基本原则主要有以下五种。

1. 法定原则。公民、法人或者其他组织违反行政管理秩序的行为,应当给予行政处罚的,依照《行政处罚法》由法律、法规、规章规定,并由行政机关依照法定程序实施。

2. 公正、公开原则。设定和实施行政处罚必须以事实为根据,与违法行为的事实、性质、情节及社会危害程度相当。对违法行为给予行政处罚的规定必须公布;未经公布的,不得作为行政处罚的依据。

3. 处罚与教育相结合原则。行政处罚的目的重在纠正违法行为,教育公民、法人或其他组织自觉守法。

4. 保障当事人权利的原则。公民、法人或者其他组织对行政机关所给予的行政处罚,享有陈述权、申辩权;对行政机关处罚不服的,有权依法申请行政复议或者提起行政诉讼;因行政机关违法给予行政处罚受到损害的,有权依法提出赔偿要求。

5. 不得以行政处罚代替民事责任和刑事处罚原则。公民、法人或者其他组织因违法行为受到行政处罚,其违法行为对他人造成损害的,应当依法承担民事责任。违法行为构成犯罪,应当依法追究刑事责任的,不得以行政处罚代替刑事处罚。

(二)行政处罚的种类和设定

行政处罚的种类有:(1)警告、通报批评;(2)罚款、没收违法所得、没收非法财物;(3)暂扣许可证件、降低资质等级、吊销许可证件;(4)限制开展生产经营活动、责令停产停业、责令关闭、限制从业;(5)行政拘留;(6)法律、行政法规规定的其他行政处罚。

法律和行政法规都可以设定行政处罚,但是限制人身自由的行政处罚只能由法律设定。地方性法规可以设定除限制人身自由、吊销营业执照以外的行政处罚。国务院部门规章和地方政府规章可以在法律、行政法规规定的给予行政处罚的行为、种类和幅度的范围内作出具体规定。

除法律、法规、规章外,其他规范性文件不得设定行政处罚。

(三)行政处罚的实施机关、管辖和适用

行政处罚由具有行政处罚权的行政机关在法定职权范围内实施。

国务院或者省、自治区、直辖市人民政府可以决定一个行政机关行使有关行政机关的行政处罚权,但是限制人身自由的行政处罚只能由公安机关和法律规定的其他机关行使。

法律、法规授权的具有管理公共事务职能的组织可以在法定授权范围内实施行政处罚。

行政机关依照法律、法规或者规章的规定,可以在其法定权限内书面委托符合行政处罚法规定条件的组织实施行政处罚。行政机关不得委托其他组织或个人实施行政处罚。

行政处罚由违法行为发生地的县级以上地方人民政府具有行政处罚权的行政机关管辖。法律、行政法规另有规定的,从其规定。

违法行为涉嫌犯罪的,行政机关应当及时将案件移送司法机关,依法追究刑事责任。

行政机关实施行政处罚时,应当责令当事人改正或者限期改正违法行为。当事人有违法所得,除依法应当退赔的外,应当予以没收。

对当事人的同一违法行为,不得给予两次以上罚款的行政处罚。同一个违法行为违反多个法律规范应当给予罚款处罚的,按照罚款数额高的规定处罚。违法行为在 2 年内未被发现的,不再给予行政处罚;涉及公民生命健康安全、金融安全且有危害后果的,上述期限延长至 5 年。法律另有规定的除外。

(四)行政处罚的决定和执行

公民、法人或其他组织有违反行政管理秩序的行为,依法应当给予行政处罚的,行政机关必须查明事实;违法事实不清、证据不足的,不得给予行政处罚。行政处罚应当由不少于两名具有行政执法资格的执法人员实施,执法人员应当文明执法,尊重和保护当事人合法权益。

行政机关在作出行政处罚决定之前,应当告知当事人拟作出的行政处罚内容及事实、理由、依据,并告知当事人依法享有的陈述、申辩、要求听证等权利。当事人有权陈述和申辩,行政机关必须充分听取当事人的意见，对当事人提出的事实、理由和证据，应当进行复核；当事人提出的事实、理由或证据成立的，行政机关应当采纳。行政机关及其执法人员未按照上述规定告知当事人拟作出的行政处罚内容及事实、理由、依据，或者拒绝听取当事人的陈述、申辩，不得作出行政处罚决定。行政机关不得因当事人陈述、申辩而给予更重的处罚。

行政处罚的决定程序包括简易程序和普通程序。违法事实确凿并有法定依据，对公民处以200元以下、对法人或者其他组织处以3000元以下罚款或者警告的行政处罚的，可以依照简易程序当场作出行政处罚决定。除上述可以当场作出的行政处罚外，行政机关发现公民、法人或者其他组织有依法应当给予行政处罚的行为的，必须全面、客观、公正地调查，收集有关证据；必要时，依照法律、法规的规定，可以进行检查。符合立案标准的，行政机关应当及时立案。

行政机关作出较大数额罚款、没收较大数额违法所得、没收较大价值非法财物、降低资质等级、吊销许可证件、责令停产停业、责令关闭、限制从业等较重的行政处罚决定，应当告知当事人有要求听证的权利，当事人要求听证的，行政机关应当组织听证。当事人不承担行政机关组织听证的费用。

行政处罚决定依法作出后，当事人应当在行政处罚决定书载明的期限内，予以履行。当事人确有经济困难，可以申请暂缓或者分期缴纳。当事人逾期不履行行政处罚决定的，作出行政处罚决定的行政机关可以加处罚款、依法拍卖、处理或划拨、采取其他行政强制执行方式或者申请人民法院强制执行。

当事人对行政处罚决定不服，申请行政复议或者提起行政诉讼的，行政处罚不停止执行，但是法律另有规定的除外。

（五）法律责任

为了使行政机关严格遵守行政处罚法的规定，制止乱处罚、乱罚款的现象，保护公民、法人或其他组织的合法权益不受侵犯，行政处罚法对行政机关及其执法人员滥用行政处罚权的行为，规定了各种严格的法律责任。

（六）对违反治安管理行为的行政处罚

《行政处罚法》的内容，是对我国行政处罚的设定和实施作出统一的规定。至于具体到何种违法行为应当受到何种行政处罚，则由相应的行政法律规范进行规定。其中，违反治安管理的行为，由《治安管理处罚法》规定。

《治安管理处罚法》于2005年8月28日由第十届全国人民代表大会常务委员会第十七次会议通过，自2006年3月1日起施行。根据2012年10月26日第十一届全国人民代表大会常务委员会第二十九次会议《关于修改〈中华人民共和国治安管理处罚法〉的决定》修正。本法对治安管理处罚的种类和适用，违反治安管理的行为和处罚，处罚程序和执法监督，都作了明确的规定。

治安管理处罚的种类分为：（1）警告；（2）罚款；（3）行政拘留；（4）吊销公安机关发放的许可证。对违反治安管理的外国人，可以附加适用限期出境或者驱逐出境。

违反治安管理的行为，包括以下四类：

1. 扰乱公共秩序的行为，包括扰乱公共场所秩序，扰乱文化、体育等大型活动秩序，散布恐怖信息，寻衅滋事，利用邪教、会道门、迷信扰乱社会秩序、损害人身健康，干扰无线电通信，侵害计算机系统。

2. 妨害公共安全的行为,包括危险物质危害公共安全,危险物质丢失不报,非法携带枪支、弹药、管制器具,盗窃、损毁、移动公共设施、国境管理设施,扰乱航空管理秩序,扰乱铁路、桥梁、涵洞通行安全,影响铁路行车安全,安装使用电网、路面施工、盗毁路面公共设施危害公共安全,文化、体育等大型活动有发生安全事故危险,社会公众活动场所有发生安全事故危险。

3. 侵犯人身权利、财产权利的行为,包括恐怖、残忍表演,强迫劳动、侵犯他人人身和住宅,胁迫、诱骗及利用他人乞讨、以滋扰他人方式乞讨,威胁他人人身安全,侮辱诽谤、打击报复证人,侵犯他人隐私,殴打、故意伤害他人,猥亵他人,虐待、遗弃、强迫交易,煽动民族仇恨、民族歧视,妨害通信安全,侵犯公私财物。

4. 妨害社会管理的行为,包括妨害公务,招摇撞骗,伪造、变造、倒卖公文、证件、印章、有价票证等,船舶擅自进入停靠禁区,未经许可登记擅自经营、以社会团体名义活动,煽动、策划非法集会、游行、示威,旅馆业违反登记、报告规定,房屋出租人违反登记、报告规定,违反噪声污染管理,违法承接典当、违法收购物品,违反扣押、查封、冻结财物规定,违反证据规定、赃物规定、监外执行规定,协助组织、运送他人偷越国境,为偷越国境提供条件,偷越国境,故意毁坏文物、危及文物安全,偷开机动车、无证驾驶或偷开他人航空器、机动船舶,破坏坟墓、尸骨、违法停放尸体,卖淫嫖娼,引诱、容留、介绍卖淫,制作、运输、复制、出售、出租淫秽物品、传播淫秽信息,播放淫秽音像、淫秽表演、聚众淫乱,赌博,与毒品原植物、毒品原植物种子、幼苗、罂粟壳有关的行为,非法持有毒品、向他人提供毒品、吸食、注射毒品,胁迫、欺骗医务人员开具麻醉药品、精神药品,教唆、引诱、欺骗他人吸食毒品,旅馆业等服务业为违法犯罪行为通风报信,违法饲养动物。

四、行政强制

行政强制包括行政强制措施和行政强制执行。行政强制措施,是指行政机关在行政管理过程中,为了制止违法行为、防止证据损毁、避免危害发生、控制危险扩大等情形,依法对公民的人身自由实施暂时性限制,或者对公民、法人或其他组织的财物实施暂时性控制的行为。行政强制执行,是指行政机关或者由行政机关申请人民法院,对不履行行政决定的公民、法人或其他组织依法强制其履行义务的行为。

当前,规范我国行政强制制度的法律是《行政强制法》。本法由第十一届全国人民代表大会常务委员会第二十一次会议于2011年6月30日通过,自2012年1月1日起施行。

(一)行政强制法的立法精神和基本原则

本法的立法精神是,规范行政强制的设定和实施,保障和监督行政机关依法履行职责,维护公共利益和社会秩序,保护公民、法人和其他组织的合法权益。

本法的基本原则主要有:(1)依法原则。行政强制的设定和实施,应当依照法定的权限、范围、条件和程序。(2)适当原则。行政强制的设定和实施应当适当。采用非强制手段可以达到行政管理目的的,不得设定和实施行政强制。(3)教育与强制相结合原则。实施行政强制应当坚持教育与强制相结合。(4)廉政原则。行政机关及其工作人员不得利用行政强制权为单位或者个人谋取利益。(5)保障当事人权利原则。公民、法人或者其他组织对行政机关实施行政强制,享有陈述权、申辩权;有权依法申请行政复议或者提起行政诉讼;因行政机关违法实施行政强制受到损害的,有权依法要求赔偿;因人民法院在强制执行中有违法行为或者扩大强制执行范围受到损害的,也有权依法要求赔偿。

(二)行政强制的种类和设定

行政强制措施的种类有:(1)限制公民人身自由;(2)查封场所、设施或者财物;(3)扣押财物;(4)冻结存款、汇款;(5)其他行政强制措施。

行政强制措施由法律设定。尚未制定法律,并且属于国务院行政管理职权事项的,行政法规可以设定除了限制公民人身自由和冻结存款、汇款以及应当由法律规定的行政强制措施以外的其他行政强制措施。尚未制定法律、行政法规,并且属于地方性事务的,地方性法规可以设定关于查封场所、设施或者财物以及扣押财物的行政强制措施。

法律对行政强制措施的对象、条件、种类作了规定的,行政法规、地方性法规不得作出扩大规定。

行政强制执行的方式有:(1)加处罚款或者滞纳金;(2)划拨存款、汇款;(3)拍卖或者依法处理查封、扣押的场所、设施或者财物;(4)排除妨碍、恢复原状;(5)代履行;(6)其他强制执行方式。

行政强制执行由法律设定。法律没有规定行政机关强制执行的,作出行政决定的行政机关应当申请人民法院强制执行。

(三)行政强制措施实施程序

1. 一般规定

行政强制措施由法律、法规规定的行政机关在法定职权范围内实施。行政强制措施权不得委托。

违法行为情节显著轻微或者没有明显社会危害的,可以不采取行政强制措施。

行政机关实施行政强制措施应当遵守本法所规定的程序。依照法律规定实施限制公民人身自由的行政强制措施,除了应当遵守一般程序外,还需当场告知或者在实施行政强制措施后立即通知当事人家属实施行政强制措施的行政机关、地点和期限。

2. 查封、扣押

查封、扣押应当由法律、法规规定的行政机关实施,其他任何行政机关或者组织不得实施。

查封、扣押限于涉案的场所、设施或者财物,不得查封、扣押与违法行为无关的场所、设施或者财物;不得查封、扣押公民个人及其所扶养家属的生活必需品。当事人的场所、设施或者财物已被其他国家机关依法查封的,不得重复查封。

查封、扣押的期限不得超过30日;情况复杂的,经行政机关负责人批准,可以延长,但是延长期限不得超过30日。法律、行政法规另有规定的除外。

3. 冻结

冻结存款、汇款应当由法律规定的行政机关实施,不得委托给其他行政机关或者组织。其他任何行政机关或者组织不得冻结存款、汇款。

冻结存款、汇款的数额应当与违法行为涉及的金额相当;已被其他国家机关依法冻结的,不得重复冻结。

自冻结存款、汇款之日起30日内,行政机关应当作出处理决定或者作出解除冻结决定;情况复杂的,经行政机关负责人批准,可以延长,但是延长期限不得超过30日。法律另有规定的除外。

(四)行政机关强制执行程序

1. 一般规定

行政机关依法作出行政决定后,当事人在行政机关决定的期限内不履行义务的,具有行政强制执行权的行政机关可以依法强制执行。

行政机关作出强制执行决定前,应当事先催告当事人履行义务。催告应当以书面形式作出。当事人收到催告后有权进行陈述和申辩。当事人提出的事实、理由或者证据成立的,行政机关应当采纳。

经催告,当事人逾期仍不履行行政决定,且无正当理由的,行政机关可以作出强制执行决定。

行政机关不得在夜间或者法定节假日实施行政强制执行,但是情况紧急的除外。

行政机关不得对居民生活采取停止供水、供电、供热、供燃气等方式迫使当事人履行相关行政决定。

对违法的建筑物、构筑物、设施等需要强制拆除的,应当由行政机关予以公告,限期当事人自行拆除。当事人在法定期限内既不申请行政复议或者提起行政诉讼,又不拆除的,行政机关可以依法强制拆除。

在行政决定的执行中或者执行完毕后,据以执行的行政决定被撤销、变更,或者执行错误的,应当恢复原状或者退还财物;不能恢复原状或者退还财物的,依法给予赔偿。

2. 金钱给付义务的执行

行政机关依法作出金钱给付义务的行政决定,当事人逾期不履行的,行政机关可以依法加处罚款或者滞纳金。加处罚款或者滞纳金的标准应当告知当事人,加处的数额不得超出金钱给付义务的数额。

行政机关依法实施加处罚款或者滞纳金超过 30 日,经催告当事人仍不履行的,具有行政强制执行权的行政机关可以强制执行,没有行政强制执行权的行政机关应当申请人民法院强制执行。

3. 代履行

行政机关依法作出要求当事人履行排除妨碍、恢复原状等义务的行政决定,当事人逾期不履行,经催告仍不履行,其后果已经或者将要危害交通安全、造成环境污染或者破坏自然资源的,行政机关可以代履行,或者委托没有利害关系的第三人代履行。代履行的费用按照成本合理确定,由当事人承担,但是法律另有规定的除外。

代履行不得采用暴力、胁迫及其他非法方式。

需要立即清除道路、河道、航道或者公共场所的遗洒物、障碍物或者污染物,当事人不能清除的,行政机关可以决定立即实施代履行;当事人不在场的,行政机关应当在事后立即通知当事人,并依法作出处理。

(五)申请人民法院强制执行

当事人在法定期限内不申请行政复议或者提起行政诉讼,又不履行行政决定的,没有行政强制执行权的行政机关可以自期限届满之日起 3 个月内,依法申请人民法院强制执行。

行政机关在申请人民法院强制执行前,应当催告当事人履行义务。催告书送达 10 日后当事人仍未履行义务的,行政机关可以向所在地有管辖权的人民法院申请强制执行;执行对象是不动产的，向不动产所在地有管辖权的人民法院申请强制执行。

如果情况紧急，为了保障公共安全，行政机关可以申请人民法院立即执行。

行政机关申请人民法院强制执行，不缴纳申请费。强制执行的费用由被执行人承担。

（六）法律责任

本法对实施行政强制中的各种违法情形，规定了相应的法律责任。构成犯罪的，依法追究刑事责任。因违法实施行政强制而给公民、法人或者其他组织造成损失的，依法给予赔偿。

第五节　行政司法

一、行政司法的概念

行政司法，是指国家行政机关作为裁决人对行政争议作出裁决的活动。

行政司法与行政执法行为的主要不同之处在于：(1)在行政执法过程中，形成的是执法的行政机关与相对人之间的管理与被管理的关系。而在行政司法过程中，行政机关则处于争议双方之外的裁决人的地位，它与争议双方的关系近似于法院与当事人之间的关系。(2)行政执法适用一般的行政程序，而行政司法适用的则是一种准司法程序。所谓准司法程序，是指具有司法程序的某些形式而非完全的司法程序。

行政司法制度包括行政复议制度、行政仲裁制度和行政调解制度等。本节仅就行政复议制度作简要阐述。

二、行政复议制度

（一）行政复议的概述

行政复议，是指公民、法人或其他组织认为行政机关的行政行为侵犯其合法权益，依法向有关的行政复议机关提出行政复议申请，行政复议机关受理申请，对有争议的行政行为加以审查并作出行政复议决定的一种行政司法活动。

行政复议与行政诉讼相比较，具有适用范围广、程序简便和易于纠错等特点，因而对维护和监督行政机关依法行政、保护相对人的合法权益、提高行政的社会效益和效率起重要的作用。

当前，规范我国行政复议制度的法律是《行政复议法》。该法由 1999 年 4 月 29 日第九届全国人大常委会第九次会议通过，经 2009 年和 2017 年两次修正。

《行政复议法》规定，行政复议机关履行行政复议职责，应当遵循合法、公正、公开、及时、便民的原则，坚持有错必纠，保障法律、法规的正确实施。行政复议机关受理行政复议申请，不得向申请人收取任何费用。公民、法人或者其他组织对行政复议决定不服的，可以依照《行政诉讼法》的规定向人民法院提起行政诉讼，但是法律规定行政复议决定为最终裁决的除外。

（二）行政复议的范围、申请、受理、决定以及有关的法律责任

《行政复议法》对于行政复议的范围、申请、受理、决定以及有关的法律责任，都作了具体的

规定。

1. 关于行政复议的范围。《行政复议法》规定,有下列情形之一的,公民、法人或者其他组织可以依照本法申请行政复议:(1)对行政机关作出的警告、罚款、没收违法所得、没收非法财物、责令停产停业、暂扣或者吊销许可证、暂扣或者吊销执照、行政拘留等行政处罚决定不服的;(2)对行政机关作出的限制人身自由或者查封、扣押、冻结财产等行政强制措施不服的;(3)对行政机关作出的有关许可证、执照、资质证、资格证等证书变更、中止、撤销的决定不服的;(4)对行政机关作出的关于确认土地、矿藏、水流、森林、山岭、草原、荒地、滩涂、海域等自然资源的所有权或者使用权的决定不服的;(5)认为行政机关侵犯合法的经营自主权的;(6)认为行政机关变更或者废止农业承包合同,侵犯其合法权益的;(7)认为行政机关违法集资、征收财物、摊派费用或者违法要求履行其他义务的;(8)认为符合法定条件,申请行政机关颁发许可证、执照、资质证、资格证等证书,或者申请行政机关审批、登记有关事项,行政机关没有依法办理的;(9)申请行政机关履行保护人身权利、财产权利、受教育权利的法定职责,行政机关没有依法履行的;(10)申请行政机关依法发放抚恤金、社会保险金或者最低生活保障费,行政机关没有依法发放的;(11)认为行政机关的其他具体行政行为侵犯其合法权益的。

2. 关于行政复议的申请。《行政复议法》规定,公民、法人或者其他组织认为具体行政行为侵犯其合法权益的,可以自知道该具体行政行为之日起60日内提出行政复议申请,但是法律规定的申请期限超过60日的除外。

对县级以上地方各级人民政府工作部门的具体行政行为不服的,由申请人选择,可以向该部门的本级人民政府申请行政复议,也可以向上一级主管部门申请行政复议。但是,对海关、金融、国税、外汇管理等实行垂直领导的行政机关和国家安全机关的具体行政行为不服的,向上一级主管部门申请行政复议。

对地方各级人民政府的具体行政行为不服的,向上一级地方人民政府申请行政复议。

对国务院部门或者省、自治区、直辖市人民政府的具体行政行为不服的,向作出该具体行政行为的国务院部门或者省、自治区、直辖市人民政府申请行政复议。

对县级以上地方人民政府依法设立的派出机关的具体行政行为不服的,向设立该派出机关的人民政府申请行政复议。

3. 关于行政复议的受理。《行政复议法》规定,行政复议机关收到行政复议申请后,应当在5日内进行审查,对不符合本法规定的行政复议申请,决定不予受理,并书面告知申请人;对符合本法规定,但是不属于本机关受理的行政复议申请,应当告知申请人向有关行政复议机关提出。除上述两种情况外,行政复议申请自行政复议机关负责法制工作的机构收到之日起即为受理。

公民、法人或者其他组织依法提出行政复议申请,行政复议机关无正当理由不予受理的,上级行政机关应当责令其受理;必要时,上级行政机关也可以直接受理。

行政复议期间具体行政行为不停止执行;但是,有下列情形之一的,可以停止执行:(1)被申请人认为需要停止执行的;(2)行政复议机关认为需要停止执行的;(3)申请人申请停止执行,行政复议机关认为其要求合理,决定停止执行的;(4)法律规定停止执行的。

4. 关于行政复议的决定。《行政复议法》规定,行政复议机关负责法制工作的机构应当对被申请人作出的具体行政行为进行审查,提出意见,经行政复议机关的负责人同意或者集体讨论通过后,按照下列规定作出行政复议决定:(1)具体行政行为认定事实清楚,证据确凿,适用依据正确,程序合法,内容适当的,决定维持。(2)被申请人不履行法定职责的,决定其在一定期限内履行。(3)具体行政行为有下列情形之一的,决定撤销、变更或者确认该具体行政行为违法;决定撤销或者确认该具体行政行为违法的,可以责令被申请人在一定期限内重新作出具体行政行为(被申请人不得以同一事实和理由作出与原具体行政行为相同的或者基本相同的具体行政行为):第一,主要事实不清、证据不足的;第二,适用依据错误的;第三,违反法定程序的;第四,超越或者滥用职权的;第五,具体行政行为明显不当的。(4)被申请人不按照本法的规定提出书面答复,提交当初作出具体行政行为的证据、依据和其他有关材料的,视为该具体行政行为没有证据、依据,决定撤销该具体行政行为。

5. 申请人在申请行政复议时,可以一并提出行政赔偿请求,行政复议机关对符合《国家赔偿法》的有关规定应当予以赔偿的,在决定撤销、变更具体行政行为或者确认具体行政行为违法时,应当同时决定被申请人依法给予赔偿。

申请人在申请行政复议时没有提出行政赔偿请求的,行政复议机关在依法决定撤销或者变更罚款,撤销违法集资、没收财物、征收财物、摊派费用以及对财产的查封、扣押、冻结等具体行政行为时,应当同时责令被申请人返还财产,解除对财产的查封、扣押、冻结措施,或者赔偿相应的价款。

第六节　监督行政

一、监督行政的概念

监督行政,是指对行政机关及其工作人员的行政行为是否符合社会主义民主和法治的原则依法实施的监督。

中国共产党是我国的领导核心,它对行政机关的活动进行全面的、最有权威的监督。除了党的监督以外,还有国家权力机关的监督、国家监察机关的监督、行政机关内部的监督、人民政协的监督、国家司法机关的监督和社会监督。所有这些监督构成了自上而下和自下而上相结合的对行政机关的监督体系。完善对行政机关的监督体系,对于发展社会主义民主,健全社会主义法治具有重要意义。

二、国家权力机关的监督

国家权力机关对行政机关的监督主要表现在以下几个方面:(1)各级人民政府的主要负责人定期向本级人民代表大会及其常委会报告工作,以接受国家权力机关的审查监督。(2)国家权力机关监督行政机关贯彻执行宪法、法律、法规的情况。县级以上地方各级人民代表大会常务委员会有权受理人民群众对国家行政机关及其工作人员提出的申诉和意见。(3)国家权力机关有权撤销本级行政机关制定的同宪法、法律相抵触的行政管理法规和其他不适当的决定和命令。(4)国家权力机关通过人大代表行使质询权,进行视察,对行政机关的工作进行监督。

三、监察机关的监督

各级监察委员会是中国特色的反腐败工作机构,与纪委合署办公,加强党对反腐败工作的领导,实现对所有行使公权力的公职人员监察全覆盖。监察范围包括:(1)中国共产党机关、人民代表大会及其常务委员会机关、人民政府、监察委员会、人民法院、人民检察院、中国人民政治协商会议各级委员会机关、民主党派机关和工商业联合会机关的公务员,以及参照《公务员法》管理的人员;(2)法律、法规授权或者受国家机关依法委托管理公共事务的组织中从事公务的人员;(3)国有企业管理人员;(4)公办的教育、科研、文化、医疗卫生、体育等单位中从事管理的人员;(5)基层群众性自治组织中从事管理的人员;(6)其他依法履行公职的人员。

四、行政机关内部监督

行政机关内部监督包括一般职能监督和专门职能监督。

一般职能监督是指行政机关上下级之间以及各级政府对所属工作部门依法进行的监督。主要表现为:(1)国务院对全国国家行政机关实行统一领导和监督。它有权改变或者撤销各部、委发布的不适当的命令、指示、规章;改变或者撤销地方各级国家行政机关的不适当的决定、命令、规章。(2)国务院各部、委和直属机构对省、自治区、直辖市所属工作部门的监督。各省、自治区、直辖市的工作部门受本级人民政府和国务院主管部门的领导或业务指导。(3)地方各级人民政府对所属工作部门和下一级人民政府实行监督。《地方组织法》第59条规定,县级以上的地方各级人民政府应当领导所属各工作部门和下级人民政府的工作;第61条规定,乡、民族乡、镇的人民政府还应当办理上级人民政府交办的其他事项。(4)对设在本辖区内不属于自己管理的国家机关的监督。《地方组织法》第67条规定,省、自治区、直辖市、自治州、县、自治县、市、市辖区的人民政府应当协助设立在本行政区域内不属于自己管理的国家机关、企业、事业单位进行工作,并且监督它们遵守和执行法律和政策。(5)下级行政机关对上级行政机关的监督。这主要是指上级行政机关应认真接受和听取下级行政机关的批评和建议。

专门职能监督是指专门的行政监督机关依法实施的监督,如审计监督。

审计署是国务院的组成部门,它负责对国家财政收支和法律法规规定属于审计监督范围的财务收支的真实、合法和效益进行审计监督。改革审计管理体制,保障依法独立行使审计监督权,是健全党和国家监督体系的重要内容。

五、人民政协的监督

《中国人民政治协商会议章程》总纲规定,人民政协要对国家的大政方针、社会主义现代化建设和群众生活等重要问题进行政治协商,通过批评和建议,发挥民主监督作用。

政协对政府的监督主要通过以下方式进行:(1)政协委员到行政机关、企业事业单位视察工作,对视察中发现的问题向政府提出批评、建议;(2)政协委员被邀请列席各级人民代表大会和常务委员会的会议,同人大代表和人大常委会委员一起听取政府工作报告,提出意见。

六、司法监督

司法监督是指司法机关对行政机关及其工作人员的监督。检察机关是国家的法律监督机关,它依法保障公民对于违法的国家工作人员提出控告的权利,追究侵犯公民的人身权利、民主权利和其他权利的人的法律责任。在各类公益诉讼中(包括诉前的检察建议),人民检察院对行政行为的监督作用更为直接。人民法院主要是通过行政诉讼的形式对行政管理进行监督,即对行政机关及其工作人员的行政行为是否违法进行司法审查监督。

七、群众监督和社会监督

群众监督是指人民群众对国家行政机关及其工作人员的工作进行的监督。社会监督是指工会、共青团、妇联以及其他人民团体对国家行政管理活动进行的监督。群众监督和社会监督都是来自人民群众的监督,它的基本方式是批评、建议、检举、控告和申诉。

社会舆论在社会监督中起重要的作用,而报纸、刊物、广播、电视和网络等新闻和宣传工具,则是社会舆论的主要阵地。这些现代化的新闻宣传工具,应当增加对政务活动的报道,发挥舆论监督的作用,支持人民群众批评政府工作中的缺点错误,反对官僚主义,同各种不正之风作斗争。

信访也是人民监督行政管理工作的重要形式。人民给政府机关写信或来访,提出各种要求,表达各种愿望,对政府工作提出意见,对一些工作人员提出批评,是人民的民主权利。实践证明,做好信访工作既可以在国家行政机关和人民群众之间建立经常的联系,使行政机关能够了解社会各阶层的情绪和要求,及时解决工作中存在的问题,改进工作,还可以向人民群众宣传党的方针政策和国家的法律,使群众受到教育。

第七节　律师制度和公证制度

一、律师制度

律师是指依法取得律师执业证书,接受委托或者指定,为当事人提供法律服务的执业人员。

律师制度是我国的一项重要的司法制度。《律师法》(1996 年 5 月 15 日第八届全国人民代表大会常务委员会第十九次会议通过;后经多次修正)对我国律师制度的各方面,如律师执业的基本原则、律师事务所、律师执业许可、律师的业务和权利义务、律师协会、法律责任等,都作了明确的规定。

(一)律师执业的基本原则

在我国,律师执业的基本原则是:(1)律师执业必须遵守宪法和法律,恪守律师职业道德和执业纪律。(2)律师执业必须以事实为根据,以法律为准绳。(3)律师执业应当接受国家、社会和当事人的监督。(4)律师依法执业受法律保护,任何组织和个人不得侵害律师的合法权益。

司法行政部门依照《律师法》的规定,对律师、律师事务所和律师协会进行监督和指导。

(二)律师执业许可

申请律师执业,须具备以下四个条件,向设区的市级或者直辖市的区人民政府司法行政部门提出申请,经过审核,作出是否准予执业的决定:(1)拥护中华人民共和国宪法;(2)通过国家统一法律职业资格考试取得法律职业资格;(3)在律师事务所实习满1年;(4)品行良好。

具有高等院校本科以上学历,在法律服务人员紧缺领域从事专业工作满15年,具有高级职称或者同等专业水平并具有相应的专业法律知识的人员,申请专职律师执业的,经国务院司法行政部门考核合格,准予执业。

律师只能在一个律师事务所执业。律师执业不受地域限制。

公务员不得兼任执业律师。律师担任各级人民代表大会常务委员会组成人员的,任职期间不得从事诉讼代理或者辩护业务。

没有取得律师职业证书的人员,不得以律师名义从事法律服务业务;除法律另有规定外,不得从事诉讼代理或者辩护业务。

(三)律师事务所

律师事务所是律师的执业机构。设立律师事务所须具备的条件是:(1)有自己的名称、住所和章程;(2)有符合《律师法》规定的律师;(3)设立人应当是具有一定的执业经历,且3年内未受过停止执业处罚的律师;(4)有符合国务院司法行政部门规定数额的资产。

国家出资设立的律师事务所,以该律师事务所的全部资产对其债务承担责任。合伙律师事务所的合伙人,按照合伙形式对该律师事务所的债务依法承担责任。个人律师事务所的设立人,对律师事务所的债务承担无限责任。

律师承办业务,由律师事务所统一接受委托,与委托人签订书面委托合同,按照国家规定统一收取费用并如实入账。

律师事务所和律师应当依法纳税。

律师事务所和律师不得以诋毁其他律师事务所、律师或者支付介绍费等不正当手段承揽业务。律师事务所不得从事法律服务以外的经营活动。

(四)律师的业务和权利义务

律师可以从事下列业务:(1)接受自然人、法人或者其他组织的委托,担任法律顾问;(2)接受民事案件、行政案件当事人的委托,担任代理人,参加诉讼;(3)接受刑事案件犯罪嫌疑人、被告人的委托或者依法接受法律援助机构的指派,担任辩护人,接受自诉案件自诉人、公诉案件被害人或者其近亲属的委托,担任代理人,参加诉讼;(4)接受委托,代理各类诉讼案件的申诉;(5)接受委托,参加调解、仲裁活动;(6)接受委托,提供非诉讼法律服务;(7)解答有关法律的询问、代写诉讼文书和有关法律事务的其他文书。

律师不得在同一案件中为双方当事人担任代理人,不得代理与本人或者其近亲属有利益冲突的法律事务。

曾经担任法官、检察官的律师,从人民法院、人民检察院离任后2年内,不得担任诉讼代理人或辩护人。

犯罪嫌疑人被侦查机关第一次讯问或者采取强制措施之日起,受委托的律师凭律师执业证书、律师事务所证明和委托书或者法律援助公函,有权会见犯罪嫌疑人、被告人并了解有关案件情况。律师会见犯罪嫌疑人、被告人,不被监听。

受委托的律师自案件审查起诉之日起,有权查阅、摘抄和复制本案的案卷材料。受委托的律师自案件被人民法院受理之日起,有权查阅、摘抄和复制与案件有关的所有材料。

受委托的律师根据案情的需要,可以申请人民检察院、人民法院收集、调取证据或者申请人民法院通知证人出庭作证。律师自行调查取证的，凭律师执业证书和律师事务所证明，可以向有关单位或者个人调查与承办法律事务有关的情况。

律师担任诉讼代理人或者辩护人的，其辩论或者辩护的权利依法受到保障。

律师在执业活动中的人身权利不受侵犯。

律师在法庭上发表的代理、辩护意见不受法律追究。但是，发表危害国家安全、恶意诽谤他人、严重扰乱法庭秩序的言论除外。

律师应当保守在执业活动中知悉的国家秘密、商业秘密，不得泄露当事人的隐私。

律师在执业活动中不得有下列行为：(1)私自接受委托、收取费用，接受委托人的财物或者其他利益；(2)利用提供法律服务的便利牟取当事人争议的权益；(3)接受对方当事人的财物或者其他利益，与对方当事人或者第三人恶意串通，侵害委托人的权益；(4)违反规定会见法官、检察官、仲裁员以及其他有关工作人员；(5)向法官、检察官、仲裁员以及其他有关工作人员行贿，介绍贿赂或者指使、诱导当事人行贿，或者以其他不正当方式影响法官、检察官、仲裁员以及其他有关工作人员依法办理案件；(6)故意提供虚假证据或者威胁、利诱他人提供虚假证据，妨碍对方当事人合法取得证据；(7)煽动、教唆当事人采取扰乱公共秩序、危害公共安全等非法手段解决争议；(8)扰乱法庭、仲裁庭秩序，干扰诉讼、仲裁活动的正常进行。

律师、律师事务所应当按照国家规定履行法律援助义务，为受援人提供符合标准的法律服务，维护受援人的合法权益。

（五）律师协会

律师协会是社会团体法人，是律师的自律性组织。全国设立中华全国律师协会，省、自治区、直辖市设立地方律师协会，设区的市根据需要可以设立地方律师协会。

律师、律师事务所应当加入所在地的地方律师协会。加入地方律师协会的律师、律师事务所，同时是中华全国律师协会的会员。按照律师协会章程的规定，律师协会会员享有章程规定的权利，履行章程规定的义务。

律师协会应当履行下列职责：(1)保障律师依法执业，维护律师的合法权益；(2)总结、交流律师工作经验；(3)制定行业规范和惩戒规则；(4)组织律师业务培训和职业道德、执业纪律教育，对律师的执业活动进行考核；(5)组织管理申请律师执业人员的实习活动，对实习人员进行考核；(6)对律师、律师事务所实施奖励和惩戒；(7)受理对律师的投诉或者举报，调解律师执业活动中发生的纠纷，受理律师的申诉；(8)法律、行政法规、规章以及律师协会章程规定的其他职责。

（六）法律责任

律师法对各种违反本法规定的行为，均规定了相应的法律责任。律师因故意犯罪受到刑事处罚的，由司法行政部门吊销其律师执业证书，被吊销律师执业证书的，不得担任辩护人、诉讼代理人，但系诉讼当事人的监护人、近亲属的除外。

律师违法执业或者因过错给当事人造成损失的，由其所在的律师事务所承担赔偿责任。律师事务所赔偿后，可以向有故意或者重大过失行为的律师追偿。

二、公证制度

公证是公证机构根据自然人、法人或者其他组织的申请，依照法定程序对民事法律行为、有法律意义的事实和文书的真实性、合法性予以证明的活动。

公证制度是我国的一项重要的司法制度。《公证法》(2005 年 8 月 28 日第十届全国人大常委会第十七次会议通过;2015 年、2017 年两次修正)对我国公证制度的各方面,如公证机构、公证员、公证程序、公证效力、法律责任等,都作了明确的规定。

(一)公证机构

公证机构是依法设立,不以营利为目的,依法独立行使公证职能,承担民事责任的证明机构。公证机构办理公证,应当遵守法律,坚持客观、公正的原则。

公证机构按照统筹规划、合理布局的原则,可以在县、不设区的市、设区的市、直辖市或者市辖区设立;在设区的市、直辖市可以设立一个或者若干个公证机构。公证机构不按行政区划层层设立。

根据自然人、法人或者其他组织的申请,公证机构办理下列公证事项:(1)合同;(2)继承;(3)委托、声明、赠与、遗嘱;(4)财产分割;(5)招标投标、拍卖;(6)婚姻状况、亲属关系、收养关系;(7)出生、生存、死亡、身份、经历、学历、学位、职务、职称、有无违法犯罪记录;(8)公司章程;(9)保全证据;(10)文书上的签名、印鉴、日期,文书的副本、影印本与原本相符;(11)自然人、法人或者其他组织自愿申请办理的其他公证事项。

根据自然人、法人或者其他组织的申请,公证机构可以办理下列事务:(1)法律、行政法规规定由公证机构登记的事务;(2)提存;(3)保管遗嘱、遗产或者其他与公证事项有关的财产、物品、文书;(4)代写与公证事项有关的法律事务文书;(5)提供公证法律咨询。

公证机构不得有下列行为:(1)为不真实、不合法的事项出具公证书;(2)毁损、篡改公证文书或者公证档案;(3)以诋毁其他公证机构、公证员或者支付回扣、佣金等不正当手段争揽公证业务;(4)泄露在执业活动中知悉的国家秘密、商业秘密或者个人隐私;(5)违反规定的收费标准收取公证费;(6)法律、法规、国务院司法行政部门规定禁止的其他行为。

(二)公证员

公证员是指符合法定条件,在公证机构从事公证业务的执业人员。担任公证员应当具备的条件是:(1)具有我国国籍;(2)年龄 25 周岁以上 65 周岁以下;(3)公道正派,遵纪守法,品行良好;(4)通过国家统一法律职业资格考试取得法律职业资格;(5)在公证机构实习 2 年以上或者具有 3 年以上其他法律职业经历并在公证机构实习 1 年以上,经考核合格。

从事法学教学、研究工作,具有高级职称的人员,或者具有本科以上学历,从事审判、检察、法制工作、法律服务满 10 年的公务员、律师,已经离开原工作岗位,经考核合格的,可以担任公证员。

公证员应当遵纪守法,恪守职业道德,依法履行公证职责,保守执业秘密。

公证员不得有下列行为:(1)同时在 2 个以上公证机构执业;(2)从事有报酬的其他职业;(3)为本人及其近亲属办理公证或者办理与本人及近亲属有利害关系的公证;(4)私自出具公证书;(5)为不真实、不合法的事项出具公证书;(6)侵占、挪用公证费或者侵占、盗窃公证专用物品;(7)毁损、篡改公证文书或者公证档案;(8)泄露在执业活动中知悉的国家秘密、商业秘密或者个人隐私;(9)法律、法规、国务院司法行政部门规定禁止的其他行为。

(三)公证程序

自然人、法人或者其他组织申请办理公证,可以向住所地、经常居住地、行为地或者事实发生地的公证机构提出。

申请办理涉及不动产的公证,应当向不动产所在地的公证机构提出,即实行专属管辖。但是申请办理涉及不动产的委托、声明、赠与、遗嘱的公证，则可以向住所地、经常居住地、行为地或者事实发生地的公证机构提出。

自然人、法人或者其他组织可以委托他人办理公证，但是遗嘱、生存、收养关系等应当由本人办理公证的除外。申请办理公证的当事人应当向公证机构如实说明申请公证事项的有关情况，提供真实、合法、充分的证明材料。

公证机构经审查，认为申请提供的证明材料真实、合法、充分，申请公证的事项真实、合法的，应当自受理公证申请之日起15个工作日内向当事人出具公证书。

有下列情形之一的，公证机构不予办理公证：(1)无民事行为能力人或者限制民事行为能力人没有监护人代理申请办理公证的；(2)当事人与申请公证的事项没有利害关系的；(3)申请公证的事项属专业技术鉴定、评估事项的；(4)当事人之间对申请公证的事项有争议的；(5)当事人虚构、隐瞒事实，或者提供虚假证明材料的；(6)当事人提供的证明材料不充分或者拒绝补充证明材料的；(7)申请公证的事项不真实、不合法的；(8)申请公证的事项违背社会公德的；(9)当事人拒绝按照规定支付公证费的。

(四)公证效力

经公证的民事法律行为、有法律意义的事实和文书，应当作为认定事实的根据，但是有相反证据足以推翻该项公证的除外。

对经公证的以给付为内容并载明债务人愿意接受强制执行承诺的债权文书，债务人不履行或者履行不适当的，债权人可以依法向有管辖权的人民法院申请执行。

法律、行政法规规定未经公证的事项不具有法律效力的，依照其规定。

(五)法律责任

公证机构及其公证员有违反《公证法》的行为的，应当按照《公证法》的规定受到相应的处罚。因故意犯罪或者职务过失犯罪受到刑事处罚的，应当吊销公证员执业证书，被吊销公证员执业证书的，不得担任辩护人、诉讼代理人，但系诉讼当事人的监护人、近亲属的除外。

公证机构及其公证员因过错给当事人、公证事项的利害关系人造成损失的，由公证机构承担相应的赔偿责任；公证机构赔偿后，可以向有故意或者重大过失的公证员追偿。

当事人以及其他个人或者组织有下列行为之一，给他人造成损失的，依法承担民事责任；违反治安管理的，依法给予治安管理处罚；构成犯罪的，依法追究刑事责任：(1)提供虚假证明材料，骗取公证书的；(2)利用虚假公证书从事欺诈活动的；(3)伪造、变造或者买卖伪造、变造的公证书、公证机构印章的。

思考题

1. 什么是行政法律关系？它具有哪些特点？
2. 我国公务员法关于公务员的义务与权利、奖励与惩戒是怎样规定的？
3. 行政处罚应遵循哪些基本原则？
4. 我国律师制度的主要内容有哪些？
5. 我国公证制度的主要内容有哪些？

第六章 民　　法

第一节　民 法 概 述

一、民法的概念

根据我国《民法典》第 2 条的规定，民法是指调整平等主体的自然人、法人和非法人组织之间的人身关系和财产关系（私权利关系）的法律。它是各国法律体系中一个重要的基本法律部门。

我国民法所调整的人身关系是指与民事主体的人身不可分离而又不具有直接经济内容的那些社会关系，诸如姓名权、名誉权、荣誉权，以及著作权、发明权中的人身关系。民法所调整的财产关系主要指的是平等主体之间在商品生产、分配、交换和消费过程中所发生的社会关系。这些关系反映在民法上，分别表现为所有权关系、债权关系、知识产权的财产权关系。此外，夫妻之间、父母子女之间的财产权利义务关系，以及自然人财产的继承权关系等，也属于民法所调整的财产权关系的范围。由于本书采用的是民商分立，即将本来也属私法范畴的商法作为一个独立的法律部门，所以本章所讲的民法仅包括狭义的民法内容，而商法将在下一章中专门讨论。

必须指出的是，并非任何一种财产关系都是民法调整的对象，民法只调整横向的财产关系，它具有以下基本特征：当事人之间在法律上的地位是平等的；在经济利益上一般是等价有偿的；在意思表示上是自愿的。根据这种“平等”、“等价”和“自愿”的特征，就可以把同属调整财产关系的民法和其他法律部门区别开来。例如，按照行政程序调拨国家机关、企业事业单位的固定资产或流动资金所发生的财产关系，就不是由民法而是由行政法或经济法来调整的。民法所调整的人身关系的主体之间，也具有法律地位上的平等性，在人身权利受到侵犯时，可要求侵权人承担损害赔偿责任（财产责任）。

“民法”一词可作两种理解：一是指系统编纂的民事立法规范性文件，有些国家称为民法典（又称“形式意义上的民法”）。它对民法的任务、原则、适用以及各种民事法律制度，作出比较全面、系统的规定。二是指国家颁布的所有私法规范的总称（又称“实质意义上的民法”）。如我国 1986 年的《民法通则》不仅对民法总则中各种重要制度作了规定，而且对民法分则中的一些共同性的或者重要的问题（如有关民事权利和民事责任的问题）也作了规定。但是必须指出，由于《民法通则》是在 1986 年制定的，当时实行的还是计划为主、市场为辅的经济体制，其中有些规定已不能适应社会主义市场经济发展的需要了；其他一些民事立法也已不同程度地落后于发展了的社会生活关系。所以，国家于 1999 年颁布《合同法》，2001 年又对《婚姻法》作了很重要的修正,2007 年颁布了《物权法》,2009 年又制定了《侵权责任法》,同时还对《民法通则》进行了修订。中国共产党十八届四中全会通过的《中共中央关于全面推进依法治国若干重大问题的决定》提出要“编纂民法典”,根据最高立法机关的安排,第一步是制定民法典的总则编,第二步是编纂民法典的各分编。2017 年我国通过了《民法总则》,完成了民法典编纂工作的第一步。2020 年 5 月 28 日,第十三届全国人大第三次会议审议通过了《民法典》,标志着我国终于有了属于自己的《民法典》。2021 年 1 月 1 日《民法典》施行后,原《民法总则》《民法通则》《物权法》《合同法》《侵权责任法》《担保法》《婚姻法》《收养法》《继承法》等九部法律及其司法解释被宣告废止。《民法典》在中国特色社会主义法律体系中具有重要地位,是一部固根本、稳预期、利长远的基础性法律,对推进全面依法治国、加快建设社会主义国家,对发展社会主义市场经济、巩固社会主义基本经济制度,对坚持以人民为中心的发展思想、依法维护人民利益、推动我国人权事业发展、对推进国家治理体系和治理能力现代化,都具有重要的历史意义和现实意义。

二、民法的渊源

在大陆法系国家,民法的渊源包括成文法和非成文法,而以成文法为主。在成文法中,民法典又占有特殊重要的地位。在普通法系国家,除联邦制国家中拥有独立私法立法权的州中有少数制定了民法典(如美国的伊利诺伊州、加拿大的魁北克省等)外,其余国家均只有主要以判例法形式存在的各种私法,但以单行的成文法形式出现的财产法、侵权法、婚姻(家庭)法、继承法等也日益增多。

正如前面讲到的,在我国,判例不起民法渊源的作用,因而我国民法基本上只表现为各种规范性文件。其中,我国宪法的有关民事法律关系的规定,居于最高层次,具有最高的效力。其次则是《民法典》《著作权法》《专利法》《商标法》等全国人大及其常委会通过的各种民事法律。作为我国民法渊源的再一个层次是国务院及有关部、委制定颁布的各种调整民事关系的行政法规和部门规章。此外,最高人民法院发布的有关司法解释(包括“意见”、“批复”、“规定”、“解释”或“解答”等),也在民法渊源中占有重要地位。为了贯彻落实《民法典》,最高人民法院通过了《关于适用〈中华人民共和国民法典〉时间效力的若干规定》《关于适用〈中华人民共和国民法典〉物权编的解释(一)》《关于适用〈中华人民共和国民法典〉有关担保制度的解释》《关于适用〈中华人民共和国民法典〉婚姻家庭编的解释(一)》《关于适用〈中华人民共和国民法典〉继承编的解释(一)》等司法解释。

三、我国民法的任务和基本原则

我国民法的基本任务是:保护民事主体的合法权益,调整民事关系,维护社会和经济秩序,适应中国特色社会主义发展要求,弘扬社会主义核心价值观。

我国民法的基本原则是指那些对调整一切民事法律关系、规范民事主体所进行的一切民事活动和国家进行民事立法和司法工作都具有普遍意义的基本准则,它们是我国民法的社会主义本质和基本特征的集中表现。坚持这些基本原则,也是实现我国民法的社会职能或基本任务的重要保证。

根据《民法典》第 3 ~ 9 条的规定,可以把我国民法的基本原则作如下概括和表述。

(一)民事权益受法律保护原则(第3条)

民事权益受法律保护是民法的基本精神,统领整个民法典和商事特别法。因此,民事权益受法律保护原则也是我国民法的首要原则,居于特别重要的地位。《民法典》的体系围绕"私权"展开,各项民事权利共同组成了私权完整的内容和结构,其所规定的民事主体是民事权利的享有者和民事义务的承担者,民事法律行为是行使私权而从事的行为,而民事责任既是因侵害私权而产生的法律后果,也是保障私权实现的强有力手段。因此,构建民事权利体系,弘扬私法自治,强化对人格尊严价值的保障,是整个民法的中心任务。

(二)当事人法律地位平等的原则(第4条)

在民事法律关系中,主体的法律地位完全平等,这是民事法律关系的最本质的特征,也是市场经济社会对民法提出的最基本的要求。根据当事人法律地位平等的原则,在民事生活中,民事主体的权利能力完全平等,并受到法律的平等保护。同时,这一原则还表明,权利和义务必须一致,既不允许任何民事主体只享有权利,不承担义务,也不允许只加之以民事义务,而限制其民事权利。在财产关系中,这一原则主要反映了商品生产和交换的需要。商品的生产和交换,"要求有自由的、在行动上不受限制的商品所有者,他们作为商品所有者来说是有平等权利的,他们根据对他们来说全都平等的(至少在各该当地是平等的)权利进行交换"[1]。

(三)意思自治原则(第5条)

在民事法律关系中,当事人的法律地位既然是平等的,在进行具体的民事活动时,就应尊重当事人的自主意思。允许当事人在法律规定的范围内自主决定自己的事务,自由从事各种民事行为,最充分地实现自己的利益,并可以根据自己的意志设定、变更和消灭民事法律关系。只要不违反法律法规的强制性规定和公序良俗,国家就不得对当事人的民事行为进行干预。

(四)公平原则(第6条)

民事主体在从事民事活动的过程中,应当按照公平的观念正当行使权利和履行义务。任何一项民事活动,是否违背了公平原则,需要从结果上来考察是否符合公平的要求。例如,在合同领域内,公平原则就体现为等价有偿原则、情势变更原则和显失公平制度。如果交易的结果形成当事人之间极大的利益失衡,除非当事人自愿接受,否则法律应当作出适当的调整。所以,公平原则更多地体现实质正义的要求,司法机关也应当根据公平正义的观念处理民事纠纷。

(五)诚实信用原则(第7条)

诚实信用原则常被称为民法中的最高原则,适用于民法的整个领域,民事主体行使任何民事权利、履行任何民事义务,都应当遵循这一原则。在我国传统文化中,素有"君子一言,驷马难追""言必信,行必果"等说法,这些道德观念其实都为法治的推行奠定了良好的文化基础。而民法中的诚信原则不仅是对道德观念的法律确认,更是法律上的一项重要原则,它属于强行性规范,当事人不得以任何协议加以排除和规避。

上述意思自治、公平和诚实信用原则,虽各有其含义,但彼此互为补充。比如,不能以对方当事人"自愿"为借口而主张成立对他来说是显失公平的权利和义务关系。同时,为了保证公

---

[1] 《马克思恩格斯选集》(第3卷),人民出版社1972年版,第144页。

平原则的实现,也必须在民事活动中做到诚实信用,而不能对他方当事人进行欺诈、威胁,或同他人恶意串通,侵犯对方合法利益。

(六)符合法律和公序良俗原则(第8条)

民事主体从事民事活动,不得违反法律。这里主要指的是所有民事法律行为都不得违反法律的强制性规定,不仅是私法中的强制性规定,还应当考虑公法中的强制性规定。例如,贩毒、雇凶杀人在刑法上是犯罪行为,而当事人订立的贩毒、雇凶杀人合同,也因为违反刑法上的强制性规定而归于无效。

民事主体从事民事活动,亦不得违背公序良俗。在许多国家的民法中,常有违反公共秩序和善良风俗的民事行为无效的规定。我国《民法典》第153条第2款也规定:"违背公序良俗的民事法律行为无效。"例如,当事人之间订立的"包二奶"协议,应当认定为违反公序良俗而无效。

(七)绿色原则(第9条)

现代社会资源的有限性、生态环境的恶化与人类不断增长的物质生活需求之间形成了尖锐的冲突和矛盾。绿色原则要求人们的生产、生活等活动要与资源、环境相协调,实现人类和环境的和谐相处。我国1986年《民法通则》并没有关于环境保护的原则和规则,保护环境主要是通过《环境保护法》等法律实现的。2017年《民法总则》(已失效)第9条规定,"民事主体从事民事活动,应当有利于节约资源、保护生态环境",这是从基本原则的层面提出了保护生态环境的要求,是我国民事立法的一大进步,不仅贯彻适用于整个民法,而且直接影响到民法典各分编的设计、理解与适用。2020年《民法典》颁布时,完全继承了这一规定。

第二节　民事法律关系的主体

一、民事法律关系概述

民事法律关系是民事主体之间就一定的物或其他对象(客体)而发生的由国家强制力保证其实现的民事权利义务关系。民事法律关系是一种人与人之间的社会关系,而不是人和物的关系。尽管在财产关系中其标的常常是物,但它并不是人与物的关系,而是通过物所发生的人与人之间的关系。经民法确认的民事法律关系分为人身法律关系和财产法律关系。

民事法律关系包括三个不可缺一的要素,即主体、客体、内容。

在民事法律关系中,享受权利和承担义务的人是民事法律关系的主体。我国民事法律关系的主体,一般是自然人和作为法人的社会组织和个人独资企业、合伙企业等非法人组织。实践中以户为单位的个体工商户、农村承包经营户,亦可以自己的名义参与民事活动而被视为民事法律关系的主体。在特定的情况下,国家也以特殊的民事主体资格出现于民事法律关系中(如因发行公债或国库券而与购买人形成的债权债务关系等)。

作为民事法律关系主体的自然人和法人,依法具有国家所确认的民事权利能力和民事行为能力。民事权利能力,是国家赋予民事主体可以享受权利和承担义务的一种资格。这是民事主体参加民事活动的前提,并且不论民事主体是否参加一定的民事活动,这种资格始终是存在的。但是具有民事权利能力的民事主体要取得实际的民事权利,还要通过一定的法律事实,进入具体的民事法律关系中去。民事主体通过自己的行为取得民事权利和承担民事义务的资格就称为民事行为能力。具有民事行为能力的民事主体,既可以通过他的合法行为取得民事权利,承担民事义务,也应当对自己的违法行为承担民事责任。

民事法律关系的客体是指主体之间权利义务所指向的对象。能作为民事法律关系客体的有物、智力成果、行为(包括作为和不作为)和人体等。

民事法律关系的内容是民事主体之间就一定的客体所发生的权利义务关系。在民事权利义务关系中,享有权利的一方称为权利主体,承担义务的一方称为义务主体。根据权利义务一致的原则,在大部分民事法律关系中,双方主体均互相享有权利,也互相承担义务。

在现代社会中,人们的民事活动是最基本的活动,它引起民事法律关系不断地发生、变更和终止。凡依法律的规定能够引起民事法律关系发生、变更或终止的客观情况,称为法律事实。在现实生活中,有的法律关系因某一法律事实而发生(如自然人的出生或死亡),有的则需数个法律事实而引起(如合同成立所需的要约和承诺缔约行为,一般侵权责任的成立须有行为人的故意或过失的不法加害行为等)。

法律事实可分为两大类:一是事件,即不依赖于主体的意志活动和行为而发生的各种客观事实,如人的死亡以及各种不可抗力;二是行为,即以当事人的意志为转移的作为或不作为。

行为又可分为合法行为和违法行为。凡依照法律的规定进行的行为为合法行为,国家保护通过合法行为所产生的民事法律关系。凡违反法律规定实施的行为(包括作为和不作为)都是违法行为,违法行为也引起民事法律关系的发生,如行为人非法损害他人人身和财产引起民事赔偿责任等。

二、自然人

(一)自然人的民事权利能力

自然人是相对于法人而言的,强调的是基于自然状态出生的人。在称自然人时,不仅包括本国自然人,也包括外国人和无国籍人。

我国《民法典》第 13 条规定,自然人从出生时起到死亡时止,具有民事权利能力,依法享有民事权利,承担民事义务。同时在第 14 条中规定,自然人的民事权利能力一律平等。

自然人的出生,是指胎儿与母体完全分离并能独立呼吸。我国的户籍制度规定,出生后有呼吸的婴儿,即使立即死亡,也要进行出生登记,并同时进行死亡登记。这就说明,胎儿只要作为活体出生,即使存活的时间很短,法律也承认他在生存期间具有民事权利能力,因而也是民事法律关系的主体,依法享有民事权利。至于未出生的胎儿,实践中认为并不具有权利能力,只是为了保证其出生后生存、生活的需要,依据我国《民法典》第 1155 条的规定,遗产分割时,应当保留胎儿的继承份额。

自然人的死亡分为自然死亡和宣告死亡两种。自然死亡又称生理死亡,是指人的生命的消灭。自然死亡的时间,应以医学上公认的死亡时间为准。目前,一般都以心脏停止跳动或停止呼吸为自然死亡的标准,并以此确定自然死亡的时间。自然人死亡后,其民事权利能力即告消灭,从而产生一系列民事法律后果。

根据《民法典》第 15 条的规定，自然人的出生时间和死亡时间，以出生证明、死亡证明记载的时间为准；没有出生证明、死亡证明的，以户籍登记或者其他有效身份登记记载的时间为准。有其他证据足以推翻以上记载时间的，以该证据证明的时间为准。

需要注意的是，自然人的民事权利能力不同于其民事权利：自然人可以在法律允许的范围内自由处置其民事权利，但却不能以任何方式限制、转让或抛弃自己的民事权利能力。自然人民事权利能力一律平等，是指自然人作为民事主体的资格，即依法享有民事权利和承担民事义务的资格是一律平等的，并不是指每个自然人实际享有的权利都能一律平等。

（二）宣告失踪和宣告死亡

1. 宣告失踪

宣告失踪，是指自然人下落不明经过法律规定的一段期间，其利害关系人可提出申请，人民法院依照法定程序宣告其为失踪人的一项制度。根据我国《民法典》第 40 条规定："自然人下落不明满二年的，利害关系人可以向人民法院申请宣告该自然人为失踪人。"所谓"下落不明"，在一般情况下是指在被宣告人的住所或居所地未能获得其消息。下落不明的期间分为一般期间（普通期间）和特别期间。依我国《民法典》第 41 条的规定，这两种期间虽均为 2 年，但起算日不同。如在前一种情况下，自然人下落不明的时间从其失去音讯之日起计算；在后一种情况下，下落不明的时间自战争结束之日或者有关机关确定的下落不明之日起计算。关于利害关系人的范围，《民法典》并没有作出规定，依据 2021 年最高人民法院《全国法院贯彻实施民法典工作会议纪要》第 1 条的规定，申请宣告失踪或宣告死亡的利害关系人，包括被申请宣告失踪或宣告死亡人的配偶、父母、子女、兄弟姐妹、祖父母、外祖父母、孙子女、外孙子女以及其他与被申请人有民事权利义务关系的民事主体。上述利害关系人可以单独申请，也可以同时申请，而且其申请没有顺序限制。宣告失踪，在民事诉讼法上适用有关的特别程序（属于非讼程序中的一种），人民法院受理宣告失踪案件后，应当发出寻找下落不明人的公告，公告期间为 3 个月，期间届满，人民法院应当根据被宣告失踪的事实是否得到确认，作出宣告失踪或者驳回申请的判决。

宣告失踪并不具有终止或中止一个人的权利能力的效力，而只涉及其财产的管理。所以宣告失踪一经作出，失踪人的财产即应由其配偶、成年子女、父母或者其他愿意担任财产代管人的人代为管理。[2] 而在代管有争议，或没有以上规定的人，或以上的人均无代管能力时，由人民法院指定管理人。失踪人所欠税款、债务及其他应付费用，如赡养费、扶养费及对其财产行使管理而支出的费用等，应由代管人从失踪人的财产中支付。

宣告失踪不影响婚姻关系，如被宣告人的配偶要求与他人结婚的，必须先申请离婚，而是否准予离婚，要由人民法院按法定离婚的理由与事实进行审理，并作出准或不准离婚的判决。

失踪人重新出现，经本人或利害关系人申请，人民法院应撤销对失踪人的失踪宣告。失踪人重新出现，并不限于失踪人再回到原住所或者居住地，如果确知其下落，也应当属于"失踪人重新出现"。

2. 宣告死亡

宣告死亡，是指自然人下落不明达到法定期限，经利害关系人申请，人民法院依照法定程

---

〔2〕 参见《民法典》第 42 条。

序对失踪人已死亡进行的一种法律推定。宣告死亡和宣告失踪联系密切,在多数情况下,应该先宣告失踪,而后宣告死亡。但从法律上看,宣告失踪并非宣告死亡的必经程序,只要符合宣告死亡的条件,不论利害关系是否曾经申请宣告失踪,都可以直接申请宣告死亡。依照《民法典》第46条的规定,自然人下落不明满4年或因意外事故下落不明满2年,利害关系人可以向人民法院申请宣告其死亡。因意外事件下落不明,如经有关机关证明该自然人不可能生存的,则申请宣告死亡不受2年时间的限制。

宣告死亡不同于自然死亡,它是一种法律上的推定死亡,因此,尽管宣告死亡同自然死亡一样,也引起死亡人民事权利能力的终止,但如被宣告死亡人重新出现或有事实证明他尚未死亡,经本人或利害关系人的申请,应撤销此种宣告。

死亡宣告的申请经人民法院受理后,人民法院应发出寻找失踪人的公告(公告期间为1年,但因意外事故下落不明,经有关机关证明该自然人不可能生存的,公告期间为3个月)。公告期间届满后,人民法院才能根据被宣告失踪人死亡的事实是否得到确认,作出宣告死亡或驳回申请的判决。

由于宣告死亡引起被宣告人民事权利的终止,因而如何确定死亡日期是十分重要的。根据《民法典》第48条的规定,被宣告死亡的人,人民法院宣告死亡的判决作出之日视为其死亡的日期;因意外事件下落不明宣告死亡的,意外事件发生之日视为其死亡的日期。

死亡宣告一经成立,被宣告人的财产即发生继承关系;同时,被宣告人与尚存配偶之间的婚姻关系即行解除。这些都是与宣告失踪的效力完全不同的。

宣告死亡毕竟只是一种法律上的推定,当被宣告死亡的人重新出现时,经本人或利害关系人申请,人民法院应当撤销死亡宣告。死亡宣告的撤销将产生财产恢复的效果,其继承人应当向其返还自己依照继承规则所取得的财产,原则上应当返还原物,无法返还的,应当给予适当补偿。利害关系人隐瞒真实情况,致使他人被宣告死亡而取得其财产的,除应当返还财产外,还应当对由此造成的损失承担赔偿责任。死亡宣告被撤销的,婚姻关系自撤销死亡宣告之日起自行恢复。但是,其配偶再婚或者向婚姻登记机关书面声明不愿意恢复的除外。

我国《民法典》第49条还特别规定,自然人被宣告死亡但是并未死亡的,不影响该自然人在被宣告死亡期间实施的民事法律行为的效力。这显然也是基于宣告死亡不是事实上的死亡而是法律上的推定死亡而作出的重要规定,目的在于保护被宣告人和善意第三人的利益。

(三)自然人的民事行为能力

自然人的民事行为能力,既然是指自然人得依自己的意思表示,通过自己独立的行为,取得民事权利和设定民事义务的能力,因而它不是一切人都具有的,也并非始于出生。法律确定自然人有民事行为能力的根据是自然人的意识能力,即辨认和控制自己行为的能力。自然人能否辨认和控制自己的行为主要取决于两个因素:年龄和心智,法律据此把自然人的民事行为能力分为三种:完全民事行为能力、无民事行为能力和限制民事行为能力。我国《民法典》规定,18周岁以上的自然人为成年人,具有完全民事行为能力,可以独立实施民事法律行为,是完全民事行为能力人;16周岁以上的未成年人,以自己的劳动收入为主要生活来源的,视为完全民事行为能力人;8周岁以上的未成年人,或虽达到18岁却不能完全辨认自己行为的成年人,是限制民事行为能力人,他们都可以独立实施纯获利益的民事法律行为,或分别独立实施与其年龄、智力、精神健康状况相适应的民事法律行为，而其他民事法律行为须由其法定代理人代理或征得其法定代理人的同意、追认；不满 8 周岁的未成年人或不能辨认自己行为的成年人是无民事行为能力人，由其法定代理人代理实施民事法律行为。

（四）监护

监护，是指监护人对无民事行为能力人和限制民事行为能力人的人身、财产及其他方面的合法权益，进行监督和保护的一项制度。监护在有些国家的民法中分监护（狭义）和保护两种，前者适用于无行为能力人，后者适用于限制行为能力人。在我国民法中不做这种区分，无民事行为能力人和限制民事行为能力人都设置监护人。不过，在我国《民法典》中，包括未成年人和成年人两种监护制度。其中，成年人的监护制度包括针对无民事行为能力、限制民事行为能力的成年人的法定监护和完全行为能力成年人的意定监护。从监护设立的方式来看，则包括了法定监护、指定监护、意定监护和遗嘱监护等方式。

法定监护，是指监护人由法律直接规定产生的监护。依据《民法典》规定，未成年人的监护人首先应是父母；如父母死亡或无监护能力，则应按照以下顺序：一由其祖父母、外祖父母，二由其兄、姐，三由其他经未成年人住所地的居民委员会、村民委员会或者民政部门同意，愿意担任监护人的个人或者组织来担任监护人。而为无行为能力或限制行为能力的成年人担任监护人的，应依次为配偶，父母、子女，其他近亲属，以及须经被监护人住所地的居民委员会、村民委员会或者民政部门同意的，其他愿意担任监护人的个人或者组织。

根据《民法典》第 31、32 条的规定，如果没有依法具有监护资格的人，监护人由民政部门担任，也可以由具备履行监护职责条件的被监护人住所地的居民委员会、村民委员会担任。如果对监护人的确定有争议，由被监护人住所地的居民委员会、村民委员会或者民政部门指定监护人，有关当事人对指定不服的，可以向人民法院申请指定监护人；有关当事人也可以直接向人民法院申请指定监护人。

根据《民法典》第 33 条的规定，所谓意定监护，是指具有完全民事行为能力的成年人，可以与其近亲属、其他愿意担任监护人的个人或者组织事先协商，以书面形式确定自己的监护人。协商确定的监护人在该成年人丧失或者部分丧失民事行为能力时，履行监护职责。《民法典》的这条规定来自《老年人权益保障法》第 26 条，并对其作了进一步完善，强调意定监护必须以书面形式作出，以防止发生争议。

遗嘱监护，是指被监护人的父母在担任监护人期间，通过遗嘱的方式为被监护人指定监护人的制度。《民法典》第 29 条规定："被监护人的父母担任监护人的，可以通过遗嘱指定监护人。"

监护制度既然主要为保护无行为能力和限制行为能力人的利益而设立，监护人就应认真履行监护职责，保护被监护人的人身、财产及其他合法权益。除为了被监护人的利益外，不得处理被监护人的财产。监护人如不履行监护职责或侵害被监护人的合法权益，应承担责任；给被监护人造成财产损失的，应赔偿其损失。同时，人民法院也可以根据有关人员或有关单位的申请，撤销监护人的资格。

（五）自然人的住所

在我国，自然人必须有住所。住所不但在民事活动中具有重要的意义，在其他性质的法律关系中也是如此，如自然人应在其住所地参加选举；在我国境内设有住所的人，不论是在我国境内还是境外取得的所得,都应依法向国家缴纳所得税;住所在中国,也是恢复中国国籍的条件之一。至于在民事法律关系中,确定失踪的标准、监护的设定、在特定情况下确定债务的清偿地、审判管辖、结婚和离婚的登记、国际私法上法律的适用等,都常常与自然人的住所有关。这主要是因为住所是自然人生活的根据地或中心,许多涉及他的法律关系在这里发生和进行,因此,关于住所的法律制度在民法中是很重要的。

我国《民法典》规定,自然人以户籍登记或者其他有效身份登记记载的居所为住所。自然人以其户籍所在地为住所,主要是考虑我国有关出生与死亡、结婚与离婚以及姓名的改变等,都要记载于户籍,因而户籍是确定自然人法律地位的重要依据。但随着我国城镇化的发展和对外交往的增多,农村人口进城工作或从事各种经商活动,外国人来华工作、居住的现象也越来越普遍,但这些人并没有取得当地的户籍,因此“其他有效身份登记”,如身份证、居住证和外国人的有效居留证件,也可以作为认定其住所的依据。此外,在经常居住地与住所不一致时,则经常居住地视为其住所。而所谓经常居住地,依最高人民法院《关于适用〈中华人民共和国民事诉讼法〉的解释》的规定,是指该自然人离开住所地至起诉时已连续居住满 1 年以上的地方,但住医院就医的除外。

三、法人

法人是指具有民事权利能力和民事行为能力,能依法独立享有民事权利和承担民事义务的组织。根据我国《民法典》的规定,法人具有以下基本特征:(1)依法成立;(2)有必要的财产或者经费;(3)有自己的名称、组织机构和住所;(4)能够独立承担民事责任。对于社会主义市场经济的建立和发展来说,法人制度具有十分重要的意义。

法人的民事权利能力和行为能力,始于法人的成立,终于法人的终止。但由于法人是一种社会组织,它的民事行为能力应由其法定代表人行使。法人以它的主要办事机构所在地为住所。

法人可以作各种不同的分类,最常见的是把它们分为公法人和私法人,或社团法人和财团法人。我国《民法典》将法人分为营利法人、非营利法人和特别法人,其中,特别法人包括了机关法人、农村集体经济组织法人、城镇农村的合作经济组织法人、基层群众性自治组织法人;营利法人主要包括有限责任公司、股份有限公司和其他企业法人等;非营利法人主要包括事业单位、社会团体、基金会、社会服务机构等。营利法人和非营利法人都是私法人,可见《民法典》亦采取了公法人和私法人相区别的做法。之所以要对法人做不同种类的划分,是由于法人如果性质不同,其成立的条件和职能与活动的范围都会有所不同。在我国,无论是营利法人还是非营利法人首先要依据特别法的规定,特别法没有规定的,则适用《民法典》的规定。关于营利法人,我国已经颁布了《公司法》《外商投资法》等,这些法律为营利法人的设立提供了法律依据。关于非营利法人的设立,我国颁布了《慈善法》《基金会管理条例》《事业单位登记管理暂行条例》等。一般来说,营利法人的设立采用准则主义,并不需要特别的许可,但非营利法人中,如基金会法人、宗教场所法人等,其设立既需要依法登记,也需要批准设立。依《民法典》的规定,营利法人须依法登记成立,而非营利法人的成立分需要登记和不需要登记两种。需要登记的非营利法人,经登记成立,取得法人资格;依法不需要登记的,从成立之日起,具有法人资格。法人既然是为实现特定的社会职能而设立的,因此法律规定了它们从事民事活动的范围,凡超越自己的职能或活动范围而从事的民事活动，可能被认定为无效的民事行为，因此而致他人损害的，应承担赔偿责任。

法人还常常发生合并或分立等各种变更的情况。在发生法人合并或分立等情况时，最重要的法律问题是处理好前后法人的债权、债务的继承问题。

法人的终止可因各种原因而发生，如法人的事业和目的已经完成或已经实现或已不能完成和不能实现；依法撤销；宣告破产等。在法人终止时应当进行清算。在清算期间，法律虽赋予它从事与清算有关的民事活动的能力，却无权进行清算范围以外的活动。

四、个体工商户、农村承包经营户、个人独资企业和合伙企业

我国《民法典》第一编第二章“自然人”、第四章“非法人组织”、《个体工商户条例》、《个人独资企业法》、《合伙企业法》中，还分别就“个体工商户”、“农村承包经营户”、“个人独资企业”和“合伙企业”等作了规定。

自然人从事工商业经营，经依法登记，为个体工商户。个体工商户还可以起字号，并以其字号进行活动；农村集体经济组织的成员，依法取得农村土地承包经营权，从事家庭承包经营的，为农村承包经营户。《民法典》第56条规定：“个体工商户的债务，个人经营的，以个人财产承担；家庭经营的，以家庭财产承担；无法区分的，以家庭财产承担。农村承包经营户的债务，以从事农村土地承包经营的农户财产承担；事实上由农户部分成员经营的，以该部分成员的财产承担。”

所谓非法人组织，是指不具有法人资格，但是能够依法以自己的名义从事民事活动的组织，主要包括个人独资企业、合伙企业、不具有法人资格的专业服务机构等。其与法人的最大区别就在于非法人组织不能独立承担责任。根据《民法典》第104条的规定，非法人组织的财产不足以清偿债务的，其出资人或者设立人承担无限责任。法律另有规定的，依照其规定。

根据《个人独资企业法》第2条的规定，个人独资企业是指“在中国境内设立，由一个自然人投资，财产为投资人个人所有，投资人以其个人财产对企业债务承担无限责任的经营实体”。个人独资企业虽然由一个自然人投资设立，但它与自然人不同，属于独立的民事主体，能够以自己的名义对外开展民事活动。

根据《合伙企业法》第2条的规定，合伙企业，是指自然人、法人和其他组织依照本法在中国境内设立的普通合伙企业和有限合伙企业。普通合伙企业由普通合伙人组成，合伙人对合伙企业债务承担无限连带责任。《合伙企业法》对普通合伙人承担责任的形式有特别规定的，从其规定。有限合伙企业由普通合伙人和有限合伙人组成，普通合伙人对合伙企业债务承担无限连带责任，有限合伙人以其认缴的出资额为限对合伙企业债务承担责任。合伙协议依法由全体合伙人协商一致、以书面形式订立。（第4条）申请设立合伙企业，应当向企业登记机关提交登记申请书、合伙协议书、合伙人身份证明等文件。（第9条）申请人提交的登记申请材料齐全、符合法定形式，企业登记机关能够当场登记的，应予当场登记，发给营业执照。（第10条）

第三节 民事权利

一、民事权利概述

民事权利是由民法所确认的权利,是法律为了民事主体的特定利益而提供的保障。民事权利的设立大多体现了主体一定的利益目的,没有利益,民事权利的设定就失去了意义。民事权利分为人身权利和财产权利,分别体现了人身利益和财产利益。根据我国《民法典》第3条的规定:"民事主体的人身权利、财产权利以及其他合法权益受法律保护,任何组织或者个人不得侵犯。"而《民法典》第一编专设"民事权利"一章,集中确认和宣示自然人、法人和非法人组织所享有的各项民事权利,充分彰显了民法对私权保障的功能。

二、民事权利的基本分类

根据权利的内容和性质,民事权利可以分为人身权、财产权和综合性权利。

1. 人身权,是指以人身所体现的利益为内容的,与权利人的人身密不可分的民事权利,包括人格权和身份权。人格权是指以生命、健康、名誉等人格利益为内容,并排斥他人侵害的权利,如生命权、健康权、肖像权等。身份权是指基于权利人的特定身份而产生的权利,如抚养权、配偶权等。根据《民法典》第110条的规定:"自然人享有生命权、身体权、健康权、姓名权、肖像权、名誉权、荣誉权、隐私权、婚姻自主权等权利。法人、非法人组织享有名称权、名誉权和荣誉权。"

2. 财产权,是指以财产利益为直接内容的权利,其主体限于现实地享有或可以取得财产的人。财产权主要包括物权和债权两大类。物权是指权利人依法对特定的物享有直接支配和排他的权利,包括所有权、用益物权和担保物权。物权是一种对世权,其义务人是除权利人之外的一切人。所谓债权,是指特定的债权人一方请求债务人为或不为一定行为的权利,债权在内容上是一种请求关系,只存在于特定的当事人之间。《民法典》第113条明确规定,民事主体的财产权利受法律平等保护。

3. 综合性权利,是指由人身权和财产权结合所产生的一类权利,其内容既包括人身利益又包括财产利益。典型的综合性权利包括知识产权、社员权、继承权等。

三、民事权利的取得和行使

民事权利的取得,是指民事主体依据合法的方式或根据获得民事权利。民事权利的合法取得方式可分为原始取得和继受取得两种。原始取得,是指根据法律规定或者民事法律行为,最初取得民事权利或不依赖于原权利人的意志而取得某项民事权利,如因建造船舶而取得对船舶的所有权。继受取得又称传来取得,是指通过某种法律行为从原权利人那里取得某项民事权利,如因买卖船舶而取得对船舶的所有权。

《民法典》第129条规定:"民事权利可以依据民事法律行为、事实行为、法律规定的事件或者法律规定的其他方式取得。”依民事法律行为取得,主要是指当事人通过买卖合同、赠与合同等方式而取得民事权利。当事人也可依事实行为取得民事权利,如因合法建造房屋而取得物权。法律规定的事件也是民事主体取得民事权利的重要原因,如被继承人的死亡,可以使继承人取得继承遗产的权利。法律规定的其他方式也是民事主体取得民事权利的重要方式,如依生效的法院判决、仲裁委员会的裁决或人民政府的征收决定,取得物权。

如前所述,权利都是以一定的利益为内容的,权利人为满足自己的需要,要实现该利益,就必须行使自己的民事权利。民事主体可按照自己的意愿依法行使民事权利,不受干涉。但任何权利的实现,不仅关系权利人的利益,也关系义务人和国家、社会的利益,因此,对民事权利的行使又必须作出必要的限制。民事主体行使权利时,应当履行法律规定的和当事人约定的义务,民事主体不得滥用民事权利损害国家利益、社会公共利益或者他人合法权益。

第四节 民事法律行为

一、民事法律行为的概念

民事法律行为亦称法律行为,从学理上讲,它是指目的在于发生民法上的后果并以意思表示为要素的法律事实,具体地说,就是基于意思表示而设立、变更或终止特定民事权利义务关系的行为。但在立法上,我国《民法典》第 133 条规定:“民事法律行为是民事主体通过意思表示设立、变更、终止民事法律关系的行为。”

二、民事法律行为的种类

在实践中,可以从不同角度对民事法律行为作不同的分类:

1. 单方法律行为、双方法律行为和共同法律行为。单方法律行为只需单方面的意思表示即能成立,如遗嘱、遗赠的作出,继承权的抛弃,委托代理权的撤销等。双方法律行为需当事人双方交叉的意思表示的一致或合意才能成立,如合同的缔结或变更、婚姻的成立、收养协议的解除。共同法律行为是指得多个当事人就实现同一目的有一致的意思表示才能成立的行为。如合伙人或股东达成的成立或解散合伙和法人的协议、夫妻双方成立共同遗嘱的协议、共同出租人一致作出的解约的决定。双方法律行为与共同法律行为的区别主要在于前者为设定、变更或消灭彼此之间相对应的权利义务关系,而后者却属众人共同为某一法律行为,以共同行使某种权利或共同承担某种义务。

2. 要式法律行为和非要式法律行为。凡法律规定,法律行为必须用特定形式作出的,为要式法律行为,此外均属非要式法律行为。

3. 有偿法律行为和无偿法律行为。一方向他方提供某种利益或服务,他方对此应为相应的支付,这就是有偿法律行为。一方给付对方某种利益,对方取得该利益时并不需要为相应给付的就是无偿法律行为,如赠与就是典型的无偿法律行为。

4. 诺成法律行为和要物法律行为或实践法律行为。只要行为人双方达成一致的意思表示即成立某种民事法律关系的行为,是诺成法律行为。某种民事关系的成立,不仅要有行为人双方意思表示的一致,而且需要有物的交付,便属于要物法律行为或实践法律行为,如借贷合同、运输合同、保管合同的成立,既需要双方意思表示的一致,又需要有物的交付。

三、民事法律行为的要件

对法律行为的要件,有主张分为成立要件和生效要件。法律行为的成立要件有三,即当事人、标的(内容)、意思表示。法律行为的生效要件则为当事人须有相应的行为能力,标的(内容)须适当,意思表示需健全。我国《民法典》第143条规定,具备下列条件的民事法律行为有效:(1)行为人具备相应的行为能力;(2)意思表示真实(意思与表示完全一致);(3)不违反法律、行政法规的强制性规定,不违背公序良俗。至于民事法律行为的形式,可以采取书面、口头或其他形式,但法律、行政法规规定或者当事人约定采用特定形式的,应当采用特定形式,否则会导致该行为不发生效力。

法律行为不具备成立要件的,不能成立,即该法律行为根本就不存在。不但具备了成立要件,也具备了生效要件,为完全有效的法律行为。只具备成立要件,不具备生效要件的法律行为,则可能有三种情况:(1)无效;(2)可撤销;(3)效力待定。

无效民事法律行为,是指虽然已经成立,但因其内容违反了法律、行政法规的强制性规定和公序良俗而应当被宣告无效的民事行为。依我国《民法典》的规定,下列民事法律行为无效:(1)无行为能力人实施的民事法律行为(第144条);(2)行为人与相对人以虚假的意思表示实施的民事法律行为(第146条);(3)违反法律、行政法规的强制性规定的民事法律行为(第153条);(4)违背公序良俗的民事法律行为(第153条);(5)行为人与相对人恶意串通,损害他人合法权益的民事法律行为(第154条)。民事法律行为部分无效,不影响其他部分效力的,其他部分仍然有效。

所谓可撤销的民事法律行为,是指当事人在从事民事法律行为时,因意思表示不真实,法律允许由因意思表示不真实而受损害的一方当事人行使撤销权,从而使该已经生效的法律行为归于无效。按照《民法典》第147~151条规定,属于可撤销的民事法律行为有:(1)基于重大误解实施的民事法律行为;(2)受欺诈实施的民事法律行为;(3)因受胁迫实施的民事法律行为;(4)显失公平的民事法律行为。但是,撤销权的行使应当符合一定的条件。依据《民法典》第152条的规定,有下列情形之一的,撤销权消灭:(1)当事人自知道或者应当知道撤销事由之日起1年内、重大误解的当事人自知道或者应当知道撤销事由之日起90日内没有行使撤销权;(2)当事人受胁迫,自胁迫行为终止之日起1年内没有行使撤销权;(3)当事人知道撤销事由后明确表示或者以自己的行为表明放弃撤销权。当事人自民事法律行为发生之日起5年内没有行使撤销权的,撤销权消灭。

无效的民事行为自一开始即不具有法律上的约束力,故又称绝对无效的民事行为;可撤销的民事行为只有在被撤销以后才无效,故又称相对无效的民事行为,不过此种民事行为一经撤销,也从行为开始时起即无效。

效力待定的民事法律行为,是指法律行为成立之后,是否能发生效力尚不确定,有待其他行为或事实使之确定的法律行为。根据我国《民法典》和相关法律的规定,属于效力待定的民事法律行为有:(1)限制民事行为能力人依法不能独立实施的行为;(2)无代理权人因无权代理而从事的行为;(3)自己代理和双方代理的行为;(4)无处分权人因无权处分而从事的行为。

民事法律行为无效、被撤销或者确定不发生效力后,由于它自始便无法律上的约束力,因此,行为人因该行为取得的财产,应当予以返还;不能返还或者没有必要返还的,应当折价补偿。有过错的一方应当赔偿对方由此所受到的损失;各方都有过错的,应当各自承担相应的责任。法律另有规定的,依照其规定。

四、附条件和附期限的民事法律行为

在日常发生的民事法律行为中,还常见一些附条件的民事法律行为。《民法典》第158条规定,民事法律行为可以附条件,但是按照其性质不得附条件的除外。例如,对于婚姻、收养、认领等身份行为而言,在性质上是不得附条件的。在民事法律行为中,所附条件必须是:(1)未来有可能发生而又不一定发生的客观情况;(2)由当事人意定的而不是法定的;(3)不得有悖于法律、道德和社会公益;(4)也不得损害相对人的利益。民事法律行为所附条件可以分为生效条件(又称延缓条件)和解除条件(又称消灭条件)。生效条件,是指一旦条件成就,该行为才产生法律上的效果。解除条件是指法律行为已发生效果后,一旦所附条件成就,则该法律行为立即终止其效力。

除附条件的民事法律行为外,还有附期限的民事法律行为,是指当事人在法律行为中设定一定的期限,并将期限的到来作为法律行为发生或消灭根据的民事法律行为。期限也相应地分为生效期限(又称始期或延缓期限)和终止期限(又称终期或解除期限)。附有生效期限的,法律行为于期限到来时生效;附有终止期限的,法律行为的效力于期限到来时终止。

第五节　代　　理

一、代理的概念

凡以被代理人(本人)的名义,在代理权限内向第三人为意思表示或接受第三人的意思表示,其法律后果直接归属于被代理人的,称为代理。

代理有如下特征:(1)代理是代理人在权限范围内以被代理人的名义为意思表示或接受意思表示。所以,代理人在授权范围内所作的行为与被代理人亲自作的行为一样,不论是取得权利还是承担义务,均属被代理人。由代理而产生的民事法律关系的主体只能是被代理人,而不是代理人。(2)代理人必须独立为意思表示或接受意思表示。这个特征把它与代表传话人(传达当事人意志)、居间人(当事人之间的媒介)区别开来。(3)代理行为必须以产生直接由被代理人承受的法律后果为目的。因此,某些民间的一般替代行为,如代送代收书信等事务,既然不为收信人与第三者之间产生某种法律关系,所以也不属于民法上的代理。

代理权限的范围,在法定代理中,依法律的规定;在委托代理中,依本人的授权来决定。

代理作为一种法律制度,已在我国的民事流转和司法实践中越来越广泛地被采用,它对于实现自然人、法人和非法人组织的民事权利,保护民事主体的合法权益,都起重要的作用。代

理的适用范围很广,具体说来,有以下几个方面:(1)代理进行民事法律行为。除特定的情况外,一般的民事法律行为,不论是双方法律行为还是单方法律行为,均可由代理人来进行。(2)代理进行民事诉讼行为。在民事诉讼中不能或不便亲自参与诉讼活动的人,可由法定代理人或委托代理人代为进行诉讼。(3)代理进行某些有关履行财务、行政义务的行为,如房地产权登记、商标注册或专利申请等,都可以通过代理人去办理。

但是,某些具有人身性质的民事法律行为,如婚姻登记和遗嘱行为,是不能代理的。国内过去的民法著作在讲到法律规定不允许代理的各种情况时,常称如与人订立承担亲自演出或亲自创作义务的合同后,此种演出或创作也不能代理,这种说法是不准确的。正确的说法应是,此种演出或创作不能由第三人代替。由于此种演出或创作属履行合同义务的事实行为,既非向第三人为意思表示,也非接受第三人的意思表示而成立、变更或终止某种民事法律关系,不属于法律行为的范畴,自无代理可言。其所以产生这种误解,显然是把代理与代替混淆起来了。

二、代理的发生、种类和终止

代理的发生,即代理权的发生。因代理权发生的不同,代理一般分为委托代理和法定代理。由于它们发生的根据不同,其终止也有同有异。

在代理关系中,代理人不履行或者不完全履行职责而给被代理人造成损害的,应承担民事责任。代理人和相对人恶意串通损害被代理人合法权益的,代理人和相对人应当承担连带责任。

(一)委托代理

代理人依照被代理人的委托而进行代理是委托代理,也称意定代理。委托代理虽通常只要有被代理人授予代理人以代理权这种单方的法律行为即可成立,但亦得有代理人的同意才得进行代理活动,因此还应以一定的法律关系(如委托合同)为基础。尤其是重大事项的委托更应采用书面形式,如授权委托书。授权委托书应当载明代理人的姓名或者名称、代理事项、权限和期间,并由被代理人签名或者盖章。没有代理权、超越代理权范围以及代理权终止后所为的行为,只有经被代理人追认,被代理人才承担民事责任。行为人实施的行为未被追认的,善意相对人有权请求行为人履行债务或者就其受到的损害请求行为人赔偿。但是,赔偿的范围不得超过被代理人追认时相对人所能获得的利益。相对人知道或者应当知道行为人无权代理的,相对人和行为人按照各自的过错承担责任。代理人知道或者应当知道代理事项违法仍然实施代理行为,或被代理人知道或者应当知道代理人的代理行为违法未作反对表示的,被代理人和代理人应当承担连带责任。

因被代理人的行为造成了足以使人相信某人具有代理权的表征,被代理人须对之负授权人责任的代理,称表见代理。《民法典》第 172 条对此作了规定,行为人没有代理权、超越代理权或者代理权终止后,仍然实施代理行为,相对人有理由相信行为人有代理权的,代理行为有效。

委托代理人为被代理人的利益而转托他人代理的(又称复代理),应取得被代理人同意或者追认。转委托代理未经被代理人同意或者追认的,代理人应当对转委托的第三人的行为承担责任;但是,在紧急情况下代理人为了维护被代理人的利益需要转委托第三人代理的除外。

委托代理在以下几种情况下终止：代理期限届满或者代理事务完成；被代理人取消委托或者代理人辞去委托；代理人丧失民事行为能力；代理人或者被代理人死亡；作为代理人或者被代理人的法人、非法人组织终止。但被代理人死亡后，有下列情形之一的，委托代理人实施的代理行为有效：代理人不知道并且不应当知道被代理人死亡；被代理人的继承人予以承认；授权中明确代理权在代理事务完成时终止；被代理人死亡前已经实施，为了被代理人的继承人的利益继续代理。

（二）法定代理

以一定的身份关系存在为依据，由法律直接规定的代理，称为法定代理。例如，法律依据父母、子女、夫妻之间的亲属关系，规定他们可互为法定代理人。

第六节　物权概说

一、物权和物权法的概念

物权作为一个法律范畴，是由法律确认的主体对物依法享有的支配权利。《民法典》第205条规定，物权编是调整因物的归属和利用而产生的民事法律关系。可见，民法上所称的"物"与物理学概念上的"物"并不相同，故需要对因物而产生的物权作出法律上的界定。根据《民法典》第114条第2款规定，物权是指权利人依法对特定的物享有直接支配和排他的权利，包括所有权、用益物权和担保物权。

物权具有如下特征：(1)支配性。物权的支配性是指物权人可以直接对物进行支配，不需要借助其他任何人的行为。(2)对世性。物权的对世性是指物权的权利主体是特定的，而义务主体则是不特定的，除权利人外，其他任何人都负有不得侵害他人物权的义务，他们都是物权的义务主体，承担不侵害他人物权的不作为义务。(3)排他性。物权的排他性主要表现在两个方面：第一，物权具有直接排除他人不法侵害的效力。当物权遭到侵害时，物权人凭借物权即可以直接请求侵害人排除侵害。第二，同一物上不能同时设立两个内容相互冲突的物权。但所有权的排他性并不妨碍数人对同一物共同享有所有权，也不妨碍同一物上存在几个内容互不冲突的物权。(4)绝对性。民事权利有绝对权和相对权之分。绝对权的行使不需义务人的积极协助行为，仅有权利人的合法支配行为即能实现。物权作为一种民事主体对特定之物直接进行管领支配，并排除他人干涉的权利，属绝对权的范畴。

物权法是大陆法系的概念，在英美法系国家，有关物权的法律规定称为财产法。物权法是所有规范和调整物的支配关系的法律规范的总和。

二、物权的分类

在民法理论上，物权可依不同的标准加以分类，最基本的分类是所有权与其他物权、用益物权与担保物权、动产物权与不动产物权。

（一）所有权与其他物权

所有权是指所有人依法对其财产享有占有、使用、收益和处分的权利，是一种最完整、最充分的物权,因而又称“完全物权”;其他物权是指基于所有权产生的、非所有人对他人之物享有的一定程度的直接支配权,又称“他物权”,由于其支配范围受到一定的限制,故也称为“限制物权”。

(二)用益物权与担保物权

这是对他物权的再分类。用益物权是指以物的使用收益为目的的物权,包括地上权、地役权、永佃权等;担保物权是指以担保债权为目的,即以确保债务的履行为目的的物权,包括抵押权、留置权、质权等。

(三)动产物权与不动产物权

这是按物权的客体的性质而作的分类,其意义主要在于明确二者在取得方法、成立要件和效力等方面的差别。

在立法上,根据物权法定原则,物权的类型、各类物权的内容及创立方式,均由法律直接规定。我国《民法典》第116条规定,物权的种类和内容,由法律规定。

三、物权的效力

(一)物权的排他效力

物权的排他效力是指在同一标的物上不能同时存在两个以上的内容不相容的物权,即在同一物上已存在的物权有排除在该物上再成立与其内容互不相容的物权效力。物权的排他效力是由物权的支配性所决定的。

(二)物权的优先效力

物权的优先效力,主要是指在一物之上债权与物权并存时,无论物权成立先后,物权优先于债权的效力,物权优先效力仍源于物权的对物支配权和排他性。法律赋予物权以优先效力,有利于维护既存的财产占有关系,充分发挥物质财富的效用。此外,物权的优先效力还包括物权相互间的优先效力,它是指在同一标的物上同时存在两个以上相同内容或性质的物权时,先成立的物权具有优先于后成立的物权的效力。这就是物权法所称的“成立在先,权利在先”原则。

(三)物权的追及效力

物权的追及效力,是指物权的标的物只要为不法占有人占有,物权人原则上可以依法向物的不法占有人索取,请求其返还原物。但是,如果该物为他人善意占有,则无权无偿地请求返还。

(四)物权的妨害排除效力

物权的妨害排除效力又称为物上请求权或物权的请求权,是指物权人于其物被侵害或有被侵害的危险时,物权人得请求排除侵害或防止侵害,以恢复其物权的圆满状态的权利。

四、物权的变动

(一)物权变动的概念

物权的变动,是指物权的设立、变更、终止。物权的设立,亦称物权的发生,是指民事主体依法设立新的物权。为自己设立物权的,通常称为物权的取得;为他人设立物权的,通常称为物权的设定。物权的变更,是指物权的客体、内容的部分变更。如果发生物权主体的更迭,或者物权客体、内容的完全变化,实际上是发生了物权的取得或终止,因而不属于物权的变更。

物权变动是物权法上的一种民事法律效果。和其他民事法律效果一样,物权的变动也是由一定民事法律事实引起的。能引起物权变动的民事法律事实有两类:物权法律行为和物权行为以外的法律事实。前者如通过买卖、互易、赠与、遗赠等行为取得自物权,通过物的所有人与他人的设定行为为他人设定典权、地役权、抵押权、质权等他物权;后者如因取得时效取得物权,因公用征收和没收,因法律规定(如留置),因附和、混合、加工,因先占、拾得遗失物、发现埋藏物。

(二)物权变动的原因

1. 物权的取得

(1)原始取得,即依据法律的直接规定取得物权,不以原所有人意志为转移的物权取得方式。物权原始取得方法通常有:通过生产而取得产品的物权;通过收益而取得物之天然孳息的物权;国家通过税收、国有化、征收、征用、没收而取得物权;国家按法定程序取得无人继承的遗产、无人认领的遗失物和所有人不明的埋藏物、隐藏物的所有权;集体组织取得其成员的无人继承的遗产的所有权;在法律允许的范围内通过先占取得无主动产的所有权;取得添附物的物权;通过时效限制取得物权。(2)继受取得,即以物的所有人意志为转移的物权的取得方式。例如,通过买卖、互易、赠与、遗赠和继承等取得物权。

2. 物权的消灭

物权的消灭是指特定主体的物权不复存在,物权消灭有广义、狭义之分。广义的物权消灭包括以下两种情况:(1)物权的绝对消灭,即物权与特定主体分离,而他人又未取得其权利。物权标的物灭失、物权人抛弃其物权,他物权与所有权的混合等,能引起物权的绝对消灭。(2)物权的相对消灭,即物权与原主体分离而归于新主体。例如,转让人因转让而丧失物权。

(三)物权变动的要件

物权的变动除须有当事人之间的同意外,还须有其他要件才能生效。当事人之间的债权合同,是物权变动的原因,债权合同无效自不能发生物权变动的效果,但物权未发生变动,不应影响其他原因关系的效力。物权的变动除其原因行为应为有效外,还须履行登记或交付,才能生效。因此,登记或交付是物权变动的特殊生效要件。

1. 登记

登记是指主管部门在相关的登记簿上记载物权变动的情况。依我国《民法典》第 209 条规定,不动产物权的设立、变更、转让和消灭,经依法登记,发生效力;未经登记,不发生效力,但法律另有规定的除外。依法属于国家所有的自然资源,所有权可以不登记。我国 2014 年制定了《不动产登记暂行条例》,该条例于 2019 年修订。

2. 交付

依法律行为发生动产物权变动的,以交付为生效要件。我国《民法典》第 224 ~ 228 条规定,动产物权的设立和转让,自交付时发生效力,但法律另有规定的除外。船舶、航空器和机动车等物权的设立、变更、转让和消灭,未经登记,不得对抗善意第三人。动产物权设立和转让前,权利人已经依法占有该动产的,物权自法律行为生效时发生效力。动产物权设立和转让前,第三人依法占有该动产的,负有交付义务的人可以通过转让请求第三人返还原物的权利代替交付。动产物权转让时,双方又约定由出让人继续占有该动产的,物权自该约定生效时发生效力。

五、物权的民法保护

(一)请求确认物权

当物权归属不明或是否存在发生争执时,当事人可以向法院提起诉讼,请求确认物权。《民法典》第234条规定,因物权的归属、内容发生争议的,利害关系人可以请求确认权利。在我国,由于土地、房屋等不动产设有专门的行政管理机关,因此,有关不动产物权的争执也可以先申请行政主管部门解决。

(二)请求排除妨碍

当他人的行为非法妨碍或者可能非法妨碍物权人行使物权时,物权人可以请求妨碍人排除妨碍或者消除危险,也可请求法院责令妨碍人排除妨碍或者消除危险。

(三)请求恢复原状或者修理、重作、更换

当物权的标的物因他人的侵害行为而损坏时,如果能够修复,物权人可以请求侵权行为人加以修理、恢复物之原状。恢复原状物的请求,既可以由物权之所有人基于物之所有权提出(不管所有人是否直接占有其所有物),也可以由物之合法占有人(如质权人、保管人)与使用权人(如承包人、承包经营人)提出。造成不动产或者动产毁损的,权利人还可以请求重作或者更换。

(四)请求返还原物

当所有人的财产被他人非法占有时,财产所有人或合法占有人,可以依照法律的规定请求不法占有人返还原物,或者请求法院责令不法占有人返还原物。

(五)请求赔偿损失

当他人侵害物权的行为造成物权人的经济损失时,物权人既可以直接请求侵害人赔偿损失,也可以请求法院责令侵害人赔偿损失,还可以依法请求承担其他民事责任。

以上物权保护方式,既可以单独适用,也可以根据权利被侵害的情形合并适用。此外,结合我国的《治安管理处罚法》和《刑法》的有关规定,侵害物权,除承担民事责任外,如违反行政管理规定的,依法承担行政责任;构成犯罪的,依法追究刑事责任。

第七节　财产所有权

一、财产所有权的一般原理

(一)财产所有权的概念

根据《民法典》第240条规定,财产所有权是指所有权人依法对自己的财产享有占有、使用、收益和处分的权利。财产所有权是财产所有制在法律上的表现。

根据我国现行的法律和政策,所有权主要有两种分类的方法:按所有权的主体来划分,有国家财产所有权、集体财产所有权、私人所有权、法人所有权；按所有权的客体来划分，有生产资料所有权和生活资料所有权、动产所有权和不动产所有权等。

（二）所有权法律关系

在所有权法律关系中，财产所有权的享有者，称为所有人，是所有权法律关系中的权利主体。所有权的权利主体总是特定的，而它的义务主体都是不特定的，即任何人均负有不得非法侵犯或者妨碍所有人行使其所有权的义务。

所有权法律关系的客体是物。物作为权利的客体，必须为自然物或人工物，在自然物作权利客体时，它必须可为人力支配。在法律上，物可作不同分类，如动产和不动产，主物和从物，原物和孳息，单一物、结合物和集合物，融通物和非融通物，消费物和非消费物，代替物和不可代替物，可分物和不可分物等。

财产所有权的内容主要由所有人依法对其所有物享有的占有、使用、收益和处分的四项具体权能构成。

占有，是指所有人对财产的实际控制和管领。在一般情况下，财产归所有人占有，但也可能和所有人脱离而归非所有人占有。这又包括两种情形：一是合法占有，即有法律上的根据或经所有人同意的占有，如依合法的租赁关系而占有所有人的物；二是非法占有，即没有法律根据又未经所有人同意而占有他人的财产。在非法占有中，又分为善意占有和恶意占有。所谓善意占有，是指不知悉或无从知悉没有占有的权利而占有他人财产；与此相反，则属恶意占有。这种区分的意义，在于判定是否应该承担返还原物和赔偿损失的法律后果。

使用，是指对财产作营利的或非营利的运用和利用。使用权同占有权一样，在通常情况下属于所有人本人，但有时也可能脱离所有人而由非所有人行使，如目前国有城镇土地使用权的转让和农村集体经济组织的成员承包所有权属于集体的土地。

收益，是指基于自己的财产而取得的法定孳息和自然孳息。前者如利息、租金等，后者如果实、仔畜等。收益权在一般情况下归所有人，但也可与所有人分离而归非所有人行使。

处分，是指在法律规定的范围内决定财产的事实上和法律上的命运的权利。这是所有人最根本的权利。由于这种处分，使得财产所有权归于消灭和转移。处分权也可由非所有人行使（如《民法典》第 453 条规定的留置权人对留置财产的处分）。

应当指出，所有人行使财产的占有、使用、收益和处分四项权能时，应限制在法定的范围内，不得借口行使所有权而损害公共利益或他人的合法权益。否则，国家法律将不予保护，甚至还要给予制裁。

二、国家财产所有权

国家财产所有权是全民所有制在法律上的表现。

国家财产所有权的主体是中华人民共和国。这一主体具有唯一性和统一性的特征，我国全民所有的财产只能归国家所有，不能属于社会的任何组织或成员。但是从国家财产所有权的内容上看，对占有、使用、收益和处分权利的行使却具有很大的灵活性，国家机关、国有企事业单位均可以在国家的授权下行使这些权能，对国家的财产进行经营和管理。自然人和集体也可通过承包或租赁等形式，经营国家所有的财产。但需要注意的是，《民法典》第 257 条规定："国家出资的企业，由国务院、地方人民政府依照法律、行政法规规定分别代表国家履行出资人职责,享有出资人权益。"这一规定改变了原《民法通则》第82条全民所有制企业仅对国家授予它经营管理的财产享有经营权的规定,国家作为出资人,一旦将财产投入企业法人中,该财产就属于企业法人的独立财产,国家只享有出资人的权益。

国家财产所有权的客体范围具有无限广泛性。表现在,首先,不论以何种形式或形态存在的财产,都可以成为国家财产所有权的客体。其次,有些财产,如矿藏、水流、海域等只能由国家专有。

《民法典》第258条规定,国家所有的财产受法律保护,禁止任何组织或者个人侵占、哄抢、私分、截留、破坏。

三、集体财产所有权

集体财产所有权是集体所有制在法律上的表现。

集体财产所有权的主体是劳动群众的集体组织,它不属于参加集体组织的任何个人,而只属于作为组织的集体。集体组织通过它的管理机构来行使这种所有权。这是集体财产所有权不同于国家财产所有权和私人所有权的一个特点。集体经济组织在我国农村为各种农业生产合作组织、集体所有制的乡村企业等,在城镇则为各种集体的企业、事业单位。

除了依法只能归国家专有的财产以外,其他财产都可以成为集体财产所有权的客体。当然,从各个集体组织来说,其所有权客体的范围,应符合它的经营范围。

集体组织行使所有权时,要遵守有关的法律,不得损害国家和他人的利益。

《民法典》第265条规定,集体所有的财产受法律保护,禁止任何组织或者个人侵占、哄抢、私分、破坏。农村集体经济组织、村民委员会或者其负责人作出的决定侵害集体成员合法权益的,受侵害的集体成员可以请求人民法院予以撤销。

农村集体组织对其所有的财产,有权通过承包或租赁合同,交由其成员个人经营。2018年修改通过的《农村土地承包法》,实际上落实了在坚持农村土地集体所有的前提下,促使承包权和经营权分离,形成所有权、承包权、经营权三权分置,经营权流转的格局这一改革方略。该法第9条规定,承包方承包土地后,享有土地承包经营权,可以自己经营,也可以保留土地承包权,流转其承包地的土地经营权,由他人经营。

四、私人所有权

我国私人所有权是社会主义所有权制度的组成部分,是指除国家所有权和集体所有权之外的所有权,私人所有权是私人对其不动产和动产享有占有、使用、收益、处分的权利。私人所有权的主体不仅是自然人个人,还包括私人投资设立的不具有法人资格及具有法人资格的独资企业,两个以上的自然人及私有法人企业共同出资设立的合伙企业。《民法典》第266条规定:"私人对其合法的收入、房屋、生活用品、生产工具、原材料等不动产和动产享有所有权。"这就是对私人所有权的规定。《民法典》不仅规定了私人所有权的客体,而且还规定了私人财产的其他表现形式和财产来源,包括合法的储蓄、投资及其收益、继承的财产。还规定私人依法可以独立出资或者与他人共同出资设立企业,享有出资者权益。除了法律规定属于国家和集体的所有权客体及法律禁止成为私人所有权客体的以外的物,都可以成为私人所有权的客体。国家为了宏观经济调控,对某些领域的经济活动禁止私人经营,实际上也是对私人所有权客体的限制。私人的合法财产受法律保护,禁止任何单位和个人侵占、哄抢、破坏。

五、法人所有权

《民法典》第269条规定,营利法人对其不动产和动产依照法律、行政法规以及章程享有占有、使用、收益和处分的权利。营利法人以外的法人,对其不动产和动产的权利,适用有关法律、行政法规以及章程的规定。第270条规定,社会团体法人、捐助法人依法所有的不动产和动产,受法律保护。

六、业主的建筑物区分所有权

根据《民法典》第271条的规定,业主的建筑物区分所有权,是指业主对建筑物内的住宅、经营性用房等专有部分享有所有权,对专有部分以外的共有部分享有共有和共同管理的权利。

我国《民法典》物权编第二分编第六章对业主的建筑物区分所有权主要作了如下规定:业主对其建筑物专有部分享有占有、使用、收益和处分的权利;业主行使权利不得危及建筑物的安全,不得损害其他业主的合法权益。业主对建筑物专有部分以外的共有部分,享有权利,承担义务,不得以放弃权利为由不履行义务。建筑区划内的道路,属于业主共有,但属于城镇公共道路的除外;建筑区划内的绿地,属于业主共有,但属于城镇公共绿地或者明示属于个人的除外;建筑区划内的其他公共场所、公用设施和物业服务用房,属于业主共有。建筑区划内,规划用于停放汽车的车位、车库的归属,由当事人通过出售、附赠或者出租等方式约定。占用业主共有的道路或者其他场地用于停放汽车的车位,属于业主共有。建筑区划内,规划用于停放汽车的车位、车库应当首先满足业主的需要。业主不得违反法律、法规以及管理规约,将住宅改变为经营性用房。业主将住宅改变为经营性用房的,除遵守法律、法规以及管理规约外,应当经有利害关系的业主一致同意。业主可以设立业主大会,选举业主委员会。业主可以自行管理建筑物及其附属设施,也可以委托物业服务企业或者其他管理人管理;业主大会和业主委员会对任意弃置垃圾、排放污染物或者噪声、违反规定饲养动物、违章搭建、侵占通道、拒付物业费等损害他人合法权益的行为,有权依照法律、法规以及管理规约,要求行为人停止侵害、排除妨害、消除危险、恢复原状、赔偿损失。

七、共有关系

共有是指对同一项财产由两个或两个以上的主体共同享有一个完整的所有权的一种制度。这种财产关系常在合伙经营、共同劳动、共同购买、共同继承以及夫妻之间发生。但它不是一种独立的所有权类型,它只表明在这种财产所有权关系中,其权利主体虽是多个的,但对共有财产的所有权却是单一的。共有关系的权利客体只能是同一财产或同一物。共有人对共有财产或平等地享有权利和承担义务,或按各自的份额享有权利和承担义务。共有既可以存在于任何一种所有权之中(如几个全民所有制企业之间的共有、夫妻之间的共有等),也可以存在于几种不同性质的所有权之中(如全民所有制企业和集体所有制企业之间的共有),只要有多于一个的权利主体共同对某一物享有所有权,便构成共有关系。

共有分为共同共有和按份共有。前者指两个或多个主体对某一项财产不分份额地平等地享有所有权,不到这种共有关系结束并进行共有财产的分割时,不可能明确每一主体应享有的份额。在共有期间,共同共有人对共有财产享有连带的权利,并承担连带责任。后者指多个主体对共有财产各自按份额享有权利,并按各自的份额就共有财产承担责任。因而,共有人之一对共同债务清偿之后,有权要求其他共有人按各自的份额予以偿还;在这种共有关系存续期间,每一共有人既可将自己的份额转让给他人(其他共有人于同等条件下,有优先受让权),也可要求从共有财产中分割出去。共有人按照约定管理共有的不动产或者动产;没有约定或者约定不明确的,各共有人都有管理的权利和义务。

八、相邻关系

相邻关系,是指土地、土地上的自然物或建筑物的相邻所有人在使用或经营这些相邻的不动产时,相互发生的权利义务关系。在相邻关系中,一方在使用或经营自己的不动产时,负有不得妨碍对方合理行使权利的义务,同时也有权要求对方不妨碍和侵犯自己权利的合理行使。在相邻关系中的这种权利称相邻权。相邻权的实质既表现为相邻不动产所有人或占有人行使财产权的一种限制,也同时表现为相邻不动产所有人的财产权的一种扩大。《民法典》第288、289条规定,不动产的相邻权利人应当按照有利生产、方便生活、团结互助、公平合理的原则,正确处理相邻关系。法律、法规对处理相邻关系有规定的,依照其规定;法律、法规没有规定的,可以按照当地习惯。

相邻关系种类很多,主要有:相邻防污、防险关系;相邻流水、用水关系;相邻通风、通行、采光关系;共同使用、收益关系;土地疆界线上的竹木等的共有关系;相邻管线安设关系;铁路、公路及其两侧相邻土地的关系等。

第八节　用益物权

用益物权是指以他人所有的不动产或者动产的占有、使用、收益为目的的物权。我国《民法典》规定了土地承包经营权、建设用地使用权、宅基地使用权、居住权和地役权五种用益物权。

一、土地承包经营权

根据《民法典》的规定,土地承包经营权是指土地承包经营权人依法对其承包经营的耕地、林地、草地等享有占有、使用和收益的权利,有权从事种植业、林业、畜牧业等农业生产。

我国《民法典》第330～332条规定,农村集体经济组织实行家庭承包经营为基础、统分结合的双层经营体制。农民集体所有和国家所有由农民集体使用的耕地、林地、草地以及其他用于农业的土地,依法实行土地承包经营制度。土地承包经营权人依法对其承包经营的耕地、林地、草地等享有占有、使用和收益的权利,有权从事种植业、林业、畜牧业等农业生产。耕地的承包期为30年。草地的承包期为30～50年。林地的承包期为30～70年。前款规定的承包期届满,由土地承包经营权人依照农村土地承包的法律规定继续承包。我国《民法典》第339条规定,土地承包经营权人可以自主决定依法采取出租、入股或者其他方式向他人流转土地经营权。

二、建设用地使用权

建设用地使用权是指利用土地建造建筑物、构筑物和其他设施的权利。建设用地使用权同农用地使用权相区别，是对土地进行非种植业、林业、畜牧业和渔业而从事建设的权利。

我国《民法典》第344～353条规定，建设用地使用权人依法对国家所有的土地享有占有、使用和收益的权利，有权利用该土地建造建筑物、构筑物及其附属设施。建设用地使用权可以在土地的地表、地上或者地下分别设立。设立建设用地使用权，应当符合节约资源、保护生态环境的要求，遵守法律、行政法规关于土地用途的规定，不得损害已经设立的用益物权。设立建设用地使用权，可以采取出让或者划拨等方式，应当向登记机构申请建设用地使用权登记，登记机构应当向建设用地使用权人发放权属证书。建设用地使用权人应当依照法律规定以及合同约定支付出让金等费用。建设用地使用权人有权将建设用地使用权转让、互换、出资、赠与或者抵押，但法律另有规定的除外。

三、宅基地使用权

宅基地，是指农村集体组织的成员经依法批准用以建造个人住宅的农民集体所有的土地。宅基地使用权就是指农村集体组织的成员依法享有的宅基地上建设住宅的权利。

我国《民法典》第362～365条的规定，宅基地使用权人依法对集体所有的土地享有占有和使用的权利，有权依法利用该土地建造住宅及其附属设施。宅基地使用权的取得、行使和转让，适用土地管理的法律和国家有关规定。宅基地因自然灾害等原因灭失的，宅基地使用权消灭。对失去宅基地的村民，应当依法重新分配宅基地。已经登记的宅基地使用权转让或者消灭的，应当及时办理变更登记或者注销登记。

四、居住权

居住权，是指对他人住宅及其附属设施占有、使用的权利。居住权是旨在满足居住需要的权利类型，具有一定限度内的社会福利和保障作用。在实践中，为了帮助离婚中的生活困难一方，或为了通过以房养老来解决养老问题，都可以设立居住权。

居住权是《民法典》新规定的用益物权。根据《民法典》第367～371条规定，设立居住权，当事人应当采用书面形式订立居住权合同。居住权无偿设立，但是当事人另有约定的除外。设立居住权的，应当向登记机构申请居住权登记。居住权不得转让、继承。设立居住权的住宅不得出租，但是当事人另有约定的除外。居住权期限届满或者居住权人死亡的，居住权消灭。居住权消灭的，应当及时办理注销登记。当事人可以以遗嘱方式设立居住权。

五、地役权

地役权，是指按照合同约定，利用他人的不动产，以提高自己的不动产的效益的权利。他人的不动产为供役地，自己的不动产为需役地。

我国《民法典》规定，设立地役权，当事人应当采用书面形式订立地役权合同。当事人要求登记的，可以向登记机构申请地役权登记；未经登记，不得对抗善意第三人。

供役地权利人应当按照合同约定，允许地役权人利用其不动产，不得妨害地役权人行使权利。

第九节 债 权

一、债的概念

债是按照合同的约定或依照法律的规定,在当事人之间产生的特定的权利义务关系,其中一方(债权人)享有请求他方(债务人)为或不为一定行为的权利,他方负有满足该项请求的义务。

债权关系所包含的下述三个要素反映了它的法律特征,并使它同所有权关系区别开来:

1. 债的主体是特定的两方当事人,即债权人和债务人。有权请求他方为或不为一定行为的是债权人,承担这项义务的是债务人。他们可以各为一人,也可以一方或双方为多人。在债权关系中,权利主体和义务主体都是特定的;而在所有权关系中,义务主体是除所有人以外的任何人,是不特定的。

2. 债的内容表现为请求履行一定行为(作为或不作为)的权利和履行此项行为的义务。债权人的权利一般只有通过债务人的行为才能得到实现。而所有权人的权利的实现则无须以其他人为一定的行为为条件,所有权人以外的其他任何人均负有不妨碍或不侵害所有人的所有权的义务。

3. 债的标的,即债权人的权利和债务人的义务的共同对象,可以是物,也可以是智力成果,还可以是行为,而所有权关系的标的只能是物。

由此可见,债权法律关系和所有权法律关系是有区别的,但债权与所有权同是民法上的重要法律制度,它们都是由一定社会的生产关系所决定的,两者的关系极为密切。债权反映的是社会经济生活中的流通、分配和交换方面的财产关系,所有权则反映对社会物质财富的占有、生产、消费方面的财产关系。

债可以从不同的角度区分为不同种类,如按主体人数的多少来区分,双方均为一人的,叫单一之债;一方或双方为多数人的,叫多数人之债。多数人之债按主体各自的权利义务,又可以分为按份之债和连带之债。按标的物来区分,标的物具有特定化性质的叫特定之债,标的物为种类物的叫种类之债。按债务人应为的行为是否可以选择来区分,债的内容规定债务人只能为一种行为的叫简单之债,债的内容规定债务人可以选择两种或数种行为中的一种的叫选择之债。债还因发生原因的不同分为合同之债和法定之债,法定之债中又含侵权行为之债、不当得利之债和无因管理之债。

债的变更是指债的关系在不失其同一性的前提下,变更债的当事人(债权人或债务人)或债的内容。所谓债的关系不失其同一性,是指已发生的债依然存在,因而,它与消灭已发生的债而另成立一个新的债是完全不同的。如只发生债的主体变更(又可称债的移转),即债在不失其同一性的前提下,以新债权人代替旧债权人或以新债务人取替旧债务人(前者又称债权让与,后者又称债务承担)。又如,发生债的内容的变更,也是在保持债的同一性的前提下,或因给付标的物的减少或灭失而变更其内容;或因给付标的物的变更而变更其内容,或因给付标的物的扩张或增加而变更其内容。

债因以下各种原因而消灭:(1)债因履行而消灭;(2)债因互相抵销而消灭;(3)债因混同而消灭(债权人与债务人合二为一,原有债务就没有履行的必要,债即自行消灭);(4)债因判决而消灭;(5)债因一方抛弃或双方当事人协议免除而消灭;(6)债因时效的完成而消灭等。

二、合同

(一)概述

根据《民法典》第464条的规定,合同"是民事主体之间设立、变更、终止民事法律关系的协议"。该条第2款同时规定,婚姻、收养、监护等有关身份关系的协议,适用有关该身份关系的法律规定;没有规定的,可以根据其性质参照适用本编规定。可见合同关系以调整发生于经济活动中的各种权利义务关系为主要内容。

在民法学中,合同又称"契约"。它的法律特征如下:(1)合同是一种法律行为,是由双方或多方当事人设立、变更或终止彼此之间权利义务关系的法律行为。单方法律行为不构成合同。(2)合同必须是一种协议,即必须以相互间意思表示的一致为条件。(3)合同双方当事人地位平等,一方不得将自己的意志强加给另一方。其中一方为债权人,另一方为债务人,或双方互享债权,互负义务。(4)合同必须是一种合法行为。当事人不得利用合同扰乱社会经济秩序,损害社会公共利益,破坏社会公德。

在订立合同时,不但必须遵守自愿原则,而且应该遵循公平原则确定各方的权利和义务。当事人在行使权利和履行义务时,还必须遵循诚实信用原则。依法成立的合同,对当事人即具有法律约束力,任何一方不得擅自变更或解除合同。

(二)合同的订立

订立合同一般要经过两个步骤:要约与承诺。要约,在商务尤其是国际商务中又称"发盘",是指一方向对方提议订约,并且提出了合同的主要条款(或必备条款),以供对方考虑,如同意接受即表示合同已经成立的确定的意思表示。如《民法典》第472条规定,要约是希望与他人订立合同的意思表示,该意思表示应当符合下列条件:(1)内容具体确定;(2)表明经受要约人承诺,要约人即受该意思表示约束。要约人在要约的有效期限内要受自己要约的约束。但要约可以撤回(要约撤回适用于要约尚未生效的情况),只是其撤回要约的通知应当在要约到达受要约人之前或与要约同时到达受要约人。要约一般也可以撤销(适用于要约已生效的情况),但撤销要约的意思表示以对话方式作出的,该意思表示的内容应当在受要约人作出承诺之前为受要约人所知道;撤销要约的意思表示以非对话方式作出的,应当在受要约人作出承诺之前到达受要约人。要约邀请是希望他人向自己发出要约的表示。拍卖公告、招标公告、招股说明书、债券募集办法、基金招募说明书、商业广告和宣传、寄送的价目表等为要约邀请。商业广告和宣传的内容符合要约条件的,构成要约。

承诺,在商务尤其是国际商务中又称"接盘",是指受要约人同意要约的意思表示。承诺应当在要约确定的期限内或在合理的时间内到达要约人。承诺应与要约的内容一致。凡受要约人对要约的内容作了实质性的变更或修改的,都不构成承诺,而只是一个新的要约。有关合同标的、数量、质量、价款或者报酬、履行期限、履行地点和方式、违约责任和解决争议方法等的变更,是对要约内容的实质性变更。承诺也可以撤回,但撤回承诺的通知必须于承诺到达要约人之前或与承诺同时到达要约人。

合同成立的时间在承诺生效之时,但是法律另有规定或者当事人另有约定的除外。合同成立的地点在承诺生效的地点。

合同的内容由当事人约定。一般应包括的条款为:(1)当事人的名称或姓名和住所;(2)标的;(3)数量;(4)质量;(5)价格或者报酬;(6)履行期限、地点和方式;(7)违约责任;(8)解决争议的方法。

格式条款是当事人为了重复使用而预先拟定,并在订立合同时未与对方协商的条款。采用格式条款订立合同的,提供格式条款的一方应当遵循公平原则确定当事人之间的权利和义务,并采取合理的方式提示对方注意免除或者减轻其责任等与对方有重大利害关系的条款,按照对方的要求,对该条款予以说明。提供格式条款的一方未履行提示或者说明义务,致使对方没有注意或者理解与其有重大利害关系的条款的,对方可以主张该条款不成为合同的内容。

《民法典》规定,当事人订立合同,可以采用书面形式、口头形式或者其他形式(有的学者认为,它包括公证形式、鉴证形式、批准形式、登记形式等。但这些都只是书面形式的特殊附加条件。可以认为,其他形式主要是指默示形式等)。但是,法律、法规对一些特殊类型的合同(如保证合同、建设工程合同)规定须采取书面形式。

(三)合同的效力

《民法典》第502条规定,依法成立的合同,自成立时生效,但是法律另有规定或者当事人另有约定的除外。依照法律、行政法规的规定,合同应当办理批准等手续的,依照其规定。未办理批准等手续影响合同生效的,不影响合同中履行报批等义务条款以及相关条款的效力。应当办理申请批准等手续的当事人未履行义务的,对方可以请求其承担违反该义务的责任。依照法律、行政法规的规定,合同的变更、转让、解除等情形应当办理批准等手续的,适用前款规定。

根据《民法典》的规定,无民事行为能力的人签订的合同,违反法律、行政法规的强制性规定的合同(但是,该强制性规定不导致该民事法律行为无效的除外),违背公序良俗的合同,行为人与相对人恶意串通,损害他人合法权益的合同,都是无效合同。当事人超越经营范围订立的合同的效力,应当依照《民法典》第一编第六章第三节和第三编的有关规定确定,不得仅以超越经营范围确认合同无效。而凡因发生重大误解或受欺诈、胁迫而订立的合同以及订立的合同显失公平的,当事人一方有权请求人民法院或仲裁机构变更或撤销。

(四)合同的履行

根据《民法典》的规定,当事人应当按约定全面履行自己的义务。当事人应当遵循诚信原则,根据合同的性质、目的和交易习惯履行通知、协助、保密等义务。合同就质量、价款或报酬、履行地点、履行期限、履行方式、履行费用未作出明确约定,事后又不能就未明确约定的问题达成补充协议的,按照合同相关条款或者交易习惯确定。(第509、510条)

《民法典》还就双务合同履行中的抗辩权作了规定。“同时履行抗辩权”是指当事人互负债务,没有先后履行顺序的,应同时履行。一方在对方履行之前,有权拒绝其履行请求;一方在对方的履行不符合约定时有权拒绝其相应的履行请求。“先履行抗辩权”是指当事人互负债务,有先后履行顺序的,应当先履行债务一方未履行的,后履行一方有权拒绝其履行请求。先履行一方履行债务不符合约定的,后履行一方有权拒绝其相应的履行请求。“不安抗辩权”是指应当先履行债务一方当事人,有确切证据证明对方有下列情形之一的,可以中止履行:(1)经营状况严重恶化;(2)转移财产、抽逃资金,以逃避债务;(3)丧失商业信誉;(4)有丧失或可能丧失履约能力的其他情形。当事人没有确切证据中止履行的,应承担违约责任。但中止履行时,应及时通知对方。在对方提供适当担保时,应恢复履行。中止履行后,在合理期限内对方仍未恢复履约能力且未提供适当担保的,视为以自己的行为表明不履行主要债务,中止履行的一方可以解除合同并可以请求对方承担违约责任。

(五)合同的变更和转让

《民法典》规定,经当事人协商同意,可以变更合同。债权人在不存在下列三种情况时,有权将债权的全部或部分转让给第三人:(1)根据债权性质不得转让;(2)根据当事人约定不得转让;(3)根据法律规定不得转让。当事人约定非金钱债权不得转让的,不得对抗善意第三人。当事人约定金钱债权不得转让的,不得对抗第三人。但在转让时,应当通知债务人。未经通知,对债务人不发生转让的效力。但债务人转让债务时,应当取得债权人的同意。债务人或者第三人可以催告债权人在合理期限内予以同意,债权人未作表示的,视为不同意。

(六)合同的担保

合同的担保是为保证合同当事人认真履行债务而设定的。担保也可以合同的形式出现(担保合同),但相对于主合同来说,这种担保合同也只是从属的性质,即主合同无效,担保合同亦随之无效。且除法律规定的特定保证担保外,其他各种担保应随主债务的转移、消灭而转移与消灭。《民法典》第682条第1款规定,保证合同是主债权债务合同的从合同。主债权债务合同无效的,保证合同无效,但是法律另有规定的除外。值得注意的是,独立保函(又称见索即付的担保、备用信用证)与主合同之间不具有从属关系。我国司法实践历来认可独立保函的效力。最高人民法院《关于审理独立保函纠纷案件若干问题的规定》第1条第1款规定,"本规定所称的独立保函,是指银行或非银行金融机构作为开立人,以书面形式向受益人出具的,同意在受益人请求付款并提交符合保函要求的单据时,向其支付特定款项或在保函最高金额内付款的承诺"。因而,在我国,独立保函只能由银行和非银行金融机构出具才是有效的,才能排除保证的从属性规则。

担保的方式有多种。《民法典》对合同的担保主要规定了以下几种形式。

1. 保证

保证,是指为了保障债权的实现,由保证人和债权人约定,当债务人不履行债务或者发生当事人约定的情形时,保证人按照约定履行债务或者承担责任的行为。具有代为清偿债务能力的法人、其他组织或者自然人,可以作保证人。机关法人不得为保证人,但经国务院批准为使用外国政府或者国际经济组织贷款进行转贷的除外。以公益为目的的非营利法人、非法人组织不得为保证人。除非获得企业法人的授权,企业法人的分支机构不得为保证人。

保证的方式有两种:一般保证和连带责任保证。当事人在保证合同中约定,债务人不能履行债务时,由保证人承担保证责任的,为一般保证。一般保证的保证人在主合同纠纷未经审判或者仲裁,并就债务人财产依法强制执行仍不能履行债务前,对债权人可以拒绝承担保证责任,但是有下列情形之一的除外:(1)债务人下落不明,且无财产可供执行;(2)人民法院已经受理债务人破产案件;(3)债权人有证据证明债务人的财产不足以履行全部债务或者丧失履行债务能力;(4)保证人书面表示放弃本款规定的权利。当事人在保证合同中约定保证人与债务人对债务承担连带责任的,为连带责任保证。连带责任保证的债务人不履行到期债务或者发生当事人约定的情形时,债权人可以请求债务人履行债务,也可以请求保证人在其保证范围内承担保证责任。当事人对保证方式没有约定或者约定不明确的,按照一般保证承担保证责任。

保证担保的范围包括主债权及其利息、违约金、损害赔偿金和实现债权的费用。当事人另有约定的,按照约定。保证期间由保证人与债权人约定,未约定或约定不明的,保证期间为主债务履行期届满之日起6个月。

2. 抵押

抵押是指债务人或者第三人以不转移财产占有权的方式,而将财产抵押作为债权的担保,债务人不履行债务或者发生当事人约定的实现抵押权的情形时,债权人有权依法以抵押财产折价或者以拍卖、变卖抵押财产的价款优先受偿。

《民法典》第395条规定,债务人或者第三人有权处分的下列财产可以抵押:(1)建筑物和其他土地附着物;(2)建设用地使用权;(3)海域使用权;(4)生产设备、原材料、半成品、产品;(5)正在建造的建筑物、船舶、航空器;(6)交通运输工具;(7)法律、行政法规未禁止抵押的其他财产。抵押人可以将前款所列财产一并抵押。第396条规定,企业、个体工商户、农业生产经营者可以将现有的以及将有的生产设备、原材料、半成品、产品抵押,债务人不履行到期债务或者发生当事人约定的实现抵押权的情形,债权人有权就抵押财产确定时的动产优先受偿。第399条规定,下列财产不得抵押:(1)土地所有权;(2)宅基地、自留地、自留山等集体所有的土地使用权,但法律规定可以抵押的除外;(3)学校、幼儿园、医疗机构等为公益目的成立的非营利法人的教育设施、医疗卫生设施和其他公益设施;(4)所有权、使用权不明或者有争议的财产;(5)依法被查封、扣押、监管的财产;(6)法律、行政法规规定不得抵押的其他财产。设立抵押权,当事人应当采取书面形式订立抵押合同。

3. 质押

《民法典》规定的质押分为动产质押和权利质押。前者是指债务人或者第三人将其动产移交债权人占有,将该动产作为债权的担保。债务人不履行债务或者发生当事人约定的实现质权的情形时,债权人有权依法以该动产折价或者以拍卖、变卖该动产的价款优先受偿。后者系指债务人或者第三人以下列权利出质作为债权担保的质押方式:汇票、支票、本票、债券、存款单、仓单、提单;可以转让的基金份额、股权;可以转让的商标专用权,专利权、著作权等知识产权中的财产权;现有的以及将有的应收账款;依法可以质押的其他财产权利。

4. 留置

留置,是指在保管合同、运输合同、加工承揽合同以及法律规定的其他合同中,债权人按照约定占有债务人的动产,债务人不按照合同约定期限履行债务的,债权人有权依法留置该财产,以该财产折价或者以拍卖、变卖该财产的价款优先受偿。留置权人与债务人应当约定留置财产后的债务履行期限;没有约定或者约定不明确的,留置权人应当给债务人60日以上履行债务的期间,但鲜活易腐等不易保管的动产除外。债务人逾期未履行的,留置权人可以与债务人协议以留置财产折价,也可以就拍卖、变卖留置财产所得的价款优先受偿。

5. 定金

定金是指为担保合同的履行,当事人约定一方向对方给付一定的金额。债务人履行债务的,定金应当抵作价款或者收回。给付定金的一方不履行约定的债务或者履行债务不符合约定,致使不能实现合同目的的,无权要求返还定金;收受定金的一方不履行约定的债务或者履行债务不符合约定,致使不能实现合同目的的,应当双倍返还定金。定金的数额由当事人约定,但不得超过主合同标的额的20%。

(七)合同权利义务的终止

有下列情况之一的,合同权利义务即行终止:(1)债务已经履行;(2)合同已解除;(3)债务相互抵销;(4)债务人依法将标的提存;(5)债权人免除债务;(6)债权债务归于一人;(7)法律、法规规定或当事人约定终止的其他情形。

经当事人双方协商一致,合同可以解除。在下列情况之一,当事人一方可要求解除合同:(1)不可抗力的发生致使不能实现合同目的;(2)在履行期限届满之前,当事人一方明确表示或以自己的行为表明不履行主要债务;(3)当事人一方迟延履行主要债务,经催告后在合理期限内仍未履行;(4)当事人一方迟延履行或有其他违约行为使合同的目的不能实现;(5)法律规定的其他情形。当事人一方依法主张解除合同的,应当通知对方。合同权利义务关系的解除,不影响合同中结算和清理条款的效力。

当事人互负债务且债务的标的物种类、品质相同的,任何一方可以将自己的债务与他方的到期债务抵销,但根据债务性质、按照当事人约定或者依照法律规定不得抵销的除外。有以下情况,难以履行债务的,债务人可以将标的物提存:(1)债权人无正当理由拒绝接受履行的;(2)债权人下落不明的;(3)债权人死亡未确定继承人、遗产管理人或丧失民事行为能力未确定监护人的;(4)法律规定的其他情形。标的物不适于提存或者提存费用过高的,债务人依法可以拍卖或者变卖标的物,提存所得的价款。

(八)合同的种类

按照合同所具有的不同特征,并从不同的角度出发,可将合同分为以下主要的种类:

1. 双务合同和单务合同。在合同中规定当事人间互有权利和义务的,是双务合同,如租赁合同、承揽合同等。如果只有一方享受权利,而他方只负有义务的,是单务合同,如赠与合同。

2. 有偿合同和无偿合同。双方当事人各因自己的给付而从对方获得财产利益的合同,为有偿合同,如买卖合同。如果只有一方给付,并且不因自己的给付而从对方获得利益的合同,为无偿合同。单务合同大都为无偿合同,但某些合同(如保管、委托合同)可由双方协商确定为无偿或有偿。

3. 诺成合同和实践合同。凡经双方协商,对合同的主要条款达成协议即告成立的,便是诺成合同,如买卖合同。如果除了当事人的协议还要交付预定的标的物,合同才算成立的,便是实践合同,如借用合同。

4. 要因合同和无因合同。凡财产上的给付必以原因的存在为前提的,是要因合同,如约定借贷款项必用于特定的事项的借贷合同;反之,则为无因合同。大多数合同为要因合同。

5. 要式合同和非要式合同。这两者的区别在于法律规定是否必依一定的形式或程序来签订。

6. 有名合同和无名合同(又称典型合同和非典型合同)。凡法律上对之已有特别规定的合同,为有名合同;反之,即为无名合同。在《民法典》中,就买卖,供用电、水、气、热力,赠与,借款,保证,租赁,融资租赁,保理,承揽,建设工程,运输,技术,保管,仓储,委托,物业服务,行纪和中介及合伙等19种有名合同分别作了系统的规定。

7. 主合同和从合同。前者指能独立成立的合同。凡以另一独立存在的合同为前提而订立并依附于它的合同为从合同。

三、侵权行为、不当得利和无因管理

与合同之债相对应的是法定之债。法定之债包括侵权行为之债、不当得利之债和无因管理之债。

侵权行为之债是指行为人不法侵害他人的财产权利或人身权利而使他人遭受损失时,行为人依法所应承担的法律责任。侵权行为之债具有如下法律特征:(1)它是对侵权行为人的一种法律制裁。(2)它是加于不法行为人的一种法律责任,属于民事责任的范围,是违法者因侵犯他人财产或人身权利所应承担的法律责任。这与刑法上所科处的罚金和没收财产等财产刑,在性质上是不同的。(3)它只针对不法侵犯财产权和人身权并致人损害而设立,侵权的民事责任在当事人之间事先并无债权债务关系的存在。而因不履行合同而承担的法律责任,则是基于原来就已经存在的债权债务关系。《民法典》规定,民事权益受到侵害的,被侵权人有权请求侵权人承担侵权责任。

没有法律根据(合同与法律上的原因)取得利益,并造成他人损害的,称为不当得利。不当得利的构成要件包括:(1)必有一方获得利益的事实(从而与侵权行为有区别);(2)必使他人蒙受损害;(3)上述得利与损害之间存在因果关系;(4)得利并致人损害没有合同或法律上的依据。依《民法典》的规定,得利人没有法律根据取得不当利益的,受损失的人可以请求其返还取得的利益,从而形成不当得利之债。在这种法律关系中,不当得利人为债务人,而受损害人为债权人。它既可发生在非债清偿的情况下,也可发生在受领因不法原因所为的给付之中,如接受本无履行义务的人的履行;或原有合同被确认无效或撤销,使原来接受的履行无合同和法律上的原因等。

管理人没有法定或约定的义务,为使他人利益免受损失而管理他人事务的,可以请求受益人(亦可称本人)偿还因管理事务而付出的必要费用,称为无因管理。由此而发生的债称为无因管理之债。在这种法律关系中,管理事务人为债权人,本人(受益人)为债务人。无因管理的构成要件为:(1)须有为他人管理事务的行为存在;(2)须有为他人谋利益的思想;(3)管理他人事务无法律或合同上的义务;(4)管理他人事务应以有利于本人利益的方法进行;(5)应及早将管理行为通知本人。

第十节 知识产权

一、知识产权的概念与特性

知识产权是个人或集体对其智力成果享有的专有权。这种专有权的内容包括人身权和财产权。传统上,知识产权主要包括版权(或著作权)、专利权和商标权,后两项内容又称工业产权。但是随着时代和技术的发展,现代知识产权的内涵已经大大丰富,除传统的作品、发明、实

用新型、外观设计和商标外，知识产权的调整对象还包括地理标志、商业秘密、集成电路布图设计、植物新品种、计算机软件以及法律规定的其他客体。

知识产权具有以下三个特性：(1)专有性(或称独占性、排他性)，它只能由特定的主体享有，非经其许可(或有法律的强制许可)，任何人不得非法使用其著作、专利、商标等，以谋取利益。(2)地域性，即在一国取得的知识产权，只在该国境内有效，要寻求别国的保护，则需按国际条约或该国国内法的规定，在别国重新取得知识产权或经别国承认。(3)时间性，即不得超过法律允许的保护期限。因篇幅所限，本书主要介绍著作权、专利权和商标权。

二、著作权

(一)著作权的概念

著作权又称版权，是授予不论其作品是否已经发表的作者控制其作品的出版、复制、利用的一种独占权利。虽然著作权早先只限于作者对于文学、艺术、自然科学、社会科学等作品所享有的权利，但现在由于科技的进步，音像制品及电脑软件等也均属其保护对象。

我国1990年制定了《著作权法》，并于2020年进行了最新修正。为了加强对著作权的保护，我国还先后加入了《保护文学和艺术作品伯尔尼公约》《世界版权公约》等重要的国际公约。

(二)著作权的主体与客体

著作权的主体(著作权人)是作品的作者以及其他依照《著作权法》享有著作权的自然人、法人或者非法人组织。作者是指创作作品的自然人。但是，如果由法人或者非法人组织主持，代表法人或者非法人组织的意志创作，并由法人或者非法人组织承担责任的作品，法人或者非法人组织被视为作者。

中国公民、法人或者非法人组织的作品，不论是否发表，依照《著作权法》享有著作权。外国人、无国籍人的作品根据其作者所属国或者经常居住地国同中国签订的协议或者共同参加的国际条约享有的著作权，受《著作权法》保护。外国人、无国籍人的作品首先在中国境内出版的，依照《著作权法》享有著作权。未与中国签订协议或者共同参加国际条约的国家的作者以及无国籍人的作品首次在中国参加的国际条约的成员国出版的，或者在成员国和非成员国同时出版的，受《著作权法》保护。

作为著作权客体的作品包括：(1)文字作品；(2)口述作品；(3)音乐、戏剧、曲艺、舞蹈、杂技艺术作品；(4)美术、建筑作品；(5)摄影作品；(6)视听作品；(7)工程设计图、产品设计图、地图、示意图等图形作品和模型作品；(8)计算机软件；(9)符合作品特征的其他智力成果。但依法禁止出版、传播的作品，不受法律保护。

(三)著作权的取得与内容

著作权的取得分为自动取得和非自动取得两种形式。前者在作品完成时不需履行任何程序或手续，即取得著作权。我国《著作权法》采取这一原则。但也有采取非自动取得原则的，如《世界版权公约》便规定，只有其作品于首次发表时，在所有的复制件的适当位置上印刷有保留版权的标记，并注明作者的姓名与首次出版年份，才能得到该公约所规定的保护。

著作权的内容包括人身权和财产权。就人身权而言，包括：(1)发表权，即决定作品是否公之于众的权利；(2)署名权，即表明作者身份，在作品上署名的权利；(3)修改权，即修改或者授权他人修改作品的权利；(4)保护作品完整权，即保护作品不受歪曲、篡改的权利。就财产权而言,包括:(1)复制权;(2)发行权;(3)出租权;(4)展览权;(5)表演权;(6)放映权;(7)广播权;(8)信息网络传播权;(9)摄制权;(10)改编权;(11)翻译权;(12)汇编权;(13)应当由著作权人享有的其他权利。著作权人可以许可他人行使上述财产权,并依照约定或者《著作权法》有关规定获得报酬,也可以全部或者部分转让上述财产权,并依照约定或者《著作权法》有关规定获得报酬。

(四)著作权的保护

著作权的保护期限,就作者的署名权、修改权、保护作品完整权来说,其保护期限不受限制;就自然人的作品的发表权、财产权来说,其保护期限为作者终生及其死亡后第50年的12月31日。如果是合作作品,截至最后死亡的作者死亡后第50年的12月31日。法人或者非法人组织的作品、著作权(署名权除外)由法人或者非法人组织享有的职务作品,其发表权、财产权的保护期限为50年,分别截至作品创作完成、首次发表后第50年的12月31日,但作品自创作完成后50年内未发表的,本法不再保护。

使用他人作品,除法律规定可以不经著作权人许可的外,应同著作权人订立许可使用合同。转让著作权财产权利的,应当订立书面合同。

《著作权法》第52条规定,有下列侵权行为的,应当根据情况,承担停止侵害、消除影响、赔礼道歉、赔偿损失等民事责任:(1)未经著作权人许可,发表其作品的;(2)未经合作作者许可,将与他人合作创作的作品当作自己单独创作的作品发表的;(3)没有参加创作,为谋取个人名利,在他人作品上署名的;(4)歪曲、篡改他人作品的;(5)剽窃他人作品的;(6)未经著作权人许可,以展览、摄制视听作品的方法使用作品,或者以改编、翻译、注释等方式使用作品的,本法另有规定的除外;(7)使用他人作品,应当支付报酬而未支付的;(8)未经视听作品、计算机软件、录音录像制品的著作权人、表演者或者录音录像制作者许可,出租其作品或者录音录像制品的原件或者复制件的,本法另有规定的除外;(9)未经出版者许可,使用其出版的图书、期刊的版式设计的;(10)未经表演者许可,从现场直播或者公开传送其现场表演,或者录制其表演的;(11)其他侵犯著作权以及与著作权有关的权利的行为。

《著作权法》第53条还规定,有下列侵权行为的,应当根据情况,承担停止侵害、消除影响、赔礼道歉、赔偿损失等民事责任;同时损害公共利益的,可以由著作权行政管理部门责令停止侵权行为,予以警告,没收违法所得,没收、无害化销毁侵权复制品以及主要用于制作侵权复制品的材料、工具、设备等,违法经营额5万元以上的,可以并处违法经营额1倍以上5倍以下的罚款;没有违法经营额、违法经营额难以计算或者不足5万元的,可以并处25万元以下的罚款;构成犯罪的,依法追究刑事责任:(1)未经著作权人许可,复制、发行、表演、放映、广播、汇编、通过信息网络向公众传播其作品的,本法另有规定的除外;(2)出版他人享有专有出版权的图书的;(3)未经表演者许可,复制、发行录有其表演的录音录像制品,或者通过信息网络向公众传播其表演的,本法另有规定的除外;(4)未经录音录像制作者许可,复制、发行、通过信息网络向公众传播其制作的录音录像制品的,本法另有规定的除外;(5)未经许可,播放或者复制或者通过信息网络向公众传播广播、电视的,本法另有规定的除外;(6)未经著作权人或者与著作权有关的权利人许可,故意避开或者破坏技术措施的,故意制造、进口或者向他人提供主要用于避开、破坏技术措施的装置或者部件的,或者故意为他人避开或者破坏技术措施提供技术服务的,法律、行政法规另有规定的除外;(7)未经著作权人或者与著作权有关的权利人许可,故意删除或者改变作品、版式设计、表演、录音录像制品或者广播、电视上的权利管理信息的,知道或者应当知道作品、版式设计、表演、录音录像制品或者广播、电视上的权利管理信息未经许可被删除或者改变,仍然向公众提供的,法律、行政法规另有规定的除外;(8)制作、出售假冒他人署名的作品的。

此外,著作权人或者与著作权有关的权利人可以在起诉前向人民法院申请采取责令作出一定行为或者禁止作出一定行为、财产保全和证据保全等措施。

(五)著作权的合理限制

《著作权法》第24条规定,在下列情况下使用作品,可以不经著作权人许可,不向其支付报酬,但应当指明作者姓名或者名称、作品名称,并且不得影响该作品的正常使用,也不得不合理地损害著作权人的合法权益:(1)为个人学习、研究或者欣赏,使用他人已经发表的作品;(2)为介绍、评论某一作品或者说明某一问题,在作品中适当引用他人已经发表的作品;(3)为报道新闻,在报纸、期刊、广播电台、电视台等媒体中不可避免地再现或者引用已经发表的作品;(4)报纸、期刊、广播电台、电视台等媒体刊登或者播放其他报纸、期刊、广播电台、电视台等媒体已经发表的关于政治、经济、宗教问题的时事性文章,但著作权人声明不许刊登、播放的除外;(5)报纸、期刊、广播电台、电视台等媒体刊登或者播放在公众集会上发表的讲话,但作者声明不许刊登、播放的除外;(6)为学校课堂教学或者科学研究,翻译、改编、汇编、播放或者少量复制已经发表的作品,供教学或者科研人员使用,但不得出版发行;(7)国家机关为执行公务在合理范围内使用已经发表的作品;(8)图书馆、档案馆、纪念馆、博物馆、美术馆、文化馆等为陈列或者保存版本的需要,复制本馆收藏的作品;(9)免费表演已经发表的作品,该表演未向公众收取费用,也未向表演者支付报酬,且不以营利为目的;(10)对设置或者陈列在公共场所的艺术作品进行临摹、绘画、摄影、录像;(11)将中国公民、法人或者非法人组织已经发表的以国家通用语言文字创作的作品翻译成少数民族语言文字作品在国内出版发行;(12)以阅读障碍者能够感知的无障碍方式向其提供已经发表的作品;(13)法律、行政法规规定的其他情形。上述规定同样适用于对出版者、表演者、录音录像制作者、广播电台、电视台的权利的限制。

此外,为实施九年制义务教育和国家教育规划而编写出版教科书,可以不经著作权人许可,在教科书中汇编已经发表的作品片段或者短小的文字作品、音乐作品或者单幅的美术作品、摄影作品、图形作品,但应当按照规定向著作权人支付报酬,指明作者姓名或名称、作品名称,并且不得侵犯著作权人依照本法享有的其他权利。上述规定亦适用于对出版者、表演者、录音录像制作者、广播电台、电视台的权利的限制。

三、专利权

(一)专利权的概念

专利,是指对某项发明创造享有的一种独占利益。一项发明创造由发明创造人提出申请,经过主管机关的审核,确认其在有效期内对此项发明创造享有独占利益,就叫专利权。专利权的所有人统称专利权人。

我国于1984年颁布了《专利法》,并于2020年进行了最新修正。此外,为了推进专利技术的国际交流和合作,加强专利权的国际保护制度,我国还参加了《保护工业产权巴黎公约》《专利合作条约》等国际条约,并成为世界知识产权组织的成员国。

（二）专利权的主体和客体

专利的主体，即专利权人，是指依法获得专利权的人。在我国，能成为专利权主体的，有以下几类：(1)执行本单位的任务或主要利用本单位的物质技术条件所完成的职务发明创造，该单位为专利权人。(2)非职务发明的发明人或设计人。发明人或设计人应是指对发明创造的实质性特点直接作出了创造性贡献的人。在完成发明创造过程当中，只负责组织工作的人、在物质条件上提供了方便的人以及从事辅助性工作的人，都不应被认为是发明人。(3)执行本单位的任务或者主要是利用本单位的物质技术条件所完成的发明创造，单位与发明人或者设计人订有合同，对申请专利的权利和专利权的归属作出约定的，从其约定。(4)由于法律允许转让专利权，故专利权的受让人、专利权的合法继承人均可成为专利权的主体。

在我国没有经常居所或者营业所的外国人、外国企业或者外国其他组织也可以在我国申请专利，从而成为专利权的主体，但其所属国应与我国签订这方面的协议，或同为有关国际条约的参加国，或双方存在互惠。任何单位或者个人将在我国完成的发明或者实用新型向外国申请专利的，应当事先报经国务院专利行政部门进行保密审查。我国单位或者个人可以根据我国参加的有关国际条约提出专利国际申请。

依我国《专利法》的规定，作为专利权客体的发明创造是指发明、实用新型和外观设计。其中能构成发明和实用新型的技术必须具备新颖性、创造性和实用性，方能取得专利权；授予专利权的外观设计，应当不属于现有设计；也没有任何单位或者个人就同样的外观设计在申请日以前向国务院专利行政部门提出过申请，并记载在申请日以后公告的专利文件中。授予专利权的外观设计与现有设计或者现有设计特征的组合相比，应当具有明显区别，并不得与他人在申请日以前已经取得的合法权利相冲突。但是，对违反法律、行政法规的规定获取或者利用遗传资源，并依赖该遗传资源完成的发明创造，不授予专利权；对于违反法律、社会公德或者妨害公共利益的发明创造，国家不授予专利权。此外，科学发现，智力活动的规则和方法，疾病的诊断和治疗方法，动物和植物品种，原子核变换方法以及用原子核变换方法获得的物质，对平面印刷品的图案、色彩或者二者的结合作出的主要起标识作用的设计等均不能获得专利权。

（三）专利权的取得

我国专利审批采取“早期公布，延迟审查”的制度，即在国务院专利行政部门收到发明专利申请后，只初步审查是否符合《专利法》的要求(形式审查)，并自申请日起满 18 个月，即行公布。国务院专利行政部门可以根据申请人的请求早日公布其申请。自申请日起 3 年内，国务院专利行政部门可根据申请人随时提出的请求，对其申请进行实质审查(必要时，国务院专利行政部门可以自行对发明专利申请进行实质审查)。申请人无正当理由逾期不请求实质审查的，该申请即被视为撤回。经实质审查后，认为不符合《专利法》规定的，应当通知申请人，要求其在指定的期限内陈述意见，或者对其申请进行修改，无正当理由逾期不答复的，视为撤回其申请。经申请人陈述意见或者进行修改后，仍然认为不符合《专利法》规定的，应当予以驳回。经实质审查未发现驳回理由的，应作出授予发明专利权的决定，发给发明专利证书，同时予以登记和公告。发明专利权自公告之日起生效。对实用新型和外观设计专利的申请，经初步审查未发现驳回理由的，应作出授予实用新型专利权或者外观设计专利权的决定，发给相应的专利证书，同时予以登记和公告，其专利权自公告之日起生效。

专利申请人对国务院专利行政部门驳回申请的决定不服的，可以自收到通知之日起 3 个月内向国务院专利行政部门请求复审。国务院专利行政部门复审后作出决定,并通知专利申请人。专利申请人对国务院专利行政部门的复审决定不服的,可以自收到通知之日起3个月内向人民法院起诉。自国务院专利行政部门公告授予专利权之日起,任何单位或者个人认为该专利权的授予不符合本法有关规定的,可以请求国务院专利行政部门宣告该专利权无效。国务院专利行政部门对宣告专利权无效的请求应当及时审查和作出决定,并通知请求人和专利权人。宣告专利权无效的决定,由国务院专利行政部门登记和公告。对国务院专利行政部门宣告专利权无效或者维持专利权的决定不服的,可以自收到通知之日起3个月内向人民法院起诉。人民法院应当通知无效宣告请求程序的对方当事人作为第三人参加诉讼。宣告无效的专利权视为自始即不存在。

依我国法律规定,如两个或两个以上的申请人分别就同样的发明创造申请专利,专利权授予最先申请的人,即采用"申请在先"原则,而不采用"发明在先"原则。

(四)专利权人的义务和权利

取得专利权的人应承担缴纳年费的义务。未按规定履行此项义务的,专利权可于期限届满前终止。

取得专利权的人享有以下权利:(1)发明人或者设计人有在专利文件中写明自己是发明人或设计人的权利(专利权的人身权)。(2)在法律规定的保护年限内,享有独占地制造其专利产品或使用其专利方法的利益。我国对发明专利权的保护期限为20年,实用新型专利权的保护期限为10年,外观设计专利权的保护期限为15年,均自申请日起计算。(3)其他人制造或使用,必须取得专利权人的许可,专利权人有权收取专利使用费。(4)在法律规定的期限内,专利权可以转让或继承。

专利权超过法定保护期限即行终止,该项发明创造即成为公共财富。

(五)专利权的保护

未经专利权人许可实施其专利,即侵犯其专利权,引起纠纷的,由当事人协商解决;不愿协商或者协商不成的,专利权人或者利害关系人可以向人民法院起诉,也可以请求管理专利工作的部门处理。当事人对管理专利工作的部门的处理不服的,可向人民法院起诉。假冒专利的,除依法承担民事责任外,由负责专利执法的部门责令改正并予公告,没收违法所得,可以处违法所得5倍以下的罚款;没有违法所得或者违法所得在5万元以下的,可以处25万元以下的罚款;构成犯罪的,依法追究刑事责任。专利权人或者利害关系人有证据证明他人正在实施或者即将实施侵犯专利权、妨碍其实现权利的行为,如不及时制止将会使其合法权益受到难以弥补的损害的,可以在起诉前依法向人民法院申请采取财产保全、责令作出一定行为或者禁止作出一定行为的措施。为了制止专利侵权行为,在证据可能灭失或者以后难以取得的情况下,专利权人或者利害关系人可以在起诉前依法向人民法院申请保全证据。

侵犯专利权的诉讼时效为3年,自专利权人或者利害关系人知道或者应当知道侵权行为以及侵权人之日起计算。

(六)专利权的限制

有下列情形之一的,不视为侵犯专利权:(1)专利产品或者依照专利方法直接获得的产品,由专利权人或者经其许可的单位、个人售出后,使用、许诺销售、销售、进口该产品的。(2)在专利申请日前已经制造相同产品、使用相同方法或者已经作好制造、使用的必要准备,并且仅在原有范围内继续制造、使用的。(3)临时通过中国领陆、领水、领空的外国运输工具,依照其所属国同中国签订的协议或者共同参加的国际条约,或者依照互惠原则,为运输工具自身需要而在其装置和设备中使用有关专利的。(4)专为科学研究和实验而使用有关专利的。(5)为提供行政审批所需要的信息,制造、使用、进口专利药品或者专利医疗器械的,以及专门为其制造、进口专利药品或者专利医疗器械的。为生产经营目的使用、许诺销售或者销售不知道是未经专利权人许可而制造并售出的专利侵权产品,能证明其产品合法来源的,不承担赔偿责任。

四、商标权

(一)商标权的概念

商标是区别不同商品的标志。商标经注册后即取得商标权,受国家法律的保护。我国《商标法》规定,自然人、法人或者其他组织在生产经营活动中,对其商品或者服务需要取得商标专用权的,应当向商标局申请商标注册。不以使用为目的的恶意商标注册申请,应当予以驳回。

商标具有标示商品来源、表示商品质量,以利于商品宣传和扩大商品流通的功能。因此,健全商标法制,加强商标管理,保护商标专用权,对于促使商品生产、经营者保证商品和服务质量,维护商业信誉,保障消费者和生产、经营者的利益,促进社会主义市场经济的发展,都有重要意义。

我国《商标法》于1982年通过,2019年进行了第四次修正。我国还参加了《商标国际注册马德里协定》及其议定书等国际公约。

(二)商标权的主体和客体

在我国,商标权的主体是自然人、法人或者其他组织。外国人(包括法人)按照有关国际条约或对等原则,也可以在我国取得商标注册权。

商标权的客体,应仅限于注册商标。未经注册的商标,不能成为商标权的客体。我国《商标法》所指的“注册商标”包括商品商标、服务商标和集体商标、证明商标。商标注册人享有商标专用权,受法律保护。任何能够将自然人、法人或者其他组织的商品与他人的商品区别开的标志,包括文字、图形、字母、数字、三维标志、颜色组合和声音等,以及上述要素的组合,均可以作为商标申请注册。申请注册的商标,应当有显著特征,便于识别,不得与他人在先取得的合法权利相冲突,也不得使用法律禁止使用的文字、图形及其他标志。具体而言,包括:(1)同中华人民共和国的国家名称、国旗、国徽、国歌、军旗、军徽、军歌、勋章等相同或者近似的,以及同中央国家机关的名称、标志、所在地特定地点的名称或者标志性建筑物的名称、图形相同的;(2)同外国的国家名称、国旗、国徽、军旗等相同或者近似的,但经该国政府同意的除外;(3)同政府间国际组织的名称、旗帜、徽记等相同或者近似的,但经该组织同意或者不易误导公众的除外;(4)与表明实施控制、予以保证的官方标志、检验印记相同或者近似的,但经授权的除外;(5)同“红十字”“红新月”的名称、标志相同或者近似的;(6)带有民族歧视性的;(7)带有欺骗性,容易使公众对商品的质量等特点或者产地产生误认的;(8)有害于社会主义道德风尚或者有其他不良影响的。县级以上行政区划的地名或者公众知晓的外国地名,不得作为商标。但是,地名具有其他含义或者作为集体商标、证明商标组成部分的除外;已经注册的使用地名的商标继续有效。

商标权所有人的权利包括商标专用权、商标转让权以及使用许可权。商标权所有人的义务包括实际使用商标的义务,依法使用商标的义务,以及保证使用商标的商品质量的义务等。

保护商标专用权是健全商标法的中心环节。为此,《商标法》明确规定,经商标局核准注册的商标,商标注册人享有商标专用权,受法律保护。申请商标注册的,应填报使用商标的商品类别和商品名称。对申请注册的商标,商标局应当自收到商标注册申请文件之日起9个月内审查完毕,符合《商标法》有关规定的,予以初步审定公告;在审查过程中,商标局认为商标注册申请内容需要说明或者修正的,可以要求申请人做出说明或者修正。申请人未做出说明或者修正的,不影响商标局做出审查决定。不符合《商标法》规定的,商标局驳回申请,不予公告。自公告之日起3个月内,在先权利人、利害关系人可以提出异议。无异议或异议不能成立的,应予以核准注册,发给商标注册证,并予以公告。2个或者2个以上的商标注册申请人,在同一种商品或者类似商品上,以相同或者近似的商标申请注册的,初步审定并公告申请在先的商标;同一天申请的,初步审定并公告使用在先的商标,驳回其他人的申请,不予公告。申请商标注册不得损害他人现有的在先权利,也不得以不正当手段抢先注册他人已经使用并有一定影响的商标。注册商标的有效期为10年,但可续展注册,而且续展注册次数不受限制。

《商标法》也十分注重对驰名商标的保护。如果持有人认为其权利受到侵害时,可以依照《商标法》的规定请求驰名商标保护。驰名商标应当根据当事人的请求,作为处理涉及商标案件需要认定的事实进行认定。但生产、经营者不得将"驰名商标"字样用于商品、商品包装或者容器上,或者用于广告宣传、展览以及其他商业活动中。

在1982年《商标法》实行以前,我国对商标实行全面注册的办法,即凡使用商标都必须经过注册。后为适应新的情况,除对与国计民生关系密切的少数商品(如药品等)仍然规定必须使用注册商标(否则,不得在市场上销售)外,其他商品则由企业根据自己的需要,自主决定是否申请注册。

商品质量是商标信誉的基础,与消费者的利益攸关。对此,《商标法》作了原则性的规定,商标使用人应当对其使用商标的商品质量负责。各级市场监督管理部门应当通过商标管理,制止欺骗消费者的行为。

商标注册人还可以通过签订商标使用许可合同,许可他人使用其注册商标。许可他人使用其注册商标的,许可人应当将其商标使用许可报商标局备案,由商标局公告。商标使用许可未经备案不得对抗善意第三人。

(三)商标权的保护

保护商标专用权,在于有效地制止商标侵权行为。《商标法》规定,下列行为均属于侵犯注册商标专用权的行为:(1)未经商标注册人的许可,在同一种商品上使用与其注册商标相同的商标的;(2)未经商标注册人的许可,在同一种商品上使用与其注册商标近似的商标,或者在类似商品上使用与其注册商标相同或者近似的商标,容易导致混淆的;(3)销售侵犯注册商标专用权的商品的;(4)伪造、擅自制造他人注册商标标识或者销售伪造、擅自制造的注册商标标识的;(5)未经商标注册人同意,更换其注册商标并将该更换商标的商品又投入市场的;(6)故意为侵犯他人商标专用权行为提供便利条件,帮助他人实施侵犯商标专用权行为的;(7)给他人的注册商标专用权造成其他损害的。

对因商标侵权行为引起纠纷的,由当事人协商解决,不愿协商或者协商不成的,商标注册人或者利害关系人可以向人民法院起诉,也可以请求市场监督管理部门处理。市场监督管理部门处理时,认定侵权行为成立的,责令立即停止侵权行为,没收、销毁侵权商品和主要用于制造侵权商品、伪造注册商标标识的工具,赔偿被侵权人的损失,并可按规定处以罚款。对侵犯注册商标专用权的行为,市场监督管理部门有权依法查处;涉嫌犯罪的,应当及时移送司法机关依法处理。

第十一节 人 身 权

一、概述

自然人除享有财产方面的权利外,还依法享有各种人身权。人身权是指与人身不可分离或相联系而无直接财产内容的各种权利。自然人的人身权不仅受民法的保护,而且还受其他法律部门的保护,如刑法、行政法等。

人身权可分为人格权和身份权。

二、人格权

我国《民法典》将人格权独立成编,凸显了人格权在我国民法规范体系中的重要地位。人格权是指为民事主体所固有而由法律直接赋予民事主体所享有的各种人身权利。人格权是一种非财产权,因而与财产权有所区别。人格权是一种支配权,因而具有排他的效力。人格权是一种绝对权,因而任何他人都不得妨碍其行使。人格权还是一种专属权,即他人不得代位行使。除自然人享有人格权外,作为民事主体的法人也享有人格权,不过两者有所区别,如法人不能享有生命权、肖像权、婚姻权等。人格权主要包括:

(1)生命权和身体权。生命权是自然人依法享有的生命不受非法侵害的权利。生命是自然人作为权利主体而存在的物质前提,生命权一旦被剥夺,其他权利就无从谈起,所以,生命权是自然人最根本的人身权。保护自然人的生命权不受非法侵害,是我国法律的首要任务。《民法典》规定,自然人享有生命权。自然人的生命安全和生命尊严受法律保护。任何组织或者个人不得侵害他人的生命权。自然人享有身体权。自然人的身体完整和行动自由受法律保护。任何组织或者个人不得侵害他人的身体权。违背他人意愿,以言语、文字、图像、肢体行为等方式对他人实施性骚扰的,受害人有权依法请求行为人承担民事责任。机关、企业、学校等单位应当采取合理的预防、受理投诉、调查处置等措施,防止和制止利用职权、从属关系等实施性骚扰。

(2)健康权。健康权是自然人依法享有的身体健康不受非法侵害的权利。身体健康是自然人参加社会活动和从事民事活动的重要保证。保护自然人的健康权,就是保障自然人身体的机能和器官不受非法侵害。对于不法侵害自然人健康权的行为,不仅要追究其民事责任,有时还要追究其刑事责任。

(3)姓名权和名称权。姓名权是自然人依法享有的决定、使用、变更或者许可他人使用自己姓名的权利。法律规定,对于干涉、盗用、假冒他人姓名的行为,应追究行为人的民事责任。

法人和非法人组织的名称权是法人和非法人组织依法享有的决定、使用、变更、转让或者许可他人使用自己的名称,并排除他人干涉、盗用、假冒的权利。法律规定,企业法人、个体工商户、个人合伙有使用、依法转让自己名称的权利。

(4)肖像权。肖像权是自然人有权依法制作、使用、公开或者许可他人使用自己肖像的权利。法律规定,未经肖像权人同意,不得制作、使用、公开肖像权人的肖像,但是法律另有规定的除外。未经肖像权人同意,肖像作品权利人不得以发表、复制、发行、出租、展览等方式使用或者公开肖像权人的肖像。

(5)名誉权。名誉权是自然人和法人享有的名誉不受侵害的权利。名誉是对民事主体的品德、声望、才能、信用等的社会评价。法律保护自然人和法人的名誉权,对于用侮辱、诽谤等方式损害自然人、法人名誉权的,应追究民事责任乃至刑事责任。

(6)隐私权和个人信息。隐私是自然人的私人生活安宁和不愿为他人知晓的私密空间、私密活动、私密信息。任何组织或者个人不得以刺探、侵扰、泄露、公开等方式侵害他人的隐私权。个人信息是以电子或者其他方式记录的能够单独或者与其他信息结合识别特定自然人的各种信息,包括自然人的姓名、出生日期、身份证件号码、生物识别信息、住址、电话号码、电子邮箱、健康信息、行踪信息等。自然人的个人信息受法律保护。

(7)婚姻自主权。婚姻自主权是指自然人依法享有的按照自己的意愿自主地结婚或离婚而不受他人非法干涉的权利。

三、身份权

身份权,是指民事主体因具有某一特定的身份根据法律而取得的权利。它主要指自然人和法人、非法人组织的荣誉权、知识产权中的人身权、家庭中的亲属权和监护权等。自然人和法人的荣誉权是自然人和法人享有保护其荣誉不受非法侵害的权利。荣誉与名誉不同,荣誉是一种殊荣,是已经取得的光荣称号。法律保护自然人、法人的荣誉权,禁止他人非法剥夺。

第十二节　婚 姻 家 庭

一、婚姻法的概念和渊源

婚姻法,是指调整婚姻家庭关系的成立和终止,以及由此而产生的亲属之间特定权利义务关系的法律规范的总和。

我国婚姻法的渊源不仅包括《民法典》中有关调整婚姻家庭关系的规定,还包括《婚姻登记条例》《未成年人保护法》《妇女权益保障法》等有关婚姻家庭关系方面的规定。目前,我国《婚姻法》的主要渊源是《民法典》及其司法解释。

二、我国婚姻法的基本原则

依据《民法典》的规定,我国婚姻法的基本原则是:

(1)婚姻自由。根据男女婚姻自由这一原则,不论是缔结或解除婚姻关系,必须男女双方自主自愿,不允许任何一方或任何其他人与单位对他方加以强迫、包办和干涉,并且禁止买卖婚姻和借婚姻索取财物等。

(2)一夫一妻。我国的婚姻自由是在一夫一妻原则下的婚姻自由。我国《民法典》规定,必须符合一夫一妻制的婚姻才允许登记结婚。《民法典》第1042条第2款规定,禁止重婚,禁止有配偶者与他人同居。已经有配偶的男女,在配偶死亡或离婚之前不得与他人结婚;如果有配偶而与他人结婚,或者明知他人有配偶而与之结婚(包括形成事实上的夫妻关系),依我国《刑法》的规定,均构成重婚罪。

(3)男女平等。男女平等原则要求男女双方在社会生活和婚姻家庭关系中,均享有同等的权利,担负同等的义务。夫妻应当互相忠实,互相尊重。实现婚姻自由和一夫一妻制首先要求实现男女平等,没有男女平等就没有真正的婚姻自由和一夫一妻制。所以说,男女平等是我国婚姻法的最基本特征,也是婚姻制度改革的关键。《民法典》对男女平等规定了十分广泛的内容,它不仅表现在结婚和离婚的问题上,而且表现在夫妻间的人身关系和财产关系上,如夫妻双方都有各自使用自己姓名的权利,都有参加生产、工作、学习和社会活动的自由;对于共同所有的财产有平等的处理权,有互相继承遗产的权利。登记结婚后,根据男女双方约定,女方可以成为男方家庭的成员,男方也可以成为女方家庭的成员。同时,夫妻双方有互相扶养的义务和共同抚养教育子女的义务。此外,根据这一原则,不同性别的其他家庭成员之间也应坚持男女平等。

(4)保护妇女、儿童和老人的合法权益。这一基本原则体现了国家对妇女、儿童和老人的关怀,反映了男女平等、尊老爱幼的道德风尚。《民法典》规定,禁止家庭暴力,禁止家庭成员间的虐待和遗弃。家庭成员间应当敬老爱幼,互相帮助,维护平等、和睦、文明的婚姻家庭关系。由于历史原因,在我国社会发展的现阶段,妇女、儿童和老人在家庭生活中的地位往往与其他家庭成员存在某些实际差别,因此,国家专门颁布《妇女权益保障法》和《未成年人保护法》,并要求子女应对父母尽赡养扶助的义务,缺乏劳动能力或者生活困难的父母,有要求成年子女给付赡养费的权利;有负担能力的孙子女、外孙子女,对于子女已经死亡、子女无力赡养的祖父母、外祖父母,也有赡养的义务。

三、结婚

(一)结婚条件

结婚是男女双方依照法律规定的条件和程序建立夫妻关系的行为。结婚不仅使男女双方开始发生夫妻间的权利和义务,而且要建立家庭,担负起抚育下一代的责任。因此,结婚对于个人、子女以及社会、国家和民族,都有重大的意义。为了保障婚姻当事人的合法权利和社会、民族的利益,防止非法婚姻的发生,我国《民法典》第五编第二章对结婚规定了严格的条件和必经的程序。

结婚的条件包括必须具备的条件和必须排除的条件。

结婚必须具备的条件有三个:(1)双方必须符合一夫一妻的条件。要求结婚的人,只能是未婚者,或已婚而丧偶或离婚的。已离婚的配偶要求复婚的,必须双方未再婚,或虽再婚却又离异。(2)必须男女双方完全自愿。(3)结婚必须达到法定婚龄。我国《民法典》第1047条规定，结婚年龄，男不得早于22周岁，女不得早于20周岁。法定婚龄是法律上规定的男女结婚的最低年龄，即不到这个年龄不得结婚，而不是到了这个年龄就必须结婚。

我国禁止结婚的条件是直系血亲和三代以内的旁系血亲。[3] 这是由于血缘太近，对子孙后代乃至整个民族的健康不利。我国禁止三代以内的旁系血亲结婚，也是为了禁止我国许多地区长期流传的所谓“姑表亲”结婚。

（二）结婚登记

男女双方结婚，必须亲自到婚姻登记机关进行结婚登记，取得了结婚证，婚姻关系才正式成立，夫妻间的权利和义务才正式产生。未办理结婚登记的，应当补办登记。

结婚登记的目的，是要保障婚姻自由、一夫一妻和男女平等的婚姻制度的实行，保护婚姻当事人的合法权益，防止违反婚姻法律的行为发生。

我国于2003年施行的《婚姻登记条例》第2条规定：“内地居民办理婚姻登记的机关是县级人民政府民政部门或者乡（镇）人民政府，省、自治区、直辖市人民政府可以按照便民原则确定农村居民办理婚姻登记的具体机关。中国公民同外国人，内地居民同香港特别行政区居民（以下简称香港居民）、澳门特别行政区居民（以下简称澳门居民）、台湾地区居民（以下简称台湾居民）、华侨办理婚姻登记的机关是省、自治区、直辖市人民政府民政部门或者省、自治区、直辖市人民政府民政部门确定的机关。”

第4条规定：“内地居民结婚，男女双方应当共同到一方当事人常住户口所在地的婚姻登记机关办理结婚登记。中国公民同外国人在中国内地结婚的，内地居民同香港居民、澳门居民、台湾居民、华侨在中国内地结婚的，男女双方应当共同到内地居民常住户口所在地的婚姻登记机关办理结婚登记。”

办理结婚登记的内地居民应当出具下列证件和证明材料：本人的户口簿、身份证；本人无配偶以及与对方当事人没有直系血亲和三代以内旁系血亲关系的签字声明。办理结婚登记的香港居民、澳门居民、台湾居民应当出具下列证件和证明材料：本人的有效通行证、身份证；经居住地公证机构公证的本人无配偶以及与对方当事人没有直系血亲和三代以内旁系血亲关系的声明。办理结婚登记的华侨应当出具下列证件和证明材料：本人的有效护照；居住国公证机构或者有权机关出具的、经中华人民共和国驻该国使（领）馆认证的本人无配偶以及与对方当事人没有直系血亲和三代以内旁系血亲关系的证明，或者中华人民共和国驻该国使（领）馆出具的本人无配偶以及与对方当事人没有直系血亲和三代以内旁系血亲关系的证明。办理结婚登记的外国人应当出具下列证件和证明材料：本人的有效护照或者其他有效的国际旅行证件；所在国公证机构或者有权机关出具的、经中华人民共和国驻该国使（领）馆认证或者该国驻华使（领）馆认证的本人无配偶的证明，或者所在国驻华使（领）馆出具的本人无配偶的证明。

婚姻登记机关应当对结婚登记当事人出具的证件、证明材料进行审查并询问相关情况。对当事人符合结婚条件的，应当当场予以登记，发给结婚证；对当事人不符合结婚条件不予登

[3] 我国目前未正式采用亲等的概念，而以世代为标准来计算亲属关系的远近，即在计算直系尊血亲时，以自身为一代，父母为二代，祖父母、外祖父母为三代；直系卑血亲，也从自身算起，一世为一代。旁系血亲的亲等计算则分别从自身和要与之计算亲等的人上溯至最近的血缘同源人，一世一代，以多数一方的代数为准，如同祖父母的堂兄弟姐妹及同外祖父母的姨表兄弟姐妹，均为三代旁系血亲。

记的,应当向当事人说明理由。男女双方补办结婚登记的,适用本条例结婚登记的规定。

(三)无效婚姻和可撤销婚姻

《民法典》第1051～1053条规定了无效婚姻和可撤销婚姻制度。无效婚姻是指违反婚姻成立法定条件的婚姻。根据《民法典》第1051条的规定,有下列情形之一的,婚姻无效:(1)重婚;(2)有禁止结婚的亲属关系;(3)未到法定婚龄。

可撤销婚姻是指成立之时有违某项婚姻要件的行为。《民法典》第1052条规定:"因胁迫结婚的,受胁迫的一方可以向人民法院请求撤销婚姻。请求撤销婚姻的,应当自胁迫行为终止之日起一年内提出。被非法限制人身自由的当事人请求撤销婚姻的,应当自恢复人身自由之日起一年内提出。"《民法典》第1053条规定:"一方患有重大疾病的,应当在结婚登记前如实告知另一方;不如实告知的,另一方可以向人民法院请求撤销婚姻。请求撤销婚姻的,应当自知道或者应当知道撤销事由之日起一年内提出。"

此外,《民法典》还对无效婚姻与可撤销婚姻的法律后果作了规定。无效或被撤销的婚姻,自始没有法律约束力。当事人不具有夫妻的权利和义务。同居期间所得的财产,由当事人协议处理;协议不成时,由人民法院根据照顾无过错方的原则判决。对重婚导致的婚姻无效的财产处理,不得侵害合法婚姻当事人的财产权益。当事人所生的子女(由于两种婚姻自始无效,故所生子女为非婚生子女),适用本法有关父母子女的规定。

四、离婚

(一)离婚的法律程序

凡有效成立的婚姻关系受法律保护,只有因一定的法律事实的出现而消灭。在大多数情况下,婚姻因一方死亡而消灭,离婚是配偶存活期间消灭婚姻关系的唯一合法途径。

对于离婚的理由,过去多适用"过错离婚"原则,如中国唐律中所称的"七出"便是一方可以主张与他方离婚的理由。现在,尽管违反婚姻上的种种重要义务仍是离婚的重要原因,但更多的国家主张以夫妻感情的严重破裂以致不能继续维持婚姻关系为请求离婚的理由(又称"婚姻破裂离婚原则")。

离婚有两种情况。一种情况是夫妻双方一致要求解除现存的婚姻关系,这时只需双方到婚姻登记机关办理离婚登记手续,通过离婚登记解除婚姻关系。当事人申请离婚登记的,必须持有下列证件和证明材料:(1)本人的户口簿、身份证;(2)本人的结婚证;(3)双方当事人共同签署的离婚协议书。办理离婚登记的香港居民、澳门居民、台湾居民、华侨、外国人除应当出具结婚证、离婚协议书外,香港居民、澳门居民、台湾居民还应当出具本人的有效通行证、身份证,华侨、外国人还应当出具本人的有效护照或者其他有效国际旅行证件。离婚协议书应当载明双方当事人自愿离婚的意思表示以及对子女抚养、财产及债务处理等事项协商一致的意见。

办理离婚登记的当事人有下列情形之一的,婚姻登记机关不予受理:(1)未达成离婚协议的;(2)属于无民事行为能力人或者限制民事行为能力人的;(3)其结婚登记不是在中国内地办理的。

当前,随着人口流动性的增加、转型期文化观念的逐渐开放等一系列原因,我国的婚姻及家庭关系不稳固现象有所增加,离婚率不断攀升。为了保持较为稳定的婚姻家庭关系,我国《民法典》特别规定了"离婚冷静期"制度,该法第1077条规定,自婚姻登记机关收到离婚登记申请之日起30日内,任何一方不愿意离婚的,可以向婚姻登记机关撤回离婚登记申请。前款规定期限届满后30日内,双方应当亲自到婚姻登记机关申请发给离婚证;未申请的,视为撤回离婚登记申请。

婚姻登记机关应当对离婚登记当事人出具的证件、证明材料进行审查并询问相关情况。对当事人确属自愿离婚,并已对子女抚养、财产、债务等问题达成一致处理意见的,应当予以登记,发给离婚证。离婚的男女双方自愿恢复夫妻关系的,应当到婚姻登记机关办理复婚登记。复婚登记适用《婚姻登记条例》结婚登记的规定。

另一种情况是配偶一方要求离婚,对方不同意因而由有关组织进行调解或者向人民法院提出离婚诉讼。人民法院在接到离婚申请时,首先进行调解;如果感情确已破裂,调解无效的,应当准予离婚。进行调解是人民法院审理离婚案件的必要诉讼程序,人民法院不能不经过调解就作出离婚判决。人民法院判决离婚案件,必须以感情是否已破裂为根据。但这是一个十分复杂的问题,为便于实际工作中掌握,1989年最高人民法院发布了一个《关于人民法院审理离婚案件如何认定夫妻感情确已破裂的若干具体意见》(已失效),该意见中详细列举了夫妻感情已破裂的十四种情况。在总结审判实践经验的基础上,《民法典》第1079条第3款具体规定了准予离婚的五种情形,只要出现这五种情形之一,调解无效的,应准予离婚。这五种情形为:(1)重婚或者与他人同居;(2)实施家庭暴力或虐待、遗弃家庭成员;(3)有赌博、吸毒等恶习屡教不改;(4)因感情不和分居满2年;(5)其他导致夫妻感情破裂的情形。该条第4、5款还规定:"一方被宣告失踪,另一方提起离婚诉讼的,应当准予离婚。经人民法院判决不准离婚后,双方又分居满一年,一方再次提起离婚诉讼的,应当准予离婚。"

为了保护现役军人和妇女的特殊利益,《民法典》第1081～1082条对他们的离婚作出如下两项特别规定:(1)现役军人的配偶要求离婚,应当征得军人同意,但军人一方有重大过错的除外。(2)女方在怀孕期间、分娩后1年内或终止妊娠后6个月内,男方不得提出离婚。但女方提出离婚或人民法院认为确有必要受理男方离婚请求的除外。

(二)离婚的法律后果

男女双方离婚后,夫妻关系即告解除,相互扶养义务终止,相互继承财产的权利丧失,同时双方恢复结婚自由。离婚后,男女双方自愿恢复夫妻关系的,应当到婚姻登记机关重新进行婚姻登记。夫妻双方与所生子女间的父母子女关系不因父母离婚而消除。离婚后,子女无论由谁直接抚养,仍是父母双方的子女。父母对于子女仍有抚养、教育和保护的权利和义务。离婚后,不满两周岁的子女,以由母亲直接抚养为原则。已满两周岁的子女,父母双方对抚养问题协议不成的,由人民法院根据双方的具体情况,按照最有利于未成年子女的原则判决。子女已满8周岁的,应当尊重其真实意愿。

离婚后,子女由一方直接抚养的,另一方应当负担部分或者全部抚养费。负担费用的多少和期限的长短,由双方协议;协议不成时,由人民法院判决。关于子女生活费和教育费的协议或判决,不妨碍子女在必要时向父母任何一方提出超过协议或判决原定数额的合理要求。

《民法典》第1086条还规定了离婚后父母对子女的探望权:"离婚后,不直接抚养子女的父或者母,有探望子女的权利,另一方有协助的义务。行使探望权利的方式、时间由当事人协议;协议不成的,由人民法院判决。父或母探望子女,不利于子女身心健康的,由人民法院依法中止探望;中止的事由消失后,应当恢复探望。"

离婚不仅解除了夫妻间的人身关系,而且终止了夫妻间的财产关系。离婚时,夫妻的共同财产由双方协议处理;协议不成时,由人民法院根据财产的具体情况,按照照顾子女、女方和无过错方权益的原则判决。夫或妻在家庭土地承包经营中享有的权益等,应当依法予以保护。夫妻一方因抚育子女、照料老年人、协助另一方工作等负担较多义务的,离婚时有权向另一方请求补偿,另一方应当给予补偿。具体办法由双方协议;协议不成的,由人民法院判决。夫妻一方隐藏、转移、变卖、毁损、挥霍夫妻共同财产,或者伪造夫妻共同债务企图侵占另一方财产的,在离婚分割夫妻共同财产时,对该方可以少分或者不分。离婚后,另一方发现有上述行为的,可以向人民法院提起诉讼,请求再次分割夫妻共同财产。

离婚时,夫妻共同债务应当共同偿还。共同财产不足清偿的,或财产归各自所有的,由双方协议清偿;协议不成时,由人民法院判决。在确定哪些是夫妻共同财产时,还要注意区分家庭财产和夫妻共同财产。前者是家庭成员的共同财产和各自所有财产的总和,它包括夫妻共同财产,夫妻个人所有财产,子女通过继承、受赠所得的财产,其他家庭成员的个人所有财产,以及全体家庭成员的共有财产。离婚时供分割或供清偿夫妻共同债务的,只有其中的夫妻共同财产。

离婚时,如果一方生活困难,有负担能力的另一方应当给予适当帮助。具体办法由双方协议;协议不成时,由人民法院判决。这不应被看成夫妻相互扶养义务的延续,而只是原来婚姻关系派生出来的一种经济帮助责任,它的适用必须符合一定的条件。有下列情形之一,导致离婚的,无过错方有权请求损害赔偿:重婚;与他人同居;实施家庭暴力;虐待、遗弃家庭成员;有其他重大过错。

五、家庭关系

(一)夫妻关系

夫妻关系,是指男女双方由合法婚姻而产生的人身和财产等方面的权利和义务关系。它是婚姻所生效力的最主要的一种。夫妻关系又分夫妻人身关系(婚姻所发生的夫妻身份上的效力)和夫妻财产关系(婚姻所发生的夫妻财产上的效力,通常表现为夫妻财产制)。随着夫妻关系的确立和子女出生,又产生父母子女间、祖父母与孙子女间以及兄弟姐妹间的权利和义务关系。《民法典》第1055条规定:“夫妻在婚姻家庭中地位平等。”这是处理夫妻关系的总的原则。《民法典》在这一平等原则下,还规定了夫妻双方在人身方面和财产方面的平等的权利和义务。

1. 夫妻间的人身权利义务主要有:

(1)夫妻双方都有各自使用自己姓名的权利。子女可以随父姓,也可以随母姓。

(2)夫妻双方都有参加生产、工作、学习和社会活动的自由,一方不得对另一方加以限制或干涉。

2. 夫妻间的财产方面的权利义务,也可主要归纳为三项:

(1)夫妻对共同所有的财产有平等的所有权和平等的处理权。我国《民法典》第1062条规定,夫妻在婚姻关系存续期间所得的下列财产,为夫妻共同财产,归夫妻共同所有:①工资、奖金、劳务报酬;②生产、经营、投资的收益;③知识产权的收益;④继承或受赠的财产,但遗嘱或赠与合同中确定只归一方的财产除外;⑤其他应当归共同所有的财产。夫妻对共同所有的财产,有平等的处理权。

《民法典》第 1063 条明确规定,下列财产为夫妻一方的财产:①一方的婚前财产;②一方因人身损害获得的赔偿或者补偿;③遗嘱或赠与合同中确定只归一方的财产;④一方专用的生活用品;⑤其他应当归一方的财产。当事人结婚前,父母为双方购置房屋出资的,该出资应当认定为对自己子女个人的赠与,但父母明确表示赠与双方的除外。当事人结婚后,父母为双方购置房屋出资的,依照约定处理;没有约定或者约定不明确的,按照《民法典》第 1062 条第 1 款第 4 项规定的原则处理(归夫妻共同所有)。

《民法典》第 1065 条规定了夫妻对财产归属的约定:男女双方可以约定婚姻关系存续期间所得的财产以及婚前财产归各自所有、共同所有或者部分各自所有、部分共同所有。约定应当采用书面形式。没有约定或者约定不明确的,适用本法第 1062 条、第 1063 条的规定。夫妻对婚姻关系存续期间所得的财产以及婚前财产的约定,对双方具有法律约束力。夫妻对婚姻关系存续期间所得的财产约定归各自所有,夫或者妻一方对外所负的债务,相对人知道该约定的,以夫或者妻一方的个人财产清偿。

(2)夫妻有互相扶养的义务。如果一方不履行扶养义务时,需要扶养的一方,有要求对方付给扶养费的权利。

(3)夫妻有相互继承遗产的权利。

(二)父母子女关系

父母子女关系是家庭关系中的另一重要组成部分。《民法典》第 1068 条第 1 款关于"父母有教育、保护未成年子女的权利和义务"的规定,就是对亲权关系的规定。我国《民法典》婚姻家庭编对父母子女间的权利和义务,养子女、继子女与养父母、继父母间的权利和义务,以及非婚生子女的法律地位也作了明确的规定,充分体现了男女平等和保护妇女、儿童、老人合法权益的原则。

1. 父母子女关系的发生

父母子女关系可以分为基于自然血亲而发生的(如婚生子女和非婚生子女)和基于法律拟制而发生的(如养父母和养子女的关系、继父母和继子女的关系)父母子女关系。

(1)父母与婚生子女和非婚生子女。所谓婚生子女,一般是指在婚姻关系存续期间所生的子女;而在婚姻关系以外所生的子女为非婚生子女。在我国,非婚生子女享有与婚生子女同等的权利,任何个人和组织不得加以危害和歧视。不直接抚养非婚生子女的生父或生母,应当负担未成年子女或者不能独立生活的成年子女的抚养费。婚姻关系存续期间,夫妻双方一致同意进行人工授精,所生子女应视为婚生子女,父母子女间的权利义务关系适用《民法典》的有关规定。

(2)养父母和养子女。养父母和养子女的关系因合法收养而成立。一般认为,凡依照法律规定的条件和程序领养他人子女作自己子女的行为,称为收养。在一些国家的收养法中,又分完全收养和不完全收养两种情况,前者因收养的成立而使被收养人完全脱离与生父母的法律关系,并对养父母取得婚生子女的地位;后者则在被收养人与生父母之间还保留某些法律关系(如继承权等)。依《民法典》第 1111 条的规定,我国采取前一种制度。该条第 2 款规定:"养子女与生父母以及其他近亲属间的权利义务关系,因收养关系的成立而消除。"

成立收养关系,必须符合法律规定的实质要件与形式要件。实质要件包括收养人与被收养人具备法定的主体资格(如双方的年龄差、收养人必须有抚养教育能力等)。形式要件一般包括签订收养协议、办理收养公证、应向有关主管机关登记等。

就收养人和被收养人必须具备一定的条件而言,我国《民法典》第1093条规定,能被收养的人只能是下列未成年人:丧失父母的孤儿;查找不到生父母的未成年人;生父母有特殊困难无力抚养的子女。而能作为收养人的,《民法典》第1098条规定,应当同时具备下列条件:①无子女或者只有一名子女(华侨收养三代以内旁系同辈血亲的子女,可不受限制);②有抚养、教育和保护被收养人的能力;③未患有在医学上认为不应当收养子女的疾病;④无不利于被收养人健康成长的违法犯罪记录;⑤年满30周岁。收养三代以内旁系同辈血亲的子女,可以不受本法的第1093条第3项、第1094条第3项、第1102条的限制。《民法典》规定,无配偶者收养异性子女的,双方年龄差应在40周岁以上。无子女的收养人可以收养两名子女;有子女的收养人只能收养一名子女。收养孤儿、残疾未成年人或者儿童福利机构抚养的查找不到生父母的未成年人,可以不受前款和《民法典》第1098条第1项规定的限制。有配偶的人收养子女,必须夫妻共同收养。生父母送养子女,也应当共同送养(生父母一方不明或者查找不到的例外)。第1094条规定,孤儿的监护人、儿童福利机构和有特殊困难无力抚养子女的生父母可为送养人。

《民法典》规定,收养人收养与送养人送养,须双方自愿。收养8周岁以上未成年人的,应当征得被收养人的同意。监护人送养孤儿的,应当征得有抚养义务的人同意。继父或者继母经继子女的生父母同意,可以收养继子女。

收养关系的成立必须具备法律规定的形式要件。《民法典》规定,国内收养关系成立的法定程序是,收养关系当事人愿意签订收养协议的,可以签订收养协议。收养关系当事人各方或者一方要求办理收养公证的,应当办理收养公证。县级以上人民政府民政部门应当依法进行收养评估。收养应当向县级以上人民政府民政部门登记。收养查找不到生父母的未成年人的,办理登记的民政部门应当在登记前予以公告。

我国《民法典》第1109条还专门对涉外收养关系成立的法定程序作出了具体的规定:①外国人依法可以在我国收养子女。②外国人在我国收养子女,应当经其所在国主管机关依照该国法律审查同意。③收养人应当提供由其所在国有权机构出具的有关其年龄、婚姻、职业、财产、健康、有无受过刑事处罚等状况的证明材料。④收养人应当与送养人签订书面协议,亲自向省、自治区、直辖市人民政府民政部门登记。

收养关系一经成立,便在收养人与被收养人之间发生养父母子女关系。《民法典》规定,自收养关系成立之日起,养父母与养子女间的权利义务关系,适用本法关于父母子女关系的规定。收养关系可基于一定的法律事实而解除。解除收养关系的方式主要有以下几种:①收养人与送养人协议解除(但养子女年满8周岁时,应当征得本人同意);②养父母与成年养子女协议解除(以关系恶化,无法共同生活为条件)。收养人不履行抚养义务,有虐待、遗弃等侵害未成年养子女合法权益行为的,送养人有权要求解除养父母与养子女间的收养关系。送养人、收养人不能达成解除收养关系协议的,可以向人民法院提起诉讼。当事人协议解除收养关系的,应当到民政部门办理解除收养关系的登记。自收养关系解除之日起,未成年养子女与其生父母间的权利义务关系以及生父母的近亲属间的权利义务关系自行恢复;已成年的养子女与生父母及其他近亲属间的权利义务关系是否恢复,由他们协商确定。

收养关系解除后，经养父母抚养的成年养子女，对缺乏劳动能力又缺乏生活来源的养父母，应当给付生活费。因养子女成年后虐待、遗弃养父母而解除收养关系的，养父母可以要求养子女补偿收养期间支出的抚养费。生父母要求解除收养关系的，养父母可以要求生父母适当补偿收养期间支出的抚养费；但因养父母虐待、遗弃养子女而解除收养关系的除外。

(3)继父母与继子女。继父母继子女是因生父母再婚从而使其子女与后婚配偶所发生的关系。它是一种姻亲关系，因而依我国法律必须由相互之间事实上的抚养，才形成得以适用我国民法典对父母子女关系的规定。我国《民法典》第1072条规定："继父母与继子女间，不得虐待或歧视。继父或者继母和受其抚养教育的继子女间的权利义务关系，适用本法关于父母子女关系的规定。"能形成事实上的抚养关系的，有以下几种情况：继父母与继子女长期共同生活，继父或继母负担了继子女生活费和教育费的一部或全部；继子女的生活费和教育费虽有生父或生母供给，但因长期共同生活，继父或继母作了生活上的教育和照料。

2. 父母子女之间的权利义务关系

父母对未成年子女有抚养教育保护的义务，成年子女对父母有赡养扶助的义务。父母对未成年子女的抚养教育保护的义务是无条件的，在任何情况下都不能免除，即使父母离异，双方对子女仍要负责抚养教育，不能因子女归一方抚养，他方就推卸应负的法律义务。当父母不履行抚养义务时，未成年的或不能独立生活的子女，有要求父母付给抚养费的权利。缺乏劳动能力的或生活困难的父母，有要求成年子女付给赡养费的权利。

禁止溺婴、弃婴和其他残害婴儿的行为。父母是未成年子女的法定代理人和监护人，他们既要保护其子女不受他人侵害，又要管教其子女不去侵害他人。在未成年子女对他人造成损害时，父母有承担民事责任的义务。

父母和子女有相互继承遗产的权利。

父母子女之间的上述权利义务关系，同样适用于生父母与非婚生子女、养父母与养子女、继父母与受其抚养教育的继子女之间。

子女应当尊重父母的婚姻权利，不得干涉父母离婚、再婚以及婚后的生活。子女对父母的赡养义务，不因父母的婚姻关系变化而终止。

(三)祖父母、外祖父母与孙子女、外孙子女以及兄弟姐妹之间的关系

祖父母、外祖父母与孙子女、外孙子女之间是三代以内的直系血亲。为了发扬尊老爱幼的社会风尚，《民法典》规定，有负担能力的祖父母、外祖父母，对父母已经死亡或父母无力抚养的未成年的孙子女、外孙子女，有抚养的义务；有负担能力的孙子女、外孙子女，对于子女已经死亡或子女无力赡养的祖父母、外祖父母，有赡养的义务。

兄弟姐妹是同胞手足，存在血缘关系，往往共同生活在一个家庭中，因此，我国《民法典》规定，有负担能力的兄、姐，对于父母已经死亡或父母无力抚养的未成年的弟、妹，有扶养的义务。由兄、姐扶养长大的有负担能力的弟、妹，对于缺乏劳动能力又缺乏生活来源的兄、姐，有扶养的义务。

(四)抚养

综上所述，家庭关系所包括的内容很广，但一定的家庭成员之间的抚养关系是最重要的一种权利义务关系，在夫妻关系、父母子女关系以及其他家庭成员之间的关系中，都要涉及。

在我国立法中，抚养包括扶养、抚养和赡养。其中，抚养指尊亲属对卑亲属的抚养，赡养则

是指卑亲属对尊亲属的扶助。在作这样分析时,扶养仅指同辈亲属及夫妻间的扶养。

抚养是根据身份关系,在一定的亲属间,有经济能力的人对于无生活能力者所给予的扶助,以维持其生活的一种法律制度。所以,也可以简称抚养为特定的人之间于一方不能生活时,给予他方必要的费用和扶助。

抚养关系中还有一个重要的问题即抚养义务人和抚养权利人的顺序问题需要解决。对于这个问题,我国法律虽无明文规定,但可按照继承人的顺序来确定抚养义务人的顺序,即对同一抚养权利人有能力进行抚养的义务人有数人时,首先应是配偶、子女和父母,其次才是兄弟姐妹、祖父母、外祖父母。其各自应承担的份额,由同一顺序有能力的抚养人分担。至于在对同一抚养义务人可请求其抚养的权利人有数人,而该抚养义务人的经济能力不能同时抚养他们时,亦按以上顺序解决为宜。

抚养的程度,应按抚养权利人的实际需要及抚养义务人的实际能力确定。抚养的方法,可以是按期提供生活费或实物,也可以接回自己家中共同生活(又称迎养)。但抚养的程度及方法均可因情况的改变而变更。

抚养义务因抚养权利人或抚养义务人的死亡、身份关系的改变(如离婚等)以及抚养要件的消失(义务人已无能力抚养及权利人已不需要抚养)而消灭。

第十三节　财产继承权

一、财产继承权的概念

财产继承是把死者遗留的财产转移给继承人所有的一种法律制度。在继承关系中,死者称为被继承人,接受遗产者称继承人,死者遗留的财产称遗产,继承人依法取得遗产的权利称财产继承权。

我国《宪法》第13条第2款规定:"国家依照法律规定保护公民的私有财产权和继承权。"《民法典》第1120条规定:"国家保护自然人的继承权。"第1125条规定,继承人有以下行为之一的,丧失继承权:(1)故意杀害被继承人;(2)为争夺遗产而杀害其他继承人;(3)遗弃被继承人,或者虐待被继承人情节严重;(4)伪造、篡改、隐匿或销毁遗嘱,情节严重;(5)以欺诈、胁迫手段迫使或者妨碍被继承人设立、变更或者撤回遗嘱,情节严重。继承人有前款第3项至第5项行为,确有悔改表现,被继承人表示宽恕或者事后在遗嘱中将其列为继承人的,该继承人不丧失继承权。受遗赠人有本条第1款规定行为的,丧失受遗赠权。自然人的这种财产继承权实质上是自然人个人财产所有权的延伸。继承制度的意义不仅在于实现家庭抚育子女、赡养老人的社会职能,并促使家庭的和睦团结,而且有利于自然人财产权的保护,促进社会主义市场经济的发展。

《民法典》规定,继承开始后,按照法定继承办理;有遗嘱的,按照遗嘱继承或者遗赠办理;有遗赠扶养协议的,按照协议办理。《民法典》规定的继承法的基本原则有继承权男女平等原则,养老育幼、团结互助原则,权利义务相一致原则,以及遗嘱继承先于法定继承的原则等。

二、继承的种类

(一)法定继承

继承人按照法律规定的范围和顺序进行继承,称为法定继承。

我国法定继承人的范围和顺序,主要是根据婚姻关系和血缘关系的远近,以及在经济生活上相互依赖和帮助的程度确定的。我国法定继承人的范围是配偶、子女、父母,兄弟姐妹、祖父母和外祖父母。其中前三者为第一顺序继承人,后三者为第二顺序继承人。根据权利和义务相一致的原则,我国《民法典》第1129条规定,丧偶儿媳对公婆,丧偶女婿对岳父母,尽了主要赡养义务的,作为第一顺序继承人。

属于法定继承的遗产包括:(1)遗嘱继承人放弃继承和受遗赠人放弃受遗赠的遗产;(2)遗嘱继承人丧失继承权,或者受遗赠人丧失受遗赠权的遗产;(3)遗嘱继承人、受遗赠人先于立遗嘱人死亡或者终止的遗产;(4)遗嘱无效部分所涉及的遗产;(5)遗嘱未处分的遗产。

对继承人以外的依靠被继承人扶养的人,或者继承人以外的对被继承人扶养较多的人,可以分给适当的遗产。

对于遗产的分配,大体采用以下原则:在第一顺序中的继承人尚在或未拒绝继承的情况下,第二顺序继承人无权参加继承;在同一顺序中,有两个以上继承人时,他们的继承份额一般应该均等,但对生活有特殊困难又缺乏劳动能力的继承人,分配遗产时,应当予以照顾。对被继承人尽了主要扶养义务或者与被继承人共同生活的继承人,分配遗产时,可以多分。有扶养能力和有扶养条件的继承人,不尽扶养义务的,分配遗产时,应当不分或者少分。继承人协商同意的,也可以不均等。

法定继承中的代位继承,是指继承人先于被继承人死亡,由死亡的继承人的晚辈直系血亲代位继承其应继承的财产份额的制度。根据《民法典》第1128条的规定,被继承人的子女和兄弟姐妹可以为被代位人。代位继承人的范围,仅限于法定继承中的被代位人的孙子女、外孙子女等晚辈直系血亲,代位继承人不受辈数限制,并且不论人数多少,代位继承人只能就被代位人应继承的那份财产进行再分配。

根据《民法典》的规定,如继承已经开始,继承人已取得了实际继承遗产的权利,而遗产尚未分割,该继承人死亡,这时,他的应继承份额转而由他自己的继承人取得。这种继承叫转继承,它与代位继承是两种不同的制度,在法定继承和遗嘱继承中均可发生。

(二)遗嘱继承、遗赠和遗赠扶养协议

自然人用书面或口头遗嘱,将遗产的全部或部分指定由法定继承人中的一人或数人继承,或指定各法定继承人份额的继承称为遗嘱继承。此外,自然人也可通过遗嘱将个人的财产赠送给国家、集体或法定继承人以外的人,这称为遗赠。自然人还可以与扶养人(继承人以外的个人或组织)签订遗赠扶养协议,约定由扶养人承担遗赠人生养死葬的义务,并享有接受遗赠的权利。如果被继承人生前既与他人订有遗赠扶养协议,又立有遗嘱,于继承开始后,在两者没有抵触时,遗产可分别按协议和遗嘱处理;如两者有抵触时,则首先按协议处理,凡与协议有抵触的遗嘱,全部或部分无效。

遗嘱必须具备以下条件:(1)遗嘱人应具有完全行为能力;(2)遗嘱应自愿和真实,而不存在欺诈、胁迫或伪造、篡改;(3)遗嘱的内容不得违反法律和社会公共利益及社会公德,不得取

消法定继承人中无劳动能力又没有生活来源的人应继承财产的份额。

根据我国《民法典》的规定,遗嘱可分书面遗嘱、口头遗嘱和录音录像遗嘱。书面遗嘱又分公证遗嘱、自书遗嘱和代书遗嘱及打印遗嘱。录音录像遗嘱、代书遗嘱和打印遗嘱都应有两个以上见证人在场见证。口头遗嘱只能在危急情况下采用,也需有两个以上见证人在场见证,且危急情况消除后,遗嘱人能够以书面或者录音录像形式立遗嘱的,所立的口头遗嘱无效。

立遗嘱人可以撤回、变更自己所立的遗嘱。立遗嘱后,遗嘱人实施与遗嘱内容相反的民事法律行为的,视为对遗嘱相关内容的撤回。立有数份遗嘱,内容相抵触的,以最后的遗嘱为准。

我国《民法典》还规定了遗赠:自然人可以立遗嘱将个人财产赠与国家、集体或者法定继承人以外的组织、个人。

三、继承的程序

继承从被继承人死亡时开始。继承开始后,知道被继承人死亡的继承人应当及时通知其他继承人和遗嘱继承人。继承开始后,遗嘱执行人为遗产管理人;没有遗嘱执行人的,继承人应当及时推选遗产管理人;继承人未推选的,由继承人共同担任遗产管理人;没有继承人或者继承人均放弃继承的,由被继承人生前住所地的民政部门或者村民委员会担任遗产管理人。存有遗产的人,应当妥善保管遗产,任何组织和个人不得侵吞或争抢。继承开始后,继承人放弃继承权的,应当在遗产处理前以书面形式作出放弃表示,没有表示的,视为接受继承。

四、无人继承的遗产

凡是没有继承人而死者又未立遗嘱处理的遗产,或者所有继承人(法定继承人和遗嘱继承人)都放弃继承权,或者依法剥夺了所有继承人的继承权,以及受遗赠人也放弃了受遗赠,便出现了所谓"绝户"遗产,即无人继承的遗产。无人继承的遗产,在法律上属于无主财产,依我国《民法典》的规定,应归国家所有,用于公益事业。但死者生前是集体所有制组织成员的,归所在的集体所有制组织所有。

五、被继承人的债务清偿

《民法典》规定,继承人以所得遗产实际价值为限清偿被继承人依法应当缴纳的税款和债务。超过遗产实际价值部分,继承人自愿偿还的不在此限。继承人放弃继承的,对被继承人依法应当缴纳的税款和债务可以不负清偿责任。执行遗赠不得妨碍清偿遗赠人依法应当缴纳的税款和债务。既有法定继承又有遗嘱继承、遗赠的,由法定继承人清偿被继承人依法应当缴纳的税款和债务;超过法定继承遗产实际价值部分,由遗嘱继承人和受遗赠人按比例以所得遗产清偿。

第十四节 民事责任

一、民事责任概述

在民事法律关系中,义务主体如果不履行自己的义务,从而使对方的权利得不到实现,以及不法行为人侵犯他人的合法权益并造成损害,国家应受害人的请求,可以追究义务主体和行为人的民事责任。民事责任制度是民法中的一项重要制度,它以其强制性确保民事法律规范的贯彻实施。《民法典》总则编在原《民法总则》第八章的基础上,继续规定了民事责任的一般规则,这也是对我国立法和司法经验的总结。

民事责任也是一种法律责任,因而它具有其他各种法律责任(如刑事责任、行政责任)所共同具有的特点。但民事责任又有其自身的特点:(1)民事责任是违反民事法律规范所应承担的法律责任。(2)它是违约人和不法行为人对受害人承担的一种法律责任。(3)它主要是一种财产责任。《民法典》第 187 条规定:"民事主体因同一行为应当承担民事责任、行政责任和刑事责任的,承担行政责任或者刑事责任不影响承担民事责任;民事主体的财产不足以支付的,优先用于承担民事责任。"该条确立了民事责任优先性原则,即在因同一行为产生了民事责任、行政责任和刑事责任时,行为人的财产应当优先承担民事责任。(4)它的范围与所造成的损失或损害的大小相适应,一般具有补偿和恢复原状的性质。

二、民事责任的分类

民事责任依不同的标准主要可分为违约责任和侵权责任,过错责任、无过错责任和公平责任,单独责任和共同责任等。

(一)违约责任和侵权责任

违约责任,主要是因为当事人违反了合同义务而产生的民事责任。对违约行为来说,当事人双方之间事先必然存在合同关系,因为违约行为的发生是以当事人之间存在合同权利、义务为前提。因违约造成的损失,只有那些在订约时能够合理预见的损失才由违约方赔偿,而违约造成的人身伤亡和精神损害,则一般不根据《民法典》合同编的相关条文进行补救。

侵权责任是指行为人因其过错侵害他人财产、人身权利,依法应当承担的责任,以及没有过错但是造成了损害以后,依法应当承担的责任。在一般情况下,当侵权行为发生时,行为人和受害人之间不存在某种法律关系,而只是因为发生了侵权行为,双方才发生了损害赔偿之债的关系,而这种损害赔偿既包括了财产上的损失,也包括人身伤害和精神伤害,只要是因为侵权行为造成的各种损失,无论是直接损失还是间接损失,都应当由侵权行为人赔偿。

如果当事人实施的违法行为既符合违约责任的构成要件,又符合侵权责任的构成要件,这种现象就称为请求权竞合,当事人可以选择一项请求权行使。我国《民法典》第 186 条规定:"因当事人一方的违约行为,损害对方人身权益、财产权益的,受损害方有权选择请求其承担违约责任或者侵权责任。"

(二)过错责任、无过错责任和公平责任

行为人只对自己有过错的行为负责,这在民法理论上称为"过错责任原则"。对某些侵权行为,法律推定侵权人存在过错。例如,《民法典》第 1165 条第 2 款规定,依照法律规定推定行为人有过错,其不能证明自己没有过错的,应当承担侵权责任。若当事人没有过错,则虽有损害发生,行为人也不负责任。如《民法典》第 180 条第 1 款规定:"因不可抗力不能履行民事义务的,不承担民事责任。法律另有规定的,依照其规定。"一般而言,不可抗力是不能预见、不能避免且不能克服的客观情况。

但在法律有特别规定的情况下,即使行为人没有过错,只要造成损害,也要承担民事责任,

除非行为人能够举证证明法律所规定的免责事由,这在民法理论上称为“无过错责任原则”。如《民法典》第1166条规定,行为人造成他人民事权益损害,不论行为人有无过错,法律规定应当承担侵权责任的,依照其规定。无过错责任是一种特殊的民事责任,如对周围环境有高度危险的作业的责任,因环境污染致人损害的责任,无行为能力人、限制行为能力人致人损害的责任等,均为无过错责任。

此外,在司法实践中,当事人对造成损害都没有过错的,可以根据实际情况,由当事人分担损失,此即所谓“公平责任”,即在当事人双方对造成损害均无过错的情况下,由人民法院根据公平的观念,在考虑当事人的财产状况及其他情况的基础上,责令加害人对受害人的财产损失给予适当补偿的一种责任形式。不过公平责任会赋予法官以极大的自由裁量权,所以应当严格限定其适用范围。

(三)单独责任和共同责任

单独责任是指由一个民事主体独立承担的民事责任,多数责任属于单独责任。共同责任是指两个以上的民事主体共同承担的责任,如加害人为两个以上的人对受害人承担的责任。共同责任又可分为按份责任、连带责任和不真正连带责任。

所谓按份责任,是指多数当事人按照法律的规定或者合同的约定,各自承担一定份额的责任,如《民法典》第177条规定:“二人以上依法承担按份责任,能够确定责任大小的,各自承担相应的责任;难以确定责任大小的,平均承担责任。”

连带责任,是指当事人按照法律的规定或者合同的约定,连带地向权利人承担责任,如《民法典》第178条规定:“二人以上依法承担连带责任的,权利人有权请求部分或者全部连带责任人承担责任。连带责任人的责任份额根据各自责任大小确定;难以确定责任大小的,平均承担责任。实际承担责任超过自己责任份额的连带责任人,有权向其他连带责任人追偿。连带责任,由法律规定或者当事人约定。”

不真正连带责任,是指数个责任人基于不同的原因而依法对同一被侵权人承担全部的赔偿责任,某一责任人在承担责任之后,有权向终局责任人要求全部追偿。例如,《民法典》第1203条规定:“因产品存在缺陷造成他人损害的,被侵权人可以向产品的生产者请求赔偿,也可以向产品的销售者请求赔偿。产品缺陷由生产者造成的,销售者赔偿后,有权向生产者追偿。因销售者的过错使产品存在缺陷的,生产者赔偿后,有权向销售者追偿。”这就是一条典型的关于不真正连带责任的规定。

三、承担民事责任的方式

承担民事责任的方式依我国《民法典》的规定有:(1)停止侵害;(2)排除妨碍;(3)消除危险;(4)返还财产;(5)恢复原状;(6)修理、重作、更换;(7)继续履行;(8)赔偿损失;(9)支付违约金;(10)消除影响、恢复名誉;(11)赔礼道歉。上述各种方式,既可单独适用,也可合并适用。法律规定惩罚性赔偿的,依照其规定。

四、民事责任的减轻和免除

用以减轻或免除行为人责任的理由,称为免责事由或抗辩理由。我国《民法典》第180~184条所规定的免责事由主要包括不可抗力、正当防卫、紧急避险、见义勇为和紧急救助,具有普遍适用性,有利于法官在实践中准确认定行为人的民事责任。

所谓“不可抗力”,是指不能预见、不能避免并且不能克服的客观情况。在法律上,不可抗力通常属于法定的免责事由,将导致行为人免责。

正当防卫,是指当公共利益、他人或本人的人身或其他利益受到不法侵害时,行为人所采取的一种防卫措施。我国《民法典》第181条规定:“因正当防卫造成损害的,不承担民事责任。正当防卫超过必要的限度,造成不应有的损害的,正当防卫人应当承担适当的民事责任。”

紧急避险,是指为了使公共利益、本人或他人的合法权益免受现实和紧急的损害危险,不得已而采取的致使他人或本人遭受损害的行为。我国《民法典》第182条规定:“因紧急避险造成损害的,由引起险情发生的人承担民事责任。危险由自然原因引起的,紧急避险人不承担民事责任,可以给予适当补偿。紧急避险采取措施不当或者超过必要的限度,造成不应有的损害的,紧急避险人应当承担适当的民事责任。”

《民法典》第183条规定:“因保护他人民事权益使自己受到损害的,由侵权人承担民事责任,受益人可以给予适当补偿。没有侵权人、侵权人逃逸或者无力承担民事责任,受害人请求补偿的,受益人应当给予适当补偿。”该条结合我国的立法和司法经验,赋予法官一定的自由裁量权,允许其根据具体案情和客观情况来确定见义勇为情形下受益人的补偿义务。

《民法典》第184条规定:“因自愿实施紧急救助行为造成受助人损害的,救助人不承担民事责任。”该条确认了紧急救助也可以作为免责事由,赋予紧急救助行为人以豁免权。法律之所以作出如此规定,目的就在于鼓励自愿的救助行为。

《民法典》第1176条确立了“自甘风险”规则:自愿参加具有一定风险的文体活动,因其他参加者的行为受到损害的,受害人不得请求其他参加者承担侵权责任;但是,其他参加者对损害的发生有故意或者重大过失的除外。第1177条规定了“自助行为”制度:合法权益受到侵害,情况紧迫且不能及时获得国家机关保护,不立即采取措施将使其合法权益受到难以弥补的损害的,受害人可以在保护自己合法权益的必要范围内采取扣留侵权人的财物等合理措施;但是,应当立即请求有关国家机关处理。受害人采取的措施不当造成他人损害的,应当承担侵权责任。

五、侵害英雄烈士等人格利益的民事责任

《民法典》颁布之前,我国出现了一些侵害英雄、烈士人格利益的纠纷,为了保护英雄烈士等的人格利益,有效规范此类行为,《民法典》第185条规定:“侵害英雄烈士等的姓名、肖像、名誉、荣誉,损害社会公共利益的,应当承担民事责任。”该条对强化英雄、烈士姓名、名誉、荣誉等的法律保护,维护民族精神、弘扬社会公德具有重要意义。

第十五节 诉讼时效

一、诉讼时效的概念

时效,是指时间在法律上的效力。时间本身也是一种法律事实,能引起一定的法律后果。

权利人经过法定期限不行使自己的权利,法律规定消灭其胜诉权的制度,称为诉讼时效。它的特征是:(1)必须已届满向法院请求保护其合法权益的法定期限;(2)有时效期限届满以前权利人未行使其请求权的事实;(3)除法律、法规另有规定的以外,超过法定期限的请求权,人民法院不予保护,即权利人的胜诉权归于消灭,义务人可以因此不再履行义务。但出于培养自然人高尚道德的考虑,我国《民法典》第192条第2款同时也规定,"诉讼时效期间届满后,义务人同意履行的,不得以诉讼时效期间届满为由抗辩;义务人已自愿履行的,不得请求返还"。此外,《民法典》第193条还规定:"人民法院不得主动适用诉讼时效的规定。"

诉讼时效制度的作用,并不是对权利人不行使权利的惩罚,也不是给不履行义务的人创造利益,而是为了稳定社会生活秩序,并便于人民法院及时调查案情和收集证据。

二、诉讼时效期间的分类

诉讼时效期间,又称时效期间,是指权利人请求人民法院保护其民事权利的法定期间。通常可以分为如下三种。

(一)一般诉讼时效期间

一般诉讼时效期间又称普通诉讼时效期间,是指由民事基本法规定的普遍适用于应当适用时效的各种法律关系的时效期间。国家规定时效制度,既要保护权利人的合法权益,又要维护社会生活的稳定,所以,诉讼时效期间的规定不宜过长,也不宜太短。我国《民法典》第188条第1款规定,普通诉讼时效期间为3年,《民法典》改变了原《民法通则》所规定的2年普通诉讼时效的规定,更有利于保护权利人的利益。

(二)特别诉讼时效期间

特别诉讼时效期间,是指由民事基本法或各种单行法规针对某些民事法律关系规定的时效期间,称为特别诉讼时效。按照特别法优于普通法的一般规则,如果符合特别诉讼时效规定的情况,应当适用特别诉讼时效,而不适用普通诉讼时效。例如,我国《产品质量法》第45条规定,因产品存在缺陷造成损害要求赔偿的诉讼时效期间为2年。这些时效期间之所以都比较短,是为了促使有关当事人及时提出请求,以便解决纠纷,不影响社会经济秩序。但也有的单行法规规定的时效期间长于一般时效期间,如《民法典》第594条规定,因国际货物买卖合同和技术进出口合同争议提起诉讼或者申请仲裁的时效期间为4年。

(三)最长诉讼时效期间

最长诉讼时效期间,又称绝对时效期间,是指不适用诉讼时效中止、中断规定的时效期间。我国《民法典》第188条第2款规定最长诉讼时效期间为20年。

三、诉讼时效期间的开始、中止和中断、延长

(一)诉讼时效期间的开始

诉讼时效的届满是一种法律事实,能引起一定的法律后果,所以,诉讼时效从哪一天开始计算,在实践中具有重大意义。权利人知道或者应当知道权利受到损害以及义务人之日起,就是诉讼时效期间的开始,如订有履行期限的合同,从合同约定履行期限届满的那一天开始;损害赔偿之债,从已知或应知损害事实发生的那一天开始。

但在某些情况下,对于权利人是否知道其权利遭受损害以及谁是义务人很难举证,或者因

为特定事由的存在,权利人需要受到特殊保护,因此,法律对各种特殊情况的时效起算做出了特别规定。

对于分期履行债务中的诉讼时效的起算,《民法典》第189条规定:"当事人约定同一债务分期履行的,诉讼时效期间自最后一期履行期限届满之日起计算。"对于无民事行为能力人或限制民事行为能力人对其法定代理人的请求权的诉讼时效期间,《民法典》第190条规定自该法定代理终止之日起计算。未成年人遭受性侵害的损害赔偿请求权的诉讼时效期间,《民法典》第191条规定自受害人年满18周岁之日起计算。

(二)诉讼时效期间的中止、中断和延长

为了保护权利人的利益不致出现因法定事由不能在时效届满前提起诉讼而受到损害,《民法典》第194条还规定:"在诉讼时效期间的最后六个月内,因下列障碍,不能行使请求权的,诉讼时效中止:(一)不可抗力;(二)无民事行为能力人或者限制民事行为能力人没有法定代理人,或者法定代理人死亡、丧失民事行为能力、丧失代理权;(三)继承开始后未确定继承人或者遗产管理人;(四)权利人被义务人或者其他人控制;(五)其他导致权利人不能行使请求权的障碍。自中止时效的原因消除之日起满六个月,诉讼时效期间届满。"

在诉讼时效进行中,由于发生法定事由,使以前经过的时效期间统归无效,称为时效的中断。时效期间应从中断、有关程序终结时重新计算。导致诉讼时效中断的事由有权利人向义务人提出履行请求;义务人同意履行义务;权利人提起诉讼或者申请仲裁;与提起诉讼或者申请仲裁具有同等效力的其他情形等四种情况。

在实际生活中,权利人知道其权利受到损害,有时并不是在其权利已遭受损害的3年或1年之内,而是已经过了很长时间,如果不规定一个最长的保护期限,就会使法律关系长期处于不稳定状态,收集调查证据也很困难,所以《民法典》规定,从权利受到侵犯时起算已超过20年的,人民法院不予保护;有特殊情况的,人民法院可以根据权利人的申请决定延长。

诉讼时效的延长是指遇有特殊情况,人民法院对已完成的诉讼时效期间给予适当的延展。它实质上是对时效中止、中断的一种补充。这是因为:第一,客观情况十分复杂,除造成中止、中断的一般原因以外,还可能有其他原因阻碍行使权利;第二,最长诉讼时效虽不适用中止、中断的规定,但确因意外事故不能行使权利时,人民法院仍可以延长时效期限,以保障其合法权益。

第十六节 期日和期间

一、期日和期间的概念

在民法上,期限,是指法律关系发生、变更和消灭的时间,分为期日和期间。期日是指一定的时点或特定的时间,如某年、某月、某日、某时等。而期间则是指以一定的时点作起点至以另一时点为终点的延续的一段时间,如从某年某月某日至另一年某月某日,从某时至某时等。所以,期日是不可分或在法律上视为不可分的时间延续中的某一点,有时这一点虽不是转瞬即逝,但它有继续或迁延的性质。而期间是指从某一开始的时点至另一终结的时点,因而它是可分的,并且表示有迁延性的某一时间的区间。

由于时间是一种重要的法律事实,《民法典》第13条关于人从出生时起到死亡时止享有民事权利能力的规定,第40、46条关于宣告失踪、宣告死亡期间的规定,第188～199条关于时效制度的规定等,都直接与时间有关。凡与时间有关的法律事实,在法律上是通过期日或期间的制度来得到表现的。

《民法典》第204条规定:“期间的计算方法依照本法的规定,但是法律另有规定或者当事人另有约定的除外。”因此,关于期日和期间的规定,既有由法律直接规定的,也有可由当事人协议约定的(如债务的偿还期限、所有权转移的时间),还有由裁判机关指定的。因而有法定期限、约定期限和指定期限的区别。

民法上关于期日和期间的计算制度,有许多也同样适用于刑法、行政法和诉讼法。

二、期日和期间的计算方法

期间的计算方法主要有两种:一种是历法计算法,即以日历所定的年、月、日为依据;另一种是自然计算法,即以实际时间精确地进行计算的方法。我国《民法典》规定,民法所称的期间应按公历年、月、日、小时计算。按照年、月、日计算期间的,开始的当日不计入,自下一日开始计算。按照小时计算期间的,自法律规定或者当事人约定的时间开始计算。按照年、月计算期间的,到期月的对应日为期间的最后一日;没有对应日的,月末日为期间的最后一日。期间的最后一日是法定休假日的,以法定休假日结束的次日为期间的最后一日。期间的最后一日的截止时间为24时;有业务时间的,停止业务活动的时间为截止时间。民法所称的“以上”“以下”“以内”“届满”,包括本数;所称“不满”“超过”“以外”,不包括本数。

思考题

1. 我国民法有哪些基本原则?
2. 什么是民事法律行为?民事法律行为的有效成立必须具备哪些条件?
3. 什么是合同?我国民法关于合同的订立、合同的主要条款、合同的履行和不履行有哪些重要规定?
4. 什么是知识产权?它包括哪些内容?
5. 我国法律对结婚条件和结婚登记是怎样规定的?
6. 我国民法典对无效和可撤销婚姻是如何规定的?
7. 什么是民事责任?我国民法对民事责任的构成要件是如何规定的?

第七章　商　　法

第一节　商 法 概 述

一、商法的概念与特征

商法又称商事法，是调整商事关系的法律规范的总称。商法是与民法并列的部门法，某种意义上构成民法的特别法。

从商法的历史演变来看，其原本意义上所指称的“商”，仅限于以营利为目的直接进行的财货交易行为，学说上称之为“固有商”。但由于商品生产的规模不断扩大和社会分工的不断细化，相继出现了为财货交易服务的其他各种商业行为，如运输、仓储、居间、行纪、代理等“第二种商”，如银行、信托、加工承揽等“第三种商”，以及如广告、信息咨询、保险、旅店、饮食服务等“第四种商”。所谓“无业不商”一词生动地反映了商事活动的开放性。

随着商事活动范围的扩展，商法的内容也在不断扩展。传统上，商法的内容主要包括商人和商组织、商行为、商业登记、商业账簿、公司法、票据法、保险法、海商法、破产法等分属于商法总论和商法分论的法律制度。及至当下，证券法、信托法、期货交易法、投资基金、连锁经营与特许经营、电子商务、第三方支付等也已被纳入商法的范围。

关于商法的特征，一般认为，可以概括为三点：(1)商法也与民法一样，属于私法。但商法中也包括许多具有公法性质的规范与制度，尤其是关于商业登记和商业账簿的规范多为公法规范。(2)商法属于民事特别法。相对于民法而言，在各种商法规范中有特殊规定的，得优先适用商法中的规定；商法中无特殊规定的，则适用民法的规定。(3)商法具有明显的国际性。现代各国商法中的许多制度，都是从中世纪地中海沿岸国家中盛行于商人社会的“商人法”或“商事习惯法”发展而来的，因此各国商法中多有一致的地方。目前各国适用统一的商事惯例或统一的国际实体法规范也是十分普遍的现象。这主要是由于商业活动很少受到国界的限制。2003 年世界银行推出的全球 100 多个经济体营商环境评价报告，[1]更是在法治化、便利化之余，促进了营商环境的“国际化”趋同。

多年来，我国为改善营商环境，已经并正在推行一系列营商环境方面的改革举措，主要包括证照分离、多证合一、简易注销、企业登记电子化、企业信息公示等。

---

〔1〕 从最初的“开办企业”“合同保护”“获得信贷”“企业倒闭”等评价指标，扩展到当前的开办企业、办理施工许可、获得电力、登记财产、获得信贷、保护中小投资者、纳税、跨境贸易、执行合同、办理破产等较为全面的评价指标。

二、商法的存在形式及其与邻近法律部门的关系

依商法规范的存在形式,商法与民法一样,也可分为形式意义上的商法和实质意义上的商法。前者系指以"商法典"形式存在的商法,后者则指一切以商事关系为调整对象的法律规范。实质意义上的商法是在任何一个国家(不论其是否为成文法国家,亦不论其是否采民商合一的体制)都存在的。

对于商法的编纂,有以"商人"为根基的编纂模式,被称为"主观主义";有以"商行为"为根基的编纂模式,被称为"客观主义"。依前者时,则商法仅指"商人"之法,即对同一行为,商法仅对商人适用,对非商人则适用民法中的相关规范。在取此制度的国家中,还有专为商人特设商事裁判所或商事法庭的(如法国)。依后者时,则不但对以商行为为业者称商人,适用商人法;对不以商行为为业者,虽非商人,相关商事行为也同样适用商法。

本书由于篇幅的限制,将不涉及商法总论中的其他内容,仅对具有代表性的公司法、破产法和保险法做一些简要的介绍。

第二节　公　司　法

一、概述

公司是与独资企业、合伙企业、合作社企业相对应的企业组织形式,是依照公司法设立和运作的企业组织。根据我国公司法规定,可以将公司定义为依照公司法设立的,采用股份有限公司或者有限责任公司形式的、以营利为目的的企业法人。

依照不同的标准可以对公司作出不同的分类。就立法角度的分类而言,按照公司资本结构和责任方式的不同,可将公司分为无限公司、两合公司、股份有限公司、股份两合公司、有限责任公司。我国现行《公司法》仅规定了股份有限公司和有限责任公司两种公司形式。此外,以公司间组织关系的性质为标准,还将公司分为总公司和分公司。总公司又称本公司,是指设立并管辖公司全部组织的具有法人资格的总机构;分公司是总公司的分支机构,不具有独立的法人资格,其民事责任由总公司承担。以公司之间的控制和依附关系为标准,可将公司分为母公司和子公司。母公司是指拥有其他公司全部或者一定比例的股份,或者根据协议能够对其他公司的人事、业务经营和财务等事项进行控制和支配的公司;子公司是指被母公司所控制的公司,但子公司具有企业法人资格,其民事责任一般由子公司自己承担。

公司法是规定公司的法律地位和调整公司内外部关系的法律规范的总称。1993 年 12 月 29 日第八届全国人民代表大会常务委员会第五次会议通过,1994 年 7 月 1 日起施行的《公司法》是新中国成立后第一部全国性统一的公司法,是我国的公司基本法。

1993 年《公司法》施行后,为适应我国市场经济体制发展以及加入世界贸易组织等国内外新形势的需要,全国人大常委会分别于 1999 年、2004 年、2005 年、2013 年、2018 年对《公司法》进行了五次修订、修正。

2005 年的修订在涉及面上为历次修订之最,在原来 229 个条文的基础上,删除 46 条,增加 41 条,修改的条款达 137 条,在修改理念和制度设计等方面实现了诸多创新和突破,形成了相对全新的现行公司法律制度格局。主要表现在:(1)增加了公司章程的自治事项。具体包括:公司章程规定,公司法定代表人由董事长、执行董事或者经理担任,并依法登记;有限责任公司董事长、副董事长的产生办法;股份有限公司董事、监事选举中是否采用累计投票制等。(2)降低了公司的设立门槛并对公司资本制度作了修改。具体包括:把有限责任公司和股份有限公司的最低资本额分别降为人民币 3 万元和 500 万元;公司设立时的出资额不得低于注册资本的 20%,其余部分由股东自公司成立之日起两年内缴足,其中,投资公司可以在 5 年内缴足。(3)完善了公司治理结构方面的内容。具体包括:有限责任公司中代表 1/10 以上表决权的股东,1/3 以上的董事,监事会或者不设监事会的公司的监事有权提议召开临时股东会议;董事会会议由董事长召集和主持;董事长不能履行职务或者不履行职务的,由副董事长召集和主持;副董事长不能履行职务或者不履行职务的,由半数以上董事共同推举一名董事召集和主持;上市公司设立独立董事,具体办法由国务院规定。(4)修改了中小股东利益保护方面的条款。具体包括:有限责任公司股东可以查阅公司财务会计报告和会计账簿;有限责任公司股东在一定条件下,可要求公司收购其股权等。

2013 年修正的《公司法》自 2014 年 3 月 1 日起施行,主要涉及以下三方面的内容:

1. 将注册资本实缴登记制改为认缴登记制,即除法律、行政法规以及国务院决定对公司注册资本实缴有另行规定的以外,取消了关于公司股东(发起人)应自公司成立之日起两年内缴足出资,投资公司在 5 年内缴足出资的规定;取消了一人有限责任公司股东应一次足额缴纳出资的规定。转而采取公司股东(发起人)自主约定认缴出资额、出资方式、出资期限等,并记载于公司章程的方式。

2. 放宽注册资本登记条件。除对公司注册资本最低限额有另行规定的以外,取消了有限责任公司、一人有限责任公司、股份有限公司最低注册资本分别应达 3 万元、10 万元、500 万元的限制;不再限制公司设立时股东(发起人)的首次出资比例以及货币出资比例。

3. 简化登记事项和登记文件。有限责任公司股东认缴出资额、公司实收资本不再作为登记事项。公司登记时,不需要提交验资报告。是否实际缴纳资本以及实际缴纳的比例听凭公司章程规定。

2018 年《公司法》的修正,主要是对该法第 142 条关于股份回购的内容进行了补充,以适应资本市场的实际需要。其修改的主要内容是:

1. 补充完善允许股份回购的情形。将 2013 年《公司法》第 142 条规定中"将股份奖励给本公司职工"这一情形修改为"将股份用于员工持股计划或者股权激励",增加"将股份用于转换上市公司发行的可转换为股票的公司债券"和"上市公司为维护公司价值及股东权益所必需"两种情形。

2. 适当简化股份回购的决策程序,提高公司持有本公司股份的数额上限,延长公司持有所回购股份的期限。规定公司因将股份用于员工持股计划或者股权激励、用于转换上市公司发行的可转换为股票的公司债券,以及上市公司为维护公司价值及股东权益所必需的,可以依照公司章程的规定或者股东大会的授权,经 2/3 以上董事出席的董事会会议决议,不必经股东大会决议。因上述情形收购本公司股份的,公司合计持有的本公司股份数不得超过本公司已发行股份总额的10%,并应当在3年内转让或者注销。

3. 补充上市公司股份回购的规范要求。为防止上市公司滥用股份回购制度,引发操纵市场、内幕交易等利益输送行为,增加规定上市公司收购本公司股份应当依照证券法的规定履行信息披露义务,除国家另有规定外,上市公司收购本公司股份应当通过公开的集中交易方式进行。

4. 根据实际情况和需要,删去了2013年《公司法》关于公司因奖励职工收购本公司股份,用于收购的资金应当从公司的税后利润中支出的规定。

二、有限责任公司

(一)有限责任公司的概念和特征

有限责任公司,是由股东依照公司法投资设立的,股东以其认缴的出资额为限对公司承担责任,公司以其全部资产对公司债务承担责任的企业法人。

有限责任公司具有以下法律特征:(1)由定额股东所组成。关于有限责任公司的股东人数,各国多有最高额限制,我国《公司法》规定,有限责任公司的股东人数不得多于50人。(2)股东以其认缴的出资额为限对公司负责,即各股东在认缴的出资额范围内对公司的经营后果负责。公司股东未履行、未全面履行所承诺的出资义务,或者抽逃出资的,公司或者其他股东有权要求其全面履行出资义务,在公司丧失其清偿能力或者进入破产程序之后,公司债权人有权要求股东在未出资本息范围内对公司债务不能清偿的部分承担补充赔偿责任,并且股东出资义务的履行不适用民事诉讼时效的规定。(3)兼有资合性和人合性。资合主要是指公司系以资本的构成和数额多寡作为公司赖以建立和存续并赖以赢得债权人信任的基础;人合是指公司主要是依靠公司股东的个人人格信用作为公司赖以建立和存续并赖以赢得债权人信任的基础。有限责任公司性质上折中于无限公司的人合特性和股份有限公司的资合特性而别具一格,兼有两种公司的优点。除此之外,有限责任公司还具有封闭性(如经营状况和财务状况的不公开性)、设立程序简便、组织机构简单灵活、所有权和经营权分离的程度较低等方面的特征。

有限责任公司是公司组织体系中产生最晚的一种公司形式,立法最早见于1892年德国颁布的《有限责任公司法》,但又是各国发展最快、最具有生命力的公司形式,无论在数量上还是所拥有的资本额方面,有限责任公司有超过股份有限公司而呈现进而不退的发展趋势。

(二)有限责任公司的设立

有限责任公司只能采用发起设立的方式设立,即由全体发起人(全体股东)将公司确定的注册资本全部认足,不向发起人之外的任何人募集而设立公司。关于有限责任公司的设立条件,《公司法》第23条规定应当具备下列各项:(1)股东符合法定人数;(2)有符合公司章程规定的全体股东认缴的出资额;(3)股东共同制定公司章程;(4)有公司名称,建立符合有限责任公司要求的组织机构;(5)有公司住所。

根据《公司法》的规定,有限责任公司由50个以下股东出资设立。2005年《公司法》取消了对有限责任公司股东人数2人以上的最低限额规定,首次在公司立法中规定了一人公司。依照规定,一人有限责任公司,是指只有一个自然人股东或者一个法人股东的有限责任公司。从实质意义上来说,2005年修订前的《公司法》也存在一人公司的规定,即国有独资公司的规定，修订后的《公司法》延续了将国有独资公司作为有限责任公司的特殊类型予以规定的做法。

公司章程是记载公司组织规范和行为准则的书面文件，它对公司以及公司股东、董事、监事、高级管理人员均有法律约束力。订立公司章程是公司设立必不可少的条件之一。《公司法》规定，有限责任公司章程由全体股东制定，经全体股东一致同意，并在章程上签名、盖章。有限责任公司章程应当载明下列事项：公司名称和住所；公司经营范围；公司注册资本；股东的姓名或者名称；股东的出资方式、出资额和出资时间；公司的机构及其产生办法、职权、议事规则；公司法定代表人；股东会会议认为需要规定的其他事项。

根据《公司法》规定，有限责任公司的注册资本为在公司登记机关登记的全体股东认缴的出资额。法律、行政法规以及国务院决定对有限责任公司注册资本实缴、注册资本最低限额另有规定的，从其规定。

根据《公司法》第30条的规定，有限责任公司成立后，发现作为设立公司出资的非货币财产的实际价额显著低于公司章程所定价额的，应当由交付该出资的股东补足其差额；公司设立时的其他股东承担连带责任。

（三）有限责任公司的组织机构

1. 有限责任公司的股东和股东会

我国《公司法》规定，有限责任公司股东会由全体股东组成，股东会是公司的权力机构。但对于一人有限责任公司和国有独资公司，《公司法》则作了特别规定：一人有限责任公司不设股东会，由股东行使一般有限责任公司股东会的职权，要求置备书面的决定并签名；国有独资公司不设股东会，由国有资产监督管理机构行使股东会职权。

有限责任公司股东是组成该有限责任公司的出资人，既可以是自然人，也可以是法人。股东的权利分为自益权和共益权两个方面。自益权是股东基于出资单纯为自己的利益所享有的权利，也是股东出资的主要动因。股东的共益权是股东基于出资而参与公司管理和经营的权利，是股东为自己利益并同时为公司和全体股东的利益所享有的权利。总的说来，股东享有以下权利：(1)利益分配权；(2)剩余财产分配权；(3)增资优先购买权；(4)出资转让权；(5)股东会会议的出席权和表决权；(6)选举权和被选举权；(7)股东会会议记录和公司财务会计报告的查阅权；(8)股东会临时会议的提议召集权。除此之外，股东认为股东会会议决议或董事会会议决议违法时，享有向人民法院起诉的权利。股东同时负有以下义务：(1)缴纳出资的义务；(2)出资有缺额时的填补义务；(3)不得抽回出资的义务；(4)转让出资不得违反法定条件的义务。

有限责任公司股东会会议一般分为：(1)公司成立前的首次股东会会议；(2)公司成立后的股东会定期会议；(3)公司成立后的股东会临时会议。除首次股东会会议由出资最多的股东召集和主持外，股东会会议应由董事会召集，并于召开15日以前通知全体股东。股东会会议由董事长主持，董事长不能履行职务或者不履行职务的，由副董事长主持，副董事长不能履行职务或者不履行职务的，由半数以上董事共同推举一名董事主持。

股东会作为公司权力机构，享有如下职权：(1)决定公司的经营方针和投资计划；(2)选举和更换非由职工代表担任的董事、监事，决定有关董事、监事的报酬事项；(3)审议批准董事会的报告；(4)审议批准监事会或者监事的报告；(5)审议批准公司的年度财务预算方案、决算方案；(6)审议批准公司的利润分配方案和弥补亏损方案；(7)对公司增加或者减少注册资本作出决议;(8)对发行公司债券作出决议;(9)对公司合并、分立、解散、清算或者变更公司形式作出决议;(10)修改公司章程;(11)公司章程规定的其他职权。

股东会就有关事项作出的决议可分为普通决议和特殊决议。前者是对公司的一般事项所作出的决议,其决议规则和表决程序由公司章程规定。后者是对公司增减注册资本、合并、分立、解散、变更公司形式、修改公司章程等特别事项作出的决议。依照《公司法》的规定,特别决议需经代表2/3以上表决权的股东通过。股东会会议由股东按照出资比例行使表决权,但公司章程另有规定的除外。股东会应对所议事项的决定作出会议记录,出席会议的股东应当在会议记录上签名。

2. 有限责任公司的董事、董事会和高级管理人员

《公司法》规定,公民有下列情形之一的,不得担任公司的董事、监事、高级管理人员:(1)无民事行为能力或者限制民事行为能力;(2)因贪污、贿赂、侵占财产、挪用财产或者破坏社会主义市场经济秩序,被判处刑罚,执行期满未逾5年,或者因犯罪被剥夺政治权利,执行期满未逾5年;(3)担任破产清算的公司、企业的董事或者厂长、经理,对该公司、企业的破产负有个人责任的,自该公司、企业破产清算完结之日起未逾3年;(4)担任因违法被吊销营业执照、责令关闭的公司、企业的法定代表人,并负有个人责任的,自该公司、企业被吊销营业执照之日起未逾3年;(5)个人所负数额较大的债务到期未清偿。此外,根据我国《公务员法》的规定,公务员不得从事或参与营利性活动,在企业或其他营利性组织中兼任职务,因此,公务员也就不得兼任公司的董事、监事或高级管理人员。这里的高级管理人员是指公司的经理、副经理、财务负责人,上市公司董事会秘书和公司章程规定的其他人员。

董事对公司负有忠实义务和勤勉义务,具体包括:(1)竞业限制的义务。《公司法》规定,未经股东会或者股东大会同意,董事、高级管理人员不得利用职务便利为自己或者他人谋取属于公司的商业机会,自营或者为他人经营与所任职公司同类的业务。从事上述营业或活动的,所得收入应归公司所有。(2)不得利用在公司的地位和职权为自己谋取私利,不得利用职权收受贿赂或者其他非法收入,不得侵占公司的财产,不得将公司资金以其个人名义或者以其他个人名义开立账户存储。(3)不得将公司资金借贷给他人或者以公司财产为他人提供担保,除非不违反章程规定或者经股东会、股东大会或者董事会同意。(4)不得擅自披露公司秘密。(5)董事、监事、高级管理人员执行公司职务时违反法律、行政法规或者公司章程的规定,给公司造成损失的,应当承担赔偿责任。(6)董事参与决策,因董事会的决议违反法律、行政法规或者公司章程、股东大会决议,致使公司遭受严重损失的,参与决议的董事对公司负赔偿责任。

董事会是由董事组成的公司的日常经营决策和业务执行机关。我国《公司法》规定,有限责任公司设董事会,其成员为3~13人。董事会设董事长1人,可以设副董事长。董事长、副董事长的产生办法由公司章程规定。股东人数较少或者规模较小的有限责任公司,可以设一名执行董事,不设立董事会。执行董事的职权由章程规定,并可以兼任公司经理。公司董事任期由公司章程规定,但每届任期不得超过3年。董事任期届满,连选可以连任。

董事会对股东会负责,行使以下职权:(1)召集股东会会议,并向股东会报告工作;(2)执行股东会的决议;(3)决定公司的经营计划和投资方案;(4)制订公司的年度财务预算方案、决算方案;(5)制订公司的利润分配方案和弥补亏损方案;(6)制订公司增加或者减少注册资本以及发行公司债券的方案;(7)制订公司合并、分立、解散或者变更公司形式的方案;(8)决定公司内

部管理机构的设置;(9)决定聘任或者解聘公司经理及其报酬事项,并根据经理的提名决定聘任或者解聘公司副经理、财务负责人及其报酬事项;(10)制定公司的基本管理制度;(11)公司章程规定的其他职权。

董事会会议由董事长召集和主持;董事长不能履行职务或者不履行职务的,由副董事长召集和主持;副董事长不能履行职务或者不履行职务的,由半数以上董事共同推举一名董事召集和主持。董事会应当对所议事项的决定作成会议记录,出席会议的董事应当在会议记录上签名。

经理是负责公司日常经营管理工作的公司高级管理人员。《公司法》规定,有限责任公司可以设经理。经理由董事会聘任或者解聘,并对董事会负责。经理行使下列职权:主持公司的生产经营管理工作,组织实施董事会决议;组织实施公司年度经营计划和投资方案;拟订公司内部管理机构设置方案;拟订公司的基本管理制度;制定公司的具体规章;提请聘任或者解聘公司副经理、财务负责人;决定聘任或者解聘除应由董事会决定聘任或者解聘以外的负责管理人员;董事会授予的其他职权。公司章程对经理职权另有规定的,从其规定。经理可以列席董事会会议。

3. 有限责任公司的监事和监事会

监事或者监事会是监督公司业务和财务的公司常设机关。有限责任公司设立监事会,其成员不得少于3人。股东人数较少或者规模较小的有限责任公司,可以设1~2名监事而不设监事会。监事会应当包括股东代表和适当比例的公司职工代表,其中职工代表的比例不得低于1/3,具体比例由公司章程规定。监事会中的职工代表由公司职工通过职工代表大会、职工大会或者其他形式民主选举产生。董事、高级管理人员不得兼任监事。监事会设主席1人,由全体监事过半数选举产生。监事会主席召集和主持监事会会议;监事会主席不能履行职务或者不履行职务的,由半数以上监事共同推举一名监事召集和主持监事会会议。监事的任期每届为3年。监事任期届满,连选可以连任。

监事会或者监事行使下列职权:检查公司财务;对董事、高级管理人员执行公司职务的行为进行监督,对违反法律、行政法规、公司章程或者股东会决议的董事、高级管理人员提出罢免的建议;当董事、高级管理人员的行为损害公司的利益时,要求董事、高级管理人员予以纠正;提议召开临时股东会会议,在董事会不履行本法规定的召集和主持股东会会议职责时召集和主持股东会会议;向股东会会议提出提案;依照公司法规定,对董事、高级管理人员提起诉讼;公司章程规定的其他职权。监事可以列席董事会会议,并对董事会决议事项提出质询或者建议。

前述有关公司董事任职资格条件和法定义务的规定,同样适用于公司监事及高级管理人员。

(四)有限责任公司股权的转让与回购

关于有限责任公司的股权转让,《公司法》第71条第1~3款规定:“有限责任公司的股东之间可以相互转让其全部或者部分股权。股东向股东以外的人转让股权,应当经其他股东过半数同意。股东应就其股权转让事项书面通知其他股东征求同意,其他股东自接到书面通知之日起满三十日未答复的,视为同意转让。其他股东半数以上不同意转让的,不同意的股东应当购买该转让的股权;不购买的,视为同意转让。经股东同意转让的股权,在同等条件下,其他股东有优先购买权。两个以上股东主张行使优先购买权的,协商确定各自的购买比例;协商不成的,按照转让时各自的出资比例行使优先购买权。"该条第4款同时规定:"公司章程对股权转让另有规定的,从其规定。"

关于有限责任公司的股权回购,《公司法》第74条规定,"有下列情形之一的,对股东会该项决议投反对票的股东可以请求公司按照合理的价格收购其股权:(一)公司连续五年不向股东分配利润,而公司该五年连续盈利,并且符合本法规定的分配利润条件的;(二)公司合并、分立、转让主要财产的;(三)公司章程规定的营业期限届满或者章程规定的其他解散事由出现,股东会会议通过决议修改章程使公司存续的。自股东会会议决议通过之日起六十日内,股东与公司不能达成股权收购协议的,股东可以自股东会会议决议通过之日起九十日内向人民法院提起诉讼。"

三、股份有限公司

(一)股份有限公司的概念和特征

股份有限公司,是由一定人数以上的股东投资组成的,全部资本分为等额股份,股东以其认购的股份为限对公司承担责任,公司以其全部资产对公司的债务承担责任的营利性企业法人。

与有限责任公司相比较,股份有限公司具有如下主要特征:

1. 公司资本平分为若干均等的股份。股份是构成股份有限公司资本的最小单位,公司发行的额面股的每一股份的票面金额相等。

2. 股东人数的广泛性以及公司规模的巨大化。各国立法对股东人数通常只有最低限制,没有最高限制,并且公司资本可以通过募集的方式向社会公开发行筹集。

3. 股份有限公司的设立条件较为严格,程序较为复杂。

股份有限公司是在规模上占据主导地位的公司形式,由于各国立法均对该类公司有最低人数的要求而无最高人数的限制,故而其股东人数和资本规模往往较大,是各国大中型企业普遍采用的公司形式。

(二)股份有限公司的设立

股份有限公司的设立,可以采取发起设立和募集设立两种方式。发起设立,是指由发起人认购公司应发行的全部股份而设立公司。募集设立,是指由发起人认购公司应发行股份的一部分,其余部分向社会公开募集或者向特定对象募集而设立公司。以募集设立方式设立股份有限公司的,除非法律、行政法规另有规定,发起人认购的股份不得少于公司股份总数的35%,其余股份应当向社会公开募集。

关于股份有限公司的设立条件,《公司法》作出了如下规定:

1. 发起人符合法定人数。设立股份有限公司,应当有2人以上200人以下为发起人,其中须有半数以上的发起人在中国境内有住所。

2. 发起人认购和募集的股本达到法定资本最低限额。股份有限公司采取发起设立方式设立的,注册资本为在公司登记机关登记的全体发起人认购的股本总额。在发起人认购的股份缴足前,不得向他人募集股份。法律、行政法规以及国务院决定对股份有限公司注册资本实缴、注册资本最低限额另有规定的,从其规定。

3. 股份发行、筹办事项符合法律规定。

4. 发起人制订公司章程，采用募集方式设立的经创立大会通过。

5. 有公司名称，建立符合股份有限公司要求的组织机构。公司名称必须标明“股份有限公司”字样。

6. 有公司住所。

关于股份有限公司的发起人在公司设立过程中应当承担的责任，《公司法》规定：(1)公司不能成立时，对设立行为所产生的债务和费用负连带责任；(2)公司不能成立时，对认股人已缴纳的股款，负返还股款并加算银行同期存款利息的连带责任；(3)在公司设立过程中，由于发起人的过失致使公司利益受到损害的，应当对公司承担赔偿责任。

根据《公司法》规定，股份有限公司成立后，发起人未按照公司章程的规定缴足出资的，应当补缴；其他发起人承担连带责任。股份有限公司成立后，发现作为设立公司出资的非货币财产的实际价额显著低于公司章程所定价额的，应当由交付该出资的发起人补足其差额；其他发起人承担连带责任。

(三)股份有限公司的组织机构

1. 股份有限公司的股东大会

股份有限公司的股东大会与有限责任公司的股东会性质相同，构成公司的权力机构。其职权除因股东依法可以转让其股份，故而未规定股东向股东以外的人转让出资需经股东大会作出决议外，其余职权与股东会的职权大致相同。股东大会会议可分为股东大会年会与股东大会临时会议两种。股东大会应当每年召开一次年会。有下列情形之一的，应当在2个月内召开临时股东大会：(1)董事人数不足《公司法》规定人数或者公司章程所定人数的2/3时；(2)公司未弥补的亏损达实收股本总额1/3时；(3)单独或者合计持有公司10%以上股份的股东请求时；(4)董事会认为必要时；(5)监事会提议召开时；(6)公司章程规定的其他情形。

股东大会会议由董事会召集，由董事长主持。董事长不能履行职务或者不履行职务的，由副董事长主持；副董事长不能履行职务或者不履行职务的，由半数以上董事共同推举一名董事主持。董事会不能履行或者不履行召集股东大会会议职责的，监事会应当及时召集和主持；监事会不召集和主持的，连续90日以上单独或者合计持有公司10%以上股份的股东可以自行召集和主持。

召开股东大会会议，应当将会议召开的时间、地点和审议的事项于会议召开20日前通知各股东；临时股东大会应当于会议召开15日前通知各股东；发行无记名股票的，应当于会议召开30日前公告会议召开的时间、地点和审议事项。

股东出席股东大会会议，所持每一股份有一表决权。股东大会作出决议，必须经出席会议的股东所持表决权的过半数通过。股东大会作出修改公司章程、增加或者减少注册资本的决议，以及公司合并、分立、解散或者变更公司形式的决议，必须经出席会议的股东所持表决权的2/3以上通过。

股东大会应当对所议事项的决定作成会议记录，主持人、出席会议的董事应当在会议记录上签名。会议记录应当与出席股东的签名册及代理出席的委托书一并保存。股东大会、董事会的决议内容违反法律、行政法规的无效。股东大会、董事会的会议召集程序、表决方式违反法律、行政法规或者公司章程，或者决议内容违反公司章程的，股东可以自决议作出之日起60日内，请求人民法院撤销。

2. 股份有限公司的董事会

股份有限公司设董事会,其成员为5~19人。董事会成员中可以有公司职工代表。董事任期由公司章程规定,但每届任期不得超过3年。董事任期届满,连选可以连任。董事在任期届满前,股东大会不得无故解除其职务。董事会对股东大会负责,其职权与前述有限责任公司董事会的职权大致相当,此不赘述。

股份有限公司董事会设董事长1人,可以设副董事长。董事长和副董事长由董事会以全体董事的过半数选举产生。董事长行使下列职权:(1)主持股东大会和召集、主持董事会会议;(2)检查董事会决议的实施情况;(3)签署公司股票、公司债券。副董事长协助董事长工作,董事长不能履行职务或者不履行职务的,由副董事长履行职务;副董事长不能履行职务或者不履行职务的,由半数以上董事共同推举一名董事履行职务。

股份有限公司董事会每年度至少召开两次会议,每次会议应当于会议召开10日前通知全体董事和监事。董事会召开临时会议的,其通知方式和通知时限可以另定。董事会会议应有过半数的董事出席方可举行。董事会作出决议,必须经全体董事的过半数通过。董事会会议,应由董事本人出席。董事因故不能出席,可以书面委托其他董事代为出席,委托书中应载明授权范围。

董事会应当对会议所议事项的决定作成会议记录,出席会议的董事应当在会议记录上签名。《公司法》规定,董事应当对董事会的决议承担责任。董事会的决议违反法律、行政法规或者公司章程、股东大会决议,致使公司遭受严重损失的,参与决议的董事对公司负赔偿责任。但经证明在表决时曾表明异议并记载于会议记录的,该董事可以免除责任。

3. 股份有限公司的监事会

股份有限公司应设监事会,其成员不得少于3人。监事会设主席1人,可以设副主席。监事会主席、副主席由全体监事过半数选举产生。监事会应当由股东代表和适当比例的公司职工代表组成,其中职工代表的比例不得低于1/3,具体比例由公司章程规定。监事会每6个月至少召开1次会议。监事可以提议召开临时监事会会议。董事、高级管理人员不得兼任监事。股份有限公司监事的任期每届为3年。任期届满,连选可以连任。监事应当依照法律、行政法规、公司章程,忠实履行监督职责。

(四)股份有限公司的股份发行和转让

股份是股份有限公司资本的基本构成单位,股份的表现形式是股票。股票是公司签发的证明股东出资所持股份的凭证。根据股票是否记载股东姓名或名称,可将股票分为无记名股和记名股。我国立法既允许发行记名股,也允许发行无记名股,但公司向发起人、国家授权投资的机构、法人发行的股票,应当为记名股票,并应记载该发起人、机构或法人的名称,不得另立户名或以代表人姓名记名。

股份或股票的发行分为设立发行和新股发行。前者为设立公司筹措资本而发行,后者系已成立的公司为增加资本而再次发行股份。《公司法》规定,股份的发行,实行公平、公正的原则,同种类的每一股份应当具有同等权利。同次发行的同种类股票,每股的发行条件和价格应当相同;任何单位或者个人所认购的股份,每股应当支付相同价额。股票发行价格可以按票面金额,也可以超过票面金额,但不得低于票面金额。

为了保证股东自由、安全和最大盈利投资目的的实现,《公司法》允许股东持有的股份依法进行转让。依法公开发行的股票,应当在依法设立的证券交易所上市交易或者在国务院批准的其他证券交易场所转让,并应遵循法律、法规规定的方法。

为了维持公司的正常运作及股票交易的正常秩序,并维护公司、股东、社会公众和债权人的正当利益,《公司法》对股份的转让作了如下要求和限制:(1)记名股票的转让,由公司将受让人的姓名或者名称及住所记载于股东名册。(2)发起人持有的本公司股份,自公司成立之日起1年内不得转让。(3)公司董事、监事、高级管理人员应当向公司申报所持有的本公司的股份及其变动情况,在任职期间每年转让的股份不得超过其所持有本公司股份总数的25%;所持本公司股份自公司股票上市交易之日起1年内不得转让。上述人员离职后半年内,不得转让其所持有的本公司股份。

《公司法》还规定,除有下列情形之一外,公司不得收购本公司股份:(1)减少公司注册资本;(2)与持有本公司股份的其他公司合并;(3)将股份用于员工持股计划或者股权激励;(4)股东因对股东大会作出的公司合并、分立决议持异议,要求公司收购其股份的;(5)将股份用于转换上市公司发行的可转换为股票的公司债券;(6)上市公司为维护公司价值及股东权益所必需。公司不得接受本公司的股票作为质押权的标的,因为这是一种变相的回购股份或减少资本的行为。

(五)上市公司

上市公司,是指所发行的股票在证券交易所上市交易的股份有限公司。

《证券法》将证券上市交易的核准权全部下放给了证券交易所,因此,股份有限公司的股票上市,应当向证券交易所提出申请,由证券交易所依法审核同意,并由双方签订上市协议。股票上市交易申请经证券交易所审核同意后,签订上市协议的公司应当在规定的期限内公告股票上市的有关文件,并将该文件置备于指定场所供公众查阅。

被批准上市的公司,应当按照法律、行政法规的规定,定期公开其财务状况和经营状况,履行持续信息公开的义务。上市公司依法披露的信息,必须真实、准确、完整,不得有虚假记载、误导性陈述或者重大遗漏。

第三节　破　产　法

一、概述

破产,是指当债务人即将出现破产原因或者已经出现破产原因时,对债务人实施的挽救性程序以及就债务人的总财产实行的概括性清算程序的统称。

破产具有广义和狭义之分,狭义的破产仅指破产清算,广义的破产除了破产清算程序外,还包括破产重整和破产和解等预防程序。可以说,各国实质意义上的破产制度早已突破了破产清算程序的局限,而成为包括破产和解及破产整顿等预防性法律制度在内的统一整体。

破产的特征表现为:(1)破产是债权实现的一种特殊形式。与诸如抵销、提存、混同、免除、清偿等债的消灭方式不同的是,破产以债务人的全部财产作为偿债对象,并大多导致债务人主体资格的消灭或营业体的解散。(2)破产是在特定情况下即债务人出现破产原因时所运用的偿债程序。(3)破产程序进行的主要目的在于,公平地清偿破产人所欠债权人的债务,同时对债务人提供一定的救济。(4)破产是在法院的指挥和监督以及特定机构或人员的参与之下实施的债务清理程序。(5)破产程序具有总括强制执行程序的性质。

我国第一部全国性统一的破产立法是1986年12月2日第六届全国人民代表大会常务委员会第十八次会议通过的《企业破产法(试行)》。由于《企业破产法(试行)》的内容已不能完全适应改革开放和经济社会发展的需要,并日渐暴露出其诸多不足和缺陷。1994年3月,全国人大财经委员会根据第八届全国人民代表大会常务委员会立法规划的要求,着手组织新破产法的起草工作,2004年6月,第十届全国人民代表大会常务委员会对新的企业破产法草案进行了第一次审议,并于2006年8月通过了《企业破产法》,自2007年6月1日起施行。

二、破产申请和破产案件的受理

(一)破产原因

破产原因的存在是破产申请得以提出的依据,同时也是人民法院受理破产案件的前提。所谓破产原因,是指就债务人存在的,能够对债务人启动破产程序或者宣告破产的原因和根据。因为它是衡量债务人是否陷入破产的界限,故又称为破产界限。《企业破产法》规定,"企业法人不能清偿到期债务,并且资产不足以清偿全部债务或者明显缺乏清偿能力的,依照本法规定清理债务"。也就是说,债务人不能清偿到期债务并且具有下列情形之一的,人民法院应当认定其具备破产原因:(1)资产不足以清偿全部债务;(2)明显缺乏清偿能力。

按照2011年最高人民法院下发的《关于适用〈中华人民共和国企业破产法〉若干问题的规定(一)》的规定,下列情形同时存在的,人民法院应当认定"债务人不能清偿到期债务":(1)债权债务关系依法成立;(2)债务履行期限已经届满;(3)债务人未完全清偿债务。

对于"资产不足以清偿全部债务"的认定,该司法解释具体同时作了如下规定:"债务人的资产负债表,或者审计报告、资产评估报告等显示其全部资产不足以偿付全部负债的,人民法院应当认定债务人资产不足以清偿全部债务,但有相反证据足以证明债务人资产能够偿付全部负债的除外。"对于何谓"明显缺乏清偿能力"的认定,该司法解释进一步规定:"债务人账面资产虽大于负债,但存在下列情形之一的,人民法院应当认定其明显缺乏清偿能力:(一)因资金严重不足或者财产不能变现等原因,无法清偿债务;(二)法定代表人下落不明且无其他人员负责管理财产,无法清偿债务;(三)经人民法院强制执行,无法清偿债务;(四)长期亏损且经营扭亏困难,无法清偿债务;(五)导致债务人丧失清偿能力的其他情形。"

此外,根据《企业破产法》规定,企业法人已解散但未清算或者未清算完毕,资产不足以清偿债务的,依法负有清算责任的人应当向人民法院申请破产清算。也就是说,企业法人已解散但未清算或者未在合理期限内清算完毕,债权人申请债务人破产清算的,除债务人在法定异议期限内举证证明其未出现破产原因外,人民法院应当受理。

(二)破产案件的管辖与破产申请的提出

关于破产案件的地域管辖,《企业破产法》规定,破产案件由债务人住所地人民法院管辖。

关于破产案件的级别管辖,最高人民法院2002年出台的《关于审理企业破产案件若干问题的规定》指出,基层人民法院一般管辖县、县级市或者区的工商行政管理机关核准登记企业的破产案件;中级人民法院一般管辖地区、地级市(含本级)以上的工商行政管理机关[2]核准登记企业的破产案件;个别案件的级别管辖,可以适用民事诉讼法关于管辖权转移的规定。

在我国,破产程序只能依债权人或债务人的申请而开始,即使人民法院在民事诉讼和民事执行程序中获悉债务人不能清偿到期债务时,也不能径行依职权宣告债务人破产,只应告知债务人可以向人民法院申请破产。债务人申请破产的,人民法院应当依法宣告;债务人不申请破产的,原诉讼程序或执行程序继续进行。

(三)破产案件的受理及其法律效力

破产程序的开始不以破产申请的提出为标志,破产申请只有在符合法定条件并由人民法院受理后,才产生破产程序开始的效力。人民法院接到破产申请后,应当就是否符合破产的要件进行审查,包括申请人资格,被申请人的破产能力,接受申请法院的管辖权,申请是否符合法定要求(如是否提供了证据材料等),债务人是否达到破产界限等。

经人民法院审查认为破产申请符合要求,债务人构成破产的,人民法院应当受理;认为不符合法定条件的,人民法院应当裁定驳回申请。申请人不服驳回破产申请的裁定的,有权在收到裁定书之日起 10 日内向上一级人民法院提起上诉。

破产案件的受理产生如下法律效力:

1. 人民法院受理破产申请后,债务人对个别债权人的债务清偿无效。

2. 人民法院受理破产申请后,债务人的债务人或者财产持有人应当向管理人清偿债务或者交付财产。债务人的债务人或者财产持有人故意违反前款规定向债务人清偿债务或者交付财产,使债权人受到损失的,不免除其清偿债务或者交付财产的义务。

3. 自人民法院受理破产申请的裁定送达债务人之日起至破产程序终结之日,债务人的有关人员承担下列义务:(1)妥善保管其占有和管理的财产、印章和账簿、文书等资料;(2)根据人民法院、管理人的要求进行工作,并如实回答询问;(3)列席债权人会议并如实回答债权人的询问;(4)未经人民法院许可,不得离开住所地;(5)不得新任其他企业的董事、监事、高级管理人员。

4. 债权人应当申报债权,说明债权的数额和有无财产担保,并且提交有关证明材料。人民法院受理破产申请后,应当确定债权人申报债权的期限。债权申报期限自人民法院发布受理破产申请公告之日起计算,最短不得少于 30 日,最长不得超过 3 个月。逾期未申报债权的,视为自动放弃债权。

5. 人民法院受理破产申请后,有关债务人财产的保全措施应当解除,执行程序应当中止。人民法院受理破产申请后,已经开始而尚未终结的有关债务人的民事诉讼或者仲裁应当中止;在管理人接管债务人的财产后,该诉讼或者仲裁继续进行。人民法院受理破产申请后,有关债务人的民事诉讼,只能向受理破产申请的人民法院提起。

6. 人民法院受理破产申请后,管理人对破产申请受理前成立而债务人和对方当事人均未履行完毕的合同有权决定解除或者继续履行,并通知对方当事人。管理人自破产申请受理之日起 2 个月内未通知对方当事人,或者自收到对方当事人催告之日起 30 日内未答复的,视为解除合同。管理人决定继续履行合同的,对方当事人应当履行;但是,对方当事人有权要求管理

[2] 我国的"工商行政管理机关"已更改为"市场监督管理部门",此处为保持条文的准确性,故不作修改,特此说明。——编者注

人提供担保。管理人不提供担保的,视为解除合同。

三、破产管理人制度

《企业破产法》引入了国际通行的破产管理人制度。《企业破产法》第24条第1、2款规定:“管理人可以由有关部门、机构的人员组成的清算组或者依法设立的律师事务所、会计师事务所、破产清算事务所等社会中介机构担任。人民法院根据债务人的实际情况,可以在征询有关社会中介机构的意见后,指定该机构具备相关专业知识并取得执业资格的人员担任管理人。”这就将整个破产运作交由专业化人士来处理,使破产程序更符合市场经济的发展要求。

《企业破产法》规定,管理人履行下列职责:(1)接管债务人的财产、印章和账簿、文书等资料;(2)调查债务人财产状况,制作财产状况报告;(3)决定债务人的内部管理事务;(4)决定债务人的日常开支和其他必要开支;(5)在第一次债权人会议召开之前,决定继续或者停止债务人的营业;(6)管理和处分债务人的财产;(7)代表债务人参加诉讼、仲裁或者其他法律程序;(8)提议召开债权人会议;(9)人民法院认为管理人应当履行的其他职责。在第一次债权人会议召开之前,管理人决定继续或者停止债务人的营业或者有《企业破产法》第69条规定行为之一的,应当经人民法院许可。管理人应当勤勉尽责,忠实执行职务。管理人没有正当理由不得辞去职务。管理人辞去职务应当经人民法院许可。

四、债权人会议

(一)债权人会议的组成和召集

债权人会议,是指在破产程序进行中为保障全体债权人利益,表达债权人意志和统一债权人行动而由全体登记在册的债权人组成的临时性机构。

所有债权人均为债权人会议成员,包括无财产担保的债权人、有财产担保的债权人和代替债务人清偿债务后的保证人等。债权人会议成员应当符合以下条件:其债权须在破产案件受理前成立;已于法定期间内申报登记;经审查,人民法院已确认其债权人资格。

债权人会议成员享有参加会议和发言、询问、表决的权利,但有财产担保的债权人因其对担保财产可不依破产清算程序而受清偿且大多能得到满足,故除非其放弃优先受偿权,否则对破产财产分配方案、和解协议不享有表决权。

债权人会议设会议主席,会议主席由人民法院于第一次债权人会议召开时从有表决权的债权人中指定并宣布。第一次债权人会议由人民法院召集并主持,应在债权申报期限届满后15日内召开,具体日期由人民法院在通知和公告中确定。以后的债权人会议可在人民法院或会议主席认为必要时召开,也可应管理人、债权人委员会或占债权总额1/4以上的债权人向债权人会议主席提议时召开,由债权人会议主席主持。

(二)债权人会议的职权和议决规则

《企业破产法》第61条规定,债权人会议行使下列职权:(1)核查债权;(2)申请人民法院更换管理人,审查管理人的费用和报酬;(3)监督管理人;(4)选任和更换债权人委员会成员;(5)决定继续或者停止债务人的营业;(6)通过重整计划;(7)通过和解协议;(8)通过债务人财产的管理方案;(9)通过破产财产的变价方案;(10)通过破产财产的分配方案;(11)人民法院认为应当由债权人会议行使的其他职权。债权人会议应当对所议事项的决议作成会议记录。

根据《企业破产法》的规定，债权人会议的决议，由出席会议的有表决权的债权人过半数通过，并且其所代表的债权额占无财产担保债权总额的1/2以上，但是通过和解协议的决议，必须占无财产担保债权总额的2/3以上。

债权人会议通过的任何一项决议对所有债权人均具有约束力。债权人如果认为决议违反法律规定的，可于决议作出后15日内请求人民法院裁定撤销该决议，责令债权人会议依法重新作出决议。

五、破产重整与破产和解

重整与和解是我国破产法规定的预防企业破产的破产预防制度。破产清算的结果，无论对债权人还是债务人抑或对社会经济都会产生较大的消极影响，因而，各国立法都十分重视对破产和解、破产重整等破产预防制度的构建。

（一）破产重整

重整是指经利害关系人的申请，在审判机关的主持和利害关系人的参与下，对具有重整原因和重整能力的债务人进行生产经营上的整顿和债权债务关系上的清理，以期摆脱财务困境，重获经营能力的特殊法律程序。重整的终极目的是使债务人企业能够获得重生。《企业破产法》第八章对重整作了规定。

债务人或者债权人可以依照《企业破产法》规定，直接向人民法院申请对债务人进行重整。人民法院经审查认为重整申请符合本法规定的，应当裁定债务人重整，并予以公告。在重整期间，经债务人申请，人民法院批准，债务人可以在管理人的监督下自行管理财产和营业事务。在重整期间，有下列情形之一的，经管理人或者利害关系人请求，人民法院应当裁定终止重整程序，并宣告债务人破产：(1)债务人的经营状况和财产状况继续恶化，缺乏挽救的可能性；(2)债务人有欺诈、恶意减少债务人财产或者其他显著不利于债权人的行为；(3)由于债务人的行为致使管理人无法执行职务。

债务人或者管理人应当自人民法院裁定债务人重整之日起6个月内，向人民法院和债权人会议提交重整计划草案。债务人或者管理人未按期提出重整计划草案的，人民法院应当裁定终止重整程序，并宣告债务人破产。下列各类债权的债权人参加讨论重整计划草案的债权人会议，依照下列债权分类，分组对重整计划草案进行表决：(1)对债务人的特定财产享有担保权的债权；(2)债务人所欠职工的工资和医疗、伤残补助、抚恤费用，所欠的应当划入职工个人账户的基本养老保险、基本医疗保险费用，以及法律、行政法规规定应当支付给职工的补偿金；(3)债务人所欠税款；(4)普通债权。

人民法院应当自收到重整计划草案之日起30日内召开债权人会议，对重整计划草案分组进行表决。重整计划草案未获得各表决组通过且未获得人民法院批准，或者已通过的重整计划未获得人民法院批准的，人民法院应当裁定终止重整程序，并宣告债务人破产。

经人民法院裁定批准的重整计划，对债务人和全体债权人均有约束力。重整计划由债务人负责执行。债务人不能执行或者不执行重整计划的，人民法院经管理人或者利害关系人请求，应当裁定终止重整计划的执行，并宣告债务人破产。

（二）破产和解

所谓和解，是指人民法院受理债权人破产申请后，为预防和避免债务人宣告破产，由债务人和债权人达成的中止破产程序进行的协议以及围绕该协议的履行而设置的一项制度。

《企业破产法》第九章对和解作了规定。债务人可以依照本法规定,直接向人民法院申请和解;也可以在人民法院受理破产申请后、宣告债务人破产前,向人民法院申请和解。债务人申请和解,应当提出和解协议草案。人民法院经审查认为和解申请符合本法规定的,应当裁定和解,予以公告,并召集债权人会议讨论和解协议草案。对债务人的特定财产享有担保权的权利人,自人民法院裁定和解之日起可以行使权利。

债权人会议通过和解协议的决议,由出席会议的有表决权的债权人过半数同意,并且其所代表的债权额占无财产担保债权总额的 2/3 以上。债权人会议通过和解协议的,由人民法院裁定认可,终止和解程序,并予以公告。管理人应当向债务人移交财产和营业事务,并向人民法院提交执行职务的报告。和解协议草案经债权人会议表决未获得通过,或者已经债权人会议通过的和解协议未获得人民法院认可的,人民法院应当裁定终止和解程序,并宣告债务人破产。经人民法院裁定认可的和解协议,对债务人和全体和解债权人均有约束力。

和解债权人对债务人的保证人和其他连带债务人所享有的权利,不受和解协议的影响。债务人应当按照和解协议规定的条件清偿债务。因债务人的欺诈或者其他违法行为而成立的和解协议,人民法院应当裁定无效,并宣告债务人破产。债务人不能执行或者不执行和解协议的,人民法院经和解债权人请求,应当裁定终止和解协议的执行,并宣告债务人破产。

人民法院受理破产申请后,债务人与全体债权人就债权债务的处理自行达成协议的,可以请求人民法院裁定认可,并终结破产程序。按照和解协议减免的债务,自和解协议执行完毕时起,债务人不再承担清偿责任。

六、破产宣告及其法律效力

破产宣告是受理破产案件的人民法院审查并宣告债务人破产清算的裁判行为。债权人或债务人的破产申请只有经过人民法院审查,认为债务人已具备破产宣告条件时,才作出破产宣告的裁定。

人民法院依照本法规定宣告债务人破产的,应当自裁定作出之日起 5 日内送达债务人和管理人,自裁定作出之日起 10 日内通知已知债权人,并予以公告。债务人被宣告破产后,债务人称为破产人,债务人财产称为破产财产,人民法院受理破产申请时对债务人享有的债权称为破产债权。

破产宣告前,有下列情形之一的,人民法院应当裁定终结破产程序,并予以公告:(1)第三人为债务人提供足额担保或者为债务人清偿全部到期债务的;(2)债务人已清偿全部到期债务的。对破产人的特定财产享有担保权的权利人,对该特定财产享有优先受偿的权利。其优先受偿权利未能完全受偿的,其未受偿的债权作为普通债权;放弃优先受偿权利的,其债权作为普通债权。

七、破产财产的构成与破产清算

(一)破产财产的构成

破产财产,是指破产宣告后为保证破产分配的顺利进行,依法由破产管理人接管的破产人的全部财产。根据《企业破产法》和最高人民法院《关于审理企业破产案件若干问题的规定》的规定，破产财产由下列财产构成：(1)破产宣告时属于破产企业的全部财产。(2)破产企业在破产宣告后至破产程序终结前所取得的财产。(3)担保物的价款超过其所担保的债务数额的，超过部分属于破产财产。(4)应当由破产企业行使的其他财产权利。

(二)取回权、抵销权、别除权和撤销权的行使

1. 取回权。取回权是指财产权利人主张管理人返还或交付不属于破产财产而归其支配的财产的权利。破产财产本应以法律规定的财产为限，但为全体债权人利益考虑，法律不禁止管理人概括接管破产人占有的一切财产，这些财产可能包括破产企业基于租赁、委托、保管、承揽等合同关系或基于物上担保等其他关系而占有的他人财产，从而可能与相对人产生利害关系。作为补救，法律允许被占有财产的真正权利人行使取回权。取回权大多发生在如下场合：(1)接受定作物的加工承揽人破产；(2)接受货物的承运人破产；(3)承租人破产；(4)保管人破产；(5)质押权人破产；(6)遗失物或失散物的拾得人破产；(7)商品的代销人破产；(8)占有委托购买物的行纪人破产等。

2. 抵销权。破产抵销权是指破产债权人于债务人受破产宣告时对该债务人负有债务的，可不以破产分配程序而以自己享有的破产债权与该债务在对等额内相抵销的权利。

《企业破产法》规定，债权人在破产申请受理前对债务人负有债务的，可以向管理人主张抵销。但是，有下列情形之一的，不得抵销：(1)债务人的债务人在破产申请受理后取得他人对债务人的债权的。(2)债权人已知债务人有不能清偿到期债务或者破产申请的事实，对债务人负担债务的；但是，债权人因为法律规定或者有破产申请一年前所发生的原因而负担债务的除外。(3)债务人的债务人已知债务人有不能清偿到期债务或者破产申请的事实，对债务人取得债权的；但是，债务人的债务人因为法律规定或者有破产申请一年前所发生的原因而取得债权的除外。

3. 别除权。我国《企业破产法》上的别除权，是指债权人于破产宣告前就破产财产所属的特定财产上设置了担保权或者其他特别优先权的，权利人享有的可不依破产清算程序先于一般破产债权人就担保标的物及其他特定财产优先受清偿的权利。

别除权具有下列特征：(1)它是针对破产人的特定财产行使的权利。(2)它是担保物权和法定优先权在破产法上的转化形式。我国现行法律框架内，虽然《民法典》没有规定统一的特别优先权制度，但特别法上的优先权规定已陆续出现，比如，1992 年《海商法》确立了船舶优先权，[3] 1996 年《民用航空法》确立了民用航空器优先权，[4] 1999 年原《合同法》确立了建设工程工程款优先权。[5] 这些具体的法定优先权在破产法实务中应当依照别除权进行处理。

---

[3] 《海商法》第 21 条、第 22 条专门规定了船舶优先权。依照规定，下列各项海事请求具有船舶优先权：(1)船长、船员和在船上工作的其他在编人员根据劳动法律、行政法规或者劳动合同所产生的工资、其他劳动报酬、船员遣返费用和社会保险费用的给付请求；(2)在船舶营运中发生的人身伤亡的赔偿请求；(3)船舶吨税、引航费、港务费和其他港口规费的缴付请求；(4)海难救助的救助款项的给付请求；(5)船舶在营运中因侵权行为产生的财产赔偿请求。

[4] 1996 年《民用航空法》第 19 条规定，下列各项债权具有民用航空器优先权：(1)援救该民用航空器的报酬；(2)保管维护该民用航空器的必需费用。前款规定的各项债权，后发生的先受偿。

[5] 1999 年原《合同法》第 286 条规定，发包人未按照约定支付价款的，承包人可以催告发包人在合理期限内支付价款。发包人逾期不支付的，除按照建设工程的性质不宜折价、拍卖的以外，承包人可以与发包人协议将该工程折价，也可以申请人民法院将该工程依法拍卖。建设工程的价款就该工程折价或者拍卖的价款优先受偿。现《民法典》第 807 条与此内容基本相同。

(3)别除权或者可转化为别除权的基础权利的设定应当在破产宣告之前。

4. 撤销权。有论著称为破产撤销权、破产追回权、破产行为无效制度,是指为满足债权人最大比例的清偿要求而设置的,由破产管理人对债务人在破产程序开始前一定期限内所为的有损债权人利益的无效行为通过人民法院进行撤销,并追回所转移的财产的权利。

债务人一经宣告破产,即丧失了对其财产的管理处分权,一般不容易就破产财产实施危害债权人利益的行为。但在破产程序开始前一段期间,由于临近破产宣告,债务人实施危害债权人利益行为的可能性较大,比如无偿转让财产、非正常压价出售财产等。如果对这些行为放任不管,将直接影响日后破产财产的价值构成和债权人的分配比例。

《企业破产法》规定,人民法院受理破产申请前一年内,涉及债务人财产的下列行为,管理人有权请求人民法院予以撤销:(1)无偿转让财产的;(2)以明显不合理的价格进行交易的;(3)对没有财产担保的债务提供财产担保的;(4)对未到期的债务提前清偿的;(5)放弃债权的。人民法院受理破产申请前6个月内,债务人有《企业破产法》第2条第1款规定的情形,仍对个别债权人进行清偿的,管理人有权请求人民法院予以撤销。但是,个别清偿使债务人财产受益的除外。涉及债务人财产的下列行为无效:(1)为逃避债务而隐匿、转移财产的;(2)虚构债务或者承认不真实的债务的。因上述行为而取得的债务人的财产,管理人有权追回。

(三)破产债权的分配

破产债权,是指破产宣告前成立的,依法申报并获得确认的,只有通过破产清算程序方能获得清偿的债权。

破产债权的分配,是指破产管理人将破产财产按照各破产债权人的债权额、受偿顺序和受偿比例进行清偿的程序。《企业破产法》第113条规定,破产财产在优先清偿破产费用和共益债务后,依照下列顺序清偿:(1)破产人所欠职工的工资和医疗、伤残补助、抚恤费用,所欠的应当划入职工个人账户的基本养老保险、基本医疗保险费用,以及法律、行政法规规定应当支付给职工的补偿金;(2)破产人欠缴的除前项规定以外的社会保险费用和破产人所欠税款;(3)普通破产债权。破产财产不足以清偿同一顺序的清偿要求的,按照比例分配。破产企业的董事、监事和高级管理人员的工资按照该企业职工的平均工资计算。所谓破产费用,是指人民法院在受理破产案件时收取的案件受理费以及破产程序进行中为全体债权人利益和程序进行所必需而支付的各项费用的总称。破产费用包括:(1)破产案件的诉讼费用;(2)管理、变价和分配债务人财产的费用;(3)管理人执行职务的费用、报酬和聘用工作人员的费用。人民法院受理破产申请后发生的下列债务,为共益债务:(1)因管理人或者债务人请求对方当事人履行双方均未履行完毕的合同所产生的债务;(2)债务人财产受无因管理所产生的债务;(3)因债务人不当得利所产生的债务;(4)为债务人继续营业而应支付的劳动报酬和社会保险费用以及由此产生的其他债务;(5)管理人或者相关人员执行职务致人损害所产生的债务;(6)债务人财产致人损害所产生的债务。

管理人应当及时拟订破产财产分配方案,提交债权人会议讨论。破产人无财产可供分配的,管理人应当请求人民法院裁定终结破产程序。管理人在最后分配完结后,应当及时向人民法院提交破产财产分配报告,并提请人民法院裁定终结破产程序。人民法院应当自收到管理人终结破产程序的请求之日起15日内作出是否终结破产程序的裁定。裁定终结的,应当予以公告。管理人应当自破产程序终结之日起10日内,持人民法院终结破产程序的裁定,向破产人的原登记机关办理注销登记。管理人于办理注销登记完毕的次日终止执行职务。但是,存在诉讼或者仲裁未决的情况除外。

第四节 保 险 法

一、概说

(一)保险的概念与特征

保险,是指投保人根据合同约定向保险人支付保险费,保险人对于合同约定的可能发生的事故因其发生所造成的损失承担赔偿保险金责任,或者当被保险人死亡、伤残、疾病或达到合同约定的年龄、期限时承担给付保险金责任的商业保险行为。简言之,保险是指按照合同的约定,投保人向保险人支付保险费,保险人承担赔付保险金义务的一种合同关系。上述定义包含以下含义:

1. 保险法上的保险为商业保险。广义的保险包括商业保险和社会保险,这里所讲的保险限于商业保险。

2. 商业保险按照保险标的划分为财产保险和人身保险。财产保险是指投保人按照合同约定向保险人交付保险费,保险人按照约定对所承保的财产及其有关利益因自然灾害或者其他意外事故造成损失时,承担赔偿保险金责任的保险,包括财产损失保险、责任保险、信用保险、保证保险等。人身保险是以人的生命、健康和身体为保险标的的保险,当被保险人发生死亡、伤残、疾病、年老等情形或者保险期满时,保险人承担给付保险金的责任。

3. 保险是通过合同的方式实施的。

(二)我国保险立法概况

保险法,是指以保险关系为调整对象的所有法律规范的总称,其内容主要包括保险合同法、保险业组织法、保险监管法等。

我国现行保险法主要是1995年6月30日第八届全国人民代表大会常务委员会第十四次会议通过,同年10月1日开始实施的《保险法》。2002年10月28日全国人民代表大会常务委员会第三十次会议对该法进行了第一次修改,2009年2月28日对该法进行了第二次修改,2014年8月31日对该法进行了第三次修改,2015年4月24日对该法进行了第四次修改。

二、保险合同与保险合同法的原则

(一)保险合同概说

保险合同是投保人与保险人约定保险权利义务关系的协议。保险合同除了具有一般合同的双务有偿性质以及诺成合同的特征外,还具有如下法律特征:(1)保险合同是不要式合同。(2)保险合同是附合合同。(3)保险合同是射幸合同。

保险合同的主体包括保险合同当事人、保险合同关系人和保险合同辅助人。

保险合同的当事人,即订立保险合同的双方当事人,包括保险人和投保人。保险人是指与投保人订立保险合同,并按照合同约定承担赔偿或者给付保险金责任的保险公司;投保人是指与保险人订立保险合同,并按照合同约定负有支付保险费义务的人。

保险合同的关系人虽不是订立合同的当事人,但是保险合同的内容与其息息相关,并应当依据合同享有权利、承担义务。保险合同的关系人包括被保险人和受益人。被保险人,是指其财产或者人身受保险合同保障,享有保险金请求权的人。在财产保险中,保险事故发生,被保险人因保险标的受损而遭受经济损失。在人身保险中,保险事故发生,直接遭受损害的是被保险人的身体、生命或健康。保险合同受益人,是指人身保险合同中由被保险人或投保人指定的享有保险金请求权的人。

保险合同的辅助人是对保险合同之订立、成立和履行具有促进和辅助作用的人,包括保险代理人、保险经纪人、保险公估人等。保险代理人是根据保险人的委托,向保险人收取代理手续费,并在保险人授权的范围内代为办理保险业务的单位或者个人。保险经纪人是基于投保人的利益,为投保人与保险人订立保险合同提供中介服务,并依法收取佣金的机构。[6] 保险公估人,又称保险公证人,是指依法设立的独立从事保险标的或保险事故评估、勘验、鉴定、估损、理算等业务的人。

(二)保险合同法的基本原则

保险合同法的基本原则包括保险利益原则和最大诚信原则。

1. 保险利益原则

保险利益,又称可保利益,是指投保人对保险标的具有的法律上承认的利益。保险法上遵循保险利益原则的作用表现在:(1)消除赌博的可能性。(2)防止道德危险的发生,保护保险标的的安全。道德危险是指投保人、被保险人或者受益人,为了诈取保险金的赔付,故意造成危险的发生或者损失的扩大。(3)限制赔偿的程度。保险利益是保险人进行补偿的最高数额限度。

《保险法》第12条第1、2款规定:“人身保险的投保人在保险合同订立时,对被保险人应当具有保险利益。财产保险的被保险人在保险事故发生时,对保险标的应当具有保险利益。”按照《保险法》的规定,人身保险合同在合同订立时,投保人对被保险人不具有保险利益的,合同无效。财产保险中保险事故发生时,被保险人对保险标的不具有保险利益的,不得向保险人请求赔偿保险金。

关于人身保险合同的保险利益范围,《保险法》第31条第1、2款规定:“投保人对下列人员具有保险利益:(一)本人;(二)配偶、子女、父母;(三)前项以外与投保人有抚养、赡养或者扶养关系的家庭其他成员、近亲属;(四)与投保人有劳动关系的劳动者。除前款规定外,被保险人同意投保人为其订立合同的,视为投保人对被保险人具有保险利益。”

2. 最大诚信原则

最大诚信合同,又称最大善意合同,是指保险合同当事人在订立合同时及在合同的有效期内,应依法向对方提供可能影响对方是否缔结合同以及缔约条件的重要事实,同时严格信守合

---

[6] 保险经纪人与保险代理人不同:(1)保险经纪人基于投保人利益而提供中介服务,保险代理人是接受保险人委托为其代理从事保险经营活动。(2)保险经纪人以其独立名义从事经纪活动,因过错给投保人、被保险人造成损失的,由其自己依法承担赔偿责任;保险代理人是以保险人的名义从事代理行为,行为结果由保险人承担。

同中的各项承诺。基于保险法对民法上诚实信用原则的要求更高,诚实信用原则在保险法上习惯上被称为最大诚信原则。

《保险法》规定,保险活动当事人行使权利、履行义务应当遵循诚实信用原则。最大诚信原则主要表现为投保方的如实告知义务,保险方的说明义务以及弃权和禁止反言规则等。

关于投保方的如实告知义务,《保险法》第16条第1、2款规定:“订立保险合同,保险人就保险标的或者被保险人的有关情况提出询问的,投保人应当如实告知。投保人故意或者因重大过失未履行前款规定的如实告知义务,足以影响保险人决定是否同意承保或者提高保险费率的,保险人有权解除合同。”第4、5款规定:“投保人故意不履行如实告知义务的,保险人对于合同解除前发生的保险事故,不承担赔偿或者给付保险金的责任,并不退还保险费。投保人因重大过失未履行如实告知义务,对保险事故的发生有严重影响的,保险人对于合同解除前发生的保险事故,不承担赔偿或者给付保险金的责任,但应当退还保险费。”

关于保险人的说明义务,《保险法》第17条规定:“订立保险合同,采用保险人提供的格式条款的,保险人向投保人提供的投保单应当附格式条款,保险人应当向投保人说明合同的内容。对保险合同中免除保险人责任的条款,保险人在订立合同时应当在投保单、保险单或者其他保险凭证上作出足以引起投保人注意的提示,并对该条款的内容以书面或者口头形式向投保人作出明确说明;未作提示或者明确说明的,该条款不产生效力。”

关于保险人的弃权与禁止反言规则,《保险法》第16条第6款规定:“保险人在合同订立时已经知道投保人未如实告知的情况的,保险人不得解除合同;发生保险事故的,保险人应当承担赔偿或者给付保险金的责任。”同时第16条第3款规定:“前款规定的合同解除权,自保险人知道有解除事由之日起,超过三十日不行使而消灭。自合同成立之日起超过二年的,保险人不得解除合同;发生保险事故的,保险人应当承担赔偿或者给付保险金的责任。”

三、人身保险合同

(一)人身保险合同概说

人身保险合同,是指保险人与投保人约定的,投保人向保险人支付保险费,当被保险人死亡、伤残、疾病或者达到合同约定的年龄、期限等条件时,由保险人承担给付保险金责任的合同。人身保险合同包括人寿保险合同、意外伤害保险合同以及健康保险合同三种基本类型。

人身保险合同除健康保险合同与意外伤害保险合同中有关于医疗费用等方面的补偿性约定外,性质上多为给付性保险合同。给付性保险合同,是指合同当事人事先约定一定的保险金额,保险事故发生后并不对被保险人的实际损失进行评估,而是由保险人按照约定的保险金额给付保险金的合同。

(二)人身保险合同的特殊条款

1. 不丧失价值条款

人寿保单中形成的现金价值,不因投保人退保或者保险合同终止、解除、失效而丧失,称之为“不没收价值条款”。现金价值,是投保人按均衡费率(不随年龄增长而逐年增加)交纳保险费比按自然费率多交的保费沉淀。依据不丧失价值条款,对于保险中的现金价值,投保人可以选择:(1)领取现金价值。(2)选择抵交保费。投保人逾期不交保费或无力交纳保费的,可将现金价值抵作保费以维系保险合同不被解除或效力不致中断。订有“自动垫付保险费”条款的,投保人在宽限期内未交纳保险费,除非投保人有相反的意思表示,保险人可以在保单现金价值中自动扣除应交保费以使保险合同继续有效。(3)选择抵押贷款。

2. 年龄误报条款

年龄误报条款,是指人身保险中投保人投保时误报被保险人的年龄,保险人将依据其真实年龄调整保险费或保险金,实际年龄超过承保合同限制的,保险人可以解除保险合同。《保险法》第32条第1款规定:“投保人申报的被保险人年龄不真实,并且其真实年龄不符合合同约定的年龄限制的,保险人可以解除合同,并按照合同约定退还保险单的现金价值……”第2、3款规定:“投保人申报的被保险人年龄不真实,致使投保人支付的保险费少于应付保险费的,保险人有权更正并要求投保人补交保险费,或者在给付保险金时按照实付保险费与应付保险费的比例支付。投保人申报的被保险人年龄不真实,致使投保人支付的保险费多于应付保险费的,保险人应当将多收的保险费退还投保人。”

3. 自杀条款

自杀免责条款,是指保险合同成立后一定时间内,被保险人因自杀导致死亡的,保险人不承担给付保险金的责任。在人身保险中,为阻止被保险人牺牲生命以谋利,也为避免保险人不必要的损失,《保险法》第44条规定:“以被保险人死亡为给付保险金条件的合同,自合同成立或者合同效力恢复之日起二年内,被保险人自杀的,保险人不承担给付保险金的责任,但被保险人自杀时为无民事行为能力人的除外。保险人依照前款规定不承担给付保险金责任的,应当按照合同约定退还保险单的现金价值。”

4. 犯罪免责条款

为了防止保险制度遭到滥用,并为预防犯罪行为的发生,《保险法》第45条规定:“因被保险人故意犯罪或者抗拒依法采取的刑事强制措施导致其伤残或者死亡的,保险人不承担给付保险金的责任。投保人已交足二年以上保险费的,保险人应当按照合同约定退还保险单的现金价值。”

(三)人寿保险合同

人寿保险合同,是指投保人和保险人约定的,被保险人在合同规定的年限内死亡,或在合同规定的年限届至时仍然存在的,由保险人按照约定向被保险人或受益人给付保险金的合同。人寿保险合同多为定额给付性的长期保险合同,不适用损失补偿原则,也不存在重复保险或者超额保险问题。

人寿保险合同以承保的危险为标准,可以分为生存保险合同、死亡保险合同和生死两全保险合同三种基本类型。

生存保险合同是以被保险人生存至保险期间届满或约定年龄为保险金给付条件的人寿保险合同。死亡保险合同是以被保险人在保险期间的死亡为保险危险的人寿保险合同,分为定期死亡保险合同和不定期死亡保险合同。生死两全保险合同,是指无论被保险人在保险期间内死亡或保险期满时生存,保险人均须给付保险金的人寿保险合同,它既为被保险人提供生存保险保障,又为被保险人遗属提供死亡保险保障。

(四)意外伤害保险合同

意外伤害保险合同,是指在保险期间内被保险人因外来的、突发的、非本意的事故造成死亡、伤残时,保险人按合同约定向被保险人或其受益人给付保险金的一种人身保险合同。

意外伤害，是指在被保险人没有预见或与其意愿相悖的情况下，突然发生的外来的侵害对其身体明显、剧烈地造成损伤的客观事实。“意外”，是指被保险人主观上无法预见或虽可以预见但由于各种约束、限制而不得不接受与其主观意愿相反的损害后果。“意外”具有“外来性、突发性、非本意性”的特征。“伤害”，是指被保险人身体遭受外来事故侵害发生损伤的客观事实。同时，意外事故与身体伤害的后果之间须有因果关系。

（五）健康保险合同

健康保险合同，是指投保人与保险人约定的，在被保险人发生疾病或者生育以及由此致残、死亡时，保险人向被保险人或受益人给付保险金的合同。在我国保险实务中，健康保险包括疾病保险、医疗保险、失能收入损失保险和护理保险等内容。

疾病保险合同，是指当被保险人罹患合同约定的疾病时，保险人按合同约定的保险金额给付保险金的人身保险合同。医疗保险合同，是指为被保险人提供医疗费用保险保障的保险合同，所保障的医疗费用支出包括诊疗费、检查费、手术费、药费、护理费、住院费和医院杂费等。医疗保险合同可以贯彻补偿性特征，适用损失补偿原则。如果医疗保险与社会保险产生保险竞合，具有强制性的社会保险应当优先赔付，医疗保险承担社会保险赔付之外的损失补偿。[7]失能收入损失保险合同，是指以保险合同约定的疾病或者意外伤害导致工作能力丧失为给付保险金条件，为被保险人在一定时期内收入减少或者中断提供保障的保险合同。护理保险合同是为被保险人因老年、疾病或伤残而导致日常生活能力丧失，需要长期护理所产生的费用提供保险保障的保险合同。它是适应老龄化社会发展趋势而产生的保险种类。

四、财产保险合同

（一）财产保险合同概说

财产保险合同是投保人与保险人约定的以财产及其有关利益为保险标的的协议。财产保险合同主要以补偿或者填补财产的实际损失为目的，也被称为“损失保险”，因而贯彻损失填补原则。损失补偿原则在保险法尤其是财产保险制度中占有极为重要的地位，保险金额的确定、超额保险的禁止、复保险的分摊以及保险代位求偿权制度，都是依据损失补偿原则而产生。

财产保险合同可以根据不同的标准进行不同的分类，常见的分类包括：

1. 有形财产保险合同和无形财产保险合同。前者是以弥补有形财产因毁损、灭失所造成的财产价值的直接减少、丧失以及因采取施救措施而发生的必要且合理的费用的保险，主要包括企业财产保险合同、家庭财产保险合同、运输保险合同等。后者是以各类无形财产为保险标的的财产保险合同，主要包括责任保险合同、信用保险合同和保证保险合同。

2. 定值保险合同和不定值保险合同。前者是指保险合同当事人事先约定保险标的的价值，并在合同中给予载明作为保险金额，在保险事故发生时根据载明的保险价值进行赔偿的保险合同。定值保险中，发生保险事故造成保险标的全部损失的，保险人不再核定出险时保险标

---

〔7〕 2019年中国银保监会发布的《健康保险管理办法》第41条规定：“保险公司销售费用补偿型医疗保险，应当向投保人询问被保险人是否拥有公费医疗、基本医疗保险或者其他费用补偿型医疗保险的情况，投保人应当如实告知。保险公司应当向投保人说明未如实告知的法律后果，并做好相关记录。保险公司不得诱导投保人为同一被保险人重复购买保障功能相同或者类似的费用补偿型医疗保险产品。”

的的实际价值,直接依照事先约定的保险金额进行赔偿;如果保险标的发生部分损失的,只需确定损失的比例,并按照此比例进行赔偿即可。《保险法》第 55 条第 1 款规定:“投保人和保险人约定保险标的的保险价值并在合同中载明的,保险标的发生损失时,以约定的保险价值为赔偿计算标准。”后者是指当事人不事先约定保险标的的价值,只确定保险金额,保险价值待保险事故发生时,以损失发生地的市场价格为依据确定的保险合同。

3. 足额保险合同、不足额保险合同和超额保险合同。足额保险是指保险金额等于保险价值的保险。投保人投保足额保险,如无相反约定,发生保险事故造成保险标的全部损失的,保险人全部予以赔偿;保险标的发生部分损失的,保险人对损失部分予以赔偿,损失多少,赔偿多少。不足额保险是指保险金额小于保险价值的保险。不足额保险或是基于投保人主观意愿,仅以保险价值的一部分投保而产生,或是因为保险标的价值在合同订立后出现上涨,从而高于保险金额。对于不足额保险合同,《保险法》第 55 条第 4 款规定:“保险金额低于保险价值的,除合同另有约定外,保险人按照保险金额与保险价值的比例承担赔偿保险金的责任。”超额保险是指保险金额大于保险价值的保险。超额保险的产生,或是当事人因善意或恶意投保的保险金额高于保险价值,或是保险标的的价值在订立合同后跌落,而使保险金额超过了保险价值。关于超额保险的法律后果,《保险法》第 55 条第 3 款规定:“保险金额不得超过保险价值。超过保险价值的,超过部分无效,保险人应当退还相应的保险费。”

(二)保险代位求偿权

保险代位求偿权,是指在补偿性保险合同中,保险人赔偿被保险人的损失后所取得的,由被保险人享有的,依法向负有民事赔偿责任的第三者请求赔偿的权利。

关于保险代位权的具体行使,《保险法》规定,因第三者对保险标的的损害而造成保险事故的,保险人自向被保险人赔偿保险金之日起,在赔偿金额范围内代位行使被保险人对第三者请求赔偿的权利。保险事故发生后,被保险人已经从第三者取得损害赔偿的,保险人赔偿保险金时,可以相应扣减被保险人从第三者已取得的赔偿金额。保险人依照规定行使代位请求赔偿的权利,不影响被保险人就未取得赔偿的部分向第三者请求赔偿的权利。

按照规定,保险事故发生后,保险人未赔偿保险金之前,被保险人放弃对第三者请求赔偿的权利的,保险人不承担赔偿保险金的责任。保险人向被保险人赔偿保险金后,被保险人未经保险人同意放弃对第三者请求赔偿的权利的,该行为无效。被保险人故意或者因重大过失致使保险人不能行使代位请求赔偿的权利的,保险人可以扣减或者要求返还相应的保险金。

保险法对于保险代位求偿权的行使同时做出了如下的限制,除被保险人的家庭成员或者其组成人员故意造成相关的保险事故外,保险人不得对被保险人的家庭成员或者其组成人员行使代位请求赔偿的权利。

(三)财产损失保险合同

财产损失保险合同是以弥补有形财产因毁损、灭失所造成的财产价值的直接减少、丧失,以及因采取施救措施而发生的必要且合理的费用的一种财产保险合同,主要包括企业财产保险合同、家庭财产保险合同、货物运输保险合同和机动车辆保险合同等。

1. 企业财产保险合同

企业财产保险合同,是指投保人与保险人之间约定的,以国家、企事业单位、国家机关、社会团体所有、经营或承担管理责任以及有经济利害关系的固定资产和流动资产为保险标的,当保险标的发生保险事故而遭受损失时，保险人承担赔偿责任的协议。1996年以前我国保险实务中将这类保险称为“企业财产保险”，但因为其适用主体不仅限于企业，现在则统一使用“财产保险基本险”“财产保险综合险”“财产保险一切险”的称谓予以替代。

财产保险基本险中，保险人对因火灾、雷击、爆炸、飞行物体及其他空中运行物体坠落造成的保险财产的损失以及被保险人拥有财产所有权的自用的供电、供水、供气设备因保险事故遭受损坏，引起停电、停水、停气以致造成保险标的直接损失予以赔偿，另外，合理且必要的施救费用也由保险人承担。财产保险综合险则是在财产保险基本险的基础上，进一步扩展了承保范围。除包括财产保险基本险的承保危险外，因暴雨、洪水、台风、暴风、龙卷风、雪灾、雹灾、冰凌、泥石流、崖崩、突发性滑坡、地面突然塌陷等原因所造成的保险财产的损失，保险人应当承担赔偿责任。财产保险一切险中，保险人承保保险单上列明除外责任以外的一切自然灾害或意外事故造成的保险财产的直接物质损坏或灭失。

2. 家庭财产保险合同

家庭财产保险合同，是指投保人和保险人约定的，以城乡居民室内有形财产为保险标的，当保险标的发生保险事故而遭受损失时，保险人承担赔偿责任的协议。

保险人对因自然灾害、意外事故所造成的家庭财产的损失及施救费用予以赔偿。还可以附加盗窃险，家用电器用电安全险，管道破裂及水渍保险，现金、首饰盗抢险，第三者责任险。但由于被保险人故意行为、使用不当造成的损失、保险标的本身原因造成的损失以及战争、地震、核危险等原因造成的损失，保险人不予赔偿。

3. 货物运输保险合同

货物运输保险合同以各种运输货物作为保险标的，承保货物在运输过程中遭受各种自然灾害或意外事故而造成损失的，保险人承担保险金赔偿责任的一种财产保险合同。

货物运输保险合同主要承保因地震、海啸、火灾、爆炸、碰撞、沉没等自然灾害或意外事故造成的损失。但战争或军事行动、核危险、被保险人的故意行为或过失行为造成的损失，以及保险货物数量短差、本身缺陷、自然损耗、包装不善以及市价跌落等，保险人不承担赔偿责任。货物运输保险合同的解除具有严格性，我国《保险法》第50条规定：“货物运输保险合同和运输工具航程保险合同，保险责任开始后，合同当事人不得解除合同。”

4. 机动车辆保险合同

机动车辆保险合同，是指机动车辆所有人或使用人向保险人支付保险费，保险人在被保险的车辆发生约定的保险事故时承担赔偿保险金责任的保险合同，主要包括车辆损失险、第三者责任险、全车盗抢险和车上人员责任险等。

（四）责任保险合同

1. 责任保险合同概说

责任保险合同，是投保人与保险人订立的，当被保险人依法对第三者承担民事损害赔偿责任时，由保险人对被保险人承担补偿责任或者直接对第三人承担赔偿责任的协议。

责任保险以被保险人对第三人依法应当承担的民事赔偿责任为保险标的，但通常仅限于侵权损害赔偿责任，不包括违约损害赔偿责任，对违约损害赔偿责任的承保属于保证保险的范畴。并且责任保险不承保故意侵权责任，因为故意侵权行为导致的赔偿责任，有悖于保险危险的偶然性。此外，除非合同特别约定，责任保险一般也不承保精神损害赔偿责任和惩罚性赔偿责任。

由于责任保险并非以特定财产为保险标的,不存在保险价值和保险金额的概念,超额保险、部分保险、重复保险的规定不适用于责任保险,但出于风险管理需要,责任保险合同仍需要确定"赔偿限额"作为保险人承担赔偿责任的最高限额。

常见的责任保险有公众责任保险、雇主责任保险、产品责任保险、职业责任保险、环境责任保险等。

2. 机动车交通事故责任强制保险

机动车交通事故责任强制保险,简称交强险,是指由保险公司对被保险机动车发生道路交通事故造成本车人员、被保险人以外的受害人的人身伤亡、财产损失,在责任限额内予以赔偿的强制性责任保险。交强险保障的对象是被保险机动车本车人员和被保险人以外的第三人。

我国推行机动车交通事故责任强制保险,该险种属责任保险的范畴,交强险作为一种责任保险,以被保险人对第三方依法应负的民事赔偿责任为保险标的。

交强险的投保义务人是在我国境内道路上行驶的机动车的所有人或者管理人。在中国境内道路上行驶的机动车都有义务投保机动车交通事故责任强制保险。公安机关交通管理部门在调查处理道路交通安全违法行为和道路交通事故时,应当依法检查机动车交通事故责任强制保险的保险标志。上道路行驶的机动车未悬挂机动车号牌,未放置检验合格标志、保险标志……公安机关交通管理部门应当扣留机动车。机动车所有人、管理人未按照规定投保机动车交通事故责任强制保险的,由公安机关交通管理部门扣留机动车,通知机动车所有人、管理人依照规定投保,处依照规定投保最低责任限额应缴纳的保险费的 2 倍罚款。机动车交通事故责任强制保险合同期满,投保人应当及时续保。

我国交强险实行统一的保险条款和基础保险费率,并在保险费的具体收取标准上采用浮动费率与奖优罚劣制度。被保险机动车没有发生道路交通安全违法行为和道路交通事故的,保险公司应当在下一年度降低其保险费率。在此后的年度内,被保险机动车仍然没有发生道路交通安全违法行为和道路交通事故的,保险公司应当继续降低其保险费率,直至最低标准。被保险机动车发生道路交通安全违法行为或者道路交通事故的,保险公司应当在下一年度提高其保险费率。多次发生道路交通安全违法行为、道路交通事故,或者发生重大道路交通事故的,保险公司应当加大提高其保险费率的幅度。在道路交通事故中被保险人没有过错的,不提高其保险费率。

被保险机动车发生道路交通事故造成本车人员、被保险人以外的受害人人身伤亡、财产损失的,由保险公司依法在机动车交通事故责任强制保险责任限额范围内予以赔偿。道路交通事故的损失是由受害人故意造成的,保险公司不予赔偿。

有下列情形之一的,保险公司在机动车交通事故责任强制保险责任限额范围内垫付抢救费用,并有权向致害人追偿:(1)驾驶人未取得驾驶资格或者醉酒的;(2)被保险机动车被盗抢期间肇事的;(3)被保险人故意制造道路交通事故的。

(五)信用保险合同和保证保险合同

1. 信用保险合同

信用保险合同,是指投保人与保险人订立的、以信用交易中债务人的信用为保险标的,当债务人不能如约履行债务时,保险人向债权人承担保险金赔付责任的一种财产保险合同,主要包括出口信用保险合同、投资信用保险合同以及商业信用保险合同。

出口信用保险合同，是本国出口商（债权人）作为投保人向保险人支付保险费，在不能按时收回出口商品的全部外汇时，保险人对出口商的损失予以补偿的财产保险合同。投资信用保险合同，也称政治风险保险合同，是投资者作为投保人向保险人支付保险费，因投资引进国政治原因造成经济损失的，由保险人赔偿保险金的保险合同。商业信用保险合同，又称内贸信用险、应收账款保险，因债务人信用不良（包括恶意违约）导致被保险人财产或利益损失，由保险人依约承担保险金赔偿责任的财产保险合同。

2. 保证保险合同

保证保险合同，是指由保险人为被保证人（债务人或雇员）的债务履行向权利人提供担保，当被保证人违约或不忠诚而使权利人遭受损失时，权利人有权从保险人处获得赔偿的一种保险合同。保证保险合同以“债务人不履行债务”和“雇员违反忠诚义务的行为”为保险事故，因此，保证保险合同分为确实保证保险合同与诚实保证保险合同两类。

确实保证保险合同，即投保人（债务人）向保险人支付保险费，保险人在债务人不履行义务而使权利人遭受损失时，承担赔偿责任的保险合同。诚实保证保险合同，又称为忠诚保证保险合同、雇员忠诚保险合同，是指投保人向保险人支付保险费，保险人在因被保险人的雇员的不诚实行为而受到损失时承担保险责任的保险合同。

思考题

1. 什么是商法？我国近年来在改善营商环境方面实施了哪些方面的改革？
2. 有限责任公司有哪些法律特征？
3. 股份有限公司组织机构的构成如何？
4. 何谓破产取回权、破产抵销权、破产别除权和破产撤销权？
5. 破产清算程序中破产财产的分配顺序如何？
6. 保险法上的最大诚信原则对投保人和保险人的义务有哪些要求？

第八章 经 济 法

我国社会主义市场经济体制已经初步建立，但仍存在不少问题，主要是市场秩序不规范，以不正当手段谋取经济利益的现象广泛存在；生产要素市场发展滞后，要素闲置和大量有效需求得不到满足并存；市场规则不统一，部门保护主义和地方保护主义大量存在；市场竞争不充分，阻碍优胜劣汰和结构调整；等等。这些问题不解决好，完善的社会主义市场经济体制是难以形成的。[1] 市场在资源配置中起决定性作用，但同时也要发挥好政府作用。经济法的主要目标是协调好市场与政府的关系，尊重市场、规范市场行为，为我国的经济发展提供更多活力。

第一节 经济法概述

一、经济法的概念和调整对象

关于经济法的概念，国内外学者之间存在有许多不同的认识。具有代表性和影响力的学说有纵横经济法学说、国家干预经济法学说、国家协调经济法学说、以竞争法为中心的经济法学说和学科经济法论等，但较为公认的观点是，经济法是国家干预经济关系的法。该定义表明，经济法作为一个独立的法律部门，并不调整所有的经济关系而只调整特定范围的经济关系，即需要由国家干预，国家又实施了干预而形成的那些经济关系。

国家干预经济关系，主要包括以下几个方面：

1. 宏观经济调控关系。宏观经济调控关系是指国家从长远利益和社会公共利益出发，对关系国计民生的重大经济关系实行全局性管理的过程中与各类社会组织所发生的社会经济关系。这种关系主要包括产业调节、计划、土地利用、金融证券监督、贸易管制、国有资产管理等方面的社会关系。宏观调控法律制度的主要内容包括计划与投资法、国有资产管理法、自然资源管理法、能源管理法、财政法、金融法、税收法、价格法、会计和审计法、对外贸易法等。

2. 市场监管关系。市场监管关系是指国家为了建立和维护市场经济秩序，维护国家与社会公共利益，保障生产经营者和消费者的合法权益而规制市场所发生的经济关系。当前，重点在于规范市场行为，打破地区、部门的分割和封锁，反对不正当竞争和垄断。这类关系包括不正当竞争关系、垄断关系、产品质量关系、食品安全关系、药品安全关系、广告关系、价格关系、消费者权益保护关系等。市场监管法律制度的主要内容包括反不正当竞争法、反垄断法、产品

---

〔1〕 参见习近平：《关于〈中共中央关于全面深化改革若干重大问题的决定〉的说明》（2013 年 11 月 9 日），载《十八大以来重要文献选编》（上），中央文献出版社 2014 年版，第 498 页。

质量法、食品安全法、药品管理法、广告法、价格法、消费者权益保护法等。

3. 社会分配调控关系。社会分配调控关系是指国家对国民收入进行初次分配和再分配过程中所发生的社会经济关系。其中，初次分配是国民收入在物质生产部门所进行的分配，包括：(1)以按劳分配为主体、多种分配方式并存的分配关系，以工资、奖金、津贴和其他形式体现出来；(2)财政收入关系，以税金的形式体现出来；(3)企业收入关系，以留用资金为其体现形式。再分配是国民收入经过初次分配之后在全社会范围内所进行的分配，主要包括预算关系、信贷关系、社会保障关系以及非物质生产部门劳动者的收入关系等。

二、经济法与相邻法律部门的关系

经济法是一个独立的法律部门。我们可以通过考察它与相邻法律部门的关系发现经济法的内涵与特征。

经济法与民法的联系表现在：民法中的营利法人制度、物权及债权制度，与经济法一样调整我国社会主义市场经济关系。但经济法与民法的区别主要表现为以下几个方面：(1)性质不同。前者为公法，后者为私法，故前者多为强行法，后者主要为任意法。(2)调整内容不同。民法主要调整流通领域中当事人之间平等的财产关系和人身关系，而经济法则主要调整国家干预经济关系。(3)调整方法不同。民法主要采用拟制人格、确权与侵权保护、意思表示等方法。而经济法则着力于反对、限制、促进、引领。(4)制裁的方法不同。民法只采用民事制裁方法，而经济法则主要采用经济、行政和刑事相结合的制裁方法。

经济法与行政法的联系更为密切，主要是两者均体现国家对社会经济生活的直接干预和管理。但区别主要在于当我们一般讲到经济法时，仅限于通过国家干预具有公共性质的经济关系，而行政法则遍及具有公共性质的所有政治的、经济的和社会的各种关系。

限于篇幅，本章只就经济法中的反不正当竞争法、反垄断法、税法、产品质量法、消费者权益保护法的内容作一些简要介绍。

三、市场监管法治化

市场监管是现代政府的重要经济职能。为了明确市场与政府的关系，现代各国一般通过立法的形式，确立政府不同市场监管部门的法定职责，为政府有效地监管市场和市场“自我调节”，繁荣社会经济发展奠定制度基础。

(一)大部委制对市场监管职责的整合

在合并原国家工商总局、原质检总局和原食药总局，整合竞争执法的基础上，国家组建了国家市场监督管理总局，以统一进行市场监管。市场监管总局通过“三定方案”，确定内设机构，确定承接法定职责，确定人员编制，承担法律法规授权的市场监管职责。一般而言，执法机构的整合并不会引起法律法规的修改。法律关于政府监管机构及其法定职责的赋权方式，表明了立法政策的灵活性、法律文本的开放性和法解释的适应性。

市场监管职责整合的过程中，需要修改的是政府各部门的规章制度。有的规章是围绕同一部法律因授权不同执法部门(如反垄断)负责，各执法部门制定的不同规章制度需要统一；有的规章是围绕同一职责，不同执法部门针对不同市场环节负责执法(如产品质量抽查)，各执法部门制定的不同规章制度需要统一；有的规章是围绕行政执法，不同执法部门针对不同法律要求有不同的探索性规定,需要统一;但综合执法与专业执法如何协调,则有待观察和探索。

(二)市场监管重在事中事后监管

和计划经济重在事前和事中的行政管理不同,市场经济发挥主导作用的情况下,政府应当减少行政许可等市场活动的事前控制,改革商事登记,拆除市场准入壁垒,重在对经营活动的事中和事后进行监管,着力优化营商环境。第十三届全国人民代表大会第一次会议上的政府工作报告指出:5年来,国务院部门行政审批事项削减44%,非行政许可审批彻底终结,中央层面核准的企业投资项目减少90%,行政审批中介服务事项压减74%,职业资格许可和认定大幅减少。中央政府定价项目缩减80%,地方政府定价项目缩减50%。

在市场监管法中,对于法定职责,除涉及国家技术基础设施的计量、标准、检验检测与合格评定,和有关安全的食品安全、药品安全和特种设备安全监管,应当优化事前监管,强调"放管服",重在事中事后监管外,商事主体登记制度、市场竞争的反垄断和反不正当竞争执法、消费者权益保护和质量监管,可以取消事前管制,围绕市场出现的问题,实行事中事后监管。要创新监管方式,实行"双随机,一公开",通过随机抽取检查人员和检查对象、及时公开查处结果,提高监管效能和监管的公正性。

(三)市场监管综合执法

与传统的市场监管机构强调准立法权、准司法权和准行政权融于一身不同,在组建市场监督管理局的同时,还整合组建市场监管综合执法队伍,意在提高行政执法的公平性、效率性和统一性。实践中,我们整合了原工商、原质检、原食药、原物价和原商标专利等执法职责的部门和队伍,组建了市场监管综合执法队伍。在国家层面,由国家市场监督管理总局指导;在地方层面,鼓励各地将其他直接到市场、进企业,面向基层、面向消费的执法队伍,如商务执法、盐业执法等,整合划入市场监管综合执法队伍。药品经营销售等行为的执法,由市、县市场监管综合执法队伍统一承担。

第二节 反不正当竞争法

一、反不正当竞争法概述

反不正当竞争法是规范各种利用不正当手段从事市场竞争或限制他人正当竞争行为的法律规范的总称。

市场经济必然存在竞争,竞争是市场经济最基本的运行机制,也是市场经济发展的基本动力。但竞争会诱使一些生产经营者在不能以正当手段达到经营目的时,采用不正当、不公平的竞争手法,试图维持其一定的经济地位并谋取不当的经济利益。鉴于此,为了确保市场经济的稳定、协调和平衡发展,就必须把竞争纳入法制轨道,制定专门的法律来规范相关的竞争行为,创造一个有秩序的竞争环境。

反不正当竞争与反对限制竞争、反对垄断是联系在一起的。有些国家将上述三方面内容统一立法,也有些国家采取分离立法的模式。无论采用何种模式,反不正当竞争法均构成各发达国家调节经济、限制不正当竞争的基本手段。有些法学家称之为现代市场经济各国的“经济宪法”，足见其在市场经济法律体系中的重要地位。

为保障我国社会主义市场经济的健康发展，鼓励和保护正当竞争，制止不正当竞争行为，保护经营者和消费者的合法权益，1993 年 9 月 2 日第八届全国人民代表大会常务委员会第三次会议通过了《反不正当竞争法》，同年 12 月 1 日起施行。2017 年 11 月、2019 年 4 月全国人大常委会对该法进行了修改。

《反不正当竞争法》规定，经营者在生产经营中，应当遵循自愿、平等、公平、诚信的原则，遵守法律和商业道德。各级人民政府应当采取措施，制止不正当竞争行为，为公平竞争创造良好的环境和条件。国家鼓励、支持和保护一切组织和个人对不正当竞争行为进行社会监督。国家机关及其工作人员不得支持、包庇不正当竞争行为。

二、不正当竞争行为

《反不正当竞争法》第 2 条第 2 款规定：“本法所称的不正当竞争行为，是指经营者在生产经营活动中，违反本法规定，扰乱市场竞争秩序，损害其他经营者或者消费者的合法权益的行为。”根据该条第 3 款规定，这里的经营者，是指从事商品生产、经营或者提供服务的自然人、法人和非法人组织。

不正当竞争有广义和狭义之分，前者包括垄断、限制竞争的行为以及不正当的竞争行为；后者仅限于不正当的竞争行为。我国《反不正当竞争法》列举的不正当竞争行为主要限于后者，对于垄断和限制竞争的内容，留给了 2008 年实施的《反垄断法》进行调整和规制。

我国《反不正当竞争法》列举的不正当竞争行为，主要包括如下七种：

1. 混淆行为。经营者不得实施下列混淆行为，引人误认为是他人商品或者与他人存在特定联系：(1)擅自使用他人有一定影响的商品名称、包装、装潢等相同或者近似的标识；(2)擅自使用他人有一定影响的企业名称(包括简称、字号等)、社会组织名称(包括简称等)、姓名(包括笔名、艺名、译名等)；(3)擅自使用他人有一定影响的域名主体部分、网站名称、网页等；(4)其他足以引人误认为是他人商品或者与他人存在特定联系的混淆行为。

2. 商业贿赂行为。主要是指经营者采用财物或其他手段进行贿赂以谋取交易机会或竞争优势的行为。商业贿赂的主体，主要包括：(1)交易相对方的工作人员；(2)受交易相对方委托办理相关事务的单位或者个人；(3)利用职权或者影响力影响交易的单位或者个人；(4)经营者的工作人员进行贿赂的，应当认定为经营者的行为，但是，经营者有证据证明该工作人员的行为与为经营者谋取交易机会或者竞争优势无关的除外。

对于违反《反不正当竞争法》上述规定的行为，我国《刑法》规定，公司、企业或者其他单位的工作人员利用职务上的便利，索取他人财物或者非法收受他人财物，为他人谋取利益，数额较大的，以受贿论处。经营者在交易活动中，可以以明示方式向交易相对方支付折扣，或者向中间人支付佣金。经营者向交易相对方支付折扣、向中间人支付佣金的，应当如实入账。接受折扣、佣金的经营者也应当如实入账。

3. 虚假或引人误解的商业宣传。《反不正当竞争法》规定，经营者不得对其商品的性能、功能、质量、销售状况、用户评价、曾获荣誉等作虚假或引人误解的商业宣传。最高人民法院 2007 年发布、2020 年修正的《关于审理不正当竞争民事案件应用法律若干问题的解释》规定，经营者具有下列行为之一,足以造成相关公众误解的,可以认定为《反不正当竞争法》规定的引人误解的虚假宣传行为:(1)对商品作片面的宣传或者对比的;(2)将科学上未定论的观点、现象等当作定论的事实用于商品宣传的;(3)以歧义性语言或者其他引人误解的方式进行商品宣传的。

4. 侵犯商业秘密的行为。所谓商业秘密,是指不为公众所知悉、具有商业价值并经权利人采取相应保密措施的技术信息、经营信息等商业信息。《反不正当竞争法》规定,经营者不得实施下列侵犯商业秘密的行为:(1)以盗窃、贿赂、欺诈、胁迫、电子侵入或者其他不正当手段获取权利人的商业秘密;(2)披露、使用或者允许他人使用以前项手段获取的权利人的商业秘密;(3)违反保密义务或者违反权利人有关保守商业秘密的要求,披露、使用或者允许他人使用其所掌握的商业秘密;(4)教唆、引诱、帮助他人违反保密义务或者违反权利人有关保守商业秘密的要求,获取、披露、使用或者允许他人使用权利人的商业秘密。经营者以外的其他自然人、法人和非法人组织实施前款所列违法行为的,视为侵犯商业秘密。第三人明知或者应知商业秘密权利人的员工、前员工或者其他单位、个人实施《反不正当竞争法》第 9 条第 1 款所列违法行为,仍获取、披露、使用或者允许他人使用该商业秘密的,视为侵犯商业秘密。

5. 违法进行有奖销售行为。《反不正当竞争法》第 10 条规定,经营者进行有奖销售不得存在下列情形:(1)所设奖的种类、兑奖条件、奖金金额或者奖品等有奖销售信息不明确,影响兑奖;(2)采用谎称有奖或者故意让内定人员中奖的欺骗方式进行有奖销售;(3)抽奖式的有奖销售,最高奖的金额超过五万元。

6. 诋毁行为。《反不正当竞争法》第 11 条规定,经营者不得编造、传播虚假信息或误导性信息,损害竞争对手的商业信誉、商品声誉。

7. 网络不正当竞争。互联网是现代新经济的基础,是市场交易的新形式。《反不正当竞争法》要求经营者利用网络从事生产经营活动,应当遵守本法的各项规定。经营者不得利用技术手段,通过影响用户选择或者其他方式,实施下列妨碍、破坏其他经营者合法提供的网络产品或者服务正常运行的行为:(1)未经其他经营者同意,在其合法提供的网络产品或者服务中,插入链接、强制进行目标跳转;(2)误导、欺骗、强迫用户修改、关闭、卸载其他经营者合法提供的网络产品或者服务;(3)恶意对其他经营者合法提供的网络产品或者服务实施不兼容;(4)其他妨碍、破坏其他经营者合法提供的网络产品或者服务正常运行的行为。

三、对不正当竞争行为的监督检查

所谓监督检查,是指有监督检查权的机关,为依法保护正当竞争而对不正当竞争行为进行查处活动的总称。《反不正当竞争法》第 4 条规定:“县级以上人民政府履行工商行政管理职责的部门对不正当竞争行为进行查处;法律、行政法规规定由其他部门查处的,依照其规定。”这条规定表明,县级以上履行工商行政管理职责部门是反不正当竞争执法的主管机关。现在,由市场监管局履行工商行政管理职责。

根据《反不正当竞争法》的规定,监督检查部门调查涉嫌不正当竞争行为,可以采取下列措施:(1)进入涉嫌不正当竞争行为的经营场所进行检查;(2)询问被调查的经营者、利害关系人及其他有关单位、个人,要求其说明有关情况或提供与被调查行为有关的其他资料;(3)查询、复制与涉嫌不正当竞争行为有关的协议、账簿、单据、文件、记录、业务函电和其他资料;(4)查询、扣押与涉嫌不正当竞争行为有关的财物;(5)查询涉嫌不正当竞争行为的经营者的银行账户。

监督检查部门的工作人员监督检查不正当竞争行为时，应当出示检查证件，并将查处结果及时向社会公开；被检查的经营者、利害关系人及其他有关单位、个人应当如实提供有关资料或者情况。

四、不正当竞争行为的法律责任

不正当竞争行为的法律责任，由民事责任、行政责任和刑事责任共同构成。(1)在我国的立法实践中，已经形成刑事责任由《刑法》统一规定的传统，所以，《反不正当竞争法》第31条做出了宣示性的规定，即"违反本法规定，构成犯罪的，依法追究刑事责任"。(2)《反不正当竞争法》中的民事责任，主要是赔偿责任，其特色在于赔偿数额的确立，实行补位制度：首先，按照因被侵权所受到的实际损失确定；其次，实际损失难以计算的，按照侵权人因侵权所获得的利益确定；最后，在前两项都难以确定时，对混淆和侵犯商业秘密这两类不正当竞争行为，由人民法院判决给予权利人500万元以下的赔偿。(3)行政责任，其特点是针对情节严重的不正当竞争行为，没收违法经营额，并处一定数额的罚款；情节严重的，吊销营业执照。

(一)经营者的法律责任

1. 基本规则。《反不正当竞争法》规定，经营者违反本法规定，给他人造成损害的，应当依法承担民事责任。经营者的合法权益受到不正当竞争行为损害的，可以向人民法院提起诉讼。因不正当竞争行为受到损害的经营者的赔偿数额，按照其因被侵权所受到的实际损失确定；实际损失难以计算的，按照侵权人因侵权所获得的利益确定。经营者恶意实施侵犯商业秘密行为，情节严重的，可以在按照上述方法确定数额的1倍以上5倍以下确定赔偿数额。赔偿数额还应当包括经营者为制止侵权行为所支付的合理开支。经营者违反《反不正当竞争法》的规定，[2]权利人因被侵权所受到的实际损失、侵权人因侵权所获得的利益难以确定的，由人民法院根据侵权行为的情节判决给予权利人500万元以下的赔偿。

2. 实施混淆行为的责任。经营者违反本法规定，实施混淆行为的，由监督检查部门责令停止违法行为，没收违法商品。违法经营额5万元以上的，可以并处违法经营额5倍以下的罚款；没有违法经营额或者违法经营额不足5万元的，可以并处25万元以下的罚款。情节严重的，吊销营业执照。

3. 实施商业贿赂的责任。经营者违反本法规定贿赂他人的，监督检查部门没收违法所得，处10万元以上300万元以下的罚款。情节严重的，吊销营业执照。

4. 实施虚假或引人误解的商业宣传的责任。经营者违反本法规定对其商品作虚假或者引人误解的商业宣传，或者通过组织虚假交易等方式帮助其他经营者进行虚假或者引人误解的商业宣传的，由监督检查部门责令停止违法行为，处20万元以上100万元以下的罚款；情节严重的，处100万元以上200万元以下的罚款，可以吊销营业执照。

5. 实施侵犯商业秘密的法律责任。经营者以及其他自然人、法人和非法人组织违反本法第9条规定侵犯商业秘密的，由监督检查部门责令停止违法行为，没收违法所得，处10万元以上100万元以下的罚款；情节严重的，处50万元以上500万元以下的罚款。

---

〔2〕 主要是指混淆行为和侵犯商业秘密行为。

6. 实施有奖销售的法律责任。经营者违反本法规定进行有奖销售的,由监督检查部门责令停止违法行为,处5万元以上50万元以下的罚款。

7. 实施损害竞争对手商业信誉、商品声誉的法律责任。经营者违反本法规定损害竞争对手商业信誉、商品声誉的,由监督检查部门责令停止违法行为、消除影响,处10万元以上50万元以下的罚款;情节严重的,处50万元以上300万元以下的罚款。

8. 实施妨碍、破坏其他经营者合法提供的网络产品或者服务正常运行的法律责任。经营者违反本法规定妨碍、破坏其他经营者合法提供的网络产品或者服务正常运行的,由监督检查部门责令停止违法行为,处10万元以上50万元以下的罚款;情节严重的,处50万元以上300万元以下的罚款。

(二)国家机关工作人员违法的法律责任

监督检查不正当竞争行为的国家机关工作人员,滥用职权、玩忽职守,徇私舞弊或者泄露调查过程中知悉的商业秘密的,依法给予处分。构成犯罪的,依法追究刑事责任。

第三节　反 垄 断 法

一、反垄断法概说

垄断是市场主体在经济活动中排除或者限制竞争者的状态或行为。反垄断法是反对垄断行为保护竞争的法律规范的总称。

为了预防和制止垄断行为,保护市场公平竞争,提高经济运行的效率,维护消费者利益和社会公共利益,促进市场经济的健康发展,第十届全国人民代表大会常务委员会2007年8月30日通过了《反垄断法》,自2008年8月1日起施行。现在,《反垄断法》的修改,已经启动。

《反垄断法》对于我国境内的垄断行为,以及对我国境内市场竞争产生排除、限制影响的我国境外的垄断行为实施调整。《反垄断法》是一部具有域外适用效力的法,它调整的垄断行为的种类包括:(1)经营者达成垄断协议;(2)经营者滥用市场支配地位;(3)具有或者可能具有排除、限制竞争效果的经营者集中;(4)行政垄断行为。

为了保证《反垄断法》的实施,国务院设立反垄断委员会,负责组织、协调、指导反垄断工作,履行下列职责:(1)研究拟订有关竞争政策;(2)组织调查、评估市场总体竞争状况,发布评估报告;(3)制定、发布反垄断指南;(4)协调反垄断行政执法工作;(5)国务院规定的其他职责。反垄断委员会的组成和工作规则由国务院规定。国务院规定的承担反垄断执法职责的机构依照反垄断法规定,负责反垄断执法工作。国务院反垄断执法机构根据工作需要,可以授权省、自治区、直辖市人民政府相应的机构,依照本法规定负责有关反垄断执法工作。

二、垄断协议

垄断协议,是指排除、限制竞争的协议、决定或者其他协同行为。

一方面,《反垄断法》禁止具有竞争关系的经营者达成下列垄断协议:(1)固定或者变更商品价格；(2)限制商品的生产数量或者销售数量；(3)分割销售市场或者原材料采购市场；(4)限制购买新技术、新设备或者限制开发新技术、新产品；(5)联合抵制交易；(6)国务院反垄断执法机构认定的其他垄断协议。

另一方面，《反垄断法》禁止经营者与交易相对人达成下列垄断协议：(1)固定向第三人转售商品的价格；(2)限定向第三人转售商品的最低价格；(3)国务院反垄断执法机构认定的其他垄断协议。

经营者能够证明所达成的协议属于下列情形之一的，不受前述两方面的限制：(1)为改进技术、研究开发新产品的；(2)为提高产品质量、降低成本、增进效率，统一产品规格、标准或者实行专业化分工的；(3)为提高中小经营者经营效率，增强中小经营者竞争力的；(4)为实现节约能源、保护环境、救灾救助等社会公共利益的；(5)因经济不景气，为缓解销售量严重下降或者生产明显过剩的；(6)为保障对外贸易和对外经济合作中的正当利益的；(7)法律和国务院规定的其他情形。前述情形中的第1~5种情形，经营者还应当证明所达成的协议不会严重限制相关市场的竞争，并且能够使消费者分享由此产生的利益。此外，行业协会不得组织本行业的经营者从事本章禁止的垄断行为。

三、滥用市场支配地位

市场支配地位，是指经营者在相关市场内具有能够控制商品价格、数量或者其他交易条件，或者能够阻碍、影响其他经营者进入相关市场能力的市场地位。

经营者有下列情形之一的，可以推定其具有市场支配地位：(1)一个经营者在相关市场的市场份额达到1/2的；(2)两个经营者在相关市场的市场份额合计达到2/3的；(3)三个经营者在相关市场的市场份额合计达到3/4的。被推定具有市场支配地位的经营者，有证据证明不具有市场支配地位的，不应当认定其具有市场支配地位。如对于前述第二、三种情况，其中有的经营者市场份额不足1/10的，不应当推定该经营者具有市场支配地位。

《反垄断法》规定，禁止具有市场支配地位的经营者从事下列滥用市场支配地位的行为：(1)以不公平的高价销售商品或者以不公平的低价购买商品；(2)没有正当理由，以低于成本的价格销售商品；(3)没有正当理由，拒绝与交易相对人进行交易；(4)没有正当理由，限定交易相对人只能与其进行交易或者只能与其指定的经营者进行交易；(5)没有正当理由搭售商品，或者在交易时附加其他不合理的交易条件；(6)没有正当理由，对条件相同的交易相对人在交易价格等交易条件上实行差别待遇；(7)国务院反垄断执法机构认定的其他滥用市场支配地位的行为。

四、经营者集中

依照《反垄断法》的规定，经营者集中是指下列情形：(1)经营者合并；(2)经营者通过取得股权或者资产的方式取得对其他经营者的控制权；(3)经营者通过合同等方式取得对其他经营者的控制权或者能够对其他经营者施加决定性影响。

依照规定，经营者集中达到国务院规定的申报标准的，经营者应当事先向国务院反垄断执法机构申报，未申报的不得实施集中。国务院反垄断执法机构应当自收到经营者提交的符合规定的文件、资料之日起30日内，对申报的经营者集中进行初步审查，作出是否实施进一步审查的决定,并书面通知经营者。国务院反垄断执法机构作出决定前,经营者不得实施集中。国务院反垄断执法机构作出不实施进一步审查的决定或者逾期未作出决定的,经营者可以实施集中。国务院反垄断执法机构决定实施进一步审查的,应当自决定之日起90日内审查完毕,作出是否禁止经营者集中的决定,并书面通知经营者。作出禁止经营者集中的决定,应当说明理由。审查期间,经营者不得实施集中。但是,经营者集中有下列情形之一的,可以不向国务院反垄断执法机构申报:(1)参与集中的一个经营者拥有其他每个经营者50%以上有表决权的股份或者资产的;(2)参与集中的每个经营者50%以上有表决权的股份或者资产被同一个未参与集中的经营者拥有的。

经营者集中具有或者可能具有排除、限制竞争效果的,国务院反垄断执法机构应当作出禁止经营者集中的决定。但是,经营者能够证明该集中对竞争产生的有利影响明显大于不利影响,或者符合社会公共利益的,国务院反垄断执法机构可以作出对经营者集中不予禁止的决定。对外资并购境内企业或者以其他方式参与经营者集中,涉及国家安全的,除依照本法规定进行经营者集中审查外,还应当按照国家有关规定进行国家安全审查。

对不予禁止的经营者集中,国务院反垄断执法机构可以决定附加减少集中对竞争产生不利影响的限制性条件。国务院反垄断执法机构应当将禁止经营者集中的决定或者对经营者集中附加限制性条件的决定,及时向社会公布。

五、滥用行政权力排除、限制竞争

《反垄断法》禁止行政机关和法律、法规授权的具有管理公共事务职能的组织实施下列行政垄断行为:

1. 滥用行政权力,限定或者变相限定单位或者个人经营、购买、使用其指定的经营者提供的商品。

2. 滥用行政权力,实施下列行为,妨碍商品在地区之间的自由流通:(1)对外地商品设定歧视性收费项目、实行歧视性收费标准,或者规定歧视性价格;(2)对外地商品规定与本地同类商品不同的技术要求、检验标准,或者对外地商品采取重复检验、重复认证等歧视性技术措施,限制外地商品进入本地市场;(3)采取专门针对外地商品的行政许可,限制外地商品进入本地市场;(4)设置关卡或者采取其他手段,阻碍外地商品进入或者本地商品运出;(5)妨碍商品在地区之间自由流通的其他行为。

3. 滥用行政权力,以设定歧视性资质要求、评审标准或者不依法发布信息等方式,排斥或者限制外地经营者参加本地的招标投标活动。

4. 滥用行政权力,采取与本地经营者不平等待遇等方式,排斥或者限制外地经营者在本地投资或者设立分支机构。

5. 滥用行政权力,强制经营者从事《反垄断法》规定的垄断行为。

《反垄断法》还规定,行政机关不得滥用行政权力,制定含有排除、限制竞争内容的规定。

六、对涉嫌垄断行为的调查以及违反《反垄断法》的法律责任

《反垄断法》规定,反垄断执法机构依法对涉嫌垄断行为进行调查。对涉嫌垄断行为,任何单位和个人有权向反垄断执法机构举报,反垄断执法机构应当为举报人保密。举报采用书面

形式并提供相关事实和证据的，反垄断执法机构应当进行必要的调查。

反垄断执法机构调查涉嫌垄断行为，可以采取下列措施：(1)进入被调查的经营者的营业场所或者其他有关场所进行检查；(2)询问被调查的经营者、利害关系人或者其他有关单位或者个人，要求其说明有关情况；(3)查阅、复制被调查的经营者、利害关系人或者其他有关单位或者个人的有关单证、协议、会计账簿、业务函电、电子数据等文件、资料；(4)查封、扣押相关证据；(5)查询经营者的银行账户。

关于违反《反垄断法》的法律责任，《反垄断法》做出了如下规定：(1)经营者违反本法规定，达成并实施垄断协议的，由反垄断执法机构责令停止违法行为，没收违法所得，并处上一年度销售额1%以上10%以下的罚款；尚未实施所达成的垄断协议的，可以处50万元以下的罚款。经营者主动向反垄断执法机构报告达成垄断协议的有关情况并提供重要证据的，反垄断执法机构可以酌情减轻或者免除对该经营者的处罚。行业协会违反本法规定，组织本行业的经营者达成垄断协议的，反垄断执法机构可以处50万元以下的罚款；情节严重的，社会团体登记管理机关可以依法撤销登记。(2)经营者违反本法规定，滥用市场支配地位的，由反垄断执法机构责令停止违法行为，没收违法所得，并处上一年度销售额1%以上10%以下的罚款。(3)经营者违反本法规定实施集中的，由国务院反垄断执法机构责令停止实施集中、限期处分股份或者资产、限期转让营业以及采取其他必要措施恢复到集中前的状态，可以处50万元以下的罚款。(4)行政机关和法律、法规授权的具有管理公共事务职能的组织滥用行政权力，实施排除、限制竞争行为的，由上级机关责令改正；对直接负责的主管人员和其他直接责任人员依法给予处分。反垄断执法机构可以向有关上级机关提出依法处理的建议。(5)经营者实施垄断行为，给他人造成损失的，依法承担民事责任。(6)反垄断执法机构工作人员滥用职权、玩忽职守、徇私舞弊或者泄露执法过程中知悉的商业秘密，构成犯罪的，依法追究刑事责任；尚不构成犯罪的，依法给予处分。

第四节　税　　法

一、税法概述

税收是国家为了实现其管理职能，凭借政治权力，依照法律预先规定的标准，参与国民收入分配和再分配，取得财政收入的一种形式。它是不同社会制度、不同历史时期的国家普遍采用的财政收入方式。与国家取得财政收入的其他方式相比，税收具有强制性、固定性、无偿性三个明显的特征。

我国的税收是社会主义性质的税收，体现了"取之于民，用之于民"的收入分配关系。它具有组织财政收入、调节社会经济收入和均衡分配、强化国家经济监督等方面的作用。

税法是调整国家通过税务机关与纳税人之间产生的税收征纳关系的法律规范的总称。税法的构成要素主要有纳税主体（又称纳税人或纳税义务人）、征税对象（又称征税客体或计税依据）、税率（纳税额与征税对象之间的比率）、税种税目、纳税环节、减税免税、纳税期限、违章处理等。其中纳税人、征税对象和税率是三个最基本的构成要素。税率方面,我国现行税法适用的税率包括比例税率、累进税率和定额税率三种。

1993 年年底到 1994 年年初,我国进行了一次全面的结构性的税制改革,改革的指导思想是,“统一税法,完善税制,公平税负,简化税制,合理分权,理顺分配关系,保障财政收入,建立符合我国社会主义市场经济要求的税制体系”。改革的基本原则是:一要有利于调动中央、地方两个积极性,有利于加强中央的宏观调控能力;二要有利于实现公平税负,促进平等竞争;三要有利于体现国家产业政策,促进经济结构的调整,促进国民经济持续、快速、健康的发展和整体效益的提高;四要有利于税制结构的合理,有利于税种的简化、规范。十八届三中全会以来,以“费改税”“营改增”为核心的税制改革,正在试点的基础上逐渐展开;以《立法法》修改为契机,税收法定原则即税的开征及税种、税目、税率,均应通过立法机构以法律的形式,予以明确;确需授权政府的,也应明确授权的期限和范围,这些措施正逐步确立起来,并成为社会共识。

二、我国现行主要税种

经过 1994 年的税制改革,我国形成的税种主要包括增值税、消费税、企业所得税、个人所得税等。在我国,按照税收征管权限划分,可分为中央税、地方税、中央和地方共享税三大类。在 2018 年大部委制改革中,国税与地税合并,组建国家税务总局,并垂直组建省级和省级以下税务局,具体承担所辖区域内各项税收、非税收入征管等职责。

(一)增值税

增值税是对生产流通和劳务服务各个环节的增值额所征收的一种税。增值是指纳税人在其生产经营和劳务活动中创造的新增价值或商品的附加值。增值税的纳税人是在中国境内销售货物或者提供加工、修理修配劳务以及进口货物的单位和个人。增值税实行价外计税的办法,以不含增值税金的价格为计税依据,其应税额为销项税额减去进项税额的余额,采取凭增值税专用发票注明税款抵扣的办法。自 2017 年 7 月 1 日起,增值税税率由四档减至 17%、11% 和 6% 三档,取消 13% 这一档税率;农产品、天然气等增值税税率从 13% 降至 11%。具体而言:(1)纳税人销售或者进口货物,除以下第 2 项、第 3 项规定外,税率为 17%。(2)纳税人销售或者进口下列货物,税率为 11%:粮食、食用植物油、自来水、暖气、冷气、热水、煤气、石油液化气、天然气、沼气、居民用煤炭制品、图书、报纸、杂志、饲料、化肥、农药、农机、农膜、农业产品以及国务院规定的其他货物。(3)纳税人出口货物,税率为 0;但是,国务院另有规定的除外。(4)纳税人提供加工、修理、修配劳务税率为 17%。纳税人兼营不同税率的货物或者应税劳务,应当分别核算不同税率货物或者应税劳务的销售额。未分别核算销售额的,从高适用税率。小规模纳税人销售货物或应税劳务的增值税税率为 3%。增值税税率有个特殊征收率,4% 征收率减半征收增值税,即增值税一般纳税人销售自己使用过的固定资产,属于以下两种情形的,可按简易办法依 4% 征收率减半征收增值税,同时不得开具增值税专用发票:(1)纳税人购进或者自制固定资产时为小规模纳税人,认定为一般纳税人后销售该固定资产。(2)增值税一般纳税人发生按简易办法征收增值税应税行为,销售其按照规定不得抵扣且未抵扣进项税额的固定资产。

凡在我国境内提供《增值税暂行条例》规定的应税劳务、转让无形资产或销售不动产的单位和个人,均为营业税的纳税人。营业税按行业设置税目和税率,其税率采用比例税率。纳税人兼有不同税目应税行为的，应当分别核算不同档次的增值税税率。纳税人兼营不同税率的货物或者应税劳务，应当分别核算不同税率货物或者应税劳务的销售额；未分别核算销售额的，从高适用税率。

（二）消费税

消费税是对特定的消费品的流转额课征的一种税。消费税的纳税人是在我国境内从事生产、委托加工和进口应税消费品的单位和个人。其征税范围是有选择地对部分消费品进行课税，包括烟酒、化妆品、护肤护发品、贵重首饰、鞭炮和烟花、汽油、柴油、汽车轮胎、摩托车、小汽车等消费品。消费税采用比例税率和定额税率两种形式，前者适用于从价征收的消费品，后者适用于从量征收的消费品。

（三）企业所得税

2007 年 3 月，第十届全国人大第五次会议通过了《企业所得税法》，将过去的内资企业所得税与外商投资企业、外国企业所得税进行了合并。该法分别在 2017 年、2018 年进行了修正。

在中华人民共和国境内，企业和其他取得收入的组织（以下统称企业）为企业所得税的纳税人，依照《企业所得税法》的规定缴纳企业所得税。个人独资企业、合伙企业不适用《企业所得税法》。企业分为居民企业和非居民企业。居民企业，是指依法在中国境内成立，或者依照外国（地区）法律成立但实际管理机构在中国境内的企业。非居民企业，是指依照外国（地区）法律成立且实际管理机构不在中国境内，但在中国境内设立机构、场所的，或者在中国境内未设立机构、场所，但有源于中国境内所得的企业。居民企业应当就其源于中国境内、境外的所得缴纳企业所得税。非居民企业在中国境内设立机构、场所的，应当就其所设机构、场所取得的源于中国境内的所得，以及发生在中国境外但与其所设机构、场所有实际联系的所得，缴纳企业所得税。非居民企业在中国境内未设立机构、场所的，或者虽设立机构、场所但取得的所得与其所设机构、场所没有实际联系的，应当就其源于中国境内的所得缴纳企业所得税。企业所得税的税率为 25%。非居民企业取得《企业所得税法》第 3 条第 3 款规定的所得，适用税率为 20%。

企业每一纳税年度的收入总额，减除不征税收入、免税收入、各项扣除以及允许弥补的以前年度亏损后的余额，为应纳税所得额。企业以货币形式和非货币形式从各种来源取得的收入，为收入总额。企业的应纳税所得额乘以适用税率，减除依照《企业所得税法》关于税收优惠的规定减免和抵免的税额后的余额，为应纳税额。国家对重点扶持和鼓励发展的产业和项目，给予企业所得税优惠。

（四）个人所得税

1980 年 9 月 10 日第五届全国人大第三次会议通过的《个人所得税法》先后经过 1993 年 10 月、1999 年 8 月、2005 年 10 月、2007 年 6 月、2007 年 12 月、2011 年 6 月的修正。2018 年 8 月 31 日，第十三届全国人大常委会第五次会议对《个人所得税法》中纳税人、应税额、税率、减征等作了重要的修正。

个人所得税是对个人（自然人）工资、薪金所得和其他所得征收的一种税。根据《个人所得税法》的规定，在中国境内有住所，或者无住所而一个纳税年度内在中国境内居住累计满 183 天的个人，为居民个人，其从中国境内和境外取得的所得，依照本法规定缴纳个人所得税。在中国境内无住所又不居住，或者无住所而一个纳税年度内在中国境内居住累计不满 183 天的个人,为非居民个人,其从中国境内取得的所得,依照本法规定缴纳个人所得税。

个人所得税的征税范围具体包括工资、薪金所得,劳务报酬所得,稿酬所得,特许权使用费所得,经营所得,利息、股息、红利所得,财产租赁所得,财产转让所得,偶然所得。

个人所得税的税率具体分为:(1)综合所得,适用3% ~45%的超额累进税率;(2)经营所得,适用5% ~35%的超额累进税率;(3)利息、股息、红利所得,财产租赁所得,财产转让所得和偶然所得,适用比例税率,税率为20%。

个人所得税的计税依据是应纳税所得额,应纳税所得额为个人取得的所得,按税法规定扣除必要的费用。我国《个人所得税法》对不同性质的所得,规定了不同的费用扣除标准。例如,(1)居民个人的综合所得,以每一纳税年度的收入额减除费用6万元以及专项扣除、专项附加扣除和依法确定的其他扣除后的余额,为应纳税所得额。(2)非居民个人的工资、薪金所得,以每月收入额减除费用5000元后的余额为应纳税所得额;劳务报酬所得、稿酬所得、特许权使用费所得,以每次收入额为应纳税所得额。(3)经营所得,以每一纳税年度的收入总额减除成本、费用以及损失后的余额,为应纳税所得额。(4)财产租赁所得,每次收入不超过4000元的,减除费用800元;4000元以上的,减除20%的费用,其余额为应纳税所得额。劳务报酬所得、稿酬所得、特许权使用费所得以收入减除20%的费用后的余额为收入额。稿酬所得的收入额减按70%计算。

个人将其所得对教育、扶贫、济困等公益慈善事业进行捐赠,捐赠额未超过纳税人申报的应纳税所得额30%的部分,可以从其应纳税所得额中扣除;国务院规定对公益慈善事业捐赠实行全额税前扣除的,从其规定。

个人将其所得对教育事业和其他公益事业捐赠的部分,按照国务院有关规定从应纳税所得中扣除。依照规定,下列各项个人所得,免征个人所得税:(1)省级人民政府、国务院部委和中国人民解放军军以上单位,以及外国组织、国际组织颁发的科学、教育、技术、文化、卫生、体育、环境保护等方面的奖金;(2)国债和国家发行的金融债券利息;(3)按照国家统一规定发给的补贴、津贴;(4)福利费、抚恤金、救济金;(5)保险赔款;(6)军人的转业费、复员费、退役金;(7)按照国家统一规定发给干部、职工的安家费、退职费、基本养老金或者退休费、离休费、离休生活补助费;(8)依照有关法律规定应予免税的各国驻华使馆、领事馆的外交代表、领事官员和其他人员的所得;(9)中国政府参加的国际公约、签订的协议中规定免税的所得;(10)国务院规定的其他免税所得,该项免税规定,由国务院报全国人民代表大会常务委员会备案。

下列情形,经批准可以减征个人所得税:(1)残疾、孤老人员和烈属的所得;(2)因自然灾害遭受重大损失的。国务院可以规定其他减税情形,报全国人民代表大会常务委员会备案。

三、税收征收管理法律制度

我国《税收征收管理法》颁布于1992年,于1995年、2001年、2013年、2015年进行了修改,按照修改后税收征管法的规定,我国税收征管制度主要包括以下方面。

(一)税务管理

(1)税务登记。依照《税收征收管理法》的规定,企业、企业在外地设立的分支机构和从事生产、经营的场所、个体工商户和从事生产、经营的事业单位,自领取营业执照之日起30日内,应当持有关证件向税务机关申报办理税务登记,税务机关应当自收到申报的当日办理登记并发给税务登记证件。工商行政管理机关应当将办理登记注册、核发营业执照的情况，定期向税务机关通报。税务登记证件不得转借、涂改、损毁、买卖或者伪造。

(2)账簿、凭证管理。纳税人、扣缴义务人按照有关法律、行政法规和国务院财政、税务主管部门的规定设置账簿，根据合法、有效凭证记账，进行核算。《发票管理办法》第4条第1款规定，国务院税务主管部门统一负责全国的发票管理工作。省、自治区、直辖市国家税务局和地方税务局依据各自的职责，共同做好本行政区域内的发票管理工作。单位、个人在购销商品、提供或者接受经营服务以及从事其他经营活动中，应当按照规定开具、使用、取得发票。禁止私自印制、伪造、变造发票。

从事生产、经营的纳税人、扣缴义务人还必须按照国务院财政、税务主管部门规定的保管期限保管账簿、记账凭证、完税凭证及其他有关资料，不得伪造、变造或者擅自损毁。

(3)纳税申报。负有纳税义务的单位、个人或扣缴义务人，应当在发生纳税义务后，按期如实向主管机关办理纳税申报或者报送代扣代缴、代收代缴税款报告表，即使享受减免税待遇的，在减免税期间，也应按规定办理纳税申报。纳税人、扣缴义务人可以直接到税务机关办理纳税申报或者报送代扣代缴、代收代缴税款报告表，也可以按照规定采取邮寄、数据电文或者其他方式办理申报、报送事项。

(二)税款征收

按照规定，除税务机关、税务人员以及经税务机关依照法律、行政法规委托的单位和人员外，任何单位和个人不得进行税款征收活动。

纳税人应当按期缴纳或者解缴税款，纳税人有特殊困难不能按期缴纳的，经省、自治区、直辖市国家税务局、地方税务局批准，可以延期缴纳税款，但最长不得超过3个月。纳税人或者扣缴义务人未按规定期限缴纳税款或者解缴税款的，税务机关除责令限期缴纳外，从滞纳税款之日起，按日加收滞纳税款5‰的滞纳金。税务机关征收税款时，必须给纳税人开具完税凭证。

纳税人有下列情形之一的，税务机关有权核定其应纳税额：(1)依照法律、行政法规的规定可以不设置账簿的；(2)依照法律、行政法规的规定应当设置账簿而未设置的；(3)擅自销毁账簿或者拒不提供纳税资料的；(4)虽设置账簿，但账目混乱或者成本资料、收入凭证、费用凭证残缺不全，难以查账的；(5)发生纳税义务，未按照规定的期限办理纳税申报，经税务机关责令限期申报，逾期仍不申报的；(6)纳税人申报的计税依据明显偏低，又无正当理由的。对未按照规定办理纳税登记的从事生产、经营的纳税人以及临时从事经营的纳税人，由税务机关核定其应纳税额，责令缴纳。

关于税收保全，《税收征收管理法》规定，税务机关有根据认为从事生产、经营的纳税人有逃避纳税义务行为的，可以在规定的纳税期之前，责令限期缴纳应纳税款；在限期内发现纳税人有明显的转移、隐匿其应纳税的商品、货物以及其他财产或者应纳税的收入的迹象的，税务机关可以责令纳税人提供纳税担保。纳税人不提供纳税担保的，经县级以上税务局(分局)局长批准，税务机关可以采取以下税收保全措施：(1)书面通知纳税人开户银行或者其他金融机构冻结纳税人的金额相当于应纳税款的存款；(2)扣押、查封纳税人的价值相当于应纳税款的商品、货物或者其他财产。但个人及其所扶养家属维持生活必需的住房和用品，不在税收保全措施的范围之内。纳税人在限期期满时仍未缴纳税款的，经县以上税务局(分局)局长批准，税务机关可以书面通知纳税人开户银行或者其他金融机构从其冻结的存款中扣缴税款，或者依法拍卖或者变卖所扣押、查封的商品、货物或者其他财产,以拍卖或者变卖所得抵缴税款。

关于税收中的强制执行措施,《税收征收管理法》规定,从事生产、经营的纳税人、扣缴义务人未按照规定的期限缴纳或者解缴税款,纳税担保人未按照规定的期限缴纳所担保的税款,由税务机关责令其限期缴纳,逾期仍未缴纳的,经县以上税务局(分局)局长批准,税务机关可以采取下列强制执行措施:(1)书面通知其开户银行或者其他金融机构从其存款中扣缴税款;(2)扣押、查封、依法拍卖或者变卖其价值相当于应纳税款的商品、货物或者其他财产,以拍卖或者变卖所得抵缴税款。税务机关采取强制执行措施时,对未缴纳的滞纳金同时强制执行。但个人及其所扶养家属维持生活必需的住房和用品,不在强制执行措施的范围之内。

关于税收优先权问题,《税收征收管理法》规定,税务机关征收税款,税收优先于无担保债权,法律另有规定的除外;纳税人欠缴的税款发生在纳税人以其财产设定抵押、质押或者纳税人的财产被留置之前的,税收应当优先于抵押权、质权、留置权执行。纳税人欠缴税款,同时又被行政机关决定处以罚款、没收非法所得的,税收优先于罚款、没收非法所得。纳税人有欠税情形而以其财产设定抵押、质押的,应当向抵押权人、质权人说明其欠税情况。抵押权人、质权人可以请求税务机关提供有关的欠税情况。税务机关应当对纳税人欠缴税款的情况定期予以公告。

《税收征收管理法》还规定了税务机关的代位权和撤销权。依照规定,欠缴税款的纳税人因怠于行使到期债权,或者放弃到期债权,或者无偿转让财产,或者以明显不合理的低价转让财产而受让人知道该情形,给国家税收造成损害的,税务机关可以依照《民法典》的相关规定行使代位权或撤销权。税务机关依照规定行使代位权或撤销权的,不免除欠缴税款的纳税人尚未履行的纳税义务和应承担的法律责任。

(三)税务检查

关于税务检查的内容,《税收征收管理法》主要规定了以下内容:(1)检查纳税人和扣缴义务人的账簿等有关资料;(2)到纳税人的生产、经营场所和货物存放地检查纳税人应纳税的有关财产和扣缴义务人有关的经营情况;(3)责成纳税人、扣缴义务人提供有关的文件、证明材料和有关材料;(4)询问纳税人、扣缴义务人有关的问题和情况;(5)到车站、码头、机场、邮政企业及其分支机构检查纳税人托运、邮寄应纳税商品、货物或其他财产的有关单据、凭证和有关资料;(6)经县以上税务局(分局)局长批准,凭全国统一格式的检查存款账户许可证明,查询从事生产、经营的纳税人、扣缴义务人在银行或者其他金融机构的存款账户等。税务机关派出的人员进行税务检查时,应当出示税务检查证和税务检查通知书,并有责任为被检查人保守秘密;未出示税务检查证和税务检查通知书的,被检查人有权拒绝检查。

(四)法律责任

《税收征收管理法》对违反税法应承担的法律后果从行政责任、经济责任和刑事责任三个方面作了较为严格的规定。具体包括:

(1)违反税收征管程序的法律责任。纳税人有下列行为之一的,由税务机关责令限期改正,可以处以相应的罚款:未按照规定的期限申报办理税务登记、变更或者注销登记的;未按规定设置、保管账簿或者保管记账凭证和有关资料的;未按规定将财务、会计制度或者财会处理办法和会计核算软件报送税务机关备查的;未按照规定将其全部银行账号向税务机关报告的。

扣缴义务人未按规定设置、保管代扣代缴、代收代缴税款账簿或者保管代扣代缴、代收代缴税款记账凭证及有关资料的，由税务机关责令限期改正；可以处以相应的罚款。

纳税人、扣缴义务人未按规定的期限办理纳税申报和报送纳税资料的，未向税务机关报送代扣代缴、代收代缴税款报告表和有关资料的，由税务机关责令其限期改正，可以处以相应的罚款。

（2）偷税、抗税的法律责任。偷税是指纳税人伪造、变造、隐匿、擅自销毁账簿、记账凭证，在账簿上多列支出或者不列、少列收入，或者经税务机关通知申报而拒不申报或者进行虚假的纳税申报，不缴或者少缴应纳税款的行为。偷税行为的突出特点是采取欺诈的手段不缴或者少缴税款。按照规定，对于纳税人的偷税行为，由税务机关追缴其不缴或者少缴的税款、滞纳金，并处不缴或者少缴的税款50%以上5倍以下的罚款。构成犯罪的，依法追究刑事责任。扣缴义务人采取偷税手段，不缴或者少缴已扣、已收税款的，按前述办法实施处罚。

抗税是指纳税人以暴力、威胁方法拒不缴纳税款的行为。对于抗税者，除由税务机关追缴其拒缴的税款、滞纳金外，依法追究其刑事责任。情节轻微，未构成犯罪的，由税务机关追缴其拒缴的税款、滞纳金，并处拒缴税款1倍以上5倍以下的罚款。

第五节 产品质量法

一、产品质量法概述

产品质量法是调整产品质量监督关系和产品质量责任关系的法律规范的总称。

我国《产品质量法》是1993年2月第七届全国人民代表大会常务委员会第三十次会议通过的。2000年7月，第九届全国人民代表大会常务委员会第十六次会议通过了《关于修改〈中华人民共和国产品质量法〉的决定》，对《产品质量法》作了全面的修改。2009年8月第十一届全国人民代表大会常务委员会第十次会议对《产品质量法》进行了第二次修正。2009年12月，第十一届全国人民代表大会常务委员会第十二次会议通过了《侵权责任法》，该法第五章对产品责任作了专门规定。2018年12月29日，第十三届全国人民代表大会常务委员会第七次会议对《产品质量法》进行了第三次修正。此外，2009年颁布，2015、2018、2021年进行修正、修订的《食品安全法》也对我国的食品安全问题作出了专门的规定。

《产品质量法》调整的产品的范围，除了一般意义上经过加工、制作，用于销售的产品之外，还包括建设工程使用的建筑材料、建筑构配件和设备，但不包括建设工程；服务业、修理业中用于经营性的产品；故意为法律禁止生产的产品提供运输、保管、仓储等便利条件的，或者为以假充真的产品提供制假生产技术的，也属于《产品质量法》的调整范围。但天然的、未经过加工的农产品，不适用《产品质量法》。

缺陷也是产品质量法的基础性概念。现代发达经济体，零缺陷运动正在作为质量管理的理念，支撑着产品质量的提升和发展。在司法实践中，有缺陷就承担责任，无缺陷即无责任这一原则也正在成为产品责任法的共同趋势。

《产品质量法》规定，本法所称缺陷，是指产品存在危及人身、他人财产安全的不合理危险；

产品有保障人体健康和人身、财产安全的国家标准、行业标准的,是指不符合该标准。产品缺陷包括设计缺陷、制造缺陷、标识缺陷和发展缺陷。在中国现阶段,发展缺陷可以免除生产商的产品责任。

二、产品质量的监督管理

关于我国的产品质量监督管理体制,《产品质量法》规定,国务院市场监督管理部门主管全国产品质量监督工作,国务院有关部门在各自的职责范围内负责产品质量监督工作。县级以上地方市场监督管理部门主管本行政区域内的产品质量监督工作,县级以上地方人民政府有关部门在各自的职责范围内负责产品质量监督工作。

产品质量监督制度的主要内容包括:

1. 产品质量检验制度。依照规定,产品质量应当检验合格,不得以不合格产品冒充合格产品。

2. 产品标准化制度。依照规定,可能危及人体健康和人身、财产安全的工业产品,必须符合保障人体健康和人身、财产安全的国家标准、行业标准;未制定国家标准、行业标准的,必须符合保障人体健康和人身、财产安全的要求。同时,法律禁止生产、销售不符合保障人体健康和人身、财产安全的标准和要求的工业产品。

3. 推行企业质量体系认证制度。《产品质量法》规定,国家根据国际通用的质量管理标准,推行企业质量体系认证制度。企业根据自愿原则可以向国务院市场监督管理部门认可的或者国务院市场监督管理部门授权的部门认可的认证机构申请企业质量体系认证。经认证合格的,由认证机构颁发企业质量体系认证证书。

4. 产品质量认证制度。《产品质量法》规定,国家参照国际先进的产品标准和技术要求,推行产品质量认证制度。企业根据自愿原则可以向国务院市场监督管理部门认可的或者国务院市场监督管理部门授权的部门认可的认证机构申请产品质量认证。经认证合格的,由认证机构颁发产品质量认证证书,准许企业在产品或者其包装上使用产品质量认证标志。

产品质量认证与企业质量体系认证不同。产品质量认证的对象是企业的产品本身,认证标志可以在产品及包装上使用;而企业质量体系认证的对象是企业生产经营的职权职责、生产过程目标和企业的组织系统,是对企业的质量体系和质量保证能力的审核,只能在企业使用而不能在产品及包装上使用。

5. 以抽查为主要方式的监督检查制度。《产品质量法》规定,国家对产品质量实行以抽查为主要方式的监督检查制度。抽查主要集中在以下三类产品上:(1)可能危及人体健康和人身、财产安全的产品;(2)影响国计民生的重要工业产品;(3)消费者、有关组织反映有质量问题的产品。抽查的样品应当在市场上或者企业成品仓库内的待销产品中随机抽取。国家监督抽查的产品,地方不得另行重复抽查,上级监督抽查的产品,下级不得另行重复抽查。

另据规定,监督抽查需要对产品进行检验的,可以进行检验,但检验抽取样品的数量不得超过检验的合理需要,并不得向被检查人收取检验费用。监督抽查所需检验费用按照国务院规定列支。生产者、销售者对抽查检验的结果有异议的,可以自收到检验结果之日起 15 日内向实施监督抽查的市场监督管理部门或者其上级市场监督管理部门申请复验,由受理复验的市场监督管理部门作出复验结论。

《产品质量法》规定，抽查的产品质量不合格的，由实施监督抽查的市场监督管理部门责令其生产者、销售者限期改正。逾期不改正的，由省级以上人民政府市场监督管理部门予以公告；公告后复查仍不合格的，责令停业，限期整顿；整顿期满后经复查产品质量仍不合格的，吊销营业执照。抽查产品有严重质量问题的，依照规定进行处罚。

《产品质量法》规定，县级以上市场监督管理部门根据已经取得的违法嫌疑证据或者举报，对涉嫌违法行为进行查处时，可行使现场检查权、调查取证权、查阅账簿权和查封扣押权。对专门用于生产危及人身、财产安全和健康的产品，生产国家明令淘汰的产品或者以假充真的产品的原辅材料、包装物、生产工具，可以没收。

关于产品质量检验机构、认证机构的性质和地位，《产品质量法》规定，产品质量检验机构、认证机构必须依法设立，不得与行政机关和其他国家机关存在隶属关系或者其他利益关系。产品质量检验机构、认证机构必须依法按照有关标准，客观、公正地出具检验结果或者认证证明。

就用户、消费者、有关社会组织对产品质量的监督问题，《产品质量法》规定，消费者有权就产品质量问题，向产品的生产者、销售者查询；向市场监督管理部门及有关部门申诉，接受申诉的部门应当负责处理。保护消费者权益的社会组织可以就消费者反映的产品质量问题建议有关部门负责处理，支持消费者对因产品质量造成的损害向人民法院起诉。

三、生产者、销售者的产品质量责任和义务

（一）生产者的产品质量责任和义务

根据《产品质量法》和《民法典》的规定，对生产者的产品质量责任和义务主要包括：

1. 生产者应当对其生产的产品质量负责，因产品存在缺陷造成他人损害的，生产者应当承担侵权责任。产品质量应当符合下列要求：(1)不存在危及人身、财产安全的不合理的危险，有保障人体健康和人身、财产安全的国家标准、行业标准的，应当符合该标准；(2)具备产品应当具备的使用性能，但是，对产品存在使用性能的瑕疵作出说明的除外；(3)符合在产品或者其包装上注明采用的产品标准，符合以产品说明、实物样品等方式表明的质量状况。

2. 遵守产品质量标识制度。产品或者其包装上的标识必须真实，并符合下列要求：(1)有产品质量检验合格证明。(2)有中文标明的产品名称、生产厂厂名和厂址。(3)根据产品的特点和使用要求，需要标明产品规格、等级、所含主要成分的名称和含量的，用中文相应予以标明；需要事先让消费者知晓的，应当在外包装上标明，或者预先向消费者提供有关资料。(4)限期使用的产品，应当在显著位置清晰地标明生产日期和安全使用期或者失效日期。(5)使用不当，容易造成产品本身损坏或者可能危及人身、财产安全的产品，应当有警示标志或者中文警示说明。裸装的食品和其他根据产品的特点难以附加标识的裸装产品，可以不附加产品标识。

3. 易碎、易燃、易爆、有毒、有腐蚀性、有放射性等危险物品以及储运中不能倒置和其他有特殊要求的产品，其包装质量必须符合相应要求，依照国家有关规定作出警示标志或者中文警示说明，标明储运注意事项。

4. 生产者不得生产国家明令淘汰的产品。

5. 生产者不得伪造产地，不得伪造或者冒用他人的厂名、厂址。生产者不得伪造或者冒用认证标志等质量标志。

6. 生产者生产产品,不得掺杂、掺假,不得以假充真、以次充好,不得以不合格产品冒充合格产品。

(二)销售者的产品质量责任和义务

根据《产品质量法》和《民法典》的规定,销售者的产品质量责任和义务是:(1)应当建立并执行进货检查验收制度,验明产品合格证明和其他标识。(2)应当采取措施,保持销售产品的质量。(3)不得销售国家明令淘汰并停止销售的产品和失效、变质的产品。(4)销售的产品的标识应当符合法律的规定。(5)不得伪造产地,不得伪造或者冒用他人的厂名、厂址;不得伪造或者冒用认证标志等质量标志。(6)不得掺杂、掺假,不得以假充真、以次充好,不得以不合格产品冒充合格产品。

产品缺陷由生产者造成的,销售者赔偿后,有权向生产者追偿。因销售者的过错使产品存在缺陷的,生产者赔偿后,有权向销售者追偿。

四、违反《产品质量法》的法律责任

《产品质量法》分两章规定了违反该法的法律责任,其第四章规定的是“损害赔偿”,第五章规定的是“罚则”。

(一)民事损害赔偿责任

按照《产品质量法》和《民法典》的规定,销售者售出的产品有下列情形之一的,应当负责修理、更换、退货;给购买产品的消费者造成损失的,销售者应当赔偿损失:(1)不具备产品应当具备的使用性能而事先未作说明的;(2)不符合在产品或者其包装上注明采用的产品标准的;(3)不符合以产品说明、实物样品等方式表明的质量状况的。销售者依照前述规定负责修理、更换、退货、赔偿损失后,属于生产者的责任或者属于向销售者提供产品的其他销售者(供货者)的责任的,销售者有权向生产者、供货者追偿。生产者之间、销售者之间、生产者与销售者之间订立的买卖合同、承揽合同有不同约定的,合同当事人按照合同约定执行。

因产品缺陷危及他人人身、财产安全的,被侵权人有权请求生产者、销售者承担排除妨碍、消除危险等侵权责任。产品投入流通后发现存在缺陷的,生产者、销售者应当及时采取停止销售、警示、召回等补救措施;未及时采取补救措施或者补救措施不力造成损害扩大的,对扩大的损害也应当承担侵权责任。明知产品存在缺陷仍然生产、销售,或者没有依据前条规定采取有效补救措施,造成他人死亡或者健康严重损害的,被侵权人有权请求相应的惩罚性赔偿。

因产品存在缺陷造成人身、缺陷产品以外的其他财产(他人财产)损害的,生产者应当承担赔偿责任。但生产者能够证明有下列情形之一的,不承担赔偿责任:(1)未将产品投入流通的;(2)产品投入流通时,引起损害的缺陷尚不存在的;(3)将产品投入流通时的科学技术水平尚不能发现缺陷的存在的。由于销售者的过错使产品存在缺陷,造成人身、他人财产损害的,销售者应当承担赔偿责任。销售者不能指明缺陷产品的生产者也不能指明缺陷产品的供货者的,销售者应当承担赔偿责任。

关于损害赔偿的追索方式及赔偿范围,《产品质量法》和《民法典》规定,因产品存在缺陷造成损害的,被侵权人可以向产品的生产者请求赔偿,也可以向产品的销售者请求赔偿。产品缺陷由生产者造成的,销售者赔偿后,有权向生产者追偿。因销售者的过错使产品存在缺陷的,生产者赔偿后,有权向销售者追偿。因运输者、仓储者等第三人的过错使产品存在缺陷,造成他人损害的，产品的生产者、销售者赔偿后，有权向第三人追偿。

因产品存在缺陷造成损害要求赔偿的诉讼时效期间为 2 年，自当事人知道或者应当知道其权益受到损害时起计算。损害赔偿的请求权，在造成损害的缺陷产品交付最初消费者满 10 年丧失，但尚未超过明示的安全使用期的除外。

（二）行政责任和刑事责任

按照《产品质量法》的规定，生产、销售不符合保障人体健康和人身、财产安全的国家标准、行业标准的产品的，责令停止生产、销售，没收违法生产、销售的产品，并处违法生产、销售产品（包括已售出和未售出的产品，下同）货值金额等值以上 3 倍以下的罚款；有违法所得的，并处没收违法所得；情节严重的，吊销营业执照；构成犯罪的，依法追究刑事责任。在产品中掺杂、掺假，以假充真，以次充好，或者以不合格产品冒充合格产品的，责令停止生产、销售，没收违法生产、销售的产品，并处违法生产、销售产品货值金额 50% 以上 3 倍以下的罚款；有违法所得的，并处没收违法所得；情节严重的，吊销营业执照；构成犯罪的，依法追究刑事责任。

《产品质量法》规定，生产国家明令淘汰的产品的，销售国家明令淘汰并停止销售的产品的，责令停止生产、销售，没收违法生产、销售的产品，并处违法生产、销售产品货值金额等值以下的罚款；有违法所得的，并处没收违法所得；情节严重的，吊销营业执照。销售失效、变质的产品的，责令停止销售，没收违法销售的产品，并处违法销售产品货值金额 2 倍以下的罚款；有违法所得的，并处没收违法所得；情节严重的，吊销营业执照；构成犯罪的，依法追究刑事责任。

《产品质量法》还对产品质量检验机构、认证机构和社会中介机构的违法行为规定了相应的行政、刑事和民事责任。（1）产品质量检验机构、认证机构伪造检验结果或者出具虚假证明的，责令改正，对单位处以相应的罚款，对直接负责的主管人员和其他直接责任人员处以相应的罚款；有违法所得的，并处没收违法所得；情节严重的，取消其检验资格、认证资格；构成犯罪的，依法追究刑事责任。（2）产品质量检验机构、认证机构出具的检验结果或者证明不实，造成损失的，应当承担相应的赔偿责任；造成重大损失的，撤销其检验资格、认证资格。（3）产品质量认证机构违反法律规定，对不符合认证标准而使用认证标志的产品，未依法要求其改正或者取消其使用认证标志资格的，对因产品不符合认证标准给消费者造成的损失，与产品的生产者、销售者承担连带责任；情节严重的，撤销其认证资格。（4）社会团体、社会中介机构对产品质量作出承诺、保证，而该产品又不符合其承诺、保证的质量要求，给消费者造成损失的，与产品的生产者、销售者承担连带责任。

第六节　消费者权益保护法

一、消费者权益保护法概述

消费者权益保护法，是指调整在保护消费者权益过程中发生的经济关系的法律规范的总称。

我国于1993年10月31日由第八届全国人民代表大会常务委员会第四次会议通过了《消费者权益保护法》,自1994年1月1日起施行。根据2009年8月27日第十一届人民代表大会常务委员会第十次会议《关于修改部分法律的决定》第一次修正,根据2013年10月25日第十二届全国人民代表大会常务委员会第五次会议《关于修改〈中华人民共和国消费者权益保护法〉的决定》第二次修正,现行的《消费者权益保护法》共有8章63条,主要内容包括总则、消费者的权利、经营者的义务、国家对消费者合法权益的保护、消费者组织、争议的解决、法律责任和附则。

关于《消费者权益保护法》的适用范围,该法第2条规定:"消费者为生活消费需要购买、使用商品或者接受服务,其权益受本法保护;本法未作规定的,受其他有关法律、法规保护。"第3条规定:"经营者为消费者提供其生产、销售的商品或者提供服务,应当遵守本法;本法未作规定的,应当遵守其他有关法律、法规。"该法第62条同时规定:"农民购买、使用直接用于农业生产的生产资料,参照本法执行。"由此可见,《消费者权益保护法》以消费者在生活消费过程中所发生的社会关系为调整对象,同时,农民的一部分生产消费也可纳入该法的调整范围。另外,保护消费者权益,不仅依据狭义的《消费者权益保护法》,而且也有赖于相关的法律,如《民法典》《产品质量法》《反不正当竞争法》《食品安全法》等来进行综合调整。

二、消费者的权利

《消费者权益保护法》规定,消费者享有如下权利:

1. 安全保障权。消费者在购买、使用商品和接受服务时享有人身、财产安全不受损害的权利。消费者有权要求经营者提供的商品和服务,符合保障人身、财产安全的要求。

2. 知情权。消费者享有知悉其购买、使用的商品或者接受的服务的真实情况的权利。消费者有权根据商品或者服务的不同情况,要求经营者提供商品的价格、产地、生产者、用途、性能、规格、等级、主要成分、生产日期、有效期限、检验合格证明、使用方法说明书、售后服务,或者服务的内容、规格、费用等有关情况。

3. 自主选择权。消费者享有自主选择商品或者服务的权利。消费者有权自主选择提供商品或者服务的经营者,自主选择商品品种或者服务方式,自主决定购买或者不购买任何一种商品、接受或者不接受任何一项服务。消费者在自主选择商品或者服务时,有权进行比较、鉴别和挑选。

4. 公平交易权。消费者享有公平交易的权利。消费者在购买商品或者接受服务时,有权获得质量保障、价格合理、计量正确等公平交易条件,有权拒绝经营者的强制交易行为。

5. 依法求偿权。消费者因购买、使用商品或者接受服务受到人身、财产损害的,享有依法获得赔偿的权利。

6. 依法结社权。消费者享有依法成立维护自身合法权益的社会组织的权利。

7. 获取相关知识权。消费者享有获得有关消费和消费者权益保护方面的知识的权利。消费者应当努力掌握所需商品或者服务的知识和使用技能,正确使用商品,提高自我保护意识。可见,获知权既是消费者的权利,也是消费者的义务。

8. 受尊重权。消费者在购买、使用商品和接受服务时,享有其人格尊严、民族风俗习惯得到尊重的权利,享有个人信息依法得到保护的权利。

9.监督批评权。消费者享有对商品和服务以及保护消费者权益工作进行监督的权利。消费者有权检举、控告侵害消费者权益的行为和国家机关及其工作人员在保护消费者权益工作中的违法失职行为,有权对保护消费者权益工作提出批评、建议。

三、经营者的义务

按照《消费者权益保护法》的规定,经营者的义务通过法律列举,朝着具体、详尽的方向发展。

1.履行法定义务,恪守社会公德的义务。经营者向消费者提供商品或者服务,应当依照《产品质量法》和其他有关法律、法规的规定履行义务。经营者和消费者有约定的,应当按照约定履行义务,但双方的约定不得违背法律、法规的规定。经营者向消费者提供商品或服务,应当恪守社会公德,诚信经营,保障消费者的合法权益;不得设定不公平、不合理的交易条件,不得强制交易。

2.听取意见和接受监督的义务。经营者应当听取消费者对其提供的商品或者服务的意见,接受消费者的监督。

3.保证消费者安全的义务。经营者应当保证其提供的商品或者服务符合保障人身、财产安全的要求。对可能危及人身、财产安全的商品和服务,应当向消费者作出真实的说明和明确的警示,并说明和标明正确使用商品或者接受服务的方法以及防止危害发生的方法。宾馆、商场、餐馆、银行、机场、车站、港口、影院等经营场所的经营者,应当对消费者尽到安全保障义务。

4.缺陷报告和告知并采取必要措施的义务。经营者发现其提供的商品或者服务存在缺陷,有危及人身、财产安全危险的,应当立即向有关行政部门报告和告知消费者,并采取停止销售、警示、召回、无害化处理、销毁、停止生产或者服务等措施。采取召回措施的,经营者应当承担消费者因商品被召回支出的必要费用。

5.提供真实信息,不作虚假宣传的义务。经营者应当向消费者提供有关商品或者服务的真实信息,包括质量、性能、用途、有效期限等不得作引人误解的虚假宣传。经营者对消费者就其提供的商品或者服务的质量和使用方法等问题提出的询问,应当作出真实、明确的答复。经营者提供商品或者服务应当明码标价。

6.经营者还负有标明其真实名称和标记的义务。租赁他人柜台或者场地的经营者,应当标明其真实名称和标记。

7.出具相应凭证和单据的义务。经营者提供商品或者服务,应当按照国家有关规定或者商业惯例向消费者出具购货凭证或者服务单据;消费者索要购货凭证或者服务单据的,经营者必须出具。

8.质量保证的义务。经营者应当保证在正常使用商品或者接受服务的情况下其提供的商品或者服务应当具有的质量、性能、用途和有效期限;但消费者在购买该商品或者接受该服务前已经知道其存在瑕疵,且存在该瑕疵不违反法律强制性规定的除外。经营者以广告、产品说明、实物样品或者其他方式表明商品或者服务的质量状况的,应当保证其提供的商品或者服务的实际质量与表明的质量状况相符。经营者提供的机动车、计算机、电视机、电冰箱、空调器、洗衣机等耐用商品或者装饰装修等服务,消费者自接受商品或者服务之日起6个月内发现瑕疵,发生争议的,由经营者承担有关瑕疵的举证责任。

9. 实行“三包”的义务。经营者提供的商品或者服务不符合质量要求的,依照国家规定或者与消费者的约定,承担包修、包换、包退或者其他责任的,应当按照国家规定或者约定履行,不得故意拖延或者无理拒绝。没有国家规定或者当事人约定的,消费者可以自收到商品之日起7日内退货。进行退货、更换、修理的,经营者应当承担运输等必要费用。

10. 无条件退货的义务。经营者采用网络、电视、电话、邮购等方式销售商品,消费者有权自收到商品之日起7日内退货,且无需说明理由,但下列商品除外:(1)消费者定作的;(2)鲜活易腐的;(3)在线下载或者消费者拆封的音像制品、计算机软件等数字化商品;(4)交付的报纸、期刊。除前款所列商品外,其他根据商品性质并经消费者在购买时确认不宜退货的商品,不适用无理由退货。消费者退货的商品应当完好。经营者应当自收到退回商品之日起7日内返还消费者支付的商品价款。退回商品的运费由消费者承担;经营者和消费者另有约定的,按照约定。

11. 格式合同的提醒、说明和公平的义务。经营者在经营活动中使用格式条款的,应当以显著方式提请消费者注意商品或者服务的数量和质量、价款或者费用、履行期限和方式、安全注意事项和风险警示、售后服务、民事责任等与消费者有重大利害关系的内容,并按照消费者的要求予以说明。经营者不得以格式条款、通知、声明、店堂告示等方式,作出排除或者限制消费者权利、减轻或者免除经营者责任、加重消费者责任等对消费者不公平、不合理的规定,不得利用格式条款并借助技术手段强制交易。格式条款、通知、声明、店堂告示等含有前款所列内容的,其内容无效。

12. 不得侵犯消费者人身权的义务。经营者不得对消费者进行侮辱、诽谤,不得搜查消费者的身体及其携带的物品,不得侵犯消费者的人身自由。

13. 采用网络等方式经营的信息告知义务。采用网络、电视、电话、邮购等方式提供商品或者服务的经营者,以及提供证券、保险、银行等金融服务的经营者,应当向消费者提供经营地址、联系方式、商品或者服务的数量和质量、价款或者费用、履行期限和方式、安全注意事项和风险警示、售后服务、民事责任等信息。

14. 收集、使用消费者个人信息应经消费者同意的义务。经营者收集、使用消费者个人信息,应当遵循合法、正当、必要的原则,明示收集、使用信息的目的、方式和范围,并经消费者同意。经营者收集、使用消费者个人信息,应当公开其收集、使用规则,不得违反法律、法规的规定和双方的约定收集、使用信息。经营者及其工作人员对收集的消费者个人信息必须严格保密,不得泄露、出售或者非法向他人提供。经营者应当采取技术措施和其他必要措施,确保信息安全,防止消费者个人信息泄露、丢失。在发生或者可能发生信息泄露、丢失的情况时,应当立即采取补救措施。经营者未经消费者同意或者请求,或者消费者明确表示拒绝的,不得向其发送商业性信息。

四、争议的解决及法律责任

(一)争议的解决

《消费者权益保护法》第39条规定,消费者和经营者发生消费者权益争议的,可以通过下列途径解决:(1)与经营者协商和解;(2)请求消费者协会或者依法成立的其他调解组织调解;

(3)向有关行政部门投诉;(4)根据与经营者达成的仲裁协议提请仲裁机构仲裁;(5)向人民法院提起诉讼。

根据《消费者权益保护法》的规定,违反消费者权益保护法而应承担损害赔偿责任的责任主体,按以下方法确定:

1. 消费者在购买、使用商品时,其合法权益受到损害的,可以向销售者要求赔偿。销售者赔偿后,属于生产者的责任或者属于向销售者提供商品的其他销售者的责任的,销售者有权向生产者或者其他销售者追偿。消费者或者其他受害人因商品缺陷造成人身、财产损害的,可以向销售者要求赔偿,也可以向生产者要求赔偿。消费者在接受服务时,其合法权益受到损害的,可以向服务者要求赔偿。

2. 消费者在购买、使用商品或者接受服务时,其合法权益受到损害,因原企业分立、合并的,可以向变更后承担其权利义务的企业要求赔偿。

3. 使用他人营业执照的违法经营者提供商品或者服务,损害消费者合法权益的,消费者可以向其要求赔偿,也可以向营业执照的持有人要求赔偿。

4. 消费者在展销会、租赁柜台购买商品或者接受服务,其合法权益受到损害的,可以向销售者或者服务者要求赔偿。展销会结束或者柜台租赁期满后,也可以向展销会的举办者、柜台的出租者要求赔偿。展销会的举办者、柜台的出租者赔偿后,有权向销售者或者服务者追偿。

5. 网络交易平台的损害赔偿。消费者通过网络交易平台购买商品或者接受服务,其合法权益受到损害的,可以向销售者或者服务者要求赔偿。网络交易平台提供者不能提供销售者或者服务者的真实名称、地址和有效联系方式的,消费者也可以向网络交易平台提供者要求赔偿;网络交易平台提供者作出更有利于消费者的承诺的,应当履行承诺。网络交易平台提供者赔偿后,有权向销售者或者服务者追偿。网络交易平台提供者明知或者应知销售者或者服务者利用其平台侵害消费者合法权益,未采取必要措施的,依法与该销售者或者服务者承担连带责任。

6. 消费者因经营者利用虚假广告或者其他虚假宣传方式提供商品或者服务,其合法权益受到损害的,可以向经营者要求赔偿。广告的经营者、发布者发布虚假广告的,消费者可以请求行政主管部门予以惩处。广告经营者、发布者不能提供经营者的真实名称、地址和有效联系方式的,应当承担赔偿责任。广告经营者、发布者设计、制作、发布关系消费者生命健康的商品或者服务的虚假广告,造成消费者损害的,应当与提供该商品或者服务的经营者承担连带责任。

(二)法律责任

1. 经营者承担的民事责任。《消费者权益保护法》第48条对经营者违法应承担的民事责任作了概括性规定,其内容为:经营者提供商品或者服务有下列情形之一的,除本法另有规定外,应当依照有关法律、法规的规定,承担民事责任:(1)商品或者服务存在缺陷的;(2)不具备商品应当具备的使用性能而出售时未作说明的;(3)不符合在商品或者其包装上注明采用的商品标准的;(4)不符合商品说明、实物样品等方式表明的质量状况的;(5)生产国家明令淘汰的商品或者销售失效、变质的商品的;(6)销售的商品数量不足的;(7)服务的内容和费用违反约定的;(8)对消费者提出的修理、重作、更换、退货、补足商品数量、退还货款和服务费用或者赔偿损失的要求,故意拖延或者无理拒绝的;(9)法律、法规规定的其他损害消费者权益的情形。经营者对消费者未尽到安全保障义务,造成消费者损害的,应当承担侵权责任。

《消费者权益保护法》还对经营者应承担的民事责任作了具体的规定,这些内容包括:(1)经营者提供商品或者服务,造成消费者或者其他受害人人身伤害的,应当赔偿医疗费、护理费、交通费等为治疗和康复支出的合理费用,以及因误工减少的收入。造成残疾的,还应当赔偿残疾生活辅助具费和残疾赔偿金。造成死亡的,还应当赔偿丧葬费和死亡赔偿金。(2)经营者侵害消费者的人格尊严、侵犯消费者人身自由或者侵害消费者个人信息依法得到保护的权利的,应当停止侵害、恢复名誉、消除影响、赔礼道歉,并赔偿损失。(3)经营者有侮辱诽谤、搜查身体、侵犯人身自由等侵害消费者或者其他受害人人身权益的行为,造成严重精神损害的,受害人可以要求精神损害赔偿。(4)经营者提供商品或者服务,造成消费者财产损害的,应当依照法律规定或者当事人约定承担修理、重作、更换、退货、补足商品数量、退还货款和服务费用或者赔偿损失等民事责任。(5)经营者以预收款方式提供商品或者服务的,应当按照约定提供。未按照约定提供的,应当按照消费者的要求履行约定或者退回预付款;并应当承担预付款的利息、消费者必须支付的合理费用。(6)依法经有关行政部门认定为不合格的商品,消费者要求退货的,经营者应当负责退货。(7)经营者提供商品或者服务有欺诈行为的,应当按照消费者的要求增加赔偿其受到的损失,增加赔偿的金额为消费者购买商品的价款或者接受服务的费用的3倍;增加赔偿的金额不足500元的,为500元。法律另有规定的,依照其规定(如《食品安全法》规定,赔偿的金额不足1000元的,为1000元)。经营者明知商品或者服务存在缺陷,仍然向消费者提供,造成消费者或者其他受害人死亡或者健康严重损害的,受害人除有权要求经营者依照法律规定赔偿损失外,有权要求所受损失2倍以下的惩罚性赔偿。

2. 经营者承担的行政责任。《消费者权益保护法》规定,经营者有下列情形之一,除承担相应的民事责任外,其他有关法律、法规对处罚机关和处罚方式有规定的,依照法律、法规的规定执行;法律、法规未作规定的,由工商行政管理部门(现为市场监督管理部门)责令改正,可以根据情节单处或者并处警告、没收违法所得、处以违法所得1倍以上10倍以下的罚款,没有违法所得的,处以50万元以下的罚款;情节严重的,责令停业整顿、吊销营业执照:(1)提供的商品或者服务不符合保障人身、财产安全要求的;(2)在商品中掺杂、掺假,以假充真,以次充好,或者以不合格商品冒充合格商品的;(3)生产国家明令淘汰的商品或者销售失效、变质的商品的;(4)不符合商品说明、实物样品等方式表明的质量状况的;(5)对消费者提出的修理、重作、更换、退货、补足商品数量、退还货款和服务费用或者赔偿损失的要求,故意拖延或者无理拒绝的;(6)侵害消费者人格尊严、侵犯消费者人身自由或者侵害消费者个人信息依法得到保护的权利的;(7)法律、法规规定的对损害消费者权益应当予以处罚的其他情形。经营者有上述违法行为的,除按照法律、法规规定予以处罚外,处罚机关应当记入信用档案,向社会公布。

经营者拒绝、阻碍有关行政部门工作人员依法执行职务,未使用暴力、威胁方法的,由公安机关依照《治安管理处罚法》的规定处罚。经营者对行政处罚决定不服的,可以自收到处罚决定之日起15日内向上一级机关申请复议;对复议决定不服的,可以自收到复议决定书之日起15日内向人民法院提起诉讼;也可以直接向人民法院提起诉讼。

3. 经营者承担的刑事责任。经营者违反《消费者权益保护法》规定，提供商品或服务，侵害消费者合法权益，构成犯罪的，依法追究刑事责任。

思考题

1. 我国反不正当竞争法规定了哪些不正当竞争行为？
2. 我国《反垄断法》调整的垄断行为有哪些？
3. 我国个人所得税法 2018 年修改的主要内容有哪些？
4. 我国税收征收管理法对税收保全和税收优先权是怎样规定的？
5. 产品质量法关于生产者的产品质量标示义务是怎样规定的？
6. 消费者权益保护法规定的消费者权利有哪些？权利实现的途径有哪些？
7. 消费者权益保护法对经营者承担损害赔偿责任的主体范围是怎样规定的？

第九章　刑　　法

第一节　刑 法 概 述

一、我国刑法的概念

刑法是国家制定的关于什么行为是犯罪和对犯罪者适用何种刑罚的法律规范的总称。

我国的刑法是中国特色社会主义法律体系中一个重要的法律部门。它反映我国广大人民的意志，是国家用来惩罚犯罪，保护社会主义制度和人民利益，保障改革开放和社会主义现代化建设顺利进行的有力武器。

中华人民共和国成立后，先后制定了一些单行刑事法律。1979 年 7 月 1 日第五届全国人民代表大会第二次会议通过、1980 年 1 月 1 日起施行的《刑法》是中华人民共和国第一部统一的刑法。其后又陆续制定了一些单行刑事法律。

1997 年 3 月 14 日，第八届全国人民代表大会第五次会议通过议案，对《刑法》进行了修订。修订后的《刑法》由 1979 年制定时的 192 条增加到 452 条，包括总则、分则两大部分和一个附则。总则是关于刑法任务、基本原则、适用范围以及关于犯罪和刑罚的一般原理的规范体系，是定罪量刑必须遵守的共同规则；分则是关于具体犯罪和具体法定刑的规范体系，是具体定罪量刑的标准。附则对一些已经纳入刑法的法律的适用问题作了规定。修订后的《刑法》自 1997 年 10 月 1 日施行以来，截至 2020 年 12 月 26 日，全国人大常委会曾先后 11 次以修正案的形式对其内容进行了部分修改，使之更加符合我国社会发展变化的需要。此外，1998 年全国人大常委会通过了《关于惩治骗购外汇、逃汇和非法买卖外汇犯罪的决定》，该决定也对我国《刑法》中的部分条文进行了修改，但在次数上没有入前述 11 次修正案。实践表明，这是符合我国国情的、统一的、比较完备的刑法典，它的实施，对进一步完善我国刑事法律制度乃至整个社会主义法治，都具有重要意义。

二、我国刑法的任务

《刑法》第 2 条对我国刑法的任务作了明确规定："中华人民共和国刑法的任务，是用刑罚同一切犯罪行为作斗争，以保卫国家安全，保卫人民民主专政的政权和社会主义制度，保护国有财产和劳动群众集体所有的财产，保护公民私人所有的财产，保护公民的人身权利、民主权利和其他权利，维护社会秩序、经济秩序，保障社会主义建设事业的顺利进行。"

用刑罚方法惩治犯罪，以同一切犯罪行为作斗争，是刑法区别于其他法律部门的特殊任务。但是，我国刑法不仅具有惩罚性的任务，同时还具有保卫性的任务。它惩罚犯罪是为了保卫国家安全,保卫人民民主专政的政权和社会主义制度,也是为了保护国家财产和劳动群众集体所有的财产,保护公民私人所有的财产,保护公民的人身权利、民主权利和其他权利,维护社会秩序、经济秩序,保障社会主义建设事业的顺利进行。刑法在实现其惩罚性任务的同时,也在有力地实现着它的保卫性的任务。由此可见,我国刑法的惩罚性任务和保卫性任务是紧密结合在一起、不可分割的。

三、我国刑法的基本原则

刑法的基本原则,是刑法制定、解释和适用必须严格遵守的具有全局性和根本意义的各项基本准则。依据《刑法》的规定,我国刑法的基本原则有三:罪刑法定原则、平等适用法律原则、罪刑相适应原则。

(一)罪刑法定原则

罪刑法定原则的基本含义是"法无明文规定不为罪""法无明文规定不处罚"。这一源出拉丁文的法律格言,是对罪刑法定原则含义的高度概括和准确揭示。

我国《刑法》第3条规定:"法律明文规定为犯罪行为的,依照法律定罪处刑;法律没有明文规定为犯罪行为的,不得定罪处刑。"这一规定表明了我国刑法罪刑法定原则的最终确立。按照这一规定,在我国,哪些行为是犯罪,应当处以什么刑罚,都必须以行为时法律有明文规定为限;刑法未规定禁止的行为就不能认为是犯罪,刑法未规定使用的刑罚就不能使用。

罪刑法定原则作为我国刑法的一项基本原则,它的精神贯穿刑法的全部内容。例如,刑法明确规定什么行为是犯罪,承担刑事责任应当具备的条件,刑罚的种类和具体运用的准则,各种具体犯罪的构成要件和量刑幅度,并且要求在认定犯罪、区分罪与非罪的界限和处罚犯罪时,必须严格依照刑法的有关规定办理。这些规定都是罪刑法定原则的重要体现。

(二)平等适用法律原则

公民在法律面前一律平等,是载入宪法的我国社会主义法治的一项重要原则。这一原则的基本含义和要求,本书第二章第三节中已作了介绍。

《刑法》第4条规定:"对任何人犯罪,在适用法律上一律平等。不允许任何人有超越法律的特权。"这一规定是上述宪法原则在刑法中的具体化。

我国刑法是社会主义刑法,反对一切特权。但由于历史和社会的各种原因,在刑法的适用中,看地位、重身份、讲关系等因人而异的执法情况仍然时有发生,致使我国刑法的公正性和严肃性受到不应有的损害。因此,刑法有必要重申法律面前人人平等的原则。也就是说,对任何人犯罪,不论其民族、种族、性别、职业、财产状况、教育程度、居住期限、宗教信仰有何差别,也不论其家庭出身、本人成分、社会地位、政治历史有何不同,在适用法律上必须一律平等,绝不允许任何人有超越法律的特权。

(三)罪刑相适应原则

罪刑相适应原则又称罪刑相当原则。《刑法》第5条规定:"刑罚的轻重,应当与犯罪分子所犯罪行和承担的刑事责任相适应。"这一规定准确地揭示了罪刑相适应原则的基本内涵。

罪刑相适应原则在《刑法》总则中的主要体现是:(1)确立了科学的刑罚体系。它按照各种刑罚方法的轻重,依序排列。每个刑罚方法既互相区别又互相衔接,结构严密,主附配合,能够适应各种不同情况的犯罪。(2)规定了刑事责任年龄和刑事责任能力,从而明确了承担刑事责任的前提条件。(3)根据各种犯罪形态的不同社会危害性,规定了轻重有别的处罚原则。例如,防卫过当、避险过当应当酌情减轻或者免除处罚,预备犯可比照既遂犯从轻、减轻或者免除处罚等。(4)根据犯罪人的主观恶性程度,规定了一系列刑罚制度,如累犯制度,自首、立功制度,缓刑制度,减刑制度,假释制度等。

罪刑相适应原则在《刑法》分则中的体现同样很明显,因为《刑法》分则体系的确立,包括各类犯罪的排列、法定刑的幅度等,其根据正是罪刑相适应原则。

罪刑相适应原则不仅应贯穿在刑法的制定上,而且也应贯穿在刑法的适用中。这就要求人民法院办理刑事案件,在定罪量刑时,应做到定罪准确,量刑适当,该重判的重判,该轻判的轻判,既不能重罪轻判,也不能轻罪重判。只有这样,才能实现刑罚的目的,有效地同犯罪行为进行斗争。

四、我国刑法的适用范围

刑法的适用范围即刑法的效力范围,是指刑法在什么地方适用(对地域的效力)、对什么人适用(对人的效力)和在什么时间内适用(时间效力)。我国《刑法》第6~12条对此作了明确规定。

(一)我国刑法对地域的效力

《刑法》第6条第1款规定:"凡在中华人民共和国领域内犯罪的,除法律有特别规定的以外,都适用本法。"这是维护国家主权和法制统一所必需的。根据这一规定,凡是在我国领域内犯罪的,不论行为人是中国人还是外国人,也不论受到侵害的是我国的权益还是外国的权益,只要法律没有特别规定,都适用我国刑法。同时,根据《刑法》第6条第2款的规定,在我国船舶内或航空器内犯罪,视为在我国领域内犯罪,也适用我国《刑法》。

所谓在我国领域内犯罪,根据《刑法》第6条第3款的规定,包括以下三种情况:(1)犯罪行为和结果都发生在我国领域以内;(2)犯罪行为发生在我国领域以内,犯罪结果发生在我国领域以外;(3)犯罪行为发生在我国领域以外,而犯罪结果发生在我国领域以内。

所谓"法律有特别规定的",主要是指:(1)《刑法》第11条关于享有外交特权和豁免权的外国人的刑事责任,通过外交途径解决的规定。(2)少数民族地区对刑法进行变通或者补充的特别规定。《刑法》第90条规定:"民族自治地方不能全部适用本法规定的,可以由自治区或者省的人民代表大会根据当地民族的政治、经济、文化的特点和本法规定的基本原则,制定变通或者补充的规定,报请全国人民代表大会常务委员会批准施行。"(3)《香港特别行政区基本法》和《澳门特别行政区基本法》中的有关规定。根据《香港特别行政区基本法》和《澳门特别行政区基本法》的规定,在港澳回归祖国后,我国现行法律大部分不适用于香港、澳门特别行政区,其中也包括《刑法》。(4)《刑法》施行后颁布的其他刑事法律中的特别规定。

(二)我国刑法对人的效力

我国公民在我国领域内犯罪的,当然适用我国《刑法》。我国公民在我国领域外犯我国《刑法》规定之罪的,根据《刑法》第7条的规定,适用我国刑法,但是按照我国刑法规定的最高刑为3年以下有期徒刑的,可以不予追究;至于我国国家工作人员和军人在我国领域以外犯我国刑法规定之罪的,则均应适用我国《刑法》。

外国人在我国领域内犯罪,除了符合《刑法》第11条的规定者外,一律适用我国《刑法》。至于外国人在我国领域以外对我国国家或我国公民犯罪的问题,《刑法》第8条规定,如果所犯之罪按我国刑法规定的最低刑为3年以上有期徒刑的，可以适用我国《刑法》，但是按照犯罪地的法律不受处罚的除外。

《刑法》第10条还规定，我国公民或外国人，凡在我国领域以外犯罪，依照我国《刑法》应当负刑事责任的，虽然经过外国审判，仍然可以按照我国《刑法》追究，但是在外国已经受过刑罚处罚的，可以免除或者减轻处罚。这一规定既坚持了国家主权原则，又表现出一定的灵活性。

改革开放以来，我国加入或者批准了一些旨在加强国际合作、有效地防止和惩处恐怖主义罪行的国际条约，如《关于制止非法劫持航空器的公约》《关于制止危害民用航空安全的非法行为的公约》《关于防止和惩处侵害应受国际保护人员包括外交代表的罪行的公约》等。为了使我国因加入或者批准这类条约而承担的国际义务同国内法有关刑事管辖权的规定衔接起来，《刑法》第9条规定，对于我国缔结或者参加的国际条约所规定的罪行，我国在所承担条约义务的范围内行使刑事管辖的，适用我国《刑法》。

（三）我国《刑法》的时间效力

《刑法》在时间上的效力，一般是始于其生效日，终于其废止日。

关于《刑法》能否适用于其施行以前所发生的行为，即《刑法》是否具有溯及既往的效力的问题，世界各国的刑事立法主要有四种原则：(1)从旧原则。新法（审判时法）的规定不溯及既往，发生在新法施行以前的行为，适用旧法（行为时法）的规定。(2)从新原则。新法的规定溯及既往，发生在新法施行以前的行为，适用新法的规定。(3)从旧兼从轻原则。新法原则上不溯及既往，发生在新法施行以前的行为，一般适用旧法的规定，但如适用新法的规定处罚较轻，则适用新法。(4)从新兼从轻原则。新法原则上溯及既往，发生在新法施行以前的行为，一般适用新法的规定，但如适用旧法的规定处罚较轻，则适用旧法。

我国《刑法》采用从旧兼从轻原则。根据《刑法》第12条的规定，对于中华人民共和国成立以后刑法施行以前的行为，分别按如下原则处理：如果当时的法律不认为是犯罪的，适用当时的法律（行为时法即旧法）；如果当时的法律认为是犯罪并且依照刑法关于追诉时效的规定应当追诉的，按照当时的法律（行为时法即旧法）追究其刑事责任，但是刑法不认为是犯罪或者处刑较轻的，适用新法即审判时法。

《刑法》第12条还规定，在《刑法》施行以前，依照当时的法律已经作出的生效判决，继续有效。

第二节 犯罪的本质和概念

一、犯罪的本质

犯罪并不是从来就有的，也不是永恒存在的，它是阶级社会特有的一种社会现象。马克思、恩格斯在《德意志意识形态》一书中指出：“犯罪——孤立的个人反对统治关系的斗争，和法一样，也不是随心所欲地产生的。相反地，犯罪和现行的统治都产生于相同的条件。”[1]也就

〔1〕《马克思恩格斯全集》（第3卷），人民出版社1960年版，第379页。

是说,犯罪和法律一样,都是阶级社会的产物,当人类社会出现了阶级和阶级对抗后,居于统治地位的阶级,为了维护自己的统治,镇压被统治阶级的反抗,就把某些危害本阶级利益的行为,以国家的名义宣布为犯罪,并施以刑罚。可见,犯罪这个概念,从其产生之日起,就同一定阶级的利益紧密地联系在一起,因而具有强烈的阶级性。

建立在生产资料私有制基础上的剥削制度,是产生犯罪的总根源。要消灭犯罪,就必须消灭剥削制度。列宁指出:"产生违反公共生活规则的捣乱行为的社会根源是群众受剥削和群众贫困。这个主要原因一消除,捣乱行为就必然开始消亡。"[2] 在资本主义制度下,由于存在滋生犯罪的总根源,所以尽管资产阶级国家从各个方面防范犯罪,犯罪现象不仅不能消灭,反而与日俱增。

我国是社会主义国家,由于我国现在还处在社会主义初级阶段,封建主义、资本主义的腐朽思想在社会上还有广泛影响,国际上敌对势力对我国的颠覆和破坏活动,也将是长期的和复杂的。因此,在我国还存在产生犯罪的社会阶级根源、思想根源和外部根源。

二、我国刑法中的犯罪概念

犯罪概念的问题是刑法中的一个根本性问题,刑法中的许多问题都同犯罪概念有着密切联系。我国刑法对于什么是犯罪作了科学的表述。《刑法》第 13 条规定:"一切危害国家主权、领土完整和安全,分裂国家、颠覆人民民主专政的政权和推翻社会主义制度,破坏社会秩序和经济秩序,侵犯国有财产或者劳动群众集体所有的财产,侵犯公民私人所有的财产,侵犯公民的人身权利、民主权利和其他权利,以及其他危害社会的行为,依照法律应当受刑罚处罚的,都是犯罪,但是情节显著轻微危害不大的,不认为是犯罪。"这是刑法对犯罪所下的定义。这一定义阐明了犯罪的阶级实质和基本特征,并且划分了罪与非罪的原则界限。

从上述的犯罪定义可以看出,犯罪具有以下三个基本特征:

1. 犯罪是危害社会的行为,即具有社会危害性。犯罪是一种行为,而不是单纯的思想活动,单纯的思想活动不能构成犯罪。同时,犯罪行为必须具有社会危害性,即对国家和人民造成或者可能造成一定的危害。不具有社会危害性的行为,不能认为是犯罪。而且,这种社会危害性还必须达到一定的程度。某种行为虽然具有社会危害性,但是情节轻微危害不大,也不认为是犯罪。行为的社会危害性的有无和大小,是认定犯罪,区分罪与非罪界限的根本依据。因而,这一特征是犯罪的最基本的、具有决定意义的特征。

2. 犯罪是违反刑法的行为,即具有刑事违法性。行为的社会危害性表现在法律上就是违法性,但是违法行为多种多样,并非都是犯罪,只有触犯刑法的行为才是犯罪。不应把一般的违法行为,如违反民法、经济法、行政法的行为,同触犯刑法的犯罪行为混同起来。

3. 犯罪是应受刑罚惩罚的行为,即具有应受刑罚惩罚性。各种违法行为,由于其社会危害性程度不同,国家对之采取的强制手段也不相同。刑罚是国家强制手段中最严厉的一种,某一行为只有当它的社会危害性比较严重,需要采取严厉的强制手段加以制裁时,国家才在刑法中规定为犯罪,处以刑罚。

---

[2] 《列宁选集》(第 3 卷),人民出版社 1960 年版,第 249 页。

第三节 犯 罪 构 成

一、犯罪构成的概念

犯罪构成就是依照我国《刑法》的规定，确定某种行为构成犯罪所必须具备的主观要件和客观要件的总和。

各个具体的犯罪都有其具体的构成要件。把各个具体犯罪的构成要件加以科学的抽象，就不难看出，一切犯罪都具有某些共同性的构成要件。这些共同性的构成要件，就是犯罪构成。

每一个犯罪构成都包括下列四个方面的共同要件：(1)犯罪客体；(2)犯罪客观方面；(3)犯罪主体；(4)犯罪主观方面。一个人的行为，必须同时具备这四个方面的要件，才能确定为犯罪，并据以追究行为人的刑事责任。缺少其中的任何一个方面的要件，都不构成犯罪，从而也就不能使行为人负刑事责任。所以，犯罪构成是刑事责任的基础。

二、犯罪客体

犯罪客体，是指刑法所保护的而为犯罪行为所侵害的社会主义社会关系。

犯罪行为之所以具有社会危害性，就是因为它们都在不同程度上侵害了我国的社会主义社会关系。然而，并非所有侵害社会主义社会关系的行为都是犯罪，只有当行为侵害到我国刑法所保护的社会主义社会关系时，才能认为是犯罪。

为刑法所保护的社会主义社会关系，只有当它受到犯罪行为的侵害时，才能成为犯罪客体。没有受到犯罪行为侵害的社会主义社会关系，不能成为犯罪客体。因此，没有犯罪行为就无所谓犯罪客体。

按照犯罪行为所侵犯的社会关系范围的不同，犯罪客体可分为一般客体、同类客体和直接客体。一般客体是指一切犯罪行为所共同具有的客体，它反映一切犯罪的共同本质。同类客体是指某一类的犯罪行为所共同具有的客体，它反映该类犯罪的共同本质。《刑法》分则把犯罪分为十类，就是根据同类客体划分的。直接客体是各个具体的犯罪行为所特有的客体，它反映该具体犯罪的特殊本质，是区分此罪与彼罪的主要根据之一。一个犯罪行为只有一个直接客体的叫简单客体，有两个以上直接客体的叫复杂客体。

应当把犯罪客体同犯罪对象区别开来。犯罪对象是犯罪行为侵害某种社会主义社会关系时直接遭受影响的人或物。犯罪行为的实质并不在于侵害了某一犯罪对象本身，而在于侵害了该对象所体现的社会关系。例如，某甲盗窃了某乙的手表，这里手表是犯罪对象，某乙对此手表的所有权这一社会关系才是犯罪客体。某甲的盗窃行为通常并不会使手表受到损害，受到损害的是某乙对这只手表的所有权。同一犯罪客体可以由不同的犯罪对象体现出来，如盗窃罪犯罪对象可以是人民币，也可以是其他物品。同一犯罪对象也可以体现不同的犯罪客体，如盗窃国家仓库中存放的电线和盗窃正在用于通讯的电线，犯罪对象都是电线，但是犯罪客体一个为国家财产所有权,一个为通讯方面的公共安全。

三、犯罪的客观方面

犯罪的客观方面,是指犯罪的行为和由这种行为所引起的危害社会的结果。

任何犯罪都必须是人的行为,没有行为,就没有犯罪可言。我国法律不承认所谓"思想犯罪"。这是因为仅仅是思想而没有行为,是不可能产生危害社会的结果的。马克思曾经指出:"凡是不以行为本身而以当事人的思想方式作为主要标准的法律,无非是对非法行为的公开认可。"[3]

犯罪行为的表现形式尽管多种多样,但是概括起来,不外乎作为、不作为这两种基本形式。作为就是用积极的行动实施为我国刑法所禁止的行为,多数犯罪行为采用的是作为的形式,而且有些犯罪只能用作为的形式才能完成,如盗窃罪、抢劫罪、强奸罪等。不作为就是负有特定义务实施某种行为而又能够履行这种义务的人,消极地不履行义务而造成危害社会的结果,如犯遗弃罪的行为就是采取不作为的形式。

犯罪结果是指犯罪行为对我国刑法所保护的客体造成的损害。在一般情况下,犯罪结果是否发生,是划分犯罪既遂和未遂的标准。而过失行为如果没有发生危害结果,就不能构成犯罪。但是某些犯罪,只要实施了某种行为,就认为是犯罪,至于它的结果如何,可以不必追问,如煽动颠覆国家政权罪、诽谤罪等。

在分析犯罪的客观方面时,必须查明行为和结果之间是否存在因果关系。刑法中的因果关系,是指犯罪行为与危害结果之间的内在的、合乎规律的联系。只有当犯罪行为与危害结果之间确实存在内在的、必然的联系时,才能使行为人担负刑事责任。同时还须注意,即使在客观上发生的危害结果同行为人的行为具有因果关系,但是,如果行为人在主观上没有故意或者过失,也不能要行为人对这一危害结果负刑事责任,否则将导致"客观归罪"的错误。

至于犯罪客观方面的其他一些因素,如犯罪的方法、地点和时间等,一般说来,并不是构成所有犯罪的共同要件,只有在刑法特别规定时,才成为某些犯罪构成的必要条件。

四、犯罪主体

犯罪主体是指实施犯罪行为,对自己的罪行依法应负刑事责任的人。根据我国刑法的规定,犯罪的主体应是:

1. 实施犯罪行为的人。不曾实施犯罪行为的人,不能成为犯罪主体。这里所说的实施犯罪行为的人,一般是指自然人,即有生命的人。但是,依据我国刑法,公司、企业、事业单位、机关、团体实施的危害社会的行为,法律规定为单位犯罪的,单位就是犯罪主体,应当负刑事责任。刑法对单位犯罪实行两罚原则,即对单位判处罚金,并对其直接负责的主管人员和其他直接责任人员判处刑罚。但是,《刑法》分则和其他法律另有规定的,从其规定。

2. 自然人作为犯罪主体,应达到刑事责任年龄。刑事责任年龄是指依照刑法的规定,一个人对其危害社会的行为,应负刑事责任的年龄。年幼者不具备辨认自己行为的性质和法律后果的能力。但人的辨认能力是随着年龄的增长而逐步增长的。因此,《刑法》规定,已满16周

---

〔3〕《马克思恩格斯全集》(第1卷),人民出版社1956年版,第16页。

岁的人犯罪,应当负刑事责任;已满14周岁不满16周岁的人,犯故意杀人、故意伤害致人重伤或者死亡、强奸、抢劫、贩卖毒品、放火、爆炸、投放危险物质罪的,应当负刑事责任。已满12周岁不满14周岁的人,犯故意杀人、故意伤害罪,致人死亡或者以特别残忍手段致人重伤造成严重残疾,情节恶劣,经最高人民检察院核准追诉的,应当负刑事责任。对依照上述规定追究刑事责任的不满18周岁的人,应当从轻或者减轻处罚。因不满16周岁不予刑事处罚的,责令其父母或者其他监护人加以管教;在必要的时候,依法进行专门矫治教育。

3. 自然人作为犯罪主体,应具有刑事责任能力。刑事责任能力可简称为责任能力。所谓具有责任能力,就是具有辨认和控制自己行为的能力。一般说来,人在达到一定的年龄后就具有这种能力。但是精神病人由于病理原因丧失了这种能力,责令他们对自己的危害社会的行为负刑事责任,是没有实际意义的。因此,刑法规定,精神病人在不能辨认或者不能控制自己行为的时候造成危害结果,经法定程序鉴定确认的,不负刑事责任,但是应当责令他的家属或者监护人严加看管和医疗;在必要的时候,由政府强制医疗。间歇性的精神病人在精神正常的时候犯罪,应当负刑事责任。尚未完全丧失辨认或者控制自己行为能力的精神病人犯罪的,应当负刑事责任,但是可以从轻或者减轻处罚。

酗酒是一种恶习。在醉酒的情况下,通常并不完全丧失辨认和控制自己行为的能力。因而刑法规定,醉酒的人犯罪,应当负刑事责任。

又聋又哑的人或者盲人,由于并未丧失辨认和控制自己行为的能力,因而对其犯罪行为应当负刑事责任,但是由于生理上的缺陷,他们在接受教育时受到很大的限制,所以刑法规定,又聋又哑的人或者盲人犯罪,可以从轻、减轻或者免除处罚。

犯罪主体可分为一般主体和特殊主体。只要具备上述三个条件的犯罪主体,就是一般主体。根据我国《刑法》的规定,在某些犯罪中,犯罪主体除了必须具备上述三个条件外,还必须具有特定的身份,只能由具有特定身份的人才能构成的犯罪主体,称为特殊主体,如军人违反职责罪的犯罪主体只能是军人。

五、犯罪的主观方面

犯罪的主观方面,是指犯罪的主体对自己实施的行为及其可能引起的危害社会的结果所具有的故意或者过失的心理状态。

我国刑法不承认"客观归罪",所以,不能仅仅由于某人实施了某种行为并因此而造成了危害社会的结果,就据以追究其刑事责任;只有当行为人同时具备犯罪的主观要件,即具备犯罪的故意或者过失时,才能使他负刑事责任。

《刑法》第14条规定:"明知自己的行为会发生危害社会的结果,并且希望或者放任这种结果发生,因而构成犯罪的,是故意犯罪。故意犯罪,应当负刑事责任。"

这一规定表明,故意犯罪有两种:一种是行为人明知自己的行为会发生危害社会的结果,并且希望这种结果的发生。这种故意在刑法理论上称为直接故意。例如,某甲想杀死某乙,他明知用枪射击某乙的头部会引起某乙死亡的结果,并且在希望这种结果发生的心理状态下,实施了射击行为,某甲的杀人行为就属于直接故意,犯罪活动绝大多数是出于直接故意。另一种是行为人明知自己的行为会发生危害社会的结果,并且放任这种结果的发生。这种故意在刑法理论上称为间接故意。例如,某丙与某丁有仇,欲放火烧某丁的住屋。他明知屋内某丁的老母亲卧病在床,放火烧屋会把老人烧死,但他在放任这种结果发生的心理状态下,把房屋烧了,结果老人被烧死,某丙烧死老人的行为就构成间接故意杀人罪。

无论是直接故意还是间接故意,行为人都明知自己的行为会发生危害社会的结果,所不同的是前者希望结果的发生,后者则放任结果的发生。由于两者在主观心理状态上的这种差别,它们的危害程度也就有所不同。一般说来,直接故意的犯罪比间接故意的犯罪危害性要大。

《刑法》第 15 条第 1 款规定:“应当预见自己的行为可能发生危害社会的结果,因为疏忽大意而没有预见,或者已经预见而轻信能够避免,以致发生这种结果的,是过失犯罪。”

这一规定表明,过失犯罪有两种:一种是行为人应当预见自己的行为可能发生危害社会的结果,因为疏忽大意而没有预见。这种过失在刑法理论上称为疏忽大意的过失。例如,汽车司机某甲出车时,由于疏忽大意,没有检查车辆的刹车,在行驶中因刹车不灵把某乙撞死。某甲的犯罪行为,就是出于疏忽大意的过失。另一种是行为人已经预见自己的行为可能发生危害社会的结果,但是轻信能够避免,却又未能避免,以致发生这种结果。这种过失在刑法理论上称为过于自信的过失。例如,汽车司机某丙出车时已发现刹车不灵,但他自恃驾驶技术高超,结果在途中由于刹车不灵把某丁撞死。某丙的行为就是过于自信的过失犯罪。

过于自信的过失和间接故意有类似之处,即两者都预见自己的行为可能发生危害社会的结果,但在过于自信的情况下,行为人对结果所抱的心理状态是轻信其能够避免;而在间接故意的情况下,行为人所抱的心理状态则是放任其发生。

过失犯罪虽然也造成危害社会的结果,但是由于过失犯罪人在主观上并没有危害社会的意图,因而在追究刑事责任时应当有别于故意犯罪。《刑法》第 15 条第 2 款规定:“过失犯罪,法律有规定的才负刑事责任。”

实际生活中常有这样的情况:某人的行为在客观上造成了一定的损害结果,但是这种结果的产生,行为人在主观上既无故意也无过失,而是由于不能抗拒或者不能预见的原因引起的。这在刑法理论上称为意外事件。刑法规定,对于意外事件,行为人不负刑事责任。

犯罪主观方面还包括犯罪的目的和动机等因素。犯罪的目的是指犯罪人通过实施犯罪行为所希望达到的结果。犯罪的目的只存在于直接故意的犯罪之中。在刑法中,有的犯罪把一定的犯罪目的作为其犯罪构成的必要条件,如贷款诈骗罪必须以非法占有为目的,赌博罪必须以营利为目的。犯罪的动机是指犯罪人实施犯罪行为的内心起因。例如,盗窃罪的目的是非法占有他人的财物,但是行窃的动机却可能不同,有的是为了贪图享受,过奢侈腐化的生活;个别的也可能是由于贫困,生活无着。由此可见,目的相同,动机可能不同,所以不应把两者混淆。在刑法中,犯罪的动机不是构成犯罪的必要条件,但是它可以反映行为人的主观恶性程度,对于正确量刑具有一定的意义。

第四节　正当防卫和紧急避险

一、正当防卫

正当防卫，是指为了使国家、公共利益、本人或者他人的人身、财产和其他权利免受正在进行的不法侵害，所采取的制止不法侵害，而对不法侵害人造成损害的行为。

正当防卫是一种同犯罪作斗争的合法行为。例如，为了免遭杀人犯的侵袭而将其击毙；妇女为了抵抗强奸而重伤强奸犯。显然，在这里，击毙杀人犯和重伤强奸犯，都是为了使公民的合法权益不受侵害。所以，正当防卫是一种排除社会危害的行为。它不仅不负刑事责任，而且应当受到鼓励。

根据刑法的规定，正当防卫应当具备下列条件：

1. 必须是对不法侵害行为才能实行防卫。所谓不法侵害行为，首先是指犯罪行为，同时也包括其他违法行为，如违反治安管理的行为等。不法侵害既包括对防卫人的人身和其他权利的不法侵害，也包括对国家、公共利益或者第三人的人身和其他权利的不法侵害。而且，这种不法侵害必须是实际存在的，而不是出于主观的想象或者推测。对于合法的行为，不允许实行防卫。例如，对于公安机关进行的合法的拘留或逮捕，被拘留或逮捕的人不得借口自由受到侵害而采取“防卫”行动。如果双方的行为都是非法的（如相互殴斗），双方都没有正当防卫的权利。

2. 必须是对正在进行的不法侵害行为才能实行防卫。所谓正在进行的不法侵害行为，是指已经开始的或者直接面临的不法侵害行为，而不是尚未开始的或者已经结束了的侵害行为。对于尚未开始的侵害行为或者已经结束的侵害行为，都不能实行正当防卫。

3. 必须是对实施不法侵害的人才能实行防卫。正当防卫的目的在于排除不法侵害，因此，防卫行为必须针对实施不法侵害的人，对于没有实施不法侵害的人就没有防卫可言。例如，某甲可以对正在殴打其父亲的某乙进行正当防卫，却不能借口“防卫”而加害在一旁观看的某乙之子。

4. 防卫行为不能明显超过必要的限度。所谓必要的限度，就是说防卫行为所造成的损害的大小和防卫所保护的利益的大小，应当大体上相适应。至于是否大体上相适应，则要根据案件的具体情况来判断。一般地说，可以用比较缓和的方法达到防卫目的的，就不应采用激烈的方法。但这并不是说，在正当防卫中对侵害人造成的损害必须小于防卫人遭受的损害。这是因为正当防卫是同犯罪作斗争的一种手段，而且对付正在进行的不法侵害，往往没有充分的时间来考虑究竟采取何种方法为宜，所以只要没有造成不应有的危害，就不宜对防卫人苛求。当然，正当防卫如果明显超过必要的限度，从而造成重大损害的，则应负刑事责任，但应当减轻或者免除处罚。

鉴于对正当防卫超过必要限度的规定比较笼统，在实际执行中随意性较大，曾出现过不少问题。比如，受害人在受到不法侵害时将歹徒打伤，不仅得不到保护，反而被以防卫过当追究刑事责任等。为了保护被害人的利益,鼓励见义勇为,刑法特地规定,对正在进行行凶、杀人、抢劫、强奸、绑架以及其他严重危及人身安全的暴力犯罪,采取防卫行为,造成不法侵害人伤亡的,不属于防卫过当,不负刑事责任。

二、紧急避险

紧急避险,是指为了使国家、公共利益、本人或者他人的人身、财产和其他权利免受正在发生的危险,不得已而采取的损害法律所保护的另一方利益的行为。

紧急避险虽然给国家、公共利益或者他人利益造成一定的损害,但它是在不得已的情况下采取的紧急措施,目的在于保护国家、集体或者公民更大的利益,因而它也是一种排除社会危害性的行为。刑法规定,紧急避险行为不负刑事责任。例如,为了避免匪徒的侵袭而破坏他人的门户,逃入避难;消防队员在救火中,为了防止火势蔓延,拆毁一所未被燃烧的房屋,就都是合法的,是对社会有益的行为。

根据刑法的规定,紧急避险应当具备下列条件:

1. 必须是为了避免国家、公共利益、本人或者他人的人身、财产和其他权利遭到危险而采取的。危险可能是来自人的行为(如匪徒的侵袭),也可能是来自自然界的力量(如水灾、火灾、风灾等),但是这种危险必须是实际存在的,而不是出于主观的想象或者推测。同时,避免遭受危险的,必须是法律所保护的利益。行为人所避免遭受损害的利益,如果不是法律所保护的,他的行为就不能认为是紧急避险。

2. 必须是正在发生危险的情况下采取的。对于已经过去的危险或者尚未到来的危险,都不能实行紧急避险。

3. 必须是不得已而采取的。也就是说,所采取的行动在当时的情况下是唯一能够避免危险的行动。如果尚有其他方法可以避免危险,就不能采取紧急避险的行为。

4. 紧急避险的行为不能超过必要的限度。这是因为紧急避险是以损害一种合法利益来保全另一种合法利益,这就要求被损害的利益必须小于被保全的利益。如果被损害的利益大于或者等于被保全的利益,就超过了紧急避险行为的必要限度。例如,为了保全自己的财产而损害他人价值更大的财产,为了保全自己的生命而牺牲他人的生命,就是超过了必要的限度,是同紧急避险的要求相违背的,也是社会主义道德所不允许的。紧急避险超过必要限度,造成不应有的损害的,应当负刑事责任,但应减轻或者免除处罚。

另外,还需要注意,根据刑法的规定,在职务上、业务上负有特定责任的人,不得因避免本人危险而实行紧急避险,所谓职务上、业务上负有特定责任的人,是指其所担任的职务或者其所从事的业务有同一定的危险作斗争的责任的人员。例如,人民警察负有维护社会治安的职责,不得因怕匪徒袭击而对正在作案的匪徒采取不闻不问的态度;正在救火的消防队员负有灭火的义务,不得因怕烈火烧身而逃离火灾现场。

从上述的正当防卫和紧急避险的概念和条件可以看出,正当防卫与紧急避险之间存在如下区别:(1)正当防卫只发生在受到不法侵害的场合;紧急避险既可以发生在由于人的违法行为所造成的危险的场合,也可以发生在由于自然界的力量所造成的危险的场合。(2)正当防卫行为只能施之于不法侵害者,并使他受到损害;紧急避险行为则是对第三者实行的,使第三者的合法权益受到损害。(3)正当防卫行为的方式并不一定是唯一可以采取的方式,紧急避险行为的方式必须是唯一可行的。(4)正当防卫所引起的损害通常只要求大体上同所避免的损害相适应;紧急避险则要求所引起的损害必须小于所避免的损害。

第五节　故意犯罪过程中的犯罪形态

一、故意犯罪过程中犯罪形态的概念

故意犯罪过程,是指故意犯罪由犯罪的预备,经犯罪的实施,到犯罪完成的过程。故意犯罪过程中的犯罪形态,是指故意犯罪在其发展过程的不同阶段所发生的犯罪行为的形态。

在刑法理论上,故意犯罪过程中的犯罪形态表现为两种类型:一是犯罪的完成形态,即犯罪的既遂;二是犯罪的未完成形态,即犯罪预备、犯罪未遂和犯罪中止。

犯罪未完成形态不是在任何犯罪中都存在的,它受犯罪构成主客观要件的限制。从主观要件看,过失犯罪和间接故意犯罪都不存在犯罪未完成形态。从客观要件看,只要着手实施一定的行为,其犯罪构成就完全具备的犯罪,不存在犯罪未遂和在实行阶段中的犯罪中止,但可能存在犯罪预备和预备阶段中的犯罪中止。

故意犯罪过程中的各种犯罪形态,由于主客观要件的不同,其社会危害性的程度很不一致,因而刑法对于不同的犯罪形态规定了不同的刑事责任。

二、犯罪的预备

为了犯罪,准备工具、制造条件的,是犯罪预备。

犯罪预备行为的形式是多样的。我国《刑法》把它概括为两大类:一类是准备工具。例如,为了杀人而备置凶器,为了盗窃而备置钥匙。这是比较常见的犯罪预备行为。另一类是制造条件。它包括除准备工具外所有的犯罪预备行为,如事先察看犯罪地点,寻找共同犯罪人,排除犯罪障碍,等等。

刑法之所以规定要处罚犯罪的预备行为,是因为处在犯罪预备阶段的犯罪人,对犯罪结果的出现抱着积极的心理状态,一旦准备就绪,就要着手实行犯罪,如果不是出于犯罪人意志以外的原因使其不能继续实施犯罪行为,就必然会产生危害社会的结果。但是,从犯罪的预备到犯罪的既遂之间还有一个过程,犯罪的预备行为毕竟还没有使犯罪的客体受到实际损害。从这个意义上说,它的社会危害性既小于犯罪的既遂,也小于犯罪的未遂。因而,刑法规定,对于预备犯,可以比照既遂犯从轻、减轻处罚或者免除处罚。

犯罪预备不同于犯意表示。前者是有行为的,后者则只是流露出某种犯罪思想。只有思想而无行为,是不会产生危害社会的结果的。犯意表示由于缺乏犯罪构成的客观要件,不能构成犯罪。

三、犯罪的未遂和既遂

已着手实行犯罪,由于犯罪分子意志以外的原因而未得逞的,是犯罪未遂。犯罪未遂具有

以下几个特征:

1. 犯罪人已经着手实行犯罪。例如,杀人犯正在持刀行凶,盗窃犯正在撬门砸锁。犯罪未遂的这一特征把它同犯罪的预备区别开来。

2. 犯罪未能得逞。所谓未能得逞,是指犯罪人的犯罪意图未能实现,从而没有具备构成某个具体犯罪的全部要件。例如,杀人未死,诈骗未成。犯罪未遂的这一特征把它同犯罪的既遂区别开来。

3. 犯罪之所以未能得逞,是出于犯罪人意志以外的原因。例如,杀人时遇到抵抗或外力干涉,投毒后被人发觉,行窃时被当场捕获等。犯罪未遂的这一特征把它同犯罪的中止区别开来。

犯罪未遂是已经着手实行犯罪,它的危害性显然大于犯罪预备,所以法律没有免除处罚的规定。但是未遂犯所造成的危害,一般说来要小于既遂犯,因而刑法规定,对于未遂犯,可以比照既遂犯从轻或者减轻处罚。

犯罪的既遂,是指犯罪人的行为已经具备了构成某一具体犯罪的全部法定要件。在通常情况下,犯罪的既遂是以已经发生了犯罪人预期的危害社会的结果为标志的。但是,有些犯罪,只要犯罪人实施了某种行为,就应认为是既遂。例如,只要实施了以造谣、诽谤或者其他方式煽动颠覆国家政权,推翻社会主义制度的行为,虽然群众没有为其所惑,这种行为仍构成煽动颠覆国家政权罪的既遂。

对既遂犯的处罚,我国《刑法》分则都作了明确的规定。

四、犯罪的中止

在犯罪过程中,自动放弃犯罪或者自动有效地防止犯罪结果发生的,是犯罪中止。

犯罪中止有两种情况:一种是自动放弃犯罪行为,从而避免了犯罪结果的发生;另一种是虽然已经实施完了某种犯罪行为,但在犯罪结果发生以前,主动有效地防止了犯罪结果的发生。

属于第一种情况的犯罪中止,应当具备下列两个条件:(1)必须是在犯罪过程中放弃犯罪行为。所谓在犯罪过程中,是指犯罪尚处在预备或者着手实行的阶段。一旦已经发生了犯罪的结果,犯罪已属既遂,也就谈不上犯罪的中止了。(2)必须是自动放弃犯罪的行为。所谓自动放弃,也就是说,虽然在客观上或者在犯罪人的主观认识上都有完成犯罪的条件和可能,而犯罪人出于自己的意志,主动地停止了犯罪的行为。如果是由于客观上存在障碍(例如,犯罪人在射击时,因扳机发生故障,子弹未能射出),或者是犯罪人在主观上认为已不具备完成犯罪的条件(例如,犯罪人潜入他人住宅行窃,忽闻脚步声,以为屋主返回,慌忙逃遁),不得已而停止了犯罪行为,则不应认为是犯罪中止,而应视其停顿在哪一阶段,按犯罪预备或者犯罪未遂处理。

属于第二种情况的犯罪中止,必须是有效地防止了犯罪结果的发生。犯罪中止的关键,就在于不使危害社会的结果发生。某些犯罪,从实施完了犯罪行为到犯罪结果发生之间,在时间上尚有一段距离。在此期间,如果犯罪人主动地采取有效措施,防止了犯罪结果的发生,仍属犯罪中止。例如,某甲投毒杀害某乙,在某乙服了毒药后,某甲幡然悔悟,主动送某乙到医院抢救,使之脱离了危险,某甲的行为应视为犯罪的中止。但是,如果虽经抢救,却未能避免某乙的死亡,则应按犯罪既遂论处。不过某甲的行为在量刑时应予考虑。

中止犯的主观恶性和对于社会的危害程度都比较小,甚至已不复存在。为了鼓励犯罪分子中止其犯罪活动,刑法规定,对于中止犯,没有造成损害的,应当免除处罚;造成损害的,应当减轻处罚。

第六节 共同犯罪

一、共同犯罪的概念

共同犯罪通常比单个人实施犯罪具有更大的社会危害性。为了同共同犯罪作有效的斗争,首先要正确理解什么是共同犯罪。

共同犯罪是指两人以上共同故意犯罪。构成共同犯罪应具备下列要件:

1. 犯罪主体必须是两个或者两个以上的达到刑事责任年龄、具有刑事责任能力的人。单个人实施犯罪不可能是共同犯罪。实施危害社会的行为的人虽是两人或者两人以上,如果其中只有一人是达到刑事责任年龄、具有刑事责任能力的人,也不能构成共同犯罪。

2. 各个共同犯罪的人必须具有共同的犯罪行为。所谓共同的犯罪行为,是指共同犯罪人在实施某一犯罪时,各个人的具体活动虽然可能存在分工的不同或者参与程度的不同,但都是指向同一犯罪目标,彼此互相配合,互为条件,对所发生的危害结果都存在因果关系。例如,甲乙丙三人合谋杀害丁,甲备置了凶器,乙把丁骗到了郊外,丙下手行凶。他们三人的具体分工虽有不同,但在同一目标下,三人紧密配合,形成了共同的犯罪行为。

3. 各个共同犯罪人必须具有共同的犯罪故意。所谓共同的犯罪故意,是指不仅各个共同犯罪人对自己所实施的行为及其危害结果都抱有故意的心理状态,而且各个共同犯罪人还知道其他的人也在和自己一起实施着某种犯罪。只有这样,才能使各个犯罪人的活动形成一个共同的犯罪行为。

正因为构成共同犯罪必须具有共同的犯罪故意,所以刑法规定,两人以上共同过失犯罪,不以共同犯罪论处;应当负刑事责任的,按照他们所犯的罪分别处罚。

二、共同犯罪的形式

在刑法理论上,可以根据不同的分类标准,将共同犯罪的形式作不同的分类。

1. 任意的共同犯罪和必要的共同犯罪。凡是按照《刑法》分则的规定,能够由一人单独实施的犯罪,而由数人共同实施的,为任意的共同犯罪;反之,如果《刑法》分则规定必须由两人以上实施才能构成犯罪的,为必要的共同犯罪。必要的共同犯罪包括:聚合性共同犯罪,如聚众斗殴罪;集团性共同犯罪,如组织、领导、参加黑社会性质组织罪;对向性共同犯罪,如行贿罪和受贿罪。

2. 事前通谋的共同犯罪和事前无通谋的共同犯罪。凡是共同犯罪人在着手实行犯罪之前,就已形成了共同的犯罪故意的,为事前通谋的共同犯罪;如果共同的犯罪故意是在共同犯罪人刚着手实行犯罪或者在实行犯罪的过程中形成的,为事前无通谋的共同犯罪。两者相比,事前通谋的共同犯罪是较为普遍也较为危险的共同犯罪形式。

3. 简单的共同犯罪和复杂的共同犯罪。凡是两人以上共同直接实行犯罪,为简单的共同犯罪;如果在共同犯罪人之间存在教唆、实行、帮助等分工的,为复杂的共同犯罪。复杂的共同犯罪,由于各共同犯罪人在共同犯罪活动中分工不同,参与程度不同,起的作用不同,需要根据不同情况,区别对待,以正确地解决各人的刑事责任问题。

4. 一般的共同犯罪和犯罪集团。凡是没有特殊组织形式的共同犯罪,为一般的共同犯罪;如果是有组织的共同犯罪,为犯罪集团。犯罪集团是指三人以上为共同实施犯罪而组成的较为固定的犯罪组织。我国刑法中规定的犯罪集团,包括一般犯罪集团(如盗窃集团、走私集团等)和黑社会性质组织犯罪集团。黑社会性质的组织应当同时具备下列特征:(1)形成较稳定的犯罪组织,人数较多,有明确的组织者、领导者,骨干成员基本固定;(2)有组织地通过违法犯罪活动或者其他手段获取经济利益,具有一定的经济实力,以支持该组织的活动;(3)以暴力、威胁或者其他手段,有组织地多次进行违法犯罪活动,为非作恶,欺压、残害群众;(4)通过实施违法犯罪活动,或者利用国家工作人员的包庇或者纵容,称霸一方,在一定区域或者行业内,形成非法控制或者重大影响,严重破坏经济、社会生活秩序。

犯罪集团是一种最危险的共同犯罪形式,历来是我国刑法打击的重点。对于黑社会性质组织犯罪集团,更应当加强打击的力度。

三、共同犯罪人的种类及其刑事责任

刑法根据共同犯罪人在共同犯罪中所起的作用,把共同犯罪人分为主犯、从犯、胁从犯、教唆犯四种,并且对这四种人规定了不同的刑事责任。

1. 主犯。凡组织、领导犯罪集团进行犯罪活动的或者在共同犯罪中起主要作用的,是主犯。在犯罪集团或者聚众犯罪中起组织、策划、指挥作用的人,称为首要分子,首要分子当然是主犯。在犯罪集团或者一般共同犯罪中起主要作用的人,也是主犯。在共同犯罪中,主犯可能只有一人,也可能不止一人,是否为主犯,应根据犯罪分子在共同犯罪中所起的实际作用来决定。对于主犯,应当按照其所参与的或者组织、指挥的全部犯罪处罚。对于组织、领导犯罪集团的首要分子,应当按照集团所犯的全部罪行处罚,而不管他是否直接参与或者实施了某项犯罪活动。对于犯罪集团的首要分子不得适用缓刑。

2. 从犯。凡在共同犯罪中起次要或者辅助作用的,是从犯。从犯在共同犯罪中的活动通常表现为提供犯罪工具,指示犯罪目标或创造犯罪机会,排除犯罪障碍,事前同意在事后隐匿罪犯、罪证或者毁灭罪证等。对于从犯,应当从轻、减轻处罚或者免除处罚。

3. 胁从犯。被胁迫参加犯罪的,是胁从犯。被胁迫者须未完全丧失意志自由,方能构成胁从犯。如果是在身体受到强制的情况下完全丧失掉了意志自由,或者是完全受骗根本不知道自己参加的是犯罪活动,那就不是共同犯罪,不构成胁从犯。对于胁从犯,应当按照其犯罪情节,减轻处罚或者免除处罚。

4. 教唆犯。教唆他人犯罪的,是教唆犯。构成教唆犯必须具备两个条件:主观方面必须具有教唆他人犯罪的故意;客观方面必须具有教唆他人犯罪的行为。教唆的方法是多样的,如利诱、挑拨、劝说、授意、怂恿、威逼等。至于被教唆人是否接受教唆,实施所教唆的犯罪,并不影

响教唆犯的成立。因而,教唆犯也可以构成单独犯罪。对于教唆犯,应当按照他在共同犯罪中所起的作用处罚,教唆不满18周岁的人犯罪的,应当从重处罚;如果被教唆的人没有犯被教唆的罪,对于教唆犯可以从轻或者减轻处罚。

第七节 刑罚的概念和目的

一、刑罚的概念

刑罚是审判机关以国家的名义,对犯罪分子实行惩罚的一种强制方法。

我国是人民民主专政的社会主义国家。我国的刑罚是人民法院代表国家对犯罪分子适用的一种惩罚性的强制方法,它是打击犯罪、保护人民、保卫改革开放和社会主义现代化建设的有力武器。

在我国,刑罚作为国家强制方法的一种,同其他的国家强制方法,诸如行政性的强制方法、民事上的强制方法、诉讼程序中的强制方法等,有着重大区别:

1. 刑罚是一种最严厉的强制方法。它不仅可以剥夺被判刑人的政治权利和财产权利,而且可以有期或无期地剥夺被判刑人的人身自由,甚至可以剥夺其生命。刑罚强制的严厉程度,是其他任何国家强制方法所不及的。

2. 刑罚只能对犯罪分子适用。对于违反党纪、政纪或者行政法、民法、经济法等法律的人,只要没有构成犯罪,都不能适用刑罚这种强制方法,而只能分别给予纪律处分、行政处分或者民事制裁、经济制裁。

3. 刑罚只能由人民法院代表国家依法适用。其他任何国家机关、团体或个人,都无权适用刑罚。

二、刑罚的目的

刑罚的目的是指人民法院代表国家对犯罪分子适用刑罚所希望收到的效果。刑罚本身虽然具有惩罚的性质,但社会主义国家对犯罪分子适用刑罚,并非为惩罚而惩罚,而是从工人阶级改造社会的历史使命出发,寓教于罚,罚教结合,以达到预防犯罪、减少犯罪并最终消灭犯罪的目的。

预防犯罪包括特殊预防和一般预防两个方面。

特殊预防是指预防犯罪分子本人重新犯罪,即通过适用刑罚,对犯罪分子实行教育改造,使之改恶从善,不再危害社会。至于对极少数罪大恶极的犯罪分子适用死刑,使之不可能继续危害社会,也是一种特殊预防,不过这在特殊预防中只占极小的比例。

一般预防是指通过惩罚犯罪,警戒社会上的不稳定分子,防止他们走上犯罪的道路。同时,通过适用刑罚,还可以提高人民群众的警惕性和维护社会主义法治的自觉性,鼓励人们同犯罪行为进行斗争,形成预防犯罪的广泛的社会力量。

特殊预防和一般预防是密切结合、相辅相成、不可偏废的。人民法院对每一个犯罪分子适用刑罚,既是为了达到特殊预防的目的,也是为了达到一般预防的目的,忽视或者片面强调其中任何一个方面,都是不正确的。

第八节 刑罚的体系和种类

一、我国刑罚的体系

刑罚的体系,是指刑法所规定的并按一定次序排列的各种刑罚方法的总和。刑罚的体系取决于国家的性质。我国的国家性质决定了我国刑罚的体系是在总结国家运用刑罚同犯罪作斗争的经验的基础上确立起来的。

我国的刑罚分为主刑和附加刑两大类。主刑包括管制、拘役、有期徒刑、无期徒刑、死刑。附加刑包括罚金、剥夺政治权利、没收财产。主刑只能独立适用。附加刑既可以独立适用,也可以同主刑合并适用。此外,对于犯罪的外国人,可以独立适用或者附加适用驱逐出境。

因利用职业便利实施犯罪,或者实施违背职业要求的特定义务的犯罪被判处刑罚的,人民法院可以根据犯罪情况和预防再犯罪的需要,禁止其自刑罚执行完毕之日或者假释之日起5年内从事相关职业。

为了缩小判刑面,扩大教育面,我国刑法还规定,对于犯罪情节轻微不需要判处刑罚的,可以免予刑事处分,但是可以根据案件的不同情况,予以训诫或者责令具结悔过、赔礼道歉、赔偿损失,或者由主管部门予以行政处罚或者行政处分。

二、主刑

(一)管制

管制是对犯罪分子不实行关押,但是限制其一定的自由,依法实行社区矫正的一种刑罚。

管制是我国在同犯罪作斗争过程中创立的一个独特的刑种,它适用于罪行较轻,不需要关押的犯罪分子。

对判处管制的犯罪分子,依法实行社区矫正。判处管制,可以根据犯罪情况,同时禁止犯罪分子在执行期间从事特定活动,进入特定区域、场所,接触特定的人。

关于禁止令的具体内容,最高人民法院、最高人民检察院、公安部、司法部联合发布了《关于对判处管制、宣告缓刑的犯罪分子适用禁止令有关问题的规定(试行)》,该规定指出,人民法院可以根据犯罪情况,禁止判处管制、宣告缓刑的犯罪分子在管制执行期间、缓刑考验期限内进入以下一类或者几类区域、场所:一是禁止进入夜总会、酒吧、迪厅、网吧等娱乐场所;二是未经执行机关批准,禁止进入举办大型群众性活动的场所;三是禁止进入中小学校区、幼儿园园区及周边地区,确因本人就学、居住等原因,经执行机关批准的除外;四是其他确有必要禁止进入的区域、场所。

管制期限为3个月以上2年以下,数罪并罚时最高不得超过3年。管制的刑期从判决执行之日起计算;判决执行前先行羁押的,羁押1日折抵刑期2日。

被判处管制的犯罪分子,在管制执行期间应当遵守法律、行政法规,服从监督;未经执行机关批准,不得行使言论、出版、集会、结社、游行、示威自由的权利;按照执行机关规定报告自己的活动情况;遵守执行机关关于会客的规定;离开所居住的市、县或者迁居,应当报经执行机关批准。

对于被判处管制的犯罪分子,在劳动中应当同工同酬。被判处管制的犯罪分子,管制期满,执行机关即应向本人和其所在单位或者居住地的群众宣布解除管制。

(二)拘役

拘役是对犯罪分子短期剥夺其人身自由的一种刑罚。

拘役适用于罪行较轻而又需要短期关押的犯罪分子。拘役的期限为1个月以上6个月以下,数罪并罚的时间不超过1年。拘役的刑期从判决执行之日起计算;判决执行以前先行羁押的,羁押1日折抵刑期1日。被判处拘役的犯罪分子,由公安机关就近执行。在执行期间,被判处拘役的犯罪分子每月可以回家1~2天;参加劳动的,可以酌量发给报酬。

(三)有期徒刑

有期徒刑是在一定期限内将犯罪分子加以监禁,剥夺其人身自由并实行劳动改造的一种刑罚。

有期徒刑的刑期为6个月以上15年以下,在死刑缓期执行减为有期徒刑或者数罪并罚的时候,可以达到25年。有期徒刑的刑期从判决执行之日起计算;判决执行以前先行羁押的,羁押1日折抵刑期1日。

由于刑期幅度较大,有期徒刑可以广泛适用于各类犯罪。

被判处有期徒刑的犯罪分子,在监狱或者其他执行场所执行;凡有劳动能力的,都应当参加劳动,接受教育和改造。

(四)无期徒刑

无期徒刑是剥夺犯罪分子终身自由,对其实行强制劳动改造的一种刑罚。

无期徒刑适用于那些罪行严重,但不够判处死刑,且要永久与社会隔离的犯罪分子。被判处无期徒刑的犯罪分子,在监狱或者其他执行场所执行;凡有劳动能力的,都应当参加劳动,接受教育和改造。在服刑期间如果确有悔改或者立功表现,在执行了一定时期之后,可以依法得到减刑或者假释。

(五)死刑

死刑是剥夺犯罪分子生命的刑罚。

死刑是刑罚中最严厉的惩罚方法,只适用于罪行极其严重的犯罪分子。我国对死刑采取谨慎适用、尽量少杀、严格复核的方针。刑法和刑事诉讼法分别对死刑的适用条件和复核程序作了严格的规定。经过几次修订,我国刑法中的死刑罪名已大量减少。

《刑法》还规定,犯罪的时候不满18周岁的人和审判的时候怀孕的妇女,不适用死刑;审判的时候已满75周岁的人,不适用死刑,但是以特别残忍手段致人死亡的除外。死刑除依法由最高人民法院判决的以外,都应当报请最高人民法院核准。

我国《刑法》还规定了"死缓"制度,即对应当判处死刑的犯罪分子,如果不是必须立即执行的,可以判处死刑同时宣告缓期2年执行。被判处死缓的罪犯,在死刑缓期执行期间,如果没有故意犯罪,2年期满以后,减为无期徒刑;如果确有重大立功表现,2年期满以后,减为25年有期徒刑;如果故意犯罪,情节恶劣的,报请最高人民法院核准后执行死刑;对于故意犯罪未执行死刑的,死刑缓期执行的期间重新计算,并报最高人民法院备案。

对于被判决死刑缓期执行的累犯以及因故意杀人、强奸、抢劫、绑架、放火、爆炸、投放危险物质或者有组织的暴力性犯罪被判处死刑缓期执行的犯罪分子,人民法院根据犯罪情节等情况可以同时决定对其限制减刑。

"死缓"制度是我国刑罚制度方面的一项重大创举,它充分体现了社会主义的人道主义精神。

三、附加刑

(一)罚金

罚金是强制犯罪分子或者犯罪单位向国家缴纳一定数额金钱的一种刑罚。

罚金主要适用于贪财图利或者与财产有关的犯罪,但也可以适用于某些妨害社会管理秩序的犯罪,如妨害公务罪、妨害国境卫生检疫罪等。对犯罪分子判处罚金,可以附加适用,也可以单独适用。单独适用只限于罪行较轻、《刑法》分则规定可以单独判处罚金的犯罪;《刑法》分则规定附加适用的,不得单独适用。

对犯罪单位判处罚金,只能单独适用,但是单位犯罪的,除了对单位判处罚金外,还要对其直接负责的主管人员和其他直接责任人员判处刑罚。

判处罚金,应当根据犯罪情节决定罚金数额。罚金在判决指定的期限内一次或者分期缴纳。期满不缴纳的,强制缴纳。对于不能全部缴纳罚金的,人民法院在任何时候发现被执行人有可以执行的财产,应当随时追缴。如果由于遭遇不能抗拒的灾祸等原因,缴纳确有困难的,经人民法院决定,可以延期缴纳、酌情减少或者免除。

(二)剥夺政治权利

剥夺政治权利是剥夺犯罪分子参加国家管理和政治活动权利的一种刑罚。

剥夺政治权利是指剥夺下列权利:(1)选举权和被选举权;(2)言论、出版、集会、结社、游行、示威自由的权利;(3)担任国家机关职务的权利;(4)担任国有公司、企业、事业单位和人民团体领导职务的权利。

剥夺政治权利既可以附加适用,也可以单独适用。对于危害国家安全的犯罪分子以及判处死刑或无期徒刑的犯罪分子,应当附加剥夺政治权利;对于故意杀人、强奸、放火、爆炸、投毒、抢劫等严重破坏社会秩序的犯罪分子,可以附加剥夺政治权利。单独判处剥夺政治权利,以《刑法》分则规定该种犯罪可以单独判处剥夺政治权利的为限。

单独判处剥夺政治权利的,或者判处有期徒刑、拘役附加剥夺政治权利的,剥夺政治权利的期限为1年以上5年以下。判处管制附加剥夺政治权利的,剥夺政治权利的期限与管制期限相等,同时执行。被判处死刑、无期徒刑的犯罪分子,应当剥夺政治权利终身。死刑缓期执行减为有期徒刑的或者无期徒刑减为有期徒刑的,应当把附加剥夺政治权利的期限改为3年以上10年以下。判处有期徒刑、拘役附加剥夺政治权利的刑期,从有期徒刑、拘役执行完毕之日或者从假释之日起计算;剥夺政治权利的效力当然适用于主刑执行期间。

被剥夺政治权利的犯罪分子,在执行期间,应当遵守法律、行政法规和国务院公安部门有关监督管理的规定,服从监督,不得行使被剥夺的各项政治权利。

（三）没收财产

没收财产是将犯罪分子个人所有的财产的一部分或者全部强制无偿地收归国有的一种刑罚。

没收财产主要适用于危害国家安全罪和情节严重的贪财图利的犯罪。没收财产只限于没收犯罪分子本人所有的财产。属于犯罪分子家属所有或者应有的财产，不得没收。没收犯罪分子全部财产的，应当对犯罪分子个人及其扶养的家属保留必需的生活费用。没收财产以前犯罪分子所负的正当债务，需要以没收的财产偿还的，经债权人请求，应当偿还。

（四）驱逐出境

驱逐出境是强迫犯罪的外国人离开中国国（边）境的刑罚。它只适用于犯罪的外国人，包括具有外国国籍的人和无国籍的人。它可以独立适用也可以附加适用。驱逐出境虽然是附加刑，但其适用并不具有普遍性。

《刑法》中规定的驱逐出境不同于《外国人入境出境管理法》中规定的驱逐出境，也不同于《治安管理处罚法》中规定的附加适用限期出境或者驱逐出境。《刑法》中规定的驱逐出境是一种刑罚，适用于在我国境内犯罪的外国人；《外国人入境出境管理法》中规定的驱逐出境和《治安管理处罚法》中规定的限期出境或者驱逐出境则是一种行政处罚，适用于违反入境出境管理规定的外国人或者违反治安管理的外国人。

第九节　刑罚的具体运用

一、量刑

（一）量刑的概念和一般原则

量刑，是指人民法院依法对犯罪分子裁量应当判处的刑罚。

在刑事案件的审判工作中，量刑占有十分重要的地位。只有正确量刑，才能充分发挥刑罚在打击敌人、惩罚犯罪、保护人民、保卫改革开放和现代化建设中的作用。

《刑法》第61条规定："对于犯罪分子决定刑罚的时候，应当根据犯罪的事实、犯罪的性质、情节和对于社会的危害程度，依照本法的有关规定判处。"这一规定表明，量刑必须遵循以事实为根据，以法律为准绳的原则。

以事实为根据，在量刑时必须首先查清犯罪的事实、性质、情节和对社会的危害程度。有无犯罪事实，是应否判刑的前提条件。没有犯罪事实，固然谈不上量刑的问题；犯罪事实不清，也不可能做到正确量刑。同时，各种犯罪对社会的危害程度，因其性质而异，即使是同一性质的犯罪，由于具体情节不同，量刑的轻重也会不同。因此，不把犯罪的事实、性质和情节等查清核实，量刑就会失去必要的根据，就会出现冤错案件。

以法律为准绳，在量刑时必须遵守我国刑法中规定的关于刑事责任的一系列原则，同时还要严格地遵守刑事法律中有关刑种和量刑幅度的规定，以及有关从重、从轻、减轻和免除处罚的规定。

(二)量刑的情节

量刑的情节是指人民法院在量刑时据以决定处刑轻重或者免除处罚的各种情况。量刑情节以是否由法律规定为标准,可分为法定情节和酌定情节两种。

法定情节是指法律明文规定在量刑时必须予以考虑的情节,包括从重、从轻、减轻和免除处罚等情节。从重处罚是指在法定刑的限度内,适用较重的刑罚(较重的刑种或者较长的刑期)。从轻处罚是指在法定刑的限度内,适用较轻的刑罚(较轻的刑种或者较短的刑期)。减轻处罚是指判处低于法定刑的刑罚,可以是低于法定刑的刑期,也可以是低于法定刑的刑种。免除处罚是指对于犯罪分子宣布有罪而免除其刑罚。在《刑法》总则和《刑法》分则中,都有法定情节的规定,多用"应当"来表述。

酌定情节是人民法院在量刑时根据不同的案情斟酌予以考虑的情节。由于具体案件的情况千差万别,除了法定的量刑情节之外,还有许多方面的情节是人民法院裁量刑罚时需要考虑的,因而酌定情节是法定情节的补充。在审判实践中,常见的酌定情节有犯罪的动机,犯罪的手段,犯罪的时间、地点,犯罪造成的损害结果,犯罪侵害的对象,犯罪分子的一贯表现,犯罪后的态度,等等。人民法院根据酌定情节进行量刑,不得超越法定刑的限度。但是刑法规定,犯罪分子虽然不具有法定的减轻处罚情节,但是根据案件的特殊情况,经最高人民法院核准,也可以在法定刑以下判处刑罚。

二、累犯、自首和立功

在从重处罚、从轻处罚等情节中,累犯、自首和立功是审判实践中常见的三种情况。

(一)累犯

累犯,是指因犯罪受过一定刑罚处罚,在刑罚执行完毕或者赦免以后,在法定期限内又犯一定之罪的犯罪分子。

在我国刑法中,累犯有一般累犯和特别累犯之分。一般累犯是指被判处了有期徒刑以上刑罚,刑罚执行完毕或者赦免以后,在 5 年以内再犯应当判处有期徒刑以上刑罚之罪的犯罪分子。特别累犯是指犯了危害国家安全罪、恐怖活动罪、黑社会性质组织罪,在刑罚执行完毕或者赦免以后,在任何时候再犯上述任一类罪的犯罪分子。

累犯的主观恶性较深,对社会的危害性也较大,因而刑法规定,对于累犯应当从重处罚,但是过失犯罪和不满 18 周岁的人犯罪的除外。刑法还规定,对于累犯,不适用缓刑,也不得假释。对于被判处死刑缓期执行的累犯,可以同时决定对其限制减刑。

(二)自首

自首,是指犯罪分子在犯罪以后自动投案,如实供述自己的罪行的行为。

犯罪分子自动投案,不论是在犯罪事实未被发现或者犯罪事实已被发现而犯罪人尚未被发现的情况下,还是在犯罪事实和犯罪人均已被发现,但犯罪人尚未捉拿归案的情况下,均应视为自动投案,再加上能如实供述罪行,就可以定为自首。至于自动投案的动机如何,不影响自首的成立。刑法还规定,被采取强制措施的犯罪嫌疑人、被告人和正在服刑的罪犯,如实供述司法机关尚未掌握的本人其他罪行,以自首论。

自首是犯罪分子改恶从善、悔过自新的具体表现,因而刑法规定,对于自首的犯罪分子可以从轻或者减轻处罚。其中,犯罪较轻的,可以免除处罚。

为了体现“坦白从宽”的刑事政策，刑法还规定，犯罪嫌疑人虽然不具有自首情节，但是如实供述自己罪行的，可以从轻处罚；因其如实供述自己罪行，避免特别严重后果发生的，可以减轻处罚。

（三）立功

立功，是指犯罪分子揭发他人犯罪行为，查证属实的，或者提供重要线索，从而得以侦破其他案件的行为。刑法规定，犯罪分子有上述立功表现的，可以从轻或者减轻处罚；有重大立功表现的，可以减轻或者免除处罚。

三、数罪并罚

数罪并罚，是指一个人犯了数罪，人民法院对其所犯各罪分别定罪量刑后，依法决定应当执行的刑罚。

行为人以一个故意或者过失，实施了一个犯罪行为，符合一个犯罪构成的，就是一罪。行为人出于数个故意或者过失，实施了数个犯罪行为，符合数个犯罪构成的，就是数罪。例如，某甲到某乙家抢劫，又强奸了某乙的妻子，某甲便犯了抢劫罪和强奸罪。

一人犯数罪通常要比一人犯一罪具有更大的社会危害性，应处以较重的刑罚。因而，刑法作出了有关数罪并罚的规定。

《刑法》第 69 条规定，判决宣告以前一人犯数罪的，除判处死刑和无期徒刑的以外，应当在总和刑期以下、数刑中最高刑期以上，酌情决定执行的刑期，但是管制最高不能超过 3 年，拘役最高不能超过 1 年，有期徒刑总和刑期不满 35 年的，最高不能超过 20 年，总和刑期在 35 年以上的，最高不能超过 25 年。数罪中有判处有期徒刑和拘役的，执行有期徒刑。数罪中有判处有期徒刑和管制，或者拘役和管制的，有期徒刑、拘役执行完毕后，管制仍须执行。如果数罪中有判处附加刑的，附加刑仍须执行，其中附加刑种类相同的，合并执行，种类不同的，分别执行。

如果在判决宣告以后，刑罚执行完毕以前，发现被判刑的犯罪分子在判决宣告以前还有其他罪没有判决的，应当对新发现的罪作出判决，把前后两个判决所判处的刑罚，依照《刑法》第 69 条的规定，决定执行的刑罚。已经执行的刑期，应当计算在新判决决定的刑期以内。

如果在判决宣告以后，刑罚执行完毕以前，被判刑的犯罪分子又犯罪的，应当对新犯的罪作出判决，把前罪没有执行完毕的刑罚和后罪所判处的刑罚，依照《刑法》第 69 条的规定，决定执行的刑罚。

有些犯罪行为，表面上是数罪，而实质上是一罪；或者虽是数罪，但因我国刑法另有规定，不按数罪并罚原则处理。这些情况都不适用数罪并罚。不适用数罪并罚的犯罪主要有继续犯（犯罪行为在一较长时间内处于继续状态的犯罪）、想象的数罪（一个行为触犯数个罪名的犯罪）、惯犯（以某种犯罪为常业，或者以犯罪所得为其主要生活来源或腐化生活来源，或者犯罪已成习性，在较长时间内反复实施某种危害社会的行为的犯罪）、结合犯（数个独立的犯罪行为，依据我国刑法的规定而结合成为一个犯罪）、连续犯（犯罪分子出于同一的或者概括的犯罪故意，连续实施同一性质的行为并触犯同一罪名）、牵连犯（实施一个犯罪，其犯罪方法或者结果触犯其他罪名）、吸收犯（事实上有数个罪名不同的犯罪行为，其中一个犯罪行为吸收了其他的犯罪行为）等。

四、缓刑、减刑和假释

(一)缓刑

缓刑是对罪行较小、处刑较轻的犯罪分子,在一定条件下,暂缓其刑罚的执行,给予一定的考验期限,在此期限内如果无新罪、无漏罪、无情节严重的违法违规行为,即可不再执行原判刑罚的一种制度。

《刑法》规定,对于被判处拘役、3 年以下有期徒刑的犯罪分子,犯罪情节较轻,有悔罪表现,没有再犯罪的危险,宣告缓刑对所居住社区没有重大不良影响的,可以宣告缓刑,对其中不满 18 周岁的人、怀孕的妇女和已满 75 周岁的人,应当宣告缓刑。被宣告缓刑的犯罪分子,如果被判处附加刑,附加刑仍须执行。对于累犯和犯罪集团的首要分子,不适用缓刑。

宣告缓刑,可以根据犯罪情况,同时禁止犯罪分子在缓刑考验期限内从事特定活动,进入特定区域、场所,接触特定的人。关于禁止令的内容,上文已作介绍。

宣告缓刑,必须同时确定缓刑的考验期限。拘役的缓刑考验期限为原判刑期以上 1 年以下,但是不能少于 2 个月;有期徒刑的缓刑考验期限为原判刑期以上 5 年以下,但是不能少于 1 年。缓刑的考验期限,从判决确定之日起计算。

被宣告缓刑的犯罪分子,应当遵守法律和行政法规,服从监督;应当按照考察机关的规定报告自己的活动情况;应当遵守考察机关关于会客的规定;如果离开所居住的市、县或者迁居,应当报经考察机关批准。

被宣告缓刑的犯罪分子,在缓刑考验期限内,依法实行社区矫正。在此期限内,如犯新罪或被发现判决宣告以前还有其他罪没有判决的,应当撤销缓刑,对新犯的罪或者新发现的罪作出判决,把前罪和后罪所判处的刑罚,依照《刑法》第 69 条的规定,决定执行的刑罚;如有违反法律、行政法规或者国务院有关部门有关缓刑的监督管理规定,或者违反人民法院判决中的禁止令,情节严重的行为,应当撤销缓刑,执行原判刑罚。如无新罪、漏罪及情节严重的违法违规行为,缓刑考验期满,原判刑罚就不再执行,并公开予以宣告。

(二)减刑

减刑是对在服刑期间确有悔改或者立功表现的犯罪分子,依照法定程序将其原判刑罚予以适当减轻的一种制度。

《刑法》规定,被判处管制、拘役、有期徒刑、无期徒刑的犯罪分子,在执行期间,如果认真遵守监规,接受教育改造,确有悔改表现的,或者有立功表现的,可以减刑;有下列重大立功表现之一的,应当减刑:(1)阻止他人重大犯罪活动的;(2)检举监狱内外重大犯罪活动,经查证属实的;(3)有发明创造或者重大技术革新的;(4)在日常生产、生活中舍己救人的;(5)在抗御自然灾害或者排除重大事故中,有突出表现的;(6)对国家和社会有其他重大贡献的。

减刑以后实际执行的刑期不能少于下列期限:(1)判处管制、拘役、有期徒刑的,不能少于原判刑期的 1/2;(2)判处无期徒刑的,不能少于 13 年;(3)对被判处死刑缓期执行的累犯以及因故意杀人、强奸、抢劫、绑架、放火、爆炸、投放危险物质或者有组织的暴力性犯罪被判处死刑缓期执行的,人民法院根据犯罪情节等情况同时决定对其限制减刑的犯罪分子,缓期执行期满后依法减为无期徒刑的,不能少于 25 年,缓期执行期满后依法减为 25 年有期徒刑的,不能少于 20 年。

对于犯罪分子的减刑，由执行机关向中级以上人民法院提出减刑建议书。人民法院应当组成合议庭进行审理，对确有悔改表现或者立功事实的，裁定予以减刑。非经法定程序不得减刑。

（三）假释

假释是对被判处有期徒刑或者无期徒刑的犯罪分子，在执行了一定的刑期之后，如果确有悔改表现，假释后不致再危害社会，附有条件地予以提前释放的制度。

《刑法》规定，被判处有期徒刑的犯罪分子，执行原判刑期1/2以上，被判处无期徒刑的犯罪分子，实际执行13年以上，如果认真遵守监规，接受教育改造，确有悔改表现，没有再犯罪的危险的，可以假释。如果有特殊情况，经最高人民法院核准，可以不受上述执行刑期的限制。

假释必须经过法定程序，非经法定程序不得假释，假释的法定程序与减刑相同。

对累犯以及因故意杀人、强奸、抢劫、绑架、放火、爆炸、投放危险物质或者有组织的暴力性犯罪被判处10年以上有期徒刑、无期徒刑的犯罪分子，不得假释。

对犯罪分子决定假释时，应当考虑其假释后对所居住社区的影响。

假释是有条件地提前释放，因而在决定假释时必须同时宣布假释的考验期限。有期徒刑的假释考验期限，为没有执行完毕的刑期；无期徒刑的假释考验期限为10年。假释考验期限从假释之日起计算。

被宣告假释的犯罪分子，应当遵守法律和行政法规，服从监督；应当按照监督机关的规定报告自己的活动情况；应当遵守监督机关关于会客的规定；如果离开所居住的市、县或者迁居，应当报经监督机关批准。

被假释的犯罪分子，在假释考验期限内如犯新罪，应当撤销假释，依照《刑法》第71条的规定实行数罪并罚；如被发现在判决宣告以前还有其他罪没有判决的，应当撤销假释，按照《刑法》第70条的规定实行数罪并罚；如有违反法律、行政法规或者国务院有关部门有关假释的监督管理规定的行为而尚未构成新的犯罪的，应当依照法定程序撤销假释，收监执行未执行完毕的刑罚。如无以上三种情况，假释考验期满，就认为原判刑罚已经执行完毕，并公开予以宣告。

五、时效

我国《刑法》中的时效，又称追诉时效，就是对犯罪分子追究刑事责任的有效期限。在这个期限届满后，就不再追究该犯罪分子的刑事责任。

刑法根据犯罪行为对社会危害的大小和应处刑罚的轻重分别规定，犯罪经过下列期限不再追诉：（1）法定最高刑为不满5年有期徒刑的，经过5年。（2）法定最高刑为5年以上不满10年有期徒刑的，经过10年。（3）法定最高刑为10年以上有期徒刑的，经过15年。（4）法定最高刑为无期徒刑、死刑的，经过20年。如果20年以后认为必须追诉的，须报请最高人民检察院核准。

上述的追诉期限，都从犯罪之日起计算；犯罪行为有连续或者继续状态的，从犯罪行为终了之日起计算。在追诉期限以内又犯罪的，前罪追诉的期限从犯后罪之日起计算。

在人民检察院、公安机关、国家安全机关立案侦查或者在人民法院受理案件以后，逃避侦查或者审判的，不受追诉期限的限制；被害人在追诉期限内提出控告，人民法院、人民检察院、公安机关应当立案而不予立案的，也不受追诉期限的限制。

第十节　犯罪的种类和几种常见的犯罪

一、概述

在刑法中,根据不同的标准,可以对犯罪作不同的分类。对犯罪进行分类,是为了更好地认识各类犯罪的特殊本质,以便正确地处理各种犯罪案件。

在《刑法》总则和《刑法》分则中,由于使用的分类标准不同,对犯罪的分类也不相同。

在《刑法》总则中,根据犯罪的主观方面要件,可分为故意犯罪和过失犯罪;根据犯罪行为的表现形式,可分为作为犯罪和不作为犯罪;根据实现犯罪的程度,可分为预备犯、未遂犯、中止犯、既遂犯;根据犯罪主体的人数,可分为单独犯罪和共同犯罪;等等。

《刑法》分则以犯罪所侵害的同类客体的性质为标准,把犯罪分为十大类,它们是:(1)危害国家安全罪;(2)危害公共安全罪;(3)破坏社会主义市场经济秩序罪;(4)侵犯公民人身权利、民主权利罪;(5)侵犯财产罪;(6)妨害社会管理秩序罪;(7)危害国防利益罪;(8)贪污贿赂罪;(9)渎职罪;(10)军人违反职责罪。

《刑法》分则列举的每一大类犯罪中,又包含若干小类;每一小类中又包含若干具体的犯罪,并且对每一种具体犯罪的罪状和法定刑,都作了规定。

所谓罪状,就是对犯罪的名称和犯罪构成特征的具体表述,它是定罪的法律依据。所谓法定刑,就是对具体犯罪规定的刑种和量刑幅度,它是量刑的法律依据。

下文将对上述十大类犯罪的特征,所包括的具体罪名,以及几种常见的具体犯罪作简略介绍。

二、危害国家安全罪

危害国家安全罪,是指故意危害中华人民共和国国家安全的行为。

危害国家安全罪的客体是中华人民共和国的国家安全。国家安全具体包括国家主权、领土的完整和安全,国家和民族的统一,国家的社会制度和国家政权等。犯罪主体多数是一般主体,少数是特殊主体。例如,背叛国家罪、投敌叛变罪的主体只能是中国公民。犯罪客观方面必须实施了危害国家安全的行为。犯罪主观方面只能是故意。

危害国家安全罪可以分为三类:(1)危害政权、分裂国家的犯罪。包括背叛国家罪,分裂国家罪,煽动分裂国家罪,武装叛乱、暴乱罪,颠覆国家政权罪,煽动颠覆国家政权罪,资助危害国家安全犯罪活动罪。(2)叛变、叛逃的犯罪。包括投敌叛变罪、叛逃罪。(3)间谍、资敌的犯罪。包括间谍罪,为境外窃取、刺探、收买、非法提供国家秘密、情报罪,资敌罪。

三、危害公共安全罪

危害公共安全罪,是指故意或者过失地危害不特定的多数人的生命、健康或者重大公私财产以及社会生产、工作、生活安全的行为。

危害公共安全罪的客体是公共安全,即不特定的多数人的生命、健康和重大公私财产以及社会生产、工作、生活的安全；客观方面具有危害公共安全的行为；主观方面具有故意或者过失，但是过失危害公共安全的，必须是已经造成严重后果的才构成犯罪；本类罪的主体多数是一般主体，少数是特殊主体。

危害公共安全罪可以分为五类：(1)以危险方法危害公共安全的犯罪。包括放火罪、决水罪、爆炸罪、投放危险物质罪、以危险方法危害公共安全罪等。(2)破坏公用工具、设施危害公共安全的犯罪。包括破坏交通工具罪，破坏交通设施罪，破坏电力设备罪，破坏易燃易爆设备罪，破坏广播电视设施、公用电信设施罪。(3)实施恐怖、危险活动危害公共安全的犯罪。包括组织、领导、参加恐怖组织罪，帮助恐怖活动罪，准备实施恐怖活动罪，宣扬恐怖主义、极端主义、煽动实施恐怖活动罪，利用极端主义破坏法律实施罪，强制穿戴宣扬恐怖主义、极端主义服饰、标志罪，非法持有宣扬恐怖主义、极端主义物品罪，劫持航空器罪，劫持船只、汽车罪，暴力危及飞行安全罪。(4)违反枪支、弹药、爆炸物管理规定危害公共安全的犯罪。包括非法制造、买卖、运输、邮寄、储存枪支、弹药、爆炸物罪，非法制造、买卖、运输、储存危险物质罪，违规制造、销售枪支罪，盗窃、抢夺枪支、弹药、爆炸物、危险物质罪，抢劫枪支、弹药、爆炸物、危险物质罪，非法持有、私藏枪支、弹药罪，非法出租、出借枪支罪，丢失枪支不报罪，非法携带枪支、弹药、管制刀具、危险物品危及公共安全罪。(5)造成重大事故危害公共安全的犯罪。包括重大飞行事故罪，铁路运营安全事故罪，交通肇事罪，危险驾驶罪，妨害安全驾驶罪，重大责任事故罪，强令、组织他人违章冒险作业罪，危险作业罪，重大劳动安全事故罪，大型群众性活动重大安全事故罪，危险物品肇事罪，工程重大安全事故罪，教育设施重大安全事故罪，消防责任事故罪，不报、谎报安全事故罪。

本类犯罪包括许多需要严加惩处的严重犯罪。危险驾驶罪和妨害安全驾驶罪虽属轻罪，但因其常发多发，对社会的危害不可忽视。危险驾驶罪是指在道路上驾驶机动车而有以下四种情形之一的行为：一是追逐竞驶，情节恶劣的；二是醉酒驾驶机动车的；三是从事校车业务或者旅客运输，严重超过额定乘员载客，或者严重超过规定时速行驶的；四是违反危险化学品安全管理规定运输危险化学品，危及公共安全的。妨害安全驾驶罪是指对行驶中的公共交通工具的驾驶人员使用暴力或者抢控驾驶操纵装置，干扰公共交通工具正常行驶，危及公共安全的行为。同时构成其他犯罪的，依照处罚较重的规定定罪处罚。

四、破坏社会主义市场经济秩序罪

破坏社会主义市场经济秩序罪，是指违反国家经济管理法规，破坏社会主义市场经济秩序，使国民经济发展遭到严重损害的行为。

破坏社会主义市场经济秩序罪的客体是社会主义市场经济秩序。本类罪的主体多数是一般主体，少数是特殊主体。主观方面除少数犯罪如签订、履行合同失职被骗罪，国有公司、企业、事业单位人员失职罪外，一般都出于故意。客观方面表现为违反经济管理法规，干扰国家的经济管理活动，破坏社会主义市场经济秩序，使国民经济遭受严重损失的行为。

破坏社会主义市场经济秩序罪的具体罪名很多，可以分为八类：(1)生产、销售伪劣商品罪。主要有生产、销售伪劣产品罪，生产、销售、提供假药罪，生产、销售、提供劣药罪，妨害药品管理罪，生产、销售有毒有害食品罪，生产、销售不符合安全标准的产品罪，生产、销售伪劣农药、兽药、化肥、种子罪等。(2)走私罪。主要有走私武器、弹药罪，走私核材料罪，走私假币罪，走私文物罪,走私贵重金属罪,走私珍贵动物、珍贵动物制品罪,走私国家禁止进出口的货物、物品罪,走私淫秽物品罪,走私废物罪,走私普通货物、物品罪。(3)妨害对公司、企业的管理秩序罪。主要有虚报注册资本罪,虚假出资、抽逃出资罪,欺诈发行证券罪,隐匿、故意销毁会计凭证、会计账簿、财务会计报告罪,妨害清算罪,非国家工作人员受贿罪,对非国家工作人员行贿罪,签订、履行合同失职被骗罪,国有公司、企业、事业单位人员失职罪,国有公司、企业、事业单位人员滥用职权罪,徇私舞弊低价折股、出售国有资产罪,背信损害上市公司利益罪等。(4)破坏金融管理秩序罪。主要有伪造货币罪,出售、购买、运输假币罪,金融工作人员购买假币、以假币换取货币罪,持有、使用假币罪,变造货币罪,高利转贷罪,骗取贷款、票据承兑、金融票证罪,非法吸收公众存款罪,伪造、变造金融票证罪,伪造、变造国家有价证券罪,伪造、变造股票、公司、企业债券罪,擅自发行股票、公司、企业债券罪,内幕交易、泄露内幕信息罪,利用未公开信息交易罪,操纵证券、期货市场罪,违法发放贷款罪,逃汇罪,洗钱罪等。(5)金融诈骗罪。主要有集资诈骗罪、贷款诈骗罪、票据诈骗罪、金融凭证诈骗罪、信用证诈骗罪、保险诈骗罪等。(6)危害税收征管罪。主要有逃税罪,抗税罪,逃避追缴欠税罪,骗取出口退税罪,虚开增值税发票、用于骗取出口退税、抵扣税款发票罪,伪造、出售伪造的增值税专用发票罪,非法出售发票罪等。(7)侵犯知识产权罪。包括假冒注册商标罪,销售假冒注册商标的商品罪,非法制造、销售非法制造的注册商标标识罪,假冒专利罪,侵犯著作权罪,销售侵权复制品罪,侵犯商业秘密罪,为境外窃取、刺探、收买、非法提供商业秘密罪。(8)扰乱市场秩序罪。包括损害商业信誉、商品声誉罪,虚假广告罪,串通投标罪,合同诈骗罪,组织、领导传销活动罪,非法经营罪,强迫交易罪,伪造、倒卖伪造的有价票证罪,倒卖车票、船票罪,非法转让、倒卖土地使用权罪,提供虚假证明文件罪,出具证明文件重大失实罪,逃避商检罪。

五、侵犯公民人身权利、民主权利罪

侵犯公民人身权利、民主权利罪,是指故意或者过失地侵犯公民的人身和与人身直接有关的权利,以及故意侵犯公民依法享有的参加国家管理和社会政治生活的权利的行为。

侵犯公民人身权利、民主权利罪的客体是公民的人身权利、民主权利。客观方面具有侵犯公民人身权利、民主权利的行为。主观方面除了过失致人死亡罪和过失致人重伤罪由过失构成外,其余各罪都只能由故意构成。本类罪的主体多数为一般主体,少数为特殊主体,如刑讯逼供罪的主体只能是司法工作人员。

侵犯公民人身权利、民主权利罪可以分为十类:(1)侵犯公民生命权利的犯罪。包括故意杀人罪和过失致人死亡罪。(2)侵犯公民健康权利的犯罪。包括故意伤害罪、组织出卖人体器官罪、过失致人重伤罪。(3)侵犯妇女性权利和摧残儿童的犯罪。包括强奸罪,负有照护职责人员性侵罪,强制猥亵、侮辱罪,猥亵儿童罪。(4)侵犯公民人身自由权利的犯罪。包括非法拘禁罪,绑架罪,拐卖妇女、儿童罪,收买被拐卖的妇女、儿童罪,聚众阻碍解救被收买的妇女、儿童罪,强迫劳动罪,雇用童工从事危重劳动罪,非法搜查罪。(5)侵犯公民其他自由权利的犯罪。包括侵犯通信自由罪,私自开拆、隐匿、毁弃邮件、电报罪,侵犯公民个人信息罪,非法搜查罪,非法侵入住宅罪,非法剥夺公民宗教信仰自由罪。(6)侵犯公民人格权、名誉权的犯罪。包括诬告陷害罪、侮辱罪、诽谤罪。(7)司法工作人员侵犯公民权利的犯罪。包括刑讯逼供罪、暴力取证罪、虐待被监管人罪。(8)侵犯少数民族有关权利的犯罪。包括煽动民族仇恨、民族歧

视罪,出版歧视、侮辱少数民族作品罪,非法剥夺公民宗教信仰自由罪,侵犯少数民族风俗习惯罪。(9)侵犯公民民主权利的犯罪。包括报复陷害罪,打击报复会计、统计人员罪,破坏选举罪。(10)侵犯公民婚姻家庭权利的犯罪。包括暴力干涉婚姻自由罪,重婚罪,破坏军婚罪,虐待罪,虐待被监护、看护人罪,遗弃罪,拐骗儿童罪,组织残疾人、儿童乞讨罪,组织未成年人进行违反治安管理活动罪。

故意杀人罪,是指故意非法剥夺他人生命的行为。凡是有生命的人,不论其具体情况如何,都受法律保护,都可以成为故意杀人罪的犯罪对象。故意杀人罪既可以作为的方式构成,也可以不作为的方式构成;以不作为的方式实施的故意杀人罪,只有对防止他人死亡结果的发生负有特定义务的人才能构成。本罪的主观方面,必须有非法剥夺他人生命的故意,包括直接故意和间接故意,这是本罪区别于过失致人死亡、故意伤害致死的关键。故意杀人的动机如何,一般不影响定罪,但在量刑时应予考虑。

故意伤害罪,是指故意非法损害他人健康的行为。本罪所称的损害他人健康,是指使他人人体组织的完整性受到破坏或者人体器官的正常机能受到破坏;不使他人人体组织的完整性和人体器官的正常机能受到破坏的一般殴打行为,不能定为故意伤害罪。伤害结果呈何种形式(内伤、外伤、肉体伤害、精神伤害等),对构成本罪没有影响。但是伤害结果的严重程度,则直接反映伤害行为社会危害性的大小,与量刑有重要关系。根据《刑法》的规定,伤害行为造成伤害结果的程度,分为一般伤害(轻伤)、重伤和伤害致死三种情况。重伤是指有下列情形之一的伤害:(1)使人肢体残废或者毁人容貌的;(2)使人丧失听觉、视觉或者其他器官机能的;(3)其他对于人身健康有重大伤害的。伤势未达上述程度的,为一般伤害。

强奸罪,是指以暴力、胁迫或者其他手段,违背妇女意志,强行与之发生性关系的行为。妇女的品德、作风如何,对定罪没有影响。所谓强行与之发生性关系,是指在妇女不敢反抗、不能反抗或者处于不知反抗的状态下与之发生性关系。奸淫不满 14 周岁的幼女的,不论行为人采取何种手段,也不论受害幼女是否同意,以强奸论,从重处罚。对已满 14 周岁不满 16 周岁的未成年女性负有监护、收养、看护、教育、医疗等特殊职责的人员,与该未成年人发生性关系的,不论对方是否同意,均构成负有照护职责人员性侵罪。

虐待罪,是指虐待家庭成员情节恶劣的行为。同时,对未成年人、老年人、患病的人、残疾人等负有监护、看护职责的人虐待被监护、看护的人,情节恶劣的行为,可构成虐待被监护、看护人罪。其行为同时构成其他犯罪的,依照处罚较重的规定定罪处罚。虐待之罪,告诉的才处理,但是被虐待的人没有能力告诉,或者因受到强制、威吓无法告诉的除外。

六、侵犯财产罪

侵犯财产罪,是指以非法占有为目的,攫取公私财物,或者故意毁坏公私财物的行为。

侵犯财产罪的客体是公共财产和公民私人财产的所有权。公共财产,是指:(1)国有财产;(2)劳动群众集体所有的财产;(3)用于扶贫和其他公益事业的社会捐助或者专项基金的财产。在国家机关、国有公司、企业、集体企业和人民团体管理、使用或者运输中的私人财产,以公共财产论。公民私人所有的财产是指:(1)公民的合法收入、储蓄、房屋和其他生活资料;(2)依法归个人、家庭所有的生产资料;(3)个体户和私营企业的合法财产;(4)依法归个人所有的股份、股票、债券和其他财产。客观方面必须实施了非法占有公私财物或者非法毁坏公私财物的行为。主观方面是故意,多数罪是以非法占有为目的,个别罪是以毁坏财物为目的。本类罪的主体多数是一般主体,少数是特殊主体,如职务侵占罪等。

侵犯财产罪以是否具有非法占有目的为标准,可以分为两类:一类是以非法占有为目的的犯罪,包括抢劫罪、盗窃罪、诈骗罪、抢夺罪、聚众哄抢罪、侵占罪、职务侵占罪、挪用资金罪、挪用特定款物罪、敲诈勒索罪;另一类是不以非法占有为目的的犯罪,包括故意毁坏财物罪、破坏生产经营罪、拒不支付劳动报酬罪。

抢劫罪、抢夺罪、盗窃罪、诈骗罪,都是以非法占有公私财物为目的的犯罪,它们的区别在于犯罪方式不同。抢劫罪是以暴力、胁迫或者其他方法强行劫取公私财物。由于使用了暴力、胁迫或者其他强制方法,抢劫罪不仅侵犯了公私财产权,也侵犯了公民的人身权。抢夺罪是乘人不备公然夺取公私财物,但是并未使用暴力、胁迫或者其他强制方法。盗窃罪是以秘密窃取的方法占有公私财物,即采用自以为不会被人发觉的方法取得公私财物。诈骗罪是采用虚构事实或者隐瞒真相等欺骗的方法,使被害人受骗交出财物归自己占有。我国刑法对于盗窃罪、抢夺罪、诈骗罪都要求以侵犯的财产"数额较大"作为犯罪构成的必要条件,但是并未规定被抢劫的财物数额作为构成抢劫罪的必要条件。同时,对于多次盗窃、入户盗窃、携带凶器盗窃或者扒窃的行为,也不以"数额较大"作为犯罪构成的必要条件。

七、妨害社会管理秩序罪

妨害社会管理秩序罪,是指妨害国家机关对社会的管理活动,破坏社会秩序,情节严重的行为。

妨害社会管理秩序罪的客体是国家机关对社会的管理活动和社会的正常秩序。客观方面具有妨害国家机关管理活动,破坏社会秩序的行为。妨害社会管理秩序的行为必须是达到了依法应当受到刑罚处罚的危害程度才构成犯罪,如果是违反治安管理的一般违法行为,应当按照《治安管理处罚法》处理。主观方面绝大多数由故意构成,仅个别犯罪属于过失犯罪,如医疗责任事故罪。本类罪的主体多数为一般主体,少数为特殊主体。

妨害社会管理秩序罪是十大类犯罪中罪名最多的一类,可以分为九类:(1)扰乱公共秩序的犯罪。主要有妨害公务罪,袭警罪,招摇撞骗罪,伪造、变造、买卖国家机关公文、证件、印章罪,盗窃、抢夺、毁灭国家机关公文、证件、印章罪,使用虚假身份证件、盗用身份证件罪,冒名顶替罪,非法生产、买卖警用装备罪,非法获取国家秘密罪,非法生产、销售专用间谍器材、窃听、窃照专用器材罪,组织考试作弊罪,非法出售、提供试题、答案罪,代替考试罪,破坏计算机信息系统罪,拒不履行信息网络安全管理义务罪,非法利用信息网络罪,帮助信息网络犯罪活动罪,扰乱国家机关工作秩序罪,聚众扰乱社会秩序罪,编造、故意传播虚假信息罪,高空抛物罪,聚众斗殴罪,寻衅滋事罪,催收非法债务罪,组织、领导、参加黑社会性质组织罪,传授犯罪方法罪,非法集会、游行示威罪,侮辱国旗、国徽、国歌罪,侵害英雄烈士名誉、荣誉罪,组织、利用会道门、邪教组织、利用迷信破坏法律实施罪,聚众淫乱罪,盗窃、侮辱、故意毁坏尸体、尸骨、骨灰罪,赌博罪,开设赌场罪,组织参与国(境)外赌博罪等。(2)妨害司法的犯罪。主要有伪证罪,妨害作证罪,虚假诉讼罪,泄露不应公开的案件信息罪,扰乱法庭秩序罪,窝藏、包庇罪,掩饰、隐瞒犯罪所得、犯罪所得收益罪,拒不执行判决、裁定罪,脱逃罪,组织越狱罪,暴动越狱罪等。(3)妨害国(边)境管理的犯罪。主要有组织他人偷越国(边)境罪,提供伪造、变造的出入境证件罪,运送他人偷越国(边)境罪,偷越国(边)境罪等。(4)妨害文物管理的犯罪。主要有故意损毁文物罪,故意损毁名胜古迹罪,非法向外国人出售、赠送珍贵文物罪,倒卖文物罪,盗掘古文化遗址、古墓葬罪等。(5)危害公共卫生的犯罪。主要有妨害传染病防治罪,妨害国境卫生检疫罪,非法组织卖血罪,非法采集人类遗传资源、走私人类遗传资源材料罪,医疗事故罪,非法行医罪,非法植入基因编辑、克隆胚胎罪,妨害动植物防疫、检疫罪等。(6)破坏环境资源保护的犯罪。主要有污染环境罪,非法处置进口的固体废物罪,擅自进口固体废物罪,非法捕捞水产品罪,危害珍贵、濒危野生动物罪,非法狩猎罪,非法猎捕、收购、运输、出售陆生野生动物罪,非法占用农用地罪,非法采矿罪,破坏性采矿罪,危害国家重点保护植物罪,非法引进、释放、丢弃外来入侵物种罪,盗伐林木罪,滥伐林木罪,非法收购、运输盗伐、滥伐的林木罪等。(7)走私、贩卖、运输、制造毒品的犯罪。主要有走私、贩卖、运输、制造毒品罪,非法持有毒品罪,包庇毒品犯罪分子罪,窝藏、转移、隐瞒毒品、毒赃罪,非法生产、买卖、运输制毒物品、走私制毒物品罪,引诱、教唆、欺骗他人吸毒罪,强迫他人吸毒罪,容留他人吸毒罪,非法提供麻醉药品、精神药品罪,妨害兴奋剂管理罪等。(8)组织、强迫、引诱、容留、介绍卖淫的犯罪。主要有组织卖淫罪,强迫卖淫罪,引诱、容留、介绍卖淫罪,引诱幼女卖淫罪等。(9)制作、贩卖、传播淫秽物品的犯罪。主要有制作、复制、出版、贩卖、传播淫秽物品牟利罪,组织播放淫秽音像制品罪,组织淫秽表演罪等。

八、危害国防利益罪

危害国防利益罪,是指危害军事行动,危害国防建设,危害国防管理秩序,拒绝或者逃避履行国防义务的行为。本类犯罪中的重点罪名有阻碍军人执行职务罪,阻碍军事行动罪,破坏武器装备、军事设施、军事通信罪,冒充军人招摇撞骗罪,接送不合格兵员罪等。

九、贪污贿赂罪

贪污贿赂罪,是指国家工作人员利用职务上的便利,贪污、挪用公款、受贿,或者不能说明与合法收入差额巨大的财产或支出的合法来源,或者私分国有财产或罚没财物的行为,以及向其他人员行贿、介绍贿赂的行为。

贪污贿赂罪的主体绝大多数是特殊主体,如贪污罪、受贿罪、挪用公款罪、巨额财产来源不明罪等;少数是一般主体,如行贿罪。主观方面均由故意构成,过失不能构成本罪。客观方面表现为国家工作人员利用职务上的便利实施危害国家和企业事业单位正常活动的行为。客体主要是侵犯国家的廉洁制度和国家工作人员职务行为的廉洁性。

贪污贿赂罪共有以下几个具体罪名:贪污罪、挪用公款罪、受贿罪、单位受贿罪、行贿罪、对单位行贿罪、对有影响力的人行贿罪、单位行贿罪、介绍贿赂罪、巨额财产来源不明罪、隐瞒境外存款罪、私分国有资产罪、私分罚没财物罪。

贪污罪是指国家工作人员和受国家机关、国有公司、企业、事业单位、人民团体委托管理、经营国有财产的人员,利用职务上的便利,侵吞、窃取、骗取或者以其他手段非法占有公共财物的行为。

贪污罪的主体是特殊主体。具体分为两类:一类是国家工作人员。国家工作人员是指国家机关中从事公务的人员。国有公司、企业、事业单位、人民团体中从事公务的人员和国家机关、国有公司、企业、事业单位委派到非国有公司、企业、事业单位、社会团体从事公务的人员,以及其他依照法律从事公务的人员,以国家工作人员论。另一类是受国家机关、国有公司、企业、事业单位、人民团体委托管理、经营国有财产的人员。本罪的主观方面均为故意,并且以非法占有为目的。客观方面表现为行为人利用职务上的便利,侵吞、窃取、骗取或者以其他手段非法占有公共财产。所谓利用职务上的便利,是指利用行为人职务范围内的权力和地位所形成的便利条件。

《刑法》按贪污的数额和情节,规定了不同的量刑幅度(从拘役到死刑)。认定贪污罪要划清贪污与一般违反财经纪律行为和一般违法行为的界限。

受贿罪,是指国家工作人员利用职务上的便利,索取他人财物,或者非法收受他人财物,为他人谋利益的行为。受贿罪的主体是特殊主体,即只能由国家工作人员构成。主观方面只能是故意。客观方面包括以下两个方面:一是行为人利用了职务上的便利;二是行为人索取他人财物即索贿,或者非法收受他人财物,为他人谋利益,即收受贿赂。本罪客体是国家工作人员职务的廉洁性。《刑法》规定,自然人犯受贿罪的,按照贪污罪的处罚规定处罚。

十、渎职罪

渎职罪,是指国家机关工作人员滥用职权、玩忽职守或者徇私舞弊,妨害国家机关的正常活动,致使公共财产或者国家和人民利益遭受重大损失的行为。

渎职罪的主体是特殊主体,即只能是国家工作人员。主观方面有的由故意构成,有的由过失构成,有的既可以由故意构成也可以由过失构成,如泄露国家秘密罪。客观方面表现为滥用职权、玩忽职守或者徇私舞弊,致使公共财产或者国家和人民利益遭受重大损失的行为。本罪客体是国家机关的正常活动。

渎职罪可以概括为两类:一类是一般的渎职罪,包括滥用职权罪、玩忽职守罪。另一类是特殊的渎职罪,包括故意泄露国家秘密罪,过失泄露国家秘密罪,国家机关工作人员签订、履行合同失职被骗罪,徇私枉法罪,民事、行政枉法裁判罪,执行判决、裁定失职罪,执行判决、裁定滥用职权罪,枉法仲裁罪,私放在押人员罪,失职致使在押人员脱逃罪,徇私舞弊减刑、假释、暂予监外执行罪,徇私舞弊不移交刑事案件罪,滥用管理公司、证券职权罪,徇私舞弊不征、少征税款罪,徇私舞弊发售发票、抵扣税款、出口退税罪,违法提供出口退税凭证罪,违法发放林木采伐许可证罪,环境监管失职罪,食品、药品监管渎职罪,传染病防治失职罪,非法批准征收、征用、占用土地罪,非法低价出让国有土地使用权罪,放纵走私罪,商检徇私舞弊罪,商检失职罪,动植物检疫徇私舞弊罪,动植物检疫失职罪,放纵制售伪劣商品犯罪行为罪,办理偷越国(边)境人员出入境证件罪,放行偷越国(边)境人员罪,不解救被拐卖、绑架妇女、儿童罪,阻碍解救被拐卖、绑架妇女、儿童罪,帮助犯罪分子逃避处罚罪,招收公务员、学生徇私舞弊罪,失职造成珍贵文物损毁、流失罪。

十一、军人违反职责罪

军人违反职责罪,是指中国人民解放军的现役军人、执行军事任务的预备役人员以及执行军事任务的其他人员违反职责,危害国家军事利益的行为。本类犯罪中的重点罪名有战时违抗命令罪,战时临阵脱逃罪,军人叛逃罪,阻碍执行军事职务罪,战时造谣惑众罪,故意泄露军事秘密罪，过失泄露军事秘密罪，逃离部队罪，武器装备肇事罪，盗窃、抢夺武器装备、军用物资罪，非法出卖、转让武器装备罪等。

思考题

1. 什么是犯罪？犯罪具有哪些基本特征？
2. 犯罪构成包括哪些共同要件？它们各自的主要内容是什么？
3. 正当防卫和紧急避险各应具备哪些条件？为什么说正当防卫和紧急避险都是排除社会危害性的行为？
4. 什么是刑罚？我国的刑罚有哪些种类？
5. 我国《刑法》分则规定了哪几类犯罪？

第十章　刑事诉讼法

第一节　刑事诉讼法概述

一、我国刑事诉讼法的概念

诉讼是国家司法机关在当事人和其他诉讼参与人的参加下，以裁判或以其他方式解决案件而进行的活动。根据案件的不同性质，诉讼主要可以分为刑事诉讼、民事诉讼和行政诉讼。所谓刑事诉讼，就是指为追究犯罪嫌疑人、被告人刑事责任而进行的诉讼活动，其内容是查明和认定犯罪嫌疑人、被告人是否有犯罪行为，如果有犯罪行为，应处以何种刑罚。刑事诉讼法就是规定刑事诉讼活动应当遵循的原则、制度和程序，规定人民法院、人民检察院、公安机关、案件当事人和其他诉讼参与人在刑事诉讼活动中的职权、职责、权利和义务的法律规范的总和。我国刑事诉讼法的主要渊源是《刑事诉讼法》，该法于1979年7月由第五届全国人民代表大会第二次会议通过，1996年3月第八届全国人民代表大会第四次会议对该法进行了第一次修改，2012年3月，第十一届全国人民代表大会第五次会议作了第二次修改，2018年10月第十三届全国人民代表大会常务委员会第六次会议作了第三次修改。同时，在其他法律中，例如在《宪法》《人民法院组织法》《人民检察院组织法》《人民警察法》《律师法》《监狱法》等法律中也有一些有关刑事诉讼制度和程序的规定。

刑事诉讼法是程序法，它与作为实体法的刑法有着密切联系。"二者之间的联系如此密切，就像植物的外形和植物的联系，动物的外形和血肉的联系一样。"[1]刑法规定了犯罪和刑罚，是定罪量刑的标准和尺度，没有刑法，定罪量刑就失去了依据；刑事诉讼法是刑法得以正确执行的必要保证，没有公安机关、人民检察院和人民法院依照刑事诉讼法进行侦查、起诉和审判活动，刑法再好也无法实施。因此，一个国家在制定刑法的同时，必然要制定相应的刑事诉讼法，以保证刑法的实施。

二、我国刑事诉讼法的任务

《刑事诉讼法》第2条规定："中华人民共和国刑事诉讼法的任务，是保证准确、及时地查明犯罪事实，正确应用法律，惩罚犯罪分子，保障无罪的人不受刑事追究，教育公民自觉遵守法律，积极同犯罪行为作斗争，维护社会主义法制，尊重和保障人权，保护公民的人身权利、财产权利、民主权利和其他权利，保障社会主义建设事业的顺利进行。"

---

〔1〕《马克思恩格斯全集》（第1卷），人民出版社1959年版，第178页。

我国刑事诉讼法的任务,体现为惩罚犯罪与保障人权的统一。惩罚犯罪体现在通过刑事诉讼法程序,在准确、及时查明案件事实真相的基础上,对构成犯罪的被告人公正地适用刑法,从而有效地打击犯罪,保护人民。同时,在刑事诉讼的全过程中,十分重视保障诉讼参与人特别是犯罪嫌疑人、被告人的权利免受非法侵害。人权保障在刑事诉讼中处于非常重要的地位,《刑事诉讼法》在规定各种强制措施的同时,又规定了每一种强制措施的严格实施程序,防止公权力的滥用,避免造成对犯罪嫌疑人权利的侵犯。2012 年对《刑事诉讼法》的修改,对于证据制度、辩护制度、强制措施、侦查程序、审判程序、执行程序的修改和对一些特别程序的设置,表现出十分重视尊重和保障人权的原则。在刑事诉讼活动中,应当努力实现惩罚犯罪与保障人权的有机结合,而不应有所偏废。2018 年《刑事诉讼法》又经历了一次大范围修订,此次修订主要是为了调整检察职能,以与国家监察体制改革相适应,主要包括《监察法》与《刑事诉讼法》的衔接、职务犯罪管辖的调整等方面。此外,修改后的《刑事诉讼法》还对缺席审判程序、刑事速裁和认罪认罚从宽制度等方面进行了规定。

三、我国刑事诉讼法的基本原则

(一)概述

我国刑事诉讼法的基本原则,是指导人民法院、人民检察院和公安机关正确进行刑事诉讼活动的基本准则。它们贯穿于整个刑事诉讼过程中。在立案、侦查、起诉、审判、执行等各个诉讼阶段中,只有严格按照这些基本原则办事,才能保证正确地处理案件,实现刑事诉讼法的任务。

刑事诉讼法的基本原则包括:人民法院、人民检察院和公安机关依法行使各自的职权;人民法院、人民检察院依法独立行使审判权、检察权;人民法院、人民检察院和公安机关进行诉讼活动必须依靠群众;以事实为根据,以法律为准绳;对公民在适用法律上一律平等;人民法院、人民检察院和公安机关在刑事诉讼活动中分工负责、互相配合、互相制约;人民检察院依法对刑事诉讼实行法律监督;各民族公民有权使用本民族语言文字进行诉讼;人民法院实行两审终审制;公开审判;犯罪嫌疑人、被告人有权获得辩护;保障诉讼参与人依法享有诉讼权利;未经法院依法判决对任何人不得确定有罪;保障不应追究刑事责任的人不受追诉;对外国人犯罪的追究适用我国刑事诉讼法等。

上述原则有些已在有关章节中论及,本节仅就其他几项原则作一些简要的说明。

(二)公、检、法机关依法行使职权

这一原则有两方面的含义:一方面,根据《刑事诉讼法》的规定,对刑事案件的侦查、拘留、执行逮捕、预审,由公安机关负责;检察、批准逮捕、检察机关直接受理的案件的侦查、提起公诉,由人民检察院负责;审判由人民法院负责。除法律特别规定的以外,其他任何机关、团体和个人都不能行使这些权力。也就是说,进行刑事诉讼程序是公安机关、人民检察院和人民法院法定的专有职权,任何其他党政机关和团体、个人都无权僭越或者代替。除公、检、法三机关之外,任何其他机关、团体和个人如果行使这些权力,都是非法的,涉及案件的有关公民可以拒绝参与和接受;其所进行的一切活动都不具有法律上的效力,而且违法行使了这些权力的人还必须承担相应的法律责任。这对维护社会主义法治是十分必要的。这里讲的"法律特别规定",是指刑事诉讼法和其他法律的有关规定。如《刑事诉讼法》第 4 条规定:"国家安全机关依照法

律规定,办理危害国家安全的刑事案件,行使与公安机关相同的职权。”第 308 条规定:“军队保卫部门对军队内部发生的刑事案件行使侦查权。中国海警局履行海上维权执法职责、对海上发生的刑事案件行使侦查权。对罪犯在监狱内犯罪的案件由监狱进行侦查。军队保卫部门、中国海警局、监狱办理刑事案件,适用本法的有关规定。”

另一方面,《刑事诉讼法》还规定,人民法院、人民检察院和公安机关进行刑事诉讼,本身也必须严格遵守本法和其他法律的有关规定。如果这些机关在进行刑事诉讼中有违法行为,也就是执法者本身违法,对维护国家法治必然产生不良的影响。如果违反的是法律的强制性规定,还会直接导致诉讼行为无效的后果。

(三)公、检、法机关进行诉讼活动必须依靠群众

人民法院、人民检察院和公安机关进行诉讼活动,必须依靠群众,坚持群众路线。这是我国人民民主专政的国家制度所决定的。我国公安、检察、审判机关都有依靠群众办案的优良传统和经验。

人民法院、人民检察院和公安机关只有紧密依靠群众,得到广大人民群众的支持和协助,才能迅速查清案件事实,准确打击犯罪。因此,在刑事诉讼活动中,应当打破神秘主义和孤立主义的观念,把专门机关独立行使职权和依靠群众两者有机地结合起来,把专门机关的工作置于广大群众的支持和监督之下,这样,既可以防止错误的发生,同时,广大人民群众在参加同危害国家安全的犯罪分子及其他刑事犯罪分子的斗争过程中,也能受到教育,从而增强维护社会主义法治的自觉性。

(四)公、检、法三机关分工负责,互相配合,互相制约

《刑事诉讼法》根据《宪法》确立的原则规定,人民法院、人民检察院和公安机关进行刑事诉讼,应当分工负责,互相配合,互相制约,以保证准确有效地执行法律。这是在刑事诉讼中公、检、法三机关相互关系的基本准则。分工负责就是根据各自的职权,各尽其责,不能彼此推诿或相互代替;互相配合就是在各自的职权范围内互通情况、互相支援和协助;互相制约就是在诉讼程序中以各自的法定职责相互监督和约束,以防止和纠正彼此在办案工作中可能出现或已经出现的错误。分工负责、互相配合、互相制约是紧密相连、不可分割的,不能只强调某一方面,而忽视或丢弃其他方面。

(五)人民检察院依法对刑事诉讼实行法律监督

人民检察院依法对刑事诉讼实行法律监督,是由我国检察机关的性质所决定的。《宪法》第 134 条规定:“中华人民共和国人民检察院是国家的法律监督机关。”在刑事诉讼中,这种法律监督作用主要表现在:通过对公安机关侦查的案件进行审查并决定是否逮捕、起诉,对直接受理的案件进行侦查,对刑事案件提起公诉、支持公诉,对公安、审判机关的侦查活动、审判活动和执行刑罚的活动是否合法,实行法律监督。因此,人民检察院对刑事诉讼实行法律监督,是其法律监督职责的重要组成部分,对于保证国家刑事法律的统一、正确实施,维护当事人和其他诉讼参与人的合法权益,准确、及时地惩罚犯罪,具有十分重要的意义。

(六)犯罪嫌疑人、被告人有权获得辩护

犯罪嫌疑人、被告人有权获得辩护,这是一项宪法原则,也是刑事诉讼的一项重要原则。

犯罪嫌疑人、被告人的辩护权是指犯罪嫌疑人、被告人就被指控的犯罪行为是否属实,依法是否应受刑罚制裁,以及情节的轻重、定罪量刑是否恰当、有关机关对他采取的追诉措施是

否合法等问题为自己进行辩解的权利。对于这项权利，人民法院、人民检察院和公安机关均有义务加以保障，不得任意侵犯和剥夺。

犯罪嫌疑人、被告人的辩护权除由犯罪嫌疑人、被告人自己行使外，还可以委托下列人员行使：律师；经人民团体或者犯罪嫌疑人、被告人所在单位推荐的人；犯罪嫌疑人、被告人的监护人、亲友。犯罪嫌疑人自被侦查机关第一次讯问或者采取强制措施之日起，就有权委托辩护人；在侦查期间，只能委托律师作为辩护人。被告人有权随时委托辩护人。

犯罪嫌疑人、被告人因经济困难或者其他原因没有委托辩护人的，本人及其近亲属可以向法律援助机构提出申请。对符合法律援助条件的，法律援助机构应当指派律师为其提供辩护。犯罪嫌疑人、被告人是盲、聋、哑人，或者是尚未完全丧失辨认或者控制自己行为能力的精神病人，没有委托辩护人的，以及犯罪嫌疑人、被告人可能被判处无期徒刑、死刑，没有委托辩护人的，人民法院、人民检察院和公安机关应当通知法律援助机构指派律师为其提供辩护。

在审判过程中，被告人可以拒绝辩护人继续为他辩护，也可以另行委托辩护人辩护。

辩护人或者其他任何人，不得帮助犯罪嫌疑人、被告人隐匿、毁灭、伪造证据或者串供，不得威胁、引诱证人作伪证以及进行其他干扰司法机关诉讼活动的行为。

（七）保障诉讼参与人的诉讼权利

刑事诉讼的参与人，是指当事人（被害人、自诉人、犯罪嫌疑人、被告人、附带民事诉讼的原告人和被告人）、法定代理人、诉讼代理人、辩护人、证人、鉴定人和翻译人员。由于诉讼参与人在诉讼中的地位和作用各不相同，法律赋予他们不同的诉讼权利，这些诉讼权利都应得到保障。《刑事诉讼法》第14条规定："人民法院、人民检察院和公安机关应当保障犯罪嫌疑人、被告人和其他诉讼参与人依法享有的辩护权和其他诉讼权利。诉讼参与人对于审判人员、检察人员和侦查人员侵犯公民诉讼权利和人身侮辱的行为，有权提出控告。"

（八）未经法院依法判决对任何人不得确定有罪

《刑事诉讼法》第12条规定："未经人民法院依法判决，对任何人都不得确定有罪。"这是《刑事诉讼法》一项十分重要的原则。在刑事诉讼中，确定被告人有罪的权力由人民法院统一行使。人民法院的定罪权只能以判决的形式行使，且必须按照刑法和刑事诉讼法的规定制作判决书。受到刑事追诉的人，在侦查和审查起诉阶段称为"犯罪嫌疑人"，在检察机关提起公诉后称为"被告人"。

（九）对不应追究刑事责任的不予追诉

《刑事诉讼法》第16条规定，有下列情形之一的，不追究刑事责任；已经追究的，应当撤销案件，或者不起诉，或者终止审理，或者宣告无罪：（1）情节显著轻微，危害不大，不认为是犯罪的；（2）犯罪已过追诉时效期限的；（3）经特赦令免除刑罚的；（4）依照刑法告诉才处理的犯罪，没有告诉或者撤回告诉的；（5）犯罪嫌疑人、被告人死亡的；（6）其他法律规定免予追究刑事责任的。在刑事诉讼的不同阶段，对法定不追诉的不同处理是：侦查阶段为撤销案件，审查起诉阶段为不起诉，审理阶段为终止审理或者宣告无罪。

（十）追究外国人犯罪适用我国刑事诉讼法

我国《刑事诉讼法》第17条第1款规定，对于外国人犯罪应当追究刑事责任的，适用本法的规定。这是维护国家主权所必需的。但对于享有外交特权和豁免权的外国人犯罪应当追究刑事责任的，应通过外交途径解决。

第二节 管　　辖

一、管辖的概念

刑事诉讼中的管辖,是指人民法院、人民检察院和公安机关在受理刑事案件方面,各级人民法院在受理、审判第一审刑事案件方面,以及普通法院和专门法院在受理、审判刑事案件方面的分工。管辖的适当划分,对于便利群众,保障公民合法权益,以及公、检、法各机关顺利地进行刑事诉讼,都具有重要意义。依据划分标准的不同,管辖可以分为职能管辖和审判管辖。

二、职能管辖

职能管辖又称立案管辖,它是人民法院、人民检察院和公安机关(包括国家安全机关)立案受理案件的权限的划分,主要解决这三个机关的职责分工问题。

按照《刑事诉讼法》的规定,刑事案件的侦查由公安机关进行,法律另有规定的除外。人民检察院在对诉讼活动实行法律监督中发现的司法工作人员利用职权实施的非法拘禁、刑讯逼供、非法搜查等侵犯公民权利、损害司法公正的犯罪,可以由人民检察院立案侦查。对于公安机关管辖的国家机关工作人员利用职权实施的重大犯罪案件,需要由人民检察院直接受理的时候,经省级以上人民检察院决定,可以由人民检察院立案侦查。自诉案件,由人民法院直接受理。

三、审判管辖

审判管辖,是指各级人民法院上下级之间,以及不同地区、不同类型的人民法院之间,对刑事案件受理权限的划分。它解决的是不同法院之间的分工问题。依不同标准又可分为级别管辖、地域管辖和专门管辖。

(一)级别管辖

依对第一审刑事案件的受理权限划分的,称为级别管辖。根据《刑事诉讼法》的规定,除依法应由上级人民法院管辖的第一审案件外,其他刑事案件都由基层人民法院管辖。由中级人民法院管辖的第一审刑事案件包括危害国家安全案件、恐怖活动案件及可能判处无期徒刑、死刑的普通刑事案件。高级人民法院管辖的第一审刑事案件,是全省(自治区、直辖市)性的重大刑事案件。最高人民法院管辖的第一审刑事案件,是全国性的重大刑事案件。

由此可见,级别管辖主要是根据案件性质、影响大小和法定刑的轻重来划分的。在这些规定的基础上,法律还对级别管辖作了一些灵活的规定。例如,上级人民法院在必要时可以审判法定由下级人民法院管辖的第一审案件;下级人民法院如果认为依法应由它受理的第一审刑事案件案情重大、复杂,需要由上级人民法院审判的,也可以请求移送上一级人民法院审判。

(二)地域管辖

地域管辖是指同级人民法院之间对于第一审案件的职权划分。刑事诉讼法关于地域管辖有下列规定：

1. 原则上由犯罪地的人民法院管辖。所谓犯罪地，是指犯罪行为发生地。对于以非法占有为目的的财产犯罪，犯罪地既包括犯罪行为发生地，也包括犯罪分子实际取得财产的犯罪结果地。如果几个同级人民法院对某一案件都有权管辖时，则由最初受理的人民法院审判，必要时也可以移送主要犯罪地的人民法院审判。

2. 居住地人民法院管辖。如果案件由被告人的居住地人民法院审判更为适宜的，也可以由被告人居住地的人民法院管辖。

3. 指定管辖。管辖不明或几个人民法院对管辖有争议的案件，依照《刑事诉讼法》的规定，上级人民法院可以指定其中的一个人民法院审判，也可以指定下级人民法院将案件移送其他人民法院审判。

（三）专门管辖

专门管辖是指专门人民法院与普通人民法院在管辖案件方面的权限分工。凡属专门人民法院管辖的案件，即不归普通人民法院管辖。专门人民法院管辖的案件，由法律另行规定。

第三节 回 避

回避，是指与案件或者案件的当事人有某种关系的侦查、检察和审判人员，以及某些诉讼参与人不得参与本案诉讼活动的一项刑事诉讼制度。建立回避制度，既有利于防止有关办案人员由于某种原因而影响客观公正地处理案件，也有利于保障当事人在诉讼中正常行使自己的权利，体现了我国刑事诉讼的民主性。

回避可分为自行回避和申请回避两种。自行回避，是指具有法定回避情形之一的侦查、检察和审判人员，以及某些诉讼参与人主动要求回避；申请回避，是指案件的当事人及其法定代理人，认为侦查、检察和审判人员，以及某些诉讼参与人具有法定回避情形，而向人民法院、人民检察院、公安机关提出申请，要求他们回避。

根据《刑事诉讼法》的规定，回避的对象包括侦查人员、检察人员、审判人员、书记员、翻译人员和鉴定人。回避的理由有以下情形：(1)是本案的当事人或者是当事人的近亲属的；(2)本人或者他的近亲属与本案有利害关系的；(3)担任过本案的证人、鉴定人、辩护人、诉讼代理人的；(4)与本案当事人有其他关系，可能影响公正处理案件的；(5)审判人员、检察人员、侦查人员私自会见过当事人及其委托人，或者接受过当事人及其委托人请客送礼的。

审判人员、检察人员、侦查人员的回避，应当分别由院长、检察长、公安机关负责人决定；院长的回避，由审判委员会决定；检察长和公安机关负责人的回避，由同级人民检察院检察委员会决定；书记员、翻译人员和鉴定人的回避，分别由院长、检察长、公安机关负责人决定。对驳回申请回避的决定，当事人及其法定代理人可以申请复议一次。对侦查人员的回避作出决定前，侦查人员不能停止对案件的侦查。

第四节 证 据

一、证据的概念和意义

《刑事诉讼法》规定,可以用于证明案件事实的材料,都是证据。

作为诉讼证据,必须具备客观性、关联性和合法性。首先,必须是确实存在的客观事实;其次,这些事实与案件有客观联系,并能证明案件中有待证明的问题。这是对诉讼证据实质性的要求。从程序上来说,刑事诉讼中证据的提供、收集和审查必须符合法定的程序要求,证据材料在形式上必须符合法律要求,必须经过法定程序出示和查证。

刑事诉讼中查明案情的过程,就是一个收集和运用证据来认定犯罪事实的过程。案件的真实情况,虽然都是已经发生过的事实,但是犯罪分子往往是用隐蔽的、狡猾的手段作案,犯罪后又往往千方百计地企图逃避罪责。此外,也会有某些似是而非、捕风捉影的指证,甚至有挟私诬告、制作伪证陷害他人的情况。因此,在整个刑事诉讼活动中,从立案侦查、审查起诉一直到最后审理判决,对证据的收集、审查、鉴别、判断和运用,是其中的核心问题。只有掌握了确凿、充分的证据,才能认定被告人是否有罪和罪行的轻重,并据以作出正确的判决。

二、证据的种类

从证据理论的角度,可以依据不同的标准把刑事诉讼中各种各样的证据作不同的分类。例如,依证据是否直接源于案件事实,可以把证据分为原始证据和传来证据;依证据是否能直接证明案件主要事实,可以分为直接证据和间接证据;依证据的证明作用,可以分为控诉证据和辩护证据。《刑事诉讼法》则依据证据的表现形式,把证据分为八种:(1)物证;(2)书证;(3)证人证言;(4)被害人陈述;(5)犯罪嫌疑人、被告人供述和辩解;(6)鉴定意见;(7)勘验、检查、辨认、侦查实验等笔录;(8)视听资料、电子数据。

物证,是指能够对案件真实情况起证明作用的物品或痕迹。它是以客观存在的物的形状、特性、品质或痕迹等外部特征来证明与案件有关的事实的。在刑事诉讼中,物证是运用得极为广泛的重要证据。

书证,是指以其所记载的内容来证明案件事实的文件。这是书证与物证相区别的根本点,如果只是利用书面文件的外部特征来作证据,如被告人遗留在现场的信件,其内容与案情无关,但能作为被告人曾到过此地的证据,那就只是物证,而不是书证。

证人证言,是指知道案件情况的人就有关的事实所作的陈述。凡是知道案件情况的人都有作证的义务,但是生理上、精神上有缺陷或者年幼,不能辨别是非、不能正确表达的人,不能作证人。证人证言必须在法庭上经过公诉人、被害人和被告人、辩护人双方质证并且查实以后,才能作为定案的根据。法庭查明证人有意作伪证或者隐匿罪证的时候,应当依法处理。

被害人陈述,是指直接遭受犯罪行为侵害的人就案件事实所作的陈述。被害人既可以是自然人,也可以是单位。

犯罪嫌疑人、被告人的供述和辩解，是指犯罪嫌疑人、被告人就案件事实向侦查、检察或审判人员所作的供认罪行或否认罪行的陈述，即通常所说的口供。

鉴定意见，是指鉴定人受公安、检察或审判机关的指派或聘请，运用专门知识或技术，对案件的某些专门问题进行鉴定后所提出的书面意见，如法医学鉴定、司法精神病学鉴定、书法笔迹鉴定、痕迹鉴定、化学鉴定、会计鉴定、技术鉴定等。在诉讼中，当事人对鉴定意见有疑问的，人民法院应当依法通知鉴定人出庭作证或者由其出具相关说明，也可以依法补充鉴定或者重新鉴定。

勘验笔录是指办案人员对与犯罪有关的场所、物品、尸体等进行勘查、检验后所作的记录。

检查笔录是指办案人员为确定被害人、犯罪嫌疑人、被告人的某些特征、伤害情况和生理状态，对他们的人身进行检验和观察后所作的客观记载。

辨认笔录是指在侦查人员的主持下，对被害人、证人、犯罪嫌疑人与本案件有关的物品、尸体、场所等进行识别认定所作的记录。

侦查实验笔录是指侦查机关对进行侦查实验的时间、地点、实验条件以及实验经过和结果等所作的客观记载。

视听资料，是指利用录音、录像、电子计算机以及其他高科技设备所存储的信息以证明案件真实情况的资料。

电子数据既包括反映法律关系产生、变更或者消灭的电子信息正文，又包括反映电子信息生成、存储、传递、修改、增删等过程的电子记录，还包括电子信息所处的硬件和软件环境，如电子邮件、网上聊天记录、网络博客、电子签名等。

三、刑事诉讼中的举证责任和证据的收集与运用

公诉案件中被告人有罪的举证责任由人民检察院承担，自诉案件中被告人有罪的举证责任由自诉人承担。

审判人员、检察人员、侦查人员必须依照法定程序，收集能够证实犯罪嫌疑人、被告人有罪或者无罪、犯罪情节轻重的各种证据。严禁刑讯逼供和以威胁、引诱、欺骗以及其他非法方法收集证据，不得强迫任何人证实自己有罪。必须保证一切与案件有关或者了解案情的公民，有客观地、充分地提供证据的条件，除特殊情况外，可以吸收他们协助调查。

人民法院、人民检察院和公安机关有权向有关单位和个人收集、调取证据。有关单位和个人应当如实提供证据。行政机关在行政执法和查办案件过程中收集的物证、书证、视听资料、电子数据等证据材料，在刑事诉讼中可以作为证据使用。对涉及国家秘密、商业秘密、个人隐私的证据，应当保密。凡是伪造证据、隐匿证据或者毁灭证据的，无论属于何方，必须受法律追究。

刑事诉讼中证据的运用，应当遵循以下原则：

1. 诉讼文书必须忠实于事实真相。公安机关提请批准逮捕书、人民检察院起诉书、人民法院判决书，必须忠实于事实真相。故意隐瞒事实真相的，应当追究责任。

2. 重证据而不轻信口供。对一切案件的判处都要重证据，重调查研究，不轻信口供。只有被告人供述，没有其他证据的，不能认定被告人有罪和处以刑罚；没有被告人供述，证据确实、充分的，可以认定被告人有罪和处以刑罚。证据确实、充分，应当符合以下条件：(1)定罪量刑

的事实都有证据证明;(2)据以定案的证据均经法定程序查证属实;(3)综合全案证据,对所认定事实已排除合理怀疑。

3. 排除非法收集的证据。采用刑讯逼供等非法方法收集的犯罪嫌疑人、被告人供述和采用暴力、威胁等非法方法收集的证人证言、被害人陈述,应当予以排除。收集物证、书证不符合法定程序,可能严重影响司法公正的,应当予以补正或者作出合理解释;不能补正或者作出合理解释的,对该证据应当予以排除。在侦查、审查起诉、审判时发现有应当排除的证据的,应当依法予以排除,不得作为起诉意见、起诉决定和判决的依据。

人民检察院接到报案、控告、举报或者发现侦查人员以非法方法收集证据的,应当进行调查核实。对于确有以非法方法收集证据情形的,应当提出纠正意见;构成犯罪的,依法追究刑事责任。

法庭审理过程中,审判人员认为可能存在以非法方法收集证据情形的,应当对证据收集的合法性进行法庭调查。当事人及其辩护人、诉讼代理人有权申请人民法院对以非法方法收集的证据依法予以排除。申请排除以非法方法收集的证据的,应当提供相关线索或者材料。

4. 证明证据收集的合法性。在对证据收集的合法性进行法庭调查的过程中,人民检察院应当对证据收集的合法性加以证明。现有证据材料不能证明证据收集的合法性的,人民检察院可以提请人民法院通知有关侦查人员或者其他人员出庭说明情况;人民法院可以通知有关侦查人员或者其他人员出庭说明情况。有关侦查人员或者其他人员也可以要求出庭说明情况。经人民法院通知,有关人员应当出庭。对于经过法庭审理,确认或者不能排除存在以非法方法收集证据情形的,对有关证据应当予以排除。

5. 保护证人及其近亲属。人民法院、人民检察院和公安机关应当保障证人及其近亲属的安全。对证人及其近亲属进行威胁、侮辱、殴打或者打击报复,构成犯罪的,依法追究刑事责任;尚不够刑事处罚的,依法给予治安管理处罚。对于危害国家安全犯罪、恐怖活动犯罪、黑社会性质的组织犯罪、毒品犯罪等案件,证人、鉴定人、被害人因在诉讼中作证,本人或者其近亲属的人身安全面临危险的,人民法院、人民检察院和公安机关应当采取保护措施。

第五节　强 制 措 施

一、强制措施的概念和意义

强制措施是公安机关、人民检察院和人民法院为了保证侦查和审判工作的顺利进行,防止犯罪嫌疑人或者被告人继续危害社会,依法对他们的人身自由加以限制或者剥夺的方法。《刑事诉讼法》中的强制措施不是刑罚,也不是行政处罚,它是为了防止犯罪嫌疑人、被告人或现行犯逃避或妨碍侦查和审判(如逃跑、自杀、毁灭证据、串供等),保证侦查、审判工作顺利进行,以及防止他们继续犯罪而采取的措施。

公民的人身自由是宪法保障的一项基本权利,因此强制措施只有法定的机关——公安机关、人民检察院和人民法院才有权采用。而且各种强制措施都有其法律规定的适用条件和程序,有关机关应当根据不同对象的具体情况决定是否采用强制措施和采用哪种强制措施,既不可不问具体情节滥用强制措施,也不可麻痹大意,疏于防范。

二、强制措施的种类

根据《刑事诉讼法》的规定,强制措施有拘传、取保候审、监视居住、拘留和逮捕五种。

(一)拘传

拘传,是指人民法院、人民检察院和公安机关强制未被羁押的犯罪嫌疑人、被告人到案接受讯问的一种强制措施。

(二)取保候审

取保候审,是指人民法院、人民检察院和公安机关责令犯罪嫌疑人、被告人提出保证人或者交纳保证金,保证不逃避或者妨碍侦查、起诉、审判并且随传随到的一种强制措施。根据《刑事诉讼法》的规定,取保候审适用于可能判处管制、拘役或者独立适用附加刑的和可能判处有期徒刑以上的刑罚而采取取保候审不致发生社会危害性的犯罪嫌疑人、被告人,或者患有严重疾病、生活不能自理,怀孕或正在哺乳自己婴儿的妇女,采取取保候审不致发生社会危险性的犯罪嫌疑人、被告人以及羁押期限届满,案件尚未办结,需要采取取保候审的犯罪嫌疑人、被告人。取保候审由公安机关执行。

被取保候审的犯罪嫌疑人、被告人应当遵守以下规定:(1)未经执行机关批准不得离开所居住的市、县;(2)住址、工作单位和联系方式发生变动的,在 24 小时以内向执行机关报告;(3)在传讯的时候及时到案;(4)不得以任何形式干扰证人作证;(5)不得毁灭、伪造证据或者串供。人民法院、人民检察院和公安机关可以根据案件情况,责令被取保候审的犯罪嫌疑人、被告人遵守以下一项或者多项规定:(1)不得进入特定的场所;(2)不得与特定的人员会见或者通信;(3)不得从事特定的活动;(4)将护照等出入境证件、驾驶证件交执行机关保存。取保候审最长不得超过 12 个月。

(三)监视居住

监视居住,是指人民法院、人民检察院和公安机关责令犯罪嫌疑人、被告人在一定期限内不得离开规定的区域,并对其行动进行监视和控制的一种强制措施。监视居住的适用对象是符合逮捕条件而有下列情形之一的犯罪嫌疑人、被告人:(1)患有严重疾病、生活不能自理的;(2)怀孕或者正在哺乳自己婴儿的妇女;(3)系生活不能自理的人的唯一扶养人;(4)因为案件的特殊情况或者办理案件的需要,采取监视居住措施更为适宜的;(5)羁押期限届满,案件尚未办结,需要采取监视居住措施的。对符合取保候审条件,但犯罪嫌疑人、被告人不能提出保证人,也不交纳保证金的,可以监视居住。监视居住由公安机关执行。《刑事诉讼法》规定,被监视居住的犯罪嫌疑人、被告人应当遵守以下规定:(1)未经执行机关批准不得离开执行监视居住的处所;(2)未经执行机关批准不得会见他人或者通信;(3)在传讯的时候及时到案;(4)不得以任何形式干扰证人作证;(5)不得毁灭、伪造证据或者串供;(6)将护照等出入境证件、身份证件、驾驶证件交执行机关保存。被监视居住的犯罪嫌疑人、被告人违反上述规定,情节严重的,可以予以逮捕;需要予以逮捕的,可以对犯罪嫌疑人、被告人先行拘留。监视居住最长不得超过 6 个月。

(四)拘留和逮捕

逮捕是一种剥夺犯罪嫌疑人、被告人人身自由而予以羁押的强制措施。《刑事诉讼法》规定,对有证据证明有犯罪事实,可能判处徒刑以上刑罚的犯罪嫌疑人、被告人,采取取保候审尚不足以防止发生下列社会危险性的,应当予以逮捕:(1)可能实施新的犯罪的;(2)有危害国家安全、公共安全或者社会秩序的现实危险的;(3)可能毁灭、伪造证据,干扰证人作证或者串供的;(4)可能对被害人、举报人、控告人实施打击报复的;(5)企图自杀或者逃跑的。对有证据证明有犯罪事实,可能判处10年有期徒刑以上刑罚的,或者有证据证明有犯罪事实,可能判处徒刑以上刑罚,曾经故意犯罪或者身份不明的,应当予以逮捕。被取保候审、监视居住的犯罪嫌疑人、被告人违反取保候审、监视居住规定,情节严重的,可以予以逮捕。逮捕犯罪嫌疑人、被告人,必须经过人民检察院批准或者人民法院决定,由公安机关执行。

刑事诉讼强制措施中的拘留,是指公安机关、人民检察院在侦查过程中,遇到紧急情况,依法临时剥夺某些现行犯或者重大嫌疑分子的人身自由的一种强制措施。我国《刑事诉讼法》规定,公安机关对于现行犯或者重大嫌疑分子,如果有下列情形之一的,可以先行拘留:(1)正在预备犯罪、实行犯罪或者在犯罪后即时被发觉的;(2)被害人或者在场亲眼看见的人指认他犯罪的;(3)在身边或者住处发现有犯罪证据的;(4)犯罪后企图自杀、逃跑或者在逃的;(5)有毁灭、伪造证据或者串供可能的;(6)不讲真实姓名、住址,身份不明的;(7)有流窜作案、多次作案、结伙作案重大嫌疑的。该法还规定,对于有下列情形的人,任何公民都可以立即扭送公安机关、人民检察院或者人民法院处理:正在实行犯罪或者在犯罪后即时被发觉的;通缉在案的;越狱逃跑的或者正在被追捕的。公安机关拘留人的时候,必须出示拘留证。拘留后,应当立即将被拘留人送看守所羁押,至迟不得超过24小时。除无法通知或者涉嫌危害国家安全犯罪、恐怖活动犯罪通知可能有碍侦查的情形以外,应当在拘留后24小时以内,通知被拘留人的家属。有碍侦查的情形消失以后,应当立即通知被拘留人家属。公安机关对被拘留的人,应当在拘留后的24小时以内进行讯问。在发现不应当拘留的时候,必须立即释放,发给释放证明。认为需要逮捕的,应当在拘留后的3日以内,提请人民检察院审查批准。在特殊情况下,提请批准逮捕的时间可以延长1～4日。对于流窜作案、多次作案、结伙作案的重大嫌疑分子,提请审查批准的时间可以延长至30日。人民检察院应当在接到提请批准逮捕书后的7日以内,作出批准逮捕或者不批准逮捕的决定。人民检察院不批准逮捕的,公安机关应当在接到通知后立即释放,并且将执行情况及时通知人民检察院。对于需要继续侦查,并且符合取保候审、监视居住条件的,依法取保候审或者监视居住。

人民检察院审查批准逮捕,可以讯问犯罪嫌疑人;有下列情形之一的,应当讯问犯罪嫌疑人:(1)对是否符合逮捕条件有疑问的;(2)犯罪嫌疑人要求向检察人员当面陈述的;(3)侦查活动可能有重大违法行为的。人民检察院审查批准逮捕,可以询问证人等诉讼参与人,听取辩护律师的意见;辩护律师提出要求的,应当听取辩护律师的意见。

第六节 刑事诉讼阶段

一、立案

刑事诉讼一般分为立案、侦查、起诉、审判和执行五个阶段。但如果是自诉案件，就不需要经过侦查、起诉阶段，在立案后即可进入审判。还有某些案件，经过立案和侦查之后，认为应予撤销或不予起诉的，诉讼活动也就至此结束。

立案是指公安机关、人民检察院和人民法院按照管辖范围，对报案、控告、举报、自首等材料进行审查后，认为确有犯罪事实并且依照法律应当追究刑事责任时，决定作为刑事诉讼案件予以受理的诉讼活动。因此，立案是刑事诉讼的开始。

二、侦查

（一）侦查的概念和任务

侦查是指公安机关和人民检察院在办理案件过程中，依照法律进行的专门调查工作和采取的有关强制性措施。

侦查的主要任务是依法收集和审查各种证据，证实犯罪行为，确定犯罪嫌疑人，并对犯罪嫌疑人采取必要的强制措施，以保证刑事诉讼程序的继续进行，使犯罪分子受到应得的审判和惩罚，并使无罪的人不受刑事追究。侦查是提起公诉和实行审判的基础，是刑事诉讼中十分重要的一个程序。

（二）侦查活动

侦查活动亦称侦查行为或侦查措施。侦查人员在办案过程中所进行的各种专门调查和采取的有关措施，主要有以下几种：

1. 讯问犯罪嫌疑人

对犯罪嫌疑人的讯问是每个案件的必经程序，必须由公安机关或人民检察院的侦查人员负责进行。每次讯问犯罪嫌疑人时，侦查人员不得少于2人。

传唤或者拘传持续的时间不得超过12小时；案情特别重大、复杂，需要采取拘留、逮捕措施的，传唤、拘传持续的时间不得超过24小时。不得以连续传唤、拘传的形式变相拘禁犯罪嫌疑人。传唤、拘传犯罪嫌疑人，应当保证犯罪嫌疑人的饮食和必要的休息时间。

犯罪嫌疑人对侦查人员的提问，应当如实回答。但是对与本案无关的问题，有拒绝回答的权利。侦查人员在讯问犯罪嫌疑人的时候，应当告知犯罪嫌疑人如实供述自己罪行可以从宽处理的法律规定。

侦查人员在讯问犯罪嫌疑人的时候，可以对讯问过程进行录音或者录像；对于可能判处无期徒刑、死刑的案件或者其他重大犯罪案件，应当对讯问过程进行录音或者录像。录音或者录像应当全程进行，保持完整性。

讯问未成年犯罪嫌疑人、被告人须按特别程序中的有关规定进行（见本章第七节）。

2. 询问证人

询问证人应当个别进行。询问时,应当告知他应当如实地提供证据、证言和有意作伪证或者隐匿罪证要负的法律责任。

询问不满 18 周岁的证人,适用询问未成年犯罪嫌疑人的相关规定。

询问被害人,适用询问证人的程序。

3. 勘验、检查

侦查人员对于与犯罪有关的场所、物品、人身、尸体应当进行勘验或者检查。在必要的时候,可以指派或者聘请具有专门知识的人,在侦查人员的主持下进行勘验、检查。

任何单位和个人,都有义务保护犯罪现场,并且立即通知公安机关派员勘验。

对于死因不明的尸体,公安机关有权决定解剖,并且通知死者家属到场。

为了确定被害人、犯罪嫌疑人的某些特征、伤害情况或者生理状态,可以对人身进行检查,可以提取指纹信息,采集血液、尿液等生物样本。犯罪嫌疑人如果拒绝检查,侦查人员认为必要的时候,可以强制检查。检查妇女的身体,应当由女工作人员或者医师进行。

4. 搜查

为了收集犯罪证据、查获犯罪嫌疑人,侦查人员可以对犯罪嫌疑人以及可能隐藏罪犯或者犯罪证据的人的身体、物品、住处和其他有关的地方进行搜查。在搜查的时候,应当有被搜查人或者他的家属、邻居或者其他见证人在场。搜查妇女的身体,应当由女工作人员进行。

任何单位和个人有义务按照人民检察院和公安机关的要求,交出可以证明犯罪嫌疑人有罪或者无罪的物证、书证、视听资料等证据。

5. 查封、扣押物证、书证

在侦查活动中发现的可用以证明犯罪嫌疑人有罪或者无罪的各种财物、文件,应当查封、扣押;与案件无关的财物、文件,不得查封、扣押。对于查封、扣押的财物、文件,要妥善保管或者封存,不得使用、调换或者损毁。

侦查人员认为需要扣押犯罪嫌疑人的邮件、电报的时候,经公安机关或者人民检察院批准,即可通知邮电机关将有关的邮件、电报检交扣押。不需要继续扣押的时候,应立即通知邮电机关。

人民检察院、公安机关根据侦查犯罪的需要,可以依照规定查询、冻结犯罪嫌疑人的存款、汇款、债券、股票、基金份额等财产。有关单位和个人应当配合。犯罪嫌疑人的存款、汇款、债券、股票、基金份额等财产已被冻结的,不得重复冻结。

对查封、扣押的财物、文件、邮件、电报或者冻结的存款、汇款、债券、股票、基金份额等财产,经查明确实与案件无关的,应当在 3 日以内解除查封、扣押、冻结,予以退还。

6. 鉴定

为了查明案情,需要解决案件中某些专门性问题的时候,应当指派、聘请有专门知识的人进行鉴定。侦查机关应当将用作证据的鉴定意见告知犯罪嫌疑人、被害人。如果犯罪嫌疑人、被害人提出申请,可以补充鉴定或者重新鉴定。

7. 技术侦查措施

公安机关在立案后,对于危害国家安全犯罪、恐怖活动犯罪、黑社会性质的组织犯罪、重大毒品犯罪或者其他严重危害社会的犯罪案件,根据侦查犯罪的需要,经过严格的批准手续,可以采取技术侦查措施。人民检察院在立案后,对于重大的贪污、贿赂犯罪案件以及利用职权实施的严重侵犯公民人身权利的重大犯罪案件,根据侦查犯罪的需要,经过严格的批准手续,可以采取技术侦查措施,按照规定交有关机关执行。追捕被通缉或者批准、决定逮捕的在逃的犯罪嫌疑人、被告人,经过批准,可以采取追捕所必需的技术侦查措施。

采取技术侦查措施,必须严格按照批准的措施种类、适用对象和期限执行。侦查人员对采取技术侦查措施过程中知悉的国家秘密、商业秘密和个人隐私,应当保密;对采取技术侦查措施获取的与案件无关的材料,必须及时销毁。采取技术侦查措施获取的材料,只能用于对犯罪的侦查、起诉和审判,不得用于其他用途。公安机关依法采取技术侦查措施,有关单位和个人应当配合,并对有关情况予以保密。

为了查明案情,在必要的时候,经公安机关负责人决定,可以由有关人员隐匿其身份实施侦察。但是,不得诱使他人犯罪,不得采用可能危害公共安全或者发生重大人身危险的方法。对涉及给付毒品等违禁品或者财物的犯罪活动,公安机关根据侦查犯罪的需要,可以依照规定实施控制下交付。

8. 通缉

应当逮捕的犯罪嫌疑人如果在逃,公安机关可以发布通缉令,采取有效措施,追捕归案。各级公安机关在自己管辖的地区以内,可以直接发布通缉令;超出自己管辖的地区,应当报请有权决定的上级机关发布。

(三)侦查终结

侦查终结,是指侦查机关对于自己立案侦查的案件,经过一系列的侦查活动,根据已经查明的事实、证据,依照法律规定,足以对案件作出起诉、不起诉或者撤销案件的结论,决定不再进行侦查,并对犯罪嫌疑人作出处理的一种诉讼活动。

在案件侦查终结前,辩护律师提出要求的,侦查机关应当听取辩护律师的意见,并记录在案。辩护律师提出书面意见的,应当附卷。

公安机关侦查终结的案件,应当做到犯罪事实清楚,证据确实、充分,并且写出起诉意见书,连同案卷材料、证据一并移送同级人民检察院审查决定;同时将案件移送情况告知犯罪嫌疑人及其辩护律师。

在侦查过程中,发现不应对犯罪嫌疑人追究刑事责任的,应当撤销案件;犯罪嫌疑人已被逮捕的,应当立即释放,发给释放证明,并且通知原批准逮捕的人民检察院。

关于侦查羁押期限,根据《刑事诉讼法》的规定,对犯罪嫌疑人逮捕后的侦查羁押期限,一般不得超过2个月,侦查机关应当在此期限内侦查终结案件。案情复杂,期限届满不能终结的案件,可以经上一级人民检察院批准延长1个月。下列四种案件,在延长期限届满时仍不能侦查终结的,经省、自治区、直辖市人民检察院批准或者决定,可以延长2个月:(1)交通十分不便的边远地区的重大复杂案件;(2)重大的犯罪集团案件;(3)流窜作案的重大复杂案件;(4)犯罪涉及面广,取证困难的重大复杂案件。对犯罪人可能判处10年有期徒刑以上刑罚,上述再延长期限届满仍不能侦查终结的,经省、自治区、直辖市人民检察院批准或者决定,可以再延长2个月。

人民检察院对直接受理案件的侦查,除法律有明文规定的以外,均适用有关公安机关侦查的规定。

三、起诉

(一)公诉与自诉

我国的刑事诉讼有公诉和自诉两种控告犯罪的形式。由被害人本人或其法定代理人直接向法院提出控告,进行诉讼的,称为自诉;由有权代表国家起诉的机关向法院提出控告进行诉讼的,称为公诉。根据《刑事诉讼法》的规定,除了依照刑法规定告诉才处理的案件,被害人有证据证明的轻微的刑事案件和被害人有证据证明对被告人侵犯自己人身、财产权利的行为应当依法追究刑事责任,而公安机关或者人民检察院不予追究被告人刑事责任的案件可以实行自诉以外,其余刑事案件都必须经过公诉。我国法定的公诉机关就是各级人民检察院,其他任何机关、团体或个人都不能行使这项权力。对大多数刑事案件实行国家公诉制度,是因为犯罪行为所侵害的不只是被害人的利益,更为重要的是侵害了国家和社会利益。为了保障国家和社会的利益,维护国家法纪,必须由国家授权的专门机关来追究犯罪者的刑事责任。同时由于许多犯罪案件的情节都比较复杂,要查清案情,取得证据,并支持控诉,也不是被害人个人所能担当的。由此可见,公诉制度是一项必要的和优越的诉讼制度。

(二)审查起诉

我国《刑事诉讼法》规定,凡需要提起公诉的案件,一律由人民检察院审查决定。人民检察院在审查案件时,必须查明犯罪事实、情节是否清楚,证据是否确实、充分,犯罪性质和罪名的认定是否正确,有无遗漏罪行和其他应当追究刑事责任的人,是否属于不应追究刑事责任的,有无附带民事诉讼,侦查活动是否合法等方面的情况。

人民检察院审查案件,应当讯问犯罪嫌疑人,听取被害人和犯罪嫌疑人、被害人及其诉讼代理人的意见,并记录在案。辩护人、被害人及其诉讼代理人提出书面意见的,应当附卷。对于需要补充侦查的,可以退回公安机关补充侦查,也可以自行侦查。

《刑事诉讼法》还规定,人民检察院对于公安机关移送起诉的案件,应当在 1 个月以内作出决定,重大、复杂的案件,可以延长半个月。对于补充侦查的案件,应当在 1 个月内侦查完毕。补充侦查以两次为限。

(三)提起公诉

人民检察院对自己侦查终结的案件,以及审查公安机关移送要求起诉的案件,认为犯罪嫌疑人的犯罪事实已经查清,证据确实、充分,依法应当追究刑事责任,从而作出起诉决定,按照审判管辖的规定将案件提交人民法院审判,称为提起公诉。

人民检察院决定对犯罪嫌疑人提起公诉时,应制作起诉书。起诉书应连同案卷材料、证据一并移送人民法院。

(四)不起诉

不起诉,是指人民检察院对侦查终结的刑事案件审查后,确认依法不追究刑事责任,或可以免除刑罚,不将犯罪嫌疑人交付审判,而自行终止刑事诉讼的一项诉讼活动。根据《刑事诉讼法》的规定,犯罪嫌疑人没有犯罪事实,或者有《刑事诉讼法》第 16 条规定的情形之一的,人民检察院应当作出不起诉决定;对于犯罪情节轻微,依照刑法规定不需要判处刑罚或者免除刑罚的,人民检察院可以作出不起诉决定;对于二次补充侦查的案件,人民检察院仍然认为证据不足,不符合起诉条件的,应当作出不起诉的决定。不起诉决定具有终止诉讼的效力,产生无罪的法律后果。因此,人民检察院决定不起诉的案件,应当同时对侦查中查封、扣押、冻结的财物解除查封、扣押、冻结。对被不起诉人需要给予行政处罚、处分或者需要没收其违法所得的,人民检察院应当提出检察意见,移送有关主管机关处理。有关主管机关应当将处理结果及时通知人民检察院。

人民检察院作出不起诉的决定后,应当公开宣布,并且将不起诉决定书送达被不起诉人和他的所在单位。如果被不起诉人在押,应当立即释放。对于不起诉决定,公安机关认为有错误时,可以要求复议,如果意见不被接受,可以向上一级人民检察院提请复核;被害人如果不服,可以自收到决定书后7日内向上一级人民检察院申诉,请求提起公诉,也可以直接向人民法院起诉。

四、附带民事诉讼

被害人由于被告人的犯罪行为而遭受物质损失的,在刑事诉讼过程中,有权提起附带民事诉讼。被害人死亡或者丧失行为能力的,被害人的法定代理人、近亲属有权提起附带民事诉讼。如果是国家财产、集体财产遭受损失的,人民检察院在提起公诉的时候,可以提起附带民事诉讼。

人民法院审理附带民事诉讼案件,可以进行调解,或者根据物质损失情况作出判决、裁定。

人民法院对于附带民事诉讼,原则上应当同刑事案件一并审判,只有为了防止刑事审判的过分迟延,才可以在刑事案件审判之后,由同一审判组织(合议庭)继续审理附带民事诉讼。

五、审判

所谓审判,就是人民法院依照刑事诉讼法的原则和程序,查清案件事实,并在查清事实的基础上,依照刑法和其他法律的有关规定,对被告人是否犯罪,犯什么罪,是否适用刑罚,适用什么刑罚,作出判决或者裁定。我国《宪法》和《人民法院组织法》都规定,人民法院依照法律规定独立行使审判权,不受行政机关、社会团体和个人的干涉。在刑事诉讼侦查、起诉和审判三个主要阶段中,审判是最后的具有决定意义的阶段。不论是人民检察院提起公诉的案件,还是被害人自诉的案件,关于案件的全部事实和证据,控诉和辩护双方所提出的一切理由、证据以及法律依据,都必须经过法院开庭的直接和集中的审查。只有经过人民法院开庭审理后所确认的事实和证据,才能成为定案的依据;只有人民法院发生法律效力的判决,才能确定被告人有罪并处以刑罚。

(一)审判组织

审判组织是指人民法院审判案件的组织形式。根据《刑事诉讼法》和《人民法院组织法》的规定,人民法院审判案件的组织形式有独任庭、合议庭两种。

独任庭是指案件由审判员一人独任审判的组织形式,只适用于基层人民法院适用简易程序审理的案件。

合议庭是指由数名审判员或由审判员和人民陪审员集体审判案件的组织形式,是人民法院审判案件的基本组织形式。根据《刑事诉讼法》的规定,基层人民法院、中级人民法院审判第一审案件,应当由审判员3人或者由审判员和人民陪审员共3人或者7人组成合议庭进行;高级人民法院、最高人民法院审判第一审刑事案件,应当由审判员3~7人或者由审判员和人民陪审员共3人或者7人组成合议庭进行。合议庭开庭审理并且评议后,应当作出判决。对于疑难、复杂、重大案件,合议庭认为难以作出决定的,由合议庭提请院长决定提交审判委员会讨论决定。

(二)公诉案件的第一审普通程序

人民法院在接受人民检察院提起公诉的案件后,应当首先进行程序性审查。对于起诉书中有明确的指控犯罪事实的,应当决定开庭审判。对于决定开庭审判的案件,人民法院应当做好开庭审判前的准备工作。

公开审判是人民法院审判案件的一项基本原则。根据《刑事诉讼法》的规定,人民法院审判第一审刑事案件,应当公开进行。但是有关国家秘密和个人隐私的案件,不公开审理;涉及商业秘密的案件,当事人申请不公开审理的,可以不公开审理。对不公开审理的案件,应当当庭宣布不公开审理的理由。另外,根据特别程序的规定,审判的时候被告人不满18周岁的案件,不公开审理。但是,经未成年被告人及其法定代理人同意,未成年被告人所在学校和未成年人保护组织可以派代表到场。所有案件,不论是否公开审理,宣告判决时应当一律公开进行。

人民法院审判公诉案件,人民检察院应当派员出席法庭支持公诉。

法庭审判包括开庭、法庭调查、法庭辩论、被告人最后陈述、评议、宣判等环节。

开庭是法庭审判的开始,而法庭调查是法庭审理的中心环节。公诉人宣读起诉书后,被告人、被害人可以就起诉书指控的犯罪进行陈述,公诉人可以讯问被告人。被害人、附带民事诉讼的原告人和辩护人、诉讼代理人,经审判长许可,可以向被告人发问。审判人员可以讯问被告人。

公诉人、当事人或者辩护人、诉讼代理人对证人证言有异议,且该证人证言对案件定罪量刑有重大影响,人民法院认为证人有必要出庭作证的,证人应当出庭作证。公诉人、当事人或者辩护人、诉讼代理人对鉴定意见有异议,人民法院认为鉴定人有必要出庭的,鉴定人应当出庭作证。经人民法院通知,鉴定人拒不出庭作证的,鉴定意见不得作为定案的根据。

证人作证,审判人员应当告知他要如实地提供证言和有意作伪证或者隐匿罪证要负的法律责任。公诉人、当事人和辩护人、诉讼代理人经审判长许可,可以对证人、鉴定人发问。审判长认为发问的内容与本案无关时,应当制止。审判人员可以询问证人、鉴定人。

经人民法院通知,证人没有正当理由不出庭作证的,人民法院可以强制其到庭,但是被告人的配偶、父母、子女除外。

在法庭调查中,公诉人、辩护人应当向法庭出示物证,让当事人辨认,对未到庭的证人的证言笔录、鉴定人的鉴定意见、勘验笔录和其他作为证据的文书,应当当庭宣读。审判人员应当听取公诉人、当事人和辩护人、诉讼代理人的意见。当事人和辩护人、诉讼代理人有权申请通知新的证人到庭,调取新的物证,申请重新鉴定或者勘验。对于这种申请,法庭应作出是否同意的决定。合议庭对证据有疑问的,可以宣布休庭,对证据进行调查核实。人民法院调查核实证据,可以进行勘验、检查、扣押、鉴定和查询、冻结。

法庭审理过程中,对与定罪、量刑有关的事实、证据都应当进行调查、辩论。经审判长许可,公诉人、当事人和辩护人、诉讼代理人可以对证据和案件情况发表意见,并且可以互相辩论。审判长宣布法庭辩论终结后,被告人有最后陈述的权利。

在法庭审判过程中，如果诉讼参与人或者旁听人员违反法庭秩序，审判长应当警告制止。对不听制止的，可以强行带出法庭；情节严重的，处以1000元以下的罚款或者15日以下的拘留。对聚众哄闹、冲击法庭或者侮辱、诽谤、威胁、殴打司法工作人员或者诉讼参与人，严重扰乱法庭秩序，构成犯罪的，依法追究刑事责任。

被告人最后陈述后，审判长宣布休庭，合议庭进行评议，根据已经查明的事实、证据和有关法律规定，分别作出以下判决：(1)案件事实清楚，证据确实、充分，依据法律认定被告人有罪的，应当作出有罪判决；(2)依据法律认定被告人无罪的，应当作出无罪判决；(3)证据不足，不能认定被告人有罪的，应当作出证据不足、指控的犯罪不能成立的无罪判决。

人民法院审理公诉案件，应当在受理后2个月内宣判，至迟不得超过3个月。但对可能判处死刑的案件或者附带民事诉讼的案件以及交通十分不便的边远地区的重大复杂案件，重大的犯罪集团案件，流窜作案的重大复杂案件，犯罪涉及面广、取证困难的重大复杂案件，经上一级人民法院批准，可以延长3个月；因特殊情况还需要延长的，报请最高人民法院批准。

（三）自诉案件的审判程序

依据《刑事诉讼法》的规定，人民法院对于自诉案件进行审查后，可以分别作如下处理：犯罪事实清楚，有足够证据的案件，应当开庭审判；缺乏罪证的自诉案件，如果自诉人提不出补充证据，应当说服自诉人撤回自诉，或者裁定驳回。自诉人经两次依法传唤，无正当理由拒不到庭的，或者未经法庭许可中途退庭的，按撤诉处理。人民法院对告诉才处理的案件和轻微的刑事案件可以进行调解。

（四）简易程序

基层人民法院管辖的案件，符合下列条件的，可以适用简易程序审判：(1)案件事实清楚、证据充分的；(2)被告人承认自己所犯罪行，对指控的犯罪事实没有异议的；(3)被告人对适用简易程序没有异议的。人民检察院在提起公诉的时候，可以建议人民法院适用简易程序。但是，有下列情形之一的，不适用简易程序：(1)被告人是盲、聋、哑人，或者是尚未完全丧失辨认或者控制自己行为能力的精神病人的；(2)有重大社会影响的；(3)共同犯罪案件中部分被告人不认罪或者对适用简易程序有异议的；(4)其他不宜适用简易程序审理的。

适用简易程序审理案件，对可能判处3年有期徒刑以下刑罚的，可以组成合议庭进行审判，也可以由审判员一人独任审判；对可能判处的有期徒刑超过3年的，应当组成合议庭进行审判。适用简易程序审理公诉案件，人民检察院应当派员出席法庭。

适用简易程序审理案件，经审判人员许可，被告人及其辩护人可以同公诉人、自诉人及其诉讼代理人互相辩论。

适用简易程序审理案件，不受普通程序关于送达期限、讯问被告人、询问证人、鉴定人、出示证据、法庭辩论程序规定的限制。但在判决宣告前应当听取被告人的最后陈述意见。

适用简易程序审理案件，人民法院应当在受理后20日以内审结；对可能判处的有期徒刑超过3年的，可以延长至一个半月。

人民法院在审理过程中，发现不宜适用简易程序的，应当中止审理，变更为普通程序，按公诉案件或自诉案件的程序重新审理。

（五）第二审程序

第二审程序也称上诉审程序。被告人、自诉人和他们的法定代理人，不服地方各级人民法院第一审的判决、裁定，均有权向上一级人民法院上诉。被告人的辩护人或近亲属在取得被告人同意后，也可以提出上诉。地方各级人民检察院认为本级人民法院第一审的判决、裁定确有错误时，应向上一级人民法院提出抗诉。第二审程序即是根据这种上诉或抗诉而进行的诉讼程序。

被害人及其法定代理人不服地方各级人民法院第一审的判决的，自收到判决书后5日以内，有权请求人民检察院提出抗诉。人民检察院自收到被害人及其法定代理人的请求后5日以内，应当作出是否抗诉的决定并且答复请求人。

《刑事诉讼法》规定，不服判决的上诉和抗诉的期限为10日，不服裁定的上诉和抗诉的期限为5日，从接到判决书、裁定书的第二日起算。

第二审人民法院审理上诉或抗诉案件，应就第一审判决认定的事实和适用法律作全面审查，而不受上诉或者抗诉范围的限制。共同犯罪的案件只有部分被告人上诉的，应当对全案进行审查，一并处理。

第二审人民法院对于下列案件，应当组成合议庭，开庭审理：(1)被告人、自诉人及其法定代理人对第一审认定的事实、证据提出异议，可能影响定罪量刑的上诉案件；(2)被告人被判处死刑的上诉案件；(3)人民检察院抗诉的案件；(4)其他应当开庭审理的案件。

第二审人民法院决定不开庭审理的，应当讯问被告人，听取其他当事人、辩护人、诉讼代理人的意见。

第二审人民法院开庭审理上诉、抗诉案件，可以到案件发生地或者原审人民法院所在地进行。

人民检察院提出抗诉的案件或者第二审人民法院开庭审理的公诉案件，同级人民检察院都应当派员出席法庭。

第二审人民法院对上诉、抗诉的案件进行审理后，应按下述情况分别处理：(1)原判决认定事实和适用法律正确、量刑适当的，应驳回上诉或抗诉，维持原判；(2)原判决认定事实没有错误，但适用法律有错误，或者量刑不当的，应当改判；(3)原判决事实不清楚，或者证据不足的，可以在查清事实后改判，也可以裁定撤销原判，发回原审人民法院重新审判。原审人民法院重新审理作出判决后，被告人提出上诉或者人民检察院提出抗诉的，第二审人民法院应当依法作出判决或者裁定，不得再发回原审人民法院重新审判。

第二审人民法院审理被告人或者其法定代理人、辩护人、近亲属上诉的案件，不得加重被告人的刑罚。第二审人民法院发回原审人民法院重新审判的案件，除有新的犯罪事实，人民检察院补充起诉的以外，原审人民法院也不得加重被告人的刑罚。但是人民检察院提出抗诉或者自诉人提出上诉的，则不受上述规定的限制。

根据两审终审制原则，第二审判决和裁定都是终局的判决或裁定，于送达后即发生法律效力。

（六）死刑复核程序

死刑复核程序是我国《刑事诉讼法》对死刑案件规定的一种特别监督程序。死刑是剥夺犯罪人生命的最严厉的刑罚，因此，除实行两审终审外，还在法律上特别规定了复核程序，以尽量避免发生偏差和错误。

《刑事诉讼法》规定，死刑案件除由最高人民法院判决的以外，应当报请最高人民法院核准。中级人民法院判处死刑的第一审案件，被告人不上诉的，应当由高级人民法院复核后，报请最高人民法院核准。高级人民法院不同意判处死刑的，可以提审或者发回重新审判。高级人民法院判处死刑的第一审案件，被告人不上诉的，和判处死刑的第二审案件，都应当报请最高人民法院核准。中级人民法院判处死刑缓期2年执行的案件，由高级人民法院核准。

（七）审判监督程序

审判监督程序是对已经发生法律效力的判决和裁定，发现其确有错误而重新进行审查处理的一种诉讼程序。它的特点是只适用于已经发生法律效力的判决和裁定；其范围不限于对下级人民法院的判决和裁定，也包括本法院的判决和裁定；审判监督程序的适用也不受时间限制。审判监督的目的是使已经发生法律效力但确有错误的判决或裁定，能够得到补救和纠正。

各级人民法院院长对本院已经发生法律效力的判决和裁定，最高人民法院对各级人民法院以及上级人民法院对下级人民法院已经发生法律效力的判决或裁定，以及最高人民检察院对各级人民法院以及上级人民检察院对下级人民法院已经发生法律效力的判决或裁定，如果发现确有错误，均有权提起审判监督程序。

《刑事诉讼法》还规定，当事人及其法定代理人、近亲属，对已经发生法律效力的判决或裁定，也可以向人民法院或者人民检察院提出申诉，但不能停止判决或裁定的执行。当事人及其法定代理人、近亲属的申诉符合下列情形之一的，人民法院应当重新审判：（1）有新的证据证明原判决、裁定认定的事实确有错误的；（2）据以定罪量刑的证据不确实、不充分，依法应当予以排除，或者证明案件事实的主要证据之间存在矛盾的；（3）原判决、裁定适用法律确有错误的；（4）违反法律规定的诉讼程序，可能影响公正审判的；（5）审判人员在审理该案件的时候，有贪污受贿、徇私舞弊、枉法裁判行为的。

（八）判决和裁定

判决是人民法院对受理的案件，经过法庭审理后，依法对案件的实体问题所作的具有法律约束力的决定。判决根据案件的性质，可以划分为刑事判决、民事判决和行政判决。

判决是人民法院适用法律行使国家审判权的结果。人民法院已经发生法律效力的判决具有强制性和法律的权威性，即使判决确有错误，也只能由法院依照法定的审判监督程序予以撤销或者变更，任何其他机关、团体或者个人都无权撤销或变更法院的判决，也不能对判决已经处理的问题，作出其他的决定。判决必须采用书面形式，即判决书。判决书应包含首部、事实部分、理由部分、决定部分和尾部五项必要的内容。

裁定是人民法院在审理案件过程中和判决执行过程中对程序问题和某些特定的实体问题所作的决定。裁定根据案件的性质，也分为刑事裁定、民事裁定和行政裁定三类。裁定可以是书面的（裁定书），也可以是口头的。口头裁定应记入审判笔录，与书面裁定有相同的效力。对裁定，依法有的可以上诉，有的不能上诉。

《刑事诉讼法》还规定了对某些审理中有关程序的问题法庭可以作出决定的情况，如第31条关于申请回避的决定，第197条关于是否同意申请通知新的证人到庭，调取新的物证，重新鉴定或者勘验的决定等。这类“决定”凡属合议庭有权作出的，也可认定为裁定的范围。

六、执行

有关机关为实现已经发生法律效力的判决或裁定所规定的内容而进行的工作称为执行。

执行是刑事诉讼程序的最后阶段。

凡已过法定期限没有上诉、抗诉的判决和裁定,终审的判决和裁定,经最高人民法院核准的死刑判决和高级人民法院核准的死刑缓期2年执行的判决,均属发生法律效力的判决和裁定,应及时、正确地加以执行。《刑事诉讼法》对于无罪、免除刑事处罚判决的执行,死刑令的签发及执行,死刑的停止执行,死缓的执行,罪犯的交付执行,暂予监外执行,社区矫正,管制及剥夺政治权利的执行,罚金的执行,没收财产的执行,对减刑、假释的监督,刑罚执行中错案、申诉的处理,均作了明确的规定。

《刑事诉讼法》规定,人民检察院对执行机关执行刑罚的活动是否合法实行监督。如果发现有违法的情况,应当通知执行机关纠正。

第七节　特别程序

我国《刑事诉讼法》设置了五个特别程序。这些特别程序的设置同其他重要规定一样,都是惩罚犯罪与保障人权相结合原则的重要体现。本节对这五个特别程序进行简要介绍。

一、未成年人刑事案件诉讼程序

未成年人刑事案件诉讼程序,是指专门适用于未成年人刑事案件的侦查、起诉、审判、执行等程序的一种特别刑事诉讼程序。《刑事诉讼法》设置这一程序,是为了更好地保障未成年人的诉讼权利和其他合法权益,并且有利于未成年犯更好地回归社会。办理未成年人刑事案件时,对于这一特别程序未作规定的事项,按《刑事诉讼法》的其他规定进行。

《刑事诉讼法》规定,对犯罪的未成年人实行教育、感化、挽救的方针,坚持教育为主、惩罚为辅的原则。人民法院、人民检察院和公安机关办理未成年人刑事案件,应当保障未成年人行使其诉讼权利,保障未成年人得到法律帮助,并由熟悉未成年人身心特点的审判人员、检察人员、侦查人员承办。未成年犯罪嫌疑人、被告人没有委托辩护人的,人民法院、人民检察院、公安机关应当通知法律援助机构指派律师为其提供辩护。

公安机关、人民检察院、人民法院办理未成年人刑事案件,根据情况可以对未成年犯罪嫌疑人、被告人的成长经历、犯罪原因、监护教育等情况进行调查。

对未成年犯罪嫌疑人、被告人应当严格限制适用逮捕措施。人民检察院审查批准逮捕和人民法院决定逮捕,应当讯问未成年犯罪嫌疑人、被告人,听取辩护律师的意见。对被拘留、逮捕和执行刑罚的未成年人与成年人应当分别关押、分别管理、分别教育。

对于未成年人刑事案件,在讯问和审判的时候,应当通知未成年犯罪嫌疑人、被告人的法定代理人到场。无法通知、法定代理人不能到场或者法定代理人是共犯的,也可以通知未成年犯罪嫌疑人、被告人的其他成年亲属,所在学校、单位、居住地基层组织或者未成年人保护组织的代表到场,并将有关情况记录在案。到场的法定代理人可以代为行使未成年犯罪嫌疑人、被告人的诉讼权利。

对于未成年人涉嫌侵犯公民人身权利民主权利罪、侵犯财产罪、妨害社会管理秩序罪,可能判处 1 年有期徒刑以下刑罚,符合起诉条件,但有悔罪表现的,人民检察院可以作出附条件不起诉的决定。人民检察院在作出附条件不起诉的决定以前,应当听取公安机关、被害人的意见。在附条件不起诉的考验期内,由人民检察院对被附条件不起诉的未成年犯罪嫌疑人进行监督考察。附条件不起诉的考验期为6 个月以上 1 年以下,从人民检察院作出附条件不起诉的决定之日起计算。被附条件不起诉的未成年犯罪嫌疑人,应当遵守下列规定:(1)遵守法律法规,服从监督;(2)按照考察机关的规定报告自己的活动情况;(3)离开所居住的市、县或者迁居,应当报经考察机关批准;(4)按照考察机关的要求接受矫治和教育。在考验期内有下列情形之一的,人民检察院应当撤销附条件不起诉的决定,提起公诉:(1)实施新的犯罪或者发现决定附条件不起诉以前还有其他犯罪需要追诉的;(2)违反治安管理规定或者考察机关有关附条件不起诉的监督管理规定,情节严重的。在考验期内没有上述情形,考验期满,人民检察院应当作出不起诉的决定。

审判的时候被告人不满 18 周岁的案件,不公开审理。但是,经未成年被告人及其法定代理人同意,未成年被告人所在学校和未成年人保护组织可以派代表到场。

犯罪的时候不满 18 周岁,被判处 5 年有期徒刑以下刑罚的,应当对相关犯罪记录予以封存。犯罪记录被封存的,不得向任何单位和个人提供,但司法机关为办案需要或者有关单位根据国家规定进行查询的除外。依法进行查询的单位,应当对被封存的犯罪记录的情况予以保密。

二、当事人和解的公诉案件诉讼程序

《刑事诉讼法》在 2012 年修订中,为了有利于化解矛盾纠纷,促进社会和谐,适当地扩大了和解程序的适用范围,将一部分公诉案件纳入了和解程序。

《刑事诉讼法》规定,下列两种公诉案件,犯罪嫌疑人、被告人真诚悔罪,通过向被害人赔偿损失、赔礼道歉等方式获得被害人谅解,被害人自愿和解的,双方当事人可以和解:(1)因民间纠纷引起,涉嫌侵犯公民人身权利民主权利罪、侵犯财产罪,可能判处 3 年有期徒刑以下刑罚的;(2)除渎职犯罪以外的可能判处 7 年有期徒刑以下刑罚的过失犯罪案件。但是,犯罪嫌疑人、被告人在 5 年以内曾经故意犯罪的,不适用和解。

双方当事人和解的,公安机关、人民检察院、人民法院应当听取当事人和其他有关人员的意见,对和解的自愿性、合法性进行审查,并主持制作和解协议书。对于达成和解协议的案件,公安机关可以向人民检察院提出从宽处理的建议。人民检察院可以向人民法院提出从宽处罚的建议;对于犯罪情节轻微,不需要判处刑罚的,可以作出不起诉的决定。人民法院可以依法对被告人从宽处罚。

三、缺席审判程序

《刑事诉讼法》设置这一程序,主要是为了对贪污贿赂犯罪案件,以及需要及时进行审判,经最高人民检察院核准的严重危害国家安全犯罪、恐怖活动犯罪案件,但犯罪嫌疑人、被告人在境外的案件进行及时的审判,目的在于惩戒犯罪。

《刑事诉讼法》规定,对于这些犯罪行为,监察机关、公安机关移送起诉,人民检察院认为犯罪事实已经查清,证据确实、充分,依法应当追究刑事责任的,可以向人民法院提起公诉。管辖法院一般为犯罪地、被告人离境前居住地或者最高人民法院指定的中级人民法院组成合议庭进行审理。

人民法院应当通过有关国际条约规定的或者外交途径提出的司法协助方式,或者被告人所在地法律允许的其他方式,将传票和人民检察院的起诉书副本送达被告人。传票和起诉书副本送达后,被告人未按要求到案的,人民法院应当开庭审理,依法作出判决,并对违法所得及其他涉案财产作出处理。人民法院缺席审判案件,被告人有权委托辩护人,被告人的近亲属可以代为委托辩护人。被告人及其近亲属没有委托辩护人的,人民法院应当通知法律援助机构指派律师为其提供辩护。

人民法院应当将判决书送达被告人及其近亲属、辩护人。被告人或者其近亲属不服判决的,有权向上一级人民法院上诉。辩护人经被告人或者其近亲属同意,可以提出上诉。人民检察院认为人民法院的判决确有错误的,应当向上一级人民法院提出抗诉。

在审理过程中,被告人自动投案或者被抓获的,人民法院应当重新审理。罪犯在判决、裁定发生法律效力后到案的,人民法院应当将罪犯交付执行刑罚。交付执行刑罚前,人民法院应当告知罪犯有权对判决、裁定提出异议。罪犯对判决、裁定提出异议的,人民法院应当重新审理。依照生效判决、裁定对罪犯的财产进行的处理确有错误的,应当予以返还、赔偿。

因被告人患有严重疾病无法出庭,中止审理超过 6 个月,被告人仍无法出庭,被告人及其法定代理人、近亲属申请或者同意恢复审理的,人民法院可以在被告人不出庭的情况下缺席审理,依法作出判决。被告人死亡的,人民法院应当裁定终止审理,但有证据证明被告人无罪,人民法院经缺席审理确认无罪的,应当依法作出判决。人民法院按照审判监督程序重新审判的案件,被告人死亡的,人民法院可以缺席审理,依法作出判决。

四、犯罪嫌疑人、被告人逃匿、死亡案件违法所得的没收程序

《刑事诉讼法》设置这一程序,是为了加强惩治腐败犯罪和恐怖活动犯罪的力度,并与我国已加入的《联合国反腐败公约》及有关反恐怖问题的决议相衔接。

《刑事诉讼法》规定,对于贪污贿赂犯罪、恐怖活动犯罪等重大犯罪案件,犯罪嫌疑人、被告人逃匿,在通缉 1 年后不能到案,或者犯罪嫌疑人、被告人死亡,依照刑法规定应当追缴其违法所得及其他涉案财产的,人民检察院可以向人民法院提出没收违法所得的申请。公安机关认为有上述情形的,应当写出没收违法所得意见书,移送人民检察院。没收违法所得的申请应当提供与犯罪事实、违法所得相关的证据材料,并列明财产的种类、数量、所在地及查封、扣押、冻结的情况。人民法院在必要的时候,可以查封、扣押、冻结申请没收的财产。

人民法院经审理,对经查证属于违法所得及其他涉案财产,除依法返还被害人的以外,应当裁定予以没收;对不属于应当追缴的财产的,应当裁定驳回申请,解除查封、扣押、冻结措施。对于人民法院依照上述规定作出的裁定,犯罪嫌疑人、被告人的近亲属和其他利害关系人或者人民检察院可以提出上诉、抗诉。

在审理过程中,在逃的犯罪嫌疑人、被告人自动投案或者被抓获的,人民法院应当终止审理。没收犯罪嫌疑人、被告人财产确有错误的,应当予以返还、赔偿。

五、依法不负刑事责任的精神病人的强制医疗程序

在我国,精神障碍患者的人权是同其他社会成员一样受到尊重和保护的。我国《精神卫生

法》规定，精神障碍患者的教育、劳动、医疗以及从国家和社会获得物质帮助等方面的合法权益受法律保护。其住院医疗分为两种情况：对于具备完全行为能力，能够辨别自己行为的轻度精神障碍患者，住院医疗实行自愿原则，自愿住院治疗者可以随时要求出院，医疗机构应当同意。而对于有伤害倾向的重度精神障碍患者，则由公安机关协助医疗机构采取措施对患者强制实施住院治疗，以防其对他人造成伤害。因此，《刑事诉讼法》设置依法不负刑事责任的精神病人的强制医疗程序，既是出于保障公众安全、维护社会秩序的需要，也能对患者自身起到保护作用。

我国《刑事诉讼法》规定，实施暴力行为，危害公共安全或者严重危害公民人身安全，经法定程序鉴定依法不负刑事责任的精神病人，有继续危害社会可能的，可以予以强制医疗。强制医疗的决定须由人民法院作出。

公安机关发现精神病人符合强制医疗条件的，应当写出强制医疗意见书，移送人民检察院。对于公安机关移送的或者在审查起诉过程中发现的精神病人符合强制医疗条件的，人民检察院应当向人民法院提出强制医疗的申请。人民法院在审理案件过程中发现被告人符合强制医疗条件的，可以作出强制医疗的决定。对实施暴力行为的精神病人，在人民法院决定强制医疗前，公安机关可以采取临时的保护性约束措施。

人民法院受理强制医疗的申请后，应当组成合议庭进行审理。人民法院审理强制医疗案件，应当通知被申请人或者被告人的法定代理人到场。被申请人或者被告人没有委托诉讼代理人的，人民法院应当通知法律援助机构指派律师为其提供法律帮助。

强制医疗机构应当定期对被强制医疗的人进行诊断评估。对于已不具有人身危险性，不需要继续强制医疗的，应当及时提出解除意见，报决定强制医疗的人民法院批准。被强制医疗的人及其近亲属有权申请解除强制医疗。

人民检察院对强制医疗的决定和执行实行监督。

思考题

1. 我国《刑事诉讼法》有哪些基本原则？它们各自的主要内容是什么？
2. 什么是证据？《刑事诉讼法》关于证据的种类、证据的收集和运用有哪些重要规定？
3. 什么是刑事诉讼中的强制措施？刑事诉讼中的强制措施有哪几种？
4.《刑事诉讼法》关于刑事诉讼的各个阶段有哪些重要规定？
5. 2012 年修订的《刑事诉讼法》中设置了哪些特别程序？

第十一章　民事诉讼法

第一节　民事诉讼法概述

一、我国民事诉讼法的概念和任务

人民法院为解决民事争议，在当事人和其他诉讼参与人的参加下所进行的司法活动以及由此而产生的各种关系的总和，称为民事诉讼。

在进行民事诉讼活动的过程中，必然会发生法院与当事人和其他诉讼参与人之间，当事人与当事人之间，当事人与其他诉讼参与人之间乃至不同法院之间的各种诉讼关系。民事诉讼法就是国家为调整发生在民事诉讼活动中的各种关系而制定的法律规范的总称。

1991 年通过的《民事诉讼法》是在 1982 年《民事诉讼法》的基础上，总结经验，适应改革开放和社会主义商品经济发展的需要，补充修改而成的。2007 年、2012 年和 2017 年全国人大常委会对该法又进行了修改。2014 年，最高人民法院通过的《关于适用〈中华人民共和国民事诉讼法〉的解释》，2020 年又进行了修订。

我国《民事诉讼法》的任务，是保护当事人行使民事诉讼权利，保证人民法院查明事实，分清是非，正确适用法律，及时审理民事案件，确认民事权利义务关系，制裁民事违法行为，保护当事人的合法权益，教育公民自觉地遵守法律，维护社会秩序、经济秩序，保障社会主义建设事业顺利进行。

二、我国民事诉讼法的基本原则

我国《民事诉讼法》规定了民事诉讼活动必须遵守的一系列基本原则。这些基本原则，按它们确立的依据，可以分为两类：一类是根据宪法和人民法院组织法确立的原则；另一类是根据民事诉讼特点而确立的原则。前一类是民事诉讼和刑事诉讼以及行政诉讼共同的原则，如人民法院依法独立行使审判权；以事实为根据，以法律为准绳；对公民在适用法律上一律平等；两审终审和公开审判；合议和回避制度；用本民族语言、文字进行诉讼等。后一类则是针对民事诉讼活动的特点而规定的原则。

（一）民事诉讼当事人有平等的诉讼权利

民事诉讼当事人有平等的诉讼权利是指人民法院审理民事案件，对双方当事人，在适用法律上应一律平等。《民事诉讼法》第 8 条规定，民事诉讼当事人有平等的诉讼权利。人民法院审理民事案件，应当保障和便利当事人行使诉讼权利，对当事人在适用法律上一律平等。任何一方当事人不能享有比对方更多的诉讼权利，如双方都同样享有委托诉讼代理人代理诉讼、申请回避、提供证据、进行辩论、提起上诉和申请执行等权利。但由于在具体案件中双方所处的地位不同,法律赋予双方的诉讼权利就不尽相同。原告有起诉的权利,被告有应诉、答辩和提起反诉的权利;原告有变更或放弃诉讼请求的权利,被告有承认或反驳诉讼请求的权利,显然这种不同的诉讼权利,并不意味着原被告双方诉讼地位的不平等。

(二)根据自愿和合法的原则进行调解

1982 年试行的《民事诉讼法》曾规定"着重进行调解"的原则,但是,在历年来的实践中,有些审判人员在理解和执行上发生偏差,有的违背自愿原则,采取压服或拖延的办法,迫使当事人作出让步;有的只讲自愿,不讲合法,形成违法的"调解协议"。因此现行《民事诉讼法》第 9 条明确规定,这种调解必须是双方自愿的,协议的内容必须是合法的,调解不成的,人民法院应当及时判决。而且,不能将调解理解为民事诉讼的必经程序,不应久调不决。不过,要注意的是,根据婚姻法的特别规定,人民法院审理离婚案件应首先进行调解。

(三)当事人自由处分民事权利和诉讼权利的原则

《民事诉讼法》第 13 条第 2 款规定:"当事人有权在法律规定的范围内处分自己的民事权利和诉讼权利。"对待民事争议,原告当事人既有撤回诉讼的权利,又有放弃一部分或全部请求的权利,或者变更诉讼请求或诉讼理由的权利。同样,被告当事人既有认可原告请求的权利,也有放弃答辩的权利。这是民事实体法领域的自由处分权在诉讼中的延伸。但是,在当事人根据自己的意志处分自己的民事权利和民事诉讼权利时,还须受到法律规定的限制,从而应受到法院的监督。例如,当事人在处分自己的民事权利和诉讼权利时,如果法院发现这种处分的作为或不作为必然损及国家或者社会公共利益或者第三者的合法权益,或者发现这种表面上的"自由处分"实质上具有胁迫或欺诈的背景时,法院可以不受当事人这种处分的拘束。

(四)诚实信用原则

《民事诉讼法》第 13 条第 1 款规定:"民事诉讼应当遵循诚实信用原则。"鉴于在民事诉讼实践中,普遍地存在当事人滥用诉讼权利的情形,恶意诉讼、虚假诉讼、诉讼中的虚假陈述、拖延诉讼、伪造证据等时有发生,因此,在民事诉讼法中确立诚实信用原则,并非仅仅具有法律上的意义,也具有道德层面上的意义。诚实信用原则在民事诉讼中的适用一般有以下情形:当事人真实陈述的义务;促进诉讼的义务;禁止以欺骗方法形成不正当诉讼状态;禁反言;诉讼上权能的滥用;诉讼上权能的丧失。

(五)人民检察院有权对民事诉讼实行监督

《民事诉讼法》第 14 条规定:"人民检察院有权对民事诉讼实行法律监督。"这是因为在社会主义制度下,民事诉讼当事人之间的权利义务纠纷往往与国家和社会利益有着直接或间接的关系,因此法律授予人民检察院以监督民事诉讼的权利。

(六)社会支持起诉的原则

《民事诉讼法》第 15 条规定,机关、团体、企业事业单位对损害国家、集体或者个人民事权益的行为,可以支持受损害的单位或者个人向人民法院起诉。这种社会支持起诉的原则,是国家干预原则的补充。需要指出的是,这种社会干预只适用于对侵权行为提起的诉讼。至于受害人是否起诉,仍应由他自己决定。支持起诉的单位,不能以自己的名义起诉,也不能借此而非法干预人民法院对案件的审判。

(七)同等原则和对等原则

《民事诉讼法》第5条规定了涉外民事诉讼的两个基本原则性的条款:一是外国人(包括外国企业和组织及无国籍人)在中国法院诉讼,同中国公民和法人有同等的诉讼权利义务;二是外国法院如果对中国公民或法人的民事诉讼权利加以限制的,我国法院对该国的诉讼当事人在我国的民事诉讼权利实行对等原则,加以同样的限制。[1]

第二节 诉

一、诉和诉权

当事人向人民法院提出通过审判以保护或实现其民事权益的请求,称为诉。诉具有引起民事诉讼法律关系发生的功能,是民事审判活动的基础和前提。

诉具有两方面的意义:一是请求法院受理案件,从而开始诉讼程序,引起法院对争议案件进行审判;二是通过法院的裁判来确定自己和对方之间的民事法律关系,从而保护和实现自己的民事权益。一般对前者称为"程序意义上的诉",对后者称为"实体意义上的诉"。前者可以理解为手段,后者是运用手段所要达到的目的。

当事人向法院提出请求通过审判以保护其民事权益的权利,称为诉权。有了诉权,才能向法院提出保护其民事权益的请求,才能有诉。

提出程序意义上的诉的权利为"程序意义上的诉权",提出实体意义上的诉的权利为"实体意义上的诉权"。对是否具有程序意义上的诉权,法院应在审查立案时就查明确定,如不具备则不应受理。至于是否具有实体意义上的诉权,要等到法院审理后才能确定,所以对这种诉权一般称为"胜诉权"。

二、诉的要素和种类

诉的要素指构成一个诉的必要因素。确定的当事人、诉讼标的和诉讼理由是构成一个诉的三要素,缺一不可。诉讼标的是指当事人双方争议的民事法律关系。诉讼标的所指向的如果是有形的物,称为诉讼标的物。诉讼理由是指提出诉讼请求的事实上和法律上的依据。诉的要素是否同一,是判断此诉与彼诉,本诉与反诉的根据。

由于诉的目的和要求内容不同,诉可分为给付之诉、确认之诉和变更之诉三种。以请求法院判令对方当事人履行一定的民事义务为目的的,为给付之诉;以请求法院判决确认自己和对方当事人之间某种法律关系的存在与否的,为确认之诉;以存在一定的事实或法律关系为前提,请求法院判决变更或消灭和对方当事人之间存在的某种民事法律关系的,为变更之诉。

三、反诉

民事案件的诉讼程序开始后,被告就同一诉讼标的按照起诉的程序,向人民法院针对原告

---

[1] 《民事诉讼法》第四编关于涉外民事诉讼程序的规定,参见本书第十四章第五节。

提起保护或实现自己民事权益的请求,称为反诉。提起反诉是本诉被告享有的一种诉讼权利。

反诉与本诉具有对抗的性质。反诉的目的不仅在于抵销或驳回本诉中原告的请求,而且向原告提出另一诉讼请求。因此,反诉除必须具备一般的诉的要素外,还必须具备以下条件:(1)必须是本诉的被告对本诉的原告提起;(2)必须向本诉的受诉法院提起;(3)必须在本诉提起以后、审理终结之前提起;(4)必须与本诉基于同一的诉讼标的,从而使两个诉讼请求能够合并起来,共同审理;(5)必须与本诉适用同一程序。如果不能与本诉适用同一程序,也就不能实现诉的合并审理,也就不能提起反诉。

法院受理反诉后,应将反诉和本诉合并审理,这样可以使当事人减少诉累,又有利于法院全面地解决当事人之间的民事纠纷。

四、诉的合并和分离

将两个以上的诉合并一起进行审理,称为诉的合并。

诉的合并有两种情况:一是诉的主体的合并,如共同诉讼以及有独立请求权的第三人参加的诉讼,都因诉的主体为多数又符合合并审理的条件而合并审理。二是诉的客体的合并,如将同一原告向同一被告提起的几个独立诉讼请求,以及将被告提出的反诉和原告提出的本诉进行合并审理。诉的合并的目的,除了免除重复审理之外,还在于防止法院在相互关联的问题上作出相互抵触的裁判。

诉的分离是指法院对已受理的包含两个以上诉讼请求的案件,认为分别审理较为有利的,将不同的诉讼请求分别立案受理。

第三节　管　　辖

各级人民法院之间以及同一级各人民法院之间,分工受理第一审民事案件(包括经济案件)行使审判权的职权范围,称为管辖。只有当某一民事案件的审判依法属于某一人民法院的受理职权范围时,该人民法院才对该案件有管辖权。

各种民事案件应由哪一级人民法院开始第一审程序,在同一级人民法院中应由哪一个人民法院受理,以及对特定性质的第一审民事案件,应否由某一人民法院有专属的管辖权,这都是民事诉讼法"管辖"一章所要解决的问题。我国《民事诉讼法》从便利当事人行使诉讼权利,有利于人民法院进行审判和对判决的执行,保证审判工作的质量考虑,对管辖问题作了明确的规定。

一、级别管辖

级别管辖是各级人民法院对第一审民事案件的管辖范围的划分。它是依案件的性质、繁简的程度和影响范围的大小来确定的。

根据《民事诉讼法》的规定,原则上第一审民事案件应由基层人民法院管辖。中级人民法院管辖下列第一审民事案件:重大涉外案件;在本辖区有重大影响的案件;最高人民法院确定由中级人民法院管辖的案件。高级人民法院管辖在本辖区有重大影响的第一审民事案件。最高人民法院管辖在全国有重大影响的第一审民事案件以及它认为应当由自己审判的第一审案件。2020 年修正的最高人民法院《关于适用〈中华人民共和国民事诉讼法〉的解释》第 1 条规定,民事诉讼法规定的重大涉外案件,包括争议标的额大的案件、案情复杂的案件,或者一方当事人人数众多等具有重大影响的案件。

此外,对于一些特定类型的民事或经济纠纷案件,如有关专利权的诉讼,由知识产权法院、最高人民法院确定的中级人民法院和基层人民法院管辖。设立在沿海和内河重要港口的海事法院,相当于中级人民法院,它们依法受理第一审海事、海商等纠纷案件。

二、地域管辖

按地域标准,如当事人所在地、诉讼标的所在地、诉讼标的物所在地、法律事实所在地等,来确定同级各人民法院之间对第一审民事案件的分工权限,称为地域管辖。

第一审民事案件在确定了级别管辖之后,就应按地域的标准来确定由同一级人民法院中的哪一个法院进行审理。级别管辖是从纵的方面划分各级人民法院对第一审民事案件的管辖范围,而地域管辖则是从横的方面来确定同一级人民法院之间的分工。

地域管辖又分为一般管辖、特殊管辖、专属管辖以及由共同管辖所产生的选择管辖和依当事人协议产生的协议管辖。

(一)一般管辖

民事案件依被告所在地确定管辖的,称一般地域管辖。我国《民事诉讼法》第 21 条规定,地域管辖一般依被告住所地决定。对公民提起的民事诉讼,被告住所地与经常居住地不一致的,由经常居住地人民法院管辖。对法人或其他组织提起的民事诉讼,由被告住所地人民法院管辖。

一般地域管辖体现了“原告就被告”的原则,其意义是便于被告应诉,并有利于人民法院调查案件事实,方便审理;也有利于判决的执行。此外,还可以促使原告慎重行使起诉权,避免因原告滥用起诉权而使被告遭受不必要的损失。

但在被告无固定住所地,或原告去被告的住所地提起诉讼确有困难等特殊情况下,也可以由原告住所地或经常居住地人民法院管辖。这包括四种情况:一是对不在我国领域内居住的人提起有关身份关系的诉讼;二是对下落不明或者宣告失踪的人提起的有关身份关系的诉讼;三是对正在被采取强制性教育措施的人提起诉讼;四是对被监禁的人提起诉讼(《民事诉讼法》第 22 条)。这些是对一般地域管辖的例外规定。

(二)特殊管辖

民事案件以作为诉讼标的的特定法律关系或者标的物所在地为标准来确定管辖的,称特殊管辖。我国《民事诉讼法》第 23 ~ 32 条分别对合同纠纷诉讼,保险合同纠纷诉讼,票据纠纷诉讼,因公司设立、确认股东资格、分配利润、解散等纠纷提起的诉讼,因铁路、公路、水上、航空运输和联合运输合同纠纷提起的诉讼,因侵权行为提起的诉讼,因铁路、公路、水上和航空事故请求损害赔偿提起的诉讼,因船舶碰撞或者其他海事损害事故请求损害赔偿提起的诉讼,因海难救助费用提起的诉讼,因共同海损提起的诉讼等的管辖法院,作了特别的规定。

从实际情况出发,法律还对一些属于特殊管辖的诉讼纠纷,如保险合同诉讼、票据纠纷诉讼、侵权纠纷诉讼等规定了“或者由被告住所地人民法院管辖”的变通途径。1999 年《海事诉讼特别程序法》还补充规定了海事诉讼的地域管辖。

(三)专属管辖

依法律规定某些特殊类型的民事案件必须由特定的人民法院管辖,其他法院无管辖权的,称专属管辖。《民事诉讼法》规定,因不动产纠纷提起的诉讼,由不动产所在地人民法院管辖;因港口作业中发生纠纷提起的诉讼,由港口所在地人民法院管辖;因继承遗产纠纷提起的诉讼,由被继承人死亡时住所地或者主要遗产所在地人民法院管辖。这种专属管辖具有强制的排他性,不论法院或当事人都无权以协议变更。

(四)共同管辖及选择管辖

对同一民事案件,两个以上的人民法院都可以管辖的,称共同管辖或管辖权竞合。如同一案件有几个被告,他们的住所地在两个以上同级人民法院辖区内的,这几个法院都有管辖权。在依诉讼标的或标的物为标准划分特殊管辖时,也会发生共同管辖的情况,如合同的履行地和被告的住所地不在同一个人民法院辖区内的,以及同一诉讼的几宗不动产处在两个以上同级人民法院辖区内的,各该人民法院都有管辖权。在这种情况下,当事人可以选择向其中一个人民法院起诉,称选择管辖。如果原告向两个以上有管辖权的人民法院起诉的,由最先立案的人民法院管辖。

(五)协议管辖

协议管辖,又称合意管辖,是指双方当事人在纠纷发生前后,以书面协议的方式约定案件的管辖法院。《民事诉讼法》第 34 条规定:“合同或者其他财产权益纠纷的当事人可以书面协议选择被告住所地、合同履行地、合同签订地、原告住所地、标的物所在地等与争议有实际联系的地点的人民法院管辖,但不得违反本法对级别管辖和专属管辖的规定。”在国内诉讼中允许当事人协议指定管辖的法院,这的确是立法上一项重要的发展。

三、移送管辖和指定管辖

人民法院发现已受理的民事案件,依法不应属自己管辖,或认为应交给下级人民法院,或应报请上级人民法院受理为当,而移送给有关人民法院审理的,称移送管辖。法律规定受移送的人民法院应当受理。受移送的人民法院认为受移送的案件依照规定不属于本院管辖的,应当报请上级人民法院指定管辖,不得再自行移送。送交下级人民法院或报请上级人民法院审理,实质上是对级别管辖的变动。送交下级人民法院审理又具有指定管辖的特点。

有管辖权的人民法院由于特殊原因,不能行使管辖权,或同一级人民法院对案件的管辖权发生争议,协商不能解决,报请上级人民法院指定管辖的,称指定管辖。

根据《民事诉讼法》第 127 条的规定,人民法院受理案件后,当事人对管辖权有异议的,应当在提交答辩状期间提出。人民法院对当事人提出的异议,应当审查。异议成立的,裁定将案件移送有管辖权的人民法院;异议不成立的,裁定驳回。当事人未提出管辖异议,并应诉答辩的,视为受诉人民法院有管辖权,但违反级别管辖和专属管辖规定的除外。人民法院之间因管辖权发生争议,由争议的法院之间协商解决。经协商不能解决的,应报请它们共同的上级人民法院指定管辖。另外,上级人民法院有权受理依法应由下级人民法院管辖的第一审民事案件,确有必要将本院管辖的第一审民事案件交下级人民法院审理的,应当报请其上级人民法院批准。

第四节 诉讼参加人

诉讼参加人包括诉讼当事人和与当事人具有相似地位的人,即我国民事诉讼法中规定的共同诉讼人、第三人和诉讼代理人。至于证人、鉴定人、翻译人员以及支持受损害的单位或个人起诉的机关、团体、企业事业单位等,因与诉讼结果没有直接的利害关系,故不属于诉讼参加人。

一、当事人

因民事法律关系发生争议,为保护自己的民事权益或社会公共利益,以自己的名义起诉、应诉,并受人民法院裁判约束的人,称为当事人。例如,《民事诉讼法》第55条第1款规定:“对污染环境、侵害众多消费者合法权益等损害社会公共利益的行为,法律规定的机关和有关组织可以向人民法院提起诉讼。”但值得注意的是,为了进一步加强生态环境的保护,2017年在修订《民事诉讼法》时,针对第55条,增加了第2款:“人民检察院在履行职责中发现破坏生态环境和资源保护、食品药品安全领域侵害众多消费者合法权益等损害社会公共利益的行为,在没有前款规定的机关和组织或者前款规定的机关和组织不提起诉讼的情况下,可以向人民法院提起诉讼。前款规定的机关或者组织提起诉讼的,人民检察院可以支持起诉。”对此,最高人民法院《关于审理消费民事公益诉讼案件适用法律若干问题的解释》(2020年修正),《关于审理环境民事公益诉讼案件适用法律若干问题的解释》(2020年修正),最高人民法院、最高人民检察院《关于检察公益诉讼案件适用法律若干问题的解释》(2020年修正)作了具体规定。

当事人在第一审程序中称为原告和被告,在第二审程序中称为上诉人和被上诉人。在审判监督程序中,如依第一审程序进行再审,仍称原告和被告,如依第二审程序进行再审,仍称上诉人和被上诉人。在执行程序中称申请执行人和被执行人。

要成为民事诉讼的当事人,首先要具有民事诉讼权利能力。诉讼权利能力和民事权利能力密切相关,通常有民事权利能力的人,才具有民事诉讼权利能力。但在特殊情况下,没有民事权利能力的人,也可以具有诉讼权利能力,成为民事诉讼的当事人。

如果当事人亲自进行诉讼活动,还必须具有民事诉讼行为能力。因而有诉讼权利能力,但是没有诉讼行为能力的人,可以成为当事人,但却不能由自己进行诉讼,如未成年人和被宣告为无民事行为能力的公民,应由其法定代理人或指定代理人代为进行诉讼。法人和其他组织不存在无诉讼行为能力的问题,法人作为当事人时,应由其法定代表人进行诉讼;不具有法人地位的其他组织则应由其主要负责人进行诉讼。

当事人有委托代理人进行诉讼、申请回避、收集和提供证据、进行辩论、请求调解、提起上诉、申请执行、自行和解,以及查阅本案法院案卷中的有关材料等诉讼权利。当事人的诉讼义务主要有必须按照法律规定行使诉讼权利,遵守诉讼程序和法庭规则,履行发生法律效力的判决、裁定和调解协议等。

二、共同诉讼人和诉讼代表人

当事人一方或双方为两人以上，其诉讼标的是共同的，或者诉讼标的是同一种类，人民法院认为可以合并审理的民事诉讼，称共同诉讼。共同诉讼分必要的共同诉讼和普通共同诉讼两种。共同诉讼中，两人以上的原告或被告称为共同诉讼人。

凡共同诉讼人对争议标的具有共同权利义务关系的共同诉讼，是必要的共同诉讼，如同一财产的几个共有人提起的请求分割该共有财产之诉。对于必要的共同诉讼，人民法院必须合并作为一个案件审理。

诉讼标的是同一种类的共同诉讼，是普通的共同诉讼。例如，房管机关对所管房屋的几个承租人提起的追索租金之诉，虽然各承租人和房管机关的租赁合同是分别订立的，各有自己的租赁关系，但由于诉讼标的是同一种类的，所以可以同时或者分别向他们提起交付租金之诉。对这种案件法院可以合并审理。但因各被告对诉讼标的没有共同的权利义务，所以法律规定，在这种情况下法院在决定共同审理时须征得当事人的同意。

诉讼代表人，是在共同诉讼中，人数众多的一方当事人推选出来的代表该方当事人进行诉讼的人。诉讼代表人的诉讼行为对其所代表的当事人发生效力，但诉讼代表人变更、放弃诉讼请求或者承认对方当事人的诉讼请求，进行和解，必须经被代表的当事人同意。

三、第三人

为了本身的民事权利或利益，而参加一个已经开始的民事案件的诉讼程序的人，称为第三人。就对这个案件的诉讼标的有无独立的请求权，第三人分为有独立请求权的第三人和无独立请求权的第三人。

有独立请求权的第三人，是指对原被告双方争议的诉讼标的，主张有全部或一部分的权利而参加到案件诉讼中的人。例如，甲以乙为被告提起确认某房产的所有权之诉，法院在审理中，第三人丙因请求确认甲、乙所争执的房产为他所有而参加到诉讼中来。这种第三人实际上是以原诉讼的双方当事人为被告，自己处于原告地位。原来的诉讼称为本诉或原诉，与第三人提起的诉讼合并审理。

无独立请求权的第三人，是指对当事人争议的诉讼标的，不主张自己有独立权利，而只是为保护自己的利益申请参加或由法院通知其参加到已经开始的诉讼中的人。例如，甲对乙提起确认货物所有权之诉，丙称该货原为他所有而出卖给乙，因甲、乙诉讼结果必然关系到他的利益（如甲胜诉，乙必向丙追索已支付的价金），丙为了保护自己的利益，就会支持乙的主张而申请参加诉讼，即为无独立请求权的第三人。

无独立请求权的第三人，可以申请或者由人民法院通知参加诉讼。第一审程序中未参加诉讼的第三人，申请参加第二审程序的，人民法院可以准许。在一审诉讼中，无独立请求权的第三人无权提出管辖异议，无权放弃、变更诉讼请求或者申请撤诉，被判决承担民事责任的，有权提起上诉。

四、诉讼代理人

民事诉讼中，代理当事人一方，以被代理人（当事人）的名义，为被代理人的利益，在法律规定的或当事人授权的范围内,代替当事人行使诉讼权利并承担诉讼义务,进行诉讼的人,称诉讼代理人。依照我国《民事诉讼法》的规定,诉讼代理人有法定代理人、指定代理人和委托代理人三种。

(一)法定代理人

依法律规定,由一定的人代未成年人和被宣告为无民事行为能力的当事人行使诉讼权利、承担诉讼义务的人为法定代理人。法定代理人在诉讼上的代理权是和实体法上的代理权相一致的。这种代理关系一般是基于一定的亲属监护关系而发生的。这种关系一旦依法解除,法定代理权即告消灭。

(二)指定代理人

当事人无民事行为能力而又无法定代理人的,或虽有法定代理人,但因特定原因不能行使代理权的,由人民法院依职权为其指定代理人,这种代理人称为指定代理人。指定代理人的代理权根据法院的指定而产生,因指定原因不存续而消灭。至于两个以上的法定代理人之间互相推诿责任,而由法院指定其中一人代为诉讼的,这样的被指定人,实质上仍为法定代理人。

(三)委托代理人

受当事人、法定代理人委托,代委托人进行诉讼的人,称为委托代理人。当事人、法定代理人都可以委托1~2人代为诉讼。律师、基层法律服务工作者,当事人的近亲属或者工作人员,当事人所在社区、单位以及有关社会团体推荐的公民,都可以被委托为诉讼代理人。

委托他人代为诉讼,必须向人民法院提交由委托人签名或盖章的授权委托书。授权委托书必须记明委托事项和权限。委托代理人代为承认、放弃或变更诉讼请求,进行和解,提起反诉或上诉以及收受给付,还必须有委托人的特别授权。委托代理权限的变更或者解除,当事人应当书面告知法院,并由法院通知对方当事人。侨居国外的中国公民委托代理人的授权委托书,必须经我国驻该国的使领馆认证;没有使领馆的,由与中华人民共和国有外交关系的第三国驻该国的使领馆证明,再转由中华人民共和国驻该第三国使领馆证明,或者由爱国华侨团体证明。

诉讼代理人代当事人所为的诉讼行为,对当事人直接发生法律效力。离婚案件有诉讼代理人的,本人除不能表达意思者外,仍应出庭;确因特殊情况无法出庭的,必须向人民法院提交书面意见。这是法律考虑到婚姻和家庭关系的特殊性,对离婚案件的诉讼代理所加的限制。

诉讼代理人有权查阅本案法院案卷中的有关材料,这一权利是与诉讼当事人相同的。

第五节 证 据

一、民事诉讼证据的种类和特点

依据我国《民事诉讼法》的规定,可以作为民事诉讼证据的,有当事人的陈述、书证、物证、视听资料、电子数据、证人证言、鉴定意见与勘验笔录八种。

民事诉讼证据的理论和制度,同刑事诉讼证据的理论和制度相比较,在基本方面虽然相同,但还有自己的特点。例如,在民事诉讼中由于文书是当事人设定、变更或消灭各种法律关系的最广泛使用的意思表示形式,因而书证就显得特别重要。而且民事诉讼中的书证,有时还要求具有特定的形式,如有的须经公证、认证。又如,在民事法律关系中,当事人的意思表示有时是采用口头形式,因而视听资料也具有重要的证据作用。因此,在解决民事诉讼中的证据问题时,既要考虑诉讼法中一般的证据理论和制度,也要考虑民事诉讼法中证据的特点。

在民事诉讼中,在证据可能灭失或者以后难以取得的情况下,当事人可以在诉讼过程中向人民法院申请保全证据,人民法院也可以主动采取保全措施。因情况紧急,在证据可能灭失或者以后难以取得的情况下,利害关系人可以在提起诉讼或者申请仲裁前向证据所在地、被申请人住所地或者对案件有管辖权的人民法院申请保全证据。

二、民事诉讼中的举证责任

对于有待认定的事实,提出证据加以证明的责任,称为举证责任,也称证明责任。我国《民事诉讼法》明确规定,当事人对自己提出的主张,有责任提供证据。也就是说,原告对本身诉讼请求中提出的主张,被告对答辩和反诉中提出的请求和主张,或第三人对自己提出的请求和主张,其各自依据的事实,都负有提出证据加以证明的责任。举证既是有关当事人的一项诉讼义务,同时也是他的一项诉讼权利,因为提供证据证明自己的请求和主张是有事实依据并合法合理的,目的在于维护自己的权益。

“谁主张,谁举证”是民事诉讼中举证责任分担的一般原则,但也有例外,法律上称为“举证责任倒置”。所谓举证责任倒置,是指原告提出的主张不由其提供证据加以证明,而由被告承担举证责任。《民法典》侵权责任编规定了大量举证责任倒置的情形,如其第1230条规定,因污染环境、破坏生态发生纠纷,行为人应当就法律规定的不承担责任或者减轻责任的情形及其行为与损害之间不存在因果关系承担举证责任。

明确当事人对自己提出的主张负有举证责任,既可使法院在审理案件中能及时得到较充分的证据来认定案件事实,又可以限制当事人滥用诉讼权利,这是各国民事诉讼普遍采用的一项重要制度。

我国《民事诉讼法》为了使法院对民事案件的审判尽可能做到查明客观事实,在规定当事人负有举证责任的同时,还规定法院对当事人及其诉讼代理人因客观原因不能自行收集的证据,或者人民法院认为审理案件需要的证据,也可以自行调查收集。这也是我国民事诉讼制度的一项重要特征。但是应当注意到,当事人的举证责任仍是主要的,负有举证责任的当事人如果本身不能证明他所主张的事实,则法院在按照法定程序全面客观地进行审理之后,有权作出反面的推定。

我国《民事诉讼法》规定,当事人对自己提出的主张应当及时提供证据。根据2020年修正的最高人民法院《关于适用〈中华人民共和国民事诉讼法〉的解释》的规定,人民法院应当在审理前的准备阶段确定当事人的举证期限。举证期限可以由当事人协商,并经人民法院准许。人民法院确定举证期限,第一审普通程序案件不得少于15日,当事人提供新的证据的第二审案件不得少于10日。凡是知道案件情况的单位和个人,都有义务出庭作证。有关单位的负责人应当支持证人作证。不能正确表达意思的人,不能作证。当事人可以就查明事实的专门性问题向人民法院申请鉴定。当事人未申请鉴定,人民法院对专门性问题认为需要鉴定的,应当委托具备资格的鉴定人进行鉴定。当事人可以申请人民法院通知有专门知识的人出庭,就鉴定人作出的鉴定意见或者专业问题提出意见。

此外,人民法院有权向有关单位和个人调查取证,有关单位和个人不得拒绝。证据应当在法庭上出示,并由当事人相互质证。经过法定程序公证证明的法律事实和文书,人民法院应当作为认定事实的根据,但有相反证据足以推翻公证证明的除外。这都是为了保证法院全面地收集证据并对证据进行认真、客观地核实与评价,以提高民事审判的质量。

第六节　期间、送达和诉讼费用

一、期间

期间是由法律规定或由法院依职权指定的,由法院、当事人和诉讼参与人为一定诉讼行为的期限。民事诉讼中关于期间的制度,是法律为保证法院及时地行使审判权和当事人及时地行使诉讼权利、履行诉讼义务,在时间上作出的限制规定。这里所讲的期间也包括期日。但严格地说,期间和期日是两个不同的概念。

法院指定某日为当事人和其他诉讼参与人同法院会合进行某一诉讼行为的,称为期日,如法院指定的开庭日期、调解日期、宣告判决日期等。当事人和其他诉讼参与人无正当理由而耽误期日的,应承担一定的法律后果,如被告经法院两次合法传唤,无正当理由于指定日期不到庭的,人民法院可以作出缺席判决。

法院、当事人和其他诉讼参加人单独为一定诉讼行为的期限,称为期间。

期间分为法定期间和指定期间。法定期间即法律规定的期间,如民事诉讼法关于向被告发送起诉状副本和被告提出答辩状的期限、上诉期限、申请执行期限等。指定期间是法院根据进行某一诉讼行为实际所需时间而指定的期间,如在执行程序中,法院给被执行人指定履行义务的期限(如指定给付钱款、迁出房屋的期限等),就是根据具体情况决定的。

法律对期间的计算方法作了规定,当事人和诉讼参加人于期间内的任何一天,都可以进行相应的诉讼行为。有期间规定的诉讼行为,只有在期间内进行,其法律效力才有保证。当事人因不可抗拒的事由或其他正当理由而耽误期限的,在障碍消除后 10 日内,可以申请顺延期限,是否准许,由人民法院决定。

二、送达

人民法院依法定方式与程序将诉讼文书交付当事人和其他诉讼参加人的行为,称为送达。送达诉讼文书,不仅使受送达人能了解文件内容,以便行使诉讼权利和承担诉讼义务,而且诉讼文书一经合法送达,就产生一定的法律后果。例如,原告经合法送达传票,无正当理由而不到庭,法院可按撤诉处理;被告经合法送达传票,无正当理由拒不到庭,法院可以缺席判决;调解书一经合法送达,即发生法律效力等。反之,文书、传票未经合法送达,此后的诉讼活动即可能成为无效。因此,送达在民事诉讼中具有重要意义。

送达的方法有直接送达、留置送达、委托送达、邮寄送达、转交送达、公告送达、传真和电子邮件送达及移动通信送达等。我国《民事诉讼法》均分别作了具体规定。

三、诉讼费用

当事人进行民事诉讼,依照规定应交纳的案件受理费和其他费用,称为诉讼费用。

根据2007年4月1日起施行的《诉讼费用交纳办法》,当事人进行民事诉讼、行政诉讼,应当依照本办法交纳诉讼费用。在诉讼过程中不得违反本办法规定的范围和标准向当事人收取费用。国家对交纳诉讼费用确有困难的当事人提供司法救助,保障其依法行使诉讼权利,维护其合法权益。当事人应当向人民法院交纳的诉讼费用包括:(1)案件受理费;(2)申请费;(3)证人、鉴定人、翻译人员、理算人员在人民法院指定日期出庭发生的交通费、住宿费、生活费和误工补贴。案件受理费的计算,按人身权案件、财产权案件、行政案件及劳动争议案件等分别有不同的规定。对财产案件的案件受理费,《诉讼费用交纳办法》中规定了一个依争议金额的增加而递减的收费比率,最高为2.5%,最低为0.5%。

其他诉讼费用的交纳,主要存在于财产案件,如申请执行、申请诉讼保全措施(包括扣押船舶)等。至于勘验费、鉴定费、公告费、翻译费,以及法院认为应当由当事人负担的其他实际开支,则由法院按照国家有关部门的规定计算收取。

上述各种诉讼费用最终由谁负担,法院应在案件判决或裁定中予以确定,一般是由败诉一方或为不当的诉讼行为者负担。当事人部分胜诉部分败诉的,诉讼费用按比例分担。原告申请撤诉的由原告负担。双方达成调解协议的,诉讼费用亦可由双方协商解决。

征收诉讼费用的制度,可以起到限制当事人滥用诉讼权利的作用。

第七节　诉讼保全、先予执行与强制措施

一、诉讼保全

《民事诉讼法》中规定的诉讼保全,是指人民法院就所受理的民事(经济)案件,为保证将来发生法律效力的判决能够得到执行或者不给一方当事人造成其他损害而对争议的标的物或者另一方当事人的其他财产采取强制措施,或者责令另一方当事人作出一定行为或者禁止其作出一定行为。

法院的诉讼保全裁定,一般是依据原告当事人的申请而作出的。但法律规定,即使没有当事人的申请,法院认为必要时也可以裁定采取诉讼保全措施。此外,《民事诉讼法》第101条还规定了起诉前申请保全的程序,即当事人因情况紧急,不宜等待起诉或者申请仲裁后再申请保全的,也可以先提出保全申请,然后在法院采取了保全措施之后的30日内提起诉讼或仲裁。

为了防止被申请保全人抽逃、转移或隐匿被申请保全的财产,《民事诉讼法》规定对情况紧急的,法院应在接受申请后48小时内作出是否采取保全措施的裁定;如裁定采取保全措施,应当立即开始执行。为了保护被申请保全人的合法权益,法律还规定了法院可以在采取保全措

施时,责令申请保全的一方当事人提供担保,以便在此后发现保全申请有错误时,令申请人赔偿被申请人因诉讼保全所受到的损失。

被申请人的财产被保全后,如果能按照法院要求的金额提供可靠的给付担保,法院就应当解除财产保全,以避免有关财产因被查封、扣押、冻结而产生或加大不必要的损失。

二、先予执行

先予执行是指人民法院在作出判决前,为解决原告生活或经营上的紧迫需要,或者防止及减轻社会经济损失,根据其申请,先行裁定责令被告履行一定的义务,或给付一定数额的金钱或特定物品,并立即执行的一种法定措施。

法院裁定先予执行,依法须具备以下条件:(1)当事人之间权利义务关系明确,不先予执行将严重影响申请人的生活或者生产经营的;(2)被申请人有履行能力。人民法院可以责令申请人提供担保,申请人不提供担保的,驳回申请。申请人败诉的,应当赔偿被申请人因先予执行遭受的财产损失。人民法院对下列案件,根据当事人的申请,可以裁定先予执行:(1)追索赡养费、扶养费、抚育费、抚恤金、医疗费用的;(2)追索劳动报酬的;(3)因情况紧急需要先予执行的。

三、对妨害民事诉讼的强制措施

人民法院使用强制手段,以排除对民事诉讼秩序的干扰、破坏,保证诉讼的顺利进行,就是对妨害民事诉讼的强制措施。

干扰、破坏民事诉讼秩序的人,可以是当事人和其他诉讼参加人,也可以是诉讼外的人,但其行为必须是出于行为人的故意,而且足以使诉讼不能正常顺利地进行。

这种强制措施并不是刑事制裁,而是法院为制止或排除已经发生的妨害民事诉讼的行为所采取的一种必要的强制手段。这种强制措施除可对当事人及其他诉讼参加人采取外,还可对任何妨害诉讼程序的人采取。《民事诉讼法》第 111 条规定,诉讼参与人或者其他人有下列行为之一的,人民法院可以根据情节轻重予以罚款、拘留;构成犯罪的,依法追究刑事责任:伪造、毁灭重要证据,妨碍人民法院审理案件的;以暴力、威胁、贿买方法阻止证人作证或者指使、贿买、胁迫他人作伪证的;隐藏、转移、变卖、毁损已被查封、扣押的财产,或者已被清点并责令其保管的财产,转移已被冻结的财产的;对司法工作人员、诉讼参加人、证人、翻译人员、鉴定人、勘验人、协助执行的人,进行侮辱、诽谤、诬陷、殴打或者打击报复的;以暴力、威胁或者其他方法阻碍司法工作人员执行职务的;拒不履行人民法院已经发生法律效力的判决、裁定的。对有上述这些行为之一的单位,人民法院可以对其主要负责人或者直接责任人员予以罚款、拘留;构成犯罪的依法追究刑事责任。《民事诉讼法》第 112 条规定,当事人之间恶意串通,企图通过诉讼、调解等方式侵害他人合法权益的,人民法院应当驳回其请求,并根据情节轻重予以罚款、拘留;构成犯罪的,依法追究刑事责任。《民事诉讼法》第 113 条规定,被执行人与他人恶意串通,通过诉讼、仲裁、调解等方式逃避履行法律文书确定的义务的,人民法院应当根据情节轻重予以罚款、拘留;构成犯罪的,依法追究刑事责任。

通常情况下,出庭并非被告的强制性义务,被告无正当理由拒不到庭,法院可以缺席判决。但是在例外情况下,对必须到庭的被告,经两次传票传唤无正当理由拒不到庭的,可以拘传。

依据2020年修正的最高人民法院《关于适用〈中华人民共和国民事诉讼法〉的解释》第174条的规定，例外情形主要指负有赡养、抚育、扶养义务和不到庭就无法查清案情的被告。人民法院对违反法庭规则的人，可以予以训诫，责令退出法庭或者予以罚款、拘留。人民法院对哄闹、冲击法庭，侮辱、诽谤、威胁、殴打审判人员，严重扰乱法庭秩序的人，依法追究刑事责任；情节较轻的，予以罚款、拘留。

第八节　第一审普通程序

在我国民事诉讼所采取的两审终审制度中，审理第一审民事案件的程序，称为第一审程序，也称初审程序。我国《民事诉讼法》规定，第一审程序包括普通程序、简易程序和特别程序，以及在某些方面有特殊规定的涉外程序。

普通程序不仅是法院审理第一审民事案件通常适用的程序，也是所有民事审判程序的基础。我国《民事诉讼法》就第一审普通程序，从起诉、受理、审理前的准备、开庭审理、诉讼的中止和终结，到最后法院作出裁判的全过程，作了全面而具体的规定。除法律另有规定者外，简易程序、特别程序、第二审程序以及审判监督程序，在相应的问题上，也都适用第一审普通程序的规定。

一、起诉和受理

原告起诉和人民法院受理立案，引起民事诉讼程序的开始。《民事诉讼法》规定，起诉必须符合以下四个条件：一是原告是与本案有直接利害关系的公民、法人和其他组织；二是有明确的被告；三是有具体的诉讼请求和事实、理由；四是属于人民法院受理民事诉讼的范围和受诉人民法院管辖。

起诉应向人民法院递交起诉状。并按照被告人数提交副本，以便人民法院受理后，发送被告准备答辩。人民法院接到起诉状经审查符合法律规定的受理条件的，应当在7日内立案，并通知当事人。

凡是法院认为不符合起诉条件而不予受理的，必须在接到起诉状后的7日内作出书面裁定，原告对该裁定不服的，可向上级人民法院提起上诉。

此外，为了避免人民群众由于不懂法律而投诉无门，即使是不符合法院应当受理条件的起诉案件，法院也不能推脱了事，而应当向原告告知解决问题的适当途径。例如，对于双方之间有仲裁协议的争议案件，应告知原告向仲裁机构申请仲裁。

二、审理前的准备

人民法院应在立案之日起5日内将起诉状副本发送被告，被告在收到之日起15日内提出答辩状。对被告提出的答辩状，人民法院应当在收到之日起5日内将其副本发送原告。被告不提交答辩状的，不影响法院对案件的审理。

人民法院审判人员应认真审阅双方当事人提出的诉讼文件，并调查、收集其他必要的证据。法院派出人员进行调查时,应先向被调查人出示证件,并应将调查情况和内容做成调查笔录,经被调查人校阅后,由被调查人、调查人签名或盖章。

人民法院经过审查,认为有必须共同进行诉讼的当事人没有参加诉讼的,应当通知其参加诉讼。此外,合议庭组成人员确定后,应当在3日内告知当事人。

人民法院对受理的案件,分别情形,予以处理:(1)当事人没有争议,符合督促程序规定条件的,可以转入督促程序;(2)开庭前可以调解的,采取调解方式及时解决纠纷;(3)根据案件情况,确定适用简易程序或者普通程序;(4)需要开庭审理的,通过要求当事人交换证据等方式,明确争议焦点。

三、开庭审理

开庭审理,是指人民法院定期传集各方当事人共同到庭进行口头审理的过程。除涉及国家秘密、个人隐私或者法律另有规定的以外,开庭审理应当一律公开进行。但离婚案件和涉及商业秘密的案件当事人可以申请不公开审理。

开庭审理分为开始阶段、法庭调查、法庭辩论及作出和宣告判决四个阶段。

人民法院开庭审理民事案件,须至少在开庭的3日以前将确定的审理期日通知当事人和其他诉讼参加人;公开审理的,应公告当事人姓名、案由和开庭的时间、地点。

开庭审理前,书记员应查明当事人和其他诉讼参加人是否已到庭,并宣布法庭纪律。审理开始时,先由审判长核对当事人,宣布案由,宣布审判人员、书记员名单,告知当事人有关的诉讼权利和义务,询问当事人是否申请回避,然后开始法庭调查。

法庭调查的目的和任务,主要在于审查与案件事实有关的各种证据,以做到客观准确地认定案件事实。法庭调查由审判人员按下述顺序进行:当事人陈述;告知证人的权利义务,证人作证,宣读未到庭的证人证言;出示书证、物证、视听资料和电子数据;宣读鉴定意见;宣读勘验笔录等。在法庭调查中,当事人可以提出新的证据,请求调查。当事人经法庭许可,也可以向证人、鉴定人、勘验人发问,还可以要求重新进行调查、鉴定或勘验,是否准许由法庭决定。

审判人员认为案件事实已经调查清楚,即可转入法庭辩论。法庭辩论是各方当事人在审判长主持下,依据已经法庭调查过的事实和证据,相互针对对方提出的主张进行的。在辩论过程中,审判长应进行必要而适当的引导和限制,使辩论集中在案件必须解决的问题上,并应使双方当事人有平等与充分的辩论机会。法庭辩论主要包括两方面的内容,即关于事实的认定和法律的依据。

法庭辩论按照下列顺序进行:原告及其诉讼代理人发言;被告及其诉讼代理人答辩;第三人及其诉讼代理人发言或者答辩;互相辩论。辩论终结前,审判长应以先原告后被告然后第三人的顺序征询他们的最后意见。法庭辩论终结应依法作出判决。判决前能够进行调解的,还可以进行调解,但调解不成的,应及时判决。

宣判前,原告申请撤诉的,是否准许,由人民法院裁定。有下列情形之一的,可以延期开庭审理:必须到庭的当事人和其他诉讼参与人有正当理由没有到庭的;当事人临时提出回避申请的;需要通知新的证人到庭,调取新的证据,重新鉴定、勘验,或者需要补充调查的;其他应当延期的情形。

人民法院的书记员应将法庭审理的全部活动如实做成法庭笔录。法庭笔录应当当庭宣读,也可以告知当事人和其他诉讼参与人当庭或者在5日内阅读。法庭笔录是重要的诉讼文书,是法院作出裁判的重要依据,也是上级法院和有关法律监督机构对原审法院民事审判活动实行监督的重要依据。因此,《民事诉讼法》中有关制作笔录的规定,书记员必须认真执行。

案件不论是公开还是依法不公开审理,宣告判决均应公开进行。当庭宣判的,应在10日内发送判决书;定期宣判的,宣判后应立即发给判决书。宣告判决时,必须告知当事人上诉权利、上诉期限和上诉法院。宣告离婚判决,必须告知当事人在判决发生法律效力之前不得另行结婚。

四、审结期限

审结期限,是指从立案之日起至裁判宣告、调解书送达之日止的期间,但公告期间、鉴定期间、双方当事人和解期间、审理当事人提出的管辖异议以及处理人民法院之间的管辖争议期间不应计算在内。

如果民(商)事案件长期在法院积压拖延不能审结,既给民事权益受到损害的当事人造成很大的困难,又损害人民法院的声誉,因此必须在法律上对人民法院就民事案件的审理期限作出规定。根据《民事诉讼法》以及最高人民法院《关于严格执行案件审理期限制度的若干规定》的规定,人民法院适用普通程序审理的案件,应当在立案之日起6个月内审结。当然,案件的不能及时审结除了审判人员主观上的原因之外,在某些情况下也存在客观上的特殊原因,因此,有特殊情况需要延长的,由本院院长批准,可以延长6个月;还需要延长的,报请上级人民法院批准。这样既可防止审判人员办理案件的任意拖延,又可便于法院领导和上级法院对民事案件审理工作的了解和监督。值得注意的是,审理涉外、涉港澳台的民事案件,不受上述期间的限制。

五、诉讼中止和终结

民事诉讼进行中,由于存在或发生了特定情况,应暂时中断诉讼程序进行的,称为诉讼中止。《民事诉讼法》规定,可以引起诉讼中止的情况有:一方当事人死亡,需要等待继承人表明是否参加诉讼;一方当事人丧失诉讼行为能力,尚未确定法定代理人;作为一方当事人的法人或者其他组织终止,尚未确定权利义务承受人;一方当事人因不可抗拒的事由,不能参加诉讼;本案必须以另一案的审理结果为依据,而另一案尚未审结,以及其他应当中止诉讼的情形。

民事诉讼进行中,由于存在或发生了特定情况,应结束正在进行的诉讼程序,了结案件的,称为诉讼终结。这里所说的特定情况,是指诉讼的继续进行已无实际意义或成为不可能的情况,如原告死亡,没有继承人,或继承人放弃诉讼权利;被告死亡,没有遗产,也没有应当承担义务的人等。发生上述情况之一时,即由人民法院作出终结诉讼的裁定,并将案件注销。

六、判决和裁定

判决书应当写明判决结果和作出该判决的理由。人民法院的民事判决书主要包括三个部分:(1)案由、诉讼请求、争议的事实和理由;(2)判决认定的事实、理由和适用的法律和理由;(3)判决结果和诉讼费用的负担。此外,判决书中还应写明上诉期间和上诉法院。

民事裁定的适用范围包括:(1)不予受理;(2)对管辖权的异议;(3)驳回起诉;(4)保全和先予执行;(5)准许或不准许撤诉;(6)中止或终结诉讼;(7)补正判决书中的笔误;(8)中止或者终结执行;(9)撤销或者不予执行仲裁裁决;(10)不予执行公证机关赋予强制执行效力的债权文书;(11)其他需要以裁定解决的事项。对上述第1~3项的裁定,可以上诉,对其余各项的裁定都不准上诉。对财产保全和先予执行的裁定,只可以申请复议,复议期间不停止裁定的执行。可见裁定和判决在法律效力上也是不尽相同的。

第九节　简易程序和特别程序

一、简易程序

对简单的民事案件所适用的诉讼程序,称为简易程序。

简易程序是对普通程序中第一审程序的简化,根据《民事诉讼法》第157条第1款的规定,它适用于基层人民法院和它派出的法庭审理事实清楚、权利义务关系明确、争议不大的简单的民事案件。此外,其第2款规定,基层人民法院和它派出的法庭审理前款规定以外的民事案件,当事人双方也可以约定适用简易程序。这种程序是为方便简单民事案件的当事人行使诉讼权利和人民法院及时解决这种案件而规定的。例如,离婚案件中对结婚时间短,财产争议不大,或者当事人婚前就患有法律规定不准结婚的疾病的;赡养费、扶养费、抚育费案件中,权利义务关系明确,只是给付时间和金额上有争议的;债务案件中,借贷关系明确且金额不大的;继承案件中,遗产和继承人范围明确,讼争遗产数额不大的;损害赔偿案件中,事实清楚、责任明确、赔偿金额不大的,都属于简单的民事案件。

简易程序简化了普通程序的起诉手续,原告可以口头起诉,当事人双方也可以同时到基层人民法院或其派出的法庭,请求解决争议,并由审判员一人独任审理。审判员可用简便方式传唤当事人、证人、送达诉讼文书、审理案件。审理的进行也不受《民事诉讼法》第136条、第138条和第141条规定的限制,即不受法律关于普通程序的开庭期日、地点的通知和公告,以及法庭调查和法庭辩论顺序等规定的限制,而可以根据实际情况,灵活地进行。人民法院在审理过程中,发现案件不宜适用简易程序的,裁定转为普通程序。人民法院适用简易程序审理案件,应当在立案之日起3个月内审结。

基层人民法院和它派出的法庭审理符合《民事诉讼法》第157条第1款规定的简单的民事案件,标的额为各省、自治区、直辖市上年度就业人员年平均工资30%以下的,实行一审终审。最高人民法院《关于适用〈中华人民共和国民事诉讼法〉的解释》第十二部分“简易程序中的小额诉讼”对此作了详细规定。

但依简易程序审理作出的判决和依普通程序审理作出的判决,在法律效力上是完全相同的。

二、特别程序

人民法院审理法律规定的某些特殊类型案件所适用的程序，称为特别程序。

所谓特殊类型案件，包括选民资格案件和非讼案件，如宣告公民失踪、宣告公民死亡案件，认定公民无民事行为能力或限制民事行为能力案件，认定财产无主案件，确认调解协议案件和实现担保物权案件。选民资格案件是指公民因不服选举委员会对选民资格的申诉所作的决定而向选区所在地人民法院起诉的案件。而其他三种案件则既不是由于合法权益受到侵害或发生纠纷而引起，也不存在争议与争议的对方，因而这种案件只有申请人而无原告和被告，只是由申请人提出有关申请，由人民法院依据一定的事实和法律，经审查后予以判决确认。认定申请无理由的，则予以裁定驳回。

依特别程序审理的案件，实行一审终审。对选民资格案件和重大疑难的其他特别程序案件，可由审判员组成合议庭审判，其他案件则由审判员一人独任审判。在审理过程中，发现本案属于民事权益争议的，应裁定终结特别程序，并告知利害关系人按照普通程序或简易程序另行起诉。

《民事诉讼法》依据上述四种案件的不同特点对有关程序分别作了规定，未作规定的适用《民事诉讼法》其他有关规定。

第十节　第二审程序、审判监督程序

一、第二审程序

当事人不服一审人民法院所作的未发生法律效力的判决或裁定，提起上诉，请求上一级人民法院审理，由上一级人民法院审理上诉案件的程序，称为第二审程序。

上诉必须以当事人不服一审判决或裁定，且一审判决或裁定尚未发生法律效力为前提。如判决、裁定已发生法律效力，当事人对其不服，则只能依审判监督程序提起申诉。

提起上诉的上诉人必须是第一审程序中的原告、被告或有独立请求权的第三人，以及他们的继承人或诉讼权利承担人；被上诉人必须是上诉人在第一审程序中的对方当事人、第三人。双方当事人和第三人都提出上诉的，均为上诉人。

提起上诉必须在法律规定的上诉期限内通过原审法院提出上诉状。对判决提起上诉的期限为15日，对裁定提起上诉的期限为10日。但是在中华人民共和国领域内没有住所的当事人提起上诉的期限（包括对第一审法院的判决或裁定），法律规定为30日。上诉状应具备法律规定的内容。上诉人如直接向第二审人民法院上诉的，第二审人民法院应在5日内将上诉状发交原审人民法院。原审人民法院于收到上诉状后，应在5日内将上诉状副本送达对方当事人。对方当事人收到后，应在15日内提出答辩状；法院收到被上诉人答辩状后，也应在5日内将副本送达上诉人。原审人民法院应将收到的上诉状、答辩状连同全部案卷和证据，尽快报送第二审人民法院。

第二审人民法院收到下级人民法院报送的上诉案件,应组成合议庭,开庭审理。如经过阅卷、调查、询问当事人,对没有提出新的事实、证据或者理由,合议庭认为不需要开庭审理的,可以不开庭审理。

第二审人民法院原则上只需要对上诉请求的有关事实和适用的法律进行审查,而不必就原审判决进行全面的审查。但如在审查中发现原判决的内容确有错误,尽管当事人对有关问题并未提起上诉,第二审人民法院仍可以依法进行改判。此外,第二审人民法院审理上诉案件,也可以进行调解;在作出判决之前,上诉人可以申请撤回上诉,是否准许,由第二审人民法院裁定。

第二审人民法院对上诉案件,经过审理,按照不同情况分别作以下处理:(1)原判决、裁定认定事实清楚,适用法律正确的,以判决、裁定方式驳回上诉,维持原判决、裁定;(2)原判决、裁定认定事实错误或者适用法律错误的,以判决、裁定方式依法改判、撤销或者变更;(3)原判决认定基本事实不清的,裁定撤销原判决,发回原审人民法院重审,或者查清事实后改判;(4)原判决遗漏当事人或者违法缺席判决等严重违反法定程序的,裁定撤销原判决,发回原审人民法院重审。原审人民法院对发回重审的案件作出判决后,当事人提起上诉的,第二审人民法院不得再次发回重审。

第二审人民法院的判决和裁定,是终审的判决和裁定,一经宣告并送达,即发生法律效力。

此外,《民事诉讼法》第 176 条对上诉案件的审理,规定了原则上须在 3 个月内审结的期限,有特殊情况需要延长的,由本院院长批准。人民法院审理对裁定的上诉案件,应当在第二审立案之日起 30 日内作出终审裁定。

二、审判监督程序

人民法院对已发生法律效力的判决或裁定,发现确有错误,依法撤销原来的判决或裁定,进行再次审理的程序,属于审判监督程序。

审判监督程序和第二审程序虽然都是为保证人民法院判决或裁定的正确与合法而规定的程序,但彼此有明确的区别。第二审程序是上一级人民法院根据当事人于上诉期间内提出的上诉,对下级人民法院所作的尚未发生法律效力的判决或裁定进行第二审审理。因此有权审理的法院只限于原审人民法院的上一级人民法院。审判监督程序则是由有审判监督权的上级人民法院(直至最高人民法院)和本法院院长对于已发生法律效力的判决或裁定发现确有错误而提起再审的程序。因此,有权再审的也不限于原审法院的上一级人民法院,如原审人民法院对自己的生效判决,上级人民法院对下级人民法院的生效判决,最高人民法院对地方各级人民法院的生效判决,如发现确有错误均有权提起再审。我国《民事诉讼法》第 208 条第 1 款规定,最高人民检察院对各级人民法院已经发生法律效力的判决、裁定,上级人民检察院对下级人民法院已经发生法律效力的判决、裁定,发现有本法第 200 条规定情形之一的,或者发现调解书损害国家利益、社会公共利益的,应当提出抗诉。

《民事诉讼法》第 199 条规定,当事人对已经发生法律效力的判决、裁定,认为有错误的,可以向上一级人民法院申请再审;当事人一方人数众多或者当事人双方为公民的案件,也可以向原审人民法院申请再审的,不停止判决、裁定的执行。当事人申请再审,应当在判决、裁定发生法律效力后 6 个月内提出。有新的证据,足以推翻原判决、裁定的,原判决、裁定认定事实的主要证据是伪造的，据以作出原判决、裁定的法律文书被撤销或者变更，以及发现审判人员在审理该案件时有贪污受贿，徇私舞弊，枉法裁判行为的，自知道或者应当知道之日起6个月内提出。

我国《民事诉讼法》第200条规定，当事人的再审申请如符合下列情形之一的，人民法院应当再审：(1)有新的证据，足以推翻原判决、裁定的；(2)原判决、裁定认定的基本事实缺乏证据证明的；(3)原判决、裁定认定事实的主要证据是伪造的；(4)原判决、裁定认定事实的主要证据未经质证的；(5)对审理案件需要的主要证据，当事人因客观原因不能自行收集，书面申请人民法院调查收集，人民法院未调查收集的；(6)原判决、裁定适用法律确有错误的；(7)审判组织的组成不合法或者依法应当回避的审判人员没有回避的；(8)无诉讼行为能力人未经法定代理人代为诉讼或者应当参加诉讼的当事人，因不能归责于本人或者其诉讼代理人的事由，未参加诉讼的；(9)违反法律规定，剥夺当事人辩论权利的；(10)未经传票传唤，缺席判决的；(11)原判决、裁定遗漏或者超出诉讼请求的；(12)据以作出原判决、裁定的法律文书被撤销或者变更的；(13)审判人员审理该案件时有贪污受贿，徇私舞弊，枉法裁判行为的。对违反法定程序可能影响案件正确判决、裁定的情形，或者审判人员在审理该案件时有贪污受贿，徇私舞弊，枉法裁判行为的，人民法院应当再审。

因当事人申请裁定再审的案件由中级人民法院以上的人民法院审理，但当事人依照《民事诉讼法》第199条的规定选择向基层人民法院申请再审的除外。最高人民法院、高级人民法院裁定再审的案件，由本院再审或者交其他人民法院再审，也可以交原审人民法院再审。当事人对已经发生法律效力的调解书，提出证据证明调解违反自愿原则或者调解协议的内容违反法律的，可以申请再审。经人民法院审查属实的，应当再审。当事人对已经发生法律效力的解除婚姻关系的判决、调解书，不得申请再审。

对按照审判监督程序决定再审的案件，应裁定中止原判决、裁定、调解书的执行，但追索赡养费、扶养费、抚育费、抚恤金、医疗费用、劳动报酬等案件，可以不中止执行。

按照审判监督程序再审的案件，原来是第一审的，按照第一审程序审判，所作判决或裁定，当事人仍可以上诉。原来是第二审的，或是上级人民法院提审的，按照第二审程序审判，所作的判决或裁定，是发生法律效力的判决或裁定。人民法院审理再审案件，应当另行组成合议庭。

第十一节　督促程序和公示催告程序

督促程序和公示催告程序都不是一般的"诉讼程序"，都是为了适应我国经济改革和市场经济发展的需要而制定的，因而主要适用于经济案件的程序。

一、督促程序

督促程序，又称支付令程序，是指法院根据债权人的申请，向债务人发出支付令，催促债务人限期履行给付价钱或有价证券的义务，债务人在法定期间内未提出异议又不履行义务时，支付令发生强制执行效力的一种快速解决债权债务纠纷的非讼程序。法律规定,人民法院依据债权人符合法定条件的请求,可以不经开庭审理,自行向债务人发出支付令,责令其在一定期限内履行债务,或者在同一期限内提出异议;如果债务人不在这一期限内提出异议,这一支付令即取得与确定判决同等的效力,债权人可以申请法院予以强制执行。

法院对于债权人提出的支付令申请应当加以审查,认为符合以下两个条件的才能决定向债务人发出支付令:(1)债权人与债务人没有其他债务纠纷的;(2)支付令能够送达债务人的,而债权人请求债务人支付的标的,只能限于金钱或有价证券,不能是其他实物或其他合同义务。为此债权人在提出申请时必须写明请求给付金钱或者有价证券的数额和所依据的事实及证据。法院受理申请后,经审查债权人提供的事实和证据,认为债权债务关系明确、合法的,应在受理之日起 15 日内向债务人发出支付令;认为申请不成立的,应裁定驳回申请。债务人应当在收到支付令之日起 15 日内清偿债务,或者在这一期限内向法院提出书面异议。人民法院收到债务人提出的书面异议后,经审查,异议成立的,应当裁定终结督促程序,支付令自行失效。支付令失效的,转入诉讼程序,但申请支付令的一方当事人不同意提起诉讼的除外。

二、公示催告程序

公示催告程序,是指法院依据申请人的申请,将申请的票据以公告的方法,通知并催促可能存在的利害关系人在规定的期间内向法院申报权利,如逾期无人申报,则根据申请人的请求作出除权判决,宣告票据失权的一种非讼程序。依照我国《民事诉讼法》目前的规定,公示催告程序的申请只限于"可以背书转让的票据持有人,因票据被盗、遗失或者灭失"时,才可以向法院申请公示催告;但《民事诉讼法》又规定了依照法律规定其他可以申请公示催告的事项,也将适用这一程序。

目前通行的票据,主要有汇票、本票和支票三种,不论哪一种票据,受款人持有票据都是行使票据权利的前提。如果合法的持票人因被盗、遗失或灭失等原因,失去了对票据的持有,权利人既无法行使票据的权利,又面临着被非法持票人或其他人盗用权利的危险。在这种情况下,持票人除可向付款人及时通知挂失止付外,还须向法院申请公示催告,要求法院在公示催告期满而无人出面申报主张权利时,作出宣告票据失效的判决。在判决公告后,申请人(受款人)即有权在不持有票据的情况下向付款人请求支付。如果在公示催告的期间内有利害关系人出面向人民法院申报权利,法院即应裁定终结公示催告程序,此后不论是原申请人还是申报人都可以向法院起诉,转入通常的诉讼程序。

第十二节 执 行 程 序

一、执行的主要内容

人民法院对不履行已发生法律效力的民事判决、裁定、调解书等所确定的义务的当事人,依法强制其履行义务的程序,称为执行程序。强制执行对于体现法制的权威性和严肃性,保护当事人合法权益,教育公民遵守法律,都具有重要意义。

(一)执行的依据与执行的法院

执行所依据的法律文书有两种:一种是已发生法律效力的民事判决、裁定和调解书、支付令,以及刑事判决或裁定中的财产部分;另一种是依法应由人民法院执行的其他法律文书,如仲裁机构的终局裁决,公证机关依法赋予强制执行效力的债权文书等。前一种由原第一审人民法院或者与第一审人民法院同级的被执行的财产所在地人民法院执行;后一种则由被执行人住所地或被执行的财产所在地人民法院执行(仲裁协议的执行法院为中级人民法院)。

人民法院自收到申请执行书之日起超过 6 个月未执行的,申请执行人可以向上一级人民法院申请执行。上一级人民法院经审查,可以责令原人民法院在一定期限内执行,也可以决定由本院执行或者指令其他人民法院执行。

(二)申请执行的期限

申请执行的期限为 2 年。申请执行的期限从法律文书规定的履行期限的最后一日起计算。在上述规定的申请执行期限内不申请执行的,丧失请求强制执行的权利。

(三)执行标的与执行异议

执行标的只限于被申请执行人的财产或应当完成的一定义务(包括作为和不作为)。执行过程中,案外人对执行标的提出书面异议的,人民法院应当自收到书面异议之日起 15 日内审查,理由成立的,裁定中止对该标的的执行;理由不成立的,裁定驳回。当事人、利害关系人认为执行行为违反法律规定的,可以向负责执行的人民法院提出书面异议。案外人、当事人对裁定不服,认为原判决、裁定错误的,依照审判监督程序办理;与原判决、裁定无关的,可以自裁定送达之日起 15 日内向人民法院提起诉讼。

(四)协助执行与委托执行

有关单位和个人都有义务按照人民法院的通知,协助执行。无故推拖、拒绝或妨碍执行的,应按妨害民事诉讼行为予以处分,直至追究刑事责任。被执行人、被执行的财产在外地的,除可由原第一审法院直接予以执行外,也可以委托该当地人民法院代为执行。受委托的人民法院应在收到委托函件后 15 日内开始执行,不得拒绝。执行完毕后,应将执行结果函复委托人民法院。

(五)执行中的和解

在执行中,双方当事人自行和解达成协议的,执行员应将协议内容记入笔录,由双方签名或盖章。申请执行人因受欺诈、胁迫与被执行人达成和解协议,或者当事人不履行上述和解协议的,法院可以根据当事人的申请,恢复对原生效法律文书的执行。

(六)执行担保

在执行中,被执行人向法院提供了担保,并经申请人同意的,法院可以决定在一定期间内暂缓执行。被执行人逾期仍不履行的,人民法院有权执行被执行人的担保财产或者担保人的财产。

(七)执行回转

执行完毕后,据以执行的判决、裁定和其他法律文书因确有错误,被法院撤销的,法院应作出裁定责令取得财产的人返还已被执行的财产;必要时也可以强制执行。

二、执行措施

执行员接到申请执行书或者移交执行书,应当向被执行人发出执行通知,并可以立即采取强制执行措施。被执行人未按执行通知履行法律文书确定的义务,应当报告当前以及收到执行通知之日前一年的财产情况。被执行人拒绝报告或者虚假报告的,人民法院可以根据情节轻重对被执行人或者其法定代理人、有关单位的主要负责人或者直接责任人员予以罚款、拘留。被执行人未按执行通知履行法律文书确定的义务,人民法院有权向有关单位查询被执行人的存款、债券、股票、基金份额等财产情况,人民法院决定扣押、冻结、划拨、变价财产,应当作出裁定,并发出协助执行通知书,有关单位必须办理。人民法院也可以采取扣留和提取被执行人收入的措施,但应留下被执行人及其所扶养家属的生活必需费用。对被执行人的财产则可采取查封、扣押、冻结、拍卖或变卖的措施。采取查封、扣押财产时,被执行人是公民的,应通知被执行人或其成年家属到场;被执行人是法人或者其他组织的,应当通知其法定代表人或者主要负责人到场。拒不到场的,不影响执行。被执行人是公民的,被执行人的工作单位和财产所在地的基层组织应派人参加。查封、扣押后,执行员应通知被执行人在指定期限内履行义务,逾期不履行的,交有关单位拍卖或者变卖。实行上述三种强制措施时,应由法院作出裁定。

法律文书指定交付财物或票证的,由执行员传唤双方当事人当面交付,或由执行员转交,并由被交付人签收。当事人以外的单位或公民持有该项财物或票证的,法院应通知其交出;拒不交出的,强制执行。

被执行人不履行法律文书确定的义务并隐匿财产的,经法院院长签发搜查令,法院有权对被执行人及其住所或者财产隐匿地进行搜查。

强制迁出房屋或者强制退出土地,由院长签发公告,责令被执行人在指定期间内履行。逾期不履行的,由执行员强制执行。

法律文书指定为一定行为的,执行员应通知被执行人履行,未按执行通知履行的,法院可以强制执行或者委托有关单位或其他人完成,费用由被执行人负担。

被执行人未按判决、裁定和其他法律文书指定的期间履行给付金钱义务的,应当加倍支付迟延履行期间的债务利息,未按期履行其他义务的,应当支付迟延履行金。被执行人不履行法律文书确定的义务的,人民法院可以对其采取或者通知有关单位协助采取限制出境,在征信系统记录、通过媒体公布不履行义务信息以及法律规定的其他措施。

三、执行的中止和终结

在执行过程中,因出现法律规定的特殊情况而暂时停止执行,称执行中止。这些情况有:申请人表示可以延期执行;案外人对执行提出确有理由的异议;一方当事人死亡,需要等待继承人继承权利或承担义务;作为一方当事人的法人或者其他组织终止,尚未确定权利承受人,以及人民法院认为应中止执行的其他情况。中止的情形消失后,恢复执行。

在一般情况下,由人民法院执行员根据法律文书的要求,经过采取执行措施执行完毕,执行程序即告终了。但有的案件在执行中,出现了法律规定的下述情况之一时,人民法院应裁定终结执行：申请人撤销申请；据以执行的法律文书被撤销；被执行人死亡，无遗产可供执行，又无义务承担人；追索赡养费、扶养费、抚育费案件的权利人死亡；作为被执行人的公民因生活困难无力偿还借款，无收入来源又丧失劳动能力，以及人民法院认为应当终结执行的其他情况。

思考题

1.《民事诉讼法》有哪些特有的原则？它们各自的主要内容是什么？
2. 什么是民事诉讼的管辖？民事诉讼的管辖有哪几种？
3. 民事诉讼的参加人有哪些？他们享有哪些诉讼权利？
4.《民事诉讼法》关于民事诉讼第一审程序有哪些重要规定？

第十二章　行政诉讼法

第一节　行政诉讼法概述

一、我国行政诉讼法的概念和任务

行政诉讼是指公民、法人或者其他组织认为行政机关及其工作人员的行政行为侵犯其合法权益，按照法律规定向人民法院起诉并由人民法院审理和作出裁判的一种诉讼活动。我国的行政诉讼法是调整人民法院和行政诉讼参加人在诉讼过程中所形成的诉讼关系的法律规范的总称。

行政诉讼是解决行政争议的重要途径。行政争议是指行政机关在行使行政职权的过程中与其相对一方发生的争议。行政争议发生后，解决的途径有两种：一种是行政机关的相对一方可以通过行政程序，按照行政复议法的规定向有关的行政复议机关申请复议，要求通过复议撤销或者改变违法的或者不当的行政行为；另一种是通过司法程序，向人民法院提起行政诉讼。经过行政复议的，行政机关的相对一方如果对复议的决定不服，除了法律规定行政复议决定为最终裁决者外，也可以向人民法院提起行政诉讼。人民法院通过审理行政案件，对于公民、法人或者其他组织的合法权益，予以法律保护；对于行政机关的行政行为是否合法，实行司法监督。

我国行政诉讼法的主要渊源是《行政诉讼法》。本法于 1989 年 4 月 4 日由第七届全国人民代表大会第二次会议通过，1990 年 10 月 1 日起施行；2014 年 11 月 1 日第十二届全国人民代表大会常务委员会第十一次会议第一次修订；2017 年 6 月 27 日第十二届全国人民代表大会常务委员会第二十八次会议第二次修订。

二、我国行政诉讼法的基本原则

我国行政诉讼法的基本原则有三类：第一类是行政诉讼、民事诉讼、刑事诉讼普遍适用的原则；第二类是行政诉讼和民事诉讼共同适用而不适用于刑事诉讼的原则；第三类是既不同于刑事诉讼，也有别于民事诉讼，而为行政诉讼所特有的原则。

（一）行政诉讼、民事诉讼、刑事诉讼普遍适用的原则

行政诉讼、民事诉讼、刑事诉讼普遍适用的原则有：人民法院依法独立行使审判权、人民检察院依法独立行使检察权原则；以事实为根据、以法律为准绳原则；对诉讼当事人在适用法律上一律平等原则；保障诉讼参与人依法享有的诉讼权利原则；人民法院审理案件实行两审终审、公开审判、合议、回避等制度原则；公民有权用本民族语言文字进行诉讼原则；人民检察院

对人民法院审判活动实行法律监督原则等。这些原则,在前面的有关章节中已作了说明。

需要注意的是,上述各项原则,虽然是我国各类诉讼普遍适用的原则,但是具体到行政诉讼中,则有其特定的含义。例如,根据以事实为根据、以法律为准绳的原则,人民法院在审理行政案件时,既要审查行政机关作出行政行为时所依据的事实是否符合客观情况,又要审查行政机关作出行政行为时对法律、法规的适用是否正确和是否符合法定程序。又如,根据对诉讼当事人在适用法律上一律平等的原则,人民法院在审理行政案件时,既不能因为行政机关是拥有行政管理权的国家机关而予以袒护,也不能为了重视保护行政机关相对方的合法权益而歧视行政机关或者对之抱有偏见。

(二)行政诉讼和民事诉讼共同适用的原则

这类原则有当事人诉讼权利平等原则、辩论原则等。这些原则在行政诉讼中也有其特定的含义。例如,当事人双方诉讼权利平等原则,在行政诉讼中就有其特殊的重要性。这是因为行政诉讼的当事人双方,一方是行使国家行政管理权的管理者,另一方是接受行政机关管理的被管理者,他们的地位本来不是对等的。在诉讼过程中,双方如果仍然处于不对等的地位,则不能享有平等的诉讼权利,行政案件就有可能得不到公正审理。为了公正地审理案件,在行政诉讼中必须保障双方当事人具有对等的法律地位,享有平等的诉讼权利。不过,所谓保障行政诉讼当事双方享有平等的诉讼权利,乃是就诉讼权利的整体而言的,其具体表现为,双方当事人在某些方面享有相同的权利,如委托代理人进行诉讼、申请回避、提供证据、进行辩论、提起上诉等;而在有些方面则是享有大体对等而不尽相同的权利,当事人一方的诉权就是如此,行政机关的相对方具有起诉权,行政机关则只有应诉权而无反诉权。

(三)行政诉讼法特有的原则

1. 人民法院特定主管原则

人民法院对刑事案件、民事案件有完全的司法审查权,但是行政案件则只能有一部分归人民法院管辖。这是因为行政案件涉及面很广,种类很多,既不可能也不应当都由人民法院解决,因而行政诉讼需要实行人民法院特定主管原则。所谓特定主管,是指人民法院只能主管法律规定由其主管的那一部分行政案件,法律规定不由其主管的则不具有司法审查权。而凡是法律规定由人民法院主管的行政案件,只要依法提起诉讼,就必须由人民法院管辖。

2. 合法性审查原则

人民法院审理行政案件,乃是对行政机关的行政行为是否合法进行审查和作出裁断,而不应对行政机关在法律、法规规定的范围内作出的行政行为是否完全恰当作出裁断。行政机关在法律、法规规定的范围内作出的行政行为是否恰当,主要应由行政机关复议处理。实行这一原则,是区分行政权和审判权的需要。根据宪法的规定,行政机关依法行使行政权,人民法院依法行使审判权。确定行政行为是否合法,属于审判权的范围;确定行政行为是否恰当和合理,属于行政权的范围。在具体审理每一行政案件时,除非是行政机关作出的行政处罚明显不当或者其他行政行为涉及对款项的确定、认定确有错误的,人民法院才可以判决变更,至于行政机关在法律、法规规定的范围内作出的行政处罚轻一些或者重一些的问题,人民法院无权判决变更。如果公民、法人或者其他组织认为行政行为所依据的国务院部门和地方人民政府及其部门制定的规范性文件不合法,在对行政行为提起诉讼时,可以一并请求对该规范性文件进行审查;这里所称的规范性文件,是指通常所称的红头文件,不包括属于行政立法的规章。

3. 行政诉讼期间不停止行政执行原则

当事人因不服行政机关的行政行为而向人民法院起诉,在诉讼期间,不停止行政行为的执行。实行这一原则,是维护行政机关依法行使职权,保持国家行政管理活动正常进行的需要。但是,根据《行政诉讼法》的规定,有下列四种情况之一的,裁定停止行政行为的执行:(1)被告认为需要停止执行的;(2)原告或者利害关系人申请停止执行,人民法院认为该行政行为的执行会造成难以弥补的损失,并且停止执行不损害国家利益、社会公共利益的;(3)人民法院认为该行政行为的执行会给国家利益、社会公共利益造成重大损害的;(4)法律、法规规定停止执行的。当事人对停止执行或者不停止执行的裁定不服的,可以申请复议一次。

4. 不适用调解原则

人民法院审理行政案件,不适用调解,不得以调解方式结案。行政机关的行政行为是一种执法行为,执法行为只能以法律、法规为依据,而不能由执法者与被执法者协商确定。公民、法人或者其他组织对行政机关所作的行政处罚决定或者其他处理决定不服,向人民法院起诉后,人民法院只能在查清事实的基础上,辨明行政行为是合法还是违法,从而依法作出公正的判决或裁定,而不能由争议的双方进行协商,互作让步,调解结案。但是,行政赔偿、补偿以及行政机关行使法律、法规规定的自由裁量权的案件则可以调解。调解应当遵循自愿、合法原则,不得损害国家利益、社会公共利益和他人合法权益。

第二节 受案范围和管辖

一、受案范围

《行政诉讼法》中的受案范围,是指人民法院受理行政案件的权限范围,亦称人民法院对行政案件的主管范围。

《行政诉讼法》第12条规定,人民法院受理公民、法人和其他组织提起的下列诉讼:(1)对行政拘留、暂扣或者吊销许可证和执照、责令停产停业、没收违法所得、没收非法财物、罚款、警告等行政处罚不服的;(2)对限制人身自由或者对财产的查封、扣押、冻结等行政强制措施和行政强制执行不服的;(3)申请行政许可,行政机关拒绝或者在法定期限内不予答复,或者对行政机关作出的有关行政许可的其他决定不服的;(4)对行政机关作出的关于确认土地、矿藏、水流、森林、山岭、草原、荒地、滩涂、海域等自然资源的所有权或者使用权的决定不服的;(5)对征收、征用决定及其补偿决定不服的;(6)申请行政机关履行保护人身权、财产权等合法权益的法定职责,行政机关拒绝履行或者不予答复的;(7)认为行政机关侵犯其经营自主权或者农村土地承包经营权、农村土地经营权的;(8)认为行政机关滥用行政权力排除或者限制竞争的;(9)认为行政机关违法集资、摊派费用或者违法要求履行其他义务的;(10)认为行政机关没有依法支付抚恤金、最低生活保障待遇或者社会保险待遇的;(11)认为行政机关不依法履行、未按照约定履行或者违法变更、解除政府特许经营协议、土地房屋征收补偿协议等协议的;(12)认为行政机关侵犯其他人身权、财产权等合法权益的。除了以上十二项之外,人民法院还受理法律、法规规定可以提起诉讼的其他行政案件。

同时,为了保障行政机关有效地行使行政职权,《行政诉讼法》第 13 条规定,人民法院不受理公民、法人或者其他组织对下列事项提起的诉讼:(1)国防、外交等国家行为。国家行为是国家主权的运用,人民法院无权裁断。(2)行政法规、规章或者行政机关制定、发布的具有普遍约束力的决定、命令。这些都属于行政立法行为,人民法院不具有撤销或者改变行政立法的权力,因而无权受理这类案件。(3)行政机关对行政机关工作人员的奖惩、任免等决定。这属于行政机关的内部行为,人民法院对行政机关的内部行为不应进行干预。(4)法律规定由行政机关最终裁决的行政行为。我国有些法律,如《商标法》《专利法》《外国人入境出境管理法》《出境入境管理法》等,赋予了行政机关对于某些行政争议的最终裁决权,对于这些案件,人民法院没有管辖权。

二、管辖

行政诉讼中的管辖,是指各级人民法院或者不同地区的同级人民法院受理第一审行政案件的权限分工。

根据《行政诉讼法》的规定,行政案件的管辖,有级别管辖、地域管辖、移送管辖、指定管辖和管辖权的转移。

(一)级别管辖

级别管辖是指各级人民法院之间,根据案件的性质、影响范围和重大、复杂的程度,受理第一审行政案件的权限分工。

依照《行政诉讼法》的规定,第一审行政案件原则上由基层人民法院管辖,即除了本法规定由中级人民法院、高级人民法院、最高人民法院管辖的第一审行政案件外,其余案件均由基层人民法院管辖。

中级人民法院管辖下列第一审行政案件:(1)对国务院部门或者县级以上地方人民政府所作的行政行为提起诉讼的案件;(2)海关处理的案件;(3)本辖区内重大、复杂的案件;(4)其他法律规定由中级人民法院管辖的案件。

高级人民法院管辖本辖区内重大、复杂的第一审行政案件。

最高人民法院管辖全国范围内重大、复杂的第一审行政案件。由最高人民法院管辖的第一审行政案件实行一审终审,最高人民法院所作的判决、裁定是终审的判决、裁定。

(二)地域管辖

地域管辖是指不同地区的同级人民法院之间受理第一审行政案件的权限分工。地域管辖有一般地域管辖和特殊地域管辖之分。《行政诉讼法》对地域管辖所作的原则规定,为一般地域管辖;对地域管辖所作的特殊规定,为特殊地域管辖。

《行政诉讼法》第 18 条第 1 款规定:“行政案件由最初作出行政行为的行政机关所在地人民法院管辖。经复议的案件,也可以由复议机关所在地人民法院管辖。”这一规定是对行政案件的地域管辖作出了“原告就被告”的原则性规定,这就是一般地域管辖。这一规定有利于人民法院对行政案件的审理和对判决的执行。

《行政诉讼法》还对行政案件的地域管辖作了特殊规定,这就是特殊地域管辖。为了便于被侵犯人身权的公民的诉讼,《行政诉讼法》规定,对限制人身自由的行政强制措施不服而提起的行政诉讼,被告所在地人民法院和原告所在地人民法院都有管辖权,即也可以实行“被告就原告”的原则。《行政诉讼法》第20条还规定,因不动产提起的行政诉讼,由不动产所在地人民法院管辖,即实行专属管辖,如有关土地使用权争议的案件,由土地所在地人民法院管辖。这对人民法院的审理和判决的执行都是有利的。

我国《行政诉讼法》关于一般地域管辖的规定和关于特殊地域管辖的规定,可能发生两个以上的人民法院都对同一案件有管辖权的情况,于是该法第21条相应地作了选择管辖的规定:“两个以上人民法院都有管辖权的案件,原告可以选择其中一个人民法院提起诉讼。原告向两个以上有管辖权的人民法院提起诉讼的,由最先立案的人民法院管辖。”

(三)移送管辖、指定管辖和管辖权的转移

关于移送管辖,《行政诉讼法》第22条规定:“人民法院发现受理的案件不属于本院管辖的,应当移送有管辖权的人民法院,受移送的人民法院应当受理。受移送的人民法院认为受移送的案件按照规定不属于本院管辖的,应当报请上级人民法院指定管辖,不得再自行移送。”

关于指定管辖,《行政诉讼法》第23条规定:“有管辖权的人民法院由于特殊原因不能行使管辖权的,由上级人民法院指定管辖。人民法院对管辖权发生争议,由争议双方协商解决。协商不成的,报它们的共同上级人民法院指定管辖。”

关于管辖权的转移,《行政诉讼法》第24条规定:“上级人民法院有权审理下级人民法院管辖的第一审行政案件。下级人民法院对其管辖的第一审行政案件,认为需要由上级人民法院审理或者指定管辖的,可以报请上级人民法院决定。”

第三节　行政诉讼参加人

根据我国《行政诉讼法》的规定,行政诉讼参加人包括行政诉讼当事人和行政诉讼代理人。

一、行政诉讼当事人

行政诉讼当事人是指因发生行政争议,以自己的名义进行诉讼,并受人民法院裁判约束的利害关系人,包括行政诉讼的原告、被告和第三人等。

(一)原告

《行政诉讼法》第25条规定,行政行为的相对人以及其他与行政行为有利害关系的公民、法人或者其他组织,有权提起诉讼。有权提起诉讼的公民死亡,其近亲属可以提起诉讼。有权提起诉讼的法人或者其他组织终止,承受其权利的法人或者其他组织可以提起诉讼。人民检察院在履行职责中发现生态环境和资源保护、食品药品安全、国有财产保护、国有土地使用权出让等领域负有监督管理职责的行政机关违法行使职权或者不作为,致使国家利益或者社会公共利益受到侵害的,应当向行政机关提出检察建议,督促其依法履行职责。行政机关不依法履行职责的,人民检察院依法向人民法院提起诉讼。这类诉讼称为公益诉讼。在公益诉讼中原告方为人民检察院。

（二）被告

行政机关因作出某种行政行为而被起诉，成为行政诉讼的被告，情况比较复杂。《行政诉讼法》对于在各种情况下如何确定被告，作了如下规定：(1)公民、法人或者其他组织直接向人民法院提起诉讼的，作出行政行为的行政机关是被告。(2)经过复议的案件，复议机关决定维持原行政行为的，作出原行政行为的行政机关和复议机关是共同被告，人民法院应当在审理原行政行为合法性的同时，一并审查复议程序的合法性；复议机关改变原行政行为的（改变原行政行为的处理结果），复议机关是被告。复议机关在法定期限内未作出复议决定，公民、法人或者其他组织起诉原行政行为的，作出原行政行为的行政机关是被告；起诉复议机关不作为的，复议机关是被告。(3)两个以上行政机关作出同一行政行为的，共同作出行政行为的行政机关是共同被告。例如，税务、公安、卫生等行政机关共同作出某一行政行为而引起行政诉讼，它们就是共同被告。(4)由行政机关委托的组织所作的行政行为，委托的行政机关是被告。例如，某村民委员会受乡人民政府的委托，作出某一行政行为，如果引起行政诉讼，该乡人民政府是被告。(5)行政机关被撤销或者职权变更的，继续行使其职权的行政机关是被告。

被诉行政机关负责人（包括行政机关的正职和副职负责人）应当出庭应诉。出庭应诉的，可以另行委托1~2名诉讼代理人。不能出庭的，应当委托行政机关相应的工作人员出庭。

（三）共同诉讼

当事人一方或者双方为二人以上，因同一行政行为发生的行政案件，或者因同类行政行为发生的行政案件、人民法院认为可以合并审理并经当事人同意的，为共同诉讼。当事人一方人数众多的共同诉讼，可以由当事人推选代表人进行诉讼。代表人的诉讼行为对其所代表的当事人发生效力，但代表人变更、放弃诉讼请求或者承认对方当事人的诉讼请求，应当经被代表的当事人同意。

（四）第三人

行政诉讼中的第三人，是同被诉行政行为有利害关系但没有提起诉讼，或者同案件的处理结果有利害关系，而申请参加或者由人民法院通知其参加到正在进行的行政诉讼中的公民、法人或者其他组织。例如，土地管理机关把某块土地的使用权分别授予甲和乙，而乙认为这块土地的使用权应当全归自己，对土地管理机关的决定不服，向人民法院起诉。人民法院审理此案后，如果撤销土地管理机关的决定，就会影响甲的利益。甲同这块土地使用权的授予具有利害关系，他可作为第三人参加这一行政诉讼。

人民法院判决第三人承担义务或者减损第三人权益的，第三人有权依法提起上诉。

（五）行政诉讼当事人的诉讼权利和诉讼义务

在我国，行政诉讼当事人的诉讼权利和诉讼义务与民事诉讼当事人的诉讼权利和诉讼义务，大体上是相同的，但由行政诉讼的特点所决定，也存在一些差别。例如，民事诉讼的被告，既有应诉权，也有反诉权；行政诉讼中行政机关作为被告则只有应诉权而无反诉权。又如，在民事诉讼中，当事人具有请求调解和自行和解的诉讼权利；而在行政诉讼中，由于实行不调解原则，当事人一般不得请求调解和自行和解，只有在行政赔偿、补偿以及行政机关行使法律、法规规定的自由裁量权的案件中，当事人才可以请求调解和自行和解。

二、行政诉讼代理人

在行政诉讼中,根据法律的规定或者当事人的授权,以被代理人的名义,代被代理人进行诉讼活动,行使诉讼权利,承担诉讼义务的人,称为行政诉讼代理人。行政诉讼代理人包括法定代理人、指定代理人、委托代理人。

关于法定代理人和指定代理人,《行政诉讼法》第30条规定:“没有诉讼行为能力的公民,由其法定代理人代为诉讼。法定代理人互相推诿代理责任的,由人民法院指定其中一人代为诉讼。”

关于委托代理人,《行政诉讼法》第31条规定,当事人、法定代理人,可以委托1~2人作为诉讼代理人。可以被委托为诉讼代理人的有:(1)律师、基层法律服务工作者;(2)当事人的近亲属或者工作人员;(3)当事人所在社区、单位以及有关社会团体推荐的公民。

关于行政诉讼委托代理人的诉讼权利,《行政诉讼法》第32条规定:“代理诉讼的律师,有权按照规定查阅、复制本案有关材料,有权向有关组织和公民调查,收集与本案有关的证据。对涉及国家秘密、商业秘密和个人隐私的材料,应当依照法律规定保密。当事人和其他诉讼代理人有权按照规定查阅、复制本案庭审材料,但涉及国家秘密、商业秘密和个人隐私的内容除外。”

第四节　证　　据

一、行政诉讼证据的概念和种类

行政诉讼的证据,是指能够证明行政案件真实情况的事实。

根据我国《行政诉讼法》的规定,行政诉讼的证据有下列八种:(1)书证,指用文字、符号、图画等书面材料的内容、含义来证明行政案件真实情况的证据。(2)物证,指用物品的外形、结构、特征、质量等来证明行政案件真实情况的证据。(3)视听资料,指用录像或录音磁带反映出来的图像和音响来证明行政案件真实情况的证据。(4)电子数据,指用电子计算机储存的电子数据来证明行政案件真实情况的证据。(5)证人证言,当事人以外的知道行政案件情况的人是证人,证人向人民法院所作的有关行政案件事实真相的陈述是证人证言。(6)当事人的陈述,指当事人在诉讼中向人民法院所作的关于行政案件真实情况的陈述。(7)鉴定意见,指鉴定人运用专业知识对行政案件中的专门性问题进行分析鉴定后所作的书面意见。(8)勘验笔录、现场笔录。勘验笔录是指人民法院对能够证明行政案件事实的现场或者不能、不便拿到人民法院的物证,就地进行分析、检验、勘查后所作的记录,常用于涉及房产、土地、山林、环境保护管理等方面的行政争议。现场笔录是指行政机关工作人员在现场当场实施行政处罚或者其他处理决定时所作的现场情况的笔录。

以上各种证据,只有经过法庭审查属实,才能作为定案的根据。

二、行政诉讼中的举证责任

行政诉讼中的举证责任由被告即行政机关一方承担。

行政诉讼之所以应由被告一方负举证责任，是由行政诉讼的性质决定的。行政诉讼是为了解决行政争议，而行政争议是由行政机关的行政行为引起的。行政机关在作出行政行为时，所根据的法律、法规和有关的事实，其相对方往往并不完全了解。一旦发生行政诉讼，行政机关就有义务对其行政行为的事实根据和法律根据作出具体说明。因此，《行政诉讼法》第 34 条第 1 款规定："被告对作出的行政行为负有举证责任，应当提供作出该行政行为的证据和所依据的规范性文件。"根据这一规定，行政机关在行政诉讼中如果不能提出足以证明其行政行为的合法性的证据，就有败诉的可能。

经复议的案件，作出原行政行为的行政机关和复议机关对原行政行为合法性共同承担举证责任，可以由其中一个机关实施举证行为。复议机关对复议程序的合法性承担举证责任。

根据《行政诉讼法》的规定，被告在作出行政行为时已经收集了证据，但因不可抗力等正当事由不能提供的，经人民法院准许，可以延期提供。原告或者第三人提出了其在行政处理程序中没有提出的理由或者证据的，经人民法院准许，被告可以补充证据。被告不提供或者无正当理由逾期提供证据，视为没有相应证据。但是，被诉行政行为涉及第三人合法权益，第三人提供证据的除外。原告可以提供证明行政行为违法的证据。原告提供的证据不成立的，不免除被告的举证责任。在起诉被告不履行法定职责的案件中，原告应当提供其向被告提出申请的证据。但有下列情形之一的除外：(1)被告应当依职权主动履行法定职责的；(2)原告因正当理由不能提供证据的。在行政赔偿、补偿的案件中，原告应当对行政行为造成的损害提供证据。因被告的原因导致原告无法举证的，由被告承担举证责任。

三、行政诉讼中的证据的收集与运用

《行政诉讼法》规定，在诉讼过程中，被告及其诉讼代理人不得自行向原告、第三人和证人收集证据。

人民法院有权要求当事人提供或者补充证据。人民法院有权向有关行政机关以及其他组织、公民调取证据。但是，不得为证明行政行为的合法性调取被告作出行政行为时未收集的证据。

与本案有关的下列证据，原告或者第三人不能自行收集的，可以申请人民法院调取：(1)由国家机关保存而须由人民法院调取的证据；(2)涉及国家秘密、商业秘密和个人隐私的证据；(3)确因客观原因不能自行收集的其他证据。

在证据可能灭失或者以后难以取得的情况下，诉讼参加人可以向人民法院申请保全证据，人民法院也可以主动采取保全措施。

证据应当在法庭上出示，并由当事人互相质证。对涉及国家秘密、商业秘密和个人隐私的证据，不得在公开开庭时出示。人民法院应当按照法定程序，全面、客观地审查核实证据。对未采纳的证据应当在裁判文书中说明理由。以非法手段取得的证据，不得作为认定案件事实的根据。

第五节 行政诉讼程序

由法律规定的人民法院处理行政案件的活动过程,称为行政诉讼程序。行政诉讼程序包括审判程序和执行程序,审判程序包括起诉和受理及审理和判决两个阶段。

一、起诉和受理

对属于人民法院受案范围的行政案件,公民、法人或者其他组织可以先向行政机关申请复议,对复议决定不服的,再向人民法院提起诉讼;也可以直接向人民法院提起诉讼。法律、法规规定应当先向行政机关申请复议,对复议决定不服再向人民法院提起诉讼的,依照法律、法规的规定。

公民、法人或者其他组织不服复议决定的,可以在收到复议决定书之日起 15 日内向人民法院提起诉讼。复议机关逾期不作决定的,申请人可以在复议期满之日起 15 日内向人民法院提起诉讼。法律另有规定的除外。公民、法人或者其他组织直接向人民法院提起诉讼的,应当自知道或者应当知道作出行政行为之日起 6 个月内提出。法律另有规定的除外。因不动产提起诉讼的案件自行政行为作出之日起超过 20 年,其他案件自行政行为作出之日起超过 5 年提起诉讼的,人民法院不予受理。

公民、法人或者其他组织申请行政机关履行保护其人身权、财产权等合法权益的法定职责,行政机关在接到申请之日起 2 个月内不履行的,公民、法人或者其他组织可以向人民法院提起诉讼。法律、法规对行政机关履行职责的期限另有规定的,从其规定。公民、法人或者其他组织在紧急情况下请求行政机关履行保护其人身权、财产权等合法权益的法定职责,行政机关不履行的,提起诉讼不受上述规定期限的限制。

从 2015 年 5 月 1 日起,人民法院实行立案登记制(由立案审查制改为立案登记制)。人民法院对符合起诉条件的案件应当立案,依法保障当事人行使诉讼权利。对当事人依法提起的诉讼,人民法院应当一律接收起诉状。能够判断符合起诉条件的,应当当场登记立案;当场不能判断是否符合起诉条件的,应当在接收起诉状后 7 日内决定是否立案;7 日内仍不能作出判断的,应当先予立案。起诉状内容或者材料欠缺的,人民法院应当一次性全面告知当事人需要补正的内容、补充的材料及期限。在指定期限内补正并符合起诉条件的,应当登记立案。当事人拒绝补正或者经补正仍不符合起诉条件的,裁定不予立案,并载明不予立案的理由。当事人对不予立案裁定不服的,可以提起上诉。

提起行政诉讼应当符合下列条件:(1)原告是依照行政诉讼法有权提起行政诉讼的公民、法人或者其他组织;(2)有明确的被告;(3)有具体的诉讼请求和事实根据;(4)属于人民法院受案范围和受诉人民法院管辖。

上述的“有具体的诉讼请求”是指:(1)请求判决撤销或者变更行政行为;(2)请求判决行政机关履行法定职责或者给付义务;(3)请求判决确认行政行为违法;(4)请求判决确认行政行为无效;(5)请求判决行政机关予以赔偿或者补偿;(6)请求解决行政协议争议;(7)请求一并

审查规章以下规范性文件;(8)请求一并解决相关民事争议;(9)其他诉讼请求。当事人未能正确表达诉讼请求的,人民法院应当予以释明。

有下列情形之一,已经立案的,应当裁定驳回起诉:(1)不符合上述地提起行政诉讼应当符合的条件的;(2)超过法定起诉期限且无正当理由的;(3)错列被告且拒绝变更的;(4)未按照法律规定由法定代理人、指定代理人、代表人为诉讼行为的;(5)未按照法律、法规规定先向行政机关申请复议的;(6)重复起诉的;(7)撤回起诉后无正当理由再行起诉的;(8)行政行为对其合法权益明显不产生实际影响的;(9)诉讼标的已为生效裁判所羁束的;(10)不符合其他法定起诉条件的。人民法院经过阅卷、调查和询问当事人,认为不需要开庭审理的,可以径行裁定驳回起诉。

人民法院既不立案,又不作出不予立案裁定的,当事人可以向上一级人民法院起诉。上一级人民法院认为符合起诉条件的,应当立案、审理,也可以指定其他下级人民法院立案、审理。

二、审理和判决

(一)一般规定

行政案件的审判,必须遵循行政诉讼的各项基本原则,这些基本原则在本章第一节中已作说明。同时,针对行政案件的具体情况,《行政诉讼法》还作了下列规定。

1. 关于合法性审查

人民法院审理行政案件,对行政行为是否合法进行审查。

人民法院审理行政案件,以法律和行政法规、地方性法规为依据,并参照规章。地方性法规适用于本行政区域内发生的行政案件。在审理民族自治地方的行政案件时,并以该民族自治地方的自治条例和单行条例为依据。

公民、法人或者其他组织认为行政行为所依据的国务院部门和地方人民政府及其部门所制定的规范性文件(不包含规章)不合法,在对行政行为提出诉讼时,可以一并请求对该规范性文件进行审查。上述请求应当在第一审开庭审理前提出;有正当理由的,也可以在法庭调查中提出。

规范性文件不合法的,人民法院不作为认定行政行为合法的依据,并在裁判理由中予以阐明。作出生效裁判的人民法院应当向规范性文件的制定机关提出处理建议,并可以抄送制定机关的同级人民政府或者上一级行政机关。

2. 关于一并审理民事争议

在涉及行政许可、登记、征收、征用和行政机关对民事争议所作的裁决的行政诉讼中,当事人申请一并解决相关民事争议的,人民法院可以一并审理。上述请求应当在第一审开庭审理前提出;有正当理由的,也可以在法庭调查中提出。

有下列情形之一的,人民法院应当作出不予准许一并审理民事争议的决定,并告知当事人可以依法通过其他渠道主张权利:(1)法律规定应当由行政机关先行处理的;(2)违反《民事诉讼法》专属管辖规定或者协议管辖约定的;(3)已经申请仲裁或者提起民事诉讼的;(4)其他不宜一并审理的民事争议。对于不予准许的决定可以申请复议一次。

人民法院一并审理相关民事争议,适用民事法律规范的相关规定,法律另有规定的除外。

当事人在调解中对民事权益的处分,不能作为审查被起诉行政行为合法性的根据。

3. 关于撤诉与缺席判决

人民法院对行政案件宣告判决或者裁定前,原告申请撤诉的,或者被告改变其所作的行政行为,原告同意并申请撤诉的,是否准许,由人民法院裁定。

经人民法院传票传唤,原告无正当理由拒不到庭,或者未经法庭许可中途退庭的,可以按照撤诉处理;被告无正当理由拒不到庭,或者未经法庭许可中途退庭的,可以缺席判决。

4. 关于先予执行

人民法院对起诉行政机关没有依法支付抚恤金、最低生活保障金和工伤、医疗社会保险金的案件,权利义务关系明确、不先予执行将严重影响原告生活的,可以根据原告的申请,裁定先予执行。当事人对先予执行裁定不服的,可以申请复议一次。复议期间不停止裁定的执行。

5. 行政诉讼中的强制措施

诉讼参与人或者其他人有下列行为之一的,人民法院可以根据情节轻重,予以训诫、责令具结悔过或者处1万元以下罚款、15日以下的拘留;构成犯罪的,依法追究刑事责任:(1)有义务协助调查、执行的人,对人民法院的协助调查决定、协助执行通知书,无故推拖、拒绝或者妨碍调查、执行的;(2)伪造、隐藏、毁灭证据或者提供虚假证明材料,妨碍人民法院审理案件的;(3)指使、贿买、胁迫他人作伪证或者威胁、阻止证人作证的;(4)隐藏、转移、变卖、毁损已被查封、扣押、冻结的财产的;(5)以欺骗、胁迫等非法手段使原告撤诉的;(6)以暴力、威胁或者其他方法阻碍人民法院工作人员执行职务,或者以哄闹、冲击法庭等方法扰乱人民法院工作秩序的;(7)对人民法院审判人员或者其他工作人员、诉讼参与人、协助调查和执行的人员恐吓、侮辱、诽谤、诬陷、殴打、围攻或者打击报复的。人民法院对有上述规定的行为之一的单位,可以对其主要负责人或者直接责任人员依照上述规定予以罚款、拘留;构成犯罪的,依法追究刑事责任。罚款、拘留须经人民法院院长批准。当事人不服的,可以向上一级人民法院申请复议一次。复议期间不停止执行。

人民法院对被告经传票传唤无正当理由拒不到庭,或者未经法庭许可中途退庭的,可以将被告拒不到庭或者中途退庭的情况予以公告,并可以向监察机关或者被告的上一级行政机关提出依法给予其主要负责人或者直接责任人员处分的司法建议。

人民法院在审理行政案件中,认为行政机关的主管人员、直接责任人员违法违纪的,应当将有关材料移送监察机关、该行政机关或者其上一级行政机关;认为有犯罪行为的,应当将有关材料移送公安、检察机关。

此外,由于行政诉讼与民事诉讼均实行当事人诉讼权利平等原则,两者的诉讼程序相同之处较多。人民法院在审理行政案件时,关于期间、送达、财产保全、开庭审理、调解、中止诉讼、终结诉讼、简易程序、执行等,以及人民检察院对行政案件受理、审理、裁判、执行的监督,《行政诉讼法》没有规定的,均适用《民事诉讼法》的相关规定。

(二)第一审普通程序

人民法院应当在立案之日起5日内,将起诉状副本发送被告。被告应当在收到起诉状副本之日起15日内向人民法院提交作出行政行为的证据和所依据的规范性文件,并提出答辩状。人民法院应当在收到答辩状之日起5日内,将答辩状副本发送原告。被告不提出答辩状的,不影响人民法院审理。

行政行为证据确凿,适用法律、法规正确,符合法定程序的,或者原告申请被告履行法定职责或者给付义务理由不成立的，人民法院判决驳回原告的诉讼请求。

行政行为有下列情形之一的，人民法院判决撤销或者部分撤销，并可以判决被告重新作出行政行为：(1)主要证据不足的；(2)适用法律、法规错误的；(3)违反法定程序的；(4)超越职权的；(5)滥用职权的；(6)明显不当的。人民法院判决被告重新作出行政行为的，被告不得以同一的事实和理由作出与原行政行为基本相同的行政行为。

人民法院经过审理，查明被告不履行法定职责的，判决被告在一定期限内履行。查明被告依法负有给付义务的，判决被告履行给付义务。

在行政诉讼中，某些行政行为，人民法院应当判决确认违法，而不应当撤销行政行为：行政行为依法应当撤销，但撤销会给国家利益、社会公共利益造成重大损害的；行政行为程序轻微违法，但对原告权利不产生实际影响的。某些行政行为，人民法院应当判决确认违法，而不需要撤销或者判决履行：行政行为违法，但不具有可撤销内容的；被告改变原违法行政行为，原告仍要求确认原行政行为违法的；被告不履行或者拖延履行法定职责，判决履行没有意义的。某些行政行为，有重大且明显的违法情形（实施主体不具有行政主体资格或者没有依据等），原告申请确认行政行为无效的，人民法院判决确认无效。人民法院判决确认违法或者无效的，可以同时判决责令被告采取补救措施；给原告造成损失的，依法判决被告承担赔偿责任。

行政处罚明显不当，或者其他行政行为涉及对款额的确定、认定确有错误的，人民法院可以判决变更。人民法院判决变更，不得加重原告的义务或者减损原告的权益。但利害关系人同为原告，且诉讼请求相反的除外。

被告不依法履行、未按照约定履行或者违法变更、解除政府特许经营协议、土地房屋征收补偿协议等行政协议的，人民法院判决被告承担继续履行、采取补救措施或者赔偿损失等责任。被告变更、解除上述行政协议合法，但未依法给予补偿的，人民法院判决给予补偿。

人民法院应当在立案之日起 6 个月内作出第一审判决。有特殊情况需要延长的，由高级人民法院批准，高级人民法院审理第一审案件需要延长的，由最高人民法院批准。

（三）简易程序

人民法院审理下列第一审行政案件，认为事实清楚、权利义务关系明确、争议不大的，可以适用简易程序：(1)被诉行政行为是依法当场作出的；(2)案件涉及款额 2000 元以下的；(3)属于政府信息公开案件的。除上述规定以外的第一审行政案件，当事人各方同意适用简易程序的，可以适用简易程序。但是发回重审、按照审判监督程序再审的案件不适用简易程序。适用简易程序审理的行政案件，由审判员一人独任审理，并应当在立案之日起 45 日内审结。

（四）第二审程序

当事人不服人民法院第一审判决的，有权在判决书送达之日起 15 日内向上一级人民法院提起上诉。当事人不服人民法院第一审裁定的，有权在裁定书送达之日起 10 日内向上一级人民法院提起上诉。逾期不提起上诉的，人民法院的第一审判决或者裁定发生法律效力。

人民法院审理上诉案件，应当在收到上诉状之日起 3 个月内作出终审判决。有特殊情况需要延长的，由高级人民法院批准，高级人民法院审理上诉案件需要延长的，由最高人民法院批准。

人民法院审理上诉案件，按照下列情形，分别处理：(1)原判决、裁定认定事实清楚，适用法律、法规正确的，判决或者裁定驳回上诉，维持原判决、裁定；(2)原判决、裁定认定事实错误或者适用法律、法规错误的,依法改判、撤销或者变更;(3)原判决认定基本事实不清、证据不足的,发回原审人民法院重审,或者查清事实后改判;(4)原判决遗漏当事人或者违法缺席判决等严重违反法定程序的,裁定撤销原判决,发回原审人民法院重审。原审人民法院对发回重审的案件作出判决后,当事人提起上诉的,第二审人民法院不得再次发回重审。人民法院审理上诉案件,需要改变原审判决的,应当同时对被诉行政行为作出判决。

(五)审判监督程序

当事人对已经发生法律效力的判决、裁定,认为确有错误的,可以向上一级人民法院申请再审,但判决、裁定不停止执行。

当事人的申请符合下列情形之一的,人民法院应当再审:(1)不予立案或者驳回起诉确有错误的;(2)有新的证据,足以推翻原判决、裁定的;(3)原判决、裁定认定事实的主要证据不足、未经质证或者系伪造的;(4)原判决、裁定适用法律、法规确有错误的;(5)违反法律规定的诉讼程序,可能影响公正审判的;(6)原判决、裁定遗漏诉讼请求的;(7)据以作出原判决、裁定的法律文书被撤销或者变更的;(8)审判人员在审理该案件时有贪污受贿、徇私舞弊、枉法裁判行为的。

当事人向上一级人民法院申请再审,应当在判决、裁定或者调解书发生法律效力后6个月内提出。有下列情形之一的,自知道或者应当知道之日起6个月内提出:(1)有新的证据,足以推翻原判决、裁定的;(2)原判决、裁定认定事实的主要证据是伪造的;(3)据以作出原判决、裁定的法律文书被撤销或者变更的;(4)审判人员审理该案件时有贪污受贿、徇私舞弊、枉法裁判行为的。

各级人民法院院长对本院已经发生法律效力的判决、裁定,发现有依法应当再审的,或者发现调解违反自愿原则或者调解书内容违法,认为需要再审的,应当提交审判委员会讨论决定。最高人民法院对地方各级人民法院已经发生法律效力的判决、裁定,上级人民法院对下级人民法院已经发生法律效力的判决、裁定,发现依法应当再审的,或者发现调解违反自愿原则或者调解书内容违法的,有权提审或者指令下级人民法院再审。

最高人民检察院对各级人民法院已经发生法律效力的判决、裁定,上级人民检察院对下级人民法院已经发生法律效力的判决、裁定,发现有依法应当再审的,或者发现调解书损害国家利益、社会公共利益的,应当提出抗诉。地方各级人民检察院对同级人民法院已经发生法律效力的判决、裁定,发现有依法应当再审的,或者发现调解书损害国家利益、社会公共利益的,可以向同级人民法院提出检察建议,并报上级人民检察院备案;也可以提请上级人民检察院向同级人民法院提出抗诉。各级人民检察院对审判监督程序以外的其他审判程序中审判人员的违法行为,有权向同级人民法院提出检察建议。

有下列情形之一的,当事人可以向人民检察院申请抗诉或者检察建议:(1)人民法院驳回再审申请的;(2)人民法院逾期未对再审申请作出裁定的;(3)再审判决、裁定有明显错误的。人民法院基于抗诉或者检察建议作出再审判决、裁定后,当事人申请再审的,人民法院不予立案。

三、执行

根据《行政诉讼法》的规定,当事人必须履行人民法院发生法律效力的判决、裁定、调解书。

公民、法人或者其他组织拒绝履行判决、裁定、调解书的，行政机关或者第三人可以向第一审人民法院申请强制执行，或者由行政机关依法强制执行。

行政机关拒绝履行人民法院发生效力的判决、裁定、调解书的，第一审人民法院可以依法行使司法执行权，采取以下的强制执行措施：(1)对应当归还的罚款或者应当给付的款额，通知银行从该行政机关的账户内划拨。(2)在规定的期限内不履行的，从期满之日起，对该行政机关负责人按日处50～100元的罚款。(3)将行政机关拒绝履行的情况予以公告。(4)向监察机关或者该行政机关的上一级行政机关提出司法建议。接受司法建议的机关，根据有关规定进行处理，并将处理情况告知人民法院。(5)拒不履行判决、裁定、调解书，社会影响恶劣的，可以对该行政机关直接负责的主管人员和其他直接责任人员予以拘留；情节严重，构成犯罪的，依法追究刑事责任。

公民、法人或者其他组织对行政行为在法定期间不提起诉讼又不履行的，行政机关可以申请人民法院强制执行，或者依法强制执行。

思考题

1.《行政诉讼法》有哪些特有的原则？它们各自的主要内容是什么？

2.《行政诉讼法》关于行政诉讼的受案范围和管辖是怎样规定的？

3. 与刑事诉讼、民事诉讼相比较，行政诉讼在举证责任方面有什么特点？

4.《行政诉讼法》关于行政诉讼的第一审普通程序有哪些重要规定？

第　三　编

第十三章　国　际　法

第一节　国际法概述

一、国际法的概念与特征

国际法,也称国际公法,是调整国际法主体之间关系的法律原则、规则和制度的总称。

国际法和国内法是两个不同的法律体系,它具有以下基本特征:(1)国际法所调整的主要是国家之间的关系,是规定国家间权利与义务的法律规范体系。国际法的主体主要是包括国家和由国家组成的国际组织。个人不能成为国际法的主体。(2)国际法是国家之间的法律,而不是国家之上的法律;是各国公认的法律,而不是由一个超国家的权力机构强加于国家的法律。这是国际法的基本性质。对国家有拘束力的原则、规则和制度是由各个国家通过协议制定的。在国际社会,不存在所谓的超国家的"国际立法"。(3)国际法的强制实施不是依靠集中的、有组织的执法和司法机关,而主要是依靠国家本身的自我约束和相互约束。在国际法遭到破坏,国家的权利遭到侵犯时,国家可以通过自助或集体制裁,捍卫自己的合法权益,保障国际法得到实施。

有些法学家从国际法强制力的特征出发,否认国际法的法律性质,认为国际法只是"国际实在道德",这种单纯从国内法的角度对国际法加以评价的观点,是不正确的。国际实践表明,国际法对国家具有法律上的拘束力。许多国家的宪法还规定,国际法构成本国法的一部分。随着国际关系和国际法治的发展,国际法的强制力有加强的趋势。中国政府主张加强国际法治建设,构建以国际法为基础的国际秩序。

国际法按其适用范围,有一般国际法和特殊国际法之分。前者是指对所有国家具有拘束力的国际法,如《联合国宪章》等各国普遍接受的国际公约;后者是指只对两个或少数国家具有拘束力的国际法,如双边条约和区域性组织的规约。

二、国际法的渊源

国际法的渊源,是指国际法原则、规则和制度的存在方式或载体。国际法的渊源主要是国际条约和国际习惯。

国际条约是国家间的明示协议,是国际法的首要渊源。"条约必须遵守"是国际法最基本的原则之一,所以条约是构成国际法的最重要的渊源。作为国际法渊源的条约,主要是那些含有一般性国际关系准则的多边国际公约。

国际习惯是国际法的另一个主要渊源。国际习惯是国家间的默示协议,是各国重复类似的行为并被认为具有法律拘束力的结果。在历史上,国际习惯产生于国际条约之前,是最古老的国际法渊源。当前,在国际法内容体系中,国际习惯仍然占有较大的比重。而且,在现有的国际法原则、规则和制度的形成中,国际习惯发挥了重要的作用。

各国法律体系中共有的一般法律原则也被认为是国际法的渊源之一。但是,一般法律原则不是独立的国际法渊源,它只有经过所有主权国家的承认,才能构成国际法的渊源。此外,司法判决、国际组织(如联合国大会)的决议和权威国际法学家的学说,可以作为确定国际法原则的辅助资料。

三、国际法与国内法的关系

国际法与国内法的关系,是国际法学界长期争论不休的一个重大理论问题,也是国际法院或国内法院在适用法律时,经常面临的一个现实问题。关于这个问题,西方法学界曾先后提出过三种学说:国内法优先说,国际法和国内法平行说,国际法优先说。但是,这三种学说都没有正确地揭示国际法与国内法的关系。

国际法和国内法是法律的两个不同体系,但它们之间又有着密切的联系——互相渗透和互相补充,两者不应该有谁优先的问题,也不能说是彼此对立的。国内法的制定者是国家,而国际法也是国家参与制定的。原则上,国家在制定国内法时应考虑国际法的要求,而在参与制定国际法时也要考虑国内法的立场。对一国有效的国际法规范,应由该国善意履行。

在这方面,我国《宪法》和其他法律尚无明文规定,但一般的实践是,凡我国缔结或加入的国际条约,一经对我国生效,可以在我国直接适用,对我国有效的条约与我国法律有不同规定的,适用该条约的规定,但是,我国在签订、批准或加入时,声明保留的条款除外。

四、国际法的基本原则

(一)国际法基本原则的概念

国际法的基本原则是指各国公认具有普遍意义且构成国际法基础的法律原则。国际法的基本原则具有以下三个要件或特征:(1)各国公认。一项原则成为国际法基本原则,必须得到各国的普遍承认,这种承认或者反复体现在各国缔结的双边或多边条约之中,或者作为国际习惯而被各国所接受。(2)具有普遍意义。国际法基本原则是具有普遍意义的全局性原则。这些原则贯穿于国际法各个领域,对这些领域起指导作用,适用于国际法的一切效力范围。(3)构成国际法的基础。国际法基本原则具有最高的法律效力,从而构成国际法的法律基础。国际法上的具体原则、规则和规章、制度均不得与它相违背,否则当属无效。

现代国际法的基本原则主要包括《联合国宪章》的原则以及由我国和一些亚非国家首倡的和平共处五项原则等。1970 年第 25 届联合国大会一致通过的《关于各国依联合国宪章建立友好关系及合作之国际法原则宣言》(《国际法原则宣言》)对联合国宪章的原则作了较为详尽的解释,具体而言,它宣布了七项基本原则:禁止非法使用威胁或者武力原则、和平解决国际争端原则、不干涉内政原则、国际合作原则、民族平等与自决原则、国家主权平等原则、善意履行依联合国宪章所承担义务原则。该宣言还吁请各国"在其国际行为上遵循此等原则,并以严格遵守此等原则为发展其彼此关系的基础"。

(二)和平共处五项原则

和平共处五项原则,即互相尊重主权和领土完整、互不侵犯、互不干涉内政、平等互利、和平共处,是中国与印度、缅甸共同倡导的。其自1954年首次提出后,得到了世界各国政府和人民的支持,并在一系列国际法律文书中得到了确认,已成为指导当代国际关系的基本准则。它在当代国际关系和国际法中,具有十分重要的意义:(1)它为当代国际关系提供了一套基本的行为准则。如果世界各国都能严格遵守和平共处五项原则,世界将获得和平与稳定,各国将获得友谊与合作,国际法也将得到维护和发展。(2)和平共处五项原则构成国际法基本原则体系的核心。对国际法基本原则的提法虽然很多,但其最基本的、最普遍的仍是和平共处五项原则。离开了这些原则,整个国际法就失去了法律基础。(3)和平共处五项原则作为一个整体,科学地反映和概括了当代国际关系的特点,即国际上的事情总是相互的。在国际关系中,在上述五个方面,各国既相互享有权利,也相互承担义务。(4)还要特别指出的是,和平共处五项原则是中国等发展中国家对现代国际法发展作出的重大贡献。

中国一贯主张以和平共处五项原则为准则建立国际经济和政治新秩序。人类命运共同体理念的提出,更是和平共处五项原则在新时代的延续和创造性发展,得到国际社会的高度评价和热烈响应。

第二节 国际法上的国家

一、国际法主体概述

国际法主体是国际法律关系中权利和义务的承担者。国际法的主体在法律中必须具有:(1)独立参加国际关系的资格。这种资格是一种权利能力,无独立参加国际关系的权利能力,就谈不上在国际法律关系中享有权利和承担义务。(2)直接承受国际法上权利和义务的能力。这种能力是权利能力和行为能力的统一。主要表现为有建立外交关系、缔结国际条约、承担国际责任的能力等。

当今国际社会,具有国际法主体资格的主要是国家和政府间国际组织,其中国家是基本的主体。正在争取独立的民族虽尚未完全形成为国家,也被普遍认为具有国际法主体资格,但个人和法人在国际法上不具有主体的资格。

二、国家的要素和种类

从国际法的观点来看,国家应具备以下四个要素:(1)有定居的居民;(2)有确定的领土;(3)有一定的政权组织;(4)具有主权。只有具备上述四个要素,才构成国际法意义上的国家。

国家按其结构形式的不同,可分为单一国和复合国;按其行使主权的状况,可分为独立国和附属国。

单一国是具有统一主权的国家,在对外关系上只有一个最高权力机关代表本国,所以在国际舞台上,它作为单一的国际法主体出现。单一国的某些组成部分,可能享有一定的自治权,但不能因此具有独立的国际法律人格。我国是一个统一的多民族国家,属于单一国,是单一的国际法主体。目前,世界上有大约1/2的人口生活在单一制国家。

复合国是两个或两个以上国家的联合体。现今属于复合国的只有联邦一种形式。在国际法上,联邦被认为是一个主权国家,而联邦的各成员邦则一般不具有国际人格。

独立国是行使全部主权的国家。从现代国际法的观点来看,凡为国家就是主权的;主权是不可分的,因此,所有国家都应是独立国。至于国家结构的形式,独立国既可以采取单一制,也可以采取复合制。

历史上有些国家由于封建统治残余影响或受帝国主义、殖民主义的外来压力,对他国处于从属地位。这类国家在国际法上称为附属国。附属国有两种类型:附庸国和被保护国,但现今已基本上不复存在。

三、国家领土

国家领土,是指处于国家主权支配下的地球表面的特定部分,包括地下及其上空。领土是国家的构成要素之一,是国家赖以存在和发展的物质基础;领土又是国家行使主权的空间。国际法承认国家领土权利的自主性和排他性。

一国的领土由以下几部分组成:

1. 领陆。国家领土首先由其疆界内的陆地组成,统称为领陆或陆地领土。领陆下面的底土属于领陆的组成部分。

2. 领水。位于一国陆地疆界以内或与陆地疆界邻接的一定宽度的水域,总称为领水。领水可分为内水和领海。领水的水床及底土,也是国家领土的组成部分。某些国家的领土没有海岸,称为内陆国,其领土便没有领海这一部分。

3. 领空。领陆和领水上面一定高度的空间,是国家领土不可分割的部分,完全受国家主权的支配,称为领空。但领空的最高界限是一个尚未解决的问题。这里主要涉及空气空间与外层空间的界限如何划分。

在领土的上述几个组成部分中,领陆是基本的部分,领水和领空都附随于领陆。领陆如发生变动,附随于领陆的其他部分也随同变动。

依据我国《领海及毗连区法》第2条第2款规定,“中华人民共和国的陆地领土包括中华人民共和国大陆及其沿海岛屿、台湾及其包括钓鱼岛在内的附属各岛……以及其他一切属于中华人民共和国的岛屿”。钓鱼岛、西沙群岛和南沙群岛是中国领土不可分割的组成部分。

对于历史上遗留下来的与邻国的陆地边界问题,我国政府主张本着平等互利的精神,以和平谈判的方式加以解决。新中国成立以来,我国已与缅甸、尼泊尔、巴基斯坦、俄罗斯等12个邻国签订了边界条约,尚未划定陆地边界的邻国仅剩印度和不丹两国。

四、国家的基本权利和义务

国际法把国家的权利分为基本权利和派生权利两大类。基本权利是国家固有的、当然享有的权利;派生权利是从基本权利引申出来的,或者是根据条约取得的权利。

我国法学界认为,国家的基本权利主要包括独立权、平等权、管辖权和自保权。

（一）独立权

独立权是国家主权在对外关系上的体现，指的是国家可以按照自己的意志处理本国事务而不受外来控制和干涉。它包含两个方面的意义：一是意味着国家行使权力的完全自主性；二是国家在主权范围内处理本国事务时不受外来干涉的排他性。在当代，独立权的内容有了新的发展，不仅指国家在政治上的独立，还包括国家在经济上的独立。

（二）平等权

平等权是指各国在国际法上的地位平等，而不管国家的大小强弱，也不管其社会、政治、经济制度的性质和发展水平。过去，平等往往是指形式上的平等，现代国际法更注重国家在实质上的平等，即在公平基础上的平等。

（三）管辖权

管辖权是国家主权的主要表现形式。主权包含着对其领土内的一切人和物行使最高权力，称为“属地管辖权”；主权亦包含着国家对所有在国内和国外的本国国民行使最高权力，称为“属人管辖权”。上述两项管辖权是国家管辖权的基本内容。国际法要求国家确立和行使管辖权须以属地和属人原则为基础，以依据真实联系在域外行使管辖权为辅，从而最大限度降低管辖权冲突，促进国际关系稳定和谐。

此外，为了保护国家及其公民的重大利益，在一定条件下，国家有权对外国人在该国领域外所犯某些罪行实行管辖。这称为保护性管辖。保护性管辖适用的范围一般都是世界各国公认的普通刑事犯罪行为。

对于某些特定的国际罪行，如战争犯罪、海盗行为、贩运奴隶等，由于危害人类的共同利益，无论犯罪行为发生于何地以及犯罪嫌疑人的国籍，各国均有权对其实行管辖。这称为普遍性管辖。但普遍管辖权的适用范围一直存有争议，一些西方国家正力图将普遍管辖权扩展至人权领域，导致政治性诬告和滥诉案频频发生。

根据条约义务和国际惯例，国家管辖权的行使范围有某些例外：(1)国家不能对在其领土内的外国国家元首、外交代表行使司法管辖权。这称为外交豁免。(2)国家不能对其他国家的国家行为和财产行使司法管辖权。这称为主权豁免或国家豁免。主权豁免是国际法的一项重要原则。2004 年 12 月，联合国大会通过了《联合国国家及其财产管辖豁免公约》，我国于 2005 年 9 月 14 日签署了该公约。公约目前尚未生效。

（四）自保权

自保权是国家为保卫自己的生存和独立而具有的一项重要权利。它包括两个方面的内容：一是国家有权使用自己的一切力量，进行国防建设，防备外来侵略；二是当国家遭到实际的武装攻击时，有权进行单独或集体的自卫。但是，国家行使自保权，不得造成对他国的威胁，并且不得违反对其有效的有关裁军和军备控制的条约义务。

国家的基本权利与基本义务是相互统一的。任何国家在国际法上都既享有权利，又承担义务；而且一国的权利往往正是他国的义务，反之亦然。因此，一方面，国家享有上述各项基本权利；另一方面，也负有不侵犯他国基本权利的义务。

五、国家承认

(一)国家承认的概念

当出现新国家或新政府时,便产生国际承认问题。国际承认,是承认国通过一定形式,确认新国家或新政府已产生的现实,并准备与之建立正式关系的政治和法律行为。国际承认分国家承认和政府承认。

国家承认,是对新的国际法主体的承认。这种承认通常发生在国家合并、分裂和原殖民地取得独立而形成新的国家的场合。政府承认只是对原有国际法主体的新代表的承认。这种承认常发生在国体或政体变更,或不依宪法程序的政权更迭的情况下。对新国家或新政府是否给予承认,以及采取何种承认方式,常常反映承认国的不同立场和外交政策。

国家承认是一种政治行为。承认行为一般决定于有关国家的政治立场和对外政策。对于一个新国家或新政府,是否承认,何时承认,既存的国家在不违反国际法原则的限度内,可以自由裁量,并承担由此产生的法律和政治后果。因此,承认是一个政治行为,不是一项法律义务。但是,国家承认又是国际法的一项重要制度,任何国家的承认行为均不得违反国际法的原则、规则。并且,国家承认一经作出,不仅产生政治后果,而且还使承认国与被承认国之间产生权利和义务关系,并成为它们之间建立和发展政治、经济和其他关系的法律基础。这就表明,国家承认行为不只是政治行为,同时也是法律行为。

1949 年 10 月 1 日,中华人民共和国中央人民政府宣告成立。从国际法的观点看,中华人民共和国是中华民国的延续,对中华人民共和国政府的承认是对新政府的承认,而不是对新国家的承认。中华人民共和国也当然有权继续享有中华民国的一切合法权益。

(二)承认的方式及法律效果

承认有不同的方式,主要有法律上承认和事实上承认的区别。

法律上承认,也称正式承认,是一种完全的、无保留的并且不能撤销的承认。事实上承认则是一种非正式的、暂时的、可以撤销的承认。事实上承认可以过渡到法律上承认。

关于承认的效果,法律上承认与事实上承认有一定的区别。

法律上承认产生全面而广泛的法律效果,主要是:(1)可导致双方建立正式外交关系和领事关系;(2)双方可以缔结政治、经济、文化等关系的条约;(3)双方彼此承认对方法律的效力,并尊重对方的司法和行政权;(4)双方彼此承认对方国家财产的司法豁免权,并有处理在外国的财产的权利。

事实上承认的法律效果不如法律上承认那样广泛,但仍有一些重要的法律效果,主要是:承认被承认的国家和政府的国内立法、司法权力和内部行政措施;被承认国家在承认国法院享有司法豁免权;双方可以建立经济、贸易关系,缔结通商协定或其他非政治性的协定;互派领事和商务代表等。但事实上承认不引起正式外交关系的建立。

在国际法上,无论是对新国家还是对新政府的承认,原则上都有溯及既往的效果,既存国家对新国家或新政府的承认,其效力可以追溯到后者成立时。因此,被承认的国家或政府在未被承认之前完成的法律行为的效力,承认国家应当予以承认。

承认只产生相对的效果,即承认的效果只及于承认国与被承认国之间的关系,而不涉及被承认国与其他国家的关系。承认实际上是相互的,新国家或新政府也可以拒绝给予不承认它的外国以合法地位。

六、国家继承

国家继承是指一国在丧失其国际法律人格或丧失一部分领土时,它的国际法上的权利和义务转移给别国(一国或数国)的情况。其中被取代的国家称被继承国,取代别国的国家称继承国。

当被继承国的国际法律人格不再继续存在时,被继承国的领土和居民全部构成继承的客体,便发生全面的继承。当被继承国的国际人格依然存在时,则发生部分的继承。

引起国家继承的原因主要是领土的变更。

国家继承的对象是与被继承领土有关联的特定的国际法权利和义务。

根据国际法,国家继承必须具备两个基本条件:一是国家继承的合法性,即国家继承必须符合国际法;二是被继承的条约和条约以外的事项必须具有一定的领土性,与领土变更无关的权利和义务不属于国家继承的范围。

政府更迭,一般不发生继承问题。但如果政府更迭起因于政变或社会革命,则产生新政府如何对待旧政府在国际上的权利义务问题,由此引起的继承称为政府继承。一般说来,旧政府的国际权利应由新政府继承,至于条约义务,则应分情况,区别对待。国际实践表明,对于那些不损害本国主权或领土完整或者有利于国际友好交往的条约,新政府一般是予以继承的,但旧政府所欠外债中的“恶债”,如 1911 年中国清朝政府为维护其反动统治和镇压人民,勾结帝国主义列强发行的湖广铁路债券,新政府有权拒绝继承。

中国是联合国的创始会员国和安理会常任理事国。中国在联合国的代表权在中华人民共和国政府成立之后,当归属中华人民共和国。经我国政府 22 年的不懈努力,1971 年 10 月 25 日,联合国大会以压倒性多数通过第 2758 号决议,决定“恢复中华人民共和国的一切权利,承认她的政府的代表为中国在联合国组织的唯一合法代表并立即把蒋介石的代表从它在联合国组织及其所属一切机构中所非法占据的席位上驱逐出去”。

七、国家责任

(一)国家责任的概念

国家责任,也称国家的国际责任,是指一国因违反国际法,侵害他国或国际社会的合法权益,从而构成国际不法行为而必须承担的法律责任。判断国家的某一行为是否为国际不法行为的根据是国际法,而不是国内法。国际法理论曾将国际不法行为区分为“国际罪行”和“国际侵权行为”,但 2001 年联合国国际法委员会完成的《国家责任条款草案》最终未接受这种区分。

(二)国家责任的形式

国家由于犯有国际不法行为,必须承担一定的法律责任。在实践中,按照不法行为的严重程度和发生的具体情况,国家责任可以有不同的表现形式。虽然国际法对于国家责任尚无明确而统一的规定,国际法学界也无一致的看法,但其主要形式有:

1. 限制主权。这是最严厉的一种国家责任形式。在一国犯有对他国进行武装侵略等严重破坏国际和平与安全的不法行为时,该国有可能承担被限制国家主权的法律责任。限制国家主权包括暂时对责任国实行军事占领和军事管制,限制责任国的武装力量和军事装备。前者属于全面地限制主权,后者属于局部地限制主权。

2. 赔偿。这是最经常、最普遍采取的国家责任形式。一切犯有国际不法行为的国家,都有可能承担赔偿责任。赔偿主要有两种具体的形式:一是复原,即由侵权国将所损害的他国的事物恢复原状,如归还非法没收或掠夺来的财产,恢复被非法拆除或移动的边境界标等。二是物质或金钱赔偿,即给受害国以相应的物质补偿。货币支付是赔偿的一般方式。在恢复原状确实不可能的情况下,往往用赔偿来代替。

3. 道歉。道歉是犯有国际不法行为的国家,给予受害国以精神上的满足所采取的一种法律责任形式。道歉可以用口头方式表示,也可以用书面方式或其他适当方式表示。

上述国家责任的各种形式,并不是互相排斥的,根据具体事件,责任国家可能只承担一种形式的责任,也可能同时承担多种形式的责任。

第三节　国际法上的个人

一、国籍

(一)国籍的概念

在一个国家境内,有本国人、外国人和无国籍人。区别谁是本国人、谁是外国人和无国籍人,属于国籍问题。国籍在确定不同的居民与所在国的不同关系和不同法律地位方面具有重要意义。

国籍是一个人属于某一国家的国民或公民的法律资格。国籍所体现的是个人同国家的法律关系。基于这种关系,个人对国籍国负有效忠的义务,并服从国籍国的属人管辖权,而在国际社会则享受本国的外交保护。

按照国际法,国籍事务原则上属于每个国家的主权管辖范围。一国规定其国籍的取得、丧失或变更等问题的法律称为国籍法。

(二)国籍的取得

国籍的取得,主要有两种方式:一种是因出生取得,称原始国籍;另一种是因入籍(也称归化)而取得,称继有国籍。

原始国籍是一个人在一生中所具有的第一个国籍。在实践中,各国赋予原始国籍有三种不同的标准:

1. 依血统,即以父母的国籍为准,称为血统主义。根据这一标准,凡是本国人生下的子女,当然为本国国民,不论其出生于何地。其中,原则上以父亲一方的国籍为准的,称为单系血统主义(又称父系血统主义),以父母双方任何一方的国籍为准的,称为双系血统主义。

2. 依出生地,称为出生地主义。按照这种标准,只要子女出生在一国境内,即赋予该国国籍,而不问其父母的国籍为何。

3. 兼采血统主义和出生地主义,称为混合主义。其中又分为平衡地兼采血统主义和出生地主义,以出生地主义为主兼采血统主义,以血统主义为主兼采出生地主义三种不同的形式。

传统上,亚洲国家、欧洲大陆国家等人口移出国家多采用血统主义标准;美国以及拉丁美洲国家等移民国家一般采用出生地主义标准。现今的趋势是同时兼采血统主义和出生地主义,但侧重点有所不同。

取得国籍的第二种方式是入籍。相对于原始国籍而言,因入籍而取得的国籍称为继有国籍。继有国籍可以分为两类:第一类是根据当事人的意志而取得的,如自愿申请入籍和选择国籍;第二类则不是根据当事人的意志,而是根据法律规定取得的,如基于婚姻、收养、认领等事实,根据有关国家国内法取得的继有国籍。

各国国籍法对于继有国籍的取得都规定了一定的条件和程序。对于取得继有国籍的人,在法律地位上是否与具有原始国籍的人完全一样,各国立法的规定不尽相同。

(三)国籍的抵触

国籍的抵触是指一个人在同一时间具有不止一个国籍,或者根本不具有任何国籍的法律状态。如果一个人同时具有两个或两个以上国籍,他就是双重国籍人或多重国籍人。一般来说,“多重国籍”这个名词也包括双重国籍。一个人具有多重国籍的情况,称为国籍的积极抵触;一个人不具有任何国籍的情况,称为国籍的消极抵触。

国籍抵触的发生,主要是由于每个国家都有权按照自己的标准规定谁是它的国民。国籍的积极抵触和消极抵触对于个人、国家或国际关系都是有害的,因此需要通过国内立法和国际条约,予以消除和防止。

(四)我国的国籍立法

血统主义是中国关于国籍的传统观念。在1909年至1949年,旧中国曾先后颁布过三部国籍法,全部采用父系血统主义。1980年9月10日,第五届全国人民代表大会第三次会议通过了中华人民共和国成立以来第一部《国籍法》,根据国内国际的实践,采取了新的立法原则:(1)在原始国籍的赋予上,采取血统主义(双系血统主义)和出生地主义相结合的原则。改变了过去只采用血统主义的做法。(2)不承认双重国籍的原则。不承认中国公民具有双重国籍,也不承认具有外国国籍的人同时具有中国国籍。定居外国的中国公民,自愿加入或取得外国国籍的,即自动丧失中国国籍。(3)努力消除和防止国籍抵触的原则。不承认双重国籍的有关规定外,还对减少和消除无国籍人作了相应的规定。

二、外国人的法律地位

外国人,是指在一国境内不具有所在国国籍而具有其他国籍的人。无国籍人一般也归入外国人的范畴。具有双重国籍或多重国籍的人,当他们处于所具国籍的任一国家时,在原则上就是该国国民,而不是外国人。在我国,凡依照《国籍法》不具有中国国籍的人,即为外国人。从法律上说,外国人除自然人外,还包括外国法人。

一国境内的外国人的法律地位由所在国法律加以规定。给予外国人什么待遇,原则上属于一国的主权,别国无权干涉。但是一国关于外国人法律地位的立法,需要遵守国际法的一般原则和国际通例,并不得与该国承担的国际法义务相违背。

关于外国人待遇的标准,国际法尚无统一的规定,通常有“国民待遇”和“最惠国待遇”两种标准。

国民待遇又称平等待遇,系指一国给予外国人与本国国民同等的待遇。从国际实践来看,给予外国人以国民待遇是有一定范围的,主要是在民事权利方面。对于外国人,一般都不给予政治权利,外国人不享有选举权和被选举权,不得担任政府职务,相应地,也不承担服兵役的义务。

"最惠国待遇",系指一国给予另一国国民的待遇,不低于现时或将来给予任何第三国国民的待遇。最惠国待遇一般通过双边或多边条约中的最惠国条款给予。

在外国人待遇标准问题上,西方国家曾提出所谓的"国际标准"的主张,要求给予外国人的待遇应该符合"文明世界"的"国际标准"或"最低限度标准"。这种主张遭到了大多数国家的反对,因为它可能成为外国人要求享有特权的借口。

外国人在中国的法律地位,由我国政府按照主权平等的原则,通过宪法和法律予以确定。我国 1982 年《宪法》第 32 条第 1 款规定:"中华人民共和国保护在中国境内的外国人的合法权利和利益,在中国境内的外国人必须遵守中华人民共和国的法律。"

三、难民

难民问题是当今国际社会面临的四大非传统安全挑战之一。当前,难民数量已经创下第二次世界大战结束以来的历史纪录。危机需要应对,根源值得深思。联合国难民署、国际移民组织等要发挥统筹协调作用,动员全球力量有效应对。

根据 1951 年《关于难民地位的公约》和 1967 年《关于难民地位的议定书》的规定,所谓难民,是指因有正当理由畏惧由于种族、宗教、国籍、属于某一社会团体或具有某种政治见解的原因留在其本国之外,并且由于此项畏惧而不能或不愿受该国保护的人;或者不具有国籍并由于上述事情留在他以前惯常居住国以外而现在不能或者由于上述畏惧不愿返回该国的人。关于难民问题的国际公约要求各国通过国际合作应对难民问题。中国全国人大常委会于 1982 年 8 月 23 日决定加入 1951 年《关于难民地位的公约》和 1967 年《关于难民地位的议定书》。

在获得难民地位后,难民本人及其家庭成员便可根据《关于难民地位的公约》而享受国际法的特定保护和援助。难民的基本待遇是"不退回原则",即任何缔约国不得以任何方式将难民驱逐或送回至其生命或自由因为他的种族、宗教、国籍、参加某一社会团体或具有某种政治见解而受威胁的领土边界。此外,根据《关于难民地位的公约》的规定,难民在受庇护国内享有高于无国籍人而又低于本国人的待遇。

四、引渡和庇护

(一)引渡

引渡,是指一国把在该国境内而被他国追捕、通缉或判刑的人,根据有关国家的请求,交给请求国审判或处罚的一项制度。引渡是国际司法合作的重要制度,也是国家有效行使管辖权和实现司法正义的重要保障。

引渡是一种国家行为。一国是否接受他国的引渡请求,除非负有条约义务,由被请求国政府自行决定。使缔约国负有引渡义务的有专门的引渡条约和包含有引渡条款的条约。

一般情况下,可以提出引渡请求的国家有犯罪嫌疑人国籍国、犯罪行为地国、受害国即犯罪结果发生地国。当有数个国家为同一罪行或不同罪行请求引渡同一人时,原则上被请求国有权决定接受哪一个国家的请求。

引渡的对象可以是请求国的本国国民、第三国国民或被请求国国民。但多数国家的法律规定不得引渡本国国民，只有英、美等国有少数相反的案例。

构成引渡的理由，一般是涉嫌普通刑事犯罪，而且必须是请求引渡国家和被请求引渡国家双方都认为是犯罪行为（所谓相同原则）或者是引渡条约中所规定的犯罪行为。

引渡罪犯的请求，除条约另有规定外，应通过外交途径提出。罪犯被移交给请求国后，该国只能就请求引渡时指控的罪行对该人进行审判或处罚。

按照国际惯例，政治犯一般不引渡。宗教罪犯或违反军法的军事罪犯一般亦不引渡。国际法的最新发展是将从事国际恐怖主义罪行的罪犯排除在政治犯不引渡原则的适用范围之外。

2000 年，我国《引渡法》的颁布实施，明确了对外开展引渡合作的原则、程序和主管部门，解决了对外作出量刑追诉承诺等问题，对促进中外引渡合作的规范化发挥了重要作用。截至 2021 年 6 月，我国已与泰国、俄罗斯、韩国、西班牙、意大利、法国等 55 个国家缔结了双边引渡条约，与美国、加拿大、日本等 64 个国家缔结了刑事司法协助条约，初步建立了有一定规模的引渡合作网络。

（二）庇护

庇护，是指国家对于因政治原因而遭受外国当局通缉或受迫害而来避难的外国人，允许其入境和居留，并给予保护。

给予庇护是国家的一项权利，个人受到庇护是国家行使庇护权的结果。因此个人虽可申请庇护，但是否给予庇护，由被申请国家决定。庇护权是从国家属地管辖权引申出来的。

庇护的对象主要是政治避难者，所以，庇护又称“政治避难”。1948 年《世界人权宣言》规定，对于真正由于非政治性的罪行或违背联合国的宗旨和原则的行为而被起诉的人，不得予以庇护。根据现行国际法，犯有危害和平罪、战争罪或危害人类罪的人，不得援用请求及享受庇护的权利。

庇护与政治犯不引渡原则相联系，但庇护的对象超出通常意义的政治犯，而且庇护不仅是不引渡，还包括不予追究和准其在境内安居。因此，庇护的法律含义比政治犯不引渡原则更为广泛。

庇护的法律根据主要是国内立法，许多国家的宪法订有庇护条款，如我国现行《宪法》第 32 条第 2 款规定：“中华人民共和国对于因为政治原因要求避难的外国人，可以给予受庇护的权利。”

国家只应根据属地管辖权在本国领土内行使庇护的权利，驻外使领馆和在外国港口的军舰及商船不得用来作为任何罪犯的庇护所。但是，在拉丁美洲国家间，长期以来形成了外国使领馆给予驻在国国民以政治庇护的区域性习惯，称为“域外庇护”。

五、人权的国际保护

人权作为一个法律概念萌芽于十六七世纪国际法学者的著述之中，在资产阶级革命时期成为资产阶级反对封建统治的政治口号。第一次世界大战后，人权的保护进入了国际法领域。联合国成立后，人权保护成为联合国的四大宗旨之一。1948 年《世界人权宣言》发展了人权的概念。人权不仅包括个人的公民权利和政治权利，还包括个人的经济、社会和文化权利，民族自决权和发展权也被接受为人权的一部分。

人权的国际保护需要各国之间加强合作,为此,国际社会缔结了多项国际公约,其中包括《防止及惩治灭绝种族罪公约》《妇女政治权利公约》《经济、社会、文化权利国际公约》《公民权利和政治权利国际公约》《消除一切形式种族歧视国际公约》《禁止并惩治种族隔离罪行国际公约》《禁止酷刑和其他残忍、不人道或有辱人格的待遇或处罚公约》《儿童权利公约》等,它们构成了国际人权法的基本框架。中国已经加入了包括《经济、社会、文化权利国际公约》在内的10多项人权公约,同时已经签署了《公民权利和政治权利国际公约》。

在人权领域,中国倡导以人民为中心、以生命权健康权为首要的原则。强调要秉持和平、发展、公平、正义、民主、自由的人类共同价值,坚持把人权的普遍性原则与各国的实际相结合,维护人的尊严和权利,推动形成更加公正、合理、包容的全球人权治理。

值得注意的是,一些西方国家将人权作为政治工具,利用人权问题推行自己的价值观念、意识形态,并借此干涉别国内政,这无疑是强权政治的表现,是违反《联合国宪章》的宗旨和原则的,也不利于对人权的国际保护。

第四节　国　际　组　织

一、国际组织的概念

国际组织,广义上包括政府间国际组织与非政府间国际组织。政府间国际组织是若干国家为了特定目的以条约建立的一种常设组织。非政府间国际组织是不同国家的个人或民间团体组成的组织。狭义上仅指政府间国际组织。政府间组织与非政府组织虽然都是超越国界的一种跨国机构,但两者在国际法上的地位是不同的。国际法所研究的主要是狭义的国际组织。

国际组织在国际法上具有下列基本特征:(1)国际组织是国家之间的组织,而不是凌驾于国家之上的组织。所以,它不能违反国家主权原则,不得干涉本质上属于任何国家国内管辖的事项。(2)国际组织具有独立参与国际关系,并以自身名义和行为直接承受国际法上的权利和义务的主体资格。(3)国际组织最基本的原则是所有成员国主权平等的原则。在国际组织内,各成员国不论大小,在法律上一律平等,不得有任何歧视。(4)国际组织是以多边条约为基础而建立的,国际组织的机构、职权范围、议事程序及成员国的权利义务,都应以这种创建文件为根据。在现代国际社会,国际组织已成为国际交往的一种重要的组织形式。目前,世界上重要的政府间组织就有500多个。

二、联合国

(一)联合国的宗旨和原则

联合国是当今世界最具普遍性、代表性和权威性的政府间国际组织,是实践多边主义的重要平台,正式成立于1945年10月24日,其根据是1945年4月至6月在美国旧金山举行的“联合国家关于国际组织会议”上签订并于同年10月24日生效的《联合国宪章》,总部设在纽约,现有会员国 193 个。中国是联合国的“四发起国”之一，是联合国的创始成员国，是第一个在联合国宪章上签字的国家。

联合国的宗旨为“维持国际和平及安全”，“发展国际间以尊重人民平等权利及自决原则为根据之友好关系”，“促成国际合作”，“构成协调各国行动的中心”。

为了实现上述宗旨，《联合国宪章》规定了联合国及其会员国应遵循的七项原则：(1)联合国以各会员国主权平等之原则为基础；(2)会员国应一秉善意履行宪章义务；(3)会员国应以和平方法解决其国际争端；(4)会员国在其国际关系中不得以武力相威胁或使用武力，或以与联合国宗旨不符的任何方法，侵害任何会员国或国家的领土完整或政治独立；(5)会员国对于联合国依宪章规定而采取的行动，应尽力予以协助；(6)联合国在维持国际和平及安全之必要范围内，应保证非会员国遵行上述原则；(7)《联合国宪章》不得认为授权联合国干涉在本质上属于任何国家国内管辖之事件，并且不要求会员国将该事件依宪章提请解决。

（二）联合国的会员国

根据取得会员资格程序的不同，联合国会员国分为两大类：第一类为创始会员国，共 51 个。凡参加旧金山会议或者在此以前签署联合国宣言的国家，签署了宪章并依法予以批准的，都属于这一类。第二类为后来按宪章规定接纳的会员国。宪章规定，一切爱好和平的国家，接受宪章所载义务，经联合国组织确认为能够并愿意履行这些义务的，均得成为联合国会员国。接纳新会员国须经安理会推荐，并经大会以 2/3 多数表决通过。

（三）联合国的主要机关

联合国为实现宪章所规定的宗旨，设有六个主要机关：大会、安全理事会、经济及社会理事会、托管理事会、国际法院和秘书处。此外，联合国还设有执行其职能所必需的各种辅助机关。

1. 大会

大会是联合国的主要审议机关，由全体会员国组成。每一会员国在大会中享有一个投票权。大会每年举行一届例会，一般为期 3 个月。在一定条件下，还可以召开大会的特别会议或紧急特别会议。大会具有广泛的职权，它可以讨论宪章范围内的任何问题或事项，或有关联合国任何机关的职权的任何问题或事项，除安理会正在处理者外，可向会员国或安理会提出关于这些问题或事项的建议。大会关于重要问题的决议，以出席并参加投票的会员国的 2/3 多数决定，一般问题以过半数决定。

2. 安全理事会（安理会）

安理会是联合国在维持国际和平与安全方面负主要责任的机关。由 5 个常任理事国（中、法、英、俄、美）和 10 个非常任理事国组成。非常任理事国由联合国大会选举，任期 2 年，每年改选 5 个，不得连选连任。安理会主席由各理事国依英文国名字母的排列顺序，按月轮流担任。根据《联合国宪章》，安理会是联合国唯一有权采取强制行动来维持国际和平与安全的机构。它除在和平解决国际争端方面行使重要的职权外，还特别在维护和平与制止侵略方面行使重要的职权。安理会的行动以“常任理事国一致”原则为基础。关于非程序事项的决议，必须包括全体常任理事国在内的 9 个理事国的赞成票决定，即常任理事国在实质问题上有“否决权”。关于和平解决争端的决议，争端当事国不得投票。弃权不被认为是否决。安理会的决议对各会员国有约束力。各会员国同意接受并履行安理会的决议。

安理会的改革，即指推动联合国安理会内部格局的改动。从 1995 年开始，安理会改革成为世界各地热议的话题,引起了相当大的讨论和争议。依照国际法的规定，安理会的改革必须对联合国宪章进行修订。根据宪章第108条规定，联合国大会对宪章的任何个别修正案，都应经过大会会员国2/3表决通过并包括安理会全体常任理事国，各依其宪法程序批准后，才对联合国全体成员国发生效力。第109条规定了第二种修正程序，旨在重新审查宪章的联合国会员国全体会议，可以在大会会员国2/3和安理会任何理事国的表决所确定的日期与地点举行;全体会议以2/3所建议的对宪章的任何更改，都应经过联合国会员国后发生效力。联合国宪章要求在一切重要决策事项上,需要有五大国的高度一致才能生效，而且自始至终赋予了五大国彻底保护这种否决权的权力，使否决权条款不会遭到大国所不愿接受的任何修改，从而支持着这个对维护国际和平与安全负有主要责任的安理会和整个联合国的大厦。在安理会改革中否决权不可少，否决权即是大国的权利，也是它们的责任和义务，是维护国际和平与安全的重要保障。

3. 经济及社会理事会(经社理事会)

经社理事会是在联合国大会下负责协调联合国以及专门机构的经济及社会工作的机关,由联合国大会选出的54个理事国组成,任期3年,得连选连任。从1971年恢复合法席位起,我国一直当选为经社理事会理事国。

4. 托管理事会

托管理事会是联合国负责监督托管领土行政管理的机关,由中、美、英、俄、法5个理事国和大会选举的若干其他成员国组成。联合国成立以来,置于国际托管制度下的11个托管领土,已陆续取得独立或自治。随着联合国剩下的最后一个托管领土帕劳于1994年10月1日取得独立,托管理事会于1994年11月1日起停止运作。托管理事会作为联合国主要机关的地位问题,是联合国改革中的一个重要议题。

5. 国际法院

国际法院是联合国的主要司法机关,总部设在荷兰海牙,由联合国大会和安理会分别投票选出的15名不同国籍的独立法官组成。选举结果必须使法院作为一个整体,足以代表世界上各主要文化和法律体系。国际法院的职权主要是行使诉讼管辖权和咨询管辖权。其诉讼当事者只限于国家。法院的判决由出庭法官的过半数作出。判决除对于当事国和本案外,无拘束力。国际法院对于提交给它的争端,依照国际法加以裁判。自1982年以来,一直有中国政府提名的候选人当选国际法院法官。

6. 秘书处

秘书处是联合国的常设行政机构,其任务是为联合国其他机关服务,并执行这些机关制订的计划和政策。秘书处由秘书长一人和办事人员若干人组成。秘书长是联合国组织的行政首长,由大会根据安理会的推荐委任,任期5年,任满后可连选连任。秘书长和秘书处职员是“国际公务员”,为联合国整体服务,每个工作人员都宣誓不得寻求或接受任何政府或联合国以外的任何其他当局的指示。

(四)联合国的专门机构

联合国专门机构,指根据协定而同联合国建立关系的或根据联合国决定而成立的那种对某一特定业务范围负有国际责任的专业性国际组织。各专门机构以政府间协定作为法律基础。一般来说,只有主权国家才能加入专门机构。

《联合国宪章》规定，由各国政府间协定所成立的各种专门机构，应通过与联合国经社理事会订立协定的方式同联合国建立关系。这类协定须由联合国大会核准。

目前，联合国同下列专门机构以协定建立了关系：(1)国际电信联盟；(2)国际劳工组织；(3)世界卫生组织；(4)世界气象组织；(5)世界知识产权组织；(6)国际货币基金组织；(7)世界银行集团(包括国际复兴开发银行、国际投资争端解决中心、国际开发协会、国际金融公司和多边投资担保机构)；(8)万国邮政联盟；(9)联合国粮食及农业组织；(10)联合国教育、科学及文化组织；(11)国际民用航空组织；(12)国际海事组织；(13)国际农业发展基金组织；(14)联合国工业发展组织；(15)世界旅游组织。国际原子能机构和世界贸易组织也与联合国建立了联系，其地位与联合国专门机构类似。

联合国的经济、社会、文教和科技方面的工作，由上述各专门机构进行。

(五)联合国的法律地位

联合国具有国际法律人格，在各会员国境内享有为执行其职务和达成其宗旨所必需的法律行为能力，并享有达成其宗旨所必需的特权及豁免。会员国的代表及联合国的职员，亦享有为行使其职务所必需的特权及豁免。联合国宪章下的义务，优于会员国在其他任何国际条约下的义务。联合国还有一定的缔约权和向会员国派遣代表的权利以及求偿权。

不过，联合国在国际法律关系中所具有的权利能力是受宪章的严格限制的，它只享有各会员国所赋予的那一部分权利，因而它的法律人格是有局限性的。

第五节　海　洋　法

一、海洋法的概念

海洋法是有关各种海域的法律地位和各国在各种海域从事航行、资源开发和利用、海洋科学研究等活动以及海洋环境保护的原则、规则和制度的总称。目前它包括有关内海、领海、毗连区、专属经济区、大陆架、公海、国际海底区域、用于国际航行的海峡等海域的一系列制度。

海洋法是现代国际法的一个重要分支。1982 年签订的《联合国海洋法公约》是关于海洋权益和海洋秩序的基本法律文件。现有缔约国 168 个，主要海洋国家中仅美国尚未加入。中国全国人大常委会第十九次会议于 1996 年 5 月 15 日通过决定，批准《联合国海洋法公约》。

二、领海

在国际法上，邻接一国陆地领土及其内水，并处于该国主权下的一定宽度的海域，称为领海。《联合国海洋法公约》规定，“每一个国家有权确定其领海的宽度”，但对其最大范围作了限制，即“从按照本公约确定的基线量起不超过 12 海里的界限”。在国际实践中，领海基线有两种：(1)正常基线，又称低潮线；(2)直线基线，适用于海岸线极为曲折，或紧接海岸有一系列岛屿的地方。

领海是沿岸国领土的一部分，沿岸国对领海享有主权，其中主要包括：对于领海内的人和物除受国际法的限制外,行使排他的管辖权;享有捕鱼和开发领海资源的专属权利;享有领海上空的专属权利等。

外国船舶享有无害通过他国领海的自由,即“无害通过权”,条件是:(1)通过领海必须是无害的。“无害”指不损害沿岸国的和平、良好秩序或安全,也不违反国际法规则。(2)遵守沿岸国的有关法律。(3)继续不停地迅速通行,中途不得停泊。无害通过权,一般只适用于商船。军舰是否享有这项权利,在理论和实践上都存在分歧。

我国《领海及毗连区法》规定,“中华人民共和国领海基线采用直线基线法划定,由各相邻基点之间的直线组成”;“中华人民共和国领海的宽度从领海基线量起为十二海里”。外国非军用船舶,享有依法无害通过我国领海的权利,但外国军用船舶进入中国领海,得经中国政府批准。外国船舶通过我国领海,必须遵守我国法律、法规,并不得损害我国和平、安全和良好秩序。我国在《关于批准〈联合国海洋法公约〉的决定》中,重申了这一原则。

三、毗连区

毗连区是指一国根据其国内立法或条约规定,在与其领海外缘相毗连的一定范围内,为对海关、财政、卫生、移民等类事项行使必要管制而划定的海域。我国的毗连区宽度为 12 海里,从领海外缘起算。在此毗连区内,为防止和惩处在我国陆地领土、内水或领海内违反有关安全、海关、财政、卫生或者入境出境管理的法律、法规的行为,我国有权行使管制权。

四、专属经济区

专属经济区是现代海洋法中的一项新制度,指沿海国在其领海以外并邻接其领海的海域所设立的一个专属管辖区,其宽度从领海基线量起,不应超过 200 海里。我国 1998 年《专属经济区和大陆架法》第 2 条规定,我国的专属经济区从测算领海宽度的基线量起延至 200 海里。

专属经济区的法律地位自成一类。它既不属于公海,也不属于领海。依据《联合国海洋法公约》的规定,沿海国在其专属经济区享有下列权利:勘探、开发、养护和管理海床和底土及其上覆水域的自然资源的主权权利;利用海水、海流和风力生产能源等的主权权利;对建造和使用人工岛屿、进行海洋科学研究和保护海洋环境的专属管辖权。

其他国家在专属经济区内仍享有航行和飞越的自由;铺设海底电缆和管道的自由;以及与这些自由有关的其他符合国际法用途的自由。在行使此项权利时,应遵守沿海国的有关法律规章。

相邻或相向国家间的专属经济区如产生重叠,划界问题应按照公平原则,通过协商谈判等和平方式解决。

五、大陆架

大陆架原是地质地理学上的概念。国家主张对大陆架行使主权权利,是第二次世界大战后海洋法的新发展。根据《联合国海洋法公约》第 76 条的规定,沿海国的大陆架包括其领海以外依其陆地领土的全部自然延伸,扩展到大陆边外缘的海底区域的海床和底土。如果从测算领海宽度的基线量起到大陆边的外缘不到 200 海里,则扩展到 200 海里的距离。我国《专属经济区和大陆架法》第 2 条作了相同的规定。

大陆架的法律地位主要涉及沿海国对大陆架的权利。《联合国海洋法公约》规定:“沿海国为勘探大陆架和开发其自然资源的目的,对大陆架行使主权权利。”这种权利是专属的,任何人未经沿海国的明示同意,均不得从事勘探和开发大陆架的活动。沿海国对大陆架的权利也不取决于有效或象征性的占领或任何明文公告。沿海国有权在大陆架上建造人工岛屿、设施或其他结构,并享有专属管辖权。

沿海国对大陆架的权利不影响上覆水域或水域上空的法律地位。沿海国对大陆架权利的行使,不得对航行和其他国家的合法权利和自由有所侵害,或造成不当的干扰。

所有国家均有权在大陆架上铺设海底电缆和管道,但其路线的划定须经沿海国的同意。

六、公海

按照传统国际法,国家领海以外的海域均为“公海”。《联合国海洋法公约》对公海的范围作出了界定,公海是不包括在国家的专属经济区、领海或内水或群岛国的群岛水域内的全部海域。

按照公认的国际法原则,公海是全人类的共同财富,对一切国家自由开放,平等使用。任何国家不得将公海的任何部分据为己有,不得对公海本身行使管辖权。

公海自由被看作公海法律制度的基础。其内容最初意味着公海不属于任何国家,各国的船舶在公海上享有不受别国干扰的航行权。随着社会经济和技术的发展,人类对海洋的利用越来越广泛,公海自由也有了发展。1958 年《日内瓦公海公约》规定,公海自由包括:(1)航行自由;(2)捕鱼自由;(3)铺设海底电缆和管道自由;(4)公海上空飞行自由。《联合国海洋法公约》在传统的“四大自由”的基础上又增加了两项内容:建造国际法所准许的人工岛屿和其他设施的自由;科学研究自由。

按照国际法,在公海上航行的船舶,应各有其国籍。船舶悬挂某一国家的国旗即具有该国国籍。船旗国对具有其国籍的船舶,在公海上行使专属管辖权。

为了维护公海上的良好秩序,各国有权对在公海上发生的海盗行为、贩运奴隶、未经许可的广播、非法贩运毒品等违反国际法的行为进行干涉。

七、用于国际航行的海峡

海峡是指两块陆地之间、两端连接海洋的天然狭窄水道。世界上一些主要海峡在国际航行方面具有重要地位。《联合国海洋法公约》对于“用于国际航行的海峡”建立了过境通行制度。船舶和飞机在过境通过“用于国际航行的海峡”时,必须遵守相应的义务,主要包括:(1)毫不迟延地通过或飞越;(2)不对海峡沿岸国的主权、领土完整或政治独立进行任何武力威胁或使用武力;(3)遵守关于海上安全及防止污染的国际规章、程序和惯例;(4)不得从事通行之外的其他无关活动等。

八、国际海底区域

国际海底区域,简称“区域”,是 20 世纪 70 年代以来国际海洋法上出现的一个新概念,指的是国家管辖范围以外的深海海床及其底土。“区域”内蕴藏着极其丰富的矿物资源。

根据《联合国海洋法公约》的规定,国际海底区域及其资源是“人类的共同继承财产”。任何国家不应对“区域”的任何部分及其资源主张或行使主权或主权权利。任何国家或自然人或法人也不应该将“区域”的任何部分据为己有。对“区域”内资源的一切权利属于全人类,由所有国家组成的国际海底管理局代表全人类行使。国际海底管理局在不歧视的基础上公平分配从“区域”内活动取得的财政及其他经济利益。“区域”的法律地位不影响其上覆水域和上空的法律地位。

当前,国际海底事务正处在从勘探向开发过渡的关键阶段,各方正就深海矿产资源开发规章进行深入讨论。积极参与国际海底资源的勘探和开发是我国建设海洋强国战略的重要组成部分。新的形势要求我国国际法学界在人类命运共同体思想的指引下,努力推动构建更加公平合理的国际海洋法律秩序。

第六节 空气空间和外层空间法

一、空气空间

(一)空气空间的法律地位

在国际法上,空间可以分为空气空间和外层空间,两者具有不同的法律地位。

空气空间的法律地位,在第一次世界大战前曾是一个有争论的问题。1919 年《巴黎航空公约》第 1 条规定:“缔约各国承认每一个国家对其领土上的空间具有完全的和排他的主权。”此后,各国的国内法和国际航空协定也普遍规定了这一领空主权原则,从而在国际法上确认了领空构成一国领土的一部分。我国《民用航空法》第 2 条即规定,中华人民共和国的领陆和领水之上的空域为中华人民共和国领空,中华人民共和国对领空享有完全的、排他的主权。

由于领空主权是排他的,外国飞机在一国领空就不具有像外国船舶在领海中那样的“无害通过权”。一国有权完全禁止外国飞机进入其领空,或者只在一定条件下准许外国飞机通过。因此,外国飞机未经许可擅自飞入一国领空,就构成侵犯领空主权的国际不法行为,地面国家须采取相应的措施。

国家可以通过缔结双边或多边条约,在互惠的基础上,根据一定的条件,相互给予民用航空器以进入或通过其领空的便利。

(二)国际航空

根据 1944 年《国际民用航空公约》的规定,缔约各国承认每一国家对其领空具有完全的和排他的主权,同时承诺在一定条件下,在和平时期相互给予无害通过领空的自由。但缔约国出于军事需要或安全理由,得设立禁区,禁止其他国家的飞机飞越。航空器必须要有国籍,注册国就是其国籍国。无人驾驶的航空器,未经特别许可,也不得飞入他国领空。

我国《民用航空法》第 174 条第 1 款规定,外国民用航空器根据其国籍登记国政府与中国政府签订的协定、协议的规定,或者经我国国务院民用航空主管部门批准或者接受,方可飞入、飞出我国领空和在我国境内飞行、降落。

(三)空中劫持

“空中劫持”指的是在航空器内使用暴力或暴力威胁,非法干扰、劫持或以其他不正当方式控制飞行中的航空器或准备采取此类行为,以致危害航空器或其所载人员、财产的安全,或危害航空器上的良好秩序和纪律的行为。

20世纪60年代以来,空中劫持事件有所增加,引起了国际上的极大关注。在联合国及其国际民航组织和世界各国的共同努力下,先后制定了一系列有关的国际公约和议定书:1963年《关于在航空器内的犯罪和其他某些行为的公约》(《东京公约》)、1970年《关于制止非法劫持航空器的公约》(《海牙公约》)、1971年《关于制止危害民用航空安全的非法行为的公约》(《蒙特利尔公约》)、1988年《补充蒙特利尔公约的议定书》、1991年《关于注标塑性炸药以便探测的公约》(1991年《蒙特利尔公约》)、2010年《制止与国际民用航空有关的非法行为的公约》(《北京公约》)和2014年修订《东京公约》的《蒙特利尔议定书》。我国是上述前面四个公约的缔约国。

缔约各国承认对劫持航空器及其他危害国际民用航空安全的罪行给予严厉惩罚。缔约国若认为情况需要,应对罪犯或嫌疑犯采取拘留措施。上述罪行应被认为是包括在各缔约国间现有引渡条约中一种可引渡的罪行。

二、外层空间

外层空间是指大气即空气空间以外的整个空间。

人类探测和利用外层空间的实践,在国际法上提出了外层空间的法律地位问题,这个问题主要涉及国家的领空主权。国际法承认国家对其领土上面一定高度的空间为其领空,并承认国家对其领空拥有完全的和排他的主权,但国家对其领土上空的主权必须有一个高度限制,外层空间不应属于任何国家的主权管辖范围,所有国家均有在外层空间活动的自由。

迄今,国际社会已就探索和利用外层空间缔结如下国际公约:《关于各国探索和利用包括月球和其他天体在内的外层空间活动原则的条约》(《外层空间条约》)、《营救宇宙航行员、送回宇宙航行员和归还发射到外层空间的实体的协定》(《营救协定》)、《空间实体造成损害的国际责任公约》(《国际责任公约》)、《关于登记射入外层空间物体的公约》(《登记公约》)和《关于各国在月球和其他天体上活动的协定》(《月球协定》)。我国已加入前四项公约。

《外层空间条约》规定,外层空间的利用应为全人类谋利益;外层空间和天体供一切国家在平等基础上自由探索和利用;任何国家不得将外层空间和天体据为己有;探测和利用外层空间应遵守国际法和维护国际和平及安全;禁止将载有核武器或其他大规模毁灭性武器的人造卫星或航天器放置在地球卫星轨道和外层空间。

第七节　条　约　法

一、条约的概念

条约是国际法主体间以国际法为准则所缔结的据以确定其相互权利与义务的协议。条约具有如下基本特征:(1)缔结条约的主体只能是国际法主体。个人(自然人或法人)间、国家与个人间达成的协议,无论其内容或性质何等重要,均不属于条约。(2)条约应以国际法为依据,即必须符合国际法的基本原则和规范,否则就不具有法律上的约束力。(3)条约规定了国际法主体间在某一问题或某些问题上的相互权利义务。(4)条约通常采取书面形式。国际实践中曾有所谓“口头协议”或“君子协定”,但在当代已较为罕见。

条约是国际法的主要渊源之一。1969 年缔结的《维也纳条约法公约》,是条约法的系统编纂,我国于 1997 年加入。我国在 1990 年就颁布了《缔结条约程序法》。

条约可依不同标准进行分类。例如,按照缔约国的方面分类,可以分为双边条约和多边条约。两方签订的条约称“双边条约”,多方签订的条约称“多边条约”。按照条约的法律性质分类,可分为造法性条约和契约性条约。造法性条约是指规定普遍遵守的行为规则的条约,契约性条约则是指规定缔约各方在特定事项上的相互权利和义务及交易的条约。造法性条约多为国际公约,契约性条约则多为双边条约。按照条约的内容分类,可分为政治、经济、文教、科技、法律、边境等诸类条约。

从条约的名称来看,有条约、公约、专约、协定、规约、宪章、议定书等。但不论以何种名称缔结的条约,其法律性质和效力都是一样的。

截至 2021 年 6 月,我国已签订了 25,000 多项双边条约,加入了 616 项多边条约(含多边条约修正案),极大地促进了国际关系法治化。

二、条约的缔结

(一)缔约能力

根据国家主权原则,任何国家都有权在不违反公认的国际法的原则下,同其他国家举行谈判并缔结条约。缔约权是国家的一项固有权利,必须由国家统一行使。国家内部的行政单位、地方政府,无权代表国家与外国缔结条约,除非根据本国法律,经中央权力机关的授权。但一个国家由哪个机关代表国家行使缔约权,则属于各国国内法决定的事项。

根据我国《宪法》和前述《缔结条约程序法》的规定,国务院同外国缔结条约和协定;全国人大常委会决定同外国缔结的条约和重要协定的批准和废除;国家主席根据全国人大常委会的决定,批准和废除同外国缔结的条约和重要协定;外交部在国务院领导下,管理同外国缔结条约和协定的具体事务。

除国家以外,政府间国际组织也具有一定的缔约能力。

(二)条约的缔结程序

在外交实践中,条约的缔结程序主要包括谈判、签署、批准、互换或交存批准书。

谈判是有关各方为使条约所涉事项获得一致而进行的交涉过程。谈判的主要任务之一是拟定条约文本,一俟约文拟定,经当事国同意,即可以签署。

签署指缔约国全权代表在条约文本上签字,表示缔约方同意受条约的拘束。有的条约规定正式签署后立即生效,但重要的条约往往还要经过批准等确认程序。

批准是缔约国的国家元首或其他有权机关对其全权代表所签署的条约的确认。批准的作用是使缔约国的最高权力机关有机会对其代表签署的条约作最后的审定。批准程序一般适用于重要的条约。

条约批准后,还需要互换或交存批准书。双边条约采取互换批准书的形式,多边条约通常采用交存批准书的形式,将批准书交存保存条约正本的缔约国或国际组织。

根据《联合国宪章》的规定,凡联合国会员国所缔结的每一条约和国际协定应在联合国秘书处登记,并由秘书处公布,否则,条约的当事国不得在联合国的任何机构中援引该项条约。《维也纳条约法公约》重申:“条约应于生效后送请联合国秘书处登记或存案及记录,并公布之。”

(三)条约的加入

条约的加入是未在已经签订的多边条约上签字的国家成为条约缔约国的一种方式,通常适用于所谓“开放性公约”,即明文规定允许非签字国加入的条约。条约是否允许加入,依原缔约国的协议决定。许多国际公约是向世界各国开放的。加入可以在条约生效后,也可以在条约生效前。如在生效前加入,加入本身还被计算在条约生效必须具备的数字之内。加入的程序是由加入国以书面通知条约保存国(加入联合国保存的条约时,加入书交联合国秘书长),由保存国转告其他缔约国。条约对加入国生效的时间,取决于条约本身的规定。

(四)条约的保留

保留是缔约国对条约的某些条款表示不能接受的单方声明,目的在于排除这些条款对该国适用的法律效果。保留主要涉及多边条约,双边条约一般不发生保留问题。

根据国家主权原则,任何一国得于签署、批准或加入条约时,提出保留。但遇有下列情况之一者,则不得保留:条约本身禁止保留;所作保留超出允许保留的范围;保留与条约的目的和宗旨不合。

三、条约的效力及解释

(一)条约必须遵守原则

“条约必须遵守”是国际法的一项基本原则,是指条约生效以后,缔约各方必须按照条约规定的条款,履行自己的义务,不得违反。国家间如果不恪守“条约必须遵守原则”,就不可能有正常的国际关系,国际法也就失去了基础。但也不能将“条约必须遵守原则”绝对化,因为条约有合法的,有非法的;有平等的,有不平等的。奴役性和不平等的条约,就不应该遵守。非法的条约是无效的,当然亦不应在履行之列。

除条约另有规定者外,条约的效力应及于当事国的全部领土。缔约国应采取必要的措施,保证对其有效的条约在其境内的履行。

(二)条约对非缔约国的法律效力

一般来说,条约只对缔约国发生效力,不能拘束第三国。按照《维也纳条约法公约》的规定,条约非经第三国同意,不为该国创设义务或权利。如果一个条约有意为第三国创设一项权利,应得到第三国的同意。

(三)条约的无效与撤销

《维也纳条约法公约》规定,在以下情况下条约应属无效:(1)对一国代表之强迫;(2)违反《联合国宪章》所含的国际法原则,以武力威胁或使用武力而缔结者;(3)条约缔结时与一般国际法强制规则抵触者。

除了上述情况外,如一国因另一谈判国之欺诈或贿赂其代表而缔结的条约,或因重大错误而缔结的条约,均可撤销其对条约的同意。

(四)条约的解释

条约在原则上应由缔约各方解释。如果缔约各方在解释上发生分歧,一般应由各方通过友好协商、和平谈判加以解决。关于解释的规则,现代的一些国际公约多规定有条约解释的条款和因解释产生争端的解决程序。《维也纳条约法公约》对条约解释提出了一些规则,其中包括:条约应依其用语按照其上下文并参照条约的目的及宗旨所具有的通常意义,善意地加以解释;应对整个条约及其附件全面加以研究;可以使用解释的补充资料;除另有规定者外,各种文字和文本同一作准等。

四、条约的修改与终止

关于条约的修改,有两种不同的情况:(1)全体缔约国对条约的部分条款进行修改,而条约本身继续有效。这种修改,《维也纳条约法公约》称为“修正”。(2)在若干当事国彼此间更改多边条约,称为“修改”。按照《维也纳条约法公约》的规定,仅仅在若干当事国彼此间修改多边条约,必须是条约内有允许此种修改的规定,或者该项修改不为条约所禁止,而且不影响其他当事国的权利和义务,同时该项修改也不涉及有效实现整个条约的目的和宗旨。

根据国际实践,条约的终止一般有下列情况:(1)条约到期或已履行完毕。(2)条约的解除条件成立。有的条约明文规定了条约的解除条件,一旦解除条件成立,条约也就随之失效。(3)条约被代替。由于另订新条约,旧条约被代替而失效,遇此种情形,一般都在新条约中明文规定旧条约的处理方式。(4)退出。某些多边条约规定了缔约国退出条约的程序,退出后即对退出国失效,但是除非条约规定因退约而使缔约国不足法定生效数目而失效,则条约本身仍然有效。(5)缔约各方同意终止条约。(6)单方面废约。在原则上,凡合法的条约,缔约各方均应切实遵守,但在国际实践中,如废除不平等条约,或一方有重大违约行为或当事国的情势有重大变迁,单方面废除条约是为国际法所允许的。

第八节　外交和领事关系法

一、外交和外交关系的概念

现今意义上的外交,一般是指国家为实现其对外政策,由国家元首、政府首脑、外交部部长、外交代表机关等进行的诸如访问、谈判、交涉、发出外交文件、缔结条约、参加国际组织和国际会议等对外活动。因国家的这些活动而形成的国家间关系称为外交关系。

外交关系属于国家对外关系的范畴。对外关系涉及多方面的事务,包括政治、经济、文化等各个方面的关系。外交关系只是对外关系的一个特殊方面,但它同国家对外关系的其他方面是相互依赖的,因为一般对外关系主要是通过外交关系来实现、发展和调整的,而外交关系则不断受到一般对外关系的影响。

二、外交机关

国家借以与其他国家保持外交关系的各种机关统称国家外交机关。国家外交机关可以分为国内外交机关和派往国外的外交代表机关两大类。一国的国内外交机关有国家元首、政府、外交部门。这些机关按其本国宪法、法律各有自己的职权范围,而在国际法上,都是代表本国与外国保持外交关系,进行外交活动的。驻外的外交代表机关,也有两种形式:一种是常设的外交代表机关,另一种是临时的外交代表机关,即特别使团。狭义的常设外交代表机关仅指派驻一国履行经常联系和交涉职务的常设使馆。按其馆长的级别依次分为三级:大使馆、公使馆、代办处。广义的常设外交代表机关,还包括向国际组织(如联合国)派遣的常驻代表团。临时的外交代表机关是指派往国外执行临时性任务的外交代表团。

在外交代表机关中,派驻他国的常设使馆占有十分重要的地位。依据1961年《维也纳外交关系公约》的规定,常设使馆的职务主要有下列几项:(1)代表,即在接受国中作为派遣国的代表。这是使馆最基本的职务。(2)保护,即在国际法许可的限度内,在接受国中保护派遣国及其国民的正当权益。(3)谈判,即代表本国政府与接受国政府进行外交交涉。(4)了解和报告,即以一切合法手段了解接受国的政治、文化、社会和经济等方面的状况和发展情况,并向本国政府作出报告。(5)促进,即促进派遣国与接受国之间的友好关系和发展两国间经济、文化和科学关系。

三、外交代表

(一)外交使节

外交使节,又称外交代表,有广义和狭义之分。狭义仅指充任常设使馆馆长的外交官;广义则包括常设使馆中有外交官职衔的人员及临时性使团中具有外交官地位的人员。

依《维也纳外交关系公约》的规定,使馆馆长依次分为三个等级:大使、公使、代办。

大使或公使是派遣国国家元首向接受国国家元首派遣的外交使节,他们代表本国及国家元首常驻接受国办理外交事务,分别担任大使馆或公使馆的馆长。大使享有比其他两个等级的使馆馆长更高的礼遇。

代办是派遣国外交部部长向接受国外交部部长派遣的最低一级的外交使节。他代表本国及外交部部长常驻接受国办理外交事务,担任代办处的馆长。代办的派遣在现代已不多见,往往是在两国之间关系不太正常时才这样做。

除关于位次和礼仪事项外,各级使馆馆长的地位和权利不因其所属等级不同而有任何差别。除使馆馆长外,具有外交官衔的还有公使,公使衔参赞,参赞,武官,一、二、三等秘书和随员。

驻在一国首都的所有使馆馆长及其他外交官组成一个礼仪组织,称为外交团,由到任最早的一位等级最高的使馆馆长担任团长。外交团并不是一个固定的组织,也不具有任何法律职能,而只是在外交礼仪方面发挥作用。

(二)外交代表的派遣与接受

国家之间建立外交关系后,就要互设使馆,互派外交使节。按照国际惯例,原则上互派同级外交使节。但如双方一致同意,也可以互派不同级的外交使节。

外交代表的派遣须事先征得接受国政府的同意。若接受国不同意接受某一人选,它无须向派遣国说明不予同意的理由。这是基于对接受国主权的尊重。需要征求意见的外交代表,主要是使馆馆长和武官;其他外交人员,派遣国得自由委派,但接受国可以随时宣告任何外交官为“不受欢迎的人”,并且不必说明理由。遇此情况,派遣国应斟酌情况召回该外交人员。

充任使馆馆长的外交代表,在获得接受国同意之后,即可携带国书赴任。国书是证明被任命官员身份的外交文书,大使、公使的国书由派遣国国家元首签发,代办的国书由外交部部长签发。

(三)外交代表职务的终止

《维也纳外交关系公约》第43条规定,除其他情形外,外交代表的职务遇有下列事情之一即告终了:(1)派遣国通知接受国,该外交代表职务已终了;(2)接受国通知派遣国,依本公约第9条第2项之规定(宣告为“不受欢迎”),该国拒绝承认该外交代表为使馆人员。

此外,外交代表满任、升级,派遣国与接受国外交关系断绝,派遣国或接受国发生革命或剧烈冲突而产生新政府等情势,也会导致外交代表职务的终止。

四、外交特权与豁免

所谓外交特权与豁免,简称外交特权,指的是按照国际法或有关协议,在国家间互惠的基础上,为使一国外交代表在驻在国能够有效地执行任务,而由驻在国给予的特别权利和豁免。《维也纳外交关系公约》分别规定了使馆和外交代表的特权与豁免。

使馆特权包括:(1)使馆馆舍不可侵犯。接受国的一切执法人员均不得进入使馆馆舍采取行动或实施法律程序。使馆馆舍及设备,以及馆舍内其他财产与使馆交通工具免受搜查、征用、扣押或强制执行。接受国应采取一切适当步骤保护使馆馆舍免受侵入或损害,并防止一切扰乱使馆安宁或有损使馆尊严之事情。(2)档案和文件不可侵犯。使馆档案和文件无论何时,也不论处于何处,都是不得侵犯的。(3)通信自由。接受国应允许和保护使馆为一切公务目的的自由通信。使馆有权采用一切适当的通信方法,包括外交信使和密码电报。外交信使享有人身不可侵犯权。外交邮袋不得开拆或扣留。但使馆使用无线电台,应事先征得接受国的同意。(4)行动及旅行自由。除接受国为国家安全设定禁止或限制进入区域而另定法律规章外,接受国应确保所有使馆人员在其境内行动及旅行的自由。(5)免纳捐税、免除关税。使馆公务用品入境免除关税,使馆馆舍免纳各种捐税。(6)使馆及其馆长有权在使馆馆舍、使馆馆长的寓邸和交通工具上使用派遣国国旗或国徽。

外交代表的特权和豁免主要包括:(1)人身不可侵犯。外交代表不受任何方式的逮捕或拘禁。(2)寓所和财产不可侵犯。(3)对接受国的刑事、民事和行政管辖的豁免权。但民事和行政管辖豁免有某些例外。对于外交代表的责任,一般通过外交途径解决。(4)免纳捐税。但对在接受国境内的不动产课征的捐税,遗产取得税或继承税,对在接受国内获得的私人所得和商业投资课征的捐税,不包括在免纳税款之内。(5)免除关税、行李免受查验。

按照《维也纳外交关系公约》,除外交代表外,还有下列人员在不同程度上也享有特权与豁免:(1)外交代表的同户家属,如非接受国国民,享有全部外交特权和豁免;(2)使馆行政技术人员及其家属,如非接受国国民,且不在该国永久居住的,除民事与行政管辖豁免权不适用于执行职务以外的行为,其关税特权仅限于初次就任时所运入的物品,享有与外交代表相同的特权与豁免;(3)使馆服务人员,如不是接受国国民,且不在该国永久居住的,就其执行公务的行为享有豁免权,并免纳受雇所得报酬捐税等。此外,国家元首、政府首脑、外交部部长、特别使团的团长(特使)及使团成员、途经或作暂时停留的驻第三国的外交人员,参加政府性国际会议的代表,也享有相应的外交特权与豁免。

享有外交特权与豁免的人员对接受国负有如下义务:(1)在不妨碍外交特权与豁免的条件下,尊重接受国的法律规章;(2)不干涉接受国内政,不得介入政党、派别斗争,不得组织反对派;(3)不滥用外交特权与豁免,特别是不得把使馆馆舍作与国际法不相符的利用;(4)不在接受国为私人利益从事专业或商业活动。

我国于1975年11月25日加入《维也纳外交关系公约》,并于1986年9月5日颁布施行《外交特权与豁免条例》。

五、领事制度

(一)领事机关

一国官员根据协议在他国一定地区执行领事职务所形成的国家间的关系即领事关系。国与国的领事关系的建立,以协议为之。1963年《维也纳领事关系公约》是规范领事关系最重要的国际公约,我国于1979年加入。

领事职务由领事机关执行。领事机关分为使馆内的领事部与专设的领事馆。绝大多数国家都在外国设立专门的领事馆办理领事事务。依照《维也纳领事关系公约》的规定,领事馆依次分为四级:(1)总领事馆;(2)领事馆;(3)副领事馆;(4)领事代理处。设置哪一级的领事馆,设置的地点及其辖区,由派遣国与接受国协商决定,每一领事馆有一个执行领事职务的区域,称为领事辖区。

领事分为职业领事与名誉领事。职业领事是派遣国政府任命的执行领事职务的专职官员,名誉领事是从接受国当地人士中任命的执行领事职务的兼职官员,也称"选任领事"。我国不委任名誉领事,但从20世纪90年代末期开始有条件地接受外国名誉领事。

职业领事分为四级:总领事、领事、副领事和领事代理人。我国不派遣领事代理人。

领事职务主要包括:在国际法许可的限度内在接受国内保护派遣国及其国民的利益;增进派遣国与接受国间商业、经济、文化、科学关系的发展,并在其他方面促进两国间的友好关系;以一切合法手段了解接受国商业、文化等方面的情况,报告本国;向派遣国国民签发护照及旅行证件,并为拟赴派遣国旅行的人士办理签证或签发其他文件;帮助派遣国国民执行公证、民事登记等职务和办理若干行政性质的事务,但以接受国法律未加禁止为限;监督和协助派遣国的船舶、航空器及其航行人员;执行派遣国责成办理的为接受国许可的其他职务。

(二)领事特权与豁免

按照《维也纳领事关系公约》,领事馆的特权和豁免主要包括:领馆馆舍在一定限度内不可侵犯;通信自由;行动自由;免纳捐税、关税;使用国旗、国徽;与派遣国国民通信和联络等。领事官员及其他领馆人员享有的特权和豁免有:人身自由受到一定保护;一定限度的作证义务的免除;免纳捐税、关税和免受查验;免受接受国法律、规章对外侨登记和居留证规定的一切义务;免于适用社会保险办法;免除个人劳务及捐献、屯戍等军事义务。

1990年颁布的《领事特权与豁免条例》对外国领事人员在我国享有的特权与豁免作出了具体规定。

第九节 战 争 法

一、战争与战争法的概念

在国际法上,战争主要是指两个或两个以上敌对国家之间以武力推行国家政策所造成的武装冲突和由此产生的法律状态。战争有正义和非正义之分,反侵略和反殖民主义战争是正义战争,侵略战争和殖民主义战争则是非正义战争。现代国际法禁止在国际关系中非法使用武力或武力威胁,但不禁止各国依联合国宪章的规定行使合法自卫权。

战争法是指调整战争或武装冲突中交战国之间、交战国与中立国之间关系及有关战时人道主义保护的原则、规则、制度的总称,其形式主要为国际条约和国际惯例。

从历史发展看,战争法可分为两个体系。一是海牙体系,主要是两次海牙和平会议形成的关于作战手段和方法以及中立的一系列条约,包括1856年《关于海战的巴黎宣言》、1868年《禁止在战争中使用某些爆炸性子弹的圣彼得堡宣言》、1899年和1907年海牙诸公约和宣言、1925年《关于禁用毒气或类似毒品及细菌方法作战的日内瓦议定书》等国际法律文书;二是日内瓦体系,主要是1949年在日内瓦签署的关于改善战地武装部队伤病员待遇、关于改善海上武装部队伤病员及遇船难者待遇、关于保护平民和战争受难者的日内瓦公约("日内瓦四公约")。这两个体系既有差别又有联系。海牙公约中的许多规定,例如战俘待遇、军事占领已经分别纳入了"日内瓦四公约"。而1977年的《日内瓦公约》《附加议定书》,则通过其关于限制作战方法和手段的规定,使日内瓦体系不但包括改善伤病员境遇,保护战俘、平民和其他战争受难者的原则和规则,同时也包括作战方和手段方面的原则和规则。

二、战争状态

(一)战争的开始及其法律后果

战争可以通过交战双方或一方宣战而开始。宣战是一种法律程序,它标志着国家相关国家间关系由和平状态进入战争状态。我国《宪法》规定,全国人民代表大会常务委员会在全国人民代表大会闭会期间,如果遇到国家遭受武装侵犯或者必须履行国际间共同防止侵略的条约的情况,决定战争状态的宣布。中华人民共和国主席根据全国人民代表大会的决定和全国人民代表大会常务委员会的决定"宣布战争状态"。

战争开始后,在交战各国之间将产生一系列的法律后果,主要为:(1)外交和领事关系的断绝;(2)经贸关系的断绝;(3)条约关系发生变化;(4)对交战国人民和财产的影响。

(二)战争的结束及其法律后果

战争的结束是指交战国之间战争状态的终止,包括停止敌对行动和结束战争状态,其中停止敌对行动只是一种临时的过渡安排,而结束战争状态才意味着和平关系的全面恢复。结束战争状态的方式通常有三种:战胜国单方面宣布结束战争;双方发表联合声明;缔结和平条约。

三、战时中立

战时中立,是指在两个或更多的国家之间发生战争时,非交战国所选取不参加战争和不支持任何一方的法律地位。一个国家选取中立地位,可以通过发表中立宣言或声明的方式,也可以不发表宣言或声明而采取事实上遵守中立义务的方式。中立国在享有权利的同时,也必须履行相应的义务。

四、战时人道主义保护

在交战时,各国应本着国际人道主义而遵循一定的规则,这些规则主要体现在:(1)限制作战手段和方法,其中包括不得使用极度残酷的常规武器和大规模毁灭性武器,也不得采用不分青红皂白、背信弃义、改变自然环境的作战方法。(2)保护战争受难者,其中包括战时伤病员待遇、战俘待遇和战时对平民的保护。

五、战争罪行及其责任

战争罪行是指严重违反战争法规、惯例和人道主义法则的行为,它包括违反和平罪、违反人道罪、战争罪、灭绝种族罪和危害人类罪等。

第二次世界大战后,为惩治战争罪行,国际上先后成立了欧洲国际军事法庭和远东国际军事法庭。在当今国际社会,联合国安理会通过决议设立了"前南斯拉夫国际刑事法庭"和"卢旺达国际刑事法庭",对1991年以来在前南斯拉夫境内和卢旺达境内严重违反国际人道主义法的行为进行审判、制裁。

1998年7月联合国在意大利罗马召开外交大会,通过了《国际刑事法院规约》(《罗马规约》),决定建立常设的国际刑事法院,以审判国际社会关注的最严重的国际罪行,即灭绝种族罪、侵略罪、战争罪和反人道罪。《国际刑事法院规约》已于2002年7月生效,国际刑事法院在荷兰海牙正式成立。由于在法院管辖权等问题上的严重分歧,中国、俄罗斯、美国、印度、以色列等国未签署或批准《罗马规约》。《罗马规约》生效后,因不满国际刑事法院的实际运作方式,布隆迪、南非、冈比亚、菲律宾等国退出了《罗马规约》。目前截至2021年6月30日,《罗马规约》有123个缔约国。

中国外交奉行独立自主的和平外交政策,把维护世界和平、促进人类进步作为自己的神圣使命。中国始终是维护世界和平的中坚力量,通过争取和平国际环境发展自己,又以自身发展维护和促进世界和平。中国外交不认同"国强必霸论"。中国倡导人类命运共同体意识,主张各国走和平发展道路,树立共同、综合、合作、可持续的安全观,共同营造公道正义、共建共享的安全格局,实现全球普遍安全和持久和平。

思考题

1. 什么是国际法?国际法具有哪些基本特征?

2. 国家在国际法上享有哪些基本权利?
3. 什么是条约? 条约的缔结一般要经过哪些程序?
4. 联合国的宗旨和原则是什么? 联合国有哪些主要机关?

第十四章　国 际 私 法

第一节　国际私法概述

一、国际私法的概念

国际私法是以涉外民事关系为调整对象，以解决法律适用上的冲突为中心任务，以冲突规范为最基本的规范，同时包括规定外国人民事法律地位的规范，避免和消除法律冲突的统一实体规范，以及国际民事诉讼和商事仲裁程序规范在内的一个独立的法律部门。概言之，国际私法是调整涉外民事关系的法律。

国际私法是国际经济贸易关系发展到一定时期的产物。其产生的主要原因是：(1)随着国际经济贸易活动的大量增加，现实生活中出现了越来越多的含有外国因素的民事关系；(2)各国民事法律规范在各个问题的规定上常有不同；(3)国家司法权的独立；(4)为了发展国际经济贸易关系，各国不但赋予外国人以平等的权利地位，而且在一定条件下承认外国民法的域外效力。

对于国际私法到底是国际法还是国内法，很难做出非此即彼的界定。国际私法在适应国际民事交往不断发展的过程中，已经发展成为一个跨国际法和国内法的兼具双重性质的独立法律部门。尽管从渊源上看，它仍主要是由国内法构成，但它的国际法因素正在不断加强。

二、国际私法的调整对象

国际私法以涉外民事关系作为自己的调整对象，凡民事关系中介入下列三方面因素之一的，都称为涉外民事关系：(1)民事关系主体的一方或双方为外国自然人或法人或无国籍人，如一中国公民和一外国公民要求在中国结婚，一国公民继承其在外国某亲属的遗产等都属于这种情况。有时当国家直接参与某一涉外民事活动时，也可以成为涉外民事关系的主体，如一国政府与外国企业签订基础设施建设和经营的特许权协议。(2)民事关系的客体是位于外国的财产或需要在外国完成的行为，如一方把在国外的不动产转让给另一方，某一劳务输出合同的标的是要在外国完成的一项工程等。(3)民事关系据以确立、变更或消灭的法律事实发生在外国，如引起争议的婚姻在外国缔结，引起继承关系的死亡在外国发生或宣告，侵权行为在外国实施等。

中国最高人民法院于2020年修正的《关于适用〈中华人民共和国涉外民事关系法律适用法〉若干问题的解释(一)》第1条对何为涉外民事关系作了解释："民事关系具有下列情形之一的，人民法院可以认定为涉外民事关系：(一)当事人一方或双方是外国公民、外国法人或者其他组织、无国籍人;(二)当事人一方或双方的经常居所地在中华人民共和国领域外;(三)标的物在中华人民共和国领域外;(四)产生、变更或者消灭民事关系的法律事实发生在中华人民共和国领域外;(五)可以认定为涉外民事关系的其他情形。"

上述任何一种情况,如果国家承认外国民法的域外效力,而本国的民法与该外国民法规定不同,却又竞相要求适用于同一个民事关系,便必然会发生法律适用的冲突,从而需要解决究竟应适用哪一国法律的问题。

国际私法所调整的涉外民事关系,是一种广义的涉外民事关系,除涉外物权关系、涉外知识产权关系、涉外合同关系、涉外侵权关系、涉外婚姻家庭关系、涉外继承关系外,涉外民事诉讼关系以及外国人在内国的民事法律地位等,也包括在这里所称的涉外民事关系之中。

三、国际私法的调整方法

对于上述种种涉外民事关系,在法律适用发生冲突的情况下,国际私法是通过不同的方法来进行调整的。依据是否直接规定当事人之间的权利义务,可以分为如下两种。

(一)间接调整的方法

国际私法调整涉外民事关系,最早是通过国内冲突规范来指定用本国法或外国法作为准据法,然后依该准据法来确定当事人之间的权利义务。由于冲突规范只解决法律适用的选择,而不直接规定当事人的权利义务,因而被称为间接调整的方法。从历史上看,最初被采用的就是这种方法,而且至今它仍然是国际私法的主要调整方法。

除了各国国内所规定的冲突规范之外,自 19 世纪末起,为了统一某些民事关系的法律适用,开始了冲突规范统一化运动,从而产生了通过缔结国际统一的冲突法条约来进行间接调整的形式,这已具有越来越重要的意义。

(二)直接调整的方法

直接调整的方法,即用实体规范直接规定当事人双方的权利义务,使有关的民事关系得到调整,从而避免法律适用的冲突。直接调整的方法比间接调整的方法更简便、明确,更有利于促进国际经济关系的发展,因而自 19 世纪末以来,尤其是第二次世界大战之后,随着国际经济交往的大规模发展,直接调整的方法在国际私法中的地位也有了很大的提高,并呈现出良好的发展前景。

直接调整方法所使用的实体规范主要是指国际统一实体规范,包括在一系列调整国际经济贸易关系的国际条约以及国际贸易惯例之中。此外,还包括国内直接适用的法或者强制性规范,即各国国内法中那些直接适用于涉外民事关系的实体规范。我国 2010 年《涉外民事关系法律适用法》第 4 条就规定,中华人民共和国法律对涉外民事关系有强制性规定的,直接适用该强制性规定。2020 年最高人民法院《关于适用〈中华人民共和国涉外民事关系法律适用法〉若干问题的解释(一)》第 8 条规定:"有下列情形之一,涉及中华人民共和国社会公共利益、当事人不能通过约定排除适用、无需通过冲突规范指引而直接适用于涉外民事关系的法律、行政法规的规定,人民法院应当认定为涉外民事关系法律适用法第四条规定的强制性规定:(一)涉及劳动者权益保护的;(二)涉及食品或公共卫生安全的;(三)涉及环境安全的;(四)涉及外汇管制等金融安全的;(五)涉及反垄断、反倾销的;(六)应当认定为强制性规定的其他情形。"

四、国际私法的渊源

国际私法在渊源上具有国内渊源和国际渊源两重性。

国际私法的主要渊源是各国的国内立法。就我国来说,有宪法和各种民事的或商事的立法,如我国《宪法》第 18 条关于允许外国个人、外国企业和经济组织在中国投资,进行多种形式的经济合作,他们必须遵守中国的法律,而他们的合法权益也受到中国法律保护的规定;《外商投资法》总则部分的规定;《商标法》《专利法》关于赋予外国人在中国申请商标注册和专利的规定;1992 年颁布的《海商法》第十四章关于涉外海商关系的法律适用的规定和 2004 年修正的《票据法》、2021 年修正的《民用航空法》中的有关法律适用的规定等,都是我国国际私法的重要渊源。2010 年我国还制定了比较完善和先进的国际私法典——《涉外民事关系法律适用法》。

在英美等普通法国家里,法院关于涉外案件的判例也是国际私法的渊源。在我国,判例不具有法的渊源的性质,但在需要援用英美国家的法律时,就势必要涉及判例的效力问题,有时甚至还需要直接援用有关判例。更何况国际私法的原则和制度往往也需要在判例的基础上加以发展。

国际私法的国际渊源,主要表现为国际条约和国际惯例。作为国际私法渊源的国际条约,有关于法律适用的,有关于国际民事诉讼管辖权和外国判决的承认和执行的,还有关于某一领域的统一实体规范的。所有这些条约,凡为本国所参加或承认的,都是本国国际私法的渊源。作为国际私法渊源的国际惯例,大多是一些在长期的国际贸易实践中所形成的商事惯例,其中最常见的是各种“价格条件”或“价格术语”。目前,国际贸易中广泛采用的《国际贸易术语解释通则》中的 CIF(到岸价格,即成本加保险费加运费)、FOB(离岸价格)、CFR(成本加运费)等价格条件,就是一些消除法律冲突发生的特殊契约形式,它们规定了在不同条件下买卖双方的权利义务。这些惯例都是在民间贸易的基础上逐渐发展起来而为许多国家所接受的。

五、国际私法的性质和作用

国际私法是调整涉外民事关系的一个独立的法律部门,这是它的基本性质。它与国际公法以及国内民法既有区别,又有密切的联系。

国际私法与国际公法之间的联系,首先表现在国际私法所调整的民事关系,超出了一国的范围,涉及两个以上国家的立法和司法管辖,从而具有了国际的因素。因此,在处理这类问题时,就不能离开国际公法所确认的基本原则,其中最为重要的是主权原则、平等互利原则。

但是,国际私法又与国际公法有着明显的区别。首先,就调整的法律关系的性质和主体来说是各不相同的。前者主要是以不同国家的公民和法人之间的民事关系为调整对象的,后者主要是以国家间的政治、经济、军事等关系为调整对象的。其次,在国际私法方面,尽管也可以通过一些国际条约,在若干问题上取得适用法律的一致原则,或制定一些统一实体规范,但至今为止还不存在一个得到所有国家承认并对各国有约束力的国际私法规范,它主要还是由国内法规范所构成,而国际公法则是通过国际条约或习惯而形成的对各主权国家均有拘束力的共同行为规范。

国际私法与国内民法的区别在于:(1)两者的调整对象虽均属民事关系,但前者专门调整含有涉外因素的民事关系;(2)国内民法规范都是实体规范,而国际私法规范多为冲突规范;(3)国际私法还包括国内民法所没有的国际统一实体规范。但是,从总的方面来看,两者都是调整民事关系的,所以,它们又有着密切的联系。由于西方法学在传统上把调整民事关系的法律都归入"私法"的范畴,遂把调整涉外民事关系的这一特殊法律部门也称为"私法"。国际私法与国内民法调整对象的这种一致性,决定了各国国际私法又必须体现各国民法的基本原则。在国际私法中,还往往允许援用"公共秩序保留"来排除那些与本国民法基本原则严重抵触的外国法的适用,以保证本国民法制度的完整性。

国际私法和本国民法的密切联系决定了它的体系与民法的体系大体上也是一致的,都是按照所调整的民事关系的性质及相互之间的关系安排的。

国际私法的上述基本性质,决定了它在一国法律体系中所特有的作用,即在国际民事交往关系中,成为保护国家和公民合法权益的重要法律工具,并因运用国际私法,使涉外民事关系得到适当调整,更有助于促进国际经济技术合作的顺利开展,有助于促进各国人民的友好往来。这完全符合我国对外开放政策的要求。

第二节 冲突规范和准据法的确定

一、冲突规范的概念和类型

(一)冲突规范的概念

冲突规范,又称法律适用规范或法律选择规范,是国际私法中最基本、最主要的规范,它是在调整或处理涉及两个以上国家法律的民事关系时,指定应该适用其中哪一个国家的法律来确定当事人权利义务的规则。例如,"物权关系依物之所在地法""人的能力依其国籍国法""程序问题依法院地法"等,便都是冲突规范。被冲突规范指定用来确定当事人权利义务的法律,在国际私法上,称为"准据法"。

冲突规范是一种间接规范,它不直接规定当事人之间的权利义务关系。法院在适用冲突规范时,必须把冲突规范与被冲突规范指定的国家的实体法结合起来同时适用,才能作出确定的判决。

从结构上看,冲突规范可以划分为前后两个部分,其中,前一部分指出有关规范适用于调整何种民事关系或解决何种法律问题,如前举诸项冲突规范中的"物权关系""人的能力""程序问题"等,国际私法术语称之为"范围";其后一部分则指出调整和解决"范围"中所指的民事关系或法律问题应适用的法律,如"依物之所在地法""依国籍国法""依法院地法"等,国际私法术语称之为"系属公式"或"准据法的表述公式"。由于"系属公式"规定了特定法律关系应适用的法律,因此,它在冲突规范中占有重要的地位。

(二)冲突规范的类型

冲突规范按其指定适用法律的方式的不同,可以分为单边冲突规范、双边冲突规范、重叠性冲突规范和选择性冲突规范四种类型。

1. 单边冲突规范

这是一种主要用来指定何种法律关系于何种情况下只应适用本国法(有时也用来指定只适用某一外国法)的冲突规范,如《法国民法典》第3条第2款“不动产,即使属于外国人所有,仍适用法国法”的规定,即属于单边冲突规范。它表明解决位于法国的不动产的法律问题,应绝对地适用法国法,而对于位于外国的不动产应适用哪一国的法律,则没有规定。因而它虽具有明确、肯定的优点,但也会给法院审理位于外国的不动产案件确定应适用的法律时带来不便。

2. 双边冲突规范

这是一种只抽象地规定一个待确定的连结点,表明什么问题适用什么地方的法律的冲突规范,如《法国民法典》第3条的冲突规范便都是双边冲突规范。它与单边冲突规范明显不同,并未规定什么问题应适用本国法或只应适用某一外国法,而只是一般地提供一个连结点,如“物之所在地”“当事人的国籍国”“法院地”,然后让法院考察这些连结点在何国:在本国适用本国法,在某一外国,便适用该外国法。

各国冲突法,大都采用双边冲突规范,因为采用这种类型的冲突规范,便于法院解决涉外民事案件的法律适用问题。

3. 重叠性冲突规范

这是一种规定解决某一法律关系或法律问题,必须同时适用两个以上国家的法律的冲突规范,如我国《涉外民事关系法律适用法》第28条第1句规定“收养的条件和手续,适用收养人和被收养人经常居所地法律”便是典型的重叠性冲突规范。

4. 选择性冲突规范

这是一种包含两个或两个以上的连结点,但只需要选择适用其中一个连结点所指定的国家的法律来处理某一涉外民事关系的冲突规范。它又包括两种形式:一种是无条件的选择性冲突规范,可以在两个或两个以上连结点所指向的几个法律中任选其一来处理某一涉外民事关系。例如,1978年《奥地利联邦国际私法法规》第16条规定:“在外国举行的婚姻,其婚姻方式,依结婚各方的属人法;如果其婚姻方式符合举行地法的要求,这种婚姻方式也属有效。”另一种是有条件的选择性冲突规范,两个或两个以上连结点所指向的法律有先后主次之分,只允许就指定的几个法律作依次选择,如我国《涉外民事关系法律适用法》第41条规定:“当事人可以协议选择合同适用的法律。当事人没有选择的,适用履行义务最能体现该合同特征的一方当事人经常居所地法律或者其他与该合同有最密切联系的法律。”

重叠性冲突规范和选择性冲突规范,大多也是双边性质的冲突规范。依这两类规范的连结点,既可以导致适用本国法,也可以导致适用外国法,一切取决于连结点是指向本国还是外国。

各国冲突法之所以要采取多种类型的规范去指定应适用的准据法,主要是由于国家对于不同的涉外民事关系采取不同的政策。总的说来,凡国家认为某种涉外民事关系必须用自己的法律加以调整而从严加以掌握时,就多采用单边冲突规范或者重叠性冲突规范,要求只适用本国法,或必须同时适用本国法。对于某些涉外民事关系的成立或解除,在国家认为可以从宽掌握,或应尽可能予以促成时,则多采用双边冲突规范或选择性冲突规范,给外国法的适用留下很大的空间。

二、识别

(一)识别的概念

国际私法中的识别,是指依据一定的法律观点或法律概念,对有关的事实构成的性质作出"定性"或"分类",把它归入特定的法律范畴,从而确定应该援用哪一个冲突规范的法律认识过程。

识别是人类思维活动不可缺少的过程,在国际私法中,识别的必要性就更为突出了。这是因为:

1. 对于同一事实,不同的国家的法律往往赋予它不同的法律性质,从而需要对它作出识别。例如,关于未达一定年龄的子女结婚应由父母同意的问题,法国法识别为属于婚姻成立的实质要件,而英国法则识别为属于形式要件。如果适用前一种识别,应援用当事人的属人法来判定其有无结婚能力,而适用后一种识别,则应适用婚姻举行地法。

2. 不同国家还往往把具有相同内容的法律制度归入不同的法律部门,因而需要进行识别。例如,对时效制度,一些国家把它归入实体法,而另一些国家则把它归入程序法。若适用前一种识别,应援用有关法律关系的准据法;而适用后一种识别,常只适用法院地法。

3. 由于社会制度或历史传统的不同,也会出现不同的国家有不同的法律概念,或者一国所适用的法律概念,是别的国家所没有的。比如,许多国家有占有时效制度,但中国目前仅有诉讼时效制度而没有占有时效制度。在这种情况下,识别就显得更为必要了。

正因为上述各方面的原因,在处理涉外民事关系时,决定到底应援用哪一个冲突规范去选择准据法时,就需要首先进行识别。所以,识别是解决援用哪一冲突规范的前提。

(二)识别的依据

为了解决识别冲突,国际私法学家对识别的依据曾提出过几种学说。有人主张只应依法院地法进行识别,也有人主张应依各该法律关系的准据法进行识别,还有人主张应依分析法学与比较法进行识别。在实践中,各国通常的做法是以法院地法作为识别的主要依据,只是在必要时才兼顾其他有关国家的法律观点或法律概念。我国《涉外民事关系法律适用法》第 8 条规定,涉外民事关系的定性,适用法院地法律。

三、连结点

(一)连结点的概念

在对有关的事实构成的性质作出识别,从而把需要解决的问题归入一定的"范围"之后,还必须通过连结点的指引才能明确应适用的国家的法律,以便最终根据这个准据法确定当事人之间的权利义务关系。连结点,又称连结因素,是把特定种类的法律关系和一定国家的法律联系起来的媒介或纽带。在每一个冲突规范中,至少有一个连结点。常用的连结点有以下几种:

1. 国籍、住所或居所。这一类连结点主要用来指引人的身份和能力以及婚姻、继承关系的准据法。住所有时还作为决定财产关系的准据法的连结点,如有的国家的法律规定,债权让与对第三人的效力,须依债务人的住所地法。

2. 物之所在地。这是指引物权或与物权有关的法律关系的准据法最常用的连结点。但对于无固定所在地的物,如船舶、航空器等,则以船旗国或登记国作为连结点。

3. 行为地。这种连结点主要是用来指引各种法律行为方式的准据法。行为地是一个总的概念,它包括契约缔结地、侵权行为地、债务履行地、婚姻举行地、遗嘱作成地等。

4. 当事人的自主选择。在契约关系中,常常允许当事人自由约定契约的准据法,这就是国际私法上常见的"意思自治"原则。因此,双方"当事人的自主选择",也是一种很重要的连结点。

5. 法院地。在解决诉讼程序方面的问题时,过去认为这是唯一的连结点。目前这种理论和实践已得到很大的改变,但各国法院对大多数诉讼程序问题,仍然主要是适用本国的法律。

6. 最密切联系的国家。传统的国际私法只用"国籍""住所""行为地""物之所在地""法院地"这样的单一因素作为指引准据法的连结点,但实践表明,仅用各种单一的连结点来指引适用的法律,有时尚不能保证法院选择到最合适的准据法。为弥补不足,"与案件或当事人有最密切联系的国家"这种新的连结点越来越多地被采用了。我国《涉外民事关系法律适用法》第2条第2款明确将最密切联系原则规定为国际私法的一般原则:"本法和其他法律对涉外民事关系法律适用没有规定的,适用与该涉外民事关系有最密切联系的法律。"另外,该法第6条指定多法域国家的法律为准据法时的法律适用,第19条处理国籍积极冲突的规定,第41条涉外合同法律适用和第39条有价证券法律适用等也采用了该原则。

(二)连结点的解释和确定

各国法律对于连结点也可能有不同的理解与规定,如对于隔地合同的缔结地,有的国家认为是承诺发出地,而有的国家则认为是承诺收到地。因此,尽管冲突规范规定,"合同的成立与效力适用合同缔结地法",但如依不同的观点来判定缔结地,仍会导致适用不同国家的法律。在对连结点的理解发生冲突的情况下,究竟应依哪一国的法律来决定?总的说来,除国籍外,其他连结点一般均依法院地法的观点来决定。

四、准据法的确定

冲突规范的作用在于指定适用于某一法律关系的准据法。准据法是指经冲突规范指定援用来具体确定民商事法律关系当事人权利与义务的特定的实体法。一般来说,在处理涉外民事案件时,经识别确定需要解决的法律问题的性质后,即可通过连结点的指引确定应适用的准据法了。例如,有一位妇女对已故丈夫生前与她共有的财产提出权利主张,经法院识别,认定她所提出的权利主张属于继承的范畴,因而应适用"继承依死者死亡时的住所地法"。根据这一冲突规则,法院便可以援用该死者死亡时住所所在国有关妻子对丈夫遗产的继承权的法律规定为准据法,判定她是否能继承死者的遗产,以及能继承多少遗产等问题。

第三节　外国法的适用

一、反致和转致

在处理涉外民事关系运用冲突规范确定其应适用的准据法时,还有一些与适用冲突规范有直接关系的重要制度。在冲突规范指引的外国法中,如果也包括外国的冲突法时,便会提出外国冲突规范的适用问题,进而还会产生反致和转致。

所谓反致,是指甲国法院依本国的冲突规范指引援用某乙国法时,认为应该包括乙国的冲突规范,而该乙国的冲突规范却规定应适用甲国的实体法律,于是甲国法院接受乙国法的这种指定,用本国的实体法判决案件的情况。反致是一国通过限制自己冲突规范的效力,从而达到限制外国实体法适用目的的一种手段。

转致,是指甲国法院依本国的冲突规范本应适用乙国法,但乙国冲突规范却规定应适用丙国法,最后甲国法院适用丙国实体法判案的情况。例如,英国法院曾受理一件住所在法国的瑞士死者的动产继承案,依英国有关冲突规范本应适用作为住所地法的法国法,但法国有关冲突规范却指定此种情况应适用死者的本国法,于是英国法院改为适用瑞士法来判决此案。

反致导致本国实体法的适用,而转致则导致第三国实体法的适用,但一般讲到反致制度时,是概指反致和转致两种情况的。

反致、转致的发生,必须具有两个条件:一是有关国家的冲突立法必须规定自己所指引的外国法是包括该外国的冲突法在内的。如果不作这种规定或理解,而认为自己的冲突规则只指引外国的实体法,当然就不会发生反致或转致的情况了。二是不同国家对同一法律关系所规定的冲突规则采用了不同的连结点,这样才可能出现互相指引的情况。反致和转致大量地发生在亲属、继承领域中,就是因为在这些领域,一部分国家采用本国法为属人法,而另一些国家却采用住所地法为属人法。

反致和转致,作为一种制度,在实际生活中,一方面,可以起到扩大实体法的选择范围的作用;另一方面,也起着限制自己的冲突规范效力的作用。例如,在反致的情况下,法院可就两个国家的实体法进行选择,在转致的情况下,法院可就三个国家的实体法进行选择;而且,无论反致还是转致,最后都是适用了别国的冲突规范,放弃了自己的冲突规范。这样,在采用间接调整方法时,显然就更能灵活地作出处理,使案件处理结果更符合法院地国的意愿。

许多国家对反致制度持肯定的态度。但在持肯定态度的国家中,肯定的程度也有所不同:一些国家持全部肯定态度,反致和转致均予接受;另一些国家只接受反致,而不接受转致;一些国家在各种法律关系中均接受反致;而另一些国家只在有限种类的法律关系中接受反致。我国《涉外民事关系法律适用法》第9条规定:“涉外民事关系适用的外国法律,不包括该国的法律适用法。”说明我国采取实体指引说,从而否定了反致制度存在的前提。

二、公共秩序保留

各国国际私法的立法或实践都认为,如果按本国冲突规则的指引去适用某一外国法,或根据管辖权规则去承认并执行某一外国判决,其结果会与本国的基本制度和基本原则发生严重抵触,即可认为与自己的公共秩序相违背,而排除该外国法的适用,或拒绝承认其判决在本国的效力。这种制度称为“公共秩序保留”。

国际私法中的公共秩序保留应作包括上述两个方面含义的理解。因此,公共秩序保留制度,既具有排除外国法适用的否定或防范作用,又具有直接适用本国法中强制性规范的肯定作用。也正是因为公共秩序保留含有这两方面的含义,起着两种不同的作用,在国际私法立法中,其形式也就有所不同。它可以表现为间接限制外国法适用的立法形式,即在立法中明确规定某种国内法具有直接适用的效力，如1999年修订的《法国民法典》第3条第1款规定："有关警察与公共治安的法律，对于居住在法国境内的居民具有强行力。"它也可以采取直接限制外国法适用的立法形式，即在立法中规定，外国法的适用不得与国内的公共秩序相抵触，如我国《海商法》第276条规定："依照本章规定适用外国法律或者国际惯例，不得违背中华人民共和国的社会公共利益。"在实践中，则多采用合并限制的方式，即在本国法中，既有关于自己的某些法律具有直接适用的强行性规定，又有赋予法院在出现立法不能预见或未能预先规定的情况时，运用公共秩序保留来排除外国法适用的自由裁量权的规定，如我国《涉外民事关系法律适用法》第4条规定："中华人民共和国法律对涉外民事关系有强制性规定的，直接适用该强制性规定。"第5条同时规定："外国法律的适用将损害中华人民共和国社会公共利益的，适用中华人民共和国法律。"

各国法院都把公共秩序保留作为在一定条件下限制和排除外国法适用的重要手段。我国现行立法对公共秩序保留制度，采取肯定的态度。我国《民事诉讼法》《涉外民事关系法律适用法》等便都含有适用外国法（甚至包括适用国际惯例）和承认与执行外国法院和仲裁机构的判决和裁决，不得与中华人民共和国法律的基本原则或者我国国家、社会利益相违背的规定。但是，公共秩序保留应只作为一种在比较严重的情况下例外地排除已被本国冲突法指定为准据法的外国法的适用的消极手段和措施。

在援用公共秩序保留排除外国法的适用后，过去多主张代之以法院地法。这种实践，在当今一些新法典中仍有所反映。但许多学者主张，应从案件的具体情况和公正合理的判决出发来解决这个问题，不宜一概代之以本国法。根据前述我国《涉外民事关系法律适用法》第5条的规定，在援用公共秩序保留排除外国法的适用后，我国的做法是适用本国法。

三、法律规避

法律规避，是指当事人故意制造另一个连结点，以避开依有关冲突规范指定本应适用的强制性法规，并取得自己所希望的准据法的适用，从而获得有利于自己的法律关系的成立或确认的脱法行为。法律规避大量地发生在结婚、离婚等领域中。

构成法律规避，应具备如下要件：当事人应有规避法律的故意；被规避的法律应是本国的强行性法规，即属于本国的公共秩序的法律；法律规避必须是既遂的。

法律规避是通过改变连结点实现的，如在以国籍或住所为连结点的情况下，故意改变国籍或住所。这方面的一个典型案例是1878年法国最高法院所判决的鲍富莱蒙案。鲍富莱蒙夫人为避开不利于她离婚的法国法，只身进入德国，归化为德国人，从而在德国取得了离婚判决，第二年即与罗马尼亚王子结婚，后来在本案中被起诉。法国法院认为鲍富莱蒙夫人的上述行为属于规避法律的行为，判决离婚无效。

在国际私法中，一般认为借法律规避所成立的法律关系是无效的。但也有的国家采取宽容的态度，认为既然本国冲突规范承认有关的法律关系可以适用外国法，因此只要符合该外国法要求的行为，都应承认其为有效。2020年修正的《关于适用〈中华人民共和国涉外民事关系法律适用法〉若干问题的解释（一）》第9条规定："一方当事人故意制造涉外民事关系的连结点，规避中华人民共和国法律、行政法规的强制性规定的，人民法院应认定为不发生适用外国法律的效力。"

四、外国法内容的查明

在确定应适用外国法后,还有一个查明该外国法的内容的问题。有些国家把外国法视为事实,如英、美等国;另一些国家则认为外国法也是法律,如德、荷、奥、意等国。主张外国法纯为事实的国家,大多把查明或证明外国法的责任完全加之于当事人;反之,凡认为经冲突规范指引的外国法也是法律的国家,则主张法官应负查明外国法的责任。在这些国家中,也有人主张,在法官负责查明外国法的过程中,可责令当事人采取必要的协助与证明行为。

对于外国法不能被确定的情况,有人主张法院可以拒绝裁判,也有人主张可以改依国内法,还有人主张可以按一般法理作出判决。目前,多数国家的实践是改为适用本国法,但其理论根据则有所不同。

在我国,外国法的查明主体规定在《涉外民事关系法律适用法》第 10 条,即"涉外民事关系适用的外国法律,由人民法院、仲裁机构或者行政机关查明。当事人选择适用外国法律的,应当提供该国法律。不能查明外国法律或者该国法律没有规定的,适用中华人民共和国法律"。外国法的查明方法,2018 年最高人民法院发布的《关于设立国际商事法庭若干问题的规定》第 8 条指出:"国际商事法庭审理案件应当适用域外法律时,可以通过下列途径查明:(一)由当事人提供;(二)由中外法律专家提供;(三)由法律查明服务机构提供;(四)由国际商事专家委员提供;(五)由与我国订立司法协助协定的缔约对方的中央机关提供;(六)由我国驻该国使领馆提供;(七)由该国驻我国使馆提供;(八)其他合理途径。通过上述途径提供的域外法律资料以及专家意见,应当依照法律规定在法庭上出示,并充分听取各方当事人的意见。"2020 年修正的《关于适用〈中华人民共和国涉外民事关系法律适用法〉若干问题的解释(一)》第 15 条第 1 款规定,人民法院通过由当事人提供、已对中华人民共和国生效的国际条约规定的途径、中外法律专家提供等合理途径仍不能获得外国法律的,可以认定为不能查明外国法律。

第四节　我国涉外民事关系的法律适用

一、《涉外民事关系法律适用法》的规定

(一)一般规定

当事人依照法律规定可以明示选择涉外民事关系适用的法律。涉外民事关系适用外国法律,该国不同区域实施不同法律的,适用与该涉外民事关系有最密切联系区域的法律。诉讼时效,适用相关涉外民事关系应当适用的法律。

(二)民事主体

自然人的民事权利能力,适用经常居所地法律。自然人的民事行为能力,适用经常居所地法律。自然人从事民事活动,依照经常居所地法律为无民事行为能力,依照行为地法律为有民事行为能力的,适用行为地法律,但涉及婚姻家庭、继承的除外。宣告失踪或者宣告死亡,适用自然人经常居所地法律。法人及其分支机构的民事权利能力、民事行为能力、组织机构、股东

权利义务等事项,适用登记地法律。人格权的内容,适用权利人经常居所地法律。代理适用代理行为地法律,但被代理人与代理人的民事关系,适用代理关系发生地法律。当事人可以协议选择委托代理适用的法律;当事人可以协议选择信托适用的法律;当事人没有选择的,适用信托财产所在地法律或者信托关系发生地法律。

2020 年修正的《关于适用〈中华人民共和国涉外民事关系法律适用法〉若干问题的解释(一)》第 13 条规定,自然人在涉外民事关系产生或者变更、终止时已经连续居住一年以上且作为其生活中心的地方,人民法院可以认定为《涉外民事关系法律适用法》规定的自然人的经常居所地,但就医、劳务派遣、公务等情形除外。

(三)婚姻家庭

结婚条件,适用当事人共同经常居所地法律;没有共同经常居所地的,适用共同国籍国法律;没有共同国籍,在一方当事人经常居所地或者国籍国缔结婚姻的,适用婚姻缔结地法律。结婚手续,符合婚姻缔结地法律、一方当事人经常居所地法律或者国籍国法律的,均为有效。协议离婚,当事人可以协议选择适用一方当事人经常居所地法律或者国籍国法律。当事人没有选择的,适用共同经常居所地法律;没有共同经常居所地的,适用共同国籍国法律;没有共同国籍的,适用办理离婚手续机构所在地法律。诉讼离婚,适用法院地法律。

收养的条件和手续,适用收养人和被收养人经常居所地法律。收养的效力,适用收养时收养人经常居所地法律。收养关系的解除,适用收养时被收养人经常居所地法律或者法院地法律。扶养,适用一方当事人经常居所地法律、国籍国法律或者主要财产所在地法律中有利于保护被扶养人权益的法律。监护,适用一方当事人经常居所地法律或者国籍国法律中有利于保护被监护人权益的法律。

(四)继承

法定继承,适用被继承人死亡时经常居所地法律,但不动产法定继承,适用不动产所在地法律。遗嘱方式,符合遗嘱人立遗嘱时或者死亡时经常居所地法律、国籍国法律或者遗嘱行为地法律的,遗嘱均为成立。遗嘱效力,适用遗嘱人立遗嘱时或者死亡时经常居所地法律或者国籍国法律。遗产管理等事项,适用遗产所在地法律。无人继承遗产的归属,适用被继承人死亡时遗产所在地法律。

(五)物权

不动产物权,适用不动产所在地法律。当事人可以协议选择动产物权适用的法律。当事人没有选择的,适用法律事实发生时动产所在地法律。当事人可以协议选择运输中动产物权发生变更适用的法律。当事人没有选择的,适用运输目的地法律。有价证券,适用有价证券权利实现地法律或者其他与该有价证券有最密切联系的法律。权利质权,适用质权设立地法律。

(六)债权

当事人可以协议选择合同适用的法律。当事人没有选择的,适用履行义务最能体现该合同特征的一方当事人经常居所地法律或者其他与该合同有最密切联系的法律。消费者合同,适用消费者经常居所地法律;消费者选择适用商品、服务提供地法律或者经营者在消费者经常居所地没有从事相关经营活动的,适用商品、服务提供地法律。劳动合同,适用劳动者工作地法律;难以确定劳动者工作地的,适用用人单位主营业地法律。劳务派遣,可以适用劳务派出地法律。

侵权责任,适用侵权行为地法律,但当事人有共同经常居所地的,适用共同经常居所地法律。侵权行为发生后,当事人协议选择适用法律的,按照其协议。产品责任,适用被侵权人经常居所地法律;被侵权人选择适用侵权人主营业地法律、损害发生地法律的,或者侵权人在被侵权人经常居所地没有从事相关经营活动的,适用侵权人主营业地法律或者损害发生地法律。通过网络或者采用其他方式侵害姓名权、肖像权、名誉权、隐私权等人格权的,适用被侵权人经常居所地法律。不当得利、无因管理,适用当事人协议选择适用的法律。当事人没有选择的,适用当事人共同经常居所地法律;没有共同经常居所地的,适用不当得利、无因管理发生地法律。

(七)知识产权

知识产权的归属和内容,适用被请求保护地法律。当事人可以协议选择知识产权转让和许可使用适用的法律。当事人没有选择的,适用本法对合同的有关规定。知识产权的侵权责任,适用被请求保护地法律,当事人也可以在侵权行为发生后协议选择适用法院地法律。

二、其他法律中的规定

目前,除《涉外民事关系法律适用法》的规定外,我国的《海商法》《票据法》《民用航空法》等在其"涉外关系的法律适用"章节中,分别针对涉外海事、涉外票据、涉外航空的法律适用问题作出了专门规定。在我国其他民商单行立法中,也包含个别冲突规范。2020 年修正的《关于适用〈中华人民共和国涉外民事关系法律适用法〉若干问题的解释(一)》第 3 条规定:"涉外民事关系法律适用法与其他法律对同一涉外民事关系法律适用规定不一致的,适用涉外民事关系法律适用法的规定,但《中华人民共和国票据法》《中华人民共和国海商法》《中华人民共和国民用航空法》等商事领域法律的特别规定以及知识产权领域法律的特别规定除外。涉外民事关系法律适用法对涉外民事关系的法律适用没有规定而其他法律有规定的,适用其他法律的规定。"

第五节　国际民事诉讼程序

一、国际民事诉讼中的管辖权

国际民事诉讼,又称涉外民事诉讼,主要是指在诉讼主体中至少有一方当事人为外国人或无国籍人的民事诉讼。在诉讼当事人全为本国人的情况下,如果争议涉及位于外国的物或在外国发生的事实,需要向国外送达,在国外取证或判决得寻求外国协助执行,在送达、取证或执行判决方面得适用涉外民事诉讼程序特别规定的,也属于国际民事诉讼的范畴。

在审理涉外民事案件时,在许多问题上,需要适用一些不同于审理国内民事案件的程序规则,这些程序规则,构成国际民事诉讼程序法的内容。我国《民事诉讼法》第四编对我国涉外民事诉讼程序作了专门规定。

在审理涉外民事案件时,首先遇到的一个问题便是确定对案件是否有管辖权,因为只有具有合法的管辖权，法院的判决才能有效地确定当事人的诉讼权利义务关系，进而确定其实体权利义务关系，才能使判决于必要时得到他国的承认与执行。因此，国际民事诉讼中的管辖权，就是指国家在处理涉外民事案件时，对于当事人所具有的一种应得到他国承认的审判权。它所要解决的，主要是不同性质的案件应由哪一国法院审理的问题，而不涉及应由有关国家的哪一级法院来审理的问题。后一问题应由各国自己决定。

合理划分涉外民事案件的管辖权在国际私法中占有极其重要的地位。它不但对维护国家主权和本国公民、组织的民事权利有着重要的意义，而且也是有效地行使国家司法权，是自己作出的判决能在有关国家得到承认和执行的重要条件。

对于涉外民事案件管辖权的划分，不同国家曾依据一些不同的原则。但在一般情况下，主要应考虑到以下几个方面的因素：有利于维护国家主权和本国当事人的正当权益；有利于诉讼的顺利进行；有利于促进国际民事交往；有利于判决在外国的承认与执行。此外，由于对管辖权的划分各国常通过自己的国内法作出，而且各国采取的划分原则与标准也有所不同，在管辖方面的冲突也是常见的。因而，在国际上，便往往试图缔结各种双边的或多边的条约，以求妥善解决。

在我国，涉外民事案件的管辖权亦应主要依据《民事诉讼法》所确定的地域管辖原则来解决。据此，在涉外案件中，凡被告住所、居所或主事务所在我国境内的，我国法院有管辖权。但如果对不在我国境内居住的人提起有关身份的诉讼，原告住所在我国，我国法院也有管辖权，则不必适用原告随被告的原则。

依我国《民事诉讼法》关于特殊管辖的规定，某些种类的涉外民事案件在行为地（包括缔约地、履行地），行为结果发生地，标的物（或可供扣押财产）所在地，票据支付地，运输始发地或目的地，船舶、车辆、飞机最初到达地、被扣留地，事故发生地等在我国的情况下，我国法院均可行使管辖。

依我国《民事诉讼法》的规定，下属四种案件应属我国专属管辖：因位于我国境内的不动产提起的诉讼；在我国港口作业中发生的诉讼；被继承人死亡前住所地在我国或主要遗产在我国的继承遗产的诉讼；在中国境内履行的中外合资企业、中外合作企业、中外合作勘探开发自然资源合同纠纷案件。

2020 年修正的最高人民法院《关于适用〈中华人民共和国民事诉讼法〉的解释》第 531 条规定，涉外合同或者其他财产权益纠纷的当事人，可以书面协议选择被告住所地、合同履行地、合同签订地、原告住所地、标的物所在地、侵权行为地等与争议有实际联系地点的外国法院管辖。根据《民事诉讼法》第 33 条和第 266 条规定，属于中华人民共和国法院专属管辖的案件，当事人不得协议选择外国法院管辖，但协议选择仲裁的除外。同时，如这类案件的一方向中国法院起诉，被告对我国法院受理不提出异议，并答辩应诉的，视为承认我国法院有管辖权。

关于涉外民事案件的级别管辖，我国《民事诉讼法》改变了过去的规定，只有重大涉外案件才以中级人民法院作为第一审级法院。但是最高人民法院于 2002 年发布、2020 年修正的《关于涉外民商事案件诉讼管辖若干问题的规定》，对五类涉外民商事案件的级别管辖作了调整。最高人民法院 2018 年《关于设立国际商事法庭若干问题的规定》就国际商事法庭的受案范围、国际商事案件的界定、纠纷的解决方式等问题作出了解释。

二、外国人的民事诉讼地位

外国人的民事诉讼地位是指外国人在内国进行民事诉讼享有诉讼权利和应承担诉讼义务的状况。它和外国人的实体民事法律地位有着直接的联系,关系到他们的实体民事权益的司法保护。

依据我国《民事诉讼法》的规定,外国人、无国籍人、外国企业和组织在人民法院起诉、应诉,同我国公民、法人和其他组织有同等的诉讼权利和义务。这一规定表明,在外国人民事诉讼地位方面,我国实行的是“国民待遇”原则,而且不以互惠为前提或条件。但是为保障我国公民、法人和其他组织在外国的民事诉讼中也享有国民待遇,《民事诉讼法》特别规定,如果外国法院对我国公民、企业和组织的民事诉讼权利加以限制的,人民法院对该国公民、企业和组织的民事诉讼权利可依对等原则加以限制。

外国人在我国应承担的民事诉讼义务包括:(1)凡不享有司法豁免权的外国人在我国法院被诉时,经合法传唤和通知,有按照要求提出答辩状和出庭应诉的义务。而对享有司法豁免权的外国人的诉讼,法院将根据我国法律和我国缔结或参加的国际条约的规定办理。(2)我国法院审理涉外案件,只使用我国通用的语言、文字。因而外国人要求提供翻译的,虽可提供,但费用应由该当事人负担。(3)外国人在我国法院起诉、应诉,委托律师代理诉讼的,必须委托我国的律师。不在我国境内居住的外国人,寄给中国律师或者中国公民的授权委托书,必须经所在国公证机关证明,并经我国驻该国使领馆认证,才具有效力。

三、送达、期间、财产扣押

在国际民事诉讼中,关于诉讼文书的送达,关于为某些诉讼行为的期间,以及关于诉讼保全措施,都有一些不同于一般民事诉讼程序的规定。

对国外当事人的诉讼文书的合法送达,涉及向被告提供出庭和充分陈述的机会,而是否提供了这种机会,是许多国家承认和执行这种外国判决的重要条件之一。加之向在外国的当事人送达诉讼文书,涉及该外国的司法权,因而往往不能采取国内送达的方式。我国《民事诉讼法》规定,人民法院对于不在我国领域内居住的当事人送达诉讼文书,可采用的方式有:(1)依受送达人所在国与中国缔结或共同参加的国际条约中规定的方式送达。(2)通过外交途径送达。(3)向作为受送达人的自然人或者企业、其他组织的法定代表人、主要负责人直接送达。(4)向受送达人委托的有权代其接受送达的诉讼代理人送达。(5)向受送达人在中国境内设立的代表机构或有权接受送达的分支机构、业务代办人送达。(6)受送达人所在国法律允许邮寄送达的,可以邮寄送达。(7)公告送达。(8)通过传真、电子邮件等方式送达。

期间,是指法院、当事人和其他诉讼参与人为诉讼行为的期限和期日。在国际民事诉讼中,期间的特别规定主要涉及有关上诉以及被告或被上诉人在收到起诉书或上诉状副本后提出答辩状的期限。由于涉外民事诉讼的特殊性,我国《民事诉讼法》把这种期限从适用于国内民事诉讼的10~15天延长为30天,且规定,被告或被上诉人不能在30天内提出答辩状的,经申请可延长。

我国《民事诉讼法》规定,人民法院依一方当事人的申请,可对他方当事人的财产(包括船舶)采取诉前扣押和诉讼保全措施。

四、司法协助

司法协助,是指一国法院接受他国法院的委托,代为进行某些诉讼行为,如代为送达法律文书,代为询问当事人、证人,代为鉴定或勘查现场等。广义的司法协助,还包括接受外国法院的委托,协助执行它所作出的判决。我国《民事诉讼法》中所规定的司法协助就是广义上的司法协助。

协助或委托外国法院代为一定的诉讼行为,一般需要以两国事先缔结或参加的国际公约或双边司法互助协定为根据,或以互惠为基础。我国《民事诉讼法》规定,根据我国缔结或参加的国际条约,或者根据互惠原则,人民法院和外国法院可以互相委托,代为一定的诉讼行为。该法还规定,外国法院委托的事项同我国的主权、安全不相容的,以及委托事项不属于人民法院职权范围的,应当说明理由,退回外国法院。在国际上,除上述几种情况外,凡对委托文件的真实性有怀疑或委托事项为法院国所禁止的,亦可构成拒绝履行协助的根据。此外,我国《民事诉讼法》还规定,人民法院与外国法院互为委托的委托书及代办送达或协助执行的,法律文书还必须附有受委托国的文字译本。

我国已加入 1965 年海牙《关于向国外送达民事或商事司法文书和司法外文书公约》和 1970 年海牙《关于从国外调取民事或商事证据的公约》,并与法国、波兰、比利时等 40 个国家签署了民事方面的司法互助协定,并正在与其他一些国家就签订此类协定的问题进行谈判。

1999 年《关于内地与香港特别行政区法院相互委托送达民商事司法文书的安排》、2017 年《关于内地与香港特别行政区法院就民商事案件相互委托提取证据的安排》、2020 年修正的《关于内地与澳门特别行政区法院就民商事案件相互委托送达司法文书和调取证据的安排》、2009 年最高人民法院《关于涉港澳民商事案件司法文书送达问题若干规定》、2008 年《关于涉台民事诉讼文书送达的若干规定》、2009 年《海峡两岸共同打击犯罪及司法互助协议》和 2011 年《关于人民法院办理海峡两岸送达文书和调查取证司法互助案件的规定》,为中国内地(大陆)与香港特别行政区、澳门特别行政区、台湾地区之间送达文书与调查取证提供了法律依据。

五、判决的相互委托承认与执行

对涉外民事案件的判决或裁决,遇有败诉方当事人不愿履行而其财产又不在法院国的情况时,便提出了由胜诉方当事人请求法院委托外国法院协助执行的问题。由于判决或裁决是一国司法权行使的结果,在本质上只具有域内的效力。因此,协助执行外国法院的判决或裁决,必须有外国法院的委托,并且必须有条约或互惠存在作为根据。在具备上述条件的情况下,各国实践大都认为,只要判决或裁决是由有管辖权的法院或仲裁机关作出的,判决或裁决是终局有效的,判决的协助执行不与自己的公共秩序相抵触,便可以接受对方委托协助执行。

在执行外国判决或裁决的程序上,有些国家只要求法院对该外国判决或裁决作程序方面的审查,认为符合上述条件,便可作出裁定或执行令交付执行。但也有一些国家除审查程序条件外,还要求对判决作实质性审查,如审查判决所依据的事实是否有认定错误,法律适用上是否正确等,并且一旦发现外国判决在实质问题上有错误,就有权拒绝执行该外国判决或裁决;而在认定没有错误时,则作出一个自己的新判决交付执行。

我国《民事诉讼法》规定,人民法院发生效力的判决,申请人要求强制执行的,如果被申请人或者他的财产不在我国领域内,人民法院可以根据我国缔结或者参加的国际条约,或者按照互惠原则,由当事人直接申请有管辖权的外国法院执行,也可由人民法院委托外国法院协助执行。我国人民法院对于外国法院委托执行已经确定的判决或当事人直接向人民法院申请承认和执行的仲裁裁决,应当根据我国缔结或参加的国际条约,或者按照互惠原则进行审查,认为不违反我国法律的基本准则或者我国国家、社会利益的,裁定承认其效力,并且依照我国《民事诉讼法》规定的程序执行。否则,应当退回外国法院。

中国大陆与中国台湾地区之间可以依据 1992 年"台湾地区与大陆地区人民关系条例"、2015 年最高人民法院《关于认可和执行台湾地区法院民事判决的规定》,承认和执行对方的判决。

此外,最高人民法院与香港特别行政区、与澳门特别行政区协商于 2006 年分别达成了《关于内地与香港特别行政区法院相互认可和执行当事人协议管辖的民商事案件判决的安排》、《关于内地与澳门特别行政区关于相互认可和执行民商事判决的安排》、2017 年达成《关于内地与香港特别行政区法院相互认可和执行婚姻家庭民事案件判决的安排》及于 2019 年达成《关于内地与香港特别行政区法院相互认可和执行民商事案件判决的安排》,前两个安排均已生效。

第六节　国际商事仲裁

一、国际商事仲裁的概念

国际商事仲裁是指在国际经贸活动中就国际商事争议进行的仲裁。

当国际商事关系发生争议时,除由双方当事人彼此友好协商解决外,还可选择采用调解、仲裁和诉讼等不同方式处理。这些争议解决方式各具特色。就仲裁而言,它与诉讼相比,具有更大的自主性和灵活性,因为国际商事仲裁从性质上讲是任意性的、民间性的,而国际民事诉讼却具有强制性和国家司法的性质。国际商事仲裁与调解制度相比,又具有必要的强制执行力作保证。此外,国际商事仲裁还具有花费低廉、程序快捷的优点,因而常常被选为解决国际商事争议的主要方式。

国际商事仲裁不同于国内经济仲裁和国际公法上的国际仲裁。国内经济仲裁只适用于内国当事人之间的经济贸易争议的解决,国内仲裁所作出的裁决都是在国内执行,而国际商事仲裁的裁决常常需要外国予以承认和执行。国际公法上的国际仲裁所要解决的是主权国家之间的国际争端,它的裁决的执行完全依赖于各当事国的自觉执行,而国际商事仲裁所要解决的争议是发生于私人之间以及私人与国家之间的商事争议,它的裁决在一定条件下可以得到有关国家法院的强制执行。

二、国际商事仲裁机构

国际商事仲裁机构基于形式和职能上的差异,可区分为临时性仲裁机构和常设仲裁机构。

临时性仲裁机构，是指根据双方当事人的仲裁协议，在争议发生后由双方当事人各自推荐的仲裁员临时组成的，负责审理当事人之间的有关争议，在审理终结作出裁决后即行解散的仲裁机构，即事实上的仲裁庭。依我国 1994 年通过、2017 年修正的《仲裁法》第 16 条的规定来看，我国并不采用临时仲裁。但是，2017 年最高人民法院《关于为自由贸易试验区建设提供司法保障的意见》第 9 条指出："在自贸试验区内注册的企业相互之间约定在内地特定地点、按照特定仲裁规则、由特定人员对有关争议进行仲裁的，可以认定该仲裁协议有效。"该条规定意味着在我国自贸试验区内初步认可临时仲裁。

常设仲裁机构则是指依据国际条约或一国国内立法所组成的，有固定的名称、地址、组织形式、组织章程、仲裁规则和仲裁员名单，并具有完整的办事机构和健全的行政管理制度，用以处理国际商事争议的仲裁机构。常设仲裁机构又可进一步区分为一般性的、专业性的、地区性的和国际性的不同种类。国际上重要的仲裁机构有解决投资争议国际中心、国际商会国际仲裁院、斯德哥尔摩商事仲裁院、伦敦国际仲裁院、美国仲裁协会、苏黎世商会仲裁院、新加坡国际仲裁中心、香港国际仲裁中心等。

我国受理涉外案件的仲裁机构主要是中国国际经济贸易仲裁委员会和中国海事仲裁委员会，它们是由中国国际商会设立的，受理并进行关于国内和涉外经济贸易、运输和海事中发生的纠纷的仲裁，目前中国国际经济贸易仲裁委员会的受案量已跃居世界前列，成为世界上重要的国际商事仲裁中心之一。根据《仲裁法》，仲裁委员会可以在直辖市和省、自治区人民政府所在地的市设立，也可以根据需要在其他设区的市设立，不按行政区划层层设立，来受理国内和涉外案件。

三、国际商事仲裁协议

国际商事仲裁协议，是指当事人一致同意将他们之间业已发生或将来可能发生的国际商事争议交付仲裁解决的一种协议。一项完备的仲裁协议一般应包括以下五个方面的内容：提交仲裁的事项；仲裁地点；仲裁机构；仲裁规则；裁决的效力。但根据我国《仲裁法》第 16 条规定，一项有效的仲裁协议只需包括以下三方面的内容：请求仲裁的意思表示；仲裁事项；选定的仲裁委员会。

当事人之间一旦有效订立仲裁协议，通常会产生以下几方面的法律效力：第一，对于当事人而言，一项有效的仲裁协议对于双方当事人具有严格的约束力。第二，对于仲裁庭和仲裁机构而言，一方面，有效的仲裁协议是受理案件、行使仲裁管辖权、作出有约束力的裁决的依据；另一方面，仲裁机构和仲裁庭的管辖范围以及仲裁庭的权限受到当事人仲裁协议的限制，任何一方当事人都可以针对仲裁庭超越仲裁协议范围行使管辖权提出异议。第三，对于法院而言，一项有效的仲裁协议可以排除法院的管辖权。第四，一项有效的仲裁协议是进行有关仲裁程序的依据。第五，仲裁协议也是承认和执行仲裁裁决的依据。

一般而言，一项有效的仲裁协议须具备以下几个要件：当事人具有缔结仲裁协议的民事行为能力；当事人之间提交仲裁的意思表示真实一致；仲裁事项具有可仲裁性；仲裁协议具备合法的形式和内容。当事人对仲裁协议是否有效发生争议或提出异议，应由谁来进行认定或作出决定，各国有不同的做法：由仲裁庭认定；由仲裁机构认定；由法院认定；由被请求承认和执行裁决的主管机关认定。我国《仲裁法》第 20 条规定，当事人对仲裁协议的效力有异议的，可以请求仲裁委员会作出决定或者请求人民法院作出裁定,并应当在仲裁庭首次开庭前提出。如一方请求仲裁委员会作出决定,另一方请求人民法院作出裁定的,由人民法院裁定。

在国际商事交往中,当包含有仲裁条款的国际商事合同被确认为无效时,仲裁条款是否仍然有效?目前最普遍的观点是,即使包括有仲裁协议的合同是无效合同,也并不影响该仲裁协议的效力。这就是所谓的"仲裁条款自治理论"。我国《仲裁法》第19条第1款规定:"仲裁协议独立存在,合同的变更、解除、终止或者无效,不影响仲裁协议的效力。"

对于国际商事仲裁协议的法律适用,中国《涉外民事关系法律适用法》第18条规定,当事人可以协议选择仲裁协议适用的法律。当事人没有选择的,适用仲裁机构所在地法律或者仲裁地法律。2020年修正的《关于适用〈中华人民共和国涉外民事关系法律适用法〉若干问题的解释(一)》第12条规定,当事人没有选择涉外仲裁协议适用的法律,也没有约定仲裁机构或者仲裁地,或者约定不明的,人民法院可以适用中华人民共和国法律认定该仲裁协议的效力。

四、国际商事仲裁程序

国际商事仲裁程序是指国际商事仲裁中在一方当事人提请仲裁,到仲裁裁决得到承认执行的这一过程中,有关仲裁机构、仲裁员、仲裁庭、申请人、被申请人、证人、鉴定人、代理人等参与仲裁活动必须遵循的程序。它一般包括仲裁申请的提出和受理、仲裁员的选定和仲裁庭的组成、仲裁的调解和审理、仲裁裁决的作出和执行、仲裁费用的分担和给付等。我国《仲裁法》和两个涉外仲裁机构[分别是:中国国际经济贸易仲裁委员会,(China International Economic and Trade Arbitration Commission,CIETAC);中国海事仲裁委员会,(China Maritime Arbitration Commission,CMAC)]的仲裁规则都规定了仲裁程序。

五、国际商事仲裁的法律适用

对于国际商事仲裁程序的法律适用,主要有以下做法:当事人协商选择仲裁程序法;当事人未就仲裁程序法作出选择时,仲裁地就是确定仲裁程序法最重要的连结因素。

对于国际商事仲裁实体问题的法律适用,主要有以下做法:当事人协商选择实体法;依冲突法规则确定实体法;直接确定实体规则(仲裁庭无须确定和依赖冲突法规则,只须根据案件的实际情况,直接确定所应适用的实体规则);根据当事人的愿望与授权,依公平和善良原则作出裁决。

我国《仲裁法》没有规定仲裁中程序问题和实体问题的法律适用。但在当前国际商事仲裁尊重当事人意思自治的一般趋势下,当事人应该可以选择适用于仲裁中程序问题和实体问题的法律。在没有选择的情况下,程序问题应该适用我国法律。对于实体问题,我国仲裁机构一般是依我国冲突规则指引准据法,在依最密切联系原则确定涉外合同的法律适用时,主要适用合同缔结地法、合同履行地法和仲裁地法。此外,《中国(上海)自由贸易试验区仲裁规则(2015)》明确引入了友好仲裁制度,该规则第56条规定:"当事人在仲裁协议中约定,或在仲裁程序中经协商一致书面提出请求的,仲裁庭可以进行友好仲裁。仲裁庭可仅依据公允善良的原则作出裁决,但不得违反法律的强制性规定和社会公共利益。"

六、中国的仲裁裁决异议制度

虽然大多数国家的仲裁立法没有赋予当事人就仲裁裁决的法律或事实上的问题提起完全

上诉的权利，但相当多的国家都允许当事人通过另一条途径向法院提出申诉。这一途径通称为裁决的异议程序。中国《仲裁法》也规定了涉外仲裁裁决的异议制度，其第70条明确规定：“当事人提出证据证明涉外仲裁裁决有民事诉讼法第二百五十八条第一款规定的情形之一的，经人民法院组成合议庭审查核实，裁定撤销。”1991年《民事诉讼法》第260条（2012年、2017修正后为第274条）第1款的规定如下，对中华人民共和国涉外仲裁机构作出的裁决，被申请人提出证据证明仲裁裁决有下列情形之一的，经人民法院组成合议庭审查核实，裁定不予执行：（1）当事人在合同中没有订有仲裁条款或者事后没有达成书面仲裁协议的；（2）被申请人没有得到指定仲裁员或者进行仲裁程序的通知，或者由于其他不属于被申请人负责的原因未能陈述意见的；（3）仲裁庭的组成或者仲裁的程序与仲裁规则不符的；（4）裁决的事项不属于仲裁协议的范围或者仲裁机构无权仲裁的。

对于国内非涉外仲裁裁决的撤销，我国《仲裁法》第58～61条作了如下规定：当事人提出证据证明裁决有下列情形之一的，可以向仲裁委员会所在地的中级人民法院申请撤销裁决：（1）没有仲裁协议的；（2）裁决的事项不属于仲裁协议的范围或者仲裁委员会无权仲裁的；（3）仲裁庭的组成或者仲裁的程序违反法定程序的；（4）裁决所根据的证据是伪造的；（5）对方当事人隐瞒了足以影响公正裁决的证据的；（6）仲裁员在仲裁该案时有索贿受贿，徇私舞弊，枉法裁决行为的。人民法院经组成合议庭审查核实裁决有前款规定情形之一的，应当裁定撤销。当事人申请撤销裁决的，应当自收到裁决之日起六个月内提出。人民法院认定该裁决违背社会公共利益的，应当裁定撤销。人民法院应当在受理撤销裁决申请之日起两个月内作出撤销裁决或者驳回申请的裁定。人民法院受理撤销裁决的申请后，认为可以由仲裁庭重新仲裁的，通知仲裁庭在一定期限内重新仲裁，并裁定中止撤销程序。仲裁庭拒绝重新仲裁的，人民法院应当裁定恢复撤销程序。

2017年最高人民法院《关于审理仲裁司法审查案件若干问题的规定》对申请确认仲裁协议效力案件、申请撤销我国内地仲裁机构的仲裁裁决案件的司法审查作了规定。

七、外国仲裁裁决的承认和执行

外国仲裁裁决如果要想在内国得到承认和执行，必须满足一定的条件，同时也必须遵循一定的程序。各国国内立法和有关国际条约大多对此作出了明确规定。我国1991年通过、2017年第三次修订的《民事诉讼法》，1986年《关于我国加入〈承认及执行外国仲裁裁决公约〉的决定》，1987年最高人民法院《关于执行我国加入的〈承认及执行外国仲裁裁决公约〉的通知》，2017年最高人民法院《关于审理仲裁司法审查案件若干问题的规定》、《关于仲裁司法审查案件报核问题的有关规定》，2018年最高人民法院《关于人民法院办理仲裁裁决执行案件若干问题的规定》和2020年修正的最高人民法院《关于涉外民商事案件诉讼管辖若干问题的规定》等文件对中国承认和执行外国仲裁裁决作了规定。当前，各国在外国仲裁裁决的承认与执行问题上普遍适用1958年《承认及执行外国仲裁裁决公约》。我国已于1986年加入了该公约，并作出了两项保留：（1）我国只在互惠的基础上对在另一缔约国领土内作出的仲裁裁决的承认和执行适用该公约；（2）我国只对根据我国法律认定为属于契约性和非契约性商事法律关系所引起的争议适用该公约。

对于涉外仲裁裁决的相互承认与执行，《民事诉讼法》第273条规定，经中华人民共和国涉外仲裁机构裁决的,当事人不得向人民法院起诉。一方当事人不履行仲裁裁决的,对方当事人可以向被申请人住所地或者财产所在地的中级人民法院申请执行。其第283条规定,国外仲裁机构的裁决,需要中华人民共和国人民法院承认和执行的,应当由当事人直接向被执行人住所地或者其财产所在地的中级人民法院申请,人民法院应当依照中华人民共和国缔结或者参加的国际条约,或者按照互惠原则办理。

八、港澳台仲裁裁决的承认与执行

1999年最高人民法院《关于内地与香港特别行政区相互执行仲裁裁决的安排》、2021年《关于内地与香港特别行政区相互执行仲裁裁决的补充安排》、2007年《关于内地与澳门特别行政区相互认可和执行仲裁裁决的安排》、我国台湾地区1992年"台湾地区与大陆地区人民关系条例"和2015年最高人民法院《关于认可和执行台湾地区仲裁裁决的规定》,为中国内地(大陆)与港澳台之间仲裁裁决的相互承认和执行提供了依据。

思考题

1. 什么是国际私法?它的调整对象是什么?
2. 什么是冲突规范?冲突规范主要有哪几种类型?
3. 什么是连结点?常用的连结点有哪几种?
4. 我国对于涉外民事诉讼的管辖权是如何规定的?

第十五章　国际经济法

第一节　国际经济法概述

一、国际经济法的概念、范围

国际经济法是随着各国间经济交往关系日益发展以及国家对国际经济活动的干预日益加强而产生的一个新兴法律部门。

关于国际经济法的概念和范围及其与国际公法、国际私法的关系,在学理上一直存在两种对立的观点。一种观点认为,国际经济法只是国际公法的一个特殊的分支,属于国际公法的一部分,它的调整对象是国家间和国家与国际组织间的经济关系,因此,凡国际经济交往中所涉及的国际私法问题和国内法中对国际贸易和经济交往活动的行政管理问题,都不属于国际经济法的范畴。另一种观点则认为,国际经济法是与国际公法、国际私法并行的一个独立的法律部门,泛指调整跨国经济关系的法律,其范围包括一切涉及超越国界的经济贸易的交易和交往的法律规范和制度,不论进行交易和交往的主体是国家、国际组织、国际金融机构,还是个人、法人或跨国公司,因而国际经济法是一个跨国际公法、国际私法和国家的涉外经济立法的一个庞大的独立的法律部门。与此相对应也存在两种不同的国际经济法概念:一种认为国际经济法是以国家和国际组织之间的国际经济关系为调整对象的法律规范的总称。这种理解把国际经济法看作国际公法的一部分,其渊源主要是国际条约。一种认为国际经济法是调整所有跨国经济关系的法律规范的总称,其主体包括国家、国际组织和不同国家的国民,渊源包括国际法和国内法两部分,这一部门法可以被认为是一个独立的法律体系。但是,作为国际公法一部分的国际经济法和作为一个独立法律体系的国际经济法并不是互相排斥的,而是可以共存的。

国际经济法所调整的国际经济关系是十分广泛的,主要包括:(1)国际贸易关系以及与此相关的其他经济关系,如各种国际货物买卖、国际货物运输、国际货物运输保险、国际技术贸易的合同关系以及进出口的法律管制等。(2)国际投资关系以及与此相关的其他经济关系,如国际直接投资所形成的各种关系、海外投资保险、双边与多边投资保护等法律关系。(3)国际金融货币关系,如外汇交易、国际证券交易、国际信贷关系、国际结算和支付关系、国际货币体制等。(4)国际税收关系,如国家间的税收分配关系、国家同跨国纳税人之间的征税关系等。(5)国际经济行政关系,如国际经济组织的成立、原则、职权、活动等。相应地,人们通常也把国际经济法区分出国际贸易法、国际投资法、国际货币金融法、国际税法、国际经济组织法等法律分支部门。

本章仅简要介绍国际贸易关系的调整、国际投资关系的法律调整和国际经济组织等方面的主要内容。

二、国际经济法的基本原则

(一)经济主权原则

各国间的经济关系,如同政治关系一样,也受一些基本原则的指导。1974 年第 29 届联合国大会通过了《各国经济权利和义务宪章》,明确提出了指导国际经济关系的十五项基本原则。其中大多数是已确立的国际法基本原则在国际经济法中的具体适用,其余的是与国际经济活动直接相关的几项最基本的原则。

政治主权和经济主权是不可分割的。没有政治上的独立,就不可能有经济上的独立;反之,没有经济上的独立,政治上的独立也就不可能巩固。因此可以说,政治独立是经济独立的前提,经济独立是政治独立的基础。

国家经济主权的内容特别表现为国家对其自然资源的永久主权。联合国大会通过的《关于自然资源永久主权的决议》、《各国经济权利和义务宪章》、《建立新的国际经济秩序宣言》以及《行动纲领》等重要文件,都明确宣示每个国家对其全部财富、自然资源和经济活动享有充分的永久主权,包括拥有权、使用权和处分权,并得自由行使此项权利。

根据《各国经济权利和义务宪章》的规定,国家对自然资源的永久主权的具体内容还包括由此项权利派生的权利:管理外国投资的权利;管理和监督跨国公司的权利;实行国有化的权利。

(二)公平互利原则

公平互利原则是作为国际法基本原则之一的平等互利原则的新发展。《各国经济权利和义务宪章》第 10 条规定:"所有国家在法律上一律平等;并且作为国际社会的平等成员,有权充分地和切实有效地参加解决世界性的经济、财政金融以及货币等重要问题的国际决策过程;特别是有权通过相应的国际组织,并遵循这些组织的现行规章或逐步改善中的规章,参加这种国际决策过程,并且公平地分享由此而来的各种效益。"

这项原则的实质在于谋求各国在经济关系上的实质性平等和互利,尤其是解决日趋严重的贫富悬殊和南北差距,建立起公正合理的新的国际经济秩序。为此,在国际贸易方面,它要求改善发展中国家的贸易条件,逐步消除贸易壁垒;在多边贸易谈判中,给予发展中国家普遍的特惠待遇。在技术转让方面,应制定符合发展中国家的需要和条件的技术转让国际行为准则;扩大发达国家对发展中国家在研究和发展计划以及在创立适用本国技术方面的援助。在国际金融方面,应稳定国际货币制度,以维护发展中国家外汇储备的实际价值;改革现行的国际货币决策体系,使发展中国家充分和有效地参加建立公正持久的货币体制的决策,调整国际金融机构的贷款政策,保证发展中国家能够获得发展本国经济所急需的资金。

(三)国际经济合作与发展原则

国际合作以谋求经济发展是新的国际经济关系的根本思想,其核心是提高发展中国家个别和集体进行发展的能力。《建立新的国际经济秩序宣言》明确指出:"发达国家的利益同发展中国家的利益不能再互相分割开。发达国家的繁荣和发展中国家的繁荣和发展是密切地相互关联的,整个国际大家庭的繁荣决定于它的组成部分的繁荣。在发展方面的国际合作是所有国家都应具有的目标和共同责任。"《各国经济权利和义务宪章》更加明确地提出了"国际经济合作与发展原则”。它规定:“国际合作以谋发展是所有国家的一致目标和共同义务,每个国家都应对发展中国家的努力给予合作,提供有利的外界条件,给予符合其发展需要和发展目标的积极协助,尊重各国主权平等,不附带任何有损于它们主权的条件,以加速其经济和社会的发展。”各国应进行合作,以促进较为公平合理的国际经济关系的建立,并鼓励世界性的经济结构改革,以符合所有国家的利益。所有国家都有责任在经济、社会、文化、科学和技术领域内进行合作,促进全球经济发展和社会进步。

建立国际经济新秩序的要求反映了发展中国家的正当要求,但是由于前述关于建立国际经济新秩序的国际法律文件尚不具有法律拘束力,更由于南北差距的存在不断扩大,实现这一目标需要长期、艰苦的努力。

第二节　国际贸易关系的法律调整

一、国际货物买卖

调整国际贸易关系以及同国际贸易有关的其他国际经济关系的法律规范,总称为国际贸易法。它主要包括以下内容:(1)调整国际货物买卖以及与此有关的国际货物运输、国际货物运输保险、国际贸易支付等关系的法律,如国际货物买卖合同公约(实体法公约和法律适用公约)、双边贸易协定、各国传统商法中关于买和卖的法律规章等;(2)调整国际技术贸易及服务贸易关系的法律,如专利法、商标法、技术转让法等。此外,各国对本国进出口贸易的管理与控制的法律和制度,如对外贸易法、海关法、外汇管理法、关税制度、许可证制度等,也属国际贸易法的范围。

国际贸易是由一系列相互联系的活动组成的,其核心是国际货物买卖。但是,随着国际经济关系的发展,国际技术贸易和服务贸易的比重将逐步加大,重要性亦将逐步提高。

目前,国际货物买卖活动主要依据有关的国际条约和贸易惯例及各国的国内法进行。在国际货物买卖法方面,最为重要的是 1980 年的《联合国国际货物买卖合同公约》和国际商会编纂的《国际贸易术语解释通则》(目前为 2020 年版)。前者是近半个世纪以来国际贸易统一化运动的产物,对国际货物买卖合同成立的程序和规则以及买卖双方的权利和义务作了比较详细的规定;后者是在实践中得到广泛承认的国际贸易惯例,对于买卖合同的交货地点和价格构成以及买卖双方在交易中的责任划分等问题作出了标准化和规范化的解释。

国际货物买卖合同的内容一般包括三个部分:约首、主文和结尾。约首部分通常包括买方和卖方的名称、法定地址、通讯地址;订约日期、地点;合同编号。有的合同还载有序言,说明订约的目的和基本原则。主文部分是合同的主要部分,规定当事双方的权利义务关系,一般包括以下内容:商品的数量和品质;商品价格、包装、装运;货物运输保险;货款支付;商品检验;不可抗力的法律后果;争议的解决及法律适用。结尾是合同的结束部分,包括合同的份数、附件、使用文字及其效力、合同生效日期与双方的签字等。

在国际货物买卖合同中,明确双方当事人的权利义务是最为重要的内容。根据《联合国国际货物买卖合同公约》的规定,卖方应承担下列义务:按照合同规定的地点和时间提交货物及单据;保证所提交的货物在各方面符合合同的规定,包括对货物质量的保证和对所有权、知识产权的保证。若卖方未履行上述义务,如不交付货物或单据或交付迟延,或交货不符合合同规定,或第三者对所交付的货物拥有所有权,或侵犯了位于预期转售国的第三者的知识产权等,即构成违约。买方可视违约的具体情况和严重程度,要求卖方提供适当救济,包括要求卖方继续履行合同义务;减少价金;赔偿损害;甚至可主张解除合同。

买方的义务则主要包括根据合同规定的地点、时间、方式和程序,支付价款,收取货物。买方不履行义务,卖方可以要求继续履行合同(除非卖方已采取与此要求相抵触的某种补救办法),也可规定一段合理的额外时间,让买方履行义务;卖方还可以在公约规定的情况下,宣告合同无效。

该公约还对货物的风险转移,损害赔偿、免责、保全货物等问题作了规定。

二、国际技术转让

国际技术转让的主要方式是技术贸易,即将技术作为一种商品,通过国际技术市场进行买卖,由技术供方向技术需方转让技术及有关权利,技术需方则按一定的方式向技术供方支付技术使用费;技术一经转让,该项技术及有关的权利便从供方转移到需方,供方一般不承担需方在使用技术过程中的风险和责任。这种转让方式类似于国际货物买卖,但不同的是技术作为商品是无形的、专有的,并且在大多数情况下转移的只是技术的使用权,而不是所有权。

技术贸易的具体形式有专利许可证贸易、专有技术许可证贸易和技术服务等,并通过当事人之间的协议进行。

为了使国际技术转让更好地为本国的经济发展服务,各技术输入国都在不同程度上加强了对技术输入的干预,通过国内立法对技术输入实行管理和控制,包括建立技术输入审查与登记制度。另外,由于技术输出是直接生产能力的输出,对于输出国来说,既有获利的一面,也有产生竞争对手的一面,因而为了本国的利益,技术输出国一般也对技术输出实行国家管制,规定在一定时期内禁止或限制本国的某些技术(如涉及国家安全的国防技术)出口或向特定国家出口。许多国家的专利法还包含了一些限制本国技术输出的规定。技术输出方还常常在技术贸易中要求加入许多“限制商业条款”,使输入方处于不利地位。

为争取在公平合理的条件下进行国际技术转让,在发展中国家的积极推动下,联合国贸易与发展会议于1978年拟订了一项《国际技术转让行动守则(草案)》,但由于各国分歧较大,该守则至今尚未获得通过。

根据我国《民法典》第850条的规定,非法垄断技术或者侵害他人技术成果的技术合同无效。对何谓“非法垄断技术”,最高人民法院《关于审理技术合同纠纷案件适用法律若干问题的解释》(2020修正)第10条进行了明确的解释,包括下列六种情形:(1)限制当事人一方在合同标的技术基础上进行新的研究开发或者限制其使用所改进的技术,或者双方交换改进技术的条件不对等,包括要求一方将其自行改进的技术无偿提供给对方、非互惠性转让给对方、无偿独占或者共享该改进技术的知识产权;(2)限制当事人一方从其他来源获得与技术提供方类似技术或者与其竞争的技术;(3)阻碍当事人一方根据市场需求,按照合理方式充分实施合同标的技术,包括明显不合理地限制技术接受方实施合同标的技术生产产品或者提供服务的数量、品种、价格、销售渠道和出口市场;(4)要求技术接受方接受并非实施技术必不可少的附带条件,包括购买非必需的技术、原材料、产品、设备、服务以及接收非必需的人员等;(5)不合理地限制技术接受方购买原材料、零部件、产品或者设备等的渠道或者来源;(6)禁止技术接受方对合同标的技术知识产权的有效性提出异议或者对提出异议附加条件。

三、对外贸易管制

对外贸易管制是指国家为了特定的经济和政治目的(如保护本国经济利益,改善国家外汇收支状况),通过国内立法和缔结国际条约的方式,限制外国商品的进口,并在一定程度上限制本国产品的出口。其实质是国家对进出口贸易的直接干预。

对外贸易管制可分为进口管制和出口管制两大部分。

进口管制,是指国家通过其国内立法,限制外国商品的进口,以保护本国市场和国内生产厂商的利益。进口管制的主要措施有:关税措施,即由海关根据海关法和海关税则对商品的进口征收关税;非关税措施,包括进口配额制、进口许可证制、外汇管制等。

出口管制,从各国的实践来看,主要为了实现三个方面的目的,即经济方面、国家安全方面以及外交政策方面的目的。西方国家一般侧重于国家安全方面和外交政策的考虑,这类出口管制通常称为“基于政治目的出口管制”。出口管制的主要措施包括出口许可制度和多边出口管制等。

1994 年颁布、2016 年修订的《对外贸易法》规定了我国对外贸易制度及基本原则,明确了外贸经营主体资格及其基本权利和义务,确定了国家管理货物、技术进出口及服务贸易的基本方针、政策,是我国管理对外贸易活动的基本法。此外,我国还制定有《海关法》《货物进出口管理条例》《进出口关税条例》《进出口商品检验法》《进出口商品检验法实施条例》《外汇管理条例》《出口管制法》等多项法律、法规,以加强对外贸易的法律管理。

第三节　国际投资关系的法律调整

一、国际投资与投资保护

国际投资是国际资金流动的一种重要形式,也是国际经济合作的一个重要途径。国际投资分为直接投资和间接投资。间接投资又称证券投资,是指投资者仅持有能提供一定收益的股票或证券,并不对企业资产及其经营管理有直接的所有权或控制权。这里所称的国际投资仅指国际私人海外直接投资,在这种形式中,投资者要参与企业的控制和管理。调整国际私人直接投资关系及有关外国投资保护与鼓励的法律规范的总和称为国际投资法。

国际投资是一种跨国经济活动。由于各国政治、经济情况不同,投资环境各异,外国投资者除面临各种商业风险外,还面临一定的政治风险。为了保证国际投资的安全性与稳定性,寻求国际投资的国际法律保护,已成为发展国际投资的一大课题。

国际投资的法律保护,由资本输入国与资本输出国单独或共同提供。大致有以下几种情况:(1)资本输入国国内法所提供的保护,包括以特别立法为根据对外国投资者给予的各种优惠待遇制度。(2)资本输出国国内法所提供的保护,即对本国国民或企业的海外投资可能遇到的政治风险提供政府担保。(3)资本输入国与资本输出国之间缔结双边投资保护协定。(4)缔结多边投资保护国际公约,规定由资本输入国给予外国投资者以公正待遇,以及设立国际投资保证机构,制定解决投资争议的程序和规则。

前三种保证,在大多数国家已付诸实践,多边投资保护制度也正在建立之中,已缔结的国际公约有1965年《关于解决国家和他国国民之间投资争端公约》、1985年《多边投资担保机构公约》。我国是该两项公约的缔约国。

二、国际私人直接投资的三种主要形式和我国《外商投资法》

国际私人直接投资的形式主要有三种:合资经营、合作经营、外资独资经营。此外,合作生产或合作开发也是国际私人投资的形式。

合资经营指外国投资者同东道国政府、法人、其他经济组织或个人共同投资,兴办企业,共担风险、共负盈亏的一种投资形式,所兴办的企业称为合资经营企业。这是当前国际私人直接投资最常采用的一种形式,合作经营是一种契约性合营的投资形式,其特点是,由外国投资者提供资金、技术、设备,而东道国合作者(企业或个人)一方则提供基础条件,如场地、现有厂房和劳务等,双方进行合作从事特定项目的经营,在平等互利的原则下,双方按约定的分成比例,分配收益,分担亏损。这种投资形式,较之合资经营,具有投资少、周期短、见效快、形式简便灵活等特点。我国《中外合资经营企业法》《外资企业法》《中外合作经营企业法》曾对三种外商投资企业的设立和管理等作了规定。

为了更加全面完善外商投资法律制度,促进、保障和规范外商投资活动,我国2019年制定了取代上述"外资三法"的《外商投资法》,该法自2020年1月1日起施行。该法分为总则、投资促进、投资保护、投资管理、法律责任、附则,共42条,主要规定有:

(一)关于外商投资的界定

该法对外商投资进行了界定,即外商投资是指外国的自然人、企业或者其他组织(以下称外国投资者)直接或者间接在中国境内进行的投资活动,具体包括下列情形:(1)外国投资者单独或者与其他投资者共同在中国境内设立外商投资企业;(2)外国投资者取得中国境内企业的股份、股权、财产份额或者其他类似权益;(3)外国投资者单独或者与其他投资者共同在中国境内投资新建项目;(4)法律、行政法规或者国务院规定的其他方式的投资。本法所称外商投资企业,是指全部或者部分由外国投资者投资,依照中国法律在中国境内经登记注册设立的企业。

(二)关于外商投资促进

为了积极促进外商投资,《外商投资法》在"总则"中规定,国家坚持对外开放的基本国策,鼓励外国投资者依法在中国境内投资。国家实行高水平投资自由化、便利化政策,建立和完善外商投资促进机制,营造稳定、透明、可预期和公平竞争的市场环境。同时,设"投资促进"专章,主要包括以下内容:

1. 提高外商投资政策的透明度。包括制定与外商投资有关的法律、法规、规章,应当采取适当方式征求外商投资企业的意见和建议;与外商投资有关的规范性文件、裁判文书等,应当依法及时公布。

2. 保障外商投资企业平等参与市场竞争。该法第 9 条、第 15 ~ 17 条等都体现了外商投资企业平等参与、内外资规则一致的精神，具体包括：外商投资企业依法平等适用国家支持企业发展的各项政策。国家保障外商投资企业依法平等参与标准制定工作，强化标准制定的信息公开和社会监督。国家制定的强制性标准平等适用于外商投资企业。国家保障外商投资企业依法通过公平竞争参与政府采购活动。政府采购依法对外商投资企业在中国境内生产的产品、提供的服务平等对待。外商投资企业可以依法通过公开发行股票、公司债券等证券和其他方式进行融资。

3. 加强外商投资服务。该法规定国家建立健全外商投资服务体系，为外国投资者和外商投资企业提供法律法规、政策措施、投资项目信息等方面的咨询和服务。各级人民政府及其有关部门应当按照便利、高效、透明的原则，简化办事程序，提高办事效率，优化政务服务，进一步提高外商投资服务水平。

4. 依法依规鼓励和引导外商投资。《外商投资法》规定，国家根据需要，设立特殊经济区域，或者在部分地区实行外商投资试验性政策措施，促进外商投资，扩大对外开放。国家根据国民经济和社会发展需要，鼓励和引导外国投资者在特定行业、领域、地区投资。外国投资者、外商投资企业可以依照法律、行政法规或者国务院的规定享受优惠待遇。县级以上地方人民政府可以根据法律、行政法规、地方性法规的规定，在法定权限内制定外商投资促进和便利化政策措施。

（三）关于外商投资保护

为了加强对外商投资合法权益的保护，《外商投资法》在“总则”一章中规定，国家依法保护外国投资者在中国境内的投资、收益和其他合法权益。同时，设“投资保护”专章，主要包括以下内容：

1. 加强对外商投资企业的产权保护。依照规定，国家对外国投资者的投资不实行征收。在特殊情况下，国家为了公共利益的需要，可以依照法律规定对外国投资者的投资实行征收或者征用。征收、征用应当依照法定程序进行，并及时给予公平、合理的补偿。外国投资者在中国境内的出资、利润、资本收益、资产处置所得、知识产权许可使用费、依法获得的补偿或者赔偿、清算所得等，可以依法以人民币或者外汇自由汇入、汇出。国家保护外国投资者和外商投资企业的知识产权，保护知识产权权利人和相关权利人的合法权益。国家鼓励在外商投资过程中基于自愿原则和商业规则开展技术合作。技术合作的条件由投资各方遵循公平原则平等协商确定。行政机关及其工作人员不得利用行政手段强制转让技术。

2. 强化对制定涉及外商投资规范性文件的约束。依照规定，各级人民政府及其有关部门制定涉及外商投资的规范性文件，应当符合法律法规的规定；没有法律、行政法规依据的，不得减损外商投资企业的合法权益或者增加其义务，不得设置市场准入和退出条件，不得干预外商投资企业的正常生产经营活动。

3. 促使地方政府守约践诺。依照规定，地方各级人民政府及其有关部门应当履行向外国投资者、外商投资企业依法作出的政策承诺以及依法订立的各类合同。因国家利益、社会公共利益需要改变政策承诺、合同约定的，应当依照法定权限和程序进行，并依法对外国投资者、外商投资企业因此受到的损失予以补偿。

4. 建立外商投资企业投诉工作机制。依照规定,国家建立外商投资企业投诉工作机制,及时处理外商投资企业或者其投资者反映的问题,协调完善相关政策措施。外商投资企业或者其投资者认为行政机关及其工作人员的行政行为侵犯其合法权益的,可以通过外商投资企业投诉工作机制申请协调解决。

(四)关于外商投资管理

《外商投资法》在"总则"中明确规定,国家对外商投资实行准入前国民待遇加负面清单管理制度。准入前国民待遇是指在投资准入阶段给予外国投资者及其投资不低于本国投资者及其投资的待遇;负面清单是指国家规定在特定领域对外商投资实施的准入特别管理措施。国家对负面清单之外的外商投资,给予国民待遇。负面清单由国务院发布或者批准发布。中国缔结或者参加的国际条约、协定对外国投资者准入待遇有更优惠规定的,可以按照相关规定执行。根据我国有关实践和需要,该法规定:外商投资准入负面清单规定禁止投资的领域,外国投资者不得投资。外商投资准入负面清单规定限制投资的领域,外国投资者进行投资应当符合负面清单规定的条件。外商投资准入负面清单以外的领域,按照内外资一致的原则实施管理。

同时,外商投资法还对外商投资管理作出了一些指引性、衔接性规定:

1. 明确按照内外资一致的原则对外商投资实施监督管理。具体包括:外商投资需要办理投资项目核准、备案的,按照国家有关规定执行。外国投资者在依法需要取得许可的行业、领域进行投资的,应当依法办理相关许可手续。外商投资企业的组织形式、组织机构及其活动准则,适用《公司法》《合伙企业法》等法律的规定。此前依照《中外合资经营企业法》《外资企业法》《中外合作经营企业法》设立的外商投资企业,在《外商投资法》施行后 5 年内可以继续保留原企业组织形式等。外商投资企业开展生产经营活动,应当遵守法律、行政法规有关劳动保护、社会保险的规定,依照法律、行政法规和国家有关规定办理税收、会计、外汇等事宜,并接受相关主管部门依法实施的监督检查。外国投资者并购中国境内企业或者以其他方式参与经营者集中的,应当依照《反垄断法》的规定接受经营者集中审查。

2. 建立健全外商投资信息报告制度。具体包括:外国投资者或者外商投资企业应当通过企业登记系统以及企业信用信息公示系统向商务主管部门报送投资信息。外商投资信息报告的内容和范围按照确有必要的原则确定;通过部门信息共享能够获得的投资信息,不得再行要求报送。

3. 对外商投资安全审查制度作了原则规定。包括:国家建立外商投资安全审查制度,对影响或者可能影响国家安全的外商投资进行安全审查。依法作出的安全审查决定为最终决定。

第四节 国际经济组织

第二次世界大战以来,国际经济组织在国际社会中的作用日趋重要。国际经济组织有全球性与区域性之分,前者如国际货币基金组织、世界银行、世界贸易组织等,后者如欧洲经济共同体等。

一、国际货币基金组织

国际货币基金组织是1945年成立的政府间国际金融组织，总部设在华盛顿。1980年4月17日，该组织执行董事会通过了恢复我国合法席位的决定。我国现为该基金组织理事会理事。

该组织的宗旨是：促进国际货币合作和国际贸易的发展；促进汇率稳定，维持成员国有秩序的汇兑安排，避免竞争性的汇率贬值；协助建立关于成员国之间货币交易的多边支付制度和消除阻碍世界贸易的外汇限制。

根据国际货币基金组织章程的规定，成员国享有提款权和特别提款权，即有权按照所缴纳的基金份额的一定比例借用外汇；另外，成员国也有义务向国际货币基金组织提供本国的有关经济资料，在外汇政策和管理方面接受国际货币基金组织的监督。

国际货币基金组织向成员国提供的主要贷款有普通贷款、出口波动补偿贷款、缓冲库存贷款、中期贷款、补充贷款、结构性调整贷款、追加结构性调整贷款。国际货币基金组织对申请各种贷款的成员国，都是以借款国要制订和实施某项经济调整计划为条件，并通过对计划实施进行监督来增强它在调整国际经济生活方面的作用。

国际货币基金组织设理事会和执行董事会两个权力机构。各种重要职权主要是按各成员国所缴基金份额的比例来分配的。就投票权而言，采用以股份数额为基础的加权表决制。每一成员国拥有基本表决票250票，加权投票权与各国所缴份额成正比。由于美国在基金中所占份额最大，它一国就拥有约16.75%的表决权，而重大事项的决议必须以85%以上的特定多数票才能通过，这就使美国掌握了决策控制权，从而可以影响国际货币基金组织的方针和业务经营。

二、世界银行

世界银行的正式名称为国际复兴开发银行，1945年正式成立，其成员只限于参加国际货币基金组织的国家，总部设在华盛顿。我国在该组织的合法权利已于1980年5月恢复，现为理事会理事之一。

世界银行的宗旨是：促进生产目的的资本投资以协助成员国领土的复兴和开发；促进外国私人投资，促进国际贸易的平衡增长以及国际收支平衡的维护。

世界银行的主要活动有：向成员国政府或政府担保的企业提供中、长期贷款；担保或参加商业银行对成员国的长期贷款；派遣调查团到借款的发展中国家进行考察，并在发展中国家进行考察；在发展中国家派设常驻顾问。

该组织设理事会和执行董事会。理事和执行董事的投票权依认缴的资本多少决定。

世界银行有两个附属金融机构：国际开发协会和国际金融公司，均为联合国专门机构。通常将世界银行、国际开发协会、国际金融公司、多边投资担保机构和解决投资争端国际中心统称为世界银行集团。

三、世界贸易组织

世界贸易组织的前身是1947年成立的关税与贸易总协定。在进行关税与贸易总协定“乌拉圭回合”谈判的过程中，各国深感有必要创立一个正式的国际贸易组织。1994年4月15日在摩洛哥的马拉喀什部长会议上,通过了《关于建立世界贸易组织的协定》,从而于 1995 年 1 月 1 日正式建立了世界贸易组织(WTO),并代替了《关税与贸易总协定》,它扩大了各国经济贸易、投资的合作领域,制定了若干国际经济竞争的规则,完善了解决贸易争端的机制。WTO 现有 164 个成员。

WTO 的宗旨是,建立一个完整的、更具活力的和永久性的多边贸易体系,来巩固原来关税与贸易总协定以往为贸易自由化所作的努力和乌拉圭回合多边贸易谈判的所有成果。

《关于建立世界贸易组织的协定》由其本身和 4 个附件组成。"协定"本身只就其职能、组织结构、成员资格、接受、加入和生效等作了原则性规定,而调整多边贸易关系的实质性规定包括在其 4 个附件中。附件 1、附件 2、附件 3 是适用于全体成员的法律规则,附件 4 是诸边贸易协议,仅对接受的成员有效。

附件 1 包括货物贸易协定、服务贸易总协定及其附件、与贸易有关(包括假冒商品贸易在内)的知识产权协议。在货物贸易协定中,包括有关货物贸易的文件:(1)1994 年《关税与贸易总协定》;(2)农业协议;(3)实施卫生与植物卫生措施协议;(4)纺织品与服装协议(已终止);(5)贸易技术性壁垒协议;(6)与贸易有关投资措施协议;(7)关于《关税与贸易总协定》第 6 条(反倾销)执行的协议;(8)关于《关税与贸易总协定》第 7 条(反补贴)执行的协议;(9)装运前检验协议;(10)原产地协议;(11)进口许可证程序协议;(12)关于补贴和反补贴措施协议;(13)保障措施协议。

附件 2 是关于解决贸易争端规则和程序的谅解。

附件 3 是关于贸易政策评审机制的协议。

附件 4 是关于 4 个特殊贸易的协议,即民用航空器协议、政府采购协议、国际奶制品协议(已终止)和牛肉协议(已终止)。1996 年在新加坡会议上订立的《信息技术协定》,性质上属于诸边贸易协议。

2013 年 12 月,WTO 通过了其成立 20 年以来的首个多边贸易协定——《贸易便利化协定》。2017 年 2 月 22 日,已有包括中国在内的 112 个成员接受该协定,协定正式生效。

WTO 设有部长级会议,会议成员为所有成员的代表,会议每两年召开一次。它有权对各项多边贸易协议规定的事项作出决定,还可应成员的请求,对特殊需要作出政策决定。在部长级会议休会期间,由总理事会执行其职能。此外,世界贸易组织还设有货物贸易、服务贸易和知识产权三个专门理事会,在总理事会指导下进行工作。在部长级会议下还设有贸易与发展委员会、国际收支限制委员会及预算、财务和行政委员会。各多边贸易委员会还可根据工作需要设立各种工作组。WTO 的秘书处由总干事领导,总干事由部长级会议任命。

WTO 具有以下主要职能:(1)为世界贸易组织协定和若干单项贸易协议的执行、管理、运作提供方便和框架;(2)为各成员方的多边贸易关系谈判提供场所;(3)对有关争端处理的规则和程序谅解书进行管理;(4)对贸易政策评审机构进行管理;(5)为了在全球性的经济决策方面形成较大的凝聚力,应和国际货币基金组织和国际复兴开发银行及其附属机构进行适当的合作。

WTO 在维护和促进国际多边贸易方面发挥着重要作用。遗憾的是,由于个别 WTO 成员持续阻挠上诉机构大法官遴选,2020 年 11 月 30 日,WTO 解决贸易争议的上诉机构最后一名成员正式期满卸任,上诉机构陷入瘫痪,这对多边贸易体制造成了沉重打击。我国是 1947 年

《关税与贸易总协定》的原始缔约国。1986 年,我国决定申请恢复关税与贸易总协定缔约国地位。有关我国复关问题的双边和多边谈判(后转为加入 WTO 谈判)持续了 15 年。2001 年 11 月,WTO 多哈部长级会议决定接纳中国加入 WTO。上诉机构瘫痪后,中国和欧盟等 119 个成员提出提案,要求立即启动上诉机构成员遴选。同时,中国联合欧盟等 42 个成员提交上诉机构改革提案,积极参与 WTO 磋商,为启动遴选创造条件。

思考题

1. 什么是国际经济法？如何理解国际经济法的性质？
2. 国际货物买卖合同当事双方有哪些权利和义务？
3. 国际私人直接投资的主要形式有哪几种？

主要参考书目

1. 江伟主编:《民事诉讼法学》(第3版),北京大学出版社2015年版。
2. 罗豪才、湛中乐主编:《行政法学》(第4版),北京大学出版社2016年版。
3. 杨紫烜、徐杰主编:《经济法学》(第7版),北京大学出版社2015年版。
4. 李双元、欧福永主编:《国际私法》(第5版),北京大学出版社2018年版。
5. 林莉红:《行政诉讼法学》(第5版),武汉大学出版社2020年版。
6. 沈宗灵主编:《法理学》(第4版),北京大学出版社2014年版。
7. 韩长印主编:《商法教程》(第2版),高等教育出版社2011年版。
8. 王利明等:《民法学》(第6版),法律出版社2020年版。
9. 吴祖谋编著:《法学基础理论》,法律出版社1986年版。
10. 吴祖谋主编:《法学概论》,武汉大学出版社2005年版。
11. 樊崇义主编:《刑事诉讼法学》(第5版),法律出版社2020年版。
12. 邵津主编:《国际法》(第5版),北京大学出版社2014年版。
13. 胡锦光、韩大元:《中国宪法》(第4版),法律出版社2018年版。
14. 余劲松、吴志攀主编:《国际经济法》(第4版),北京大学出版社2014年版。
15. 高铭暄、马克昌主编:《刑法学》(第9版),北京大学出版社2019年版。
16. 《中国大百科全书》总编辑委员会:《中国大百科全书·法学》(修订版),中国大百科全书出版社2006年版。